区域国别史丛书

区域国别史丛书

巴西史

〔美〕E. 布拉德福德·伯恩斯 著

王龙晓 译

商务印书馆
创于1897
The Commercial Press

区域国别史丛书
出版说明

　　立足本土，放眼寰宇，沟通中外，启智学人，始终是我馆坚守不变的出版天职。其中的一个出版方向，即世界各国历史。二十世纪二三十年代，我馆出版了《史地小丛书》《新时代史地丛书》，系统介绍世界各国历史与地理。二十世纪六七十年代，我馆集中翻译出版了四十余种国别史图书，为学界提供了重要的参考文献。进入二十一世纪，我馆参与《世界历史文库》出版工作，广受好评。

　　当代中国正全方位融入全球发展的大潮之中，全社会认识了解世界各国各地区历史的需求更为全面、迫切。因此才有了这套《区域国别史丛书》的创设。丛书的出版宗旨可以用"兼收并蓄，权威规范"来概括。就选目而言，既收录单一国家的国别史，也收录重要政治、经济、文化地区的区域史；既收录研究性的专史，也收录通识性的简史；既收录本国人写的本国史，也收录他国人写的异国史以及中国人写的世界史。不论哪一类历史著作，都力求权威可靠，规范可读，可以信从，可供征引。希望学界同人鼎力支持，帮助我们编好这套丛书。

商务印书馆编辑部

2023 年 10 月

目　录

致谢 3

引言 5

第一章　**相互作用：新的挑战和连续性** 12
　　土地 12
　　印第安人 15
　　欧洲人 19
　　发现与挑战 23
　　未来的模式 26

第二章　**殖民经历** 35
　　社会融合 35
　　领土扩张 46
　　经济和政治的依赖性 59

第三章　**国家的建立** 93
　　国家独立中心理和文化的形成 93
　　在巴西的布拉干萨王室 104
　　政治独立 109
　　从混乱到有序 126

第四章　**现代化和连续性** 140
　　作为变革原动力的咖啡 140

物质上的转变 148

进步和依赖性 155

政治家和外交官 161

第五章　变革和连续性 187

新社会群体和新思想 187

废奴、移民和劳动力 199

中间群体和军人 215

乡民融入资本主义 235

关于巴西过去的影像档案 245

一　殖民档案 245

二　巴西帝国王室 249

三　咖啡 253

四　巴西人民 260

五　巴西利亚 267

六　20 世纪的政治领袖 271

七　作为历史文献的绘画 273

第六章　新巴西 277

旧共和国的上升 278

外交的胜利 292

开发亚马孙 300

旧共和国的衰落 308

第七章　变革的挑战 326

历史的新主题 326

知识界和政治界的骚动 339

权力模式的转变 357

民族主义和工业化 377

第八章　改革、激进化和倒退 389

　　民主化 389

　　发展民族主义 405

　　发展初期的困难 415

　　一场政治突发事件 428

　　改革的承诺或威胁 436

第九章　与过去一样的现在 449

　　军事独裁 449

　　民主的假面 478

　　挑战的边缘 489

附录一　巴西历任国家元首 496

附录二　巴西史大事年表 500

葡萄牙语词汇表 506

作为历史的小说：一篇书目述评 510

索引 523

在历史中，我们只展现那些在毁灭中留下一条血路，或者在建 v
设中留下一缕光明的主要人物。我们忘记了，是谁把他们扛在肩上，
是大众的勇气给予他们力量，是集体的心灵提升了他们的智慧，是
无名者的双手为他们指示出只有最幸运者才能实现的理想。而且，
寂寂无名者的通力合作，通常才是引发伟大事件的最关键因素。

——若昂·卡皮斯特拉诺·德·阿布雷乌

（João Capistrano de Abreu），1889 年

一个民族，如果不能自己掌控自己的财富来源，自己生产自己
的食物，自己主导自己的工业和商业，那么他们永远都不可能是自
由的。

——阿尔贝托·托雷斯（Alberto Tôrres），1914 年

我们殖民社会的整个结构都是农村式的。那一现实对于理解君
主制衰落前，或者更准确地说，对于理解奴隶制废除前，我们的发
展，是至关重要的。1888 年是两个时代的分水岭，是我们演化为一
个民族的最具决定性的年份。自那一刻起，巴西人民的生活就从一
个极端走向另一个极端，只有 1888 年以后城市化的转变才起了决
定性的作用。

——塞尔吉奥·布阿尔克·德·奥兰达

（Sérgio Buarque de Holanda），1936 年

我们所信奉的民族主义基于我们对经济发展的渴望。适宜于巴西的民族主义追求将我们国家的地位提升到世界发达国家水平，以使它可以毫无卑屈、毫无畏惧、毫无低人一等之感地来进行平等的对话。

——儒塞利诺·库比契克
（Juscelino Kubitschek），1956 年

一种混血文化正在形成，它于每一个巴西人是如此有力，而且与生俱来，很快，它就会成为真正的民族意识，甚至连移民的孩子，第一代巴西人，都会在他们长大以后变成文化上的混血儿。

——若热·阿马多
（Jorge Amado），1969 年

在一面旗帜、一部宪法、一种语言之下，这里却有两个国家。巴西的一面，在 20 世纪，有着计算机和卫星发射等高新技术。而在它的背面，我们还有着一个人们需要靠吃蜥蜴来充饥维生的国家。

——威尔逊·布拉加
（Wilson Braga），1985 年

致　谢

自《巴西史》初版已经过去二十余年了。自我开设第一门巴西 xi
史课程也已经过去了将近三十年。在此期间，本书已有所变化，我
的授课内容也有所变化，授课对象也有所变化。但令我惊讶的是，
我发现我个人所认知的巴西并无太大变化。比起我以史学视角所观
察到的而言，我似乎发现了巴西更多的连续性。本书的三个版本反
映了这些不断演进的观点。当然，这第三个版本较前两个版本更详
细地讨论了这些历史连续性。

本书经由我教授的巴西史课程而有了很大的演进。1964 年，只
有 5 名学生参加了这门课程；到了 1992 年，则有 250 名。这些年
来，学生们为我知识的丰富，以及这本巴西史的形成，做出了意义
非凡的贡献。他们富有洞察力的提问和深刻见解让我的判断力更加
敏锐，使思维变得更加敏捷。我们的讨论形成了本书的基础，而它
的大纲则反映了这门课程的轮廓。

专攻巴西史的主要优点是有机会拜访那里。任何到过巴西的人
都能领会到那个国家和它的人民的魅力。我的拜访和研究将我带到
任何人都想去的那片广阔土地的每一个角落。访问巴西博物馆、图 xii
书馆、档案馆——不管是公共的还是私人的——的设施，以及巴西
人分享他们资料的慷慨，增添了调查和研究中的乐趣。我对那些机
构和个人表示最诚挚的谢意。他们使我对他们国家的拜访成为开

心、充实和难忘的经历。

对于这本巴西史中阐述的信息、事实和解释，均由我负责。若有任何错误，也都是我的责任。

E. 布拉德福德·伯恩斯
于爱荷华州马斯卡廷
1993 年 4 月

引　言

　　作为一位和蔼可亲、平易近人的巨人，巴西引人注目。它激发 1
人的想象力并令旁观者惊叹不已。它日光的强烈、颜色的耀眼、植
被的丰富、土地的广袤和人的美貌汇成了一道无人能抵挡的迷人风
景。一直以来，这片土地和它的人民的简单性和复杂性的交替激发
了探究者的好奇心，即使美丽的外表下面是肤浅。

　　由于无法抗拒巴西的魅力，发现、开发并定居于此的葡萄牙
人视之为人间天堂。人们最初这样描述这片新发现的土地："（这
里）让人如此喜爱，如果能够正确耕种，这里能够长出任何东西。"
一位耶稣会神父对他眼前看到的赞叹不已，他在 1560 年寄回宗主
国的信中这样写道："假如地球上有天堂的话，我认为它一定在巴
西。"后来，同时代的一位编年史家曾预言"这片土地有能力成为
一个伟大的帝国"。巴西人民也表达了同样的自信。在写于 1627 年
的第一部巴西史中，弗雷·维森特·多·萨尔瓦多（Frei Vicente
do Salvador）坚信："这里将会是一个伟大的王国。"这一热情还在
持续着，塞巴斯蒂昂·达·罗沙·皮塔（Sebastião da Rocha Pita）
在 1730 年发表的历史中提到，巴伊亚人狂热地说："巴西是失而
复得的地球天堂。"同世纪的巴西诗人弗朗西斯科·德·圣卡洛斯 2
（Francisco de São Carlos）又颠覆了这一比喻，在长诗《亚松森》
（*A Assunção*）中，他描述的天堂听起来和巴西十分相似。

　　其他欧洲国家也注意到了巴西的魅力，法国人、荷兰人和英国

人曾多次来巴西寻求财富。事实上，在 19 世纪，英国在巴西经济中的地位最高。

虽然在 19 世纪和 20 世纪的绝大部分时间中，巴西所吸引的仅仅是有限的、零星的来自美国的关注，但第二次世界大战后的岁月见证了人们对北美地区越来越多的兴趣和关注，在这个世纪里，美国对巴西的投资急速增长。到 20 世纪 50 年代末，巴西不仅在西半球而且在全球范围内发挥重要作用，这种趋势变得越来越明显。美国政府领导、军事官员、学者、商人都急于了解这个南美巨人的更多情况，约翰·F. 肯尼迪（John F. Kennedy）总统提醒他的听众，一个人只要瞥一眼世界地图，他就会充分意识到巴西地缘政治的重要性。

北美人看着这幅地图，他们把注意力集中到南美洲这个讲葡萄牙语的国家上，其结果之一是研究巴西的大众读物和学术著述如雨后春笋般涌现出来。这部现在已经是第三版的历史书恰恰证实了这一点。

巴西有着引人入胜的历史，记录了激动人心的斗争，其中包括为了生存而与自然、为了争取独立而同外国统治者以及为了建立一个可行的民族国家而展开的斗争。最重要的是它揭示了欧洲的思想和制度向南美洲的转移，尽管在此过程中受到了印第安人和非洲人的挑战和影响，但它们顽强地扎根并繁荣起来。这些思想和制度盛行了几个世纪，使巴西在历史长河中具有一种惊人的连续性。任何对新世界国家历史感兴趣的人在对西属美洲和盎格鲁美洲进行比较时，巴西都能够提供有价值的论点。虽然新世界的国家可能没有一部共同的历史，但它们却有共同的历史经历。在贸易扩张时期，欧洲人来到了美洲，他们在这个半球上遭遇了与欧洲文明截然不同的印第安文明。探险、征服和殖民刺激着英国人、西班牙人和葡萄人并且引发了来自其中每个国家的不同反应。他们把欧洲制度移植到西半球，那些制度通过各种方式适应这里并发展起来。欧洲人希望通过强迫土著为他们劳动来解决劳动力短缺问题，一旦该政策不奏效，他们就引进大批非洲奴隶。宗主国们千方百计地在美洲范围内推行重商主义，它们再次取得了不同程度的成功。在不到半个世纪的时间里，从新英格兰的殖民地到拉普拉塔总督辖区的殖民地相继发生暴乱，它们摆脱了欧洲的束缚并且进入国际社会。新独立的民族为建立民族国家、发展经济和维护独立自主而不懈努力。

在发展过程中，殖民地和当时新世界国家对相似事物的反应通常大相径庭。北美的英国人和阿根廷的西班牙人同印第安人作战，事实上他们在驱逐印第安人，而墨西哥的西班牙人则欢迎印第安人加入殖民地的大家庭。19 世纪初，当秘鲁人激烈地争论他们想要何种政府时，巴西人已经悄悄地把定居巴西的布拉干萨（Braganza）王子加冕为皇帝。北美人和巴西人向西扩张，吞并了先前已被其他人宣布占有的土地，而玻利维亚人、厄瓜多尔人和委内瑞拉人忽视了自己的内陆地区。在秘鲁独立之初的半个世纪里，军队起到了决定性的作用，而大致在同一时期里，智利和巴西军队发挥的作用却微乎其微。

在（西）半球的经历中，巴西史表现出一些独有的特征。例如，巴西在 19 世纪由殖民地到独立帝国、从君主制到共和国、由蓄奴社会到自由社会的转变本质上没有通过暴力，这使它具有新世界少有的演进特征。此外，它将三种不同种族成分融入一种如此辽阔的疆域范围内的社会的能力令世界钦佩。尽管并没有消除种族间的紧张状态和不平等，但巴西仍然是广泛通婚和种族融合的最好例子。在种族关系的难题上，它似乎可以为世界上的其他国家提供指导。由于不同种族的贡献，巴西拥有一种独特的文明，事实上，单就它的迷人性而言，它值得研究。当然，巴西为那些决心进行"现代化"的国家政府在面临问题时提供了很多有益的见解，这里的"现代化"指模仿西欧和美国重建国家。没有人怀疑巴西拥有促进经济发展的所有要素，经济现实——即发展令巴西感到非常困惑——是人们研究它的一个非常重要的原因。

阿雷格里港子爵（Visconde do Pôrto Alegre）曾经声明："了解一个时期所有杰出人物的传记就能了解那个时代的历史。"了不起的巴西正史证实了这一观点。19世纪稍晚的另外一位巴西史学家若昂·卡皮斯特拉诺·德·阿布雷乌（João Capistrano de Abreu）建议用另一种方法研究历史：研究平民大众以及他们对历史进程的贡献，无名者在历史上也应该有一席之地。巴西的建立者不仅仅有贵族、高级教士和政治家，还有那些对内陆大片土地进行探险、征服和开发的无名旗队（bandeirantes），被人忽略的黑奴——巴西的发展依靠他们的技术和体力，此外还有默默无闻的妇女——她们为社会提供了原动力和凝聚力。

时势造英雄，可是他们只是阐释并详述了时代发展的大趋势。巴西的历史学家通常强调个人而忽视大趋势。作为一个全新的转变，卡皮斯特拉诺·德·阿布雷乌所著的《殖民历史篇章》（Capítulos de História Colonial）被评为殖民时期最有见地的一部巴西史，他也以自己在没有提及蒂拉登特斯（Tiradentes，拔牙者，被过度赞扬的巴西独立先驱）的情况下撰写了一部巴西史而自豪。
5 他研究巴西史的著作从过分信赖大人物传记和政治事件中解放了出来，至少开始同样关注社会、文化和经济活动。事实上，巴西史远比一部巴西政治编年史要复杂得多。

为强调现代巴西的重要性，在构成巴西史的诸多主题中，有一些值得特别关注，如作为过去真正史诗和主要成就的领土扩张一直处于优先位置，卡皮斯特拉诺·德·阿布雷乌将它作为殖民时期最重要的主题，20世纪初它依然重要。葡裔巴西人（Luso-Brazilians）横扫从大西洋海岸到安第斯山麓的南美大陆。传教士、牧牛人和淘金者成功实现了探险家们似乎夸张的（领土）要求。

第二个重大主题是欧洲人、非洲人和美洲人不断融合为同质化社会。正是热带地区这三个种族平静而彻底的融合，一种独特的文明出现并繁荣起来。

第三个主题是从殖民地到总督辖区到王国到帝国再到共和国的政治演变。这一过程在20世纪不断推动着巴西的民主化——它更像少数知识分子的理想、广大民众的奢望，而非现实。表面上，1945—1964年人们为实现民主化的目标进行了很多努力并取得些许成功，但20世纪60年代中期民主化的努力冲击了现实经济体系基石。在胆怯的特权阶层和外国利益集团的推动下，军队占领了政府并按照他们的意志进行管理。1985年重新恢复民主，这种实际上排斥大多数人的形式并没能解决经济困境。

在黄金的发现和贸易的不断增长的鼓舞下，出现于18世纪的城市化成为另一重大历史主题。在那个世纪的头十年里出现了第一场城乡冲突。对峙局面未能缓解。在19世纪后半叶，城市成为一支主要力量并在此后引导着巴西的发展进程。到19世纪末，城市内部进行的现代化和工业化成为影响巴西历史的重要力量，这进一步凸显了城市和以传统为方向的农村之间的差异。20世纪被人们非常重视的民族主义也是在城市环境中孕育成长的。城市化、现代化、工业化和民族主义相互影响，它们的联合力量加速了变革进程。到19世纪末，巴西社会大量出现的充满活力的新群体足以担当具有影响力的角色：企业家、欧洲移民、中产阶级和无产阶级。中产阶级被吸纳进经济、政治和社会精英行列并对20世纪的事件产生了重大影响。

同世界上其他的不发达地区一样，变革的呼声在当代巴西盛行。民众现在明白了他们自身的苦恼与少数特权者的富足之间的差别。在充分认识到这一差别后，他们试图通过改善自身的生活条件来缩小它。这样做意味着挑战过去，即那些长久以来在巴西占据支配地位的保守的、寡头政治的以及家长制的传统、模式和制度。这种挑战进一步加剧。

那些争取保留旧体制的人和那些为破坏这一体制而奋斗的人进行了激烈争论。变革和连续性使现代巴西具有辩证性和戏剧性。在杰出的巴西历史学家若泽·奥诺里奥·罗德里格斯（José Honório Rodrigues）看来，"目前的斗争不是自由主义者和保守者之间的，而是先进的改革者和反改革者之间的"。他坚称巴西民族有两个最主要的特征：一是对进步的渴望，另一个是对未来所持的乐观主义态度。

乐观地面对令人担忧的社会形势需要强大的信念和勇气，正如本书即将提到的，文盲依然很多，工资很低，营养水平很差，无业和失业流行。在 20 世纪行将结束时，社会和经济统计数据给人们展示了严峻的现实，未来的前景不容乐观。当美国游客赫伯特·H.史密斯（Herbert H. Smith）在帝国最后十年之初全面考察巴西的时候，他说："假如要求十名美国游客给出他们对巴西的看法，我们将会听到十种不同的评价，代表着从天堂到绝望的各种等级。"我们不能排斥其他看法而只用"天堂"或"绝望"来描述巴西。

尽管困难重重，而且不免存在缓慢和反复，但巴西的增长一直非常稳定。巴西在面临任何障碍时都能够维护国家统一，它在不经过内战的情况下解放了奴隶，没有通过流血就实现了由一个君主国到一个共和国的转变，并为一个现代化和工业化的社会奠定了基础。多样化的经济体系不仅仅是一个梦想，文盲率逐渐降低，国家表明了它可以在外交关系中实现更大的独立性。大多数人开始认识到那些进步且为之骄傲，并被能够为所有人提供完美生活的强大巴西的神秘魅力所深深吸引。在过去的几个世纪里，很多巴西预言家预测了这个国家将会有一个辉煌的未来，但通常不切实际。虽然实现这些预言并不是历史学家的任务，但是没有历史学家能通过遵循巴西多样化的适应性，它解决问题的大胆决议影响着巴西人对国家未来的热情和乐观主义。

第一章

相互作用：新的挑战和连续性

　　随着葡萄牙人的到来，巴西出现有文字记载的历史。经验丰富的水手们对这片西方意外发现的未知土地感到非常吃惊，这里的所见所闻给他们留下了深刻的印象，与他们所了解的非洲人和亚洲人不同的印第安人令他们感到困惑，草木丰茂的热带海岸令他们惊叹不已。同时这些新来者引起了美洲土著的好奇心也激起了他们的猜疑。虽然总体来说非常平静，但是第一次邂逅对于本地土著和外来入侵者而言都是挑战，颠覆了他们对周围环境和世界的看法。对双方而言，这预示着一个新时代、新观念和新秩序的到来。

　　这片土地给葡萄牙人带来了很多希望，但土著只是被动地参与贸易。为了开发潜在财富，同时保护广阔的海岸线不受外来闯入者侵袭，葡萄牙人决定在巴西定居。他们从而开始了最大规模的殖民地化的努力，在此过程中，他们也将葡萄牙的文明移植到南美洲环境中。

　　　　　　　　　　　　土　　地

　　在任何一张世界地图上，巴西都非常引人注目。它疆域辽阔，是世界第五大国。它控制着南美洲和南大西洋，地缘政治的现实使它在国际上发挥重要作用。巴西占据近一半的南美洲土地，其国土从东部的大西洋到西部的安第斯山脉，从北部圭亚那高原到南部的拉普拉塔盆地。大部分领土位于热带地区。从某种意义上说，这块面积达 320 万平方英里的次大陆是由大西洋、亚马孙河和拉普拉塔河流网环绕的岛屿，那些河网从海洋伸入内陆，它们就像巨大、紧握的大手，而手指则是巴西西部那些每隔几英里就相互触碰的支流。

为巴西造就 4600 英里海岸线的大西洋成为巴西通往世界各地的交通要道，它把移民、商人、资金和思想带到巴西，将这片土地的物产带走。最重要的是，这一关键性的通道曾对巴西的形成产生过巨大影响。一方面是因为葡萄牙人和他们的美洲后裔们更喜欢待在临海地区，一位 17 世纪的历史学家曾用生动的语言这样描述："他们似蟹般紧靠着海岸。"与墨西哥的埃尔南多·科尔特斯（Hernando Cortés）不同，巴西人从未有过烧毁船只这样的象征性行动。

沿海地带狭窄，在亚马孙北部，圭亚那高原与拥有侵蚀山脉残迹的环形山丘相对，亚马孙南部则被海洋和巴西高原环抱，萨尔瓦多（Salvador）和阿雷格里港之间的海岸是一堵高墙般陡峭的悬崖。托多苏斯桑托斯（Todos os Santos）、维多利亚（Vitória）和瓜纳巴拉（Guanabara）等深海湾提供了优良港湾，一小部分河流提供了能够深入内陆的航道。在圣卡塔琳娜（Santa Catarina）的南部，低地取代海岸沙堤。

正是这块富饶的沿海平原使欧洲人在开发初期，甚至是到了最后，都认为他们处于令人难以捉摸的人间天堂。博学的耶稣会传教士曼努埃尔·达·诺布雷加（Manuel da Nóbrega）在 16 世纪中叶记述那里既不冷也不热的舒适气候，那里常青的植物以及能够生产各种各样水果、鱼类和动物的大自然的富饶，他的描述与中世纪学者给出的地球天堂相似。在诺布雷加看来，造物主把巴西做成了一个展览品。外国人和巴西人也同意这种看法。多样的地形总能为历史剧提供生动的背景。

往西，除平原和悬崖外就是绵延不断、崎岖不平的高原，约占国家领土的八分之五。在国内两条最重要的水道网中，拉普拉塔水系的地位次之。只有上游的巴拉那河（Paraná）和巴拉圭河（Paraguay）深入巴西境内，并将巴西和巴拉圭、阿根廷、乌拉圭联系在一起。历史上，它们既是进行贸易的重要通道，也是与巴西内陆交流的航道。

无疑，巴西境内最重要的河流是亚马孙河——葡萄牙语恰当地将之形容为"河海"，它是世界上流量最大的河流，水容量是密西西比河的 14 倍。在某些地方，从河岸一侧看不到对岸，而且大段水域的平均深度有 100 英尺。亚马孙河从它的源头——高于海平面1.8 万英尺的安第斯山脉，向东穿过巴西陆地，从南到北有 200 多条支流，其中一些支流气势恢宏。主干河流和支流共同提供了 2.5万英里长的可通航河道，一些远洋航行船可以航行到远至秘鲁的内陆地区，如伊基托斯（Iquitos），那里离海大约 2300 英里，河流宽度足有 2000 英尺。整个河网可使人们到达巴西北部和最西部。

自弗朗西斯科·德·奥雷利亚纳（Francisco de Orellana）在1541—1542 年的探险中最早发现并探访这里开始，这条河流的巨大总能激起游客的想象力。威廉·刘易斯·赫恩登（William Lewis
15 Herndon）曾在三百年后进行过相似的沿河顺流而下的旅行，像许多在他之前及之后的旅行一样，他惊叹道："在壮丽而静默地流淌时，这条伟大的河流令人崇敬，但在浑浊的河水发挥野性威力时，当它切断河堤、摧毁森林里的居民时，它又是可怕的。它让我想起了我们那条洪水达到最高峰时的密西西比河。"

为了更好地研究这片辽阔、多样化的土地，地理学家把它大致划分为几个聚居区。尽管这些地区数量取决于每个地理学家所采用的划分标准，但其中最通用的划分是按巴西地理和统计研究所国家统计委员会的分类标准划定的五个区域：北部，包括亚马孙河流域、圭亚那高原的南坡以及巴西高原的北坡；东北部，其最显著的特征是不毛的内陆干旱地区（*sertão*），尽管那里也有草木丛生的沿海地区和肥沃的沿海产糖地；东部，由于这里有萨尔瓦多和里约热内卢这两座古老的首府，所以历史地位十分重要，经济上的重要性在于它肥沃的土地产出的农产品远远多于其他地区；南部，一片从圣保罗（São Paulo）到南里奥格兰德（Rio Grande do Sul）的温和地带，实际上是高原区；中西部，一片幅员广大、人口稀少的地区，那里的高原上分布着零零散散的山脉。

　　从第一批发现者来到巴西到现在，这片广袤土地的潜力给所有关注它的人留下了深刻的印象。历史上，它很早就有"未来之地"（Land of the Future）的绰号，这对巴西人民而言是一种嘲弄，由于居住在此的人相对较少，这片土地面临的挑战就更大了。

印第安人

　　根据不同程度的估计，16 世纪初期在巴西居住的印第安人约在200 万—400 万人之间，无论人们赞成哪种估算，在南美洲这片广袤的土地上居住的人口都是惊人的稀少。事实上，大部分土地无人居住。大约在四万年前，这里的土著居民的祖先很可能是由亚洲迁移到西半球。大量的事实表明，他们通过白令海峡从一块大陆到另一块大陆，缓慢地向南行进，而后分散在北美和南美各地。

　　在巴西人口密集地区，为数不多的印第安人群体又分成了无数个小部落。按照一般划分方法，葡萄牙人最初倾向于把不同的部落划分为两大类：图皮－瓜拉尼（Tupí-Guaraní）和曾被称作塔普亚（Tapuya）的部落。图皮统治着亚马孙河流域沿岸以及从亚马孙河口到拉普拉塔河口的沿海地区，被冠以各种部落名称，他们说相似的语言，后来被葡萄牙人称为"杰拉尔混合语"（língua geral），这使他们具有了表面上的凝聚力。而塔普亚尽管在某些沿海地方居住，但多数居住在内陆，而且他们说着各种不同的语言，这似乎表明了他们之间极少或者没有直接联系。所有的印第安人群体身体特征的相同点并不多。除了身材短小、皮肤呈古铜色、有笔直的黑头发这些相同点之外，他们的相貌差别很大。

现代人类学家放弃了早期将印第安人划分为图皮和塔普亚的分类方式。尽管他们强调土著民族的多样化，但是为了方便和简洁，他们建议采用另一种分类方式，即将土著划分为两大类：**热带森林文化**（Tropical Forest cultures），即热带雨林地区居民，他们主要依靠农业和捕鱼为生；**边缘文化**（Marginal cultures），即平原和干旱的高原地带的居民，他们依靠狩猎、捕鱼和采集为生。

作为热带森林文化的重要组成部分，由于在沿海地区占优势，图皮部落成员是欧洲人最早遇到的土著，并且在很长的一段时间内，他们也是新来者长期接触的唯一重要的印第安人群体。不管是自愿的还是非自愿的，是有意的还是无意的，图皮人使欧洲人更快地适应了这片新土地，而这一群体似乎也是促进巴西文明的早期形成中最重要的本土元素。人类学家查尔斯·韦格利（Charles Wagley）得出这样的结论："巴西印第安人遗产的主体就是图皮遗产。"

图皮部落组织非常松散，人口估计在400—800人之间。图皮人的临时性的小村庄，一般尽量沿河而建，而且四周通常有粗木栅栏围绕。印第安人共同居住在一个大茅草屋内，这种茅草屋有250—300英尺长，30—50英尺宽，他们通常在里面悬挂吊床，供大家庭或宗族人口居住，有时居住人口多达100人。父系血缘关系是他们社会组织的核心，他们通常实施一夫一妻制，但是也存在一夫多妻制。绝大多数部落至少有一个名义上的首领，尽管很多部落似乎在战争期间才认定一个首领，少数部落似乎并不存在首领的概念。一些部落有勇士会或由德高望重的长老组成的长老会，或两者都有，它们在重大问题上为部落首领提供建议。

巫师（shaman）或巫医往往是最重要和最有权力的部落成员，他们与灵界交流、为人们提供建议并开药方。在他们的宗教里，有很多善良的灵，也有很多邪恶的灵，雷电、风、雨、太阳、月亮——一句话，自然界受到了极大的关注。图皮人对会带来疾病、不幸和战败的森林之灵表现出恐惧，由于精灵们喜欢黑夜并且在暮色下游荡，日落后图皮人一般挨着火堆。巴西民间传说中仍然有大量印第安神话，例如现在仍然在人们中间传颂的萨西－佩雷雷（Saci-perere）、伊拉塞玛（Iracema）和维拉普鲁（Uirapurú）的故事。萨西－佩雷雷的故事讲述的是一个爱搞恶作剧的独腿印第安人的故事；绝色女子伊拉塞玛有着长长的绿头发和诱人的声音，能把年轻的战士引诱到深水处；维拉普鲁，则是亚马孙河流域一种能给人带来爱情幸福的鸟。包括食人仪式在内的有些部落仪式就没那么浪漫了，战俘被精心喂养后，在仪式上被用棍棒打死、烹调后吃掉。人类学家激烈地讨论在宗教仪式外多大范围内存在这种食人行为。 18

持续不断的战争为部落提供了很多抓获战俘的机会，携带弓、箭、矛或吹箭筒的战士受到人们的尊敬。

虽然一直以来战争频繁，但是这也只占用了图皮男子时间的一部分，此外，男人还狩猎、捕鱼并清理森林以耕种庄稼。几乎每一年的旱季，男人都要砍伐树木、灌木丛和藤蔓植物，等到它们干了之后再烧掉。这种燃烧破坏了本来稀薄的腐殖质，地力很快耗尽，因此人们需要不断地开垦新土地。最终，为了能离新开辟的土地近些，村庄被迫迁移。一般来说，部落内妇女负责种植、收获庄稼并采集、准备食物，尽管这并不是她们的专职。木薯是最主要的种植作物，它用途广泛，但主要用于制作面粉。其他种植作物包括玉米、豆类、马铃薯、辣椒、南瓜、甘薯、烟草、菠萝，偶尔也种棉花。水果主要从森林采集。这些自给自足的部落出于自己的需要进行生产、采集和猎取，而非出于交易目的，而且它们也并不充分重视剩余产品。图皮人会制作陶器、编织篮子，并研发出织布机。

在最早注意他们的欧洲人看来，印第安人似乎过着田园生活。实际上，热带雨林不需要衣服。由于通常裸体，印第安人发展了一种身体装饰艺术，他们在自己身上绘制精美的几何图案，在鼻子、嘴唇和耳朵上插入石制或木制的手工艺品，色彩鲜艳的森林鸟类的羽毛为他们提供了其他装饰。快乐、赤裸的外表使欧洲人认为他们是大自然天真无邪的孩子。巴西第一位编年史家佩罗·巴斯·德·卡米尼亚（Pero Vaz de Caminha）惊讶地向葡萄牙国王汇报："陛下，这些人比亚当还要无邪。"参照 1555—1559 年间居住在瓜纳巴拉湾地区的法国殖民者迪朗·德·维尔盖尼翁（Durand de Villegaignon）提供的关于巴西及其土著人口方面的信息，蒙田（Montaigne）写成了《论车马》（Des Coches）一书。他提出了人性本善论，并认为图皮人比其他原始人群更能体现这一特点。与印第安人的频繁接触使后来的编年史家给出了一种完全不同的阐释：印第安人是恶人，是亟待欧洲文明教化的野兽。

欧洲人并不欣赏印第安人和周围环境的和谐以及他们高度的自给自足。事实上，印第安人的经济行为和"发现者们"的资本主义动机截然不同。印第安人对生产和消费保持着公有或者互惠的态度，他们几乎不存在私有制观念，人们敬畏而不是开发大自然。部落成员地位高低的划分并非依据物质的多少，与经济相比较，人们更加重视亲缘关系、社会规范、宗教和群落。欧洲人并没有成功地理解这些印第安人的价值观。

印第安人已经很好地适应了他们的热带环境，他们教会了欧洲入侵者很多知识，例如如何利用热带土地、河流、森林及其产物。

欧洲人

伴随着 16 世纪的到来，欧洲入侵者们也越来越靠近。处于商业革命前夕的欧洲急于寻找新贸易和新土地，而葡萄牙则成为探寻者的领头羊。

作为伊比利亚人、凯尔特人、腓尼基人、希腊人、迦太基人、罗马人、西哥特人和穆斯林等民族的活动交汇中心，葡萄牙融合了众多文化，在这种融合中，第一个现代欧洲国家出现了。为了维护独立，葡萄牙人必须摆脱穆斯林的控制和卡斯蒂利亚人的领土要求。1139 年，勃艮第家族的阿丰索·恩里克斯（Afonso Henriques）第一次使用了"葡萄牙国王"的称号，1179 年教皇正式承认这一称号，当时教皇是此类事情的仲裁人。将穆斯林教徒驱逐出葡萄牙 20 的斗争一直持续到 1250 年，这一年穆斯林残余军队被驱逐出南部阿尔加维地区。邻近的卡斯蒂利亚承认了葡萄牙对阿尔加维的所有权，当时划定的边界一直保持到现在。巩固国家的任务落到了国王迪尼什一世身上，他自 1279 年到 1325 年的漫长统治标志着真正的现代民族国家的出现。由于期望创建一个更加强大的世俗政权，他通过缩减天主教控制的土地向罗马天主教会发起挑战。他的成功鼓励了相对弱小的国家在损害强大教会的前提下谋求发展。此外，他用葡萄牙语代替了拉丁语作为政府的官方语言。

15 世纪，葡萄牙成为欧洲最大的海上强国。卢西塔尼亚

（Lusitania，罗马人称这是其帝国境内位于欧洲大陆最西端的一个省）的地理位置使它能够发挥重要的海上作用。这一地区人口稀少，到15世纪还不足100万人，而且绝大部分居住在沿海地区。他们面对着巨大、灰色、开放的海洋和比邻的非洲。

当时欧洲人对欧洲大陆以外的世界的知识是模糊而矛盾的。受教育者接受了地球是一个球体的概念，古代挪威人到达了海洋之外的未知世界，13世纪末马可·波罗在亚洲的游记引起了丰富的猜想和兴趣。人们对非洲的了解非常少，有限的知识也只局限于非洲北部。古老的航海设备、易坏的船只以及对未知的恐惧使人们远离公海并被局限在欧洲水域范围内。尽管如此，葡萄牙仍然迫切想要冒险和扩张，向遥远的、很少被开发或完全未知的区域进军。到14世纪末，国家进入了相对和平时期：国家政权巩固、国内战争结束、国外威胁并未逼近，因此葡萄牙能够将注意力转向国外。随着1415年葡萄牙攻克战略要地休达（Ceuta）——打开地中海大门的钥匙，葡萄牙人开始了对非洲的海外扩张。

21　　在一个教会占据支配地位的社会里，宗教动机是扩张的借口，卢西塔尼亚人希望通过扩张打败他们在非洲的信仰上的敌人，并把福音传播到这片大陆。扩张的商业原因似乎更令人信服，通过全程水路与传说中的东方建立直接贸易将会打破意大利人的商业垄断并给葡萄牙带来源源不断的财富。作为东方胡椒粉、肉桂、姜、肉豆蔻、丁香、织锦和瓷器的中转港，里斯本吸引着各个阶层的人来这里实现财富梦想。

第一位充分认识到海洋不是一道障碍而是一条贸易通道的是亨利王子（Prince Henry，1394—1460年），他是英国作家笔下公认的"航海家"，实际上他是只"旱鸭子"。这位有远见的王子成为葡萄牙人对外扩张的象征，当亨利王子居住在萨格里什半岛（Sagres

Peninsula）——葡萄牙最西端的一个崎岖不平而又妖娆美丽的岛屿时，他的周围聚集了航海家、宇宙学家和海洋学家。在听取了同时代专家建议的基础上，他制定了葡萄牙海外探险方针：有计划地进行航海，每次航海都以此前航海家提供的信息为基础，而且每次航海都超过此前航海家到达的范围。

地理、天文和航海知识的发展成为一个世纪以来不断发展的海上活动的特点，这为萨格里什人的航海活动提供了便利。在整个 15 世纪，改进过的实用航海图使水手们可以了解最新的航海经验、准确的里程和海岸线的布局。通过认真研究，天空成为航海家在茫茫大海上的向导，人们通过观察星辰，特别是北极星来确定纬度。后来，专家们通过观察正午时分赤道附近太阳的正北方或正南方来计算纬度，这样，人们就能精心制作出太阳运行时刻表。由于当时还没有找出计算经度的方法，航海者仍然依靠航位推测法，但是越来越准确的纬度知识以及改进的航海图使计算更加简便、准确。1300 年前开始使用的罗盘也经历着改进，星盘使航海家可以在天体上确定自己的位置，但却非常笨重，而且它更适合在岸边而不是在出海的那些摇晃的船上发挥作用。尽管如此，纬度的确定对航海还是非常有益的。15 世纪象限仪的发明有助于确定方向，尤其是北极星的方位，这使航海者能够定位船的纬度。尽管葡萄牙人没有发明罗盘、星盘和象限仪，但他们是最早在公海尝试使用这些发明的欧洲人，对远洋航行科学的精通使他们在 15 和 16 世纪成为欧洲其他国家海事方面的导师。怀着征服海洋的激情，葡萄牙人扬帆启航，他们建造的轻快帆船可以抢风转变航向并逆风行驶。这些进步和改良与亨利王子的支持带来的直接结果是卢西塔尼亚人的航海离海岸越来越远。1488 年，巴尔托洛梅乌·迪亚斯（Bartolomeu Dias）绕过好望角并发现了通往印度的航道。

当1492年哥伦布错误地向若昂二世（João II）报告他已经向西到达印度的消息时，卢西塔尼亚人立刻震惊了，而这对于即将环绕非洲航行到亚洲的葡萄牙而言是一个坏消息。不管是西班牙人还是葡萄牙人都谨慎地守卫着他们的海上航线，任何一方都担心对方的入侵，战争的威胁此前一直存在，直到后来取得外交胜利。1494年两个君主国的代表在托德西利亚斯（Tordesillas）达成了瓜分世界的协议，这一协议划定了一条假设线，以佛得角群岛以西370里格（league，1里格约为3英里）处之经线为界。根据这一协议，在这条线以东180度的地区发现的所有地区属于葡萄牙，这条线以西180度发现的所有地区属于西班牙。当时，在葡萄牙所属的半个世界内，瓦斯科·达·伽马（Vasco da Gama）发现了人们长久以来一直寻找的通往印度的航道，他在1497—1499年进行的旷日持久的航海第一次通过海路将东西方连接起来，这是一个有利可图的发现，远征中他带回里斯本的货物的价值是原始成本的6倍多。利润丰厚的新贸易使国家更加富有。

23　　在瓦斯科·达·伽马返航后的几十年里，葡萄牙船只出现在那些最遥远的港口。国王废除了此前的农业政策转而实施商业政策。事实上，在曼努埃尔一世统治时期（1495—1521年），王国的商业利益和国家利益密切联系在一起，葡萄牙人迫不及待地在遥远的非洲和亚洲海岸建立了他们的商业帝国而不是殖民帝国，吸引着他们的是贸易而非殖民。里斯本和其他葡萄牙港口成为三块大陆贸易流通的巨大仓库，这使葡萄牙人大为欣喜并从中获利，他们在16世纪成功建立了一个全球性的贸易帝国并从王国的海洋政策中获得了丰厚回报。

在短短不到一个世纪的时间里，葡萄牙船员已经出现在三块相距遥远的大陆上，他们一手拿着十字架，另一只手拿着"市场篮子"；但是当遇到土著反抗时，他们马上又扬起了刀剑和长矛。作为以整个世界为舞台的热诚、强健、爱冒险和足智多谋的游侠骑士，他们相信自己的特权和特殊地位也就不足为奇了。葡萄牙航海家以最令人钦佩的方式证明了他们无论在何时何地都具有很强的适应性，而巴西比任何其他地方都更容易让他们适应。

发现与挑战

曼努埃尔一世命令佩德罗·阿尔瓦雷斯·卡布拉尔（Pedro Alvares Cabral）做好准备沿瓦斯科·达·伽马发现的航线出海。1500年3月8日，在令人激动的盛典中，带着全国人民的美好祝愿，载有1200人的13艘船从塔古斯河口（Tagus River）出发了。此次前往印度的航行开始时乏味无奇，但在4月20日，水手意外地看到了海草和芦苇，天空中偶有飞鸟出现。两天后，在南纬17度，人们意外地发现西部的陆地。船队小心地靠岸了。登陆后人们开始探险，好奇的卡布拉尔宣布这片新发现的岛屿（因为他就是这么认为的）归他管辖。他花了一周的时间考察海岸。在继续向亚洲行进前，卡布拉尔写信给国王报告发现新陆地的消息，这封描述得非常详细的信件是由抄写员佩罗·巴斯·德·卡米尼亚写的，尽管当时并没有为这片新发现的土地命名，但它标志着巴西编年史的正式开始。卡布拉尔首次用"圣十字架"岛（Ilha de Vera Cruz，今译韦拉克鲁斯）为其命名，它也被称为"圣十字架"地或"圣十字架"省（Provincia de Santa Cruz），但是这些名字都没有被人们广泛使用。不久，商人被那里丰富的巴西红木——一种上好的红色染料来源所吸引，称这片土地为"巴西之地"（Terra do Brasil），"巴西"这一名称很快被人们接受。1511年该名称第一次出现在地图上。

最初，葡萄牙人梦想着巴西会成为前往印度的船队的中转站，但风向、气流和距离使之不可能。事实上，在1500—1730年间只有大约20艘船来到巴西港口，它们大多是由于一些特殊情况脱离了那些去印度的船队而到这里躲避风雨的。另一方面，巴西在战略上会为通往东方的有利可图的重要海上航线的侧翼提供极好的掩护。

关于土著在面对这些留着大胡子的白种人冒险家时做出了何种反应，没有文字记载。印第安人最初可能很胆怯，但绝不会感到吃惊，他们和这些陌生人保持着一定的距离，最初不愿意接受这些流放犯（*degredados*）。这些人奉命和印第安人生活在一起，学习他们的语言。后来，越来越多的流放犯、逃兵和遭受海难者逃到了印第安人部落中，显然他们后来在那里繁衍生息。其中一些人几乎成为传奇人物。他们繁衍了一大群混血儿，对他们所在地的印第安人产生了很大影响，后来又帮助葡萄牙人建立了第一块殖民地。他们很好地——似乎是很高兴地适应了他们的新环境。据巴西殖民时期最重要的历史学家若昂·卡皮斯特拉诺·德·阿布雷乌所言，每个人都成了"道义上的混血儿"。

伴随新发现而来的远征具有贸易和探险双重目的。尽管那些活动早期的规模难以确定，但在巴西被发现后的十年里，人们只是粗略地考察了一下海岸并建立了几个贸易港口来运输那些利润丰厚的巴西红木。在最初十年间，染料木是简便的出口商品，因为它多生长在从北里奥格兰德（Rio Grande do Norto）到里约热内卢的沿海地区。国王垄断了染料木的开发，并渴望把这一权利卖给商人。费尔南·德·诺罗尼亚（Fernão de Noronha）最早购买了开发权，1503年他派船只前去采伐染料木。船长与印第安人进行了实物交易，用小饰品换取了印第安人采伐的巴西红木。广受欢迎的欧洲新纺织工业与红染料一起刺激了该贸易，到16世纪末，每年有100

艘船满载木材从巴西起航运往里斯本，当沿岸的染料木逐渐被采伐完后，到内陆寻找木材就变得非常必要了。

　　巴西红木贸易所带来的丰厚利润不仅诱使里斯本商人继续在巴西从事这一贸易，而且也唤起了外国人对它的兴趣。正如经济扩张时代开始时期，其他欧洲人愤恨并反对伊比利亚人声称拥有国际贸易垄断权一样，越来越多的法国船只来到巴西广阔的海岸进行勘探，这是对葡萄牙在巴西的霸权的公然挑衅。为了阻止这些入侵者，1516—1519 年国王向巴西派遣海岸警卫队，1526—1528 年又再次派遣警卫队。那些小船队发现它们根本不可能有效地守卫着无数小海湾、港湾和水湾的 3000 英里长的海岸线。当外交和海岸巡逻队都不能消除法国对巴西的威胁并由此影响到了葡萄牙所保卫的亚洲海上通道时，国王若昂三世（João III，1521—1555 年［在位］）决定采取第三种方法：殖民。殖民是葡萄牙商业帝国的一项新事业，此前，除了著名的大西洋岛屿外，葡萄牙人更喜欢简单地建立商站。尽管如此，国王还是派马蒂姆·阿丰索·德·索萨（Martim Afonso de Sousa）带领 5 艘船只、400 名船员和殖民者，以及种子、植物、家畜去建立一个或多个殖民地，并在此过程中破坏法国贸易和探索海岸。在重新勘察了自伯南布哥（Pernambuco）到拉普拉塔河的海岸线后，1532 年马蒂姆·阿丰索在今天的桑托斯地区附近建立了圣维森特（São Vicente）殖民地，并建立了一个小教堂、一个小政府总部、两个小城堡和居民区。船长被葡萄牙国王授予了广泛权力，可以任命官员并分配土地。人们开始种植小麦、葡萄和甘蔗并养牛，1533 年第一个糖厂投入生产。在圣维森特的高原上，第一批殖民者建立了第二块小殖民地皮拉蒂宁加（Piratininga），即后来的圣保罗。它们成为葡属美洲最早的永久定居点。

　　马蒂姆·阿丰索创建了此后一直被沿袭的土地分配模式。由于巴西土地广袤，加之殖民者稀少，所以马蒂姆·阿丰索在分配土地时非常慷慨。与之形成鲜明对比的是，1375 年后，葡萄牙国王总是谨慎地分配赠地（*sesmarias*），这是一种传统的政府授予个人土地的方式，因此每个人领到的土地都在自己的实际耕种范围之内。马蒂姆·阿丰索忽视了这一问题，他开创了此后在巴西一直沿用的先例，结果是优良的海岸土地很快被划分为巨大的糖料种植园，没过几十年，内陆大块赠地被用作养牛场，许多偏僻的内陆地区也被侵占。沿海地区赠地面积一般来说都有 20—50 平方英里，而内陆地区的赠地面积通常是沿海地区的 10—20 倍。这种大地产形成了一种半封建模式，这个情况即使名义上不成立，它也实际存在，而且他们已经使得绝大多数良田休耕并最终绝产，意识到这些情况后，国王亡羊补牢般地试图改变这一进程。1695 年屡次公布的法令规定，每块赠地的面积限定为长 4 里格、宽 1 里格；1697 年，又将每块赠地的面积缩减为长 3 里格、宽 1 里格；1699 年，所有的休耕土地均被没收，在此后的整个 18 世纪，人们一直在徒劳地试图限制大地产。在 18 世纪晚期，其中一位总督，拉夫拉迪奥侯27 爵（Marquês de Lavradio），痛苦地抱怨那些管理不善而又未被充分利用的大庄园阻碍了巴西的发展，他的矛头指向那些被其主人视为威望象征的被抛荒的良田，而与此同时无地农民向他要求耕地。一些总督辖区不得不进口它们本来可以自己生产的粮食。大地产（*latifundia*）起源于殖民早期，此后一直是巴西最主要的特征。

未来的模式

巴西给葡萄牙商业帝国带来了挑战，事实证明印第安人是不情愿也不可靠的交易者。法国人嘲笑卢西塔尼亚人的排外性。葡萄牙政府认识到，为了保持并继续开展与巴西的贸易，它必须进行更大规模的殖民。但由于已经在亚洲和非洲耗费了太多精力，葡萄牙国王没有多余的财力对巴西进行殖民。基于此，国王决定实施已经在大西洋诸岛成功实施的"受赠人制度"（donatary system）。每个受赠者都得到了广大的领土和广泛的权力，他们都有责任自己出资殖民个人的辖区。从 1534 年到 1536 年，若昂三世把葡属美洲划分为 15 个总督辖区，他又将这些辖区分配给了 12 位受赠者，从内陆到托德西利亚斯的模糊分界线，每块赠地平均宽 50 里格。赠地不得转让，但是通过继承传给长子除外，这让长期以来封建主义逐渐销声匿迹的新大陆保留了很多伊比利亚半岛的封建残余。事实上，受赠人制度使得国王和臣民之间产生了一个地主阶层，他们享有某些政府特权：他们可以自行征税，推行法律和司法，任命官员，并在自己的辖区内以赠地形式分配土地。与中世纪的家臣被要求为领主服兵役来回报封地相似的是，人们也希望受赠者保卫他们的辖区免受攻击，从而能以国王的名义统治巴西。封建主义的某些特征的确存在，但这与中世纪典型的封建主义还是有很大的差别。那些想要 28 为受赠人制度将封建制度引入巴西这一指控辩驳的人声称，至少在理论上，国王曾固定、限制并调整了每一个受赠者的权力，而且各辖区也被要求参与帝国贸易而不是像中世纪庄园那样继续从事自给自足的家庭经济。当然在某种意义上来说，受赠者就是在新大陆投资并期望获取丰厚利润的资本家。因此，尽管有封建残余，但是人们仍认为辖区与新兴的资本主义制度在某些方面有联系。

　　没有几个受赠者能够应对他们面临的挑战。小贵族和中产阶级的代表从亚洲冒险中所得的收入、政府薪水或占有的土地都难以支付经营赠地所需的费用。作为一个群体，他们缺乏经验、能力以及资金去完成他们肩负的重任，此外，他们面临的是一个怀有敌意、难以驾驭——事实上也是陌生——的环境。殖民者的缺乏纪律、印第安人的攻击以及法国人的折磨加重了困境，绝大部分辖区以失败告终，只有其中的伯南布哥和圣维森特繁荣起来。

在16世纪的辖区中，伯南布哥无疑是最富裕和最重要的。该辖区距离葡萄牙最近，拥有沿海的大片巴西红木和适宜种植甘蔗的优良土壤（massapê）。聪明又有进取心的受赠者杜阿尔特·科埃略（Duarte Coelho）利用瓦斯科·卢塞纳（Vasco Lucena）——一名同当地印第安人一起居住多年并通晓印第安语的葡萄牙人，来避免与当地土著之间的很多战争，正是这种战争曾毁灭了其他殖民地。他认识到了经济作物的重要性并命令马上种植棉花、烟草和甘蔗。他曾自豪地禀告国王："我们有种植甘蔗的广阔土地，这里的人都辛勤地劳作，我尽可能地为他们提供一切帮助，很快我们就能建成又大又好的糖厂。"到16世纪中期，每年50家糖厂生产的糖料就足以装满开往欧洲的40—50艘船。到1580年科埃略的儿子已是巴西首富，他也是帝国境内最富有的人之一。在伯南布哥，以获利为目的的农业殖民地获得了极大的成功。

最初由马蒂姆·阿丰索·德·索萨创建的圣维森特总督辖区也是以制糖工业作为繁荣的基础。意大利种植糖料的农场主家族从马德拉群岛迁移到南部辖区，它们带来了大量必要的农业和技术技能。到1545年殖民地共有6家糖厂，伯南布哥和圣维森特合力将制糖工业根植在巴西这片土地上。同样，它们在巴西红木贸易中也占据了很大份额。作为第一批在商业基础上耕种新大陆土地者，两大辖区证明了利润丰厚的农业殖民完全可以远离母国并为国王、地主、船主和商人提供巨额的财富来源。对16世纪中叶的欧洲而言，这是一个备受关注的新观念。受西属美洲的丰富矿藏以及随后葡属美洲获利丰厚的农业殖民的鼓舞，欧洲人将漫长的贸易路线转变为更为复杂的海外矿业、农业和商业帝国事业。这种转变源于欧洲采用的现代资本主义制度，反过来又巩固了资本主义制度。

但与当时巴西其他地区明显呈现的总体趋势相比，这两个繁荣的辖区只是特例。在其他总督辖区，随着幸存殖民者堕落为一群意志消沉的人，辖区在短时间内便呈现出一片衰败景象。他们争吵，他们反抗，并开始参与走私和其他犯罪活动。此外，法国入侵者继续肆无忌惮地侵犯海岸，总督辖区制度并未达到预期效果。

在分析了海外领地不容乐观的形势后，国王若昂三世决定，为了配合以后的殖民行动，提供有效保护，统一司法公正，合理征收赋税，并禁止法国走私，国家需要建立一个中央集权政府。因此他打算限制受赠者的独立性和权力。1548 年他收回巴伊亚（Bahia）30 总督辖区，把它变成王国辖区——新巴西总政府所在地。他任命一个在非洲和印度为他服务的忠诚士兵，托梅·德·索萨（Tomé de Sousa），为第一任总督，负责所有民事和军事事务。国王还提名了一名财务主管（*provedor-mor*）和一名审判长（*ouvidor-geral*）协助德·索萨。陪同新总督前往南美洲的还有 1000 名士兵、政府官员、木匠、泥瓦匠、技工和移民。

1549 年 3 月 29 日，由 6 艘船只组成的船队在富饶的托多苏斯桑托斯湾抛锚。一位曾在巴伊亚居住过的白人冒险家，卡拉穆鲁（Caramurú），主动要求提供帮助并保证当地印第安人的合作。托梅·德·索萨着手建造新首府，以赋予中央政府形式意义和实际意义。广阔的海岸上大约分散着 15 个葡萄牙人定居地。为了杜绝滥用职权并加强规范管理，德·索萨向各个辖区派遣了审判长和财务主管。他本人也对南部进行了长期访问。为加快经济发展，他慷慨地分配赠地，从佛得角群岛进口牛群并鼓励建造更多的糖厂。在殖民的前几十年，印第安人极不情愿地为他们提供劳动力。总督特别关注对劳动力的管理——显然，他们是殖民地财富的来源——和印第安人的福利事业，特别是向他们灌输天主教。毕竟，国王曾在给托梅·德·索萨的谕旨中特意写道："促使我下决心在巴西殖民的主要原因是使那片土地上的人皈依我们神圣的天主教信仰。"为了履行葡萄牙人对当地土著的义务，德·索萨严重依赖耶稣会士。

1549 年曼努埃尔·达·诺布雷加领导的执政党有 6 名耶稣会士。事实上，自卡布拉尔航行之后，传教士就一直全程陪伴远征队前往葡属美洲，在早期的那几十年里，方济会修士活动特别频繁。但直到 1549 年教会在巴西的作用仍然微乎其微。但也有一些例外，教士在参与葡萄牙殖民者的事务中发挥的作用远远大于他们劝导印第安人皈依天主教中的作用。国王希望在新大陆传播天主教并选择耶稣会士作为他的工具。1549—1598 年间，只有 128 名耶稣会士到达这里，但由于怀着极大的热情，他们在这片新土地上永久地留下了痕迹。他们把以教会为中心的欧洲文明带到了印第安人中间，并且通过在殖民地建立最好的教育设施从而在热带地区精心培育了这种文明，而这种最好的教育后来维持了二百多年。从现实意义上讲，他们用信仰征服了巴西。

如果一个人是葡萄牙人，就意味着他也是一名罗马天主教徒。无疑，民众都信仰天主教，不管是否理解教义，他们都忠实地捍卫着自己的信仰。葡裔巴西人的出生、成长、结婚到埋葬都按照天主教的仪式，教会和民众生活息息相关。为了回报教皇对王权的支持，国王在自己的王国内捍卫着这一信仰，这在 1515 年是暂时的，而到了 1551 年就成为永久的了。除信仰外，国王拥有一切权力，他征收什一税并决定如何使用这笔钱，任命（有时是罢免）主教、神父和其他官员，批准修建新教堂，决定主教辖区范围，此外最重要的是——同意并传达，或者拒绝教皇的命令。

在某种意义上，葡萄牙人对新大陆的控制进一步加强，与此同时罗马天主教会也在发展。1551 年，巴西各级政府继巴西主教辖区的设立而建立。此前巴西一度属于亚速尔群岛的丰沙尔（Funchal）主教区，居于萨尔瓦多的主教与总督住在一起。1676 年，巴西的主教辖区是以萨尔瓦多作为大都会而创立的。两个新主教辖区——里约热内卢和伯南布哥，也在这时建立起来。到 18 世纪末，又出现了 4 个主教辖区：帕拉（Pará）、马拉尼昂（Maranhão）、圣保罗和马里亚纳（Mariana，即米纳斯吉拉斯［Minas Gerais］）。事实上，在 1907 年以前的整个殖民时期，萨尔瓦多一直是巴西的宗教中心。它的大主教领导着巴西的罗马天主教会，而宗教命令则维护着那里的教区代表。巴西的教堂模式以及等级分明的僧侣阶层，它的寺院教士和世俗神职人员，它的主教辖区和教区都完全采用欧洲模式。

位于圣多美和安哥拉的非洲主教辖区也附属于巴伊亚大主教，安哥拉教会在很大程度上依赖巴西。巴西杰出的耶稣会历史学家塞拉芬·莱特（Serafim Leite）断言：“安哥拉的基督教化由葡属美洲的耶稣会所控制。”事实上，教会有两条交往通道：部分教士穿过安哥拉到达巴西，还有部分在安哥拉出生的葡萄牙人前往巴西的耶稣会学院学习。很多巴西的耶稣会士掌握非洲语言——来自安哥拉的绝大多数教士都掌握这一技能，这样他们就能通过交流向新来的黑奴传授教义。

一直以来耶稣会士被认为是对巴西的形成和发展做出重大贡献的最重要的宗教阶层，但他们绝非唯一的寺院教士代表。方济会修士最早到达巴西，他们也发挥了非常重要的作用。方济会的托钵僧、本笃会僧和加尔默罗会修士都曾出现在 16 世纪晚期以前的巴西。国王认为应当鼓励殖民地相对稀少的妇女去做妻子、做母亲而不是去做圣洁的隐士，所以他不愿意在巴西为修女建造女修道院，直至 1665 年国王才批准修建一座女修道院，七十年后才又批准修建了第二座女修道院。到 18 世纪中期，在主要的沿海城市中已经出现了 6 座女修道院。

对于巴西而言，最主要的世俗修会（*irmandades*）——因信仰而结成的志愿者协会，成为构成殖民地社会生活必不可少的一部分。他们修建漂亮的教堂，兴高采烈地庆祝圣徒节日，尽职尽责地经营医院、孤儿院等慈善机构。事实上，慈善团体、教育和社会援助工作谱写了巴西罗马天主教会史上最辉煌的篇章。

33　　教会在巴西信徒中尽可能保持着守护者的形象。尽管如此，教士中一些道德腐败的例子还是为殖民时期提供了一些流言蜚语。叛教者——特别从犹太教转信天主教的新基督徒希望能在宗教裁判所前为自己辩护。巴西从未建立过宗教裁判所，但主教在三次访问巴西的过程中曾进行审判：1591—1595 年到达萨尔瓦多港和奥林达（Olinda），1681 年到达萨尔瓦多，1763—1769 年到达贝伦（Belém）。此外宗教裁判所对巴西的干预不多，使得那里形成了一种自由宽松的氛围。

教会面临的一个巨大挑战是转变印第安人的信仰，在老练并具有奉献精神的曼努埃尔·达·诺布雷加和若泽·德·安谢塔（José de Anchieta）的领导下，耶稣会士开始迎接这一挑战。他们认为最明智的做法就是将流浪的土著聚集到教会村庄（*aldeias*）里，在那里印第安人才能更好地被教导，成为基督徒并在教会的看管下更好地生活。有些人可能会补充说，教会村庄其实是方便了对印第安人劳动力的剥削。这一体制使巴西少数寺院教士得到最大化的使用：通常一两个教友就可以管理一个村庄，以此监管很多印第安人，每一个村庄以教堂为中心，当然，教堂是由当地的信徒修建而成的。教堂的附近有一所学校、一些居民区和仓库。每天，教堂的钟响唤醒新信徒，召集他们做弥撒。然后，他们边唱赞美诗边走向村庄外面去耕作。教友们向年轻而有能力者传授阅读、写作技能以及各种有用的手艺。其中，印第安雕刻家、油漆工、泥瓦匠、木匠、面包师和锁匠很快就在操练着各自的手艺。很多村庄达到了高度的自给自足，绝大多数村庄把部分产品销往村外的市场。尽管教友们通过授予印第安人不同职务及职务特有的符号的方式管理传教团，但归根到底，教士们牢牢控制着其管理范围内的人们的生活。当他们把新信徒称作自己的"孩子"时，这已经不再是一个简单的比方，因为他们正是这样来看待印第安人的。在他们的引导下，印第安人为帝国经济做出了巨大贡献，他们像罗马天主教徒那样敬拜，像欧洲人那样穿着打扮，精通欧洲贸易，并效忠里斯本的国王。因此，那些受教会村庄体制影响的人是由帝国境内大权独揽的传教士促成的。

　　为了增强经济繁荣的基础，总督通常鼓励发展农业，尤其是种植糖料作物。糖厂数量迅速增加，特别是在圣维森特、里约热内卢、圣埃斯皮里图（Espírito Santo）、巴伊亚、伯南布哥总督辖区，那里巨大的糖料种植园和糖厂很快成为强大的农业、工业和社会组织。劳动力的缺乏一直困扰着殖民地，最初只有印第安人是种植园可用的劳动力，但他们并不令人满意。葡萄牙人尝试了三种方法把印第安人作为劳动力融入农业系统之中：第一，作为奴隶；第二，在村庄内通过部落解体和文化渗透使他们成为本地"农民"；第三，逐渐融入资本主义制度，成为雇佣劳动者。关于印第安劳动力的争议引发了耶稣会士和种植园主间的激烈辩论，那些唱反调的教士——以及大部分教会——认为奴役印第安人与国王的基督教意图相悖，而且与把印第安人集合到村庄里并拯救其身体和灵魂的不懈努力背道而驰。种植园主则高声批判教士对劳动力供应的干涉。最终，所有将印第安人融为一体的方法均告失败，印第安人拒绝放弃自己的生活方式去接受葡萄牙人所要求的令人不解的劳动，因为这些工作即便有报酬，也少得可怜。集体公用、自给自足的印第安人和拥护资本主义的葡萄牙人之间存在难以逾越的鸿沟。

一旦存在外部威胁，人们就很少关注国内（矛盾）。总督梅姆·德·萨（Mem de Sá）花费了大量精力和心血解决长期以来的法国威胁。1555 年，海军中将迪朗·德·维尔盖尼翁围绕瓜纳巴拉湾创建了南极法兰西（France Antartique），这一地区盛产巴西红木，法国人的出现将圣维森特和巴西其他地方隔离开来，梅姆·德·萨曾多次袭击入侵者。1565 年 3 月 1 日，他把里约热内卢建成了同棘手的法国人进行战斗的基地，经过长时间的包围，终于在 1567 年把法国人驱逐出境。在法国人被打败后，里约热内卢的面积和重要性都大为提升，其原因一方面在于这里的优良港湾，另一方面在于这片肥沃土壤上繁荣的制糖工业。为了奖励其管理所取得的令人欣喜的成就，1562 年梅姆·德·萨四年任期结束时，国王让他继续担任总督一职，直至十年之后他去世为止。

阿维什王朝（Aviz kings）最后一位国王死于 1580 年，此后西班牙的君主对西班牙和葡萄牙进行联合统治达六十年之久。但到那个时候，巴西的殖民模式已经建立健全。大地产及其所有者控制下的经济和社会，出口农业，对劳动力的奴役和剥削，对欧洲需求的响应——这些特征在 1530—1560 年这段时间里深深地扎根并占据支配地位。另外，很有可能的是，西班牙的长期统治又巩固了这些特征。

第二章

殖民经历

巴西正式的殖民学徒期持续了三个世纪之久。社会融合、领
土扩张、经济和政治依赖性是这一漫长历史时期内南美殖民地的特
征。葡萄牙将语言、宗教和制度强加给巴西，16 世纪下半叶它们深
深扎根于巴西的土壤和灵魂之中。尽管随后几个世纪其他方面的影
响也使巴西发生了改变，但葡萄牙语和罗马天主教一直占据主导地
位，而巴西的制度虽然曾被改为不同名称并发生了一些浅显变化，
但却表现出惊人的历史连续性。直至今天，这种影响依然存在。

社会融合

葡萄牙人很快适应了新环境，那里的地理、气候与他们在世界
上其他地方旅行时所遇到的环境十分相似。无论是身体上还是心理
上，他们都表现出很强的适应性，他们看起来有足够的可塑性向被
征服民族学习。就巴西而言，卢西塔尼亚人和美洲印第安人对种族
通婚的赞许态度促进了双方文化的融合。

葡萄牙国王通常会派遣由士兵、冒险家和少数被判流放的罪犯
组成的队伍进行环球探险。在巴西历史的头一百年里，葡萄牙妇女
人数非常少，这为征服者们提供了性放纵的机会，他们也很熟悉摩
尔、非洲和亚洲妇女。印第安女性屈服于欧洲男性的需要，像卡拉
穆鲁这样的男人们通过繁衍混血后代组成村庄的方式显示了伊比利

亚人的力量。结果，那里几乎立刻就出现一个"新种族"，马穆鲁克人（*mameluco*）或卡布克罗人（*caboclo*），即在生理和心理上都能很好地适应这片土地的欧洲人和印第安人的混血儿。"新种族"从父母双方那里汲取了不同文化的精华，从而加速了两种文明的融合。

印第安人提供的不仅仅是性满足：他们帮助葡萄牙人适应这片新土地，他们教会侵略者最好的狩猎和捕鱼方法、森林药材的价值、清理土地的最快方法以及在新大陆上耕种农作物的方法，印第安人还向他们介绍了木薯等新食物，这很快成为葡裔巴西人的主食。葡萄牙人很快采用了印第安人在内陆水域航行时使用的轻舟。他们模仿印第安人的方法建造简单、耐用的房屋。在热带地区，葡萄牙人对民房建筑物样式适时地进行了修改，庄重、别具一格的葡萄牙房子被开阔、外向型并有可通风的大阳台的巴西住宅所取代。对热带地区的另一个妥协是普遍采用印第安人的吊床。一位早期来访者曾用这样的语言描述自己对吊床的喜爱："你会相信一个人像一串葡萄一样悬在一个空中的网上睡觉吗？在这里这是很平常的事。我本来睡在床垫上，但我的医生建议我到吊床里睡觉，在尝试一下后，我再也不想在床上睡了，因为在吊床上休息实在太舒服了！"源自印第安语的各种词汇，诸如吊床（*hamaka*）、烟草（*tobako*）、木薯（*manioca*）和木薯粉（*typyoca*）被引进到葡萄牙语之中（随后，又被引进到英语中）。17 世纪，葡裔巴西人在地理术语中开始用印第安语地名代替葡萄牙语地名。《巴西小词典》（*Pequeno Dicionário Brasileiro*）这本现代词典列出了来自印第安语的两万个单词。事实上，在殖民早期几十年里，为了顺利地适应新环境，欧洲人非常依赖印第安人。16 世纪末，曾在巴西生活过两年的英国人托马斯·图尔纳（Thomas Turner）概括了他观察到的依赖关系："印第安人是大海中的鱼、丛林中的狐狸，没有他们，基督徒的生活或生存将既无乐趣亦无益处。"

新来者也依靠印第安人，把他们视作发展殖民地的主要劳动力。就葡萄牙人而言，他们不愿意参加共同劳动，所以坚持强迫别人为自己劳动。越来越大的压力很快导致了奴役，印第安人在河流沿岸为葡萄牙人划船，在内陆为葡萄牙人做向导，为葡萄牙人种植、看管并收获糖料作物、烟草和棉花，在葡萄牙人家中服侍他们。他们是新殖民地的财富创造工具，就这点而论，他们对欧洲人来说是必不可少的。

由于渴望看到帝国境内的印第安人成为基督教化的臣民，国王反对奴役印第安人。教皇同意认证葡萄牙人的领土要求，这表明国王必须使印第安人基督教化、文明化并为他们提供保护乃是需认真对待的一项重任。国王以巨大的代价派传教士向这些野蛮人传教，改变他们的信仰，并劝说他们居住在教会和国王领导和保护下的村庄里。耶稣会士是最积极地履行义务的宗教团体，他们热心地保卫着印第安人并坚定地推行着国王的意志。就他们而言，耶稣会直接为印第安人提供保护，他们向国王生动地汇报对美洲臣民的虐待和 40 奴役的案例。种植园主派代表到法庭辩护，他们强调印第安人的野蛮本性，他们的懒惰，没有强制的话他们就不去工作。遗憾的是我们没有关于印第安人观点的记载，但他们经常从葡萄牙殖民地逃跑，这表明他们拒绝为葡萄牙人干活。正如西班牙已经进行的争论一样，关于帝国境内印第安人的作用和地位的争论持续了几个世纪之久。

总的来说，历任君主对耶稣会汇报的案例持同情态度。早在1511 年，国王曼努埃尔一世规定任何人都不能伤害他的印第安臣民，违者将受到与伤害欧洲人一样的惩罚。在给巴西第一位总督的指示中，国王若昂三世提倡用忍让、理解和宽恕之心对待印第安人。处理与印第安人关系的主旨就是和平胜过一切，这样印第安人才能更容易被基督教化。尽管如此，他们却允许奴役那些反抗葡萄牙人的印第安人，这一规定为殖民者获得本地奴隶提供了一个大漏洞。不出所料，殖民者曾正义凛然地宣称他们的印第安奴隶是从"正义之战"中获得的。里斯本一个名为"良知和秩序委员会"（Mesa da Consciência e Ordens）的宗教理事会负责处理（至少在理论上）法律解释中出现的一些问题，它面临的一个棘手问题就是如何判断哪些奴隶受奴役是公平的，哪些是不公平的。委员会严正声明那些与葡萄牙人和谐相处、爱好和平的印第安人不应该被奴役。理论上，法律严惩任何非法持有印第安奴隶的种植园主。

在虔诚的信徒国王塞巴斯蒂昂一世统治期间（1557—1578年），关于奴役问题的神学和司法争论首次达到高潮。1570年，除在一场正义之战中掳获的战俘外，他禁止奴役任何印第安人。1595年国王腓力二世（Philip II）批准了这一法令并将俘虏的奴役期缩减为十年。1605年及随后的1609年腓力三世（Philip III）则更进一步宣称，不管是基督教徒还是异教徒，所有的印第安人都生而自由，不应该被强迫劳动，如果他们自愿工作，应当付给他们报酬。来自种植园主的巨大压力，包括巴西暴乱促使腓力三世在1611年转变自己的立场并再次允许奴役战俘，国王的这一让步被大大地滥用。印第安人的高死亡率暴露出欧洲人对劳动力的需求和他们带来的疾病，印第安人向内陆的撤退，通过种族通婚向新巴西社会的融合，然而相对于葡萄牙国王无私但不切实际或无人重视的立法，用引进更多的非洲人来满足殖民地对劳动力的需求确实能更好地解决印第安人和欧洲人的复杂关系。

关于欧洲人和印第安人关系的最后定论来自权威的塞巴斯蒂

昂·若泽·德·卡瓦略－梅洛（Sebastião José de Carvalho e Melo），
他以彭巴尔侯爵（Marquês de Pombal）的头衔而闻名于世，从
1750 年到 1777 年他以若泽一世（José I）的名义统治葡萄牙帝国，
是一位开明而又专制的统治者。1759 年首相驱逐了最顽固的印第
安人保护者——耶稣会，对它的控告之一就是将印第安人隔离开
来，从而使他们不能融入帝国的谴责。为了实现几个世纪以来将印
第安人融入帝国的愿望，彭巴尔把印第安人提高到和国王所有其他
臣民同样的地位，并颁布了一部新法律保证每名印第安人的个人自
由（此后每名印第安人都得到了一个葡萄牙姓氏并被要求讲葡萄牙
语），此后，每个印第安村庄都有了一所教葡萄牙语而非本族语的
学校。为了更快地同化印第安人，彭巴尔颁布法令，规定任何同印
第安人结婚的葡萄牙人将有更多的优先权和晋升机会。通过严厉的
惩罚，他禁止使用任何贬义的形容词或名词来描述一个人的印第安
葡萄牙混血出身，他希望通过各种立法使印第安人成为巴西生活必
不可少的积极参与者。彭巴尔在一定程度上打破了印第安人的隔绝
状态并使他们成为帝国的一部分，他使北部（18 世纪末绝大多数剩
下的印第安人都生活在北方）融入殖民地其他地区，这项工作的完 42
成保证了巴西未来的统一。当然，实际上讲，不管那些法律的目的
是什么，它们只不过助长了对印第安人的剥削。

　　种植园主很快认识到，印第安人并不能很好地解决劳工问题。
与此同时，制糖工业的迅速发展急需大量工人，从而加剧了劳动力
短缺。种植园主很快便把非洲当作最有可能的劳动力来源地。至少
早在 1433 年，黑人就被引进到葡萄牙，到 16 世纪中期，葡萄牙
人已经非常熟悉西非海岸及其居民。事实证明，黑人能很好地适应
殖民者所要求的任务，此外，使用非洲人并不存在印第安人做奴隶
时的棘手问题。基于这几个方面的原因，从 16 世纪中叶开始，数

以百万计的非洲人被强制性移民，直到 1850 年，这场移民还在持续、快速地进行着。人们认为第一批直接从非洲引进的黑人于 1538 年到达巴西，同年，著名的奴隶贩子若热·洛佩斯·比克索拉达（Jorge Lopes Bixorda）的一艘船上卸下了从几内亚贩运的人口。1552 年伯南布哥的一位耶稣会神父这样写道："在这一辖区内有大量奴隶，包括印第安人和非洲人。"此后，奴隶像洪水一样从非洲涌出。

一旦建立交通，黑人货物便会源源不断地穿越大西洋。巴西将它的烟草、糖料、木薯、豆子、面粉、烈酒、布匹和蜜饯运往东部来换取奴隶，以及相对量少的棕榈油、大米、象牙、黄金和亚洲产品。安哥拉和巴西之间的贸易额如此之大以至于前者实际上成为后者的一个属国。葡萄牙历史学家雅伊梅·科尔特桑（Jaime Cortesão）证实："17 世纪到 18 世纪期间，安哥拉是巴西一个讲葡萄牙语的省。"17 世纪中叶，从 1658 年到 1666 年，安哥拉前后两任总督，若昂·费尔南德斯·维埃拉（João Fernandes Vieira）和安德烈·维达尔·德·内格雷罗斯（André Vidal de Negreiros），都是巴西人。在 18 世纪末，仅里约热内卢的商人一年就派遣约 24 艘船前往非洲殖民地。除了直接贸易路线之外，还有很多其他路线可走。以葡萄牙和荷兰为主的欧洲六国主要选用三角航线：把欧洲货物运往非洲，把非洲奴隶运往巴西，把巴西糖料运往欧洲。非洲奴隶通过各种方式被引进到巴西，其数量非常惊人。据保守估计，三个世纪以来横跨大西洋到达巴西的幸存奴隶数量约为 350 万人。几个世纪以来，具体相关估计数字为：16 世纪，10 万人；17 世纪，60 万人；18 世纪，130 万人；19 世纪，160 万人。因此，葡萄牙人引进巴西的黑人数量多于他们在巴西找到的印第安人的数量。

巴西奴隶的非洲来源地又大不相同，他们来自几内亚、达荷美、尼日利亚、加纳、佛得角、圣多美、安哥拉、刚果、莫桑比克以及其他地区。因为不但巴西奴隶间存在混血，而且他们与白人和印第安人之间还存在种族通婚，由于 1890 年政府命令销毁很多与奴隶制有关的官方记录，所以我们很难断定他们确切的来源地。根据巴西现存的一份有关非洲文化的研究，人类学家认定了三个为巴西社会做出卓越贡献的群体。第一个是约鲁巴人（Yoruba）和达荷美人为主体的苏丹人群体，他们来自日后的利比里亚、尼日利亚、加纳和达荷美的非洲地区。尽管分散于巴西各地，但约鲁巴人似乎主要集中在巴伊亚；达荷美人主要集中在巴伊亚和马拉尼昂。奴隶购买商特别满意苏丹黑人，因为他们高大、强壮、勇敢、机智，有勤劳、和善的美誉。第二个为巴西做出贡献的群体是信仰伊斯兰教的几内亚－苏丹人群体，那些马累黑人中，最著名的豪萨（Hausa）人主要分布于巴伊亚，恪守伊斯兰教的严格戒律。他们中的一些人掌握阿拉伯语，具备多种技能，其中包括备受赞赏的黄金采掘技术。在奴隶主中，他们享有这样的名声：机智、勤劳但又有点乖戾、愤慨，一旦被监禁则具有很强的反叛性。第三个为巴西做出贡献的群体是来自安哥拉、刚果和莫桑比克的班图人（Banto），他们主要分布在里约热内卢和米纳斯吉拉斯。一般认为他们爱好和平且具备很强的适应能力，他们知道如何制造金属、编织和制作陶器，他们也饲养牲畜并耕种土地。

非洲人遍布于殖民地的各个角落，他们最主要的集中地是马拉尼昂、伯南布哥、巴伊亚和里约热内卢，在这些地区他们从事各种农业劳作，而在米纳斯吉拉斯他们主要采掘黄金和钻石。除米纳斯吉拉斯外，他们对沿海地区影响巨大，而在内陆地区因人数少，影响并不明显。

非洲在很多方面对巴西的发展做出了巨大的贡献。黑人厨师把红辣椒、黑豆和秋葵等新原料和卡鲁鲁（*caruru*）、华达巴（*Vatapá*）等新烹饪调料引进到巴西的饮食中，此外还引进了木勺、研钵和研杵等新厨具。为种植园主抚养孩子的"黑人保姆"给孩子们讲非洲的故事并唱非洲大陆的歌谣，孩子们在成长过程中就详细了解到非洲的读音、习惯和思想观念。住在豪宅里的妇女选择那些有天赋的黑人妇女来做她们的朋友，黑人妇女们通过讲非洲故事或演唱非洲歌曲来取悦主人。种植园成为非洲文化和欧洲文化交汇、融合的场所。不过几十年的光景，非洲文化的特征已经明显地体现在殖民地的服饰、音乐、舞蹈和宗教上。一方面，一种融合性的非裔巴西人宗教发展起来，著名的有巴伊亚的康德布雷（*Candomblé*）、伯南布哥的尚高（*Xangó*）、里约热内卢的马库姆巴（*Macumba*）；另一方面，非裔巴西人使罗马天主教的一些严苛内容变得温和，他们为教会节日带来了生气，人们聚集在街头庆祝守护神节，不同种族的人也因相同的宗教信仰而一起表演民间戏剧和舞蹈。

　　无疑，非洲人对巴西的最大贡献是他们提供的劳动力，这些人用体力支撑起巴西文明。除了在农田中从事简单的劳作，他们还随身带来了或在新大陆学会了很多对巴西发展必不可少的技能。他们中有木匠、油漆工、泥瓦匠、宝石匠、雕刻家、锁匠、裁缝师、鞋匠和面包师，他们在技术上对冶金业、采矿业、畜牧业和农业做出了贡献。著名的荷属巴西殖民地总督约翰·莫瑞斯亲王（Prince Johan Maurits）这样评价："如果没有奴隶，巴西将一事无成……出于任何考量，我们都不能忽视他们的贡献，假如有人认为这种看法是错误的，他就大错特错了。"

　　非洲人帮助开发、征服内陆并保卫巴西免受攻击。在战争期间，他们成为与充满敌意的印第安人以及外国侵略者作战的士兵。

黑人将领——尤其是备受称颂的恩里克·迪亚斯（Henrique Dias）带领的黑人军团在 17 世纪曾同荷兰作战。当 1711 年法国人洗劫里约热内卢时，米纳斯吉拉斯总督带领 1500 名骑兵和 6000 名全副武装的非裔巴西人赶来援助这座城市。他们是殖民时期的巴西不可或缺的部分。事实上，巴西的征服、殖民和发展都是非洲人和欧洲人共同参与的冒险。

几乎没有欧洲人认为奴隶制是错的，葡萄牙法律也认可奴隶制。马拉尼昂州司法部长曼努埃尔·格德斯·阿拉尼亚（Manuel Guedes Aranha）在 1654 年陈述了一种有代表性的观点，当时他这样写道："众所周知，不同的人胜任不同的事情：我们（白人）注定要把宗教带到他们（印第安人和非洲人）中间；他们注定要服侍我们，为我们狩猎、捕鱼、工作。"几个世纪以来，这样一种典型的种族主义观点构成了欧洲帝国主义的核心观念。由于一直以来专注于印第安人的福利，而且不确定对黑人的奴役是否道德，罗马天主教会在黑人基督教化的前提下接受了非洲奴隶制。尽管如此，为非裔巴西人辩护的声音最终还是出现了，它主要来自耶稣会。在 17世纪，仁慈的帕德雷·安东尼奥·维埃拉（Padre Antônio Vieira）屡次谴责对黑人奴隶的残酷刑罚和虐待，在一次著名的布道中，他饱含感情地呼喊：

啊！无情贸易中的商品是人！少量的主人，众多的奴隶；主人们穿着华丽，奴隶们遭受鄙视，衣不蔽体；主人们终日宴乐，奴隶们饥饿而死；主人们金银满贯，奴隶们背负铁链；主人们把奴隶当作牲口，奴隶们把主人当作神来敬畏；主人手持皮鞭，像权威和暴君的塑像一样站立，奴隶们匍匐在地，他们的手被绑在背后，如同服苦役的人一般卑微。

难道他们不是我们的弟兄？

难道他们的灵魂没有被同一个主的血液救赎？他们的肉体不是像我们一样经历出生和死亡？他们不是呼吸同样的空气？他们不是和我们生活在同一片蓝天下？他们不是被同一轮太阳所温暖？

维埃拉甚至在一些布道中质疑奴隶制本身。在另一次布道中，他慷慨激昂地说道："如果认为我出生在离太阳远的地方就注定做你的主人，而你出生在离太阳近的地方就注定做我的奴隶的话，那人与人之间还有比这更需要理解，抑或更大的错误判断吗？"他的言论当时肯定令很多听众目瞪口呆："一个埃塞俄比亚人如果用刚果河的河水清洗的话，那他是洁净的，但并不能改变他的肤色；但是假如他用洗礼之水洗净的话，那他既是洁净的，也不应因肤色而受歧视。"

在 18 世纪的最初几年里，安德烈·若昂·安东尼尔（André João Antonil）和若热·本奇（Jorge Benci）发文敦促给黑人奴隶更好的待遇。有鉴于此，1688 年、1698 年和 1714 年国王颁布了禁止虐待奴隶的法令，但这并没有产生持久影响。1761 年，彭巴尔解放了葡萄牙的所有奴隶，但是作为商业经济的原动力，奴隶制在巴西依然存在，除了奴隶自身的反抗外，并没有其他任何真正的抗议。

奴隶们有时会发动起义，杀死主人并放火烧毁种植园的建筑物和农田。更多时候，他们只是消失在人迹罕至的内陆，在那里他们有时会建立通常被称作逃奴堡（*quilombos*）的小定居地。在葡属美洲建立的众多小逃奴堡中，存在时间最长、规模最大的是阿拉戈斯（Alagoas）内陆著名的帕尔马里斯（Palmares，棕榈城），但这一问题至今没有引起学者们足够的关注，甚至都没有人去粗略估计一下其规模和数量。在 17 世纪的大部分时间内，一个由大约 2 万人口组成的伪非洲（pseudo-African）国家在那里繁荣起来。帕尔马里斯的历史意义在于它是巴西黑人建立一个拥有非洲传统的国家的重大尝试。对于葡裔巴西人而言，逃奴堡挑战着已经建立的秩序，因为黑人诱使其他奴隶从种植园逃跑并加入他们的队伍，这对已经紧张的劳动力供给来说是一个威胁。此外，帕尔马里斯占领的土地阻碍了西部农业的发展。征伐这一堡垒的多次战斗均以失败告终。1672—1694 年间，帕尔马里斯抵挡了葡萄牙平均每十五个月一次的远征。最终，17 世纪末逃奴堡的内讧、国家政府使用的残暴而悠久的圣保罗旗队联合毁灭了它。在整个殖民时期——甚至在进入民族国家时期之后，奴隶起义的威胁仍像阴云一样挥之不去，致使种植园主甚至城市居民时刻心神不宁。

巴西不仅存在葡萄牙人－印第安人的通婚，而且也存在印第安人－非洲人以及葡萄牙人－非洲人之间的通婚。在一个允许奴隶制存在的社会中，种植园里的白人男子充分利用着黑人妇女，结果，早期出现的穆拉托人（mulatto，白黑混血儿）数量急剧增加。富庶的糖料和烟草城市中心——巴伊亚的萨尔瓦多 1803 年的人口是证明种族通婚的最好例子。据估算当时人口为 10 万人，大约 3 万人是白人，另外 3 万人是穆拉托人，其余是黑人。1818 年巴西接近350 万人的居民中，大体上只有三分之一人口可以被划定为白种人，50 万人为穆拉托人，大约 200 万人为黑人。正因为此，一个葡萄牙人这样评价道："巴西有着美洲的身体与非洲的灵魂。"

在对巴西社会越来越强的同一性做出贡献的三个群体中，只有印第安人在殖民时期数量锐减并由此导致了其重要性和影响力的降低。欧洲人和非洲人的涌入还在继续，当然，欧洲移民数量从未超过非洲移民数量。17 世纪末，里斯本政府鼓励更多的已婚葡萄牙夫妇移民，并成功地劝说了大量亚速尔群岛家庭在最北部和 48

最南部地区定居。

17世纪末黄金的发现吸引了更多的欧洲人来到巴西。据估计，18世纪具有欧洲血统的人口增加了10倍。

印第安人、欧洲人和非洲人三个群体在一起生活并交往，考虑到各方面因素，他们之间的摩擦很小，尽管我们不能忽视印第安人和非洲人曾遭受的非人待遇。在这一过程中，三大洲在性别、社会、语言和文化上相互融合为一个民族，与任何其他规模相当的民族相比，它具有更大的同一性。混合文明出现了，同时也出现了新的一种人——巴西人，他们是各种不同元素混合的产物。毫不夸张地说，这个"新种族"征服了新土地。

领土扩张

葡裔巴西人横扫从大西洋到安第斯山脉的南美大陆，这构成了巴西史上最壮丽的一部史诗。通过在沿海地区建立分散的小型农业中心，葡萄牙人在新大陆抵御了外来威胁和侵略者。北部奥林达、中部巴伊亚的萨尔瓦多、南部圣维森特都是第一批具有战略和商业意义的重要殖民地。来自海上的外国人和内陆地区带仇视情绪的印第安人威胁着摇摇欲坠的殖民地。国王巩固并拉拢殖民地的努力意味着几十年来国家重视沿海殖民地，而忽视了对内陆的扩张。起初政府甚至通过立法来限制对内陆的开发。1565年，里约热内卢的建立有助于加强萨尔瓦多和南部的联合，正如1589年塞尔希培圣克里斯托旺（São Cristóvão de Rio Sergipe）的建立加强了殖民地首府和北部的联系一样。伴随着更多殖民者的到来，坚持抵抗的印第安人被打败，每块殖民地周围的土地都开始被征服、居住并融入殖民地的农业经济中。

内陆不时会出现一些小心翼翼的探险。这些由沿海深入内陆的探险（entradas）一方面是源自想了解内陆可能提供哪些物产的好奇心，另一方面则是希望发现黄金或其他稀有金属。这些探险也为殖民者掳获了印第安奴隶。

一开始，北部殖民地发展较快，这直接回应了欧洲给葡萄牙施加的巨大压力——要么占据它索要的海岸，要么把它拱手让人。1580—1640年间西班牙和葡萄牙这两个伊比利亚王国之间的联盟消除了在圣维森特和拉普拉塔河之间领土问题上的早期敌对状态。另外，南部没有巴西红木，这是法国人、英国人和荷兰人苦苦寻求的巴西物产，他们停留在北部沿海地区就是因为那里生长的大量巴西红木，此外还有适合糖料作物生长的肥沃土壤。这些欧洲人的出现激励着葡萄牙人朝向他们扩张。通过参与这种"防御性殖民"，葡萄牙人建立了一个又一个的殖民地，每个都建立在最新建的殖民地的北方，这样一路向北，直到1616年在亚马孙河流域建立贝伦。

新建成的殖民地马拉尼昂圣路易斯（São Luís do Maranhão）和贝伦被隔绝在远离圣罗克角的北部海岸上，这里的海岸急转向南。很快他们就发现，由于风力和海流的作用，殖民者与里斯本联系明显要比同萨尔瓦多联系容易。因此，当国王在1619年任命圣路易斯的一名法官时，这决定了人们要向里斯本直接上诉而非向萨尔瓦多上诉。两年后，国王建立了马拉尼昂州（与巴西州相对），它由马拉尼昂、帕拉、亚马孙，甚至一度由塞阿拉（Ceará）和皮奥伊（Piauí）的部分地区构成。新州的诞生并不华贵，殖民地仅由四个堡垒构成，一个在塞阿拉，其他的在圣路易斯、贝伦和亚马孙河口处，在边上分布着一些极小的村庄。首任总督弗朗西斯科·科埃略·德·卡瓦略（Francisco Coelho de Carvalho）十分慷慨地以赠地形式分配了土地，当时这种赠地形式已在巴西境内发展 50

完善，他还创建了 6 个世袭的总督辖区，并希望辖区内的受赠人会鼓励移民。然而，当时发展非常缓慢。1700 年，该州的白人人口只有 2000 人。1677 年马拉尼昂主教辖区建立起来，隶属于里斯本大主教。由于亚马孙河的重要性日益凸显，1737 年政府所在地迁至贝伦。很长时间内人们忽视了北部沿海地区，即使后来这里被控制了，这种控制也非常微弱。对于正在扩张的欧洲国家而言，北部沿海地区现在是一个很大的诱惑。

在 16 世纪和 17 世纪初，法国人是对葡萄牙领土要求的最大威胁。自 1567 年被驱逐出里约热内卢之后，他们将注意力转向北部地区。从帕拉伊巴（Paraíba）到亚马孙，他们与印第安人进行交易并怂恿印第安人反抗葡萄牙人。1612 年，瓦尔迪尔（Ravardière）带领的一支法国探险队开始在马拉尼昂建立殖民地。1614—1615年，葡萄牙人通过派遣探险队抵抗这些法国入侵者。在 1615 年被驱逐之后，法国人不再是葡萄牙霸权在新大陆该地区的主要威胁。当然，让-弗朗苏瓦·德·克莱克（Jean-François du Clerc）确实在 1710 年袭击过里约热内卢，迪盖-特鲁安（Duguay-Trouin）也于第二年占领并洗劫了这座城市，但这都是分散的袭击，与殖民的关系微乎其微。法国一直声称介于亚马孙河和奥亚波基（Oiapoque）之间的阿马帕（Amapá）地区为其所有，直到 1900 年一名仲裁人才承认巴西对这片土地的合法所有权。16 世纪末英国人对沿海殖民据点进行了令人恼火且损失重大的袭击，詹姆斯一世（James I）曾慷慨地将巴西北部的土地授予一些宫廷贵族，不过他们并没有认真努力地进行殖民。在 17 世纪期间，荷兰成为最后也是最主要的外国威胁。

荷兰人了解巴西。在某些时期，荷兰下层有超过半数的贸易是与巴西和葡萄牙进行的。1591 年之前，只要首先在葡萄牙港口通关，挂任何旗帜的船只均可以在巴西港口进行贸易。那些船在缴纳了所要求的税金并在里斯本通关后，就可以运走巴西的货物。传统 51 上荷兰和葡萄牙间关系非常融洽，但当西班牙的腓力登上葡萄牙王位后，它们之间的友好关系就结束了。荷兰人是卡斯蒂利亚人不共戴天的敌人，他们为了从西班牙哈布斯堡王朝的统治下争取独立进行了长期的斗争。在两个王国联合的过程中，葡萄牙继承了西班牙与荷兰间的矛盾。在 1585 年以及随后的 1590 年、1596 年和 1599 年，腓力二世命令扣押葡萄牙港口的所有荷兰船只并囚禁了船员。荷兰人寻求报复，17 世纪初他们在亚马孙下游地区建立了几个贸易港口，但他们复仇的最重要武器是创立于 1621 年的荷兰西印度公司，该公司鼓励通过征服开展殖民和贸易。

被利润丰厚的糖料出口吸引并坚信葡属美洲是腓力控制最薄弱的殖民地，荷兰西印度公司选择巴西作为它的第一块征服地。荷兰西印度公司的船队首先进攻萨尔瓦多，这是一个地理位置利于以后扩张的优良港口，并在 1624 年占领了它。第二年葡裔巴西人将荷兰人驱逐出境，并在 1627 年挫败了对方两次以上的进攻。荷兰西印度公司遂将它的注意力从殖民地的政治中心转向了它的经济中心——伯南布哥。1630 年，它的军队出现在累西腓（Recife）附近，在占据了这一港口后，他们又开始了新的征服，在其鼎盛时期，曾占据了自圣弗朗西斯科河（São Francisco River）以北至马拉尼昂的广阔地区。

信仰加尔文教的军人和知识分子，拿骚－西根（Nassau-Siegen）的约翰·莫瑞斯，统治着荷兰占领时期的最富饶的那几年，即 1637—1644 年。因为被巴西深深地吸引，这位荷兰总督派遣约 46 名学者、科学家和画家研究并描绘这片土地。他代表了荷兰人对热带地区的好奇心，而这种好奇心是伊比利亚人一直都缺乏的，因此正是荷兰人开始了第一次——也是长时间内唯一的一次——对于热带地区的科学研究。阿尔贝特·埃库特（Albert Eckhout）绘制了巨幅油画来描述荷兰殖民地。威廉姆·皮索（Willem Piso）研究了热带疾病及其治疗方法。乔治·马克格拉夫（Georg Marcgraf）收集了动物群、植物群和各种岩石的标本。荷兰人提议建立一个鸟类饲养场，同时也作为动物园和植物园。此外，他们还在累西腓建立了新大陆最早的天文学观测站和气象站。

　　经济问题自然也引起了莫瑞斯的很多关注。为避免单一的经营模式，他鼓励殖民地在粮食供应上自给自足，荷兰西印度公司垄断了奴隶、染料树和军需品方面的贸易，但是允许被征服的殖民地居民自由从事所有其他贸易。通过缩减关税，总督为那些想重建被毁坏的糖厂并购买奴隶的种植园主放宽了信贷条件，以此恢复了制糖工业。那些年是荷兰的辉煌岁月。事实上，1641年标志着荷兰在大西洋的势力达到巅峰，其毛皮贸易港口在哈得孙河（Hudson River）流域，堡垒在库拉索（Curacao）和阿鲁巴（Aruba）的领地圭亚那，糖料殖民地在巴西，奴隶交易港口在非洲。在认识到奴隶制对制糖工业的重要性后，荷兰人占领了安哥拉的部分地区以保证他们的巴西种植园内的劳动力供应。

　　在莫瑞斯离开后不久，持续十五年的反荷兰人的激烈游击战争逐渐与萨尔瓦多总督安东尼奥·特莱斯·达·席尔瓦（Antônio Telles da Silva）的反荷兰战斗联合起来，演变成为一场公开的战斗。巴伊亚和伯南布哥双方的领导者取得了联系，巴伊亚的安德烈·维达尔·德·内格雷罗斯两次会晤若昂·费尔南德斯·维埃拉（直到1644年他一直是与荷兰合作的富有的穆拉托种植园主），并承诺巴伊亚的部队将横穿陆地前来协助伯南布哥的起义。安东尼奥·迪亚斯·卡多佐（Antônio Dias Cardoso）领导下的葡萄牙士兵，恩里克·迪亚斯领导下的黑人和穆拉托人军队，费利佩·卡马朗（Felipe Camarão）招募的印第安士兵，在 1645 年初深入巴西东北内陆地区，开始了他们驱逐"外来异教徒"的活动。

欧洲形势的新发展使巴西内部反荷兰的斗争复杂化。在人民的支持下，1640 年布拉干萨人（Braganzas）逮捕了葡萄牙国王，并宣布葡萄牙独立，此后不再受西班牙控制。由于西班牙被视为二者共同的敌人，葡萄牙和荷兰消除了双方在欧洲的仇恨。葡萄牙下定决心要保持它刚从西班牙那里争取的独立，这占用了它大量的注意力和精力。尽管如此，巴西人拒绝同荷兰人妥协并继续通过斗争驱逐他们，次大陆所有地区的马松博人（*Mazombos*，出生于巴西的白人）、非裔巴西人以及印第安人都参与到这场共同的运动中来。1648 年和 1649 年在瓜拉拉皮斯（Guararapes）取得的胜利证明了他们比外来侵略者占有更多地利。巴西人甚至攻击了安哥拉。首先，他们为那些被困在安哥拉内陆的葡萄牙人提供军需品、枪支和给养。随后，享有"里约热内卢总督和安哥拉王国上将"光荣头衔的萨尔瓦多·科雷亚·德·萨－贝纳维德斯（Salvador Correia de Sá e Benavides）带着两千人从瓜纳巴拉湾出发，在荷兰人手中夺取了罗安达（Luanda），将安哥拉重新交到国王手中。"安哥拉的光复者"再次打开了这两块南部大西洋殖民地之间的密切贸易。到那个时候，荷属巴西明显处于衰落阶段。荷兰各省份间持续不断的你争我夺造成荷兰西印度公司内部领导无方、决策无力。于是，荷兰西印度公司疏忽了殖民地，不能及时发给士兵和船员粮饷，导致他们士气骤然低落。到 1648 年，巴西人把荷兰人驱逐到累西腓及其周边地区。尽管如此，只要荷兰人控制着海域，就可以与巴西继续对峙。在那时葡萄牙人重新提出了对巴西糖料的需求，而巴西东北部是糖料的主产地，这使葡萄牙人开始对殖民地斗争更感兴趣。为打

53

破僵局，安东尼奥·维埃拉建议国王成立一个巴西公司并授予葡裔巴西人某些贸易特权，其职责是在巴西建立并训练一支舰队。1649年，巴西公司的第一支舰队前往新大陆。荷兰船只在人员缺乏且供给不足的糟糕情况下，发动叛变，返回国内。葡萄牙人第一次控制了海洋。1652年，荷兰和英国间战争的爆发最终决定了荷兰在南大西洋的命运。葡萄牙舰队封锁了累西腓并将士气低落的荷兰驻军彻底孤立起来，荷兰军队最终投降。1654年1月26日在塔博尔达54 （Taborda）签署了投降协议后，荷兰人离开了巴西，几天后，葡裔巴西人成功进驻累西腓。

　　荷兰人在巴西的存在及长期战争的影响诸多，意义重大。历史学家认为这次"再征服"第一次唤醒了广阔殖民地内多样且分散的居民的民族情感，有利于统一局面的形成。数量远远超过葡萄牙人的巴西人参与到这场战斗中并取得了胜利，他们战胜了一个主要的欧洲海上强国，这个国家一度使曾经占领葡萄牙的西班牙威信扫地。此次成功使巴西人产生了一种新的自豪感，取代了他们以前在葡萄牙人面前的自卑感。不同地区、种族、肤色和社会地位的人都为取得最终的胜利而同心协力，这一成就淡化了此前地理、社会和肤色的界限。长时间的斗争使巴西成为精神上空前团结的社会，这使巴西居民比以前更加认同自己是巴西人。重商主义的荷兰把累西腓变成了巴西第一个真正意义上的资产阶级商业中心，他们发现累西腓时，它是一个只有150间房屋的小村庄，而离开时累西腓却成了有2000间房屋的繁华港口。他们使巴西出现了与传统乡村阶级相对立并最终与之冲突的城市商人阶层。荷兰的战败标志着针对巴西北部地区所有公开的外来威胁的结束，人们的全部注意力从北部沿海地区转向南部及更加广阔的内陆地区。里斯本政府特别关注南部地区；而巴西人更关注内陆地区。

　　到 17 世纪中叶，西班牙人和葡萄牙人都认识到了拉普拉塔河网的重要性。西班牙人想通过控制它来阻止任何对上秘鲁银矿区的入侵，而葡萄牙人垂涎它是想要开发这里并保护巴西南部内陆地区。伴随着从布宜诺斯艾利斯横跨拉普拉塔河口的萨克拉门托（Sacramento）殖民地的建立，1680 年葡萄牙人开始对南部偏远地区殖民。由于远离葡裔巴西殖民地主体，这块新殖民地很难繁荣起来，西班牙人也很快对它发起挑战。葡裔巴西人于 1684 年在圣卡 55 塔琳娜建立起供应基地，1737 年在南里奥格兰德修建了堡垒。从这块三角形的据点出发，葡裔巴西人开始向南部渗透并殖民。1739 年，国王成立了圣卡塔琳娜总督辖区，1760 年，圣佩德罗里奥格兰德总督辖区晋升至总辖区行列并于 1807 年更名为南里奥格兰德。对拉普拉塔河管辖权的争夺后来被证明是艰苦卓绝的。这片大致包括今天乌拉圭的地区自 1680 年以来，一直以令人眼花缭乱的频率几经易主，直至 1828 年独立的乌拉圭国家成立，任何其他地区都不能更好地代表两个伊比利亚王国之间的霸权争夺战。外部竞争增强了葡萄牙人对南部地区的重视，正如它曾经对北方的关注一样。正是由于这一挑战，里斯本更加关注对这一地区的开发、殖民和防护。与中部的总督辖区向内陆渗透的方式截然不同的是，北部和南部主要通过官方鼓励的方式殖民，这是由中部地区的自发性以及几乎没有官方推动力的特征决定的。

　　17 世纪和 18 世纪的西进扩张，在许多方面是葡萄牙人带到世界各个角落的冒险精神的直接继续，这是巴西之所以能以惊人速度扩张领土的原因，也是最早的巴西史诗。葡萄牙帝国是海岸帝国，葡萄牙的扩张则是贸易扩张。马松博人（出生在新大陆的白人）、穆拉托人、梅斯蒂索人（mestizos，欧洲人和印第安人的混血儿）向内陆进发。16 世纪，巴西内陆的开发开始时相当缓慢，这后来成为 17 世纪后半期和 18 世纪前半期的典型特征，甚至某些方面一直持续到 20 世纪初期，直至巴西人占领了最西部的阿克里（Acre）。这一引人注目的扩张源于一群探险爱好者——他们被称为"旗队"（*bandeirantes*），该词来自葡萄牙语中的"旗帜"（*bandeira*）一词。在中世纪的葡萄牙，一个旗队规模上相当于一个连的士兵，这些士兵都由一面鲜明的旗帜调遣。圣保罗国民军采用了这个术语并通过扩大它的词义来表示派遣到内陆的远征军。这种远征的参与者被称为旗兵。

56

三个种族对旗队的扩张做出了卓越贡献。印第安人和葡萄牙人的后代成为这一队伍的主力与首领，但同时非裔巴西人——包括奴隶和自由人——也都参与其中。穆拉托人有时也领导一些旗队。旗兵能很好地适应这片土地，并习惯于内陆的艰苦条件，欧洲对他们来讲毫无意义，他们周围的这块处女地对他们来讲则意味着一切。他们轻蔑地离开了海岸，深入内陆寻求财富和权力。印第安人奴隶、逃跑的黑奴、稀有金属和土地都是他们寻找的财富的形式。通过开拓新领土、开发新交通路线、为国王占领新领地，他们希望得到国王的认可和晋升的奖励。很明显，他们向远方的国王表达敬意，而另一方面他们几乎没有表示出对葡萄牙的效忠。事实上，他们追求摆脱被殖民地官僚主义限制的自由，这是他们向巴西内陆前进的更深的动力。1736 年一名王室法官在写给圣保罗总督的信中这样说道："那些圣保罗人（Paulistas）只关注自己的新发现，这样他们就能远离法官，过着无忧无虑的生活。当他们发现有人跟随他们时，他们会继续在偏远地区开始其他的发现，在那里，因为路途过于遥远，没有人会去追他们。"

旗队主要靠步行或独木舟穿越广阔的地区，马背上的旅行除外。河流被证明是进入内陆干旱地区的重要路线，在 18 世纪它的重要性与日俱增。在没有河流的地方，旗兵只能徒步前行。旗兵赤脚前行，身着朴素而宽松的棉布裤子，有时还会穿上一件棉布衬衫，有时候则不穿，头戴一顶绒线或宽边帽子，腰带上佩剑或者枪支，胸前佩刀，肩上挂着一支来复枪，子弹带缠在身上。很多人借用并掌握了印第安人的弓和箭。也难怪这些身体强健、全副武装的 57 探险者会令印第安人感到恐惧并呆若木鸡。

对旗兵而言，这片土地是一个挑战，他们穿过人迹罕至的荒凉地带，涉过湍急的河流。沼泽和密林嘲笑着他们的努力，连绵不断的干旱地区又让他们不得不感谢那些他们刚刚诅咒过的令人讨厌的无数河流。饥饿无处无时不在，它是他们自始至终的旅行伙伴。旅途中几乎没有猎物，水果、坚果、浆果和植物的块茎也是罕有的令人垂涎的美味。印第安人的口粮不足甚至没有吃的。怀着极大的勇气和坚韧的忍耐力，旗兵坚忍地迎接这些挑战并取得了胜利。

被马尔山脉（Serra do Mar）隔离开海岸的圣保罗人是最坚定的内陆探险者，但他们并非唯一的旗队。萨尔瓦多、累西腓、圣路易斯和贝伦都是朝未知之地大胆前进时的驿站。

在 16 世纪和 17 世纪初，每个重要殖民地周围都修建了一系列地方通信网络，这些殖民地包括：圣维森特、里约热内卢、巴伊亚、奥林达以及后来的圣路易斯和贝伦。它们唯一共同的联系是均濒临大西洋。旗队的扩张使海上航道不再是唯一共同的联系通道，旗队建立起内陆交通线，有些人走水路，另外一些人走陆路，当然还有一部分人将水路和陆路结合起来，最后使新建殖民地和旧沿海人口中心区联系起来。这种交通线在 17 世纪后半期有所发展，到 18 世纪倍增，直到后来通过相互汇合，把主要殖民地都联结在了一起。这些辐射状的路线上来往的交通工具，在河流上是独木舟，在陆地上则是骡队。骡队有固定的行程并收取固定的费用，它们往往由 20—50 头骡子组成，每头骡子负重约 250 磅，每天能走 20—
25 英里的路程。如果可能的话，骡队就在木棚（ranchos）内休息，
木棚沿主干道迅速兴起，它们为骡子和商旅马队（tropeiros）提供
给养和简易的避风所。商旅马队是巴西人当中独特的群体，他们粗
暴而敏捷，和旗队属于同一类人，只不过他们还具备商业冒险精神
和敏锐意识。从港口开始，他们向整个内陆地区分销欧洲商品，反
过来他们也把内陆干旱地区的产品带到沿海地区以供消费或出口。
他们不仅仅是商人，他们还把思想观念、新词语、新消息带到了整
个巴西，此外，他们广为介绍了不同的生活方式。简而言之，他们
是民族统一的重要媒介。

在河流使之可能的情况下，领航员们和他们的独木舟发挥着类
似的作用。普通的独木舟为 50—60 英尺长、5—6 英尺宽、3—4 英
尺深，能承载 1.2 万磅重的物品和 8 个使用短桨及撑船杆的船员。这
些船员白天划桨，晚上沿河岸扎营。到 18 世纪，独木舟船队定期往
返于内陆航道，提供了一种低廉的交通方式，由于一个小独木舟通
常能够承载 10—11 头骡子负荷的货物，而费用是骡队的三分之一，因
此，尽管水路运输更为迂回，采用独木舟运输仍远比使用骡子运输便
宜。将巴西各地联结起来的重要交通网是那些旗队探险的副产品。

经济利益也激励着旗队。像西班牙征服者一样，他们也是怀
着寻找财富的希望深入到内陆干旱地区。那么，和西半球的其他
地区一样，寻找黄金国的理想激励着人们去探索那些未知之地。旗
队企图抓获印第安人并以极高的价格将他们卖给沿海地区的种植园
主或让他们在自己的种植园内劳动。寻求黄金的动机也驱使着他
们，来自圣维森特和圣保罗的旗队被零星发现的沙金吸引，继续向
南前进。巴拉那瓜（Paranaguá，1648 年）、南圣弗朗西斯科（São
Francisco do Sul，1658 年）、弗洛里亚诺波利斯（Florianópolis，

1678 年）和库里蒂巴（Curitiba，1693 年）的建立都是寻找黄金的结果。为了寻找黄金、其他稀有金属和宝石，来自圣保罗、里约热内卢和萨尔瓦多的其他旗队继续向西前进，他们在米纳斯吉拉斯会合，继续寻找矿石的目标使他们朝戈亚斯（Goiás）、马托格罗索（Mato Grosso）和亚马孙河流域行进。

　　到 17 世纪中叶，旗队开始在亚马孙河流域进行贸易并建立定 59 居点。1669 年，国王在内格罗河（Rio Negro）和索利蒙伊斯河（Solimões）的交汇处建立了内格罗河畔圣若泽要塞（Fort São José de Rio Negro），这一交界处成为亚马孙内陆的第一个人口中心。北部的探险中包括若干不同的人群：政府派来驱逐西班牙入侵者的士兵；猎奴队（*tropas de resgate*），他们的探险是为了寻找印第安奴隶；还有那些印第安专家（*sertanistas*），他们是寻求该地区财富的冒险商人。他们向贝伦、其他殖民地及大都市出售可可粉、香子兰、香料、草药、木材、水果、坚果和兽皮。和内陆其他地区一样，传教士在亚马孙也很活跃。作为旗队的一种，他们也促进了内陆地区的探索、开发和定居。然而，他们的动机是截然不同的，他们急切地想离开沿海殖民地前往内陆干旱地区，一方面是为了使印第安人基督教化，另一方面是想把他们从猎捕奴隶的旗队那里解救出来。由于人数毕竟有限，他们只得劝说印第安人住到以教会为主导的村庄的保护范围内，这些村庄分散在从亚马孙河到拉普拉塔河流域的广大内陆地区。

　　旗队的扩张影响深远。通过开辟通信和运输路线，他们打开了内陆地区，提供了这一广阔区域的地理学信息，当时这一区域在地图上仍为空白，此外，他们平定或屠杀了对他们怀有敌意的印第安人。作为这些探险活动的后果，各种经济活动开始了，这为葡萄牙帝国注入了新财富。黄金、钻石和牛是内陆贡献的最显眼的物品。

最终，在新开放的地区，殖民据点大量涌现。一些殖民据点在开始时则只是一个十字路口、一个木棚或是一个饮水点；一些则源于那里发现了金矿或钻石；还有一些是作为自然的歇脚点或者是水路的转运站；此外还有一些是宗教性的村落或者军事性的聚落。

旗队的活动也促进了巴西的统一。从17世纪起，巴西人开始
60 出现明显的人口流动。几个世纪以来，这加强了民族统一。与沿海地区人口的集聚比，内陆地区人口从一个地区迁移到另一地区时更加自由，水路和陆路盘结交错，成为将殖民地联合在一起的有效交通网。米纳斯吉拉斯、戈亚斯、马托格罗索的矿山吸引着整个海岸线上的人并使他们混杂在一起。离开了与欧洲有纽带关系的沿海地区，到达内陆干旱地区的人们很快融入到巴西的广袤中。为了适应这里的地形和气候，他们被迫改变欧洲或者类似欧洲的生活方式。他们从印第安人那里借鉴了很多东西，与外界的隔绝使他们转变成巴西人，巴西也将领土的扩张归功于这些旗队。《托德西利亚斯条约》（Treaty of Tordesillas）把南美凸起部划给了葡萄牙人。1580—1640年间西班牙和葡萄牙王国的联合统治使西属美洲和葡属美洲的界线模糊不清，西班牙因为在南美西海岸忙于开采秘鲁矿，因而除了通往秘鲁矿的后门拉普拉塔地区之外，无路可以阻止葡裔巴西人的扩张。当西班牙国王意识到他们已经拱手将半个南美让给了葡裔巴西人时，为时已晚。18世纪中叶，伊比利亚半岛上的形势发生了变化，西班牙国王娶了一位葡萄牙公主，而葡萄牙王位继承人则娶了一位西班牙公主——这有利于在现实政治基础之上对南美边界问题的坦诚讨论。两位国王同意重新划定他们的南美洲边界，1750年的《马德里条约》（Treaty of Madrid）在赞成两条原则的基础上废除了托德西利亚斯线：（1）占领地保有原则，根据占有的土地而不是声称的土地所有权来决定土地归属问题。（2）承认自然边界，包

括利用河流、山脉、湖泊和其他自然景观而不是有争议的天文点来划定边界。这个条约听起来不错，但随后西班牙获得了葡萄牙的萨克拉门托殖民地，违反了占领地保有原则，这被认为是对葡萄牙在拉普拉塔地区地位的威胁，葡萄牙反过来得到了"七传教区"（Sete Povos das Missões）——乌拉圭河岸东部或左岸的西班牙耶稣会宣 61 教聚落，葡萄牙把它们视作对其控制的南里奥格兰德的一个威胁。授权交换领土是这一条约最不受人欢迎的地方，然而，双方在当时都没有交出那些领土。

对葡萄牙在其中获得极大胜利的《马德里条约》而言，贡献最大的人是亚历山大·德·古斯芒（Alexandre de Gusmão），一位来自桑托斯的巴西人，他曾在科英布拉大学（Coimbra University）接受教育。他认为占领地保有原则是旗队的扩张获得法律承认的最好方式，为把这一原则编入条约中，他进行了积极的努力。正是由于他的努力，巴西正式的领土轮廓有了合法的雏形。此后，西属美洲和葡属美洲的边界一直保持着《马德里条约》规定的大致范围。

除了在两个伊比利亚帝国争夺控制的拉普拉塔地区外，强大的先锋旗队的活动使巴西领土迅速扩张。此后，被巴西人注入葡萄牙外交的占领地保有原则成为巴西划定边界的法律基础，《马德里条约》也为后来葡萄牙人和巴西人索要土地提供了一种模式。漫长的国境线内有着各种惊人的财富，而在殖民时期，葡裔巴西人开发时几乎对这些财富漠不关心。

经济和政治的依赖性

葡萄牙通过海外扩张来增加国家财富，这是里斯本强加给巴西的政治和经济制度追求的唯一目标。葡萄牙人很快就充分认识到巴西是他们的珍贵财富，并要尽可能地剥削。任何修辞都不能掩饰这一经济和政治事实：殖民地的存在就是为了使母国受益。

"如果关闭港口，没有其他国家的援助，巴西完全能够自给自 62 足"，弗雷·维森特·多·萨尔瓦多在他 1627 年写的巴西史中曾这样夸口。这一夸耀并非毫无根据。只要看一眼地图就很容易理解他这么说的原因了。殖民地面积的巨大和地理的多样性似乎确保了能与这一夸口吻合的自然财富的充分多样性。

16 世纪下半叶在亚洲的失败促使宗主国在经济上开始关注此前一直忽视的巴西。此后，葡萄牙更加依赖巴西提供的各种各样的原材料，在欧洲市场上出售这些原材料而获取的丰厚利润可以暂时缓解王室金库和商业资金的紧张。巴西红木、糖料、烟草、棉花、兽皮、亚马孙河流域的药材、黄金和钻石都是新殖民地提供给旧大陆的最重要的几种自然产品。农业是最重要的财富源泉，尽管采矿业非常富有魅力和珍贵，但那只是个插曲，与农业相比，它只是财富的次要生产者。然而，不管是来自地上的还是来自地下的，巴西物产都非常丰富。多年来，在葡萄牙与外国的出口贸易中，巴西产品约占三分之二。

经济发展的多种可能性既是一种诅咒也是一种祝福，因为太多的可能性会允许甚至鼓励经济的发展停留于表面，而这阻止了经济的有序发展。尽管有非凡的潜力，巴西经济发展从未出现多样化。在一定程度上，它从一开始就是而且后来一直都是以出口为导向，把大量的资金、技术、劳动力和土地用于销往国外的产品上。通常，它依赖某一种自然产品维持经济的良好状况，这种产品的外销情况主导着殖民地的繁荣程度。如果产品卖得好，殖民地就会繁荣；反之，殖民地将被萧条和穷困吞没。外部需求决定着殖民地的发展状况，严重依赖某种主要出口品进一步加剧了这种依赖性。殖

民地无权决定自己的经济命运，但里斯本可以。而在开采慷慨的大
自然给他们的自然产品时，葡裔巴西人并没有取得显著的效益，他
们采用随意、过时且低效的方法开发单一自然产品，直到世界上其 63
他急于分沾利润的地区通过采用更有效的方法在生产和销售上都超
过了他们。经过一番踌躇后，那时巴西人顶着巨大的经济压力又转
向另一种自然产品。在繁荣和贫困之间急剧更迭的经济循环最早始
于巴西红木，后来又在糖料、烟草、棉花、可可、橡胶和咖啡上重
演。从一开始，巨大的经济波动就是巴西经济的一个主要特点，并
对巴西历史进程产生了巨大影响。

　　农业结构导致那些经济恶性循环的延续。少数人占有的大种植
园和大牧场通常雇用大量奴隶，他们试图尽可能大规模地供应热带
产品来满足国际市场的需求。迅速获取暴利是他们的目标。农业完
全是投机性的，那些资本主义追求在半封建的框架内进行着。

　　以大规模赠地为基础建立的大庄园（*fazenda*）可以被视为中
世纪庄园的残余。大地产所有者，即实际的庄园主，是拥有绝对权
力的族长，他管理着家人、仆人、奴隶甚至邻居们——除非邻居们
也像他一样是大地产所有者。庄园的庞大规模、孤立于官员的管辖
之外以及地方官员的软弱无能都加强了他的权力。此外，庄园牧师
和当地教区牧师像卫星一般围绕着他，借助着天主教会的声望，他
进一步扩大了自己的权力。由于"大房子"自然而然地是庄园活动
的焦点，从房屋的封闭式阳台望去，族长可以俯瞰他的土地，听取
请求，通常还会开庭并且进行裁决。那些设施齐全的大房子位于仓
房、马棚、车房、仓库、工房和奴隶住房中间。这些庄园总是尽可
能地自给自足，木匠、铁匠、面包师、女裁缝、烛匠和一群技能熟
练或半熟练的奴隶几乎可以满足所有简单的地方需求。可以说，和
庄园范围外的世界接触的需求是很小的。一条崎岖的公路通往下一 64

个庄园和最近的村庄。偶尔，一些商旅马队会来兜售自己的物品。更重要的是，这条公路还能将庄园的主要农作物运到最近的港口，族长和他的家人经常从这一港口为自己购买一些来自外面世界的奢侈品。农村经济不仅仅是由族长、大庄园制、奴隶制和出口作物构成的，但这些特征支配着巴西农业并决定了它的特征，同时也塑造着殖民地社会和经济生活的绝大部分内容。

尽管那些父权制的庄园存在于糖料、烟草、棉花之间，或在小范围内也存在于畜牧业地区，但随着糖料种植园沿着自伯南布哥到圣保罗的海岸不断发展，它们成为其中最著名也最为典型的例子。在最初的那些年中，大约从 1530 年到 1560 年，制糖工业有着被描绘得很好而且看起来固定不变的特征：大种植园不能得到充分利用或大部分的土地得不到耕种，强调种植单一作物，依赖奴隶劳动力，以出口为导向，过分地依赖外国市场。这些特征共同构成了稳固的经济模式，它们不仅仅存在于殖民地时期。这一模式的长久性令我们吃惊，因为我们发现这一模式的长久性不仅主导着，而且也禁锢着近五百年的经济发展。

自 16 世纪中叶到 17 世纪中叶，几乎所有的欧洲糖料都来自巴西，国王通过免税、垄断特权、保证法庭不扣押生产设备以及贵族专利权来鼓励这一利润丰厚的产品的出口。尽管有一些明显的困难——难以驾驭的自然环境、怀有敌意的印第安人、到处打劫的欧洲侵略者、高额的运费以及长期以来的劳动力短缺——糖料还是迅速成为主要作物。到 1600 年，糖料作物产量每年超过 6500 万磅，在前四分之一个世纪中增长了 10 倍。到那个时候，糖料作物给葡萄牙带来的利润要远远高于和印第安人进行的所有其他对外贸易，居住在巴西的欧洲人的人均收入远远超过那些从巴西回国者的人均收入。1609 年，总督迪奥戈·德·梅内塞斯（Diogo de Meneses）

告诉国王糖料给帝国带来了真正的财富，这并非夸大之词。工厂 65
数量迅速增加：1550 年，有 70 家工厂；1584 年，有 115 家工厂；
1612 年，有 179 家工厂；1627 年，有 230 家工厂；而到了 1711 年，
糖厂数量已增至 528 家。

　　制糖工业非常复杂，大糖料种植园主将绝大部分土地出租给小
承包商，换取他们一部分作物。小承包商使用自己的奴隶种植（种
植一次可以满足多年的需要）、砍伐甘蔗并用牛车将甘蔗运往加工
厂。每个承包商每年平均能够生产出 1000—2000 辆车载量的甘蔗。
完成这项工作需要 20 个体格强健的奴隶。大糖料种植园主拥有研
磨和加工甘蔗的所有复杂且昂贵的机器。工厂操作规模宏大，由
牛、马或水力驱动，和大工厂毗邻的所有建筑看起来就像是一个小
村庄。园主雇用 15—20 名葡萄牙监工和技师，此外还有大约 100
名奴隶。一个如此规模的工厂预计每年的糖料产量在 110—125 吨
之间。成品在大糖料种植园主和小承包商之间分配，前者一般分得
五分之三到三分之二，后者一般分得三分之一到五分之二。

　　从 1650 年到 1715 年，来自加勒比海地区的欧洲殖民地日益激
烈的竞争使巴西从糖料作物中获取的收益下降了三分之二。在荷兰
人被驱逐之后不久，作为曾对巴西东北部制糖工业进行全面学习的
勤勉学生，荷兰人在加勒比海地区建立了大规模的种植园。有效的
组织、新设备的采用、大量的资金来源以及靠近欧洲市场的有利地
理位置都意味着他们生产的糖料会更好，而且价格也会更低。法国
和英国模仿荷兰在加勒比海岛屿建立起糖料种植园。这种竞争对巴
西经济而言是一个坏兆头，巴西糖料丧失了绝大部分的欧洲市场，
全球糖料供应的日益增加导致糖价下降。到 17 世纪最后二十五年，
巴西经济已经处于萧条。尽管在价格和需求上都有很大的波动，但
制糖工业一直是巴西的主导产业。虽然制糖工业在 18 世纪 60 和 70

66 年代跌至新低,但 18 世纪后期又再度复兴,这主要是由于当时起义震撼着加勒比海地区,特别是海地,因此减少了对欧洲市场的糖料供应。随后糖价的高涨再度激起葡裔巴西人对该作物的兴趣,巴西人开始系统而科学地看待糖料产量及其存在的问题。糖料作物理应受到重视:在殖民时期,它大约占巴西出口总额的五分之三。

在来自加勒比海地区的经济竞争使巴西的糖料经济陷入恐慌,而巴西经济前景看起来又极为黯淡之时,旗队在米纳斯吉拉斯发现了黄金。1695 年,黄金的呼声回荡在帝国境内。来自四面八方怀有黄金国梦想的人在下矿前都会跳舞。

粗暴、喧闹且目无法纪是采矿场的主要特点。新兴城市一夜之间涌现,米纳斯吉拉斯(Minas Gerais,the General Mines,主要矿藏地)的人口从 1695 年的寥寥无几猛增到 1709 年的 3 万人,并在 18 世纪末达到了 50 万人。东南部内陆的人口和重要性的增加促使政府在 1710 年建立了圣保罗和米纳斯吉拉斯总督辖区。1720 年米纳斯吉拉斯成为一个独立的总督辖区。最初,人们把绝大部分精力投入到寻找金子中,没人考虑从事农业,结果造成那里食物缺乏、价格昂贵。

对于他们眼前的采矿重任,葡裔巴西人却缺乏相关知识,他们的采矿技术远远落后于西班牙人。采矿者主要在河床寻找沙金,偶尔也会在山坡附近的河岸和浅滩上寻找,地下采矿并不常见。随着奴隶价格的上涨,矿主们几乎没有多余的资金去购买采矿设备,即使有能力购买,他们也不知道如何使用。1702 年,里斯本政府颁布了采矿法规,但并没能使巴西内陆招募和派遣到矿业专家,以便给那些粗心的矿工带来一些秩序和生产效率。政府在征收“五一税”——国王对开采出的黄金征收 20% 的税——时则一点都不拖沓。

67 政府设立了一套复杂的官僚机构来保证五一税的征收并杜绝黄金走

私，但无论防范措施多么严密，都没有能够战胜那些狡猾的矿工，他们有一套走私和逃税的技巧。

对黄金的狂热追求激励着旗队到达更远的西部地区。1718 年他们在库亚巴（Cuiabá）、马托格罗索发现了黄金——从圣保罗坐船到那里需要七个月。这里进行的采掘非常浅，与米纳斯吉拉斯相比，这里的黄金很快就被挖掘一空，但这并没有阻碍人们涌向马托格罗索寻找黄金。到 1726 年，库亚巴已经迅速发展成为一个拥有7000 人口的城镇，其中 2600 人是奴隶。1725 年，戈亚斯也发现了黄金，随之而来的是人口涌入和城市兴起的熟悉模式。为了表示对西部地区发展的认同，国王于 1744 年设立了戈亚斯总督辖区，于1748 年设立了马托格罗索总督辖区。

在一阵兴奋之中，几名采矿者在米纳斯吉拉斯的黄金匮乏区内发现了钻石，这一消息于 1729 年首次报告给里斯本。政府立即将这一地区隔离开来，随后，为了保护这些小的、易于饱和的市场，政府对以帝茹库（Tijuco，即迪亚曼蒂纳［Diamantina］）为中心的钻石区实行严格管理。后来，在圣保罗、巴伊亚和戈亚斯又有新的发现，不过数量非常有限。1771 年，为了杜绝走私并维持高价，彭巴尔把矿山直接置于国王控制之下。在发现钻石后的一个世纪里，钻石总产量估计超过了 300 万克拉。同金矿的开采一样，走私大量存在，所以这样的估计应该是已经放大尺度。

矿石产量逐年增加，直至 1760 年达到最高，这是二十年来密集发展的结果。在 18 世纪，合法开采的黄金大约有 200 万磅，这意味着那个世纪全球 80% 的黄金供应来自巴西。在这个世纪里，采矿引起了民众和政府的关注。然而，尽管有美好的前景和光彩的外表，矿山提供的仅仅是财富的一种假象，黄金和钻石从巴西人和葡萄牙人的指间滑过，转到了北欧人，特别是英国人的手中，他们 68

又把工业制品卖给葡萄牙人。事实上，农业对巴西的发展贡献更大，例如，制糖工业的人均收入要大大高于同时期内采矿业的人均收入。

即使在采矿业的繁盛期，巴西依然弥漫着失望情绪。少数人发现了富藏，在发达的城市中心，例如圣若昂－德尔雷伊（São João del-Rei）、萨巴拉（Sabará）、马里亚纳、帝茹库和欧鲁普雷图（Ouro Prêto），漂亮的民居和宗教建筑证明了繁荣程度。米纳斯吉拉斯的首府欧鲁普雷图是洛可可艺术在巴西繁荣的例证，它的13座教堂、各种各样的政府建筑、优美的喷泉以及众多两层小楼如绘画一般分布在城市所在的小山上，至今依然能让人回想起这座城市全盛期那几十年内的辉煌。与18世纪其他总督辖区相比，米纳斯吉拉斯最基本的特征在于它本质上是城市社会。一小群高级官员以及成功的矿工和商人穿着讲究，用欧洲奢侈品来装饰居所，到当地剧院观看演出，甚至阅读并讨论最新的法语、英语和葡萄牙语书籍。

不管是对殖民地还是对宗主国来说，黄金和钻石的发现都具有重要意义。这一发现恰巧出现在巴西经济的衰落期，在表面上看，它似乎挽救了巴西经济。涌入里斯本的财富很快就被挥霍一空，事实上，黄金仅仅是在去往伦敦和其他欧洲商业中心的途中在里斯本短暂地停留了一下。如果观察睿智并略带夸张的话，我们会发现非洲奴隶在巴西开采的黄金为英国工业化提供了资金。1703年，葡萄牙与英国签署了《梅休因条约》（Treaty of Methuen），为回报英国进口到葡萄牙的酒和农产品，葡萄牙同意购买英国的工业制品。贸易平衡很快倒向有利于英国的一边，而巴西黄金偿还了日益增长的财政赤字。葡萄牙人一边继续挥霍巴西的财富，一边与工业革命失之交臂。几代人以来，黄金的流入掩饰了这一形势的不利后果：经济停滞、发展受阻以及对英国人的依赖性。对巴西而言，这种形势意味着双重依赖，南美殖民地不仅在经济上以重商主义的形式从属于宗主国，而且在日益扩张的英国势力下，葡萄牙的经济独立性逐渐减少，它的命运更多地受到伦敦而不是里斯本的影响。

在葡萄牙帝国境内，黄金的涌入导致物价上涨。矿主们明显不惜一切地购买奴隶、牲畜、农产品及欧洲产品，宗主国里的葡萄牙人花起钱来也一样大手大脚。通货膨胀威胁着帝国经济。从长远来看，黄金既没能让葡萄牙人富足也没能让巴西人富足；相反，它加剧了他们的贫困。

黄金还导致了 18 世纪葡萄牙的专制主义。在此之前，不管国王是否乐意，他都必须通过召开国会（Côrtes）来要钱。在 1697 年国会休会后，国王没有再定期召开国会，直到 1820 年的起义迫使国会再次召开。国王没有理由再去要钱，因为王室从采矿业中征收的五一税已经使国库满满当当的了。因此黄金促成了专制政治并使五代葡裔巴西人没有获得任何立法经验，尽管一直以来葡萄牙的立法也很有限。

在巴西，新发现改变了人口分布。传统上，人们聚居在沿海地区——尤其是巴伊亚和伯南布哥间的地区人口最密集。新发现使大量沿海居民被发财梦吸引而迁移到巴西内陆。发现黄金这一振奋人心的消息也鼓励着移民从宗主国直接来到巴西内陆。奴隶们也从通常的沿海目的地被转移到采金区。由此导致的沿海地区劳动力短缺加剧了已经开始的农业衰退。一般来说，人们的注意力从东北部转移到东南部以及 1763 年殖民地首府从萨尔瓦多迁移到里约热内卢就是这一变化最好的例证。 70

采矿业成为城市化的动力。伴随着每一次黄金的发现，新城镇大量涌现，随着资产阶级的增多，东南部的商业活动进一步加强。更多的政府官员前来监督黄金和钻石的开采、保护和运输。17 世纪新建了 4 座城市和 37 个城镇，而 18 世纪新建了 3 座城市和 118 个城镇。

　　葡萄牙人乐于剥夺巴西人的经济自主权，黄金出口日益增长的重要性显著地改变了在马松博人和葡萄牙人之间小心翼翼维持的平衡关系，这至少是一种善意忽视的结果。以糖料经济为例，种植园主精英中的马松博人监督着甘蔗种植、制糖并为糖料出口做准备，而葡萄牙商人、海洋利益相关者还有官员们，则把糖料销往国外，这种和谐分工对双方来说都非常有利。但当黄金和钻石泛滥时，这一平衡被打破。国王认为那些贵金属和宝石太过珍贵，因此不能再像农业那样允许在生产和国际市场之间进行利润分配了。葡萄牙探险者成群结队地前来寻找黄金，士兵和官员们也涌入巴西来保护国王的利益和垄断权。总之，巴西精英发现自己在淘金和钻石的热潮中被甩到一边，葡萄牙人破坏了地方权威、本地特权和马松博人的利益，这令巴西人非常反感。劳动分工的消失和葡萄牙当局大规模的侵入都疏远了很多巴西精英，这是导致巴西独立的重要原因。

　　1760 年以后，经济大萧条开始了，但并未波及本土作物——巴西棉。最初马拉尼昂出口这一作物，很快伯南布哥、巴伊亚和里约热内卢也开始种植棉花并对外销售。种植棉花远比种植糖料作物简单，而且资金投入也少很多。到 18 世纪末，一个典型的棉花种植园一般雇用 50 名奴隶，年产皮棉（未脱壳的棉花）约 6.4 万磅。在 19 世纪的头几十年中，棉花生产达到巅峰，当时的美国，由于总统杰斐逊的禁运政策以及与英国间的战争，不能再为欧洲市场供应棉花，这一市场空缺很快被巴西填补。那些年中，棉花占巴西出口总额的五分之一到四分之一。

　　烟草是第三重要的农作物，被广泛地应用于与非洲和欧洲（自烟草在荷兰普及后）的贸易中。事实上，由于巴西烟叶质地优良，因此在遥远的亚洲也很受欢迎。尽管从塞尔希培到圣保罗的广阔区域都种植烟草，但烟草生产却是以巴伊亚为中心。这一农作物具有社会和经济意义：小农可以从烟草种植中获利。烟草生产不需要专门设备，只需要一间加工烟叶的小屋。由于需要的劳动力少，因此不需要雇用太多工人，这样，一定数量的农民完全可以种植这种有利可图的出口作物。

在某种程度上讲，可可、大米和靛青也是为出口而生产的作物。至于国内消费，农民种植小麦、豆类、马铃薯，以及各种蔬菜和水果。市场可以看到玉米、甘薯、木薯、棕树笋、巴西香蕉、腰果、菠萝以及包括各种国内水果在内的本土食物。它们大大丰富了当地饮食，但在海外贸易中却没有占太大份额。

另一种经济活动——养牛业，对巴西发展的影响远远超出了经济领域。1531—1533 年，马蒂姆·阿丰索·德·索萨把牛引入巴西，1549 年托梅·德·索萨引入了更多的牛。此后定期有牛到达这里。圣维森特、巴伊亚和伯南布哥是最早的养牛中心。16 世纪后半期，养牛场遍布了自巴伊亚到伯南布哥之间的狭长海岸线上的大部分殖民地。

在一定意义上讲，养牛业是响应制糖工业的需要而发展起来的。在 16 世纪的第三个二十五年期间，糖料种植园和养牛场大多 72 位于同一片土地上。肉为拥有大量工人的种植园提供了重要的食物。牛是运输木柴的役畜，此外，在运输甘蔗的途中亦必不可少；有时它们还在糖厂拉磨，在耕地、播种和收获中同样不可或缺。在 16 世纪下半叶养牛业迅速发展之际，为了保护稀有的产糖地并留出这部分土地专门种植甘蔗，葡萄牙政府禁止在沿海 10 里格内的区域内养牛。该决定将养牛业驱逐到了内陆，在那里这一产业继续发展。

牛群往往紧随旗队的步伐，前往更深处的内陆干旱地区。那里有混合着印第安人、非洲人和欧洲人血统且体格健壮的牛仔，他们居住在边境，守护着边境。有时牛仔也促进巴西的扩张。牛仔

（vaqueiro）通常处在防御那些充满敌意的印第安人的第一道防线上，他们要么杀掉印第安人，要么把印第安人驱逐到内陆地区。有时候，牛仔也吸收印第安人加入边境放牧队伍。养牛是印第安人热情参与的一项工作，不管是在技术上还是在血统上，他们都促进了牛仔队伍的形成。一个曾深入马拉尼昂内陆的游客描述牛仔的衣着为"穿着粗棉布裤子和衬衫，在一张铺在地上的干牛皮上吃饭、睡觉"，而其性格则是"好客、随和、乐于助人……带着乡下人的粗劣，但真诚、充满善意"。

　　不断发展的养牛业因其对大片土地贪得无厌的需要而著称，从伯南布哥、巴伊亚、圣维森特向外部辐射到内陆荒漠，伯南布哥是异常活跃的扩张中心。这一产业从米纳斯吉拉斯和圣保罗深入到遥远的南部地区，穿越南部山谷和平原到达巴拉那（Paraná）和南里奥格兰德。在南部偏远地区出现了第二类牧牛人：高卓人 73（gaucho）——西班牙人、葡萄牙人和印第安人的混血儿。此外，作为娴熟的骑手，他们大部分时间在马鞍上度过，能够熟练地使用套索和套牛绳（Bolas）管理牧群。

　　除了扩张并居住在广阔的内陆地区，牧牛人还促进了殖民地的统一。因为牛可以走动，所以他们可以把牛赶到市场，这是一个漫长的驱赶过程。赶着100—1000头牛组成的牧群，他们缓慢地朝北部、南部、东部或西部行走，哪里有市场他们就赶着牛去哪里。漫长的旅途打开了新交通路线并将分散的地区联系起来。由于马拉尼昂饲养的牛在巴西销路很好，因此养牛业成为将马拉尼昂州和巴西州最终联合在一起的重要经济纽带。在水坑、河流流经地和山口附近，那些牛群最常走的线路上，涌现出小村落。市场附近发展起来一种全新的产业——育肥牛，其他商人则从事牛的买卖。显然，这个产业在范围上不仅仅是地区性的。与制糖、采矿或者其他经济事务相比，它以广阔的殖民地为基础，将内陆干旱地区和沿海地区、北部和南部联系起来。

此外，养牛业将殖民地两项最重要的经济活动联系起来：制糖和采金。牧牛人自由地穿梭于糖料生产商和黄金生产商之间，把东西卖给这个、那个或双方。东北部和东南部地区经济之间，即糖料和黄金之间，最明显的自然纽带是圣弗朗西斯科河，它由南往北，从采金区流向产糖区，它的河谷也是其中一个畜牧文化中心，从这里牛群可以轻松地转移到北部或者南部。金矿业对食物的大量需求以及购买食物的诱人金钱加速了河谷地区的发展。到18世纪早期，这里定居的居民如此之多，以至于游客逐家路过就能很容易地穿过全长1500英里的路程，而房子的间距不会超过一天的路程。矿工的需求也促进了南部地区养牛业和养骡业的发展。一直以来，这些牲畜的价格都非常低，但1695年后价格飞涨。因此，牧群向北移动成为定期活动。在18世纪期间，每半年就有20万头来自南部的牛在圣保罗的索罗卡巴（Sorocaba）集市被出售。成千上万头牛和骡子沉重而缓慢的脚步打破了遥远的南部地区和巴西其他地区的隔绝，也有利于它融入到殖民地的整体之中。

养牛场规模不等，几乎没有规模特别小的，相反，部分养牛场规模惊人。很多人说迪亚斯达维拉（Diaz d'Avila）的大牧场面积超过了大多数欧洲国家，这个牧场于16世纪末在巴伊亚南部建立，以圣弗朗西斯科为中心，并向内陆干旱地区无限延伸。建立牧场的第一步就是为牧场主修建一座房子，此外还要有分开牛群、驯化牛群的畜栏，在牧场主房子的周围应该建一个花园，并开辟耕地为牧场主、牛仔和其他工人提供食物。必要时，牧场主要命人烧掉树木、灌木丛和其他植物来建立牧场。即使是最小的牧场，一开始养牛的数量也不会少于200—300头。牧场主总会努力使自己牧场的牛群规模保持在 1000—2000 头之间。此外，他需要马来协助赶拢牛群并驱使它们前进。一个小牧场通常需要 25—30 匹马，但一个运营良好的牧场一般需要 50—60 匹马。

牧场多半保持着沿海种植园新封建主义氛围的特征，牧场主最富裕时可拥有足以让他们跻身于殖民地贵族行列的权力、威望以及财富。由于跟沿海种植园相比，他们与殖民地政府中心更加隔绝，他们往往对下属行使绝对的权力。尽管如此，与沿海地区的种植园主截然相反的是，牧场主并不具有制糖工业异常严格的等级制度特点。有些学者会强调养牛业现有的或潜在的某些民主特征。牧场主与手下工人的关系通常更密切，由于工人数量相对少，有时牧场主甚至和工人一起工作，在驱赶牛群的漫长途中，他们一起分担75 单调乏味的生活、给牛打烙印的危险，并分享有限的肉和奶（或南部的巴拉圭茶［maté］）。奴隶制在牧场并不普遍。牧场主习惯上分给牛仔新生的牛犊，以作为一种给他们支付报酬的方式。每四年或五年，牛仔就有资格从每四只新生的牛犊中拿走一只。对那些志向远大的牛仔来说，这样他们就有可能开创自己的牧群。因为这一产业需要的投资少——不需要特殊的设备或机械，也不需要谷仓和地窖——一些牛仔完全可以跻身创业者行列。从这样一个角度来看（如果在实践中受限的话），养牛业中的社会和经济流动性比殖民地其他经济活动更加明显。

养牛业长远的重要性远胜于其短期的重要性。它为其他经济部门提供必要的支持但对殖民地出口的影响微乎其微。巴西人并不向外出口鲜肉，他们出口兽皮用作烟草或巴拉圭茶的包裹材料，并把兽皮卖给欧洲鞋匠。与从糖料、黄金、棉花和烟草的出口中获得的收益相比，上述养牛业在出口中的收益微不足道。

尽管存在大起大落，巴西经济仍在发展，贸易还在扩张。贝伦、圣路易斯、累西腓、巴伊亚和里约热内卢——特别是后三者——是最重要的港口，越来越多的货物从那里经过。与非洲的直接贸易逐渐繁荣，沿海贸易也很兴旺。萨尔瓦多的优良港口是殖民地商业繁荣的最好例证。到 18 世纪末，定时运行的航线从萨尔瓦多到欧洲和非洲并沿着几乎 4000 英里长的海岸线伸展开来。平均每年有 50 艘船穿行于萨尔瓦多、波尔图及里斯本之间，给巴西带来欧洲和亚洲的工业制成品、酒、面粉、鳕鱼、黄油、乳酪和盐，并把巴西的糖料、烈酒、棉花、烟草、咖啡、木材、树胶、香脂和药材运往旧大陆。从非洲来的船只卸下奴隶、蜡和沙金，换取葡萄牙的酒精、烟草和粗糙的印花织品。沿海港口聚集着众多小型贸易货船，平均载重约 250 吨。萨尔瓦多与南部特别是拉普拉塔地区 76 进行大规模的贸易，输出糖料、朗姆酒、陶器和欧洲商品以换取白银、牛肉干和兽皮。

在制定帝国商业政策时，葡萄牙表现出拖沓和松懈，在商业法规的形成中，偶然性和计划性因素一样多。帝国希望占有来自巴西境内的各种国内不能生产的产品，并把剩余产品卖到其他欧洲国家。当然其目标就是保持出口超过进口，即理想的"贸易平衡"。从各方面来说，巴西都被认为是宗主国财富的源泉。皇家官员把殖民地视为一头巨大的"奶牛"，能给国王、宗主国，尤其是被派往新大陆的官员带来巨大的利益。正如南里奥格兰德总督席尔瓦·伽玛（Silva Gama）曾无耻地说过的："没有什么比国库的财政问题更能引起我的兴趣。为尽量节省开支，在不过度伤害臣民的情况下，勤勤恳恳地为国王聚敛财富，想出增加税收的新办法，是我不懈的追求。"整个殖民时期大多数官员持这种态度：他们试图通过开发殖民地或增加殖民地的税收来使宗主国富裕起来。此外，为在重返葡萄牙后过上舒适的生活，他们中的很多人设法在热带流亡期间发财致富。

几个世纪以来，葡萄牙的重商主义政策采取了各种形式。其中的一种方法是旨在垄断所有巴西贸易的护航系统，每年提供一定的舰队，由军舰护航，往返巴西。尽管如此，高度分散的葡萄牙贸易模式（与其伊比利亚邻居的模式完全不同）以及商船和战船的缺乏使护航舰队的努力大打折扣，最后在两个半世纪内只是偶尔进行了一些敷衍的尝试。事实上，外国人明目张胆地与巴西进行着利润丰厚的走私贸易。受荷兰和英国的东印度公司鼓舞的经济公司，运营情况比葡萄牙的护航系统稍微好一点。

政府尝试了用各种方式来控制经济。垄断业繁荣了起来。仅以 77 少数商品如巴西红木、食盐、烟草、钻石为例，其贸易都曾落入垄断官僚手中。名目繁多、形式各样的赋税给经济带来特殊的压力，其中有对农牧业产品征收的什一税，以及对矿产品征收的五一税。直至 17 世纪中叶，国王的主要收入来源仍然是对糖料征收的什一税。在发现黄金后，五一税成为国库唯一主要的贡献者。国王对殖民地内部和外部的贸易均进行征税，主要港口的海关对海外贸易征收关税。此外，还在最重要的河流渡口以及常用路段设立站点，用来征收过往通行费并对国内贸易课税，对进入米纳斯吉拉斯的商品、奴隶和牛征收的关税，进口税（*entradas*），就是王室政府征收一种特殊类型税的例子。巴西人需要为被划定为奢侈品的本地产品或进口产品支付一系列的消费税，这些物品包括酒、烟草和盐。各种诉讼费、对王室地产征收的免役税以及"自愿供款"进一步充实了王室金库。事实上，完整的赋税、关税和费用清单非常长。1809年，一个外国观察员这样评论："税收主要落在那些下层阶级头上，而那些有能力付税的人却不需要缴税。"国王并不亲自征税，而是使用罗马的包税制并在规定的期限（通常是三年）内授予一个包税人独家经营契约，以此来换取国库的稳定收入。

由于担心殖民地可能放松生产欧洲急需的初级产品的努力，王室官员对剔除经济上不必要的多样化保持着高度警惕。最重商主义的方式是葡萄牙人不允许巴西生产葡萄牙已经生产或者能够提供的任何东西。除了造船业和制糖业之外，国王不允许在巴西有任何其他制造业。另一方面，国王偶尔也鼓励种植那些可能畅销于宗主国或欧洲的新作物。尽管遇到了很多挫折，在 1769—1779 年间担任总督的拉夫拉迪奥侯爵通过促进靛青、大米和小麦的生产来推动经济的多样化。国王虽缺乏想象力，商人（包括葡萄牙商人和美洲商人）以及当地的农民却不像重商主义法令那样阻碍多样性，他们曾推动经济的多样化和发展。

在编纂和执行重商主义政策方面做得最多的葡萄牙官员是彭巴尔，他充分意识到了葡萄牙的繁荣和巴西的经济休戚相关。巴西经济的繁荣能为葡萄牙的富裕奠定坚实的基础。在重农主义者的影响下，他认为应该科学全面地考察巴西的潜力，以此作为进一步剥削的基础，他希望加强经济甚至实现经济的多样化经营。

巴西人并没有顺从地接受强加于他们身上的所有繁重的限制，他们的抗议被定期送往里斯本。特别是议会厅里回荡着激烈的争论，申诉或请愿越过海洋报告给国王，期望事情能有转机。随着 19 世纪的到来，受过教育的马松博人写下一篇篇有说服力的申诉，要求修改重商主义政策，巴西人也采取了行动，大量的经济冲突引发了骚动或起义，打破了殖民地本来平静的气氛。

米纳斯吉拉斯是 18 世纪动乱的温床。当采矿热正在进行时，圣保罗人和他们的印第安人奴隶对葡萄牙人、沿海探矿者以及他们的黑奴非常憎恨。圣保罗人把"外国人"（foreigners）或"外人"（outsiders）视为对他们的黄金所有权的侵略者，并且嘲笑似的称所有这些人为"外来人"（emboabas）。1708 年末，两派领导人之间的竞争引发公开的战争，第二年以圣保罗人的战败而告终。矿区中的动乱也随即爆发，1720年在费利佩·多斯·桑托斯（Felipe dos Santos）的领导下，一场反对改进后的征税办法的民众叛乱爆发了。殖民地政府很快镇压了这次叛乱。逾期税以及企图向他们征税的流言激怒了米纳斯吉拉斯的一些浪漫诗人，他们联合少数的种植园主、商人和牧师以争取独立的名义密谋。但这一计划——历史上有名的米纳斯密谋（Inconfidência）——很快就在1789年落空了，因为有人向总督告密，总督迅速地采取了镇压措施。后来被处死刑的领导人若阿金·若泽·达·席尔瓦·沙维尔（Joaquim José da Silva Xavier）更是因其由"拔牙者"的职业发展而来的绰号"蒂拉登特斯"（Tirandentes）而闻名，他成为巴西独立的殉道者。

与此同时，在东北部地区，奥林达的乡村贵族受到附近正在发展中的商业中心累西腓的挑战，到18世纪初累西腓已经是一个大约有8000居民的繁忙港口。商人阶层中的绝大多数是葡萄牙人，通常还包括那些使种植园主负债的商贩（mascates，巴西人大量使用的轻蔑语，指"小贩"）。同时代的一个无名作家这样抱怨："他们（商人们）只是设法赚取尽可能多的利润来致富，而不管这是否会损害其他人，他们毫不犹豫地为种植园主提供一年的贷款，这样来年他们就能索要糖厂的所有收入和利润。"因此，种植园主憎恨商人们的势力，指责他们企图"消灭所有的贵族阶级"。他们试图通过直接与英国和荷兰的船只进行贸易来自救，但这种贸易活动是被葡萄牙的重商主义政策所禁止的，自然也遭到了商贩们反对。当1710年国王将累西腓提升入城市行列并将它从奥林达的政治控制中解放出来时，种植园主通过攻击并占领港口进行反抗。第二年商贩们又起而反抗制糖工业贵族强有力的统治。一名被从里斯本派往伯南布哥的新总督在1711年末用宽宏大量地赦免每一个人的方式平息了这场"商贩之战"。巴西的制糖工业贵族和移民中的葡萄牙资产阶级之间的尖锐分歧持续了近两个世纪并演变为周期性的城乡冲突。商贩们充当了一个稳定的催化剂，首先他们引起了或加强了巴西的本土主义，即后来巴西的民族主义。事实上，早在1710—1711年的骚乱中，一些种植园主就在对外来人满怀敌意的反抗中隐约提到了效仿威尼斯建立独立共和国的可能性。

　　在18世纪的最后三分之一的时间里，经济停滞加剧了早已在巴西流行的社会不满情绪。出口下降。金矿枯竭，而当时葡萄牙的技术还不足以去开采埋藏在更深处的矿脉。糖料销售变得缓慢。收入锐减。唯一的缓解方式——可能一直以来也是暂时的——是远离巴西的一些事件，它们不受巴西的控制和影响。英国在美洲的十三块殖民地的起义中断了欧洲和北美的传统贸易，这就给巴西，特别是马拉尼昂提供了在欧洲市场销售大米和棉花的机会，而此前这一市场一直由北美控制。1791年海地爆发的奴隶起义破坏了欧洲大多数糖料供应的来源。巴西糖料出口的数量和价格也相应增长，但这种暂时的恢复和繁荣仅仅强化了巴西经济的脆弱性。在巴西的经济滑落到衰退以及因对出口的依赖而加剧的巨大经济波动那不断循环的死气沉沉之前，它享受着另一时期的繁荣。

　　重新审视巴西殖民地时期的经济，我们会得出两个令人沮丧的重要结论。一方面，殖民地时期的巴西经济造成了社会内部的不平等；另一方面，它也是灌输并培养了依赖性的外部政策的牺牲品。种植园经济需要大量资金或获取资金的渠道，因此，只有少数人能够参与其中并从中获利，也就是说，有资金的特权阶层才可以投资。在得到赠地后，他们购买非洲奴隶或者从那些穷人和无技术的人中征募工人。他们投资糖厂、仓库、加工设备或种植园需要的任何东西来使之高产并赚钱。种植园经济的主导地位加剧了主人和奴

隶、族长和劳工间的社会、经济和政治差异，使阶级界限长久存在
81 并最终出现了等级制度。极少数人渴望向上层社会流动。奴隶和雇
工对成为种植园主不抱希望，因为即便他们能够获得土地，购买设
备的费用也高得惊人。自给农业很可能是解放了的黑人和自由劳动
者能接受的唯一选择，因为只有在此之下，他们才能逃脱劳动控制
机制。佃农和小农的确存在——当然他们促进了本地乃至区域经济
的发展——但是他们很难跨越这样一条线，这条线将他们和拥有财
富、优先权和权力的种植园主分离开来。有特权的少数人和卑微的
大众间的鸿沟是殖民地时期的巴西无法改变的事实，它超越了经济
学的范畴并具有深刻的社会和政治意义。

　　依赖性意味着巴西经济的好坏取决于南美洲之外遥远的地方
所做决定的结果，这些决定多半由里斯本来做，但随着葡萄牙更加
依赖英国，这些决定也越来越多地由伦敦来做。巴西经济中最活跃
的部分是出口，它受到巴西人无法控制的欧洲市场波动的影响。强
调单一出口增加了巴西经济的脆弱性并增强了反复无常的需求和
（或）成功竞争的影响。通过强加经济依赖性的潜在模式，葡萄牙
帝国的结构和实力对巴西造成了经济损害。市场波动周期不是这种
依赖性的唯一明显症状。普遍存在的贫困是另一个症状。

　　作为殖民地，巴西在政治上也依赖于里斯本。国王将反映葡萄
牙需要、欧洲经验和帝国目标的政治控制体制强加给巴西。巴西仅
仅是构成整个葡萄牙帝国的一部分，纵然它是很广阔的一部分。三
个世纪以来，新大陆的殖民地在一个各种构成要素相互影响的大框
架内发展着。葡属美洲继承了帝国其他地区业已完善的很多经验，
同样，该地区也促进了帝国其他地区的发展，特别是它与安哥拉联
82 系密切。在 16 世纪末之前，巴西是葡萄牙最宝贵的海外领地，逐
渐增长的制糖工业利润以及随后黄金的发现进一步巩固了它的显要

地位。然而，在 1807 年布拉干萨王室将宫廷从里斯本迁至里约热内卢之前，葡萄牙仍然没有管理巴西的专门法律和体制来表明它是庞大帝国内部一个独立的、独特的或享有特权的实体。

当我们回顾巴西殖民地三个世纪以来的政治演变，即从一个单纯的政治附属物到一个复杂的政治附属物不断推进的过程，我们会发现两个显著特征。第一，在这段时间内，政府对巴西的控制加强，尽管这一过程有时并不稳定。到 19 世纪初，国王、他的总督和地方官员比此前任何时候都更高效地行使更多的权力。第二，在三个世纪的时间里，巴西的政治地位逐步提升。1549 年，国王的私人代表——总督领导下的中央政府开始行使少量权力并给总督辖区内受赠人惨淡和普遍低效的管理带来了秩序和正义。1646 年，国王把巴西提升为公国，此后王位的继承人一般被称为"巴西王子"。1720 年后，所有巴西政府主要领导人均被授予"总督"称号。最终，摄政王若昂（João）在 1815 年将巴西提升为王国，因此，至少在理论上，在一个政治上专制主义的帝国内，这把巴西提高到与葡萄牙平等的地位。

在葡萄牙占有巴西的几个世纪内，当时流行的政府的概念与我们今天所指的政府截然不同。研究巴西史的聪明的学生卡约·普拉多（Caio Prado）称葡萄牙政府为"一个不可分割的整体"，他认为我们今天必须考虑的一些政治学奥妙当时还未出现，既没有权力的分割，也没有政府部门的划分。教会和政府实际上合二为一。所有的权力集于国王一人之手，他代表了整个国家。他制定、解释并执行法律。一方面，他制定了管理帝国的总原则，另一方面他又规定了一个详尽明确的庞大法律系统。在他庞大的领域内，他对教会进行保护和管理。事实上，通过神权统治，国王在帝国政府内是至高无上的。勃艮第（Burgundy）和阿维什王朝在损害贵族和教会的情况下实施中央集权并加强王权。作为这一趋势的继承者和邻近的哈布斯堡王室（Hapsburgs）的效法者，布拉干萨王室以帝国最高领导者的身份行使着司法权和君主特权，显然，国王是毋庸置疑的权威，他是所有权力的来源。他有最终决策权。（在巴西独立前，只被一个女人统治过：女王玛丽亚一世［Maria I］。1777年，在没有男性继承人的情况下，她登上了王位，尽管后来她患上了痴呆症，她的统治也一直延续，直到1816年她死于里约热内卢。）

　　然而，统治一个面积如此辽阔的帝国还需要行政协助，几个世纪以来，为了满足这种需求，出现了很多政府机关。很长一段时间以来，那些机关用大致相同的方式来处理宗主国内部事务和海外事务，并没有对这两类事务进行区分。葡萄牙法典包括1486—1514年的《阿丰索法典》（Ordenações Afonsinas）、1514—1603年的《曼努埃尔法典》（Ordenações Manuelinas）和1603年的《腓力法典》（Código Filipino），这些法典在1823年前得到全面利用，直到1917年也仍被部分使用，尽管当时的《巴西民法典》已经制定。虽然不断地修订和增补，但无论其适用性如何，它们一律用同样方式管理着整个帝国。国王坚持认为——或者说是天真地认为——葡萄牙帝国是大一统的。尽管存在分散和变化，但那种一致性一直都在。让人印象极为深刻的是，一个官员可以不受任何限制地从一块大陆到另一块任职，这也促进了帝国整体的统一。

　　当然，随着帝国的扩张，行政管理的专门化也在发展；直到那时，才会有专门的机关区别对待国内和国外事务。然而，国王从未批准成立一个专门处理巴西事务的机关。只有在涉及税收和印第安人事务时，这块南美殖民地才会得到其财富和重要性理应受到的那种特别关注。然而，当地管理者已经能够熟练地改编帝国的总法典和法令来适应当地形势。他们不得不这么做。第三任总督梅姆·德·萨这样向国王报告："（我们）不应该也不能够按照葡萄牙的法律和惯例统治这片土地，如果殿下您没有一颗宽恕之心的话，那就很难对巴西进行殖民统治了。"由于国王和殖民地相距很远，此外通常也是出于需要，这种不受法律限制的自由是可以容忍的。

在大约两个世纪的时间里，殖民地（及巴西）事务通常由一个王室秘书或者一个国家秘书处理，1736 年以后，他们被授予了"海军和海外部部长"的头衔。拥有此头衔的人往往出于忠诚和功劳而被选任，享有王室的绝对信任。他们可以将信息直接传到国王耳朵里，当然他们也只对国王一人负责。反之，他们也得到了各个行政机构的协助，在实践中这些行政机构承担顾问、决策、司法和财政等多种职责。其中最重要的一个机构是 1642 年若昂四世（João IV）创立的海外事务咨议会。它是大量实践发展的结果，这包括咨议会的前身印度事务委员会和印度与海外征服会。后者成立于 1604 年，在葡萄牙行政史上具有重大意义，因为它第一次将海外事务的管理和宗主国事务的管理区别开来。海外事务咨议会的主席、秘书还有三位议员通常在殖民地任职，历史上其成员大多居住在巴西。委员会下设三个常务委员会，负责处理各种军事、行政、司法和宗教事务，但它的主要职责是为国王提供建议。与它的前身相比，它表现出对商业事务的极大关注，它在这方面的权力也相应增加。

其他政府机关继续行使处理宗主国和殖民地事务的双重职责。[85]例如，1591 年成立的财政委员会取代财政主管，管理公共财政和国库；1532 年若昂三世成立的道德和宗教秩序委员会在宗教和印第安人事务上为国王提供建议；最后，申诉委员会成为裁决殖民地诸多司法争端的最高法院。这些机构共同构成了主要的官僚机构，使国王能够统治分散的海外领土。

在巴西，国王的代表管理着殖民地。处于权力巅峰的是被称为

"国王影子"的总督。当受赠人制度逐渐衰落之时，国王派遣了一名总督对殖民地实施集中管理。他的具体职责是确保所有的赋税都被合理地征收上来，国王的司法被执行，殖民地在军事上做好了驱逐侵略者的准备。那些总督是否发挥作用很大程度上与他们个人的强弱成比例，强者统治着殖民地，而弱者几乎无法控制首府，其权力被野心勃勃的主教、上将、市议会和重要法官瓜分。自 1640 年至 1718 年间，巴西的三名政府长官因贵族身份而被授予了"总督"头衔。1720 年以后，所有官员都被授予这一头衔，当时他们的职责或多或少受到习惯和法律的限制。理论上（我们必须不断强调在这些事情上理论和实践经常不一致），18 世纪的总督整体比他们的前辈们更强大且效率更高，当然也有例外。其中最著名的总督有萨布戈萨伯爵（Conde de Sabugosa，1720—1735 年）、拉夫拉迪奥侯爵（1769—1779 年）和路易斯·德·瓦斯康塞洛斯－索萨（Luís de Vasconcelos e Sousa，1779—1790 年）。在巴西，国王首席代表的平均任期在 16 世纪为六年半，17 世纪为四年半，18 世纪为六年。

86 他们多数是职业军人和贵族。

直到 1763 年，中央政府一直位于巴伊亚的萨尔瓦多。到 18 世纪初，首都自称人口已经超过 10 万，这使它成为继里斯本之后的帝国第二大城市。总督政府的存在，还有位于巴西海岸中部且与非洲相对的地理位置，使萨尔瓦多具有极大的军事意义。政府从萨尔瓦多派兵补充远至萨克拉门托殖民地，甚至远至非洲和亚洲的驻军。这座城市还是葡属美洲唯一的大主教居住地，此外，这是一个繁华的港口，是与非洲和欧洲贸易的中转港。萨尔瓦多威严地矗立于宽阔的万圣湾（All Saints Bay），城市建造在两种地基上：海湾和陡峭的悬崖之间，船坞、仓库、造船厂和商行紧紧相邻；在高处，悬崖顶端是政府办公区、富人住宅区以及西半球最豪华的宗教建筑。两个巨型广场使这座位居高处的城市更加优美。其中一个广场周围是壮丽的总督住宅、国库、市议厅（及监狱）、高等法院。另一个广场坐落着宏伟的耶稣会学院。

由于军事和经济原因，1763年国王把总督辖区从萨尔瓦多迁至另一个繁忙的优良港口——里约热内卢。作为南美—欧洲—非洲三角贸易的重要顶点和拉普拉塔地区走私贸易的站点，里约热内卢生机勃发。由于矿业和农业的开发，东南部具有了新的经济意义。里约热内卢使总督能够近距离地监视来往于米纳斯吉拉斯金矿的主要线路。与此同时，东北部的经济地位降低。此外，1654年《塔博尔达条约》（Treaty of Taborda）签订之后，东北部的外来威胁消除了。（此后，西印度群岛吸引了欧洲海上势力的注意力。）在遥远的 87 巴西南部，葡萄牙面临着一个新挑战。随着1680年萨克拉门托殖民地的建立，葡萄牙和西班牙间的局势日益紧张，这使关注和保护普拉廷（Platine）地区成为必要。当时，里约热内卢被选为殖民地的新首府，因为18世纪它在地理上靠近这种军事威胁和殖民地的经济活动区域。一直以来，这座城市稳步发展，而内陆地区黄金的发现以及总督法庭的建立加快了它的发展。它还可以向人们夸耀它雄伟的居民和宗教建筑。里约热内卢成为殖民地财富的焦点，那里的少数富裕阶层舒适地生活着。

行政长官和总督依靠发展中的官僚机构履行着基本职能，这些职能包括管理殖民地、监督备战情况、主持国王的司法并征税。在这些官僚机构中，最重要的是高等法院（*Relação*），其中最早的是1609年由当时的总督在巴伊亚成立的。1752年第二个高等法院在里约热内卢成立。上述法庭的主要作用是充当巴西最高法律裁判所，限制向里斯本的申诉委员会上诉。他们还会在官员任期结束时，审查所有官员的行为并进行一些其他必要的调查。其次，它们也是咨询和管理机关，当总督本人不在首府时，法庭中职位最高的大法官通常代行管理职责。在法律和管理问题上，总督通常需要那些受过法律训练的法官提供的建议。在巴西任职的法官，至少在1609—1759年之间，多是受过良好训练的专业人员，均来自社会的中产阶层。在1653—1753年之间，至少有10位出生于巴西的法官在高等法院任职。和帝国其他官员一样，法官在辽阔的帝国内任职，西非和巴西间的官员经常交换。高等法院和新西班牙的听证会存在着某种相似性，税收事务和对国库的监督由另外的机构——税务署负责。

88

马拉尼昂州政府和巴西州政府相似，只是看起来没那么规范。北部州并不像南部州那样强大，它更加依赖里斯本。国王在那里任命了一名总督和一名首席法官（审判长），缓慢的发展和稀少的人口使这里不需要高等法院，因此在马拉尼昂就没有成立高等法院。1737年，州首府从圣路易斯迁至贝伦，贝伦是一个日益活跃的港口，而且一段时间内这里一直是这个州的实际中心。在意识到亚马孙日益增长的重要性后，国王于1755年成立了内格罗河畔圣若泽（São José do Rio Negro，即今天的亚马孙州）总督辖区，隶属于帕拉总督辖区。新建的巴塞卢斯（Barcelos）城建在内格罗河上游几百英里的地方，它成为附属总督辖区的第一个首府。

两州大部分领土是总督辖区，但是很快国王就后悔把新大陆的领土交给那些受赠人。1548年，从巴伊亚开始，国王重新收回那些世袭总督辖区，授予它们皇家总督辖区（royal captaincies）的称号。这一过程缓慢而曲折，它们部分是国王从土地所有者那里购买来的，其他则是在土地遭废弃或无人继承的情况下直接被接管的。但国王在其他时候需要违背自己的政策（这种事情时有发生），将新总督辖区授予个人以鼓励他们到偏远地区殖民。于是在两个世纪

的时间内，这些政策以混乱的方式交替变换着。在 17 世纪初存在
11 个世袭总督辖区；10 个新总督辖区，每州 5 个，都是该世纪内建
的。到 17 世纪末，巴西和马拉尼昂各有 6 个总督辖区。

作为国王代表和委派官员，主要总督辖区的官员和上将——及
附属总督辖区的官员或上尉——在地区范围内履行着同样的职责，
而这正是总督在殖民地范围内做的工作。总督的职责是联络、协调 89
并监督他们的工作。同先前很多地方一样，理论和实践再次出现脱
节。距离、密谋、个人能力的差异以及法律的不明确往往意味着行
政长官和后来的总督对辖区内的各种官员行使的权力非常有限。在
危机期间，尤其是担心外国对沿海城市的攻击或西班牙对南部的扩
张期间，行政长官或总督的军事权力增加，这时候他的军权也可能
是一直以来最大的。当然，那些进取和自信的行政长官比那些默默
无闻的前辈更能扩大个人权威。事实上，行政长官和他的后继者，
总督，从未像新西班牙总督辖区里的同级官员那样实施同等控制和
权能。就这一点而言，在巴西的偏远地区，上将、行政长官和国王
都一样有名无实。考虑到殖民地的规模、少数士兵驻守的小而分散
的驻地，再加上极少数的皇家官员（几乎所有的皇家官员都居住在 6
个沿海城市中），宗主国对殖民地的控制程度引人注目。国王主要通
过合法性的权力来维持自己的权威及对殖民地的控制。巴西人接受
了这一体制，很少对此质疑，更不要说挑战了。即使在 18 世纪末之
前他们质疑或挑战这一体制时，他们也很快屈服于王室强加的意愿。

18 世纪，王室控制增强。在若昂五世（João V）漫长的统治期
（1706—1750 年）内，专制主义倾向渐趋明朗，彭巴尔侯爵完善了
专制主义，1750—1777 年彭巴尔通过软弱的若泽一世进行统治。
在评价这位权倾一时的首相时，葡萄牙历史学家意见分歧很大，有
人称赞他为救世主，有人骂他是疯子。巴西历史学家对他的评价较

为一致，他们非常感谢他在巴西形成中所做的贡献，尽管一些贡献可能是间接的。

90　　　作为一名热心的民族主义者，彭巴尔希望通过更好更充分地利用殖民地来巩固经济垂危的国家，无疑最重要的殖民地是巴西。为了更好地开发葡属美洲，他试图使政府进一步集权和规范化。1772年他取消了马拉尼昂州，把它并入了巴西州，第一次（至少在理论上）创立了葡萄牙在新大陆一个单独、统一的殖民地。在两地联合后，彭巴尔鼓励两者间的贸易以进一步巩固双方政治的一体化。实际上，相对于稀少和缓慢的沿海交流，旗队在内陆开辟的路线更能加强两地间的贸易和通信。不管两者的联合一直以来多么不完美，它奠定了保证巴西帝国未来统一的心理基调。作为世袭总督辖区缺乏耐心的敌人，这位首相解散了那些保留的总督辖区并使它们处于皇家的直接控制下，除了伊塔尼亚恩（Itanhaém）——南部一个小私人总督辖区，它一直保留到1791年。结果，1800年巴西由以下主要总督辖区组成：克劳帕拉－马拉尼昂（Grão Pará Maranhão）、塞阿拉、帕拉伊巴、伯南布哥、巴伊亚、米纳斯吉拉斯、戈亚斯、马托格罗索、里约热内卢和圣保罗；附属总督辖区包括：内格罗河畔圣若泽（亚马孙）、皮奥伊、北里奥格兰德、圣埃斯皮里图、圣卡塔琳娜、圣佩德罗里奥格兰德（南里奥格兰德）。

　　为进一步巩固王室权力，彭巴尔把耶稣信仰者们驱逐出境。一直以来，他怀疑耶稣会士密谋反对他，他还指控强大的教会势力威胁世俗政府（他们曾不明智地批评了他的一些经济计划）。试图谋害国王的性命使他终于有机会将"黑袍者"（Black Robes）驱逐出境。1759年，他命令约600名教士离开巴西。在那之前，耶稣会士管理着巴西绝大多数最好的学校，在他们被驱逐之后，殖民地的
91　教育损失惨重。此外，很多印第安人村落无人管理。这种局面使彭

巴尔加强了政府对教育和印第安人的控制。不管是好是坏，他结束了耶稣会村庄对印第安人的隔离。通过要求印第安人说葡萄牙语、穿着像欧洲人、学习有用的贸易和手艺并鼓励白种人和印第安人通婚，彭巴尔试图把印第安人带进葡裔巴西人社会。尽管他的许多想法都很不切合实际，但是通过在印第安人和葡裔巴西人社会的差异间架设桥梁，他进一步统一了殖民地并改变了巴西北部和其余地区间最大的一个差异。然而，教会村庄体系并未消失。1809年亨利·科斯特（Henry Koster）写到关于他听说过的几个塞阿拉教会村庄，他还到其中一个做过访问和调查。一名教士居住在以前耶稣会的宅邸并照料印第安人的精神生活，而一名白人长官监督着他们的日常生活。科斯特提到："如果土地所有者缺少劳动力，他会向长官提出申请，长官商定每天支付给劳动力的费用，他命令其中一名印第安人首领带一些人到雇主所在的领地。劳动力领到自己的钱后，可以随心所欲地消费；但是这种交易往往低于劳动力的正常价格。"即使是彭巴尔的势力也没能消除所有对印第安人的剥削。

彭巴尔希望和西属美洲在边界问题上达成协议。他赞成占领地保有原则。由于《马德里条约》破坏了拉普拉塔地区的这一原则，他努力想要废除这个条约，通过1761年签订的《帕尔多条约》（Treaty of El Pardo），他达成了这一目的。当然巴西人一直感激彭巴尔支持他们争取最大的领土边界，但他们的利益和侯爵关系不大。彭巴尔对大巴西的兴趣建立在希望有一个更富裕的巴西的基础上，由此带来一个更加繁荣的葡萄牙。当然，巴西将会一直屈从于宗主国。有鉴于此，他试图限制市政府的独立，尽管这些地方政府实际上行使的自由比17世纪全盛期要少，但它们仍是地方政治重要的活跃中心。

市政府是绝大多数巴西人都与之打交道的地方，也是唯一在某种程度上他们能够参与其中的地方。由于它控制的范围不仅仅是市镇及其周边地区，每个市都将领土扩张到与另外的市搭界的地方。在人口稀少的巴西，自治市占地几百，通常是几千平方英里。与那些庞大的自治市相比，欧洲国家看起来就像侏儒。

地方政府最重要的机构是市议会（senado da câmara）。通过严格限制有产阶级（homens bons）的选举权，每三年选举两名治安法官、三名市议员和一名检察官任职。如果由其他市议员选举出来的话，审裁官叫"普通法官"；如果是国王派遣的话则叫"外法官"。到17世纪末，国王在大多数重要的城镇都任命了一名审裁官。市议会的职能发生了变化，它每周召开两次，负责当地的司法、处理日常市政事务和地方行政，并通过必要的法律法规。检察官则执行那些法律。通过与教会合作，市议会协助监督地方慈善机构。市政当局有自己的财源：市府财产租金、经商许可证费、某些食品税、为核定重量和尺寸等多种服务而索取的费用、罚金。

和西属美洲对应的镇议会不同，市议会独立行使很大权力。即使国王派遣的外法官当上大部分市议会的议长，即使在议会成员的最终选拔上强加了更多的限制，它们依然具有很大的独立性。其中17世纪圣路易斯的市议会尤其有野心。由于市议会频繁召唤总督去面见，1677年国王不得不下令终止这一行为，国王提醒议员们，总督代表国王，不能被任意驱使。为保护他们的利益，大城市在里斯本法庭都有一名像游说议员那样的代表。

作为殖民时期巴西最重要的历史学家，若昂·卡皮斯特拉诺·德·阿布雷乌曾经指出，市议会通常成为马松博人和葡萄牙出生的白人（renóis）斗争的一个舞台。葡萄牙官员占据着除市级政府外的各级政府，执行帝国的通法。他们的视角是全球性的。他们把巴西视为广阔帝国的一部分，其存在就是为了彰显葡萄牙的庄严。

市议会里的那些马松博人只关注本地事务，他们的视野非常有限。简而言之，他们的思维头脑都是巴西人的。他们希望实施法律中那些对他们、对他们群体以及在较小程度上对巴西有利的条款。两种不同的观点引起了反复的冲突，在冲突中，马松博人并不总是会向在葡萄牙出生的白人让步。到 17 世纪，市议会再三驱逐那些在它们看来不受欢迎或不关心当地事务的耶稣会士、法官甚至地方长官。

最激烈的斗争是针对印第安人的。其中最尖锐的当属贝伦、圣路易斯、里约热内卢和圣保罗等地的市议会，它们就印第安人问题和王室官员争论了几十年。王室官员联合耶稣会士试图推行里斯本的利他主义政策。作为当地地主阶级的代表，市议会拒绝交出本地奴隶，它们成功地说服了国王修改他的政策。在那种及无数其他情况下，它们代表当地利益相关者大胆发言。

此外，市议会给巴西人提供了一个获取政府工作经验的机会。在殖民早期的几十年中，能胜任或甚至受过教育的人都非常少，因此总有一些声名狼藉的人在市议会任职。后来，市政府成为当地贵族的大本营——他们的经济权力仰赖土地，而他们的政治权力仰赖市议会。通过市议会，拥有土地的豪绅直接提高了社会地位。市议 94 会的成员永远不能自决，这一点也与镇议会不同。事实上，有产阶级之间的官员调动相对自由。不仅如此，一些市议会最终还吸纳了工人阶级代表，例如，在 17 世纪中期和 18 世纪早期之间的萨尔瓦多，四名商人代表（*procuradores dos mestres*）在与他们城市手工业、贸易和经济生活相关的事情上行使了表决权。1713 年国王镇压了在萨尔瓦多市议会的民众代表——为反对盐价上涨以及对进口货物征收的 10% 税的建议，他们煽动民众举行游行示威。萨尔瓦多市议会反映了殖民地社会形势的不断变化。1740 年若昂五世命令将一些杰出商人的名字列入市议员候选人名单，由此他承认了商人阶层的存在并认为他们有资格担任公职。后来，当彭巴尔改革政府财政制度时，他毫不犹豫地从当地商业界雇用了一批会计和财政官员。这些变化表明了某种社会流动性，这种流动性让小资产阶级的成员得以冲破社会障碍进入更多的特权阶级。

在危机期间，市议会扩充了成员数目并发展成为总理事会。在那个时候，地方军事、司法和教会权威人士，还有民众代表和市议员一起讨论手头的突发事件。1641 年，在辖区总督萨尔瓦多·德·萨收到葡萄牙宣布从西班牙统治下独立的消息后，里约热内卢也召开了此类会议。总理事会讨论了是否承认若昂四世为葡萄牙国王并做出了肯定的决定。

第二个值得注意的地方政府机构是地方国民军，这是由于它对政治行为产生过重大影响。为了领导地方国民军，拥有威望和权力的重要人物——通常是最大的地主，担任"加必丹末"（capitão-mor），相当于陆军上校。他很容易将军事任务、声望和他已经拥有的族长大权结合起来，显然，这两个职位相互补充。由于内陆缺乏定期任命的政府官员，加必丹末需要完成各种行政甚至司法工作。显然，他们是依照自己的利益在自己地区内执行法律并维持秩序，他们这样做也有利于当地安定。他们的权力差别很大，多数情况下主要取决于个人的能力和实力，因为遥远的政府既不能为他们提供帮助也不能阻止他们。他们通常会成为地方上的考迪罗（caudihos），也就是乡绅"上校"（coroneis）的先驱，他们在巴西独立后发挥了重要的政治作用。

一般来说，巴西人民在这种政府结构下生活了三个多世纪。一方面，通信和旅途的遥远与缓慢为充分的地方自治和很多违法乱纪提供了可能。因此，在实践中，国王只能在大的方针政策上发号施令，把政策的解释权和执行权留给殖民地和当地官员。另一方面，国王实施大量检查和管理措施以限制海外人员的权限。不管怎样，理论上讲，所有的法律都由里斯本制定，仅仅是到海外执行。国王派往巴西的官员都是绝对忠诚的，他猜想，殖民地生活充其量增加了每个人的"雄心壮志并放松了道德要求"。在很长一段时间内国王拒绝任命任何巴西人担任殖民地高级官职，他的确也没有任命过几个人，因为他怀疑他们的忠诚。后来国王又放松了政策限制并允许许多巴西人担任巴西、帝国其他地区甚至宗主国的法官、总督以及其他高级官职。更多的巴西人接受了葡属美洲的较低职位。

　　由于这么多的官员——总督、主教和财政官员等都可以直接接近王室耳目，大量的情报和"小报告"出现了，这令所有海外人员都小心谨慎。此外，那些官员随时可能接受所有下属都要接受的现场突击调查，主要包括不道德行为调查（*devassa*）、探视（*visitação*）和矫正（*correição*）。在任期结束之时，每个官员都要接受对其公众行为的司法调查（*residência*）。所有调查都需要浩繁的文书工作，这是所有葡裔巴西官僚机构一个十分显著的特征。所有大城市的众多律师、书记员和公证员证明了伊比利亚人处理法律和官僚事务的精明头脑。

　　父权制种植园家族在组织和权力上都比政府机构强大。有凝聚力的大家庭单位出现在制糖工业初期，并与制糖工业一起成长。早在 16 世纪中叶，有些家族集团已经颇具规模，如伯南布哥领主杜阿尔特·科埃略的家族，后来，随着数量的增加，所有农村地区都有这样的家族集团。家长管理着家族和种植园，并拥有绝对的权威。通过一夫多妻制，他和家族的其他男性自由地扩大着基本的家庭单位，包括大量梅斯蒂索人和穆拉托人，这再次证实了正是在种植园房子内外的欧洲人、印第安人和非洲人的文化完美地融合在一起，创造了巴西文明。传统的教父（母）关系进一步巩固了扩大的

96

家庭结构。作为虔诚的基督徒和绝对的父权制贯彻者，那些家庭单位奠定了整个殖民地的社会基调和模式。这些家族中最强大者成为拥有土地的贵族阶级，他们在殖民时期控制着市议会，在帝国时期控制着新独立的国民政府。

到18世纪末，虽然巴西人口依然稀少，但大部分地区已有人居住。当时巴西人口约有230万，并以每年1.9%的速度增长，当时人口最多的总督辖区依次是米纳斯吉拉斯、巴伊亚、伯南布哥、里约热内卢和圣保罗。绝大多数人口沿海岸或在肥沃的河谷中居住。那个时候，黄金的发现带来的向内陆移民的趋势已经减弱，多数情况下恰巧相反，很多人又重新回到沿海地区。显然，空旷的边境依然塑造着殖民地的主要特征。

殖民地存在五个不同区域：包括广阔的亚马孙河流域在内的北部偏远地区，那里人口稀少，只有少数村落散布在河岸和海岸。从马拉尼昂延伸到米纳斯吉拉斯的内陆干旱地区的养牛场内，梅斯蒂索人占大多数。干涸的土地和稀疏的植被勉强地供养着牛、一些马和少数的绵羊与山羊。牧场和村落散布在广阔的内陆，几乎没有集中的居民点。富饶的产糖海岸从马拉尼昂延伸至圣维森特，其中坐落着巴西的优良港湾和最大城市，非裔巴西人主要存在于那些人口越来越密集的居民点。米纳斯吉拉斯、戈亚斯和马托格罗索矿区出口黄金和钻石，但仍然保留了足以创建一些繁荣城镇的大量财富。牲畜、甘蔗、农业在该地区的经济中发挥着次要作用。南部偏远地区以优良的耕地和牧场而自豪。来自亚速尔群岛的白种欧洲移民居住在沿海地区，他们在家庭小农场内种植葡萄、小麦和橄榄。相反，旗队则经陆路从圣保罗到达南部内陆进行殖民，那里有家族制下的养牛场和利润丰厚的养骡业与养马业。

第三章

国家的建立

到 18 世纪末，巴西领土范围确定下来，尽管后来又出现了一
些小变化。作为一个民族，巴西人早已存在，它是欧洲人、印第安
人和非洲人的种族结合体。事实上，一些基本类型引人注目，比如
高卓人、牛仔、商旅马队、旗队、糖厂主（*senhor do engenho*）。
巴西人有不同的心理特征，一部分巴西人渴望改变与葡萄牙的关
系，独立意识最终来源于这种渴望。19 世纪上半叶是巴西缓慢的政
治变革期，最著名的当属由殖民地到民族国家的转变，它使巴西的
经济和社会结构具有显著的连续性，而这种连续性又将根基深深地
扎在殖民地历史之中。

国家独立中心理和文化的形成

在殖民地化的第二个世纪，巴西人第一次开始自省地思考他
们自身和周围环境。1618 年安布罗西奥·费尔南德斯·布兰当
（Ambrósio Fernandes Brandão）在《伟大的巴西对话录》（*Diálogos
das Grandezas do Brasil*）中第一次尝试定义或解释巴西。这样做
时，他表现出对殖民地的热爱，谴责那些前来巴西剥削，并满载
财富回到伊比利亚半岛的人。没过十年，在 1627 年，方济教士维
森特·多·萨尔瓦多——一名巴西土著，撰写了第一部巴西史，书
中夸耀了巴西优越的地理位置、广袤的国土面积、利润丰厚的制糖

工业，最重要的是它巨大的潜力。这两部著作奠定了未来的自省模式，从知识层面上强化了刚刚形成的本土主义，而一个世纪后，这种本土主义极大地影响了社会精英。巴伊亚耶稣会士若昂·安东尼奥·安德烈奥尼（João Antônio Andreoni）使用安德烈·若昂·安东尼尔（André João Antonil）的笔名进行创作，他用辞藻华丽、内容翔实的《巴西的文化和财富》（*Cultura e Opulência do Brasil*）发起了18世纪巴西颂运动，该书于1711年在里斯本出版。王室迅速将其查禁。他们说这本书揭露了太多——既对窥探中的外国耳目也对正在发展中的本地人——因为安东尼尔利用赞美诗歌颂了巴西的富饶。与《对话录》相比，《巴西文化和财富》的内容较少是辩护性的，更多是炫耀性的。

在巴西本土主义日益高涨的背景下，伴随着18世纪殖民地逐渐走向城市化，巴西知识分子以本地环境为骄傲并为之做出贡献，他们的生活也在加快。伴随着城市及人口的增加，城市中心集合了不同的民族，这使他们受到各种经验、生活方式和思想的影响。这种环境促进了思想的引进、讨论和传播，一个新的世俗知识结构建立了，它有利于知识分子对殖民地变革做出重大贡献并最终宣布巴西的独立。

知识结构包括学会、学校和公共图书馆等正式组织机构，此外还有私人图书馆、书商和文艺集会等一些非正式但同样重要的机构。正式和非正式机构通常相互联系、支持。知识分子可以加入它们中的任何一个机构。

101

知识结构的基石是18世纪主要在萨尔瓦多和里约热内卢出现并繁荣起来的各种学会。我们可以列出其中的六个：巴西忘却学会（萨尔瓦多，1724—1725年）、幸福学会（里约热内卢，1736—1740年）、选举学会（里约热内卢，1751—1752年）、巴西复兴学会（萨尔瓦多，1758—1760年）、科学学会（里约热内卢，1772—1779年）和社会文学学会（里约热内卢，1786—1790年，以及1794年）。这些学会成为公开讨论欧洲思想的论坛。伴随着巴洛克风格的兴起，学者们也在会议上介绍和辩论各种思想。他们致力于环境和植物的研究，并强调改进巴西农业和自然资源的开发，由此也证实了他们对在葡萄牙大受欢迎的欧洲重农主义学说的认可。总的来说，和18世纪西方国家的学会一样，巴西的学会探寻并研究那些能够促进人们充分地利用并适应周围环境的实用知识。通过这样做，他们更加充分地认识到巴西的潜在财富；通过高度称赞巴西的这种潜力，众多学者对城市正在孕育的本土主义精神做出了重大贡献。事实上，在学会发表的演讲及朗诵的诗歌中，我们可以探求到新巴西的心路历程：从感觉比欧洲人低下到与欧洲人平等甚至比欧洲人更优越，这样一种深刻的心理变化。图书馆、教育改革、私人文学沙龙，还有1808年姗姗来迟的印刷机强化了这种新思维。

伴随着知识结构的扩大，涌入巴西的新观念也在增加。新观念的注入和基础结构的建设相互支持。引进的观念越多，基础结构就变得越坚固；伴随着基础结构的巩固，思想的转移就越容易。从遵守传统观念到接受与启蒙运动相关的很多思想，这一思想转变经历了几代人的时间。这一进程的缓慢绝非葡裔巴西人所特有，它更像是一种证据，表明了人是习惯和传统的奴隶，而不是创新和改革的主人。102

显然，在这一过程中知识分子崭露头角，很难给他们一个精确的定义。广义上，我们使用"知识分子"一词来指所有受过教育的精英：教师、医生、律师、官员、部分军官、商人和教士，他们都参加了文学讨论，阅读欧洲著作，受到欧洲新观念或新方法的影响并关注他们周围的世界。这一小群人的重要性并不表现在规模上，而是在于他们的表达能力，还有他们所处的位置。他们居住在城市中，靠近决策的制定过程。他们在公众演讲中、教室里、交谈间以及后来的书本和报纸上明确地表达出自己的思想，这种能力使他们具有很强的社会影响力。与18世纪以前的知识分子不同，他们和教会的联系逐渐减少，他们出身更为平民化，价值取向更加世俗化；最重要的是，在自称的对理性的忠诚中，他们倾向于质疑先辈们接受并捍卫的一些观念和制度。

知识分子精英中最核心的乃是大学毕业生，或者有时候是神学院、专科学校和军校中最有能力的毕业生。在科英布拉（殖民时期，3000多名巴西人从这所葡萄牙大学获取学位）、蒙彼利埃（Montpellier）和少数其他欧洲大学求学的巴西人带回了最先进的思想，以及把它们联合成为一体的共同经历。殖民地官员把他们视为煽动性思想的传播者。那些毕业生开始建构世俗性知识结构，伴随着它的发展，各种各样的人被吸收进知识分子行列。和其余人相比，知识分子似乎只是一个群体，但他们又各持不同的观念，表现出不同的生活方式。他们逐渐脱离了传统的乡村贵族阶级，当然他们与在巴西人口中占大多数的奴隶或农民并没有联系。在当时巴西社会的两极中，他们居于中间位置。通过引进新思想，创造充满希望的巴西形象——而这正是本土主义的基础，用一种令人信服并且通常是文学性的方式表达殖民地居民的抱怨，这些知识分子在殖民末期发挥了重要作用。此外，他们倡导并支持帝国系统下的一些主要改革。

这个时期的知识分子可能比其他人更了解巴西形势。通过阅读、会谈或旅游，他们也了解了世界其他地区，特别是西欧——知识分子向往、羡慕并希望模仿那里的进步和成就。由于偏爱这些"进步"国家，他们大量借鉴这些国家的思想观念。现实（现实的巴西）和愿望（他们希望中的巴西）的巨大差异令他们沮丧并增强了他们对变革的拥护。事实上，到 19 世纪初，知识分子和商人阶层——双方都是城市群体——是改革最坚定的支持者。我们可以确定，这两个群体在 1822 年巴西名义上的独立中发挥了重要作用，领导阶层中大部分人来自它们。

19 世纪初，殖民地的一个主要特征是巴西人对他们自身和他们的美丽家园的自豪感越来越强。鉴于巴西人曾经将他们的国土比作天堂，弗朗西斯科·德·圣卡洛斯 1819 年发表了长诗《亚松森》，在这首诗中他描述的天堂与巴西非常相似。1822 年葡萄牙国会中的巴西代表再三坦白地表达了他们的本土自豪感，这扩大了他们和葡萄牙人的差距。正如一名代表提醒国会："没有一个巴西人不夸耀自 104 己国土的巨大资源，没有一个巴西人不为巴西成为地球上第一潜力大国而自豪。"巴西的资源和潜力是巴西鲜明的民族主义的主题。

巴西日益增长的自豪感和 18 世纪启蒙思想的知识，激励着知识分子批判葡萄牙帝国系统内对巴西不利的方面。毕竟，批判构成了巴西知识分子的一个主要活动。按照后来的标准，他们的批判似乎很温和，事实上，知识分子的主体仍然是温和派。伊波利托·达·科斯塔（Hipólito da Costa）在《巴西邮报》（Correio Braziliense）中反复强调了改革，而非革命的必要性，该评论与他们所继承的知识分子先辈们的观念具有一致性。尽管如此，与知识分子同样温和的是他们的建议和抱负，事实上，假如思想环境有利于变革，他们对传统思想的怀疑足以促使变革的产生。

由于最初的分散和隐晦，18 世纪最后几十年之前，这种批判并不明显。直到 19 世纪初它才得到强化，尽管针对经济、政治和社会众多目标，但后代最熟悉的可能还是对经济的抱怨。

米纳斯吉拉斯（1789 年）、里约热内卢（1794 年）、巴伊亚（1798 年）和伯南布哥（1801 年）的密谋及伯南布哥的叛乱（1817

年）用引人注目的方式和更明确的语言表达了对激起怨恨的政治的牢骚。与此前的评论家不同的是，密谋和叛乱的参与者非常特殊：他们谴责了葡萄牙帝国系统的压抑，与君主专制相比，他们更提倡共和制度，大体上赞同当时在法国和美国非常流行的政治理论。我们既不能估量共和主义情感的程度，也不能评估它宽广的范围。

除了政治牢骚，知识分子也经常发表经济批判，18世纪末经济的不景气在一定程度上助长了这种批判。人们对潜在财富如此巨大的巴西为何普遍贫穷感到不解，路易斯·多斯·桑托斯·维列纳（Lúis dos Santos Vilhena）——一名在巴伊亚生活了十二年的葡萄牙人用恰当的质问表达了人们的困惑："为什么自然产品如此丰富、领土如此广阔的一个国家内竟然少有人居住，而且绝大多数人贫穷，很多人依然食不果腹？"他归咎于奴役、大地产和落后的农业方法。这样一来，他谴责了巴西殖民地的基本经济制度。他讨论了巨大的经济自由和经济改革的必要性，还有"饥饿"、"匮乏"和"贫穷"，它们分别标志着帝国体制陷入危机的本质和严重性。

来自里斯本的巴西人若泽·若阿金·达·库尼亚·德·阿泽雷多·科蒂尼奥（José Joaquim da Cunha de Azeredo Coutinho）用三篇文章评论了帝国经济。在第一篇文章中，他主张任何政府对糖价的调整都会打乱自然经济秩序，这不仅危害巴西，而且从长远来看也会损害葡萄牙自身利益。在第二篇文章中，遵循着本土主义和重农主义的传统，他分析了巴西丰富的资源和巨大的潜力并建议制定允许最大化地利用这些条件的政策。阿泽雷多·科蒂尼奥多次强调的重农主义学说认为：农业是财富的真正源泉，黄金只是一种虚假的财富，并不能给帝国带来财富，只能带来贫困。经过分析他得出这样的结论：更大的自由将有助于巴西人开发潜在财富。他特别要求废除对盐的垄断和对林业的限制，准许巴西发展加工制造业，并允许与帝国外部更加自由的贸易。第三篇文章准确地将巴西的贫困归因于过分强调采矿业以及因此导致的对农业的忽视。他激励葡裔巴西人利用欧洲新技术来增加经济效益。在经济萧条时期，巴西人乐意接受这些新经济思想。

　　这些文章建议了很多巴西经济中影响深远的调整，但并不意味着它们可以通过帝国内非改革的方式进行。和同时代的大多数人一样，阿泽雷多·科蒂尼奥既不宣扬革命也不宣扬独立。毫无疑问，他的三篇文章的意义在于对巴西人急需的一系列基础经济改革进行了分类和阐明。阿泽雷多·科蒂尼奥希望它们能够在帝国境内得到贯彻实施，当这些不能从葡萄牙那里得到实施的时候，巴西人意识到只有把握自己的命运才能发生变革。因此，通过指出经济改革的道路，阿泽雷多·科蒂尼奥的文章在增强巴西人成为自己国家的主人的要求方面产生了意想不到的效果。

　　知识分子批判针对的第三个方面是那些紧迫的社会问题。奴隶制引起了很多关注，尽管很少有人倡导彻底废除这一制度。1798 年巴伊亚密谋者似乎一直以来是唯一赞成对奴隶制进行剧烈补救者。对虐待奴隶的批判出现了，尽管非常少，但引人深思。《镀金岁月》（*Idade d'ouro*），出版于奴隶制的核心地区，1812 年 6 月 16 日刊登的一篇文章中介绍了废除奴隶贸易的必要性。

　　1822 年，葡萄牙国会中的很多巴西代表表达了强烈的反对奴隶制的要求。在努力保护非白人免受歧视，并用本土主义为巴西"家族"辩护的人中，最有效的是西普里亚诺·若泽·巴拉塔·德·阿尔梅达（Cipriano José Barata de Almeida）——一位来自巴伊亚的议员，他在国会召开前的一篇演说中将这种感情发挥得淋漓尽致，他声称：

> 穆拉托人、卡布拉斯人（*cabras*）和克里奥尔人（*crioulos*）；
> 印第安人、马穆鲁克人和梅斯蒂索人都是我们民族的一员，他
> 们都是葡萄牙人；他们都是光荣和重要的公民。透过历史我们
> 可以看到他们对巴西的重要性，他们守卫着巴西，在农业、经
> 济和艺术方面为巴西的繁荣辛勤劳作着，那些种族中出现了很
> 多伟大的英雄……他们是葡萄牙公民，葡萄牙人或巴西人的后
> 裔，即使他们是私生子。无论他们的肤色怎样，无论他们的社
> 会地位高低，他们都生在巴西。

出于对此的信任，国会全体通过将选举权扩大到所有自由民。

107　　对印第安人的虐待唤起了许多知识分子的社会良知。其中之一
的若泽·博尼法西奥（José Bonifácio）为残留的土著辩护。他在
1820 年发表的颂诗表明了他的社会关怀。很多人注意到罗马天主教
会已经无法帮助印第安人，因为它既不能妥善地把他们"文明化"，
也不能让他们融入殖民地。对教会的使命、教会对印第安人的政策
甚至"懒惰教士"的批判开始在印刷品中出现。

　　1812 年 5 月 29 日，一个长篇编辑评论出现在《镀金岁月》上，
它从许多方面总结了巴西知识分子的批判，称葡萄牙人为"毫无生
气"，它说：虽然巴西已被发现了三个世纪，但是一直没有构建巴
西必需的坚固基石。这位编辑提议修建公路、增加移民以改善殖民
地状况。报纸上感谢摄政王多姆·若昂（Dom João）实施的有益改
革并暗示这种改革应该进一步扩大。

　　知识分子们建议实施那些他们认为对巴西有益的改革。如同讨
论中表明的，上述的批判中暗示或者伴随着的是一个改革方案，绝
大多数方案是以少数国家的思想观念为基础，而这些国家的政府、
文化和（或）经济是他们最羡慕的。

在这种形势下，我们很可能过于简单化地指出某一批判趋势和某一改革方案，并说明一个世纪中，当后者受到欢迎时，前者是如何被强化的。尽管如此，事实和情感错综复杂，各种知识潮流不断涌现、相互交叉或抵触。一些知识分子仅仅寻求体制内部的变革；另一些人则质疑体制本身，在修改体制的同时试图改变它。不过他们在一个问题上意见一致：他们坚持巴西在帝国的地位应该提高。他们认为承认巴西王国的重要性是必要的。毕竟，19世纪初，巴西人口已经超过宗主国，出口额约占帝国的四分之三，并自夸其经济潜力远远超过了帝国境内的其他地区。在面积上，和巴西相比，宗主国相形见绌。1808年王室意外地迁往里约热内卢，这使宗主国和殖民地在殖民地日益增强的重要性上不可避免的冲突推迟了。1821年国王重返里斯本又将这一问题置于显要位置。

概括那些最常倡导的政治改革，可以说这段时间内那些知识分子不止一次地建议让那些印第安人和解放了的黑人奴隶融入社会，通过改善公路把那些不规则伸展的领土统一起来，颁布以社会契约的政府观念为基础的宪法，增强巴西在帝国政府内的发言权并提高它在立法和司法方面的地位。少数人提议建立一个共和国。至于经济改革，他们赞成自由贸易、工业化、农业和采矿业的现代化，并废除那些沉重的限制、垄断和赋税。他们的社会宗旨非常模糊，一些人口头上承认人人平等的观念并用模糊的措辞谈论改善印第安人和奴隶的生活条件；一些人甚至提出结束奴隶贸易。他们要求个人自由、文明自由和宗教宽容。最值得一提的是，他们提出了雄心勃勃的改革和发展教育的方案。其中之一是知识分子支持的一些改革思想，虽然这些思想从未完全被贯彻实施，但却为19世纪的改革者提出了目标。

启蒙思想的涌入和经济不满的增强共同促成了叛乱。正如前面已经提到的，米纳斯密谋部分是源于对提高征税威胁的反应，部分是源于对启蒙思想不完整的理解。经济和理想主义的奇妙混合使米纳斯的精英们将精力投入到不切实际的密谋之中，这次叛乱最终失109 败。巴西历史学家提出这场密谋的重要性远超过它得到的评价。它充其量反映出一些不切实际的空想家的行为，但是梦想本身一直停留于假定阶段。尽管所有人都以独立的角度思考，但一些密谋者是共和主义者，另一些是君主主义者；一些人倡导废除奴隶制，另一些人则赞成保留这一制度。这一密谋引人深思，仅仅因为它证明了很多启蒙思想渗透到巴西内陆，并足以唤醒人们对经济和政治的不满情绪。

很少被提及但是同样重要的是，1798 年的巴伊亚密谋为启蒙思潮渗透进民众思想提供了独一无二的例子——尽管一直以来它并不完美。18 世纪末，23 岁的士兵卢卡斯·丹塔斯·多·阿莫里姆·托雷斯（Lucas Dantas do Amorim Tôrres）面对法官时这样说道："我们需要一个能够自由呼吸的共和国，因为我们生活压抑，因为我们是有色人种，因为我们不能进步。假如有一个共和国的话，那将会人人平等。"我们不能仅仅用大胆来描述他的陈词，很明显，这位年轻士兵已经接受了启蒙思想，他已经进行了思想革命。丹塔斯仅仅是 1798 年在萨尔瓦多被逮捕的计划对抗国王的谋反者中的一员，密谋者基本上是平民：士兵、工匠、技工，以及大量裁缝，由于参与其中的裁缝众多，所以这场运动通常被称作"裁缝起义"。

就丹塔斯而言，法庭上其他被告的证词表明下层社会代表已经熟悉当时流行的欧洲思想，他们对葡萄牙的控诉与当时知识分子的控诉非常相似。总的来说，那些密谋者赞成独立、成立一个共和国、平等地对待每个人、废除奴隶制并进行自由贸易。巴伊亚密谋者所提出的改革远比此前和此后其他殖民地持异议者更加深刻。他们是唯一抨击奴隶制的人，该制度是巴西殖民地的筋骨。在某些方面，他们的要求与启蒙思潮而不是与知识分子的方案不谋而合。知 110 识分子往往因为自己的抱负或者他们与殖民地上层社会中人或葡萄牙的联系而妥协。

巴伊亚密谋扩大了平民规模，平民在巴西殖民地思想史上通常被忽视。正如巴伊亚历史学家迪亚斯·塔瓦雷斯（Dias Tavares）所说："巴西人民很少出现在巴西历史中，但在 1798 年的革命运动中他们是主角。"城市平民也按照当时的思想观念行事，知识分子的影响超出了精英的小圈子。

累西腓的第三个密谋引发了 1817 年叛乱。一些精英读到了最新的欧洲书籍并讨论越过大洋传来的来自法国和英国的新思想。为了给总督辖区内的年轻人提供基础教育，以经济学文章而闻名遐迩的主教阿泽雷多·科蒂尼奥于 1800 年在奥林达建立了神学院，他的神学院传播了大量的启蒙思想。由于那里教授法语，学生们可以直接接触那场知识运动中的原始文献。十几年后的 1814 年，共济会分会建立，他们的讨论中经常提到共和主义理想。精英们已经充分地认识到美国和法国的成功革命，以及包围着整个西属美洲的大屠杀。经济考虑同样促进了起义思想。1812 年的战争期间（英国和美国间的）以及此后的很多年，伯南布哥的棉花在欧洲的销路都非常好。种植园主认识到他们用他们自己的船运输货物可以赚取 500% 的利润。意识到复苏的经济的重要性并希望这种局面一直持续后，种植园主比以往更加愤怒地抱怨葡萄牙官方政治对他们活动的限制。自"商贩之战"开始，巴西人和葡萄牙人在这一地区的相互抵触就一直持续着。某种区域自豪感也与密谋相关，它只计划在东北部成立一个共和国。密谋的消息传到了总督卡埃塔诺·平托（Caetano Pinto）耳朵里，但他在是否逮捕牵涉其中的军官的问

111 题上迟疑不决，这就为起义者提供了实施计划的机会。他们逮捕了总督并把他押送里约热内卢。临时政府最初的行动反映了他们的执政哲学。它废除了对巴西红木的垄断、所有贵族头衔、阶级特权和部分赋税。里约热内卢迅速予以回应。巴伊亚军队从陆路向城市进军，皇家海军封锁了累西腓。在这些军事压力下，起义迅速失败。在共和国宣布成立不到三个月时，伯南布哥又重新回到了君主专制之下。这是殖民时期的主要起义，它戏剧性地证明了共和主义的存在，甚至它受欢迎的程度。

　　远离葡属美洲沿海的事件，米纳斯吉拉斯和巴伊亚胆怯的密谋，伯南布哥大胆宣告的密谋，恰当地解释了独立的原因。欧洲的斗争引发了巴西政治的转变。

在巴西的布拉干萨王室

　　19世纪早期，葡萄牙发现它深陷于大不列颠和拿破仑要求的传统联盟中，当时拿破仑决定关闭同英国进行贸易的欧洲港口。拿破仑命令摄政王若昂——当时他正以精神错乱的母亲玛丽亚一世的名义进行统治——封锁葡萄牙港口，没收英国财产并逮捕英国臣民。摄政王勉强同意关闭港口，但拒绝做任何其他事情，这一决定促使拿破仑侵略葡萄牙。1807年底，安多什·朱诺（Andoche Junot）将军的军队向里斯本行进。考虑到那些事件，英国公使斯特兰福德勋爵（Lord Strangford）建议若昂将宫廷迁往巴西，朱诺的马上来临使摄政王别无选择。为了回报在巴西享有的巨大商业特权，英国同

112 意将葡萄牙王室运往新大陆并维护葡萄牙帝国的完整性。当朱诺进入里斯本时，布拉干萨王朝和宫廷已经乘船前往他们的热带目的地。

　　历史学家们通常赞成若昂将宫廷迁往巴西的决定，巴西人也赞

美它。而就葡萄牙人而言，他们很快将抱怨国王在海外逗留太久，这一事件在历史上是独一无二的：布拉干萨是唯一在一块殖民地而不是在宗主国进行统治的欧洲王室，同时也是唯一进入美洲领土的王室。

海上的风暴把船队分开，大部分船只首先停靠在巴伊亚的萨尔瓦多，而其余船只则直接驶向里约热内卢，若昂和王室就在停泊于萨尔瓦多的船上。出人意料的是，1808 年 1 月 22 日前殖民地首府的居民们兴奋和激动地欢迎他们的国王。城市被清扫干净并节日似的被装饰一新，居民们身着最好的衣服，迫不及待地等待在他们面前打开的历史新一页。几天后，巴西人便听说了将要发生的变化。尽管已经承诺英国人与葡属美洲间的贸易，若昂还是耐心听取了开放港口进行世界贸易的请求从而结束葡萄牙人在对外贸易上的严格限制和垄断。作为答复，1 月 28 日，摄政王宣布："截至今天，任何限制我的臣民和外国人进行贸易的敕令和规定都中止并作废。"这一意义重大的经济措施，乍看起来似乎废除了延续三百年的重商主义政策。一些历史学家曾经狂热地认为这一法令宣布了巴西经济的独立，不过这一说法为时过早。

这一法令的某些作用立竿见影。在随后的三年中，巴伊亚的出口额增加了 15%，而其进口额增加了 50%。五个主要港口的关税收入增加了 20%。在里约热内卢港，1808 年有 90 艘外国船，到 1820 年已经有 354 艘外国船。不足为奇的是，飘着英国旗的船只占主导地位。到 1808 年末，大约有 100 名英国商人居住在里约热内卢。可以肯定地认为 1808 年后巴西和葡萄牙几乎没有经济联系。大不列颠在贸易上迅速而彻底地取代了母国，1810 年条约正式承认了这一经济现实。通过斯特兰福德巧妙的谈判，那些条约规定对英国货物征收的最高税率为 15%（对从葡萄牙自己进口的货物征收的最低税率为16%，而对其他国家征收的最低税率为20%）。它们同样承认英国人可以在巴西和葡萄牙港口拥有自己的法官。简而言之，这是一种经济投降协定，即承认巴西对葡萄牙的依赖转移到对英国的。因此，1808年从葡萄牙的重商主义中解放出来之后，巴西立即又深陷大不列颠的经济控制之下，巴西人购买了英国绝大部分的制造业商品，但是在出口上，巴西对英国的出口只占其出口额的第二位，这一局面盛行了一个多世纪。里约热内卢的瑞典公使向他的政府报告说，这一条约使巴西成为大不列颠的殖民地。

1808年4月1日港口开放，随后政府颁布了一个废除此前所有禁止制造业生产的法令。其后的几十年中，很多小纺织厂纷纷成立，一个新兴的钢铁工业开始了。这时，巴西开始出现蒸汽机。1815年，巴伊亚夸耀了自己第一家蒸汽动力的糖厂。两年后伯南布哥也拥有了一家蒸汽动力的糖厂。到1834年，已经有64家蒸汽动力的糖厂在运营。为了鼓励这种事业，国王任命了分管贸易、农业、工厂和航海的王室委员会。在其他活动中，他奖励新作物的引进。1808年，里约热内卢成立了巴西银行，并在萨尔瓦多和圣保罗设立支行，这进一步刺激了经济。在经过几个世纪平稳而又迟缓的发展之后，巴西人口在二十年中大约增加了100万。表3.1表明了这种增长以及人口的大致构成。

国王的到来带来的文化变革最终改变了巴西的精神和职业生114 活，这是首都绝对真实的生活。当王室到达那里时，这是一个优美而又慵懒的城市，大约有6万居民。

在王室到达的第一年，通过分析里约热内卢居民的雇佣情况，一名常住的外国商人留下了一份有价值的关于这座城市的社会－经济展望。约翰·勒科克（John Luccock）估计大约有1000人通过各种方式与王室有联系，1000人担任公职，1000人居住在城市中但

表 3.1　1798 年和 1818 年人口数量与结构

	1798 年	1818 年
白人	1000000	1040000
印第安人	250000	250000
自由民	225000	585000
奴隶	1500000	1930000
总计	2975000	3805000

是通过种植园或者运输业赚钱，700 名教士或宗教人员，500 名律师，200 名医生，40 名批发商，2000 名零售商，4000 名职员、学徒工和商业雇员，1250 名技工，100 名小贩，300 名渔夫，1000 名部队士兵，1000 名港口水手，1000 名自由的非裔巴西人，12000 名奴隶，4000 名家庭主妇，剩余人口主要是孩子。在王室到达后的十年中，城市人口是原来的 2 倍。约 24000 名葡萄牙人，大批法国人和英国人的代表团，一些欧洲外交官，其涌入使首都充满某种全球性（世界主义）的氛围。急需的高等院校在一定程度上得到满足：1808 年成立了一所海军学院，1810 年又成立了一个陆军军官学校，两者都开设了工程学和绘图课程；1808 年萨尔瓦多成立了一所医学院，1810 年里约热内卢又成立了另一所医学院；此外，1808 年开设了经济学课程，1812 年开设了农业课程，1817 年开设了化学课程；1814 年里约热内卢成立了一个图书馆，藏书 6 万册。出于对法国文化的迷恋，1816 年国王邀请了一个法国文化使团到里约热内卢，并在几年后成立了由法国人任职的美术学院。那群才能 115 卓著的法国教师中，最令人难忘的是艺术家让·巴普蒂斯特·德布雷（Jean Baptiste Debret），他用画笔记录了那个时代的重大事件。小学和中学教育亟须发展和提高的助动力。法学院直到 1827 年才出现，当时一个法学院设立在圣保罗，另一个在奥林达。在经过

18世纪多次失败的尝试后，印刷机最终出现并开始投入使用，主要在里约热内卢，1808年那里产生了第一份报纸《里约热内卢报》（*Gazeta do Rio de Janeiro*），在萨尔瓦多，1811年开始印刷它的第一份报纸《巴西镀金岁月》（*Idade d'Ouro do Brasil*）。

除了文化机构，殖民地还建立了无数政府部门，这一切对巴西这片土地而言都是全新的。国王来到里约热内卢加强了对巴西的集权统治，并达到了一个总督时期未曾达到甚至未曾想到的程度。权力的高度集中成为巴西统一的强大推动力。两名欧洲游客评论道："甚至这个新王国偏远的省份的居民，受好奇心、兴趣和个人私事的驱使来到里约热内卢，会很快习惯于承认这座城市为首都，并接受那里的习俗和思考的模式，在王室搬来后，他们又感觉自己是欧洲人。"葡萄牙各级官员都围绕着摄政王。尽管巴西人担任副职或下级职位，但是没有一个巴西人充当大臣，或当选为国家议事机构的成员。宗主国垄断着政府而殖民地为其提供资金。尽管如此，巴西仍然无法抑制地在他们的土地上发现了帝国根源的自豪感，特别是一开始的时候。伊格纳西奥·若泽·德·马塞多（Ignácio José de Macedo）是这种兴高采烈的典型代表，他这样写道：

> 作为一块殖民地，从被发现的那天起，巴西就以它丰富的自然物产而闻名。现在在帝国内它又处于新地位，它开始因为自己的政治身份在未来定会提升且拥有长久生命而被赞扬和热爱。君主的意外转移给黑暗的地平线带来了黎明的曙光，正如巴西被发现那天一样引人注目。新生的一天，好运的象征，必将带来长久的繁荣和昌盛。

116

伴随着强化的本土主义，巩固的官僚机构还有里约热内卢政权的不断集权化，这些新看法为巴西的独立做好了准备。诸多综合因素为解决政治问题的转移、权力的实施和保持地理上的统一起到了很大的作用。它们是迈向国家独立的重要一步，若昂六世（João VI）的友好也极大地推动民族独立。

通过提高巴西的政治地位，若昂表明了自己对新家的好感。事实上，来自欧洲的压力有助于他解决上述问题。维也纳会议的代表没有掩饰他们的苦恼——他们的国王选择居住在遥远的殖民地，不返回他的欧洲首都。塔列朗（Talleyrand）提议，假如国王选择在他的热带天堂逗留，他至少可以使他的总督辖区变成一个王国，若昂同意了该提议。1815 年 12 月 16 日，他把巴西提升为王国，至少在司法理论上，巴西和葡萄牙平等。这一晋级令巴西人兴奋不已，他们的民族自豪感因为新的王室身份而增强。第二年年迈多病的玛丽亚一世去世，摄政王继承了王位，若昂六世的头衔是"葡萄牙－巴西－阿尔加维联合王国国王"。葡萄牙要求他返回的呼声高涨，但他还在等待。

政治独立

巴西的政治独立是跟随葡萄牙的政治混乱而发生的，并且在某种意义上，它回应了葡萄牙的政治混乱。19 世纪 20 年代末期，自由主义思想打乱了整个伊比利亚半岛的平静。为给帝国起草一部宪法，葡萄牙的自由主义者希望召开休会 125 年的国会。当他们讨论最好的程序方式的时候，西班牙的起义迫使国王费迪南七世（Fernando VII）重新制定 1812 年的开明宪法。起义的暂时胜利鼓舞着葡萄牙自由主义者，在他们的领导下起义自波尔图向南席卷了整个国家。他们召开了停止已久的国会，巴西被允许派遣 69 名代表，而当时有 100 人代表葡萄牙。革命的军人集团要求若昂即刻返回里斯本，虽然极不情愿，但国王意识到如果想继续做国王，他必须返回到里斯本。1821 年 4 月 26 日，若昂伤心地告别了这座城市——他将它从一个宁静的小总督首府转变为一个大的世界性帝国首都。事实上，里约热内卢的这一转变标志着巴西人自身一个更大、更基本的心理变化。因为他们世界性帝国地位的经历，他们不再甘心安静地去做一个省了。若昂似乎察觉到这种变化，他按照传统告别自己的儿子佩德罗（Pedro），并留下他作为摄政王，他建议道："佩德罗，我担心巴西可能会脱离葡萄牙，如果那样的话，把王冠戴在自己的头上而不要让它落入一个冒险者手里。"

葡萄牙王位的继承人，23 岁的王子佩德罗满怀热情地担当起作为摄政王管理国内事务的职责，他是一个有才干而又复杂的年轻人。可惜的是，在他任性的童年里，他的教育一直被忽视。尽管如此，他表现出很强的天生判断力和睿智。他精力旺盛，在感情越轨上投入了大量时间。多年来，他公开与情妇，漂亮的多米蒂拉·德·卡斯特罗（Domitila de Castro）生活在一起，她给他生了五个孩子，他授予了她"桑托斯侯爵夫人"（Marquesa de Santos）的称号。这遭到了王室的严厉谴责——在欧洲亦然，他们之间的热烈关系被认为是美洲最大的风流韵事之一。尽管他的床第之私非常有名，但是过于强调则有失公允。佩德罗也忙于其他很多事情，很可能这一个小时他是一名勇敢的骑手，下一个小时他就是一名严肃的作曲家。事实上，他是罗西尼（Rossini）的朋友之一，他至少有一首交响乐在巴黎演出过。从各种意义上讲，他鲁莽、感性、浪漫，他在独裁行为和民主行为之间交替着，佩德罗认为自己是一名坚定的自由主义者，如果考虑时间和地点的话，他的确是。

在一群葡萄牙官员的协助下，王子开始治理巴西。挑战是巨大的，首先，巴西银行的金库是空的，离开的王室拿走了所有的资金。政府的收入仅能满足一半的财政支出，此后的几十年中这种情况还相当普遍。疲软的经济依赖需求，需求不足，就会沦入几个领先国家的市场中。巴西的进口远大于出口，正因为此，本来很高的债务继续攀升。在二百多年中，糖料远比咖啡畅销，前者占据出口额的三分之一，而后者仅占出口额的四分之一。在随后的十年中，这一比率发生了改变，咖啡成为最主要的出口品并有希望更加繁荣。除了依靠极少数的外国市场来购买它的初级产品之外，由于资金积累有限，巴西寻求外国投资来创办新企业，这使经济双重依赖外部。国会是王子在承担责任时不得不考虑的问题。争论不休的议会机构的消极行为增加，在这个过程中又巩固了巴西人寻求独立的情绪。

　　1821 年 1 月在里斯本召开的国会，很快就表现出其缺乏经验并充分证明了它缺乏领导整个帝国的准备。在曾经激励他们的自由主义情绪被证明是谎言之后，葡萄牙代表普遍表现出他们对巴西的仇视态度并在口头上辱骂 8 月份即将出席的 46 名巴西代表。由于没能认识到巴西的地位已经可以和宗主国相提并论，他们浪费了大量时间来杀巴西的气焰，换句话说，他们要把巴西从王国降到以前殖民地的位置。在那些令人大伤脑筋的限制中，他们拒绝允许在巴西建一所大学，试图限制巴西的商业贸易，由葡萄牙人取代少数 119 担任公职的巴西人。为了破坏巴西人的统一，国会授权设立直接听命于里斯本的省级军人统治集团，军事领导人被要求直接向宗主国汇报，很多海外政府机关被取消。巴西新闻界谴责了国会的这种行为，此外，煽动性的小册子把当地发生的事情传达给少数当权者。很明显，巴西人并不打算默认国会那独裁、令人蒙辱而且具有破坏性的统治。

　　1821 年末 1822 年初，国会的命令和巴西人的要求进行了第一次正面交锋。国会要求佩德罗返回葡萄牙，巴西首府迅速做出否决性的回应，官员和居民试图反对这一命令。为获取那些总督辖区的支持，信使匆忙行走在从里约热内卢到圣保罗再到米纳斯吉拉斯的广阔地区，由于靠近政权中心，人口逐渐增多，以及它们以糖料、咖啡、养牛和采矿为基础的繁荣经济，这些地区非常重要。那三个总督辖区以后可能会形成巴西重要的政治三巨头，巴西的政权核心。它们领导着巴西的其他地区，巴西的民族史也将围绕着这一中心地区。三巨头达成反对佩德罗离开的共识。一个特殊委员会要求觐见王子，1822 年 1 月 9 日他们呈上了一个请愿书，该请愿书告诉佩德罗舆论一致同意他留在巴西。佩德罗这样回复："为了所有人的利益和国家的普遍幸福，我准备好了。告诉人们我会留下来。"回复令民众欢欣鼓舞，而"我会留下来"（葡萄牙语中著名的"Fico"）这句话是在公开向国会发起挑战。

事态的快速发展要求佩德罗改组政府。在新内阁内，受过良好教育、直言不讳、喜欢畅所欲言的民族主义者若泽·博尼法西奥·德·安德拉达－席尔瓦（José Bonifácio de Andrada e Silva）接受了"王国部长"这一重要职位，他是第一位担任如此高职位的巴西人。此外佩德罗的周围还继续围绕着葡萄牙人——他们个人对佩德罗忠诚，此外他们也把巴西视为他们的新故乡。但博尼法西奥在新改组的政府里面是一个势力最强的杰出人物，与王子及其他官员不同的是，他有明确的前景目标。他引导着王子和巴西走向独立。

作为这个时代巴西知识分子中的好榜样，1787 年博尼法西奥毕业于科英布拉大学，并在意大利和德国继续进行学习。在欧洲进行广泛游历期间，他结识了欧洲大陆众多杰出知识分子。法国、德国和英国的学术机构选举他为会员。他亲睹了法国大革命，作为"启蒙思想家"的忠实读者，他特别崇拜卢梭并拥有卢梭的所有作品。

简而言之，他完全沉浸于欧洲的启蒙运动中。1819年，他回到巴西，下定决心应用他学习、游历中获得的知识和经验。很少有巴西人能拥有如此卓越和广泛的教育经历，但是如果你研究独立运动领导人的传记的话，你就会发现一个显著特征：他们中的大多数人曾在国外学习。

在那段时间里，博尼法西奥表达了一个自由主义的意识形态。首先也是最重要的是，他试图保持巴西的统一，并相信只有和在里约热内卢的布拉干萨王子在一起时才能完成。世袭的统治方式能够最大限度地促进巴西政治的演变。他赞成将自由主义和民主主义思想融入传统的君主立宪政体中。博尼法西奥赞成重农主义哲学。这位部长认为，只有在一个稳定的君主政体下，才能保证国家鼓励农业、工业和贸易，这是必然的。尽管支持个人自由，他认为归根到底人还是要服从社会秩序。事实上，关于保护财产的秩序和必要性，他烦恼了很久。无疑，为了应对法国大革命，此外大概还有西属美洲发生的某些事件，他感到一个强大的君主能保护好上面提到的两点，因此也能防止过度自由。通过广泛的道德和科学教育，理想状态是可以达到的，这能保证进步和社会融合。尽管博尼法西奥倾向于独立，但温和的他并不提倡大改革。他赞成现存体制下的连续性。

作为王国部长，博尼法西奥宣布了所有省份受里约热内卢控制，并召集由各省代表组成的咨询委员会，因此，这也就否认了国会在分散巴西地方权力方面所做的徒劳努力。他的尝试并没有取得立竿见影的功效，只有圣保罗、米纳斯吉拉斯和里约热内卢服从他的领导，这三个省再次为其余省定下了路向。南部和北部强大的葡萄牙驻军镇压了那些反击。伯南布哥和塞阿拉犹豫不决，内普拉丁（Cisplatine）省、巴伊亚、马拉尼昂和帕拉当时仍然保持着对国会的忠心耿耿。一个激进的小报刊开始号召独立。4月，《弗卢米嫩塞宪政反映报》(*Reverbero Constitucional Fluminense*) 建议佩德罗自封"新帝国的缔造者"。5月，王子颁布法令，不经他的同意，国会在巴西的任何行为将不具约束力，此外他还获得了"巴西终身守护者"的头衔。那个时候，到处都能听到关于巴西独立的议论。事实上，若泽·博尼法西奥当时还写了一封给"友邦"的信，他在信中严厉谴责了宗主国对殖民地的管理并请求它们同巴西建立直接联系。

尽管已经走了很远，但对真正的独立而言，这不过只是一小步。即便如此，意想不到的时刻终于来临了。1822年9月7日，一名信使追赶上正在从桑托斯赶往圣保罗的途中的佩德罗，把信件送给他，其中有国会、若泽·博尼法西奥和佩德罗的妻子——王妃莱奥波尔迪娜(Princess Leopoldina)的信件。国会通知佩德罗他们已经削减了他的权力。其余信件谈到国会是如何批评这位年轻王子的。博尼法西奥督促佩德罗违抗这一耻辱性的命令并留意马松博人的想法，即拒绝里斯本（制定的）支配巴西的政策。王妃莱奥波尔迪娜，尽管出生在奥地利，但是在1817年她到达里约热内卢并嫁给了佩德罗之后，就将自己的精力和忠诚奉献给了巴西。她也督促佩德罗反抗葡萄牙，她在信里写道："在你的领导下，巴西将会成为一个伟大的国家，巴西希望你成为它的君王……佩德罗，这是你生命中最重要的时刻……你有所有巴西人的支持。"在来自里斯本消息的激怒和博尼法西奥、王妃莱奥波尔迪娜的鼓舞下，佩德罗剑鞘直指伊皮兰加河岸并高呼"不独立毋宁死！"当时，他一个人，在没有国会或军人集团的支持，远离民众的呼声的情况下，宣布了拉丁美洲最大国家的独立。他没有留下有关他成就的正式的、书面的公文。他的宣告也仅仅是口头上的。在那种单独的行为中，风度翩翩的王子的行为准确地反映了民众的情绪，他似乎表达了大多数人的意志，或者更准确地说是精英中大多数人的意志，因为民众在任何时候都与政治决定的关系不大。1822 年 12 月 1 日，在豪华的庆典仪式之中，佩德罗被加冕为"巴西的宪法皇帝和终身守护者"。

独立根源来自过去，帝国 18 世纪的改革加强了葡萄牙的控制，这种控制令巴西人感到恐慌，他们感到巨大的官僚制权威和效率威胁到了他们的经济利益。启蒙运动鼓励巴西人了解他们的土地并研究它的潜力。因此，在觉醒之后，巴西人开始反对那些他们认为对他们发展不公平的限制。到处都能听到对经济的抱怨声，与此同时，文学作品开始呈现出明显的本土文化主义特征。新大陆在若昂驻留期间的急剧变化增强了巴西人的自豪感。出生在新大陆的巴西人（马松博人）和出生在旧大陆的葡萄牙人间的宿怨依然存在。如果有什么不同的话，那就是此前的十五年中，巴西和葡萄牙强制的密切联系进一步地加剧了这种仇恨。国会的高压行为进一步激化了这种愤怒。这使田园风味的本土主义者变成了激进的民族主义者，巴西精英们决定创建并保卫一个主权国家。这种民族意识在 1822 年"伊皮兰加呼声"（Cry of Ipiranga）中获得胜利。要想彻底理解巴西的诞生，一个人就必须明白这个半球的空气中已经弥漫着很深的赞成独立的观念。美国和绝大多数西属美洲国家已经摆脱了欧洲的控制并获得自由。巴西王国地处刚刚独立的国家之间，无疑，这一半球的独立倾向影响了巴西人的观念和行动。

同样，19 世纪 20 年代早期三个利益群体的联合加速了独立进程，其中最为强大的是马松博人种植园主贵族。由于在巴西出生、长大，地主阶级享有相当大的权力和社会声望，因为他们拥有大地产并控制着当地市议会。他们支持独立，长久以来葡萄牙对他们来说只是一个遥远的抽象概念。他们赞成独立一方面是为了增强他们自身的权力，另一方面也是为了保证有更多进入国际市场的自由。

由于其生性守旧，他们并不支持结构改革，他们的唯一追求是取代执政的葡萄牙人。埃瓦里斯托·达·维加（Evaristo da Veiga）大概是这一时期最重要的新闻工作者，他的申辩中集合了很多人的观点："让我们不要有过激行为，我们需要的是一部宪法，而不是一场革命。"这种态度概括了这样一个现实：独立既不赞同结构改革也不支持体制创新。第二个群体是城市居民，只要巴西绝大多数仍然是农村，他们就不会反对葡萄牙。18世纪城市的增多提供了暴动焦点：1789年的欧鲁普雷图，1798年的萨尔瓦多，1817年的累西腓，1822年的里约热内卢。市议会经常成为辩论场所和行动工具，推动了独立事业。一方面，城市是将种植园主团结的一种方式；另一方面，在城市内部，极少数的直言不讳的自由民出现了，他们既不是种植园主也不是奴隶，而是一个渴望提高自身社会地位的不稳定的社会阶层。独立为那些无组织的中间群体提供了这种可能性。最后，英国人渴望扩大他们的贸易，并完善凌驾于巴西之上的经济霸权，因此他们也支持独立。以卡斯尔雷（Castlereagh）子爵为例，124 了解巴西从葡萄牙的控制下解放出来，但又很快地依靠英国的优势，这样的话，罐头制造业很快就能到那里发展。

显然，佩德罗在巴西的独立中发挥了至关重要的作用。1821年12月之前，他一直屈从于国会和他父亲的意志。受到为他服务的几个巴西人的影响，王子开始意识到国会的真正目的是损害这片他成长和热爱的巴西土地。同时他越来越清楚地认识到，他父亲只是国会的囚犯和不情愿的发言人。处在位高权重的部长职位上，若泽·博尼法西奥多次用巴西人的观点影响王子，并在可能的情况下指导他的决定。这位部长有智慧和能力预见独立的必然性和有利条件，王子则有气魄宣布它。1822年1月，转折点来临，当时佩德罗决定对国会的命令采取保留意见并最终忽视之。同年5月，他在演讲和写作中都提到"我们巴西人",他已经完全把自己的命运等同于巴西的事业,并成为促成国家独立的最好工具。

在新国家面临的根本的问题上,保持国家统一远比宣布独立更必要。科克伦领主(Lord Cochrane),即敦唐纳德伯爵(Earl of Dundonald),最近获胜的一支智利中队的海军上将,把独立的声明传到了自蒙得维的亚(Montevideo)到贝伦的沿海主要城市。凭借恐吓和武力,海军赢得了所有沿海城市的拥护,尽管拥有着强大驻军的港口如蒙得维的亚和萨尔瓦多仍然需要围攻和战斗。在1823年结束之前,海军战胜了所有反抗,宣布了独立,在所有港口升起了帝国国旗,建立了佩德罗一世的权威,并把帕拉、马拉尼昂等遥远的省并入新帝国。海军的作用十分重要,当然,国家统一不仅仅是以军事力量为基础。

巴西人能在如此多样化和广阔的区域内保持着统一,这激发了学生对国家发展的兴趣。如果把完整统一的巴西和西属美洲帝国支离破碎的残余相比较,那么这种统一简直就是奇迹。三个西属南美总督辖区分裂为十个共和国,新西班牙总督辖区分裂为一个国家群岛。西属美洲殖民地的例子表明了语言、宗教、传统和地理上的连续性,以及共同的历史并不能保证统一。它们有助于国家团结,但仅仅只有它们并不足以把一个国家紧密地团结在一起。就巴西而言,显而易见绝大多数居民讲葡萄牙语、信仰罗马天主教、拥有非洲-印第安-伊比利亚共同传统,此外,他们还有三百年历史,居住在毗连的领土上。那些相似性为表面的团结奠定了基础,但是巴西拥有的不止这些,它们和其他因素说明了巴西非凡的统一,尽管存在多样性和地方分权主义。

葡萄牙在组织上和结构上远不及西班牙,这一事实使巴西能够迈着更自然的步伐前进。毕竟,不是到了彭巴尔才运用严厉手段使整个葡属美洲统一——至少在理论上——为一块殖民地。看起来似乎是殖民地获得了或改变了它必要的制度，里斯本不时改革一些政府机构。实际与此相反，几乎立即强加给西属美洲的严厉等级化管理把灵活性降到最低。允许改变的唯一方式就是毁灭。在三个世纪的漫长历程中，巴西政府在越来越集权化的同时也逐步走向统一。权力最初集中在里斯本，但 1808 年之后，权力焦点是里约热内卢。

布拉干萨王朝在里约热内卢存在了十三年，这建立了强大的统一纽带。在这段时间内，巴西人形成了一种把里约热内卢视为政府所在地、权力来源和权威源头的习惯。此外，现有的布拉干萨王朝为每次和平过渡提供合法性，这种过渡包括从总督辖区到王国再到帝国。

126 　　受过教育的巴西人和其余的精英似乎倾向于接受他们认同的君主制。正如若泽·博尼法西奥，他们把国王视作国家的统一、习惯的父权制、公共秩序的保留和希望的连续性的担保人。因此，共和主义者和君主主义者之间没有出现像西属美洲那种打破新国家平静的激烈争论。富有同情心的王子的出现使君主制成为合乎逻辑的选择，因此由殖民地向独立国家的转变也像人们所期望的那样平稳。佩德罗的权力立刻合法化了。因此，在讲西班牙语的共和国内如此棘手的权力的合法性问题并没有困扰巴西。作为布拉干萨王室悠久传统的继承者，佩德罗继承了他的权力。他拥有权力并被所有权力象征包围着。历史先例巩固了他的地位。那样，布拉干萨王朝占据的王座证明它是新帝国最好的统一者。当然社会精英们的共识也促进了统一。

巴西人展现了打破地区隔阂产生的流动性。几个世纪以来，巴西内陆都是分裂的，而且把人们不区分出生地地混合起来。内陆干旱地区形成了一个单一的"巴西"社会。由此产生的融合提供了一种国家核心，它抵消了沿海地区地方分权主义的特征。不管是真实的还是想象中的，19 世纪的外来威胁都巩固了统一。偶尔，巴西充斥着反葡萄牙、反英国、反西属美洲的情绪浪潮。当时，一股强烈的民族主义情感汹涌澎湃。消除内部分裂远比消除外部威胁更重要，虽然 19 世纪的民族主义含糊不清，但它为巩固统一做出了重大贡献。

年轻皇帝多次表示他愿意根据宪法统治国家。因此，新帝国面临的最重要的政治问题是起草并执行这样一部宪法。为了筹备一个具有立宪权和立法权的会议，人们进行了选举。1823 年 5 月 3 日，制宪会议召开。

总体来说，这些代表组成了一个自由主义团体，其中一些人曾 127 在 1789 年的密谋和 1817 年的起义中担任领导。这次制宪会议为国家准备了很多未来领导人。

再一次从时代角度讲，自由主义思想在知识分子中占据主导，特别是那些与城市和出口业相关的部门。难怪当时他们提出、倡导并采纳了 19 世纪初主要的自由主义信条，这一自由主义总体上深受启蒙运动的影响，尤其是英国的思想和模式。他们支持自由贸易，向往资本主义模式的引导，强调私有财产的价值和神圣，奖励教育，主张河流自由通航的益处。他们对那种自由主义忠诚，表明他们希望取得和所借鉴的思想的来源国家一样的物质成功。尽管如此，与最初情况相去甚远的是，自由主义产生的后果并不令人满意，它使巴西经济进一步从属于北大西洋资本主义市场的需要。正像我们将看到的一样，自由贸易和竞争对大多数巴西人而言是灾难性的。简而言之，巴西精英的自由主义最终加深了巴西人的依赖性。

从一开始，立法机关就和皇帝存在冲突。争论最激烈的问题是制宪会议通过的法律在实施前是否需要皇帝的批准。在一个势均力敌的投票之后，制宪会议对此进行否决。皇帝并不同意，但经过再三考虑后，他决定什么都不说。在其短暂的历史中，制宪会议仅通过了六部法律，这些法律都被认为是有益的。但立法机关和行政机关间的分歧远比权力争夺表明的分歧更重要。立法者是巴西人，他们一般是旧土地贵族或新城市社会阶层的儿子们。尽管皇帝在巴西的独立和公益事业中表现出无私的忠诚和献身精神，但他毕竟是葡萄牙人。他出生在葡萄牙，而且，他身边围绕的都是在葡萄牙出生的顾问。接踵而至的立法机关和行政机关间的斗争代表了巴西人为摆脱遗留在他们身上的葡萄牙影响而进行的不懈努力。立法辩论表明立法者几乎病态地反葡萄牙，同时也暗示了他们对皇帝怀有敌意。敏感并刚愎自用的佩德罗对他们的态度感到气愤，不同意他们侵占了他认为本应是自己的特权和职权。随着双方间理解和诚意的日渐匮乏，他们逐渐发展成为这样一种敌对状态，即一方试图剥夺另一方的权力。佩德罗被劝告，制宪会议不仅缺乏纪律而且还散布革命火种，故此他决定解散制宪会议。1823 年 11 月 11 日，军队到达制宪会议大厅，禁止以后召开会议。立法领导人被放逐。

　　佩德罗曾经向巴西人承诺过一部宪法，尽管制宪会议解散了，他仍打算遵守诺言。他迅速成立了由十名巴西人组成的委员会。按照他的要求，他们在 12 月初完成了宪法的基础工作。皇帝把规划好的宪法交给市议会通过。正如在争取独立的不安日子里他们做的事情一样，在国家的形成中，他们也发挥了重要作用。地方政府代表了巴西人民的声音，佩德罗在 1824 年 3 月 25 日颁布了这部宪法。

　　最重要的是，新宪法规定了一个强有力领导下的高度集权化的政府。尽管国家权力分配给四个部门——行政、立法、司法和仲裁——最大的权力仍掌握在皇帝手中。在议会和内阁的协助下，他履行着最高行政官的职责并行使着仲裁权，这使他负责维护国家独立，此外还有其他权力及 20 个省之间的平衡、协调。他有权否决所有立法，并且还有权召集或解散全体代表会议。他选拔各省省长、部长、主教（因为他宣称旧王室曾资助过教皇并被他授予葡萄牙国王的头衔），以及参议员。他可以赦免罪犯和复审司法决定。[129]他有很多权力，然而责任也巨大。简而言之，人们希望皇帝利用他的政府在这个拥有着令人难以置信的地理和人类多样性挑战的帝国内成为一个全知全能的协调者。归根到底，君主就是一部国家宪法，他的无所不在和血统基因决定了他可以代表所有巴西人。全体代表会议被分为一个参议院，被任命的成员实行终身制，主要来自各省上呈名单；以及一个众议院，其成员由高度限制选举权的定期间接选举产生。假如我们考虑时间、地点和周围环境，我们可以确定，该宪法是一个自由文件。它也非常灵活，它被允许进行大幅度修订和改进，而没有必要替之以一部新宪法。它的可行性体现在它存在的长久性：它持续了六十五年，直到 1889 年君主制垮台。

伴随着独立、统一和政体的建立，其他国家对帝国的承认引起关注。1822 年 8 月 6 日，佩德罗示意若泽·博尼法西奥"对那些友好的政府和国家发表声明"，并向伦敦、维也纳和罗马派遣外交代表。前所未有的困境使巴西被国际社会接受变得非常复杂。首先是葡萄牙人的态度，欧洲国家不愿在葡萄牙承认它之前承认它。例如，大不列颠急切地想承认巴西，但它又不想削弱它对葡萄牙的影响力而疏远自己有利可图的葡萄牙市场。此外神圣同盟的态度也劝阻欧洲国家不要欢迎巴西。这些欧洲政策并没有影响美国的抉择，它在 1822 年开始接受这个新拉丁美洲国家。在 1824 年 5 月美国向巴西伸出了友谊的国际之手，当时的美国总统詹姆斯·门罗接待了负责此事的若泽·西尔韦斯特雷·雷贝洛（José Silverstre Rebelo）。

英国的商业压力使圣詹姆斯（St. James）的宫廷承认巴西。不列颠想保护它宝贵的巴西市场。1825 年英国对巴西的出口相当于 [130]

向南美其他国家和墨西哥销售的总和，此外还相当于它向美国销售的一半。1810 年条约原定于 1825 年终止，英国人希望在此续订这一条约，否则该条约失效后会将英国进口关税从 15% 提高到 24%。这一续订需要在此之前建立外交关系。由于对介入葡萄牙事务并不陌生，伦敦首先派查尔斯·斯图尔特（Charles Stuart）爵士前往里斯本和若昂六世商谈，并在承认巴西的问题上对他施加必要的压力，然后去里约热内卢完成必要的调停。查尔斯爵士圆满地完成了他的使命。在 1825 年末葡萄牙承认了巴西独立，作为回报，巴西需要支付 200 万英镑——部分是为了偿还巴西分摊的葡萄牙的债务，部分是为了赔偿若昂在巴西的财产和宫殿。作为尊重和爱的象征，佩德罗允许他的父亲使用"巴西皇帝"的荣誉称号。这两个让步激怒了巴西人并进一步加剧了他们反卢西塔尼亚的热情。此外，与葡萄牙达成的协议终止了巴西和安哥拉结盟的可能性，几个世纪以来，巴西和安哥拉之间的亲密关系一直鼓励着这种结盟。佩德罗不得不承诺："不接受任何葡属殖民地加入巴西帝国的提议。"

从巴西人那里榨取到的绝非仅此。英国的帮助和支持不是免费的，为了回报查尔斯爵士以自己名义进行的努力和他所承诺的英国承认，佩德罗必须同意与大不列颠间的一系列条约，没有一个条约给新国家提供有希望的前景。首先，他同意了一个新商业条约，其乃是对 1810 年与葡萄牙间的条约的重新制定，其中规定继续对英国货物征收 15% 的优惠进口税。在第二个条约中，巴西同意三年内废除奴隶贸易。葡萄牙以及当时大不列颠的承认打破了外交僵局。在一年之内，奥地利、梵蒂冈、瑞典、法国、瑞士、低地国家（指荷兰、比利时、卢森堡三个国家）、普鲁士纷纷欢迎新帝国加入国际社会。

从多个角度来看，由于对外交事务的不当处理，佩德罗最终

垮台。首先，为换取葡萄牙和大不列颠的承认所做出的不得人心的 131
妥协引起了众怒。其次，佩德罗陷入了与阿根廷争夺拉普拉塔东
岸的灾难性战争中，那个世纪的最后时期和半数巴西领土都深陷这
场战争之中。若昂利用拉普拉塔地区反西班牙求独立的斗争引起的
动荡局面，于 1811 年派军队进入乌拉圭东岸地区。在英国的施压
下，他在次年撤回军队，但又在 1816 年再次派遣军队重新占有这
片觊觎已久的领土。1821 年，他把占领的这片领土称为"内普拉丁
省"，并允许它保留自己的法律、语言和部分地方自治权。被巴西
王国占领并未令这片土地上的大部分居民满意，此外，这还激起了
阿根廷人反抗的呼声，阿根廷人看到巴西人局部控制着他们具有战
略意义的拉普拉塔地区，并不比西班牙人看到那里的葡萄牙人时感
觉更幸福。1825 年，阿根廷和巴西关于内普拉丁省未来归属问题的
战争爆发。没有一方能在战场上战胜另一方。双方在财政上筋疲力
尽，而且当时双方都看不到明确的胜利，在这种情况下，1828 年他
们达成妥协：有争议的省将成为一个独立的缓冲国。这样，乌拉圭
东岸共和国诞生了。资金、人力和一个省的损失激怒了巴西人，他
们将自己的不幸归咎于皇帝。

　　佩德罗的第三个涉外事务不可挽回地疏远了巴西人。1826 年若
昂六世去世，留下了一个无人继承的葡萄牙王位，一个通向皇帝之
路的诱惑。作为王位的合法继承人，佩德罗可以戴两个王冠，但是
巴西人拒绝同意此事。佩德罗不情愿地放弃了葡萄牙王位来支持他
的女儿玛丽亚二世（Maria II）；当时她嫁给了他的弟弟，她的叔父
米格尔（Miguel）。使问题进一步复杂化的是，1828 年米格尔无视
玛丽亚的权利，篡夺了王位。内战爆发了，佩德罗拿出越来越多的
时间致力于这一复杂的斗争上。巴西人对他专注于欧洲事务深感愤
怒。长期酝酿的反葡萄牙情绪开始沸腾。在某种程度上，反葡萄牙 132

的情绪高涨，佩德罗的人气降低。

国内事务也同样不利于皇帝。在战争的压力下，经济形势恶化，外债增加，汇率下降。巴西银行求助于大规模发行纸币的方式弥补预算赤字。很快，所有纸币都不能兑换，纸币把金银驱逐出流通领域。银行的不良状况迫使政府勒令其停业。它的停业并没有阻止新印刷纸币的流动，因为国库继续发行纸币。同时也不能指望关税政策来缓解经济压力。在不切实际的自由主义氛围中，政府于1826 年和 1827 年把 15% 的最高关税扩大到葡萄牙、法国和其他国家。1828 年《瓦斯康塞洛斯关税》(Vasconcelos Tariff) 将对所有外国商品征收的关税统一固定为 15%。

佩德罗的才干并不包括应对立法部门的能力，1827 年立法部门召开了第一届会议。在尽可能地忽略众议院的情况下，皇帝从参议员中选用了自己的（内阁）大臣。显然，皇帝和会议之间没有相互信任甚至一点的坦诚。在 1829 年关闭第一届会议时，佩德罗简洁而痛苦地结束了他的王座演讲："会议结束了。"事实上，他曾与大多数的著名自由主义领导人争吵过。

几次起义打破了国内的平静。最严重的一次于 1824 年发生在伯南布哥，皇帝为那里选拔的省长遭到了反对。此外，叛乱者拒绝接受新宪法并宣誓效忠刚解散的会议，里约热内卢迅速采取了行动。1817 年，陆军和海军包围了累西腓并迅速粉碎了叛乱。所谓的"赤道联邦"代表一个强大的地方分权主义，它一直是国家统一的潜在威胁。1828 年，里约热内卢的两支德国和爱尔兰雇佣军为抗议非人待遇发动起义。在缴械和被驱逐出境之前，他们的各种目无法纪令首都震惊。1829 年伯南布哥还爆发了另一次叛乱，这次叛乱时间短，而且仅局限于内陆。

所有的事件，无论是国内的还是国外的，都倾向于降低年轻统治者的人气。不满逐渐累积成对他的主动反抗。直言不讳的小报纸大肆宣扬反对言论，被它们的批评刺痛后，佩德罗要求用合法的形式来处理新闻界，他宣称它们是在自由的借口下滥用自由。作为替代，新报纸出现了，到1830年帝国拥有的报纸已经达到42种。那些报纸将全部版面放到了报道法国1830年推翻查理十世的事件上，它们尖锐地指出任何试图颠覆自己国家自由制度的国王都会被推翻。这是一个皇帝未曾留意的警告。在1831年3月中旬，他通过任命一个受欢迎的、全部由巴西人组成的内阁来提高自己的声望，但在4月初，他又用一个由参议员和贵族组成的不受欢迎的内阁取代了它。反对派抓住了内阁的更替作为向佩德罗施加压力的机会，他们要求恢复3月内阁。皇帝反驳道，宪法赋予了他随意改变内阁的权力——从法律上讲，他是对的。但是，法律条款并不能阻止里约热内卢的民众和军队在大街上游行示威。一个拜访佩德罗的代表团要求重新任命被解散的内阁，他用退位给予回答。

正如此前他的父亲一样，佩德罗启航前往欧洲，留下一个儿子统治巴西，只有5岁大的佩德罗·德·阿尔坎塔拉（Pedro de Alcântara）。回到欧洲后，佩德罗完全投入到葡萄牙继承权的斗争中，并在1834年把他的女儿玛丽亚二世扶上了王位。随后不久他就去世了，结束了他只有36岁的生命。

佩德罗在巴西的统治，自1822年到1831年，这段时间被称为第一帝国，我们很难去评论。丢失内普拉丁省激怒了巴西人，而且这是国家经历过唯一主要的领土损失。连对拉普拉塔地区的部分控制都未能保持的失败结果导致其陷入永无休止的外交斡旋、武力干涉和主要的拉美战争中。总之，佩德罗的外交很失败。同样，在他统治期间，很难看到国家发展取得很大进步。另一方面，他使巴西在不流血情况下取得了独立，并使新帝国迅速赢得了国际认可（不

134

管付出的代价是什么），两者都是相当大的成就，特别是与西属美洲为争取自由而进行的漫长、代价惨重的战争以及为获得西班牙对新共和国的承认而遇到的困难相比。佩德罗的统治维持着秩序并巩固了统一。1824年宪法被证明是一个非常实用而实际的文件，它引导着巴西走了它的第一个六十五年。因此，对佩德罗一世的评价应该是赞赏多于批评。

从混乱到有序

佩德罗退位后的几年中，人们主要是对此前十年的很多事务进行清算和反对。首要的一件事是巴西人第一次掌管了自己的政府。深深扎根于种植园经济的父权制精英取代了那些在葡萄牙出生、在佩德罗统治时还继续霸占着帝国最高职位的人，他们多少还让人回忆起殖民地时代。大多数新民族主义领袖强烈反对佩德罗一世时期高度中央集权化的政府。他们赞成联邦主义。这一主义在19世纪的拉丁美洲被广泛讨论和尝试，这对像巴西这样庞大而多样化的国家而言具有很强的吸引力。此外，很多巴西人希望增加自己的社会权力，作为当选代表参与政府之中。由于他们是第一次成为自己国家之船的主人，巴西精英急于规划他们的未来。尽管如此，很少有人提议建立一个共和国。绝大多数人效忠当时还是个孩子的佩德罗二世，但是是否愿意在政府中推行还是悬而未决的问题——在这个阶段甚至是必要的。

135　　宪法规定，在佩德罗未满18岁之前，如果家族中没有一人年龄大到可以以他的名义进行统治，全体代表会议将选举一个由三人组成的摄政委员会，由其中最长者负责管理。全体代表会议选举了这样一个三人同盟，但又削减了一些皇权。例如，摄政者不能解散内阁，也不能授予皇家头衔。在会议第一次欣悦地行使扩大的政治权力时，未来政党结构的微光出现了。一方是自由党和温和派。在宣誓绝对忠诚于君主的同时，他们认为皇帝应该统而不治。他们提倡两年一次选举大众议会，一个民选的参议院，取缔国务会议，实行两院制联邦制政体。另一方是保守党，他们支持强大的、中央集权的君主制，这也是他们政治思想的核心。他们对世袭的统治方式和传统的父权制感到愉悦。在摄政早期，自由主义者实施了相当大的影响力和权力。毕竟，随着他们思想强调契约统治而不是旧统治方式，这是对刚刚发生的过去最有力的回应。

伴随着 1834 年的《补充文件》（ Additional Act ）——一部宪法修正案的通过，自由党赢得了重大胜利。为提高政府的效率，摄政委员会成员由三人减至一人，此人由限制的选举产生，任期四年。该文件革除了被自由党视为保守党堡垒的国家委员会。它还取缔了地产的限定继承。在一个像巴西这样的农业国里，那些禁令，至少在理论上，提供了一些基本的未来经济改革方向。为了鼓励各省的联邦主义，有权力处理地方事务的立法会议取代了一般委员会，他们的主要职责是咨询性的。最终条款是对支持地方分权主义者的重大妥协。它的通过和一系列灾难性的省叛乱一致，这些叛乱累积的影响正威胁到帝国的存在。

政府在经济困难时期进行了尝试。中央政府从关税和赋税中所 136 获收益很少，糖价逐渐下降，棉花效益更少。金矿产量下降到此前产量的一小部分，结果，国内对牛的需求减少。普遍的贫穷化困扰着整个国家。经济衰退最明显的后果是动乱：不确定尝试下政治结构变弱，摄政的不稳定性只能加剧。

1831—1835 年间发生了频繁、短暂而又混乱的叛乱。在伯南布哥、巴伊亚和马托格罗索，麻烦主要源于反葡萄牙情绪。不过，那些骚动仅仅是随后发生的动乱的前奏。

1832—1838年，从帝国最北边到最南边的不同地区爆发了五次主要省起义，但所有起义都发生在帝国的控制核心之外，即里约热内卢、米纳斯吉拉斯和圣保罗之外，这也部分地解释了它们的最终失败。这五次起义分别是：1832—1836年在伯南布哥和阿拉戈斯内陆发生的卡巴诺斯（Cabanos）战争；1835—1840年在帕拉发生的与卡巴诺斯有联系的卡巴纳仁（Cabanagem）起义；1837—1838年巴伊亚自治运动（Sabinada）；1838—1841年马拉尼昂的巴拉亚达（Balaiada）起义；1835—1845年南里奥格兰德的法罗皮利亚（Farroupilha）起义。这些起义爆发的原因错综复杂，每一次波及范围都很大，但我们能找到一些共同特性。对经济、社会和政治的不满等多种因素综合引发了上述起义。每个地区都遭受了经济下滑。至少在两次或三次起义之中，巴西人对定居巴西的葡萄牙商人和地主的憎恨发挥了作用。其中的三次起义是源于对里约热内卢任命省长的愤恨。首都的混乱，加上松懈的中央集权制，促成了上述起义的爆发。

至少部分骚动和起义真实表达了民众的不满和沮丧，焦躁不安的民众担心政治和经济改变的影响，很多人察觉到了这种改变对民间文化的威胁。

事实上，19世纪的上半叶很可能是巴西历史上民众反抗最多而且是他们最积极发挥政治作用的时期。各省的大部分平民阶级抱怨他们的地位并担心强加在他们身上的改变。特别是巴伊亚，自1824年到1840年，它一直被社会抗议包围。大体上，我们可以肯定巴西的不同意见者主要是反对或对抗"欧洲类型"的有色人种，他们的思想并不明确而且常常自相矛盾。他们经常为寻找食物而抢劫商店和仓库并为了质疑权威杀死军官和地主。

19世纪30年代的三次主要的民众起义，卡巴诺斯、卡巴纳仁和巴拉亚达起义，进一步表明了民众的动荡不安。那些起义似乎表达了贫穷白人、梅斯蒂索人、穆拉托人、黑奴和印第安人的困境。尽管他们的计划不明确，但起义者希望提高生活水平，并分享行使的权力。卡巴诺斯战争的意义重大，因为它完全是农民发动的。维森特·费雷拉·达·保拉（Vicente Ferreira da Paula）领导乡村民众，他可以被看作一个真正的平民主义考迪罗。三次起义的领导者都被他们的追随者所尊崇，追随者把这些领袖视为他们中的一员；尽管如此，在政府看来他们是"罪犯"、"强盗"和"亡命之徒"，官方历史在提到他们时依然这样称呼他们。

摄政者既没有声望也没有权力把被起义摇撼的庞大帝国团结在一起。第一任单一摄政迪奥戈·安东尼奥·费若（Diogo Antônio Feijó），一位激进的自由主义者，1835年被选任。他曾经在葡萄牙国会任职并且是独立的早期倡导者，担任过司法大臣一职，并列席制宪会议和参议院。他未能平息各省暴动，于1837年在严厉的批评声中辞职。第二任摄政者佩德罗·德·阿劳若·利马（Pedro de Araújo Lima），是一位保守主义者，更具有资格：他也是曾在葡萄牙国会中代表巴西并担任议员和部长。在他摄政期间文化得到了很大发展：精英中学、佩德罗二世帝国学院的建立，国家档案馆的建立，巴西地理和历史学会的建立。假如在他任职期间有什么范围的事物在增长的话，那就是各省激烈进行的起义。为反对越来越多的社会动荡，关注帝国统一的精英转而把王座视为帝国统一的工具和象征，希望再次制造1822年的奇迹。因此，上述情况暗示，至少在那个时候，那种情境下，君主制的世袭规则远比选举执政官领导的契约政府更具优越性。

经验表明，《补充文件》给予了各省太多的自治权，达到了它们还没有准备好去行使职责的程度。在国家统一的名义下，更不必说效率了，事实证明有必要阻止这种离心趋势。1840年全体代表会议通过了《诠释法》（Interpretive Law，即对1834年宪法的《补充文件》的说明），结束了联邦制尝试，重新实施中央集权制度。与此同时，一种为年轻皇帝加冕的要求呼之欲出。宪法不准佩德罗未满18岁时登位，由于他出生在1825年12月2日，理论上讲，国家必须等到1843年的这一天。大多数人担心不断加剧的混乱和危机会在那个时间之前毁灭整个国家。人们组织了一场运动，声称佩德罗已成年并要求为他举行加冕礼。报纸和公众舆论似乎也越来越支持这个计划。当立法机关不能在这个计划上达成一致意见时，自由主义者开始插手这件事情。1840年7月22日，他们派遣了一个代表团到佩德罗那里，问他是否愿意马上接受王权，他的回答是肯定的。第二天他出现在全体代表会议前宣誓维护宪法。这位英俊、高贵、白肤金发并且蓝眼睛的年轻人的出现引起了议会大厅里面和外面环绕着的广场与街道上的人群的兴奋和欢呼。"佩德罗二世万139 岁，巴西宪政皇帝和终身保护者！"这一呼声久久回荡。后来，当佩德罗宣誓时，议会大厅顿时肃静。正式加冕礼在一年后举行。显然，提前宣布佩德罗成年并不合法。它更像国家危急状况下允许的一种政变，它平息了波涛汹涌的政治海域。登上王位的年轻皇帝成为将庞大帝国重新统一起来的权威人物。统治集团占据支配地位，慢慢又回归到有序。他最初的加冕礼再次肯定了父权制原则，该原则已经在巴西统治了几个世纪。国家避免了分裂，同时也减缓了至少是另一代人政治改革的影响。此后，那些生活在摄政时期经受过离心威胁的人深深地崇敬君主制，因为它在最艰难的时候维护了巴西统一。只要那代人活着，君主制就是必须保留的制度。强大的中央集权至少暂且被认为是对过去灾祸的补救方法。假如佩德罗一世的退位向巴西人开放了政府岗位，佩德罗二世的加冕则给了他们一个真正的民族皇帝，因为年轻的佩德罗在巴西出生和受培养，他完全把巴西当作自己的祖国。他的加冕从逻辑上断定了政府的巴西化的完成，这一趋势开始于 1808 年，并在 1831 年加快。

伴随着《成年宣言》，自 1840 年开始的十年是一个政治转型的关键期。创建一个民族国家的步伐加快。

皇帝首先将精力集中在重建他的统治区域内的和平。巴拉亚达和法罗皮利亚起义仍在进行着，1842 年圣保罗和米纳斯吉拉斯的自由主义者们拿起武器反抗保守党内阁的选举和迅速恢复中央集权。对于皇帝而言，幸运的是当时出现了一个能力杰出的军事领导，路易斯·阿尔维斯·德·利马－席尔瓦（Luís Alves de Lima e Silva），他是卡西亚斯（Caxias）的男爵，以及此后的伯爵、侯爵和公爵，他在镇压南里奥格兰德迅速恶化的起义之前，巧妙机智地镇压了马拉尼昂、米纳斯吉拉斯和圣保罗的暴动，摇摇欲坠的帝国又恢复了和平，整个巴西民族聚集到王座周围并向佩德罗二世表示 140 敬意。

在那十年间，帝国政治上逐渐成熟。皇帝毫不迟疑地使用自己的仲裁权组建或解散内阁，因此，两个政党——自由党和保守党交替掌权。皇帝可以从一党中选出内阁大臣。假如那一党派在众议院中占据大多数，内阁大臣就能轻松进行统治。假如那一党派不能占据大多数，皇帝会解散内阁并要求重新选举。由于新内阁大臣控制着选举机构，他的政党必然赢得多数选票，这样新内阁才能够进行统治。这样的安排需要皇帝的精明，这样他才能正确地评估民意，知道什么时候民众支持政党更换。1840 年，皇帝赞成自由党，但第二年他又改弦易辙地把保守党推上了政治舞台。他们立刻发动了使国家重新中央集权化的运动。他们保留了国务会议，其主要职责是为皇帝使用调解权提供建议，并限制各省立法会议的权力。中央政府负责指导国家内的所有警察机关。自由党大声地反抗这些措施——甚至不惜在米纳斯吉拉斯和圣保罗诉诸武力，但在1844年自由党再次执掌四年权力之后，他们并没有否决重新中央集权化。权力的责任使他们冷静下来，他们认为重新中央集权化不可避免而且必要。

1847年，佩德罗决定不再选拔全体阁员，而只提名部长会议主席，并由主席选拔自己的下属，当然，须是与皇帝进行必要的协商后。首相一职的设立方便了采纳议会制——非常独特。在他们的统治者坚定的个别指导下，政治家们学会了从政治中给予和索取，因为他们相信他的睿智，他们接受他的决定，很少有抱怨。就他自身而言，佩德罗在平衡两党上表现出自己异常的娴熟。在49年任职期间，他任命或批准了36个不同的内阁，它们之中的大多数得到并值得人民支持。

19世纪40年代以及此后，以叛乱为政治武器的逐渐减少反映了人们接受了佩德罗二世的正统和权威。尽管如此，新皇帝的政策并非没有受到挑战，1842年和1848年自由主义者的起义就是典型标志。前者我们已经提到，后者发生在伯南布哥。在某种程度上，它反对重新让保守主义者掌权；而在另一种程度上，它证明了当地对居住在伯南布哥省里的葡萄牙商人的憎恨。在不满的伯南布哥自由主义者的心中，这两个原因密不可分，他们常常怀着激昂的情绪认为保守主义者和葡萄牙商人是一样的。事实上，葡萄牙人控制着巴西生意中相当大的份额。据估计，他们大约拥有所有商号的三分之一，他们倾向于支持保守主义事业。自由主义者抱怨他们的存在和影响。至少在某种意义上说，"商贩之战"还在继续。1848年海滨党叛乱（Praieira Revolt）的一些参与者主张土地改革。直言不讳

的穆拉托人安东尼奥·佩德罗·德·菲格雷多（Antônio Pedro de
Figueiredo）写文章反对大地产阶级的弊病，并提倡诸如对不使用
的土地征收重税以减少大地产的面积等措施鼓励乡村中产阶级。这
种观点很容易被巴西其他地方友好地接受，但却并没有现成的实际
补救措施。1850年，皇帝废除了历史悠久的赠地制度，并严禁此后
对土地自由分配。他希望借此抑制过去的一些弊病，但是并没能遏
制大地产的滥用或帮助农村穷人。1850年，海滨党叛乱被镇压。

　　这一时期内的经济变革让人印象深刻。咖啡已经超过糖料成
为主要出口物，与糖料占出口的四分之一相比，它占出口的二分之
一。但是进口依然大于出口。由于国库亏空，财政部长求助于频繁
发行纸币。政治家懊悔早期经济的慷慨并决定一旦贸易协定期满，142
他们将提高关税，这有双重目的，既可以增加关税又可以鼓励民族
工业。面对强大的英国续订即将到期的贸易协定的压力，巴西人表
现得很坚定，并于1844年颁布了《阿尔韦斯·布兰科关税》（Alves
Branco Tariff），该关税是此前的2倍多。此后关税约占政府收入
的一半。在这个世纪剩余的时间里，政府坚决拒绝协商任何贸易协
定，由此它也从英国那里赢得一些经济独立。但是关税还没有真正
高到足以促进国内工业化的程度。1846年，通过同意对机器进口
免税，政府给予有潜力的工业家极大的推动力。尽管建立了少量脆
弱的工业，沿海城市也缓慢而稳定地发展，巴西的绝大部分仍然是
乡村。庞大而普遍低效运营的种植园仍在农村占据主导。它们一如
往常地迎合国际市场的反复无常，这会儿笑，过会儿又皱眉头。显
然，大庄园在结构和运营上仍保持着几百年来的样子。一个善于观
察的游客，丹尼尔·F.基德尔（Daniel F. Kidder），在第二帝国早
期访问了圣保罗内陆雅拉瓜（Jaraguá）的一个农场。庄园属于一个
有事业心的妇女，她已经在圣保罗城居住了很多年。各种农作物给

基德尔留下了深刻印象：甘蔗、木薯、棉花、大米和咖啡。他留下了这样的描述：

> 以农场房子为中心，周围坐落着很多附属建筑，比如黑人居住区、储备大宗蔬菜的仓库，以及把它们削减加工为市场可销售形式的固定设施。
>
> 朗姆酒机器是挤压并蒸馏甘蔗汁的一种设备。在绝大多数的糖料种植园里都有蒸馏室，它把从糖中提取的糖浆转化成一种叫作巴西朗姆的酒……这种压榨甘蔗的设备在构造上非常粗糙、笨拙，与美国苹果酒作坊里的设备相似，它由四头牛拉着转。

143 他继续描述种植园和其主人的习俗：

> 我们在雅拉瓜的社会娱乐并不是普通级别的。当我们聚在一起的时候，任何人看到满房子的一大群人时都会不由自主地形成巴西人尊重自己国家的普遍印象，也就是：它最大的不幸就是拥有一群有希望的民众。如果不考虑旅行家和生物学家，以及一群仆人、侍者和孩子——她们之中的每个人，不管是白人、黑人或者黑白混血儿看起来都渴望议论，在场的有六名妇女，她们是唐娜（Donna）的亲戚，她们从城市中赶来参加这一聚会。男人中有三个唐娜的儿子、她的女婿、一名法学博士，以及她的教士，教士同时也是一位法律大学的教授，还有一位神学博士。这样有趣的一群人，时间的分配很容易达成一致的意见……很高兴地说，我并没有看到对女性的隔离和过多限制，很多作家认为这是巴西女性的特征。事实上，除了说

话的西姆先生（Sim Senhor）、纳奥先生（Não Senhor）等人外，人群中的年轻人很少敢说话。但唐娜·格特鲁德（Donna Gertrudes）的善于交际极大地改变了他们的羞怯。她主动向我详细地介绍了她的众多业务，亲自向我展示了她的农业和采矿业财富，看起来她非常乐意向我透露自己的所有经历。

基德尔非常赞许地提到了那些食物。民族饮食围绕着大米、豆类、树薯粉、糖、咖啡、玉米和干肉等主食。显然庄园提供给客人的食物相当多，我们的游客这样记载道：

> 餐桌上提供的食物和饮料非常丰富，但是有接近十二名侍者提供服务，这就出现了很多的混乱，但这很快就被两名熟悉这些事情的人细致地进行了补救。盘子是特别大而且非常昂贵的那种。椅子和桌子都非常简陋。卧室里的被褥、枕套和毛巾都是棉质的，但同时又装饰着精致的麻纱做的宽流苏饰边。因此，对比律（law of contrast）似乎在这里非常流行，宴会在晚上六点，晚餐则一般在九点。

144

对于主人而言，生活在大种植园似乎非常文雅。与巴西看起来的广阔相对的是，对小农而言这里缺乏可耕种的、容易取得的土地。在"伊皮兰加呼声"之前，土地一直以赠地的形式进行分配，相比其他方式，土地合并控制的趋势更占优势，19世纪中叶《伯南布哥日报》（*Diário de Pernambuco*）总结并谴责了以下的形势：

> 现在，因无法逾越的障碍，不那么受欢迎的人们，没有一定资金的人们，被拒绝踏足农业。农业是生产的主要来源，是

我们国家的主要希望。但由于农业因障碍而拒闭于他人，这种障碍就必须被消除，无论付出怎样的代价……那么那一障碍是什么？大土地所有者。正是这个可怕的诅咒破坏并毁灭了很多其他国家。

假如从殖民时期开始，土地所有制一点也没有改变，那么过去的两代人现在也没有改变劳动系统。黑奴承担了所有的杂务。

19世纪40年代，国内对罪恶奴隶贸易的反对声日益高涨，国外也不乏反对，但那个时候它们已经进行了几十年了。从这个世纪开始，英国人，出于人道和商业原因，开始施加压力，从最初限制到后来废除这一制度。很多巴西人谴责英国人试图废除奴隶制以提高巴西产品在世界市场上的价格，从而将来自英国殖民地的相似产品抛售给他们。

伦敦迫使葡萄牙以协议的形式接受一系列对奴隶贸易的限制：1810年奴隶贸易被限定在葡属非洲殖民地，到1815年，所有的贸易被限定到赤道以南的葡萄牙殖民地，其中所有人被要求遵守获得一定改进后的条件。1817年，英国海军得到可以截停并搜查葡萄牙船只的许可，这被认为是违反了强加于贸易之上的条件。为了报答英国的承认，巴西人极不情愿地在1826年签署了一份协议，同意在外交承认后三年内终止奴隶交易。此外，英国船可以截停被怀疑参与奴隶贸易的船只。英国人和巴西人组成的委员会将会审判所有的违法行为。地主以反抗的呼声回应了这一协议，他们预言，如果不继续进口奴隶，摇摇欲坠的农业经济将会很快崩溃。在胁迫之下，巴西人勉强地通过了一部法律来履行他们协议中的义务。1830年后进口的所有奴隶立刻被恢复自由，进口商受到处罚并不得不把奴隶遣送回国。在困扰帝国的混乱发生之后不久，纵然一直以来都有希望——并没有非常明显——但是并没有权力去执行这些法律，尽管英国堂吉诃德式地进行了尝试。1845 年，公约允许英国调查并设立联合委员会来审理那些到期的案件，帝国政府坚决拒绝重新修订。英国用《阿伯丁议案》（Aberdeen Bill）予以回应，即单方对可疑的奴隶船继续调查和扣押，并在海事法院进行相应的审判。巴西人非常抵触这一专横法令。据估计，在英国人发出声明后，每年进口的奴隶数目是原来的 2 倍。巴西人的反对是部分原因，但最重要的是，绝大多数巴西人认识到，这种野蛮的奴隶交易将会很快停止。作为一种逐渐流行的更加开明的态度，公众舆论越来越反对继续进口。巴西人也抱怨这样一个事实，因为这一贸易中他们承担了责任和耻辱，但大部分奴隶船却是外国的，特别是葡萄牙的，这些船主从身无分文的种植园主那里索取了丰厚利润。最后巴西人指出他们愿意禁止这一贸易，这一愿望被 1850 年通过的《凯罗斯法案》（Queiróz Law）有效地达成了。

在 19 世纪，里约热内卢郊区是无可争议的奴隶贸易货场。奴 146 隶贸易的停止结束了巴西一段很长的历史时期（超过三百年）。它预示着很多改变，一方面，奴隶贸易占用的大笔资金——数目是令人震惊的——被解放出来用于其他投资。另一方面，对劳动力的持续需求要求更大地鼓励和欢迎欧洲移民。

城市化的快速步伐开始改变着里约热内卢。到佩德罗二世统治的第一个十年结束时，它已经是南美最大的城市，人口超过 25 万。受海洋和山脉的挤压，这座城市弯弯曲曲地穿过海岸并通往山谷。在平坦的地方，直角相交的街道是这座城市的特征，但是地势通常只允许单一、弯曲的街道。这座城市耸立着一些气势宏伟的大楼：国民大会、参议院、市议会政府大厦、海军和陆军的武器库和学院、海关、一度作为政府公署的总督宅邸、国家图书馆、国家博物馆和美术学院。雄伟的宗教建筑同样完全地展现在人们眼前。房子一般三四层高，底层通常留作商业或贸易用途，家人住在楼上。尽管如此，向风景如画的博塔福古（Botafogo）和恩热纽维利霍港（Engenho Velho）郊区的移民正在进行中。

城市社会吸引着越来越多的种植园主贵族，他们待在种植园的时间变少，而投入吵闹的街道、友好的城市欢宴以及安静的沙龙中的时间变多。里约热内卢宫廷的社会或政治的魅力吸引着帝国各个角落的地主阶级到首都游玩，假如他们居住在那里的话。同样，社会阶层开始送一些孩子到圣保罗或奥林达（后来到累西腓，1854 年法学院迁到那里）学习法律或到里约热内卢和巴伊亚学习医学。在适应了城市生活之后，那些大学毕业生便永远地离开了种植园。

147　　在生气勃勃的城市环境中，文学繁荣起来。受过教育的巴西人往往沉溺于诗歌，但在 19 世纪 40 年代的十年中，随着小说的出现，散文表现出新的重要性。安东尼奥·贡萨尔维斯·特谢拉－索萨（Antônio Gonçalves Teixeira e Sousa）是巴西第一个出版小说的人，1843 年他的短篇小说《渔夫之子》（*O Filho do Pescador*）发表，其他 5 篇未署名的小说也是出自他的文笔。多产的若阿金·曼努埃尔·德·马塞多（Joaquim Manuel de Macedo）（著有 21 篇小说）在第二年发表了他最早也是最成功的小说《深褐色头发的小女孩》（*A Moreninha*）。它获得了巨大成功，比其他巴西小说的再版次数都多。它的多愁善感和富于浪漫，在来源和魅力上都是中产阶级文学的经典。在给生机勃勃的城市提供有价值的见解的基础上，资产阶级社会在第二帝国早期出现，马塞多以浪漫小说为工具对社会变革做了巧妙的政治声明。通过卡罗琳娜（Carolina）的性格，小说表现了赞成一系列让人印象深刻的妇女权力的早期观点。第三位小说家是曼努埃尔·安东尼奥·德·阿尔梅达（Manuel Antônio de

Almeida），他唯一的一本书《一个民兵军官的回忆录》（*Memórias de um Sargento de Milícias*）最初以连载形式发表在报纸上，随后在 1854—1855 年成书。它描述了 19 世纪最初二十五年里约热内卢流浪汉的生活。

在这一时期戏剧也繁盛起来，但路易斯·卡洛斯·马丁斯·佩纳（Luís Carlos Martins Pena）对戏剧生动性的作用最大，在行为和道德上他都是一位诙谐的讽刺作家。他的喜剧令人高兴，但同时也告诉人们他观察到的巴西人的弱点。1843 年开始公开发行的《商业邮报》（*Correio Mercantil*）定期刊登文学片段，其中多半刊登翻译的法语作品，但偶尔也有巴西作品。《邮报》（*Correio*）以及《商报》（*Jornal do Commércio*），于 1827 年首次发行，多年来一直是国内的主要报纸。帝国知识分子的质量与数量都在提升。

在仁慈的皇帝的带领下，通过战胜分裂威胁、巩固领土完整、挑战英国霸权并实行有效的两党制议会制政体，巴西已经证明了它政治的可行性。事实上，到这个世纪中叶，民族国家就已经出现。在半个世纪的历程中，巴西人完全接管了自己的政府。从他们的传统基础市议会开始，他们慢慢地前进，1840 年后，一名巴西人甚至登上了王位。政治权力由葡萄牙人向巴西人的转移标志着重大的政治变革，其心理涵义重大，但这并不仅仅是民族主义发展的结果。禁止奴隶贸易被认为是挑战过去殖民时期顽固经济结构的最初努力，并给社会－经济变化提供机会。帝国的前景第一次看起来非常光明。一位叫托马斯·尤班克（Thomas Ewbank）的美国游客预言了一个辉煌的未来："说到物质丰富，太阳之下没有人比他们拥有的更多，他们的前途必将是光明的。"

148

第四章

现代化和连续性

经历了 19 世纪前半叶重要的政治改变之后，巴西由殖民地演变为民族国家。精英分子分阶段地控制着政府。在巴西出生的佩德罗二世的加冕使这一进程达到顶点，他带来了帝国的平静、秩序和稳定。随后的几十年见证了由于有利可图的咖啡工业的扩大而带来的经济增长。政治稳定和经济繁荣相结合有利于新思想的引入和思考。那些源自知识分子所欣赏的资本主义国家的思想，有助于发起并促进现代化。这是一个局限于人口中少数群体的过程，特别是城市中层和上层阶级，他们采用的是"现代"北大西洋国家盛行的生活方式和态度。吉尔贝托·弗雷雷（Gilberto Freyre）把这一重大趋势叫作"巴西的再欧洲化"，评价其为 19 世纪最重要的特征。

作为变革原动力的咖啡

咖啡出口的繁荣非常有助于形成 1830—1930 年巴西历史上一
个非凡的时代。这使得新资本主义向资本主义的转变成为可能。它是如此神奇，巩固了产生于 1530—1560 年的一些基本特征：大地产制、单一作物栽培、出口导向和依赖性。尽管很明显地扎根于乡村，咖啡的繁荣有利于现代化、城市化和工业化，它为变革提供了原动力。

在这个世纪中——特别是 1850 年之后——咖啡工业吸引了外

国资本，产生了投资；也创造了通常最重要的工业化国内资本，有利于新技术的引入，鼓励铁路的建设，开放并使人居住在巴西西部，开创了由奴隶向领薪劳动力的转变。奴隶制的衰落、对领薪劳动力的需要以及咖啡的繁荣诸种要素相结合吸引着更多的欧洲移民到巴西。咖啡的生产创造了一个新的、更加有活力的、更加现代的资产阶级，（在性质上）它完全是国际化的。为响应咖啡市场，巴西更加紧密地把自己融入到北大西洋的资本主义市场之中。向美国销售的咖啡的增加为巴西的外交政策指明了一个新的方向，这使华盛顿成为 20 世纪新的宗主国。随着咖啡提供的经济繁荣而来的是巩固了第二帝国政治秩序并在旧共和国时期（1889—1930 年）创立了一种新的政治秩序。

作为殖民地经济占主导的出口产品，糖料在 19 世纪迅速衰落，在独立之初的十年中，糖料依然是最重要的作物，占出口额 30%。随后的十年里，它降到了咖啡之后的第二位，此后再也没能恢复从前的卓越地位，到了这个世纪的最后十年，它仅仅占了国家出口额的 6%，尽管它仍为国内消费的一种重要作物。在这个世纪中期，巴西拥有大约 1651 家糖厂，其中有 144 家使用蒸汽动力，253 家使用水力，还有 1275 家使用畜力。十五年之后只剩下 511 家糖厂，缩减的数字带来的是这一工业的衰落和工厂的兼并。具有侵略性、₁₅₁高效率的国外竞争挑战着世界市场上巴西摇摇欲坠的地位。西印度群岛的新工厂迅速机械化，辐射出的新铁路线提高了种植园的规模和效率。这些工厂生产的糖料如此经济以至于它们把价格高的巴西糖料（因为低效率的生产）赶出了国际市场。此外，已经能够自由进口糖料的国家用甜菜做实验（制糖）。在巴西的一些地区，森林采伐和土地贫瘠进一步加速了制糖工业的衰落。尽管在 19 世纪的后半期糖料的出口总量增加了 33%，但是糖价却下降了 11%。与其他的出口产品相比,糖料的统计数据前景黯淡。在同一时代,总的出口额增加了214%,平均价格增加46%。在1833—1889年间,对外贸易的数值增加了6—7倍,咖啡使这一非凡纪录成为可能。

尽管对于民族经济是一个新的、受欢迎的推动力,但通过近距离观察,事实证明咖啡工业还在重复很多旧有的经济特征:大种植园盛行、主要为增加出口而强调增加单一农作物、伴随着经济繁荣而来的依赖国外市场。此外,在开始的时候主要是奴隶劳动力在种植园内工作,此外咖啡种植业保留了一个父权制社会制度,让人想起它的农业前身;糖料种植园。咖啡庄园的规模和经营也与糖料种植园有某种相似,围绕着二者的大房子的都是它的小教堂、奴隶的住房、仓库、马厩、简易工棚和机械。但是,咖啡的生长和加工需要较大的投资,因此对于小型或者中等规模的农场而言这是力不能及的。

另一方面,在景观上一些基本的不同也把糖料和咖啡的生产者区别开来。糖料生产者,他们是传统学说的发言人,他们和依赖152 保护关税的帝国政府联系密切。与咖啡生产者相比,他们并不倾向于变革,他们也很少做出努力提高生产力或效率。他们猜想奴隶制将永远存在、糖料贵族对政府而言将永远非常重要,此外政府将会一直支持制糖工业。由于没有像他们(糖料生产者)那样专注于过去,咖啡种植园主倾向于使用更加有适应能力的经济和社会观点。他们对于扩大的对外贸易的日益加深的依赖使他们更易于接受例如自由贸易学说之类的。他们看起来更乐意用新的技术、机器和劳工措施进行实验。由于大部分咖啡工业在奴隶贸易停止后才开始,与制糖工业相比,它较少地依赖于奴隶制。事实上,庄园越来越多地依赖于以适度的工资雇用的移民劳工。很多咖啡阶级的代表赞成加快移民,糖料阶级很少陈述并奉行这种看法。

咖啡在巴西出现得比较晚,它的经济周期谨慎地开始了。大约在 1727 年，咖啡的种子从法属圭亚那地区被引入到帕拉。咖啡的种植深入到了亚马孙地区，但更重要的是它向南部蔓延，穿过巴伊亚地区并在 1770 年左右到达里约热内卢。大约在同一时间，它也出现在米纳斯吉拉斯。咖啡工业最初集中在帕拉伊巴河的河谷南边的高梯田和低山坡。那里的气候和地质条件对这种有脾气的树而言几近完美。帕拉伊巴河起源于圣保罗城的正东北方，蜿蜒横跨越整个里约热内卢州，流入圣埃斯皮里图以南 20 英里的大西洋。沿着这一进程，咖啡的生产在 19 世纪中叶达到巅峰。粗放、不经济的农业实践迅速减少了一度肥沃的河谷的收成，把生产向西推进，咖啡树的绿浪迅速淹没了米纳斯吉拉斯和圣保罗。

与此同时，咖啡的种植已经蔓延到加勒比海地区。到了 19 世 153 纪的第二个十年，海地、牙买加、古巴和委内瑞拉都出口这种（咖啡）豆。在这个世纪的中期以前，哥伦比亚和哥斯达黎加开始生产用于出口的咖啡，而在这个世纪的后半期，危地马拉和萨尔瓦多在市场上交易这种（咖啡）种子。但是他们种植的咖啡合起来还远远少于巴西。

种植咖啡，不管是在帕拉伊巴河谷还是西部，第一步就是清理土地。经营者采纳印第安人传统的刀耕火种的方法。工人伐倒所有的草丛和树木并拖走那些可以用于建筑的有用木材。在为这一地区提供合适的防火通道之后，他们在 9 月份的雨季之前点燃干木材和灌木丛。一把简单的锄头为土地做好准备，刚出芽的幼苗种在垂直方向的垄沟里面，它们沿斜坡和山坡攀缘。劳工每半年清除一次地里的杂草。到小树长到第三年末的时候，它们约有 6 英尺高，开始结果，到第六年末能达到全能力生产——每棵树能结 3—4 磅的浆果。根据土壤和气候，它们结果时间在十五到三十年不等。

收获开始于 5 月份，这时红褐色的浆果，稍微比蔓越莓（cranberries）

大，压低树干。收获者用拇指和食指抓住每一枝树枝，把树枝拉向自己以采摘树枝上的每一个浆果。浆果和嫩枝、树叶一起落到每个工人携带的用竹子编织的滤网中。在空气中摇掷后，浆果落到竹编滤器的底部，而叶子和嫩芽则留在上面被掸去，然后工人们把浆果倒进袋子中，这些袋子被带到田里的棚子里，再从那里运到干燥台上。平均来说，工人一天可以采摘3蒲式耳咖啡浆果，完全能够生产出大约50磅的干咖啡。一英亩的咖啡树平均能结出400—500磅的咖啡浆果。

每个浆果，包裹着果肉和粗糙的果皮，包含着两粒种子，即咖啡豆，每个咖啡豆又被一层厚厚的覆盖物和一层精致的黏附膜包裹着。加工的任务就是除去小种子上的覆盖物。充分的洗涤使果肉和果皮剥落。将这些种子在捶打而成或混凝土制成的空旷辽阔区域内晾晒大约六十天。（极少数先进的种植园主使用蒸气棚在几个小时内彻底地烘干，）当果皮皱缩、变硬、几乎变黑时，以木制的研钵，或者手动的、水力驱动的、蒸汽驱动的机器将咖啡豆捣碎。在不损害粗糙的种子的情况下，强风爆裂开裹着的果壳。然后把破裂的果皮与咖啡豆过滤分开。最后，工人们根据大小和质量把它们区分开来并装入袋里。在收获季节里，种植园的工作时间特别长，特别辛苦。

骡子和火车运送着成袋的咖啡豆到达最近的可以出口的港口。在帕拉伊巴河谷最繁荣的时期，里约热内卢的港口控制着巴西咖啡出口额的88%，相比之下桑托斯占有10%，巴伊亚占1%，巴西的其他港口占据着1%的份额。大约有半个世纪之久，大量的咖啡交易朝向里约热内卢。骡子，每匹上面用背物架吊着两个袋子，它们沿着河谷的小路或好点的较硬的路呈纵队列朝向铁路走去，在19世纪的60年代和70年代蔓延到了里约热内卢城。在火车站，骡子们的货物被卸掉，咖啡袋子被高高地堆放到平台上和附近的仓库里

154

面等着装船。委托人，或种植园主的代理人，在里约热内卢收到咖啡，将它们卖给包装公司以赚取小额的佣金，包装公司用马车把它们从火车站运往首都北部或东部的大仓库。在那些仓库的大门口，咖啡被再次包装，每一袋重量被仔细地控制在 130 磅（60 千克）左右。从包装公司那里，咖啡直接被运往出口商那里，他们通常是英国人，在市场有利的时候，他们再把（咖啡）发往国外。咖啡豆从树上到杯子里是一个漫长的奥德赛似的旅行，旅程因商业管理而复杂。很多人因这种豆子而发财，政府也由于在这一生意上征收的税而获益丰厚。

　　咖啡出口每年都在增加。最早的咖啡出口是 1731 年从马拉尼 155昂出发到里斯本。在 18 世纪的剩余时间内，马拉尼昂和帕拉继续用船向首都运送咖啡。在 1779 年，里约热内卢把第一批船运咖啡运往里斯本，大约有 1.25 吨。到独立的时期，咖啡占了出口额的五分之一，这个数字在 1889 年君主政治结束时已经上升到了三分之二。那些数字显示了在六十七年的时间里每年用船运装咖啡的麻袋数目从 190060 个增加到 5586000 个。在那些年里咖啡的销售额和整个殖民时期所有的出口额相等。在 19 世纪巴西所有重要的出口品中，只有咖啡没有遇到激烈的国际竞争。到 1858—1860 年，巴西的出口收入中，咖啡占到一半。由于咖啡出口额的增长，1860 年以后，国家自独立以来第一次出现出口超过进口。因此，贸易平衡倾向于对巴西有利，这种新奇的事情在随后的几十年里变得非常平常。由于进口数量持续增加，有利的平衡更加引人注目。

　　皇帝称颂这些新财富的创造者。在 1841 年，他第一次提升一名咖啡种植园主为贵族：若泽·贡萨尔维斯·德·莫赖斯（José Gonçalves de Morais）成为德·皮拉伊男爵（Barão de Piraí）。自此之后每过十年，咖啡阶级在新贵族之中就更加地位显赫。事实上，一些咖啡种植园主也是国土内最富有的人。1860年，在若阿金·若昂·德·索萨·布雷维斯（Joaquim José de Sousa Breves）一个人广阔富饶的庄园内就能收获帝国农作物总数的1.5%，他以一种和他的经济权力相称的方式生活。安东尼奥·克莱门特·平托（Antônio Clemente Pinto），即诺瓦·弗里堡男爵（Barão de Nova Friburgo），其财富可以直接从咖啡的出口中追溯，他在首都有一处可以与皇宫相媲美的住宅。事实上，在共和国宣告成立后，他的宫殿成为总统的宅邸。前往咖啡种植地区的游客都会对广阔的种植园和坚固的、通常豪华的住宅予以好评，如同糖料种植区域一样，它体现在生活的各个方面。

156 　　米纳斯吉拉斯领主席尔瓦·平托（Silva Pinto）让人印象深刻的咖啡种植园覆盖着64平方英里的面积。里面种着棉花、糖料、玉米、树薯和各种水果；在它广阔的牧场里面，成群的家畜吃着青草。其中没有任何一样物品到达市场上，它们被用于家人和奴隶们的吃穿，这些人的数量一度达到700人。经济作物是咖啡，它们是大量财富的源泉，使席尔瓦·平托家族过上豪华的生活。

　　19世纪60年代的十年因一些其他重要的因素而不是咖啡销售的增加而异常繁荣。美国的内战减少了世界棉花的供应，迫使欧洲的纺织品制造商寻求其他的来源。巴西提高了棉花生产以满足新的需求。19世纪60年代期间棉花占据了出口总额的18.3%，是前面十年的3倍。此外，迅速发展的欧洲和北美工业需要更多的初级产品。其中，巴西出售橡胶，在19世纪40年代占出口总额不足0.5%，在19世纪90年代已经足足占15%。在这一世纪的后半期，总趋势如表4.1所示，咖啡、橡胶、可可和巴拉圭茶（erva-maté）的出口额在增长，而糖料、皮革、兽皮和棉花（除了19世纪60年代）在减少。烟草保持不变，占了出口总额的2%—3%。

表 4.1　19 世纪巴西的出口产品
（占出口总额的百分比）

年代	总计	咖啡	糖料	可可粉	巴拉圭茶	烟草	棉花	橡胶	皮革与兽皮
1821—1830	85.8	18.4	30.1	0.5	—	2.5	20.6	0.1	13.6
1831—1840	89.8	43.8	24.0	0.6	0.5	1.9	10.8	0.3	7.9
1841—1850	88.2	41.4	26.7	1.0	0.9	1.8	7.5	0.4	8.5
1851—1860	90.9	48.8	21.2	1.0	1.6	2.6	6.2	2.3	7.2
1861—1870	90.3	45.5	12.3	0.9	1.2	3.0	18.3	3.1	6.0
1871—1880	95.1	56.6	11.8	1.2	1.5	3.4	9.5	5.5	5.6
1881—1890	92.3	61.5	9.9	1.6	1.2	2.7	4.2	8.0	3.2
1891—1900	95.6	64.5	6.0	1.5	1.3	2.2	2.7	15.0	2.4

资料来源：Hélio S. Silva, "Tendências e Características do Comécio Exterior no Século XIX," *Revista de História da Economia Brasileira* (June 1953), p. 8.

英国在巴西对外贸易中一直保持着支配地位，英国在巴西的进 157
口贸易中占最大份额——其中最重要的是纺织品、成衣制品和预加
工食品——并控制和操纵着帝国出口贸易的绝大部分。此外，它提
供帝国需要的贷款和外国投资。在 1870 年以后，美国作为巴西出
口的一个主要顾客出现，购买了超过巴西出口的 50% 的咖啡和橡
胶，还有大量的可可作物。正是在这个时候，这个半球两个巨人般
的国家开始发现对方。经济上的紧密使佩德罗二世在 1876 年访问
美国，并促成了在费城的一百周年纪念庆典。好奇的美国人欢迎这
位从热带来的哲学家皇帝。同样充满好奇心的皇帝也考察了急速发
展的北美大国。双方都很乐于见到他们所看到的并一致认为佩德罗
的访问是一个巨大的成功。这次出行标志着两国开始政治修好。

　　咖啡销售增长带来的繁荣不仅仅影响到巴西和外面世界的关
系，也有助于在内部改变国家。一系列物质方面的变化发生了。

物质上的转变

1844 年适度的《阿尔韦斯·布兰科关税》，1846 年对机械进口关税的准免，1849 年关于商业公司合并的第一批法律，1850 年《商业法令》（Commercial Code）的颁布，同年奴隶贸易的终止以及其后投资资本的解放，1851 年第二家巴西银行的建立，均为物质方面的扩张所促成的有力的经济发明。1850 年对海滨党叛乱的镇压，1848 年保守党政府开始的漫长、平稳的统治，年轻有为的皇帝带给他的王国的强大和自信，是导向同一目的的政治刺激物。有效而强大的政府，公共秩序，有利的经济法，再加上繁荣，是帝国物质上的转变的推动力。

19 世纪 50 年代的十年是帝国前所未有的活跃时期。若昂·卡皮斯特拉诺·德·阿布雷乌把"帝国最辉煌的时期"作为这十年的特征。信贷组织，更好的资金运转和更加明智的资本投资，以及货币发行的增长，都促成了这一转变。1845 年帝国只有一家银行，里约热内卢商业银行。该年，伴随着巴伊亚商业银行的创建，银行业网络开始迅速扩展。

伊里内乌·埃万热利斯塔·德·索萨（Irineu Evangelista de Sousa），即毛阿子爵（Visconde de Mauá，1813—1889 年）在 1851 年创建了巴西银行。1853 年他的银行和里约热内卢商业银行合并并沿用巴西银行之名，这是巴西第一家这种类型的大规模机构。没过几年它垄断了政府银行纸币的发行。1857 年世界金融危机短暂地震动了巴西，但在恢复平静后自信的政府又把发行纸币的特权扩大到其他银行。对纸币发行新特权的滥用淹没了整个帝国，巴西银行被深深地牵涉到这一丑闻之中。结果，1866 年政府承担起货币发行的责任，这一垄断权一直实施到 1888 年。1862 年，伴随着

"伦敦和巴西银行"在首都的落成典礼，外国银行首次在巴西出现。在随后的两年内，该行开了五家分行。1863 年"巴西和葡萄牙银行"特许设立。银行结束了绝大部分个人金融业务，这是帝国早期几十年内的特征。与日益增长的资源相关的非个人机构，它们增加了城市的权力和重要性，反过来，也减少了地主的特权，特别是糖料种植园主，他们欠城市银行的债务增加。

　　1852 年在巴西，电报发起了通信革命。第一条线连接了位于首都郊区圣克里斯托奥（São Cristóvão）的帝国宫殿和首都里坎普 159 圣安娜（Campo Santa Ana）的军事司令部。到 1857 年，彼得罗波利斯（Petropolis），里约热内卢后面山脉上凉爽的夏都，通过电报与里约热内卢建立了联系。巴拉圭战争的爆发引起了一阵骚动，将电报线向南延伸至战场。在创纪录的六个月的时间里，一条电报线将南部诸省和王庭联系起来。在相反的方向上，电报线 1886 年到达贝伦，此后又深入内陆。电报站的数量增加，在 1861 年只有 10 个，电报线共 40 英里长，可以发送 233 条信息。到 1885 年，已经有 171 个电报站，6560 英里的线路，可以传递 60 万条信息。雄心勃勃的毛阿子爵和英国合伙人组建一个公司铺设从欧洲到巴西的海底电缆。不仅能直接而且能够即时与欧洲人通信的主意激发了巴西人的想象力，人们用隆重热情的狂欢节为这条线路举行开幕典礼。1874 年 6 月 23 日，佩德罗二世坐在国家图书馆的一个特殊的机器前，口授了第一条用海底电缆发往欧洲的信息，里约热内卢能够通过电报与欧洲联系的意义非常巨大，此前里约热内卢同样已经与帝国内的其他地区进行通信。国际通信的下一步乃是与拉普拉塔河邻近地区通过电报建立起联系。电报线于 1879 年到达蒙得维的亚，1883 年到达布宜诺斯艾利斯。

　　交通革命伴随着通信革命同时发生，历史上水上运输线一直是最重要的交通线，于 19 世纪的大部分时间里它们继续广泛运行。1819 年汽船首先出现于巴伊亚的托多苏斯桑托斯湾，为萨尔瓦多和邻近的城镇提供服务。轮船公司逐渐使用蒸汽动力进行沿海贸易。到 1839 年，一条汽船往返线被制定运行于首都和北部省份之间。海军也购买汽船。在 1843 年，当喷着汽、发出突突声的瓜皮亚苏号（Guapiassu）第一次搅动亚马孙河水时，国家真正理解了汽船的引人注目的重要性。从贝伦到马瑙斯（Manaus）汽船的航程为 900 英里，向上游用九天时间，返回则用一半时间。考虑到迄今为止帆船仍需要两到三个月的时间才能抵达上游，一个月的时间返回，这是一个惊人的纪录。1852 年，毛阿成立了亚马孙汽轮航运公司，用蒸汽的优势开发整个的亚马孙河流域。在前些年中，英国皇家邮政航线已经在欧洲和南美的港口间建立起定期的汽船服务。轮船通航逐渐发展。到 1875 年，巴西港口大约有 29% 的船只是蒸汽驱动，剩余的仍然是帆船。

很多年来，政府一直热切地希望某个企业家会承揽修建一条铁路。1852 年颁布的一部新法律为任何想这样做的人提供了有利条件。毛阿接受了这一挑战，第一条（铁路线路）修筑完成于 1854 年，从瓜纳巴拉湾的海岬到彼得罗波利斯所在山脉的山脚，运行 10 英里。这是一个谨慎的开始，不到两年的时间里紧随南美洲第一条铁路之后的是在智利落成的铁路。在 1858 年，巴西第二条和第三条铁路线开始运行，一条线路在伯南布哥省内自累西腓运行至卡布（Cabo），长 20 英里，是将累西腓和圣弗朗西斯科河及其商业连接起来的线路的第一阶段，它穿过富裕的产糖区。另一条将里约热内卢和克马多斯（Quemados）连接起来，有 30 英里长，是"佩德罗二世阁下铁路"的第一条延伸线路，于 1877 年修至圣保罗。到 1874 年，巴西已经有大约 800 英里长的轮轨，这就意味着自从毛阿修建了第一条线路后二十多年的时间里，每年平均铺设约 40 英里的铁路。

1875 年后，工程迅速增加：1875—1879 年，铺设了 1023 英里长的铁路轮轨；1880—1884 年，铺设了 2200 英里；1885—1889 年铺设了 2500 英里。到了 1889 年，铁路线总计长约 6000 英里。20个省中至少有 14 个已经有铁路运输，尽管绝大部分铁路线集中于东南部。当种植园迅速移向内陆以开发荒地时，咖啡利益集团需要更快和更有效的运输工具来把咖啡豆运到港口。政府，不管是省政府还是国家政府都迎合了他们的需要。铁路建设的一个新兴特征就是新的线路往往在种植园和港口之间运行。因此，它们有助于加速向市场的出口而不是使帝国成为一个整体或建立国内经济基础设施。不管对巴西而言剩余的好处是什么，铁路进一步将巴西和世界市场联系起来并由此加深了其依赖性。

铁路带来了尾随它而至的改变。沿着新的铁路线，在铁路交会点和转运点，新的村庄和城镇兴起，旧的则呈现新的面貌。不可避免地，铁路提高了土地的价格，通常导致寮屋居民和农民的土地失却给了投机商和大地主。

其他运输方式发展缓慢。旗队的路线提供了最广泛的旅行网。人口比较密集的地区有狭窄肮脏的道路，通常大雨过后变得泥泞不能再用。马、货运马车、四轮马车和骡车行驶其中。道路建设的唯一尝试是联盟和产业公路，它将彼得罗波利斯和茹伊斯－迪福拉（Juiz de Fora）——米纳斯吉拉斯省的入口，连接了起来。1861 年，政府完成了开始于 1856 年的 90 英里长的道路。它有 18 英尺宽，修建在一个边沟为砖垒的碎石路基上。它的修建者采用了最新的道路工程学理念。马车在这条道路上以平均每小时 12 英里的速度行进。加上间歇和休息的时间，它们用创纪录的 9 个小时的时间走完这两个城镇间的距离。在 19 世纪 60 年代的十年时间内，另外两条公路建成了，两条都将内陆的低地和丘陵地带连接起来了，一条是在巴拉那，另一条是在圣卡塔琳娜，在巴西广阔的区域内，那些短的道路非常引人注目，因为它们修建在经济加速增长的地区里面。

一旦发展的进程开始，效果也是累积的。持续扩大的运输系统开发了新的市场并叩开了新资源的大门。咖啡的销售和其他农产品获取的利润，例如从 19 世纪 60 年代棉花中获取的高报酬，为经济引入了新的财富，反过来也增加了需求并提供了投资的资本。1860 年后，有利的贸易平衡为经济发展注入了更多的资金数目。新的银行系统提供了投资和信贷的工具。1865—1870 年间和巴拉圭漫长的斗争，暴露了巴西经济很多固有的弱点，尤其是工业需要供养一支现役部队。1875 年的世界金融危机，其余波使巴西经济陷入了动荡。1880—1886 年咖啡价格的下跌使得最有思想的巴西人重新评价他们脆弱的经济并且加强了他们最初的抱负——通过工业化实现经济多样化经营和巩固。由于汽船、铁路、电报、银行、一个开明而稳定的政府、咖啡提供的资本，工业化第一次成为可能。

在 19 世纪 50 年代，已经有可能察觉到工业化最初的微光并观察到迄至此时商业空前的发展。在那十年内，大约有 62 家工业企业建立，此外还有 14 家银行、20 家轮船公司、23 家保险公司、4 家殖民公司、8 家矿业公司、3 家城市交通运输公司、2 家煤气公司以及 8 条铁路线。上述很多企业单位导致了 1857 年和 1864 年的金融危机被认为是一种猜测。通过被低估的文书活动，虽然很小但却不断扩张的工业基础建立了起来。在 1850 年，在巴西约有 50 家工厂；到 1889 年，已经有 636 家。纺织工厂是最重要的。1865 年的 9 家棉纺织厂到帝国结束前变为 100 家。其他重要的工业包括食品加工、制衣、木工艺，此外还有化学和冶金工业。甚至于制糖工业的贵族们也振奋起来，试图通过把蒸汽动力引进到他们的经营中使他们奄奄一息的工业复苏。到 1878 年很多虽然很独特但效率低的糖厂被机械化的炼糖厂所取代。在港口关闭了奴隶贸易之后，一些有限的工业化在传统以糖料为导向的东北部开始了，在随后的二十五年中，累西腓开了 9 家纺织工厂、1 家蜡烛厂、1 家卷烟厂、1 家肥皂厂，还有 1 家饼干厂和其他工业。保守党 1885 年实施了一项直白的保护性关税，其目的是鼓励民族工业。一方面，它降低了 163 巴西生产者所需要的原材料的关税；而另一方面它把与国内市场竞争的物品的关税平均增加到 48%。

在那些忙于支持贸易和工业的先驱中，最著名的当属毛阿子爵，他的传记遵循着霍雷杰·阿尔杰（Horatio Alger）的结构，他出生于南里奥格兰德，父母都是卑下的人。他靠自己的努力一步步升迁，从一个职员升到里约热内卢一家英国交易委托行的经理。在他的一生中，他的名字几乎和巴西发展与改革的每一阶段都相联系。在 19 世纪 40 年代中期，他开始为巨大的经济帝国奠定基础，他的企业包括船坞、轮船公司、银行和铁路公司。仅在里约热内卢，他就修建了浮动船坞，增加了城市的供水系统，在街道上安装了煤气照明灯，创建了一个有轨电车系统。"团结的精神，"他告诉一群股东，"是任何一个国家繁荣的最强大因素之一，所以可以这样说，它是进步的灵魂。"毛阿的热情，还有他的效率，给巴西带来了新的外国资本。他认为："信用是资本的基础同时也是新财富的源泉。"在其他地方这一思想可能是习以为常的，但是巴西人却对他的资本主义思想留有一些警惕。不幸的是，他手伸得太长，而在 1875 年金融危机中，政府拒绝提供援助。他的经济帝国四面倒塌。无疑，毛阿会感到，相较于他在巴西的新资本主义经济中的作为，那些掌管美国经济的工业巨头——菲斯克、弗里克、范德比尔特财团、古德等等——更为轻松自在，因为在巴西几乎没人理解他的努力，此外，很多人因其可疑的行为而怀疑他。但是在他非常活跃的一生中，在引导帝国走上工业化的道路上，他一个人做的要比其他个人或集团做的都要多。此外，他的铁路、轮船线路和银行有助于国家的统一。

164　　首都如实地反映了影响巴西沿海地带的变化。到 19 世纪 50 年代和 60 年代初，里约热内卢成为一个繁忙的大都市。到 1868 年，它自夸人口超过 60 万人。所有的主街道都已铺好并安装了高效排水系统，新街道很宽敞很漂亮，两旁都是建筑风格很美丽的楼房。新的公共市场和数目剧增的商店提供了比以前种类更加繁多的商品。由骡队拉的公共汽车、四轮马车和双人坐的二轮轻便马车挤满了主要街道，主要楼房和舒服温馨的住宅都安装了煤气照明设施。在晚上，城市和郊区都很明亮。

　　不可否认，19 世纪 50 年代作为一个创新的时代而突出。这是一个好的开始，预示着我们将会看到的其他变化继续改变着帝国，变革所需的大部分经济支出被认为应该由政府来负担，政府征收各种各样的税收来偿付这些费用。税款被盖上了政府印章，包括政府雇员的薪金、供水系统、商店、建筑物、职业、彩票、交通工具、股份转让、期票、出口、进口、奴隶、家畜、财产转让、采矿、仓库、码头、锚泊、运输、酒水饮料、邮政和电报。国家收入迅速增加。在 1838 年，总计达到 2 万匡托（contos，葡萄牙货币单位），到 1858 年，超出 10 万（匡托）。在同一时期内，从进口税中得到的收入是以前的 3 倍。政府发现有必要因为一些特殊的原因而周期性地借贷，通常这些贷款来自英国银行家。在 1858 年之前，政府订立贷款合同来支付欠葡萄牙的款，补偿财政预算赤字，或者支付以前贷款的利息。1858 年的贷款是一个转折点，它再次证明了正在发生的巨大进步：这是第一笔出于生产目的——铁路建设，而借贷的款项，同时也是第一笔严格按照合同条款清偿的贷款。

君主政治继续做任何能促进增长的事情。1860 年，政府授权了它的第七个部长职位，负责农业、商业和公共工程。1858 年里约热内卢的中央学校为铁路技师敞开了大门，这是一个迄至此时只有在军事学院才能接受到的教育。在 1874 年，它又被重新改组成工艺学院。同年在米纳斯吉拉斯成立了矿业学校。圣本托达斯拉热斯（São Bento das Lages），第一所农业学校，丁 1877 年正式开课。农业社会在整个帝国内成形，此外，国家和地区的商品展览会和展示会在数目上亦增加了。这些成就证明了官方政策有利于促进现代化，社会精英们希望借助于此重塑他们的国家。

进步和依赖性

巴西的社会精英们鼓吹他们的欧洲遗产，并且那些祖先是印第安人和（或）非洲人的人比其他人更多地提起他们与欧洲的联系。他们迅速地理解了在欧洲发生的事情，熟练地讨论从旧世界传播而来的最新思想，并欢迎它们来到自己的国家。但是欧洲思想不是智慧之泉，而是思想的洪水，在巴西人有自己的创造性之前，它们席卷而来。通常来说，三个主要的欧洲哲学体系形成了 19 世纪期间精英们的思想体系：启蒙运动，查尔斯·达尔文和赫伯特·斯宾塞提出的进化论的思想，以及实证主义哲学。"进步"（progress）的观念可能是理解 19 世纪巴西历史、联系三者的关键词。

强调无知的可克服性，启蒙运动的哲学家们推断说，假如人们有机会知道真理，他们将会选择"文明"而不是"野蛮"。启蒙运动的拥护者用一个普遍有效的标准来判断"文明"，这样一个标准是以欧洲的进步观念为依据的。文明和进步，它们导致了它的品质变得与欧洲，特别是与英国、法国和德国相似。此外，迅速发展的对科学的信仰指引了人们对进步的判断以及远离哲学和道德事务指166 向物质方面的变化的进步。有机形体发展需要一定的时间，并且在单独的进化过程中表现出追求完美的连续性，达尔文这一广为人知的理念进一步提高了人们对进步的兴趣，事实上还给了它一个科学的外表。斯宾塞将同样的进化理论应用于社会，并非常顺利地赢得巴西人的关注。对于斯宾塞而言，进步意味着追求"建立最大的完美和最圆满的幸福"的进程。但是，这一进程包含巨大的经济变革和适应。举个例子来说，斯宾塞主张铁路是一个现代社会的基础设施最必不可少的一部分。另外，他认为工业化是进步的某种表现形式。很多巴西人从斯宾塞那里汲取了科学、工业和进步相互影响的观念，三者的结合通过社会进化指向未来的荣耀。和大部分欧洲思想家一样，斯宾塞说了很多诅咒巴西的话，比如他的种族歧视的言论。但是巴西人是选择性很强的读者，他们选择不理睬那些令他们不高兴或恐吓他们的观点。

很多从启蒙运动、达尔文、斯宾塞以及其他来源中得来的进步的思想观念，在巴西的这个世纪最后二十五年内似乎集中呈现为奥古斯特·孔德（Auguste Comte）的实证主义形式。实证主义肯定了社会进化和进步的必然性。至于孔德，他认为通过接受实证主义制定的科学定律就可以获得成功。进步的外在表现——仍然是铁路和工业化——在实证主义中的极大重要性普遍为巴西人所强调，不管他们是否认可孔德。

很明显，那些遥远的充满智慧的导师为渴望在巴西复制欧洲文明的社会精英提供了有力的论据，因为巴西人的思想中总是表现出太多"野蛮的"印第安人和非洲人的特点。在自由和科学杂志《巴西人的智慧》(*Minerva Brasiliense*)的第一期（1843 年 11 月）中，萨莱斯·托雷斯·奥梅姆（Sales Tôrres Homem）赞颂了 19 世纪的进步。科学令人激动人心的发展和"政治与道德科学"的成就令他兴奋不已。他相信巴西会参与到兴起于欧洲的进步之中。他表达了 167 自己对未来巨大的信心，很多的社会精英也有同样的信心，他们构建了一个哲学观点来回应欧洲"进步"的观念。政治上，他们需要社会秩序去实现它。经济上，他们采用了资本主义制度，资本主义看起来把北大西洋国家转变为现代国家，并为其提供资金。他们对国外思想的热情接受进一步加深了依赖性。

　　在这个世纪的后半期，精英们加深了在大陆上将要发生物质进步的感悟。他们之中很多人会法语这种巴西社会精英们的第二外语，还有一些人懂得英语和德语，所以他们可以直接接触那些其进步给他们留下深刻印象的国家的信息和文字。报纸报道了大量西方世界最杰出的国家发生的事情，学术性团体的规划以讨论工业化国家的技术发展为特色。社会精英中很多人去国外旅行，由此亲身感受革新。他们怀着对欧洲，特别是巴黎的眷恋返回巴西，意欲将所看到的一切复制到巴西。当然，劳务的输入也证明了大量有生产技能和聪明才智的人，有助于促进社会进步。

　　这个世纪结束时，很多巴西人把美国的经验理解为在新世界实现欧洲思想的聪明例证。毕竟，美国一度也是殖民地，但是到这个世纪的中期，获得独立之后不到七十五年的时间里，它已经使自己成为进步的范例，当然是它在物质上的成就。在内战过后进步更加明显，特别是美国人引以为傲的横跨大陆的铁路扩张和工业化的成功。巴西的社会精英们则将美国的成功归因于两个因素：在种族构成上的欧洲人优势与在政治和经济上借用了欧洲人的思想体系。简而言之，在他们眼中美国代表了新世界进步的典范，并进一步表明 168

了获取这种进步的方式。

社会精英们对进步的理解更正确也更容易用例子而不是用复杂的社会学术语来定义。后代的学者们用"现代化"替代了"进步"一词，但是这种替换对于阐明 19 世纪的历史事件作用不大。此后，两词经常互换使用，暗示了（巴西人）对和讲葡萄牙语的巴西人有关的过去的习惯、模式和价值观的质问和排斥，以及对欧洲和美国的思想、风尚、技术和生活方式的羡慕，并渴望采用——很少去改造——它们。因此，"进步"意味着尽可能接近欧洲和北美的民族的再创造。所以社会精英们开始普及教育、提高技术水平、进行工业化和城市化。他们确信他们能够从这一规划中获益，推而广之他们想当然地认为他们的国家也能从中获益。他们倾向于把他们阶级的幸福与民族的安宁视为一体（相混淆）。

事实证明，巴西人追求的"进步"是非常肤浅的。他们宁愿要表面的改变而不愿去冒损害新殖民主义制度的风险——例如，土地结构的改革可能建立一个更加有意义的进步形式，但是可能会损害到社会精英们的利益。他们依靠例如单一经营和咖啡出口为他们所追求的大部分的进步提供资金，所以他们把自己的现代化和新殖民主义的做法联系起来，而此前新殖民主义既没能使绝大部分巴西人受益也没能促进巴西经济的发展。在 19 世纪巴西的"进步"主要以数量术语来衡量。至少它是由社会精英、政治家和学者根据铁路线、电报线的英里数来衡量的，不管它们铺设到哪里或它们服务的目的是什么。港口设施的扩建和修缮被等同于事实上的进步，尽管归根到底那些港口将巴西和国外市场更加紧密地联系起来，增强了经济的单一出口部分并进一步造成了巴西的依赖性。大城市试图把它们自己转变成它们所羡慕的欧洲城市的复制品，并把巴黎作为它们最好的榜样。在某种程度上，巴西是在模仿欧洲，社会精英们把他们自身、他们的城市和地区，乃至巴西，界定为"有教养的"、"文明的"或"进步的"。在这个世纪的最后七十五年内，大量欧洲移民的到来意味着被社会精英们所珍视的进步的加快，因为新到的移民带来了令他们羡慕的品位和技能。

1850 年后，和平和稳定的建立，加上咖啡出口促成的繁荣，为加快现代化进程提供了可能。巴西的进步和其他主要拉美国家有相似的进程。智利在 1833 年公布保守党宪法之后，阿根廷在 1862 年布宜诺斯艾利斯统一其他省之后，墨西哥在 1867 年处决了马克西米利安皇帝（Emperor Maximilian）之后，都采取了相似的道路。

在提到"进步"时，会而且确实经常出现严重的混乱，因为进步对很多人而言意味着发展的形式。这里有一个语义学上的混乱侵扰着人们把发展（development）和增长（growth）搞混。它们是如此截然不同，所以必须分辨开来以更好地理解巴西的经济命运。增长简单且专门地表示数量的积累，绝不表明它是如何发生的，或增长了什么，或谁从中受益。在 19 世纪的后半期，巴西与咖啡出口相关的部分变得更加富有，但是那些财富大部分集中于一个地区，即东南部，掌握在极少数人手中。一个人可能会主张这种通过单一出口实现的增长损害了巴西的利益。另一方面，发展意味着为绝大多数人的最大利益而最大化地利用国家的潜力。发展暗指或包含着增长，尽管一个国家在没有增长的情况下发展是可能的。现代化或 "进步"并不一定意味着发展。 170

皮特·L. 艾森伯格（Peter L. Eisenberg）为使奄奄一息的制糖工业现代化所做的努力的研究，《伯南布哥的制糖工业，1840—1910 年：没有改变的现代化》（*The Sugar Industry in Pernambuco, 1840-1910: Modernization without Change*），非常好地说明了在没

有基本的制度变革的情况下现代化狡猾的一面。制糖工业的现代化指的是使用最新的技术发展和废止强迫劳动。政府的财政援助促使大种植园主和工厂主向现代化的转变。在某种程度上他们设法生存并繁荣起来，但是他们把在出口市场遭受的损失以低工资和令人沮丧的工作环境的形式转移给了工人。艾森伯格发现1870年后无专业技术的农村劳动力的日工资下降，而生活成本却继续增长。他总结道："一个很难逃脱的结论是19世纪后期农村自由劳动力与奴隶相比，几乎没有享有什么物质优势。"东北部农村劳工生活水平的下降反映为19世纪晚期每1000名居民中死亡人数的增加。据另一个例子，显然里约热内卢的城市劳工在生活质量上也遭遇了相似的局限。欧拉利亚·M. L. 洛博（Eulalia M. L. Lobo）教授在19世纪对首都的薪资和物价进行了长期调查研究，他强调在那个世纪后半期，总趋势是工人薪资的实际购买力降低了。

没有足够的证据表明巴西在19世纪获得了发展。这种类型的进步选择或强制出口部分更加完美并使与之联系的社会精英受益。通过在进步的奢侈品或"展览品"上积累花费的资金，通过向国外的欠款支付利息、在国外银行储备资金、从国外投资中获利的方式用尽潜在资本，社会精英们似乎进一步令绝大多数巴西人陷入贫困之中。巴西证明了这样一个严酷的现实，当在一个农业国家通过扩

171　展和出口相联系的狭窄现代部门产生增长时，收入分配的不平等增加了。发展促使巴西已经很明显的社会不平等永久化，这种不平等已经是巴西的特征，因为它产生于旧制度的结构之内，而这种旧制度此前已充分证明了它不能给社会上大多数人提供社会－经济公平。因此"进步"应该被理解为一个最主观的观念，在19世纪巴西的经历中，它妨碍了发展、使民众陷入贫困并且增强了其依赖性。

政治家和外交官

　　在皇帝佩德罗二世的带领下，帝国在政治上逐渐成熟。他是世袭统治成功的典型。几乎在每一方面他都同他精神抖擞、浪漫的父亲形成鲜明对比。佩德罗二世镇定、从容不迫并一丝不苟。他不穿军人制服，而穿一些昏暗的黑衣服，喜欢读书并学习户外的活跃生活。不论在公共生活还是在私生活中，他都体现出了无与伦比的高尚道德，皇后泰雷扎·克里斯蒂娜·玛丽亚·德·波旁（Tereza Cristina Maria de Bourbon，1822—1889 年），来自两西西里岛王国，她于 1843 年嫁给佩德罗，是专心于家务的模范。两位君主以身作则地在一个悠闲的国度里为宫廷和政府留下了维多利亚式道德规范的印象。

　　据大家所说——画像和照片与本人抵触——皇帝是一个仪表堂堂、英俊的人，行为简朴、不加修饰，遇到他的人几乎都会赞美他，当然所有的外国访问者都发出赞美声。

　　当佩德罗同意在 14 岁登上王位时，他只是朝臣手中的一个傀儡。他在几年之内就达到了政治上的成熟。到 1847 年，他巩固了自己的地位，并在实质上获得了政治权力和影响力的独立。此后，他牢牢控制着政府的统治。在宪法颁布之后，他在政党之上的一个平面上发挥作用，是所有政府机构的大操纵者。他的责任，还有他 172 所有的义务，皇帝都做得很认真。他在做皇帝时的一个最简洁而又最自信的观念，可以从他 1852 年写的这首诗中发现：

　　　　倘若我虔诚、仁慈、公正，
　　　　那只是我应有的品质：
　　　　王权威望素著，

王权责任重大；
王以忠信之本治之，
以思深忧远治之，以广见洽闻治之，
王应通晓神圣的法律，
决不随己意而改之。

王座乃正义之基：
其驾驭者遵于无上的法律；
求公利，弃己益，
王须谋天下事。
常人亵渎职守，永为失当之举，
老少皆唾之，
位高权重之王犯同忌，
则千夫所指。

当旭日东升，
日光遍洒天地，
众人皆知其行进轨迹，
无一为其光亮与行迹而诧异：
若邂逅那耀眼的光芒
因四周环绕的阴霾而黯然，
惊愕的世界顿现困惑，
人人望而生畏。

同理，若我总是，
惩治恶行，奖励善举，

> 终生尽职而治；
>
> 则无人感怀言谢。
>
> 但若我疏忽怠职，
>
> 有失公允，抑或置若罔闻，
>
> 民众却骤然生畏，
>
> 如视阴霾笼罩的太阳。

幸运的是，他的统治远比他写的狂想诗文好。这首诗几乎不能被当 173
作一篇文学作品而存在，但是作为皇帝对自己角色的认识的象征，
它具有很大的政治价值。佩德罗二世仁慈而坚定地统治着。随着时
间的流逝，他更喜欢间接地行使权力，虽然如此，通常仍可以感觉
到他的存在。皇帝相信，假如太多的人分享权力，将没有一个人能
有效地行使它。1885 年在南里奥格兰德，德国殖民地的一个移民领
导人评论皇帝是一个"支配、管理和掌管者"，比这一时期绝大多
数统治者施行更多的权力。

当巴西从矛盾的新封建主义和新资本主义阶段走向更充分发
展的资本主义阶段时，皇帝作为不同地区的农村群体的秩序与繁荣
的、具象征性和有效性的担保人进行服务。为了回报他们的忠诚，
他照管着糖料、可可和咖啡阶级的利益，很少限制地方自治权或威
胁世袭的管辖权。毕竟，巴西绝大部分是农村化的，佩德罗二世正
确估算到，假如他想和平地统治，他需要获得在农村行使自治权的
那部分人的忠诚和支持。

历史学家赞扬佩德罗二世的正直、诚实和谦虚。他的统治或许
使巴西受益。一些当时的以及后来的批评家，把他视为一个中等智
力的人，他犹豫地将帝国推进了现代世界。这一评论和提出的谨慎
的观点是很有益的。佩德罗二世试图从公众舆论中提炼全国人民的

意见，赖此作为他的指导。他似乎把全国人民的意见和国家利益等同，因此把他的思想和舆论分离开，（会发现）他的思想，通常是误导、错误和情绪化的，不能总是和国家的最大利益一致。简而言之，他依靠杰出人物的观点引导他。他给自己的女儿，公主－摄政者伊莎贝尔（Isabel，1846—1921年）指出，一个人在三种情况下可以担任摄政者，最确信弄清全国人民意见的方式是"听取所有诚实和明智的人的政治观点，充分阅读整个巴西新闻界所说的，听取国家和省层面立法议会上说的话"。通常，皇帝在国务会议里寻求建议，（它们）在理论上是——可能在实际上也是——智慧者的庄严机构。

自由主义者满怀猜疑地把议会视为保守思想（假如不反动的话）的堡垒和中央集权的支柱。它在1834年激进分子全盛期曾经被废除，一直到了保守分子占优势的1841年保守党掌权时才得以重新建立。12位固定成员和12位临时成员组成议会。讨论非常重大的事务时议员全体到会，处理日常工作时则以召开委员会的形式。他们的主要职责是在皇帝运用所支配的广泛仲裁权时提供建议。从1842年到1889年，佩德罗二世任命了72位议员。其中最大数目的17位来自里约热内卢省，14位来自巴伊亚，13位来自米纳斯吉拉斯。事实上，里约热内卢、米纳斯吉拉斯和圣保罗三巨头的杰出引人注目。总共有33位议员来自三者，大大超过了伯南布哥－巴伊亚轴心及其周边各省所总共产生的24位议员。高效率的经济和政治权力逐渐转移到东南部。对东南部的优惠待遇引起了对此嫉妒的东北部的抱怨。

在佩德罗二世统治的最初的几十年中，他倾向于依靠少数诚实、娴熟、长时间为国家服务并给他留下深刻印象的政治家。他们当中最重要的是奥诺里奥·埃尔梅托·卡内罗·莱昂（Honório

Hermeto Carneiro Leão），即巴拉那侯爵（Marquês de Paraná，米纳斯吉拉斯，1801—1856 年）；佩德罗·德·阿劳若·利马，即奥林达侯爵（Marquês de Olinda，伯南布哥，1793—1870 年）；若泽·达·科斯塔·卡瓦略（José da Costa Carvalho），即蒙特阿莱格雷侯爵（Marquês de Mont'Alegre，巴伊亚，1796—1860 年）；以及若阿金·若泽·罗德里格斯·托雷斯（Joaquim José Rodrigues Tôrres），即伊塔博拉伊子爵（Visconde de Itaboraí，里约热内卢，1802—1872 年）。这四位都是保守党成员，旧土地阶级的代表，佩德罗二世把他们提拔为贵族。他们的政治经历可以推到久远的国家历史中：奥林达曾经是葡萄牙国会代表；这四个人都曾在第一帝国的立法机关服务过且在摄政时期发挥了积极作用，蒙特阿莱格雷曾是摄政时期三人委员会的成员之一，奥林达曾在 1837—1840 年独自担任摄政者。这四人都曾经在国务会议中至少组织了一届内阁。奥林达曾组织过四届内阁，并在另外十届里担任过部长职务；伊塔博拉伊曾两次担任部长会议的主席并十次担任部长。其中三人在巴拉圭战争结束前去世，第四个人伊塔博拉伊于 1870 年辞职。一个自由党成员可能提供了政治和历史最完美的连续性。安东尼奥·保利诺·林波·德·阿布雷乌（Antônio Paulino Limpo de Abreu），即阿巴埃特子爵（Visconde de Abaeté），1798 年出生于葡萄牙，1808 年随王室来到巴西，在摄政时期担任部长，他在政治生涯中曾 12 次担任部长职务，在 1858—1860 年之间掌管部长会议，在 1860 年被选为参议院的议长，他利用自己的杰出才干担任此职直至 1883 年去世。像这样的一些政治家为过去提供了极好的连续性并使佩德罗二世前几十年的统治有一个稳固的凝聚力。阿巴埃特子爵的去世象征着前第二帝国时期人员连续性的中断。新一代的政治家应运而生。政治家的记忆唤起的只是 19 世纪 50 年代的秩

175

序、繁荣和进步以及此后填满的空空的职位。完全可以理解他们拥有不同的对现实的见解并倡导对未来实施新的议事日程。

皇帝使用他的仲裁权并依靠全国人民意见的一致，使保守党和自由党在第二帝国时期轮流掌权。这种轮换产生了以下的政治模式：1840—1841 年，自由党；1841—1844 年，保守党；1844—1848 年，自由党；1848—1853 年，保守党；1853—1857 年，两派政党共享政权的调解期；1857—1862 年，保守党；1862—1868 年，自由党；1868—1878 年，保守党；1878—1885 年，自由党；1885—1889 年，保守党；自由党在君主制被推翻的前期再次掌权。内阁的批准权取决于议会，直到 1881 年，议会代表仍然由选举团间接选举产生。同年的改革强制执行直接选举，任期为三年的代表由所有满足收入要求的男性中选举产生。佩德罗二世利用自己的权力解散议会，以此在他的掌权期内 11 次赢得最新任命的内阁的支持。在那四十九年时间内，两党派组成了 36 个不同的内阁。存在时间最长的是若泽·马里亚·达·席尔瓦·帕拉尼奥斯（José Maria da Silva Paranhos），即里奥 - 布兰科子爵（Visconde do Rio-Branco）内阁，从 1871 年初到 1875 年中。最短的是在 1862 年 5 月持续了六天的第一届内阁，由扎卡里亚斯·德·戈埃斯 - 瓦斯康塞洛斯（Zacarias de Góes e Vasconcelos）组建。在 1847 年设立了部长会议主席职位后，自由党 16 次组建政府，掌权时间超过十七年；保守党 12 次组建政府，掌权时间超过二十年。这里我们忽略的是 1853—1857 年的调解期，当时巴拉那组建了一届无党派的政府。这一时期见证了两派的领导人之间这种真诚的合作，可以被认为是与政治无关。30 位首相中的 11 位来自巴伊亚，这一垄断是其他省不能达到的。第二个地区是伯南布哥，为其中 5 位首相的出生地。有 4 位首相来自里约热内卢，圣保罗仅出了 2 位首相。

　　除著名的调解期之外，在野党参与到不受任何限制的对执政党批评中，以各种形式表达的言论自由被充分地保证、尊重和实施。在 1850 年之后，反对不再诉诸暴力（至少不超过三十九年），而是依靠合法、有秩序的渠道表达不满。简而言之，谈判代替了暴力。

　　两个占统治地位的政党，自由党和保守党，并没有达成一致意见。事实上，两个政党内部的不同意见要远远多于党派之间的分歧，强大的乡村精英分裂并分属于两个不同党派，正如城市精英一样。一般来说，保守党吸引大量来自经济衰退地区，即东北部、巴伊亚和里约热内卢的地主，以及城市中大多数的官员。另一方面，自由党似乎吸引来自经济发展地区诸如米纳斯吉拉斯、圣保罗和南里奥格兰德的地主，以及城市职业者。将两个政党区分开的最重要 177 的争论点是权力的中央集权化。自由党试图分权，给省更大的权力，这一主张被保守党坚决反对。在第二帝国时期几乎没有做什么来减少中央权力。君主通过委派的方式牢牢地控制着各省。例如，皇帝提名省议员和省长。地方选举人选举省立法人员和国家代表。在佩德罗二世漫长的统治过程中，保守党在里约热内卢省找到了他们最坚定的支持者；自由党在米纳斯吉拉斯、圣保罗和南里奥格兰德获得了支持。在巴伊亚和伯南布哥两党则不分伯仲。

　　由于相似性而不是相异性刻画了两个政党的特征，执政党的改变并不意味着政策的巨大变化。自由党很少倡导那些过于激烈以至于保守党无法实施的事情，往往接下来还会有一个协议。例如，1850 年保守党终止了奴隶贸易，1871 年通过了《自由法》（Law of the Free Womb），并于 1888 年最终废除了奴隶制——这些目标最初都是由自由党人提议的。这种连续性激起了阿尔布开克子爵（Visconde de Albuquerque）的评论，他认为几乎没有什么像执政中的保守党和自由党那样相似。剧作家若阿金·若泽·德·小弗兰萨

（Joaquim José de França Junior）用他的幽默剧《一个代表是如何产生的》（*Como Se Fazia Um Diputado*，1887年）狡黠地嘲笑了两党的相似性。该剧中的一个人在被控告改变他政党的隶属时辩称："因为最合理的社会规则原因，我改变了主意。看这里，我的朋友，假如变换政党的标签就是犯罪，我们的监狱还不够大，容纳不了所有现在没有关起来的罪犯。"同一个人物在随后坦白："我的朋友，我不知道会有两个其他的政党能像自由党和保守党那样相似，它们拥有同一个母亲，方便女士（Lady Convenience），她统治着世界上的一切事务和人，任何不作如是想的人最好离开政治去做一名修鞋匠。"隶属于两个政党中就是在最重要的平台上。两个政党的冲突通常就像是个人间的矛盾。

178

　　归根到底，两党派深深扎根于大土地寡头政治。毕竟，在整个19世纪巴西仍然是一个绝对的农业国。由于它们的委托人的基本相似性，没有一个政党超出已经清楚的政治界限去冒险，也没有任何一方希望处理某些基本的社会经济问题。例如，土地改革是禁忌。但是，在第二帝国的最后几十年内仍然出现了基本的政治复杂性，这迟早会挑战传统政治模式和行为。在一个有着强大父权制和民间习俗的农业国家里，政府在形式和思想上变得越来越欧洲化。在同情乡村精英的利益的同时，政府变得越来越受帝国最后几年内变得强大的城市利益阶层的影响。那些城市利益阶层更加适合于经济中有活力的部分——咖啡出口商——变得越来越疏远于古老和衰落的东北部经济中心。在东北部和东南部相互竞争以获取政府的支持时，城市利益阶层倾向于支持咖啡阶级。潜在的更基本的政治冲突的可能性增加。

　　议会制的弱点有很多，其中有：有限的代表权，不愿意触碰国家的一些重要问题，还有它的仪式化、呆板的行为，以及它的排外性。当然，它还在政治家中间灌输了尊重对手、乐意接受选举失败，以及总体上在政治中有公平竞赛的态度和运动员精神。此外，由于政党还为承担职责预备了年轻人，这一制度提供了政治连续性。在巴西经过了三个世纪命令式的殖民统治并在其中获取了很少的一点经验后，这看起来是朝向自治政府的实际步骤。当一个人把巴西和讲西班牙语的共和国相比较时，帝国政治的优势就是显而易见的了。在佩德罗二世引导的议会制下，政党和在职的官员都是和平交替的。至少在表面上，巴西这种世袭式的解决政治领导权的 179 办法，看起来比早期伊比利亚和拉丁美洲更加协调。相对于讲西班牙语的美洲国家努力挣扎去施加契约学说，它看起来更能提供政治秩序。

1868 年自由党内阁大臣扎卡里亚斯·德·戈埃斯－瓦斯康塞洛斯的下台标志着第二帝国政治史上的一个分界点。他完全控制了制宪会议，当参议院的名额出现空缺时，他告诉皇帝他将从传统的 3 倍的名单中任命北里奥格兰德省的自由党领袖。当然皇帝在提名中有最终的决定权，他宁愿选择萨莱斯·托雷斯·奥梅姆，一个著名的演说家、作家和智者。当佩德罗二世坚持自己的选择时，扎卡里亚斯辞职了。按照传统习惯当首相辞职时，整个内阁也随之辞职。佩德罗二世邀请了伊塔博拉伊，一名保守党人，组建了一个新内阁。由于保守党不占大多数，皇帝解散了制宪会议并命令新的选举。不出所料，保守党在伊塔博拉伊被任命后控制了选举机构，赢得了选举。权力的丧失激怒了自由党人，在他们看来该事件简直就是皇帝自己操纵的政变，他们的愤怒强而有力地把自由党人团结起来，激励着他们重新考虑他们的计划。结果，1869 年他们公布了一个改革宣言，要求废止仲裁权、国务会议、国民警卫队（他们不喜欢里面有特权的官员）和奴隶制。这一宣言赞成直接选举、扩大选举权、限期选举法定期限参议员、民众选举省长、司法独立、更多的教育机构以及其他改革。假如实施的话，他们的计划将会削弱里约热内卢的政府，因为事实上他们会面对随后的地方分权的联邦化。因此，它必然会削弱皇帝的作用，新的自由党的计划又重新回到 19 世纪 30 年代早期的问题层面。事实上，经历过巴西历史上危机时期的混乱、无政府状态和分裂威胁的那代人在政治舞台上已经消失或正在迅速地消失。在 19 世纪 60 年代和 70 年代早期出现了一些政治家，他们完全忠诚于君主制度，但又没经历过摄政时期的起义。

　　尽管我们已经无法挑选出这一新群体里的一名典型的政治家，但是至少重温一下其中一个人的思想体系或多或少是有益的。奥雷利亚诺·坎迪多·塔瓦雷斯·巴斯托斯（Aureliano Cândido Tavares Bastos，1839—1875 年），是来自阿拉戈斯的一名表达能力强的国家制宪会议代表，他热情地写作并谈论他的信仰且在大会上为之奋斗。他的出身使他极好地处于新兴的中间阶层中，作为最初的保守党人及随后的自由党人，这位年轻的知识分子倡导一种"进步"——他通常把它称作"无限制的进步"——从英国和北美的经验中获得，他认为巴西能够从中获益："我是一名热情的英国狂热信徒，但是只有思考了英国人在北美建立的共和国之后我才理解那个民族的伟大。我们对英国的研究是远远不够的；我们有必要了解美国。它是第二个我们可以从中获取提高我们的农业和经济的实践经验的国家。"他呼吁和美国建立更加密切的关系。

　　他简洁地把巴西最紧迫要做的三件事总结为"教育、解放和交通"，但是他又详细制订了复杂的计划来安排巴西的发展。农业是巴西的重要产业，在他发展农业的活动中，他自己和咖啡种植园主密切联系在一起。他遵循亚当·斯密的理念，即每个国家都应该参与它最擅长的事，因此他相信每个国家都应该给巴西提供需要的制成品，甚至提供船只进行贸易。塔瓦雷斯·巴斯托斯捍卫个人积极性和私人财产，他相信只要能够扩大出口政府就应该承担公共工程。进步可以用出口贸易来衡量，对他而言增加的咖啡出口意味着这种进步。但是，他感觉低效率和倒退的奴隶制注定是制约巴西农业发展的劫数，因此，塔瓦雷斯·巴斯托斯主张逐渐解放奴隶并逐渐把以前的奴隶通过教育融入到新的国家中来。自由的沿海航海和向国际贸易的开放亚马孙河——1862 年由他倡导，五年之后由政府实施——是他赞扬的其他增加贸易和由此获得某种进步的必要方法。

　　塔瓦雷斯·巴斯托斯过于担心不平衡的预算，他倡导加强流通并减少债务。他认为教育应该是实用的、有用的和普遍的。他还认为应该鼓励移民，特别是从美国和北欧。他提议："没有德国和英国的移民，巴西永远不会发展，有必要让血统纯正的北方民族来发展和修复我们衰退的民族。"巴西的阿拉戈斯人被抽象地认为主要是农业化人群，他们参与到活跃的国际贸易中，由于解放、教育和移民他们得以加强和改进。其他的年轻的政治家可能会遵循并参与这计划中的一部分，但是某一特殊的变化应该由鼓励工业化来推动。

　　反映着他们时代的倾向，新一代的政治家在世界观上展示了自己是改革者，不管他们政党的区别，他们在实施自由宣言中要求的一些改革时发挥了作用。皇帝进入政治后台允许他的大臣们更多地露面。国务会议在运行中具有较多的行政管理性和较少的政治性。奴隶制逐渐被废除，最终在 1888 年结束。司法改革使国家机构越来越独立。1881 年的《萨赖瓦法》（Saraiva Law）规定直接选举。尽管这没有免除选举中财产所有权的资格限制，但的确降低了这种资格要求。但是，可能的例外选举条例也迅速伴随着改革而来——尽管这是该法案的最佳目的——选举仍然被那些执政党操纵着，以

保证立法机关中它的候选人的胜利。全体选民仍然只是全体人口中
182 的一部分。在 1881 年全体选民总数只有 14.2 万人，当时的总人口
已经约有 1500 万人。自由党和保守党实施的那些改革再次模糊了
两党之间的区别。

　　1868 年的危机再次周期性地唤醒了共和主义的意识，如果说
它是微弱的话，那么这种意识已经在过去证明了它自身，特别是在
1789 年和 1798 年的密谋中，1817 年和 1824 年的起义中，以及整
个摄政时期。1870 年在里约热内卢建立的共和俱乐部（Republican
Club）发表了一篇宣言，要求废除君主制度并建立联邦共和国。在
其他方面，该俱乐部的计划和自由党人提倡的非常相似，除了共和
党人在奴隶制问题上倾向模糊。早期的共和党人从启蒙运动中继承
了大部分思想，并受到在美国实行的联邦主义的强烈影响。但是后
一代的共和党人更尊崇孔德的实证主义中由精英领导的独裁共和国
的观念。当然他们把自己视为那种精英。共和党的领导者——诸如
安东尼奥·达·席尔瓦·雅尔丁（Antônio da Silva Jardim）、金蒂
诺·博卡伊武阿（Quintino Bocaiúva）、拉斐特·罗德里格斯·佩雷
拉（Lafayette Rodrigues Pereira）、阿里斯蒂德斯·洛博（Aristides
Lobo）、萨尔瓦多·德·门东萨（Salvador de Mendonça）、兰热
尔·佩斯塔纳（Rangel Pestana）、曼努埃尔·费拉斯·德·坎波
斯·萨莱斯（Manuel Ferraz de Campos Sales）和阿梅里科·布拉
西里恩塞（Américo Braziliense）都是有才干和热情的人，但是他
们并没有吸引到民众追随。政党力量在方向上几乎独占城市，同时
以里约热内卢、米纳斯吉拉斯、圣保罗和南里奥格兰德的城市为中
心。在那些省里面，圣保罗夸耀它是最强大也是共和党组织得最好
的支部。在 1884 年，圣保罗推选了三个共和党代表到国家立法机
关，其中有坎波斯·萨莱斯和普鲁登特·若泽·德·莫赖斯－巴罗

斯（Prudente José de Morais e Barros），这两个人注定是共和党的领袖。他们是第一批在议会任职的共和党人。共和党发誓放弃动用武力实施他们的计划；相反，他们希望教育是实施计划的途径，民众也可以接受。在他们的计划中，联邦主义被他们视为最重要的，是治疗困扰国家的疾病的灵丹妙药。他们同样是不了解摄政时期的动乱的一代人。

　　扰乱第二帝国政治平静的其中一个重要问题和政党几乎没有 183关系。在神职人员中新兴的教皇绝对权力主义挑战着国家的王权至上主义学说。一场激烈的斗争震荡着向来友好的教会和国家的关系——在巴西非常和谐，特别是和 19 世纪二者间的习惯性争吵是其主要特征的西属美洲相对比时。在巴西，大部分神职人员赞成独立，所有人都宣誓拥戴新皇帝。尽管已经允许宗教信仰自由，1824年宪法确立罗马天主教是国教，皇帝继续在他的领域内对教会进行皇家赞助，如同他的葡萄牙祖先们已经做了几个世纪的一样。梵蒂冈在资助的问题上继续保持沉默，接受佩德罗的解释，但是并没有公开承认他的特权和资助的职责。罗马和里约热内卢第一场比较大的争执爆发于 1834 年，是因提名安东尼奥·马里亚·德·莫拉（Antônio Maria de Moura）为里约热内卢的主教而引发的。莫拉提倡废除教会人员的独身主义和其他被教会神父视为激进的思想。政府受到激进的牧师迪奥戈·安东尼奥·费若的鼓励，支持他的候选人资格，罗马拒绝让他就职。问题最终以 1835 年莫拉自己放弃候选人资格而得以解决，梵蒂冈和里约热内卢的关系又恢复正常。

　　佩德罗二世是一个坚定的王权至上主义者，基督教统治集团胆怯地默认此事。事实上，国家远比教会强大，在巴西境内教会可悲的物质和道德条件削弱了它的地位，它的建筑处于一种破损、恶化的糟糕状态，神职人员的道德放荡得令人难堪，并且还非常缺乏神父。清教徒的皇帝赞成神职人员从属于王权但反对他们的道德。他决心通过用派有希望担任神父一职的候选人到欧洲学习的方式净化教会。他们回来后道德更加强固，令他感到很满意。但是他们也大量吸收了教权绝对主义者的思想，这是一个佩德罗二世没有想到的他们的欧洲之旅的结果。在王权至上主义者的君主和一个新的教权绝对主义者的教会之间的不可避免的力量的较量在 19 世纪 70 年代爆发了。

　　教皇庇护九世（Pius IX）在 1864 年颁布了一份查禁共济会的通谕。皇帝从未批准它在巴西的颁行，因为他意识到欧洲狂暴的反对教权的共济会和巴西兄弟般友爱的共济会几乎没有多少共同点——其中的大多数是教会忠诚的仆人，很多人还是牧师——因此，罗马教皇的通谕不应该在巴西发布，但是新的教权绝对主义主教却不这样认为。在 1872 年，里约热内卢的一名神父，在一个共济会的小屋子里面充满热情地讲话以庆祝一年前颁布的《自由法》时，收到了他的主教的最后通牒，要求他要么断绝与共济会的关系，要么脱离和教会的关系，这名神父承认了与共济会的关系，这就向教会提出挑战。主教维塔尔·马里亚·贡萨尔维斯·德·奥利韦拉（Vital Maria Gonçalves de Oliveira）来自伯南布哥，在法国接受了教权绝对主义学说的教育，接受了这一挑战。他命令兄弟会——由普通信徒组成的最重要的宗教和社会机构——驱逐他们中的共济会成员，而这些被驱逐者恰恰是他们中最重要的成员。当兄弟会拒绝时，主教中止了萨克拉门托神圣兄弟会的运作。现在这转变成对君主的直接挑战，因为主教决定在国内推行皇帝所不允许推行、传阅的罗马教皇的通谕。兄弟会在 1873 年 6 月向君主上诉，皇帝命令主教立刻解除禁令。主教维塔尔无视皇帝的命令，政府除了通过法律的方式对抗这位顽强的教士，控诉他违反了刑法和宪法之外别无他法。1874 年他在里约热内卢一群由罗马教皇派遣的拜占庭外交官和皇帝之间接受审问，法庭判主教有罪并处以四年的苦役，皇帝用简单的囚禁代替了这项惩罚。类似的事情包括来自 185 帕拉的主教安东尼奥·德·马塞多·科斯塔（Antônio de Macedo Costa），他和维塔尔主教一样也曾在法国接受教育。最终梵蒂冈和里约热内卢达成了一个协议。皇帝在 1875 年发布了一个大赦的敕令，教皇公布禁令反对提升的共济会成员，兄弟会又恢复到 1873 年前的地位。在这场对国家的公开挑战中，教会失败，王权至上主义获得了胜利。教会统治阶层中很多人郁闷地沉思这次失败，他们对王权至上主义的君主的热情减弱，此后，他们把皇帝视为不友善的。政治上教会和国家的斗争超乎党派的界限。所有信仰和各种观点的政治家都支持皇帝。

外交关系是另一件不分党派的事情。在相对容易地获得认可之后，帝国将注意力转向与邻近国家建立友好关系上，最重要的是，顺利地划定广阔的边境线。相信和南美大陆所有的共和国和殖民地划定疆界拯救了智利。注意力集中于亚马孙河的源头和拉普拉塔河网。巴西拥有亚马孙河的所有流域和支流但是却没有包括源头。对于杳无人迹的亚马孙内陆模糊的地理学知识使得解决那里的边界的努力错综复杂。巴西满怀猜忌地守卫着它的南美心脏地带，内心被邻国可能扩张的想法占据，同时又害怕某个更强大的、大陆以外的国家会入侵。几十年来巴西都保持亚马孙河对国际交通的关闭状态，并利用开放它的许诺来诱骗其他临河国家答应一个边界协议。当这一策略被证明是失败的之后，巴西在国际压力下屈服并于 1867 年允许所有国家的船只都可以在亚马孙河上自由往来。

与辽阔、无人居住的亚马孙河流域不同的是，拉普拉塔沿岸历史上就是西班牙和葡萄牙有争议的地区，怀着不同的忠诚聚集于此的大量人口相互对峙着。在民族时期，阿根廷和巴西，双方都是潜在的势力，为争夺那里的统治权进行了激烈的斗争。从地缘政治上讲，巴西需要拉普拉塔河地区的开放来进行贸易和交流，这样它广阔的马托格罗索省才不会被孤立，那里人口稀少，管理散漫，和有效管理的国家领土间的关系松散。只要内普拉丁省（乌拉圭的班达东部）仍然在帝国内部，巴西就可以控制拉普拉塔河口左岸并保证这条河的河口向它的船只开放。作为与阿根廷战争失败的后果，内普拉丁省的丧失令形势变得更加错综复杂。巴西发现它是河源的主人但没有控制拉普拉塔河航线的主流和河口，这恰与亚马孙的情况相反。巴西对拉普拉塔河的使用仍受到阿根廷、乌拉圭和巴拉圭的摆布。与那些讲西班牙语的共和国在河流的使用和未解决的边界争端上的对峙要求巴西将19世纪绝大多数的外交集中于拉普拉塔河流域事务上，在那里发生了激烈的引人注目且复杂的权力斗争。

阿根廷和巴西的斗争关系到谁控制拉普拉塔河流域以及管理巴拉圭、乌拉圭和小部分的玻利维亚地区。阿根廷记得非常清楚，巴西曾经吞并拉普拉塔河左岸并怀疑这个帝国还渴望重新占领这一战略要地。同样，巴西相信阿根廷在这一地区也有扩张计划。1850年布宜诺斯艾利斯授权胡安·曼努埃尔·德·罗萨斯（Juan Manuel de Rosas），阿根廷的考迪罗，采取任何可能的方式，只要能增加巴西人的焦虑，将巴拉圭的这一"省份"并入阿根廷联邦。就此事而言，在罗萨斯1829—1852年漫长的当政时期，他经常提到"伟大的阿根廷"，这可能包括拉普拉塔地区前总督辖区的领地，主要有阿根廷、乌拉圭、巴拉圭和玻利维亚的一部分。巴西并不希望有这么一个巨大的邻国。此外，巴西担心阿根廷可能会吞并南里奥格兰德省，那片西班牙和葡萄牙争夺的领土。法国和英国封锁布宜诺斯艾利斯后不仅没有轻松打败罗萨斯，更有可能的是，提高了这位阿根廷领导者的国内地位，这使巴西人的担心增加。

在拉普拉塔地区，帝国抵制阿根廷野心的第一步是在 1844 年 187 承认巴拉圭的独立，这一行动激怒了罗萨斯。此后巴西对这个被陆地包围的国家实施最大影响来阻碍阿根廷的计划。正如 1846 年一位巴西的外交官所言："巴拉圭并入（阿根廷）联邦将除了会给阿根廷带来胜利的骄傲外，还有领土和实力的增加，以至于两国的均势局面会消失，巴西人在坚持蒙得维的亚的独立上所做的所有牺牲将会完全变得徒劳。"帝国抵制阿根廷对拉普拉塔地区的主张的第二步就是把巴西的影响扩大到乌拉圭，这一行动因为永久困扰这个国家的骚乱而复杂化。乌拉圭白党（Blancos，保守党人）和乌拉圭红党（Colorados，自由党人）之间的内战爆发。1842 年约有 2 万名巴西人居住于蒙得维的亚及其周边地区，到 1864 年这个国家足有五分之一的人口是巴西人。在那无休止的内战中不可避免的是，巴西人在乌拉圭拥有的一些地产被侵占、劫掠，有时被充公。让这些事情更加复杂化的是，乌拉圭的强盗经常越过边境到南里奥格兰德犯罪。巨大的养牛场吸引着他们。帝国政府声称这种边境劫掠使牧场主损失了约 80 万头牛。

罗萨斯严防着乌拉圭，不仅因为这里一度是拉普拉塔总督辖区的一部分，同时也由于阿根廷的流亡者居住在蒙得维的亚，在那里他们不停地密谋推翻他的统治。在国内政治斗争中，阿根廷考迪罗在背后支持最重要的保守党政治家，曼努埃尔·奥里韦（Manuel Oribe）。相应地，巴西则资助最重要的自由党政治家，弗鲁克托索·里韦拉（Fructuoso Rivera）。在 1851 年这一复杂的政治舞剧达到了巅峰，当时巴西的军队开进乌拉圭以加强里韦拉的力量。在拉普塔地区的一次军事干涉开始了，巴西人坚决将这进行到底，他们联合乌拉圭的新政府和阿根廷持不同政见的恩特里里乌斯省（Entre

188 Ríos）与科连特斯省（Corrientes）攻击罗萨斯。阿根廷地方考迪罗，胡斯托·何塞·德·乌尔基斯（Justo José de Urquiza）领导联军在 1852 年的蒙特卡塞罗斯（Monte Caseros）战役中取得了胜利。为了从巴西人那里解脱出来，战败的罗萨斯从他的家乡逃走，成为一名欧洲流亡者。两个拉普拉塔地区的势力于 1856 年重新建立外交关系，当时它们签署了贸易和通航的友好条约。但是暂时合作的外衣并不能掩盖根深蒂固的猜忌、不信任和竞争。在乌拉圭持续的混乱和巴拉圭为自己设置的堡垒中，阿根廷和巴西彼此警惕地注视着对方。

在 19 世纪 60 年代早期，一个新的复杂因素威胁着拉普拉塔微妙的权力平衡。作为一个国界未被邻国承认的小国家，巴拉圭历史上就存在于一种忧患的状态中，假如不是逼近危险的话。阿根廷反复地威胁，甚至是努力地吞并他们的国家，这不能减轻巴拉圭人的忧虑和担心。巴西插手另一个拉普拉塔地区的小共和国乌拉圭的事务，这只能加重巴拉圭人的苦恼和忧虑。受两个巨大邻国的折磨，巴拉圭自然感到很不安全。这种不安全促使国家的第一执政，何塞·加斯帕尔·罗德里格斯·德·弗朗西亚（José Gaspar Rodríguez de Francia），在一代人的时间里断绝了自己国家和大多数国家的交往。尽管他开放了边境，国家第二位执政官，卡洛斯·安东尼奥·洛佩斯（Carlos Antonio López）很难不去怀疑他的邻国。他害怕巴西的帝国主义。为了成为这一形势的掌控者而不是受害者，巴拉圭决心更好地控制自己的命运，国家有条不紊地武装着自己并在南美训练了最大的军队。

与此同时，巴西看起来更加严厉地制定它的拉普拉塔地区政策：巴拉圭和乌拉圭必须作为独立的缓冲区国家保持和帝国的友好关系，拉普拉塔河必须向巴西的交通开放。谨慎且通常出色的巴西外交似乎在一段时间内在这个错综复杂的不稳定地区取得了成功。曾经提供帮助的同样的帝国之手有时也会在其他情况下带来耻辱。方法不同，但目标是一致的。1863 年末乌拉圭和巴西边境一直微妙的局势恶化了。重新划定的边界把南里奥格兰德被乌拉圭强盗占据的一边划给了乌拉圭，这激怒了里约热内卢政府。为了强调巴西人的耐心已经耗尽，1864 年 4 月皇帝派若泽·安东尼奥·萨赖瓦（José Antônio Saraiva）带着最后通牒来到蒙得维的亚会见白党领袖阿塔纳西奥·克鲁斯·阿吉雷（Atanasio Cruz Aguirre），最后通牒内容为：乌拉圭赔偿巴西的损失并惩处罪犯，否则巴西军队将会开往乌拉圭寻求赔偿。阿吉雷拒绝屈服于巴西的要求。作为一种替代，他求助于弗朗西斯科·索拉诺·洛佩斯（Francisco Solano López），后者于 1862 年起担任巴拉圭的行政首脑。

　　做一名调解人或维持拉普拉塔地区的权力平衡的思想一直困扰着洛佩斯，他相信拉普拉塔地区的和平和巴拉圭的安宁都需要阿根廷和巴西之间权力的平衡，必要时，巴拉圭有义务去推动这种均势。洛佩斯感到巴西对乌拉圭的威胁，假如实现的话，将会扰乱拉普拉塔地区的和平。巴西和阿根廷政策奇妙地一致，即都想推翻乌拉圭白党，进一步引起了他的猜疑。事实上，流传的谣言内容是这样的：巴西和阿根廷已经达成一个协议，根据这个协议，巴西将会吞并乌拉圭，阿根廷将会吞并巴拉圭。正是由于怀着这样的担心，洛佩斯让阿吉雷了解到巴拉圭将支持乌拉圭对巴西的反抗。萨赖瓦从阿吉雷那里没有得到满意的答复，随后回到里约热内卢。很明显，巴西的外交部长期望乌拉圭人能满足他们的要求，当他不能做到时，巴西发现自己处在一个很僵硬的立场上。看起来有必要实施威吓计划。很明显在那一点上通常敏锐的巴西外交政策失败了，这一失败不仅仅是没有将乌拉圭的事件和巴拉圭的事件联系起来。

巴西给阿吉雷的对手韦南西奥·弗洛勒斯（Venancio Flores）提供支持，他曾表示支持巴西人的事业。帝国的海军封锁了乌拉圭的港口，帝国的陆军在没有正式宣战的情况下发动入侵，这一行为公开违背了国际法。在这一武力使用之下，阿吉雷迅速垮台。弗洛勒斯担任总统，迅速地同意恢复没收的巴西人的财产并认可巴西的要求。

洛佩斯怀着越来越大的担心看这场戏。他在阿吉雷的垮台中看到了将会使拉普拉塔地区两个小国消失的一个悲剧的开端。在他看来，不稳定的权力均势已经倾向于支持巴西，他有必要使之恢复平衡。在他的官方新闻报《El 周报》（*El Semanario*）里，他声明巴西占领乌拉圭是"对乌拉圭共和国和美洲这部分的其他国家的自由、独立、主权和领土完整的威胁"。怀着挑战庞大邻国的决心，他选择了巴西最薄弱的点来展示他的实力。1864 年 11 月 11 日，他向巴西交通关闭了巴拉圭河，这是拉普拉塔河网的一个重要分支。此外，他命令他的一艘炮舰俘获"奥林达侯爵号"（*Marquês de Olinda*）——一艘当时载着省长去马托格罗索的帝国内河轮船。而后洛佩斯通知了皇帝在亚松森（Asunción）的大使；由于对乌拉圭的干涉，巴拉圭将中断与巴西的外交关系。

一支巴拉圭部队立即发起对马托格罗索的进攻，但是真正的敌人洛佩斯却在忙于将他的主力部队和乌拉圭阿吉雷的主力部队联合起来。这样做需要跨越阿根廷的领土。他请求布宜诺斯艾利斯的许可。阿根廷想从它的三个邻国的战争中赢得一切，并根据情理认为，国家应该公正地观察，尤其强调不能参与。遵循这一中立政策的规定，巴托罗梅·米特雷（Bartolomé Mitre）总统拒绝给予洛佩斯寻求的许可。正如巴西早期错误判断了形势，现在阿根廷也是如此。令阿根廷人惊愕的是，洛佩斯大胆地俘获了他们内河上的船只并入侵科连特斯省。阿根廷中立的希望破灭了，令人意想不到的是，1865 年 5 月 1 日，布宜诺斯艾利斯政府发现了自己的处境，联合乌拉圭的傀儡政府和巴西签订了同盟条约。那些同盟国控告洛佩斯想建立一个由巴拉圭、乌拉圭和阿根廷的恩特里里乌斯省和科连 191
特斯省组成的拉普拉塔帝国。

　　三国同盟的追随者并没有做好战争的准备。巴西的军队分布在巨大帝国的四面八方，首先必须去做的就是把他们聚集起来并运到南方，但是为他们提供给养的问题一直没有得到妥善解决。同盟国的实力还是要超过狭小的、被陆地包围的巴拉圭。1865 年 6 月 11日在里亚舒耶罗（Riachuelo）海军大会战中，同盟国的舰队消灭了巴拉圭的海军中队并开始控制内陆河运。但是直到 1866 年 4 月，同盟国才开始入侵巴拉圭的领土。守卫巴拉圭的关键乃是乌迈塔（Humaitá）的坚固要塞，它守卫着巴拉圭河的上游而且是矗立在通往亚松森的道路上的一个可怕的关卡。对乌迈塔的围攻开始于 1867年 7 月，当时同盟国带着所有的军力投入到对这一要塞的攻占当中。但是它英勇地矗立着，蔑视着联合起来反对它的强大的实力。战争延长，超出即使是同盟国中最悲观的人也不可能想到的程度。巴拉圭人深信他们能守卫自己的祖国，展示了非凡的勇气。在势不可当的乌拉圭和南里奥格兰德联军的围追堵截中，司令官埃斯蒂加里维亚（Estigarribia）充分证明了他们的勇气。同盟国的司令官要求他们投降，并说明同盟国不会和巴拉圭人民发生纠纷，而是争取推翻统治他们并把他们当奴隶对待的暴君洛佩斯；他说同盟国将会给他们自由和自由选举政府的权利。埃斯蒂加里维亚尖锐地给予了答复："如果阁下如此急于给巴拉圭人民以自由，为什么你不从解放巴西不幸的黑人开始？他们构成了大部分人口的同时为了使帝国许多重要人物富足并给他们提供空闲时间而生活在最可怕和痛苦的奴隶制之下。"正是这种精神使巴拉圭人成为可畏的敌人。

当战争正在进行中时，巴西国内的反对声增加。皇帝对指挥
192 战争负有最重要的责任，为同盟国事业提供大部分资金、物质和人
员。帝国迅速的物质发展被军队的损失所抵消。增加的损失——总
数超过 3 亿美元——削减了国家货币并需要政府从国外借债。伤亡
名单上的人数已经达到了 3.3 万—5 万人之间，也使人们从热情中
恢复清醒。尽管国内有抱怨，同盟国政府决心继续加紧同巴拉圭的
战争，除了无条件投降之外，拒绝任何其他的谈判条件。

在经历了漫长的围攻后，1868 年 8 月乌迈塔陷落，整个巴拉
圭向同盟国军队敞开。他们涌向亚松森，并于 1869 年 1 月 5 日占
领首都。在这一过程中，同盟国军队消灭了大多数残留的巴拉圭部
队。但是洛佩斯奇迹般地逃到了首都东北部很远的山上。在那里
他的残余部队在漫长的战争中继续展示着作为巴拉圭军队士兵特
征的胆识。追逐的巴西军队于 1870 年 3 月 1 日在塞罗柯拉（Cerro
Corá）再次打败巴拉圭军队。弗朗西斯科·索拉诺·洛佩斯元帅在
这场战争中阵亡。

战争结束了。对巴拉圭人民来说，洛佩斯仍然是他们的民族英
雄。他是把共和国从灭亡中拯救出来的领导者。在巴拉圭史以外，
他被给予了截然不同的待遇。巴西历史学家传统上一致把他视为疯
子和精神失常的暴君，假如不是更坏的话。

巴拉圭的失败——它几乎灭亡——除掉了这个国家作为拉普拉
塔地区的强权势力可能拥有的所有自负并再一次把它降到作为缓冲
区国家的地位。战争因令人震惊的成年男子的损失，而使人口减少
到战前的一半。无论怎样，洛佩斯似乎完成了他的其中一个主要目
标：战争结束了阿根廷和巴西对乌拉圭的直接干涉。此外，两股主
要势力看起来更加明确地了解到此后两个缓冲区国家的独立所能发

挥的有用性。阿根廷和巴西吞并其中一个国家或两个都吞并了的帝国主义野心消失了。巴西干预拉普拉塔地区事务的其中一个主要动机随着拉普拉塔河网最后向世界贸易开放而不复存在。与三国同盟 193 的誓言相反的是，1872 年巴西和巴拉圭签署了和平分界条约，除了其他事情之外，界定了对巴西有利的共同边境。通过承认小部分领土归属巴西，巴拉圭争取到帝国的支持以反对阿根廷夸张的要求。阿根廷对这一条约的反应正好相反，它指控巴西违反了三国同盟条约的第 6 条条款，即禁止与巴拉圭缔结和平条约。在这一分歧中伴随而来的是巴拉圭聪明地使一方势力对抗另一方势力，并在这个过程中保留了被阿根廷觊觎的领土。

在战争胜利结束后，筋疲力尽的巴西把注意力再次转回国内。痛苦难忘的国际干预导致了剧烈的国内反应，从长远来看，它将会改变国家发展的方向。那些影响在 1880—1890 年是最明显的。对于未来的重要意义之一乃是，作为战争的结果，一个新的国家机构出现了：军队。由于没有像毁坏了西属美洲的那种漫长、痛苦的争取独立的战争，巴西的军队一直很弱和不重要。佩德罗一世甚至在 1825—1828 年与阿根廷争夺乌拉圭的战争中依靠雇佣兵。事实上，直到 1839 年颁布了一项法令时，军队才有组织地建立起来。与巴拉圭长达五年的战争使一切有必要做出改变。一个大的、组织良好的、有力的，最重要的是职业化的军队在战争中出现了。更为深远的意义是，新的机构并不代表一开始就控制巴西的乡村贵族。相反，军官阶级来源于新组成的城市中间群体。他们的忠诚度、价值观与抱负和那些土地寡头明显不同。只要战争吸引了他们的注意，这些军官就不会影响到国家的结构和运行，但是 1870 年以后长年的和平使得军队热切地、雄心勃勃地参与到政治当中，结果受到了共和党和实证主义者的宣传的影响。

194 为唤起民众对长期战争的支持，有必要在公民中产生一种从来没有表现过的对军队的尊重。大量的宣传称赞士兵们是为保卫祖国而战的真正英雄。有趣的是观察那些威严的巴西历史和地理学会的态度的转变，这些学会是优秀人才俱乐部，影响着受过教育的民众的思想的形成。在战争之前，这些学会的成员在他们的会议和有威望的杂志的页面上歌颂巴西印第安人的历史。战争使之发生了突然的改变，他们把注意力转向部队英雄，军人的传记充斥着他们杂志的页面。一个曾经被忽略的机构成为他们讨论的最重要的话题。政府征募画家描绘对巴拉圭的军事胜利。这个时期两个重要的画家有所响应，维托尔·梅雷莱斯（Vitor Meirelles，1832—1903 年）用巨幅油画描绘海军的胜利，佩德罗·阿梅里科（Pedro Américo，1843—1903 年）用巨大的场景来描绘重要的陆地战争。艺术以它对爱国主义和民族主义的鼓舞来为国家服务。同时这也提升了尚武精神。在战争中出现的不仅仅是完备的军事机构，同时还有新的对军人的尊重。

正是使用武力才允许巴西在 1872 年于己有利地划定与巴拉圭的边界，正如它曾英明地利用军队在 1851 年于乌拉圭达到相同的目的。与两个拉普拉塔国家的边界是在帝国时期才划定的，尽管外交人员曾做了无数的努力以使他们国家绵远的边境线固定下来。其中一个最有能力的外交部长是保利诺·若泽·苏亚雷斯·德·索萨（Paulino José Soares de Souza），他曾经于 1849—1853 年担任外交部长，这些年间在亚马孙和拉普拉塔地区都有集中的外交攻势。乌拉圭做了很大的努力在占领地保有原则的基础上解决所有巴西的领土要求，占领地保有原则的概念由 1750 年的《马德里条约》引入到美洲大陆，这支配着所有的巴西边境外交，帝国的外交官成功地为未来有利于己地解决问题奠定了基础。

在整个帝国时期，英国继续作为给巴西施加影响的至为重要的 195
外交力量。此外，我们还注意到两国间密切的贸易和金融关系。巴
西人对英国的存在并不十分满意，但是在 19 世纪他们除了接受外
没有其他选择。然而，巴西人两次挑战英国，在两次情况下都获
得了成功——至少是暂时的。第一次冲突是在重新续订贸易优惠协
议问题上，巴西不仅在 1844 年拒绝续订协议而且还反过来颁布了
相对增长的关税。第二次冲突是所谓的"克里斯蒂问题"（Christie
question），涉及几个复杂而通常平凡的事情。1861 年，在南里奥
格兰德海岸遇难的一艘英国船上的货物被抢劫。次年三名穿便装的
英国水手因酒后辱骂一名巴西军官而被逮捕。在得知了他们的身
份后，巴西人释放了他们。专横的英国公使威廉姆·D. 克里斯蒂
（William D. Christie）要求巴西就被抢劫的船只给予赔偿和更多的
回应，包括惩罚负责逮捕的人。为了执行他的要求，克里斯蒂命令
在巴西水面的英国战船封锁里约热内卢港口，时间长达六天。在抗
议下，政府不情愿地支付了赔偿金但拒绝答应英国人的其他要求。
此外政府要求道歉和支付封锁期间被占领的巴西船只的赔偿金。英
国拒绝了这两个要求，巴西人要求英国召回克里斯蒂并中断与圣詹
姆斯宫廷的外交关系。与此同时，三名水手的问题被提交给比利时
国王进行仲裁，他的决定偏袒巴西。英国向巴西表示道歉并要求恢
复关系。这些事件给巴西精神上的满足，但是英国继续作为一个宗
主国实施它的贸易和金融霸权。

尽管使英国在加勒比海地区的地位受到挑战，19 世纪的美国
在南美洲仍然没有如此大的权威。在双方都认识到对方对自己日益
增长的重要性的基础上，1842 年巴西和美国均升级了里约热内卢
和华盛顿的外交代表，从代办提升到特派公使和全权公使。尽管如 196
此，两国都集中精力处理本大陆内的事务，无暇顾及半球内遥远的

邻居。19世纪60年代的十年间两国关系进行了异乎寻常的尝试。在美国的内战期间，巴西承认了南部联邦的交战状态，南部联邦的船只可以使用巴西港口，这令华盛顿政府气愤不已。最终，南部联邦战船在巴西港口的出现使美国侵犯了巴西主权。"佛罗里达号"（*Florida*）进入巴伊亚的萨尔瓦多港口，要求补给和维修。联邦政府的战舰进入港口并俘获了它。此事令巴西人感到羞辱并激怒了他们的民族情感。最终美国人为此向巴西赔礼道歉，但在联邦政府胜利以后很久，他们才向巴伊亚港口的巴西国旗敬礼。

三国同盟战争使两国间的外交格局变得更加复杂。1867年乌迈塔围困期间，巴西人拒绝同意美国公使伊莱休·沃什伯恩（Elihu Washburn）进入巴拉圭穿过上游进入亚松森。这一拒绝在很长时间内扰乱了美国的外交政策。美国外交部长詹姆士·沃森·韦伯（James Watson Webb，1861—1869年任职）也没再去过巴西，他被视为外交礼仪的典范。真相很快水落石出，韦伯利用职权敲诈了巴西政府5万美元，在被美国国务院发现后，这笔钱及其利息很快还给了巴西。19世纪70年代，两国关系逐渐改善，当时美国是巴西咖啡和其他产品的最大市场。随着1876年佩德罗二世访问美国，密切的贸易关系使双方的外交关系更加融洽。

第五章

变革和连续性

1888 年开始了一个显著变化激增的十年。奴隶制的废除标志着
这十年的开始；卡努杜斯（Canudos）民间社会灾难性的毁灭标志
着这十年的结束。中间的这些年见证了君主制被颠覆、一个联邦共
和国建立、政教分离、城市和中产阶级参与政治、工业化被信奉为
经济的万能药、经济和政治权力被正式转移到东南部诸州，特别是
在三国同盟时期对圣保罗重要性的认可。尽管这些变化在历史上几
乎同时发生，但它们的起源都可以追溯到 19 世纪。一方面，一些
评论家可能会把这些变化看作是对 1530—1560 年建立的那些基本
社会、经济和政治制度的挑战；但另一方面，其他人可能认为，在
他们进行现代化的同时，他们也完善了那些制度。

1888—1897 年的变化具有一些共同的特征：它们都承认了几
个世纪以来含糊不清的新资本主义和新封建主义联合的结束，它们
都颂扬了资本主义和现代化的巨大成功。正如现在事实已经充分证
明，它们也为 20 世纪指明了方向和目标。一方面，结束了三个半
世纪的历史，在其他方面，又开启了决定 20 世纪特征的趋势，仅
仅十年的改变对于阐释巴西史有着异乎寻常的意义。

新社会群体和新思想

1865 年后，受欧洲现实主义的影响，巴西知识分子在实证主义

教导下（至少是非正式地），对这个世纪的科学进步深感敬畏，他们开始表现出对自己国家现实的新关注。那种关注使他们卷入到破坏帝国安宁的民族危机之中。与巴拉圭之间费用浩大的漫长战争、共和主义情绪的高涨、教会和国家的斗争、攻击古老的奴隶制的废奴运动者，激发了争论并引起了几届政府的兴衰。那些危机激发了文学创作，反过来，知识分子的批评又加剧了社会危机。知识分子花费了越来越多的时间用于民族自省。从最广泛的意义来说，城市挑战着乡村，东南部挑战着东北部，带有典型的欧洲视野的中间阶层对抗着带有印第安－非洲－伊比利亚文化的民间社会，倾向于大资本家的趋势与越来越松懈、传统的新资本主义相冲突。

　　新思想的出现在很大程度上导致了社会新元素——城市中间群体的出现，他们的规模第一次大到足以产生影响力，灵活性足以迎接创新，强大到足以挑战乡村贵族的传统权力。对于构成城市中间群体核心的批发商、代理商、出口商、工匠、政府官僚、律师、医生、牧师、教师、银行家和军官来说，在这世纪的最后三分之一时间里，他们的人数得以大增：装卸工人、机械师、工厂工人和店员中的领薪劳动力。简而言之，在 19 世纪的后半期，我们可以明确无误地使用人口中间部分的措辞来指代他们，他们没有任何凝聚力——通常与种植园主阶级相关联——但是越来越畅所欲言并具有影响力。中间群体中的知识分子和职业人群是最能言善辩和有影响力的发言人——即使不是最典型的。中间群体被划分为各个阶层，但他们或多或少有着共同的看法，这些看法融合了欧洲中间群体的价值观、态度和行为，欧洲中间群体对他们产生了越来越多的影响。他们用各种方式参与现代生活，这种生活不同于传统的乡村方式，具有现代化的特征。他们抱怨自己处境艰难，夹在上面的地主和下面的奴隶之间，他们表明了提高自身地位的雄心壮志并支持能够拓宽他们未来社会视野、巩固他们当前社会基础的所有合理方式。他们很快认识到，教育有助于他们向上层社会流动。然而，尽管有一些随机相似性，他们仍然没有足以或充分凝聚到构成一个"阶级"（class），正是出于这一原因，我们故意选择模糊的"中间群体"（middle groups）一词来指 19 世纪后半叶的他们。

即使在偏远的内陆城镇，中间群体依然有他们的代表。商人和地方电报员、教师、牧师、市政办事员和零售商人构成了介于农民和种植园主之间的一个小缓冲社会。据托比亚斯·巴雷托（Tobias Barreto）估计，在埃斯卡达（Escada）——伯南布哥的一个内陆城，1877 年人口有 2 万，大约有 10% 的居民生活富足或更优渥，这标志着一个省级城市中间群体的规模。那些省级中间群体并没有被忽视，他们都相信进步，纵然他们了解现代社会的机会非常有限。尽管如此，他们表明了自己渴望改变。

城市有更大、更重要的"进步性"和容纳性去改变，不断地侵蚀着乡村贵族的势力。事实上，当地主开始在城市拥有住宅并花费 200 越来越多的时间待在那里时，他们也把声望和权力给了城市，提高了城市的地位。政府部门、出口商、银行都根植于城市，并伸向农村地区实行经济控制，这一趋势在 19 世纪增强。地主们在庄园内很难做出决定。他们不得不到城市咨询银行家或代理人；他们还必须请求政府官员的支持。如果他们的孩子想接受高等教育，就必须被送到城市里。在那里大量新兴资产阶级的儿子和种植园主贵族的儿子进入法律、医学、工程和军事学校。毕业后，他们从事城市职业，增加了城市人口和使城市强大的力量。1870 年后，更大的移民潮涌入巴西。更高比例的外国人选择居住在城市里，他们不同的习俗、思想促进了周围环境的改变。表 5.1 说明了巴西主要城市里约热内卢的发展以及国外出生的人口开始占据很高比例。繁荣的经济

表 5.1　里约热内卢：人口增长与在国外出生的定居者

年份	人数	国外出生人口所占百分比	
1799	43376	1836	7%
1807	50000	1856	35%
1815	100000	1870	34%
1821	112695	1890	30%
1838	137078		
1849	226466		
1856	181158		
1870	235381		
1890	552651		
1895	650000		

使新一代人有更多的时间来思考和反应，这是他们的先辈们从未有过的。对于城市居民而言，他们不仅有更多时间来阅读，还有更广泛的材料可供选择，他们表现出更喜欢欧洲作品。

201　由于通常容易受到欧洲思想的影响，巴西的精英，尤其是城市中的精英，借助于更频繁、快速的汽船服务和海底电缆与欧洲密切联系。扩大的中间群体也屈从于欧洲影响，法国继续塑造着巴西的精神和文化生活。三个法国文化使团——第一个在 1816 年，最后一个在 1840 年——成功地强化了对巴黎价值观的偏爱。法语成为受教育阶级的第二语言，他们废寝忘食地阅读着法国文学作品，对它们的了解远比对巴西文学作品多。上流社会和知识分子谈笑风生地讨论着古斯塔夫·福楼拜（Gustave Flaubert）、奥诺雷·德·巴尔扎克（Honoré de Balzac）和埃米尔·左拉（Emile Zola）的作品。他们的作品在书店中占据主要位置。在大城市的商店里，几乎可以找到所有的巴黎奢侈品。首都主要街道之一，欧维多（Ouvidor）大街的商店里展示的几乎全部是法国商品。妇女们争相模仿最新的巴黎流行式样。

在一个更加世俗的水平上——贸易、银行和政治——英国影响占据主导。尽管巴西议会君主制别具一格，它仍在英国体制中找到了一个模糊模型，其秩序和稳定性吸引着贵族。由于他们认为外国的所有东西都是先进的，精英们在最大可能程度上模仿欧洲，中间群体也追随其后。结果是他们反对民族产品和文化，将视线从地方事件中移开。

对国外危机的敏感性进一步促使社会精英和中间群体毫不犹豫地在热带采纳温带气候文明的一切。自卑感令他们感到苦恼，他们尝试比欧洲人还要欧洲。当然，在这一过程中，他们引进了很多新思想——例如实证主义——其影响改变着传统社会。

很少有言论反对没有独创性的对外国文化的模仿。文学批评家西尔维奥·罗梅罗（Sílvio Romero，1851—1914 年）和历史学家若昂·卡皮斯特拉诺·德·阿布雷乌（1853—1927 年）在 19 世纪 70 年代开始建议同胞，从内省中可以获得很多。他们认为，不加限制、不加选择地引进思想，结果是弊大于利，并鼓励同胞展示自己的知识原创性。他们的忠告构成了文化民族主义溪流的源头，经过两代人的时间，它必将成为汹涌澎湃的大河。

尽管罗梅罗也受到当时欧洲思想的影响，他却试图从中解放出来，这样他就可以透过巴西人的眼睛审视自己的国家。他谴责盲目的模仿并呼吁文化和文学独立。他尖锐的语言瞄准"模仿者，没有独创性、毫无脑筋的抄袭者，他们照搬来自葡萄牙、法国和其他地方的船只带给我们的所有琐事"。在倡导民族自省的同时，他参加了一场根植于民众的巴西文学运动，这可以解释民族环境、传统和情感。

罗梅罗创作了很多伟大的作品，但其中最重要的是不朽的《巴西文学史》(*História da Literatura Brasileira*，1888年)。其永恒的价值在于，和当初出版时一样，现在它仍然是了解巴西的必读书。罗梅罗认为文学是民族的表现，是社会不可或缺的一部分，是在巴西这样一个文学发挥着多种作用的社会中不可回避的总结。罗梅罗悲叹巴西文学过于强调社会精英而忽略了民众，他认为民众才是社会的基本力量。作为把民众和文学联合在一起的努力，他出版了两本民间诗歌集。他不得不处理欧洲的种族主义学说，因为这些学说影响着并将继续影响那么多的巴西知识分子。他还反复强调巴西人不完全是欧洲独有的产品，而是印第安人、欧洲人和非洲人共同努力的产物——在当时，这是一个真正的革命思想。罗梅罗对未来和过去有远见卓识。他理解仍困惑着大多数人的这样一个现实：在巴西发展之前，有必要通过废除奴隶制和重新分配土地来改革基本土地制度。这样一个关于未来的现实主义蓝图所需要的根本性改革遭到精英的坚决反对。

203 　巴西最重要的历史学家，若昂·卡皮斯特拉诺·德·阿布雷乌和罗梅罗处于同一时代，并有着相似的言论：模仿欧洲模式的巴西文化并不能表现民族灵魂。脱离了本国自身的环境，文化并不能代表"民众有意识的表达"。通过把注意力从与欧洲有着明显联系的沿海地带转向此前鲜为人知的内陆地区，他彻底改革了巴西的历史研究。1889年他把自己的主要观点发表在一篇短小精悍的评论，《巴西的老路和民众》(*Os Caminhos Antigos e o Povoamento do Brasil*)中，直至今日，它依然是唯一最重要的对巴西历史的陈述。忽略此前占据巴西历史的大主教、将军和总督们——甚至拒绝承认官方民族英雄蒂拉登特斯，他认为他是由精英创造出来的，并非巴西人民的代表——他关注民众的贡献、对过去有意义的分期和重大主题。

　　假如人民大众创造了历史，那么广阔的内陆构成了真实的巴西、真正的国家现实。只有当沿海居民不再关注海洋并深入内陆，他们才能摆脱欧洲方式并实现真正巴西化。阿布雷乌的《巴西的老路和民众》对巴西的过去有一个了不起的全球性眼光，强调开发和定居内陆的主题，把广阔国家团结在一起的陆地和河流交通网的建立，发展养牛业和采金业、统一和改革的意义，以及这些事件对巴西民众的心理影响。卡皮斯特拉诺·德·阿布雷乌把注意力放在国家的心脏地区以及开发并定居在那里的人们身上。通过这样做，他把巴西历史研究巴西化。

　　若泽·德·阿伦卡尔（José de Alencar，1829—1877 年），浪漫主义的代表人物，创作了多部具有影响力的民族主义类型的小说。其中的三部，《瓜拉尼》（*O Guaraní*）、《伊拉塞玛》（*Iracema*）204和《乌比拉加拉》（*Ubirajara*）中，印第安人占据主导。阿伦卡尔笔下英俊、勇敢、高贵的野蛮人和夏多布里昂（Chateaubriand）及詹姆斯·费尼莫尔·库柏（James Fenimore Cooper）笔下的野蛮人有共同特点。阿伦卡尔的印第安文学名作《瓜拉尼》于 1857 年发表。作品中印第安人的言行像带着羽毛的欧洲人，这和读者没有多大关系。他们的装扮遵循着精英认为土著应该是的那种老套模式。在对巴西自然景色的精彩描述中，阿伦卡尔讨论了 16 世纪印第安人和葡萄牙人的关系，特别是一名叫佩里（Peri）的印第安首领和一名叫塞西莉亚（Cecília）的葡萄牙贵族女儿的关系。在小说结束前，金发的欧洲人和青铜色的野蛮人陷入了一场可做模范的爱情之中。作者赋予了佩里很多理想美德——诚实、可信赖、勇气、强壮、勇敢等等，而小说中绝大多数葡萄牙人（当然，塞西莉亚除外）表现出严重的人性缺点。在《瓜拉尼》沉重的浪漫主义之下透露了一个深刻的民族主义信息：巴西是新旧大陆联合的产物，旧大陆的价值观仍占支配地位。

帝国时期最重要的作曲家，卡洛斯·戈梅斯（Carlos Gomes，1836—1896 年），采用了《瓜拉尼》这一主题创作了同名歌剧，和巴西国歌一样，这一歌剧的前奏曲唤起了巴西民众的爱国主义。虽然歌唱使用了意大利语（戈梅斯曾在意大利向威尔第［Verdi］学习），但故事情节仍深深扎根于巴西。他的《奴隶》（*Lo Schiavo*）有相同的结合：披着意大利外衣的巴西主题。与此同时，巴西人也在创作、演奏、舞蹈有特色的当地歌曲。1870 年前后，玛克西塞舞（*maxixe*）出现，它是欧洲波尔卡舞（*polka*）和非洲路达舞（*lundu*）的混合，无论是在动作还是音乐上，它都是第一支真正的民族舞蹈。弗朗西斯卡·H."希基尼亚"·贡萨加（Francisca H. "Chiquinha" Gonzaga，1847—1935 年）在 1899 年创作了第一支有记录的进行曲（*marcha*），事实上，这是第一支专为狂欢节创作的歌曲。吸收了欢快的非裔巴西人旋律，她的《嗨，前进》（"O Abre Alas"）在整个 20 世纪作为狂欢节"经典"受到大众欢迎。

日益加剧的文化问题影响着文学。在一个与新思想斗争的社会中，浪漫主义最终过时。现实主义和自然主义迅速填补了这一文学空白。在这一过程中，小说形式让位于有社会意义的作品，"写实画面"描述了人们的斗争。自然主义小说的奠基人是阿卢伊西奥·阿泽维多（Aluísio Azevedo，1857—1913 年），他的《穆拉托人》（*O Mulato*）发表于 1881 年，探索了引人入胜的巴西种族关系问题。情节是关于一个穆拉托人和一个白人女孩的爱情，当然女孩家庭对英俊、有才能的混血青年的固执己见的看法阻碍了他们纯洁的爱情。阿泽维多辛辣地表达出雷蒙多（Raimundo）——一个浅肤色、蓝眼睛的穆拉托人的感情，揭露出种族偏见的微妙。最终雷蒙多被暗杀，社会复仇指向他，这是因为，他敢于要求同"白人"一样的社会平等。这一情节暴露了作为巴西人生活特征之一的暴力。在第二部小说《陋室》（*O Cortiço*）中，阿泽维多自然地看待里约热内卢贫民窟生活。很明显，城市化已经达到了这样一个时期——正如阿泽维多作品所表明的——在这里产生了新的社会问题，这些问题在迄今为止的农业国内是独一无二的。

文学中的新趋势鼓励着年轻作家尝试此前在巴西出版物中未开拓过的题材。欧洲人就是他们的榜样。劳尔·德·阿维拉·庞培娅（Raul de Avlia Pompéia，1863—1895 年）在《雅典娜神庙》（*O Atenen*）中讽刺了首都的私人教育体制。埃尔库拉诺·英格莱斯·德·索萨（Herculano Inglês de Sousa，1853—1918 年）在《传教士》（*O Misionário*）中描述了一名罗马天主教士成为对热带环境过敏的牺牲品。儒利奥·塞萨尔·里贝罗（Júlio César Ribeiro，1845—1890 年）创作的《肉欲》（*A Carne*）分析了知识女性屈从于所有的肉欲。在阿道弗·卡米尼亚（Adolfo Caminha，1867—1897 年）的《善良的黑人》（*Bom Crioulo*）中，他通过探究一个黑人船员和一名白人学徒的关系有说服力地介绍了同性恋主题。与此同时，巴西最有天赋的小说家若阿金·马里亚·马沙多·德·阿西斯（Joaquim Maria Machado de Assis，1839—1908 年）一跃成为文学舞台的中心。作为一名穆拉托人油漆工和一名葡萄牙妇女的儿子，他 10 岁时就成了孤儿。由于患有癫痫而且一直以来对自己的混血和卑微出身感到敏感，他过着内向、传统的生活，非常忠诚于自己的妻子。他外表的冷静掩盖了他的魄力，这种魄力使他在近半个世纪的时间里写作了戏剧、评论、诗歌、短篇小说。他最著名的作品是他的最后五部：《一个小赢家的墓志铭》（*Memórias Postumas de Bras Cubas*）、《金卡斯·博尔巴》（*Quincas Borba*）、《沉默先生》（*Dom Casmurro*）、《以扫和雅各》（*Esau e*

Jacob）以及《纪念艾利斯》（*Memorial de Aires*）。19 世纪的里约热内卢成为都市社会小说的背景。小说处理社会和个人关系的态度可以应用于所有人、所有地方和所有时间。他高雅的风格巧妙地将幽默和悲观结合在一起。巴西广大读者热情地称赞他的悲观主义、现实主义小说和评论，国外读者也逐渐给予他应得的荣誉。

　　文学是少数特权群体的奢侈品，因为很少有人知道如何阅读，更不用说写作了。帝国时期自由人的文盲率从来没有低于 85%，如果把奴隶也考虑进去的话文盲率会更高。少数的学校集中在城市里，省政府控制着中小学教育。里约热内卢和它的富足社会、学术机构、学院、出版社、书店和国家图书馆是重要的教育中心。1879 年，约有 12000 名学生进入首都的小学。只有一所公立中学，佩德罗二世阁下中等学校（Dom Pedro II College），招收 418 名学生，但是其余 2706 名学生进入 62 所私立中学。这就是帝国文化中心的纪录。各省情况比这还要糟糕。1879 年的马托格罗索，一个面积约为得克萨斯州 2 倍的省，只有 30 所小学，共招收 1375 名小学生；那里还没有中学。在 19 世纪 80 年代，巴西人口已经超过了 1300 万人，整个国家小学招收的学生却不足 25 万人。尽管这一纪录似乎令人担忧，但事实证明第二帝国时期学校入学率大增。在 1869 年，国内的 3516 所学校里共有 115735 名学生，三十年之后，已经有 7500 所学校，共招生 30 万名学生。这一时期在校学生人数增加为此前的 3 倍，而国家人口还不到此前的 2 倍。和总人口相比，有特权进入学校的人数仍然很少。未受学校教育者沉默地见证着那些围绕并影响着他们的事件，但在其中他们只能发挥非常有限的作用。新兴的城市中间群体和古板的乡村贵族，这些少数人控制着国家。他们写作并阅读这一时期的文学。

　　在忠实地反映欧洲文化模式的基础上，少数人热情地迎接实证主义，把它作为令人信服的发展方案。奥古斯特·孔德，法国实证主义的奠基人，认为人类思想已经跨越神学和纯哲学阶段而发展到最高阶段，即科学或实证主义阶段。在那个阶段，人们会回避纯理论知识而探求那些以实践为基础的知识。通过综合所有的人类知识并将社会事实和事件归纳为规律，实证主义承诺重建社会。

　　作为一种令人信服的追求进步的方法，孔德思想受到巴西知识分子盛赞，它们受到了在欧洲也很少享受到的赞同程度，尤其是年轻资产阶级中的巴西知识分子信奉这一思想。因此，这也就不足为奇了，实证主义成为学校——特别是那些工程和军事学校——辩论和宣传的焦点，中间群体中的商人和官僚把孩子送到那里学习，其目的是提高他们的社会和经济地位。

　　早在 19 世纪 50 年代，实证主义思想在巴西已经很明显，正如所预期的一样，它们首先出现于里约热内卢技术和军事学校的学生和毕业生中。第一个重要的实证主义思想的巴西社会学理论声明是 208 弗朗西斯科·小布兰当（Francisco Brandão Júnior）的作品《巴西奴隶制》（*A Escravatura no Brasil*），该书于 1865 年出版。九年后对实证主义思想进行清晰论述的是路易斯·佩雷拉·巴雷托（Luís Pereira Barreto）的作品《三个哲理》（*As Três Filosofias*）。他的介绍表明了巴西的实证主义具有的深刻特征："巴西已经是一小群实证主义者的港湾，这部分实证主义者主要来自中产阶级和从事工程职业的人群。这群人，数量不是在减少，而是在迅速增长，而且还会继续增加。"1876 年，孔德的年轻门徒们建立了巴西第一个实证主义协会。相似的改革和物质进步的实证主义方法是 19 世纪后半叶绝大部分拉美国家文化发展的主要特征。

　　无疑在巴西人间，孔德最有影响的信徒是本雅明·康斯坦特·德·马加良斯（Benjamin Constant de Magalhães，1836—1891

年）少校，他是军事学院一个受欢迎的数学教授。相对于很多仅仅口头支持的实证主义者，他积极倡导共和主义，在和他同阶级的年轻军校学生中灌输对共和主义的热情。他的学生们，绝大部分是资产阶级的儿子，视共和国为未来最大的希望。和他们的老师一样，他们仅仅吸收了一部分孔德哲学，他们通常是很好的共和主义者而不是实证主义者。

在 19 世纪的最后二十五年，实证主义表现出的重要性和追随者数量不相符，这是由于它吸引和影响的是主要的城市群成员，他们产生的影响远远超出了他们的数量，此外，还因为他们编纂了一个方案，这个方案得到了变化莫测的时间和态度的认可。很多人在不践行实证主义的情况下部分赞成实证主义，而另一些人与实证主义学说一致，但却一点也不了解它。

由于很多实证主义者概括了对进步的渴望并提供了可认可的哲学基础，它在可接受的和熟悉的框架结构内为改革做好了准备。本质上保守的中间群体在实证主义中找到了一种将他们自身与国家制度融合在一起但又不破坏其精英主义本质的方法，也就是说，他们规划的改革更倾向于保留社会秩序而不是彻底改变它。总的来说，巴西的实证主义提倡政府为进步和工业化进行计划，抑制外国的经济影响和渗透、使农业现代化、扩建通信和交通运输基础设施、鼓励教育、控制移民并颁布社会立法。实证主义希望通过教育、高工资，以及关于工资、劳动时间和工作条件的规章制度使无产阶级融入社会，以此保证社会稳定。实证主义保守的经济和货币政策建立在保卫个人财产的基础上，但是它也挑战着一些流行的自由放任政策观点。实证主义者认为政府应该干预经济，提供私营部分不能或不会提供的基本服务。他们谴责外国的经济控制、殖民主义和帝国主义。他们的种族平等思想非常开明。他们认为女人比男人优秀。

他们赞成废除奴隶制、建立共和国、把教会和国家分开，这些变化最终出现在巴西。实证主义者的未来政治思想非常引人注目，他们强调国家在社会中的作用而不是强调民主、自由放任的个人至上的资本主义思想。这一强调将巴西的政治思想和传统的世袭统治联系起来——一条与过去的父权制、家长制联系的纽带——推动着它朝向专制主义，专制主义是巴西 20 世纪政治经历的特征。

实证主义者的最大贡献似乎是整理了巴西社会众多部分关于进步所表达的不同渴望并提出了一个实施它们的有吸引力的方案。此外，实证主义使人们可以深入了解社会中层的精神状态，社会中层已逐渐成为社会政要。实证主义无意中综合了巴西城市中正在形成的新阶级的思想。它深刻影响着思想、行动、事件和改革，而这些 210 是充满活力的 1888—1897 年这十年的特征。它同时也给 20 世纪留下了一个明显的印记。

废奴、移民和劳动力

1850 年奴隶贸易的终止加剧了巴西最严重的问题之一，这一问题自殖民初期以来一直没有解决：严重的劳工短缺。当时，700 万总人口中约有 300 万人是奴隶。土地非常广袤，大自然非常慷慨，只是劳动力不能把土地和土地上的产品转化为财富。非洲一度是巴西最大的劳工来源地，种植园主几乎全部依靠强壮、熟练的非洲劳工播种、收获并准备出口作物。奴隶们不但在城市里做工匠和机械工，也在种植园工作。在很多层面上，他们是人口中最重要的部分，奴隶制也存在于西属美洲，但只在少数地区——古巴就是最好的例子——正如在葡属美洲国家一样，它成为经济和社会的基础。事实上，一些权威人士声称巴西进口了 50 万—100 万名奴隶，远远多于所有西属美洲国家进口的奴隶总和。

奴隶制给整个国家社会－经济－政治这件织物加上花样。在数量上，奴隶已经占据主导。例如 19 世纪初，奴隶占到了人口的绝大多数。非洲人和他们的后代及其影响如此占据优势，以至于第二帝国的早期一名叫贝尔纳多·佩雷拉·德·瓦斯康塞洛斯（Bernardo Pereira de Vasconcelos）的政治家在众议院上宣称巴西文明应归功于非洲。他提醒那些吃惊的听众，非洲人为贵族提供了空闲时间，让他们可以追求艺术、从事管理。因此，巴西发展的文明直接依靠非洲人的劳动。

211　　知识分子逐渐开始指出非洲人对巴西发展做出的贡献是无价的。当巴西历史和地理学会发起一个竞赛，目的是探讨如何写巴西史时，花了三年时间在巴西进行广泛游历的德国博物学者卡尔·弗里德里希·菲利普·冯·马蒂乌斯（Karl Friedrich Philipp von Martius）用一篇论文回答竞赛提出的问题并获奖。1844 年它被发表在学会杂志上，第一次唤起了人们的注意力，即有必要研究非裔巴西人对巴西的影响和贡献。后来，有洞察力的西尔维奥·罗梅罗又为他们在巴西文明的形成中的位置给予恰当评价。他强调了非洲人对新大陆的适应性，他们快速学习的能力以及与欧洲人之间的可融混性。罗梅罗总结道："我们应该更多地归功于黑人而不是印第安人，他们完全进入到我们发展的各个方面。"19 世纪 70 年代，罗梅罗和卡皮斯特拉诺·德·阿布雷乌在里约热内卢本地（carioca）的报纸《环球》（O Globo）上进行了辩论，这又不完全是一场辩论——主要围绕着非洲人对巴西文明的形成做出了多大程度的贡献。他们不断对非洲人的贡献和印第安人的贡献进行对比。后来，卡皮斯特拉诺在他写的重要的殖民史《殖民历史篇章》中再次肯定了非洲人对巴西经济和社会的重要性。

　　1850 年，巴西人断绝了他们最重要的劳工来源，却没有找到其他劳动力来源，恰在这时越来越多的咖啡种植园增加了对工人的需求。种植园主和代理商们讨论着进口中国苦力和鼓励欧洲移民的计划。不过当时，这些计划一直是理论上的。政府从未寻找过苦力，欧洲的移民流只能一点一点地进入广大、人口稀少的帝国里。奴隶在经济中仍至关重要。由于第一帝国和摄政时期，种植园主贵族牢牢控制着政府，在第二帝国的最初几十年内并不存在有利于讨论废除奴隶制的政治氛围。劳动力短缺造成的经济萎缩进一步阻碍了这种讨论。尽管如此，少数著名的自由主义者敢于说出废除奴隶制。1822 年葡萄牙国会上的很多巴西代表严厉谴责了奴隶制，像 212若泽·博尼法西奥这种杰出的政治家称它是"罪恶"或"罪孽"。1831 年和 1852 年，解放奴隶的方案被呈送到众议院，众议院两次拒绝讨论这一议题。多名作家以出版物的形式谴责奴隶制。

　　没人严肃地提倡立即废除奴隶制。经济不能承受这一行动如此彻底的打击。所有废奴主义者赞成通过一段很长的时间来逐渐解放奴隶。这种解决问题的温和方案逐步获得了支持。当然，由于购买奴隶已占用了大量资金，种植园主联合起来保卫他们的投资。他们指出劳动力的缺乏已经非常严重，并表明他们的恐惧，称一旦解放奴隶，非裔巴西人将会大量离弃种植园，这会给国家带来灾难性的经济后果。因此，很长一段时间内，不管是东北部传统的沿海糖料种植园主贵族，还是帕拉伊巴河谷新兴的咖啡种植园主贵族，甚至拒绝考虑废奴问题，无论它是如何逐步进行的。依然无组织的公众舆论很少提到这个问题。

　　但是，解放奴隶事业有一位有力的同盟——皇帝，他大力反对奴隶制。1840 年，他解放了自己的所有奴隶。尽管如此，他理解这一制度对经济发展的重要性并认识到目前做什么都不会吓倒种植园主，这会损害重新生气勃勃的经济，或者会疏远他忠诚的乡村支持者。他耐心地等待着支持逐步解放奴隶的舆论团结起来，他坚信这是终止万恶的奴隶贸易的必由之路。19 世纪 60 年代早期，他察觉到国家舆论已经乐意接受解放奴隶的第一阶段的准备工作。于是，1864 年 1 月他写信给首相扎卡里亚斯·德·戈埃斯－瓦斯康塞洛斯，建议迈出第一步，但他又谨慎地忠告应逐步解放奴隶以避免骚乱。在美国内战结束之后，奴隶解放受到了来自外部新压力的

213　影响。在西半球只有古巴和巴西仍然容许奴隶制，这遭到了西半球其他国家的公然反对。那些压力在巴西非常具有说服力，对这种日益增加的国外批评的敏感促使皇帝公开支持改革这一垂死制度。在 1867 年召开的立法会议上，他在王座演讲中表达了改革的期望。他的演讲简洁而语调温和，他的发言把国家注意力集中到解放奴隶问题上，并使这一问题成为一般讨论的主题。因此，他以自己的巨大声望致力于废奴事业。

在巴拉圭战争期间，政府认为在这一问题上采取任何措施都是不明智的，但是它开始准备公众舆论。战争期间自愿服兵役的奴隶可以获得自由，大约有 6000 名奴隶通过这一方式获得自由。通过吸收解放了的奴隶，训练他们从事新工作，由此促进他们融入自由社会。军队在当时和此后的解放奴隶运动中发挥了重大的社会作用。前面已经提到，1868 年政府突然变更，使保守党再次掌权，这就激怒了自由党以至于他们加强了原本松散的联合并提出一个意义深远的改革方案，其中尤其要求逐步解放奴隶。

在取得巴拉圭战争胜利后，帝国的注意力再次完全集中到国内事务上，其中就包括奴隶制问题。加勒比海发生的事件增加了巴西解放奴隶的压力。在 1870 年，西班牙政府公布了《莫雷特法》（Moret Law），这一法律追溯解放了 1868 年 9 月后古巴出生的所

有奴生子，此外还包括所有年龄达到 65 岁的奴隶（后来年龄修改为 60 岁）。此后不久，在巴西，以里奥－布兰科子爵为首的保守党政府决心贯彻皇帝 1864 年提出的建议。立法机关在 1871 年颁布了《自由法》，该法宣布所有的奴生子获得了自由。这部法律通过时巴西大约有 150 万名奴隶和 860 万自由人口。这部法律逐渐宣告了奴隶制的灭亡。作为奴隶来源地的非洲被长期拒闭；1871 年后，其他 214 来源地也没有带来更多奴隶。几乎在同一时间，其他几部颁布的立法缓和了奴隶制的苛刻。1869 年的一部法律禁止把丈夫、妻子和未成年子女分开出售。1871 年的另一部法律迫使奴隶主接受奴隶可以按自己的市场价格赎回自己。这些法律的颁布暂时平息了当时支持解放奴隶的运动。帝国安定下来以适应新形势。

正如 1867 年皇帝的演讲表明的，如果不考虑欧洲移民问题就不能讨论奴隶解放，二者是密不可分的。随着每一个结束奴隶制的措施的推行，欧洲移民也相应增加。当然，只要奴隶制仍然有活力，欧洲人就不会被吸引到巴西，事实上绝大多数在巴西的欧洲人与奴隶们相互竞争。除了主要的社会经济不利条件，巴西还有其他劣势，至少在欧洲人的心目中，这些往往会阻止他们往巴西移民。绝大多数欧洲人相信整个巴西经受着令人萎靡不振的热带气候。罗马天主教被规定为国教，这一事实也劝阻了新教徒前往巴西。有限制资格的选举和寡头统治，这样限制性的政治体制阻挡了很多人。尽管有这些消极因素，一些欧洲人还是移民到巴西。在若昂六世政府的帮助下，1819 年大约有 2000 名瑞士移民到达并建立了一块殖民地，这是巴西第一块非葡萄牙殖民地，位于里约热内卢省凉爽、多山的新弗里堡（Nova Friburgo）。四年后，德国移民在南里奥格兰德的圣莱奥波尔多（São Leopoldo）建立了一块殖民地。1827 年，一些德国人在巴拉那定居。到 1830 年，大约有 7000 名德国人进入巴西。当时和以后的绝大多数欧洲移民居住在南部，那里的气候和欧洲非常相似。为鼓励移民，政府禁止在同一工作上像雇用奴隶那样雇用自由人，在欧洲建立起移民中心，并为新来者提供接待中心。

215　　巴西缺乏随时可以得到的土地，这劝退了一些有野心的欧洲人向巴西迁移。很久以前人们一直要求基本农田——尽管对大片土地的要求却并不明确，而且大地产没有发挥很高的效率。1822年政府停止以赠地的形式授地，但是那些要求土地的人此后仅需要简单地擅自占用和（或）宣称拥有土地的所有权就能达到目的。他们发展出一套让人印象深刻的方式来展示或表明他们拥有公有地。1850年政府把这些要求合法化。无论怎样，公有地仍然继续被新的入侵所占领。1854年后，公用地总务委员会（*Repartição Geral das Terras Públicas*）试图垄断公用地的销售和分配，公有地有助于满足新到达者寻求土地的愿望，至少在理论上如此。遗憾的是，没有一个方案或法律取得令人满意的效果。归根到底，掌权者——通过权力获得土地并通过影响力保护土地——利用这些情况扩大他们持有土地的面积和数量。

为了寻找在咖啡种植园劳动的奴隶替代者，开明的尼古劳·德·佩雷拉·德·坎波斯·韦尔盖罗（Nicolau de Pereira de Campos Vergueiro）开始尝试建立一种将契约服务和佃农制的特征结合起来的体制。作为一个在若昂六世之前到达巴西的葡萄牙人，韦尔盖罗赞成并促进了他所移居的这片土地的独立。他曾担任过葡萄牙国会议员，巴西独立后多次担任众议员或者参议员，此外他还在佩德罗一世统治时担任帝国的一位部长。他通常支持自由主义政策并因为开明思想而受到高度赞扬。1840年，他开始了劝欧洲劳工移民到他种植园的计划。

韦尔盖罗在欧洲的代理商也和那些有移民意向的农民联系。移民支付自己的旅费，或者由韦尔盖罗根据一个协议替他们支付，协议规定，移民可以在很长一段时间内以很低的利率偿还旅程贷款。为了进一步降低成本，代理商租用一艘船来运送移民。韦尔盖罗支付从海岸到种植园的交通费用，布置房子并按成本提供所有必要的 216 食品和衣物。然后，殖民定居者会收到一定数量的咖啡树苗，这往往与他的家庭规模相称。他同意照看树苗并和雇主从咖啡收获中分取利润。他有义务偿还所有债务，此外，离开种植园需要提前一年通知雇主。这位参议员建立了自己的体制，其中每个人都与咖啡收获的成功有利害关系，相对于奴隶劳动力，这些移民能获得更多利润。他认为自己的计划向欧洲农民灌输了对未来的美好希望和提供了提高生活水平的机会，这是此前从未有过的。

显然，其他思想也是如此。从 1847 年到 1857 年的十年，在圣保罗地区有过大约 70 次相似的努力，它们通常是在政府的财政资助下进行的。在这一计划广泛推广之前，一些不足之处阻碍了它们被进一步接受。一些欧洲代理商不择手段地征募移民，欺骗种植园主和移民，以至于双方几乎都不知道对方期望的是什么，结果误解加深。最终，政府负责在欧洲寻找移民、恳求他们并为他们支付旅费。到 19 世纪 70 年代中期，使用领薪工人的制度取代了佃农制度，移民赚取的固定工资是保证他们安全感的更好措施，尽管提供的低薪水仅比工人维持他们家庭基本生存的物质条件略高一些。咖啡工人从没有组织起来，但还是有一些痛苦的罢工不时扰乱乡村。

表 5.2 显示的是从奴隶贸易中止到奴隶制被废除期间涌入帝国的移民潮。1871 年后，移民迅速增加。只有五次外来的移民数量下降到 2 万人以下，即使这样也要远远高于 1850—1870 年间的平均水平。这其中不仅有连续的数量增长，也有在快速进行的民族变化。19 世纪 70 年代，意大利移民首次超过葡萄牙移民，而且在这

表 5.2　1850—1888 年巴西每年到来的移民数
（在 1850 年以前每年移民数很少超过 1000 人）

1850 年	2072	1863 年	7642	1876 年	30747
1851 年	4425	1864 年	9578	1877 年	29468
1852 年	2731	1865 年	6452	1878 年	24456
1853 年	10935	1866 年	7699	1879 年	22788
1854 年	9189	1867 年	10902	1880 年	30355
1855 年	11798	1868 年	11315	1881 年	11548
1856 年	14008	1869 年	11527	1882 年	29589
1857 年	14244	1870 年	5158	1883 年	34015
1858 年	18529	1871 年	12431	1884 年	24890
1859 年	20114	1872 年	19219	1885 年	35440
1860 年	15774	1873 年	14742	1886 年	33486
1861 年	13003	1874 年	20332	1887 年	55965
1862 年	14295	1875 年	14590	1888 年	133253

资料来源: Instituto Histórico e Geográfico Brasileiro, *Diccionário Histórico, Geográphico, e Ethnográphico do Brasil* (Rio de Janeiro: Imprensa Nacional, 1922), 1, pp. 295-296.

217　个世纪的剩余时间里，新到达者中意大利移民人数最多。葡萄牙、德国和西班牙移民也占到了大部分。俄罗斯、法国、英国、叙利亚、奥地利和瑞士也有少量移民移居巴西。移民中的非伊比利亚人和非天主教徒为巴西社会的改变提供了可能。绝大多数移民到达南部或者东南部。许多人留在城市里。到这个世纪末，巴西所有的产业工人实际上都是外国人，尽管东北部的糖料种植园主谈论吸引外国移民的事，但是他们很少成功过。当清醒地发现他们不能适应新环境时，很多移民要么返回欧洲，要么继续前往西属美洲国家再次去碰运气。很多人到达阿根廷，这个拉丁美洲国家接受了数量最多的移民。1872 年巴西总人口为 9723604 人，外国人达到 388459 人，约占总人口的 3.9% ；1890 年，巴西总人口为 13982370 人，但是外国人下降到 351545 人，占总人口的 2.5%。留下来的移民鄙视奴隶制并对赞成废奴的意见做出贡献。

人们对里奥－布兰科《自由法》长期效果的耐心逐渐消失。1871 年后，问题不再是奴隶制是否应该被废除——所有人都同意废除这一制度——而是如何迅速废除。保守党人希望尽可能逐步进行废奴，自由党人试图加快废奴步伐。当 1878 年自由党再度执政时，他们再次要求国家解决奴隶制问题。当时，实证主义者也攻击奴隶制与科学的人类进步间存在矛盾。在自由党人和实证主义者的敦促下，中间群体中的废奴运动者的情绪高涨。废奴运动主要集中在城市，与这一制度联系最少的那些人提供了最有力的支持。简而言之，城市中间群体公然挑战传统的乡村寡头，城市再次成为变革的领头羊。

对仍然存在的 125 万名奴隶的关心需要一些极具魅力的发言人，作为律师、外交官和政治家的若阿金·纳布科（Joaquim Nabuco，1849—1910 年），自 1878 年起曾多次在众议院担任家乡伯南布哥的代表，并雄辩地支持废奴事业。1870 年他从累西腓的法学院毕业，是 19 世纪摒弃自己的乡村背景采用城市思维方式的大学毕业生的典范。纳布科将他最具说服力的反奴隶制的言论编集在他言辞激烈的著作《废奴主义》（*O Abolicionismo*）中，在其中一段里，在论及数学应用时，他嘲弄了里奥－布兰科的法律，指出在这部法律宣布实施前夜出生的黑人女孩如果 1911 年生了一个孩子，在 1932 年前这个孩子还暂时是奴隶。1880 年，他成为新成立的巴西反奴隶制协会（Brazilian Anti-Slavery Society）的领袖，在那十年帝国境内出现的大量类似的社团中，这个协会是最重要的。几位能言善辩的非裔巴西人领导了这场废奴运动：若泽·卡洛斯·多·帕特罗西尼奥（José Carlos do Patrocínio, 1854—1905年），一个非常有说服力的新闻记者，为废奴主义事业笔耕不辍并成为这一运动的象征；安德烈·雷博萨斯（André Rebouças, 1838—1898年）组织了各类废奴主义者俱乐部并以口头和撰写的形式提供丰富的言论来支持废奴运动；路易斯·贡萨加·德·平托·伽马（Luís Gonzaga de Pinto Gama, 1830—1882年），年轻时是一名奴隶，后来成为一位擅长在法庭上为奴隶辩护的著名律师。

219 他以在法庭上为 500 名奴隶争取了自由为荣。他热烈地倡导尽快废除奴隶制，他宣称："不管因何种情形，每一个杀死主人的奴隶都是出于正当防卫。"他同时宣扬"暴动权"。作为一名诗人，他狂热地写道："我的爱人肤色如同夜色一样美丽。"

　　诗人们极大地促进了废奴主义事业。一名叫卡斯特罗·阿尔维斯（Castro Alves, 1847—1871年）的穆拉托人为 19 世纪巴西创作的诗歌写作了最精美的部分。他热情地投身于奴隶事业，用感人至深的诗歌描述了他们的困境，他的诗歌用描写奴隶遭受的社会不公唤起了读者的社会良知。他最著名的一首诗《运奴船》（"Navio Negreiro"）使人回想起自非洲横渡到巴西期间被俘的悲惨遭遇。运奴船上的生活让人回想起但丁（Dante）写的《地狱》（*Inferno*）中的场景。

　　奴隶制问题使其本身成为政治斗争的焦点。自由党人要求进行通往最终目标的第二步，假如不是说给奴隶制致命一击的话。保守党人则要打一场阻滞战。1884 年塞阿拉省和亚马孙省解放了所有奴隶。主动解放奴隶的事发生得越来越频繁。在奴隶制的大本营——里约热内卢省，1873—1885 年间大约有 15100 名奴隶从主人那里获得自由。1887 年，该省最大的两名地主孔德斯·德·圣克莱门特（Condes de São Clemente）和新弗里堡释放了 1909 名奴隶。此外，有同情心的民众提供一切可能的条件来帮助和鼓励逃奴。1885年执政的保守党人如他们在 1871 年所做的一样解决这一问题，并且又实施了另一措施抢先废除了整个奴隶制。《萨赖瓦－科特日皮法》（Saraiva-Cotegipe Law）再次解放所有年龄达到 60 岁的奴隶。这部法律的通过影响了 12 万名奴隶。奴隶制被从两极分开，非自由人出身的黑人退休时一定可以获得自由。

与奴隶制一样臭名昭著的乡村贵族继续辩解。他们争辩说奴隶们要远比大多数欧洲工人生活得好，并指责废奴主义者对这一制度 220 的描述过于悲惨。他们认为巴西的奴隶制是极为温和的。关于这一制度是严厉还是仁慈的争论仍在激烈进行。当然，多数到过巴西的外国游客都描述了巴西奴隶制温和的一面，以及它的宽容和好逸恶劳的主人。他们强调了奴隶获得自由的可能性以及一旦自由后，奴隶可以被社会接纳。基德尔和弗莱彻（Fletcher）指出："奴隶们能相对容易地获取自由，此外，通过拥有财产，他们可以获得公民权，这很可能在二十年内结束南美帝国内的奴役状态。"这些外国评论家和随后持有相似观点的学者们围绕着巴西的奴隶制详细论述了人道主义传统。

越来越多进步的巴西贵族采取的对奴隶制的态度进一步证明了这一观点。从坏处想，他们把奴隶制视为不可避免的罪恶——因为这是劳动力的唯一源泉，这种罪恶又由于对奴隶的慈悲态度而得到缓解。从好处想，他们逐步地在解放奴隶。若泽·利诺·科蒂尼奥（José Lino Coutinho），一位富裕的内科医生，曾代表他们的群体在葡萄牙国会和巴西立法机关任职。在慨叹奴隶重要性的同时，他忠告自己的女儿："如我所述，亲爱的柯拉（Cora），仁慈和宽恕地对待他们（奴隶们）。当他们健康时，保证他们衣食无忧；当他们生病时，保证他们获得治疗。虽然他们是我们的奴隶，但他们也是我们的同类。谁给予他们仁慈和体贴，他们就感激谁。"

至少有一部分巴西奴隶融入社会并拥有权利，这种合法权利与美国奴隶的困境截然相反。这也促进了他们从奴隶到自由人的过渡。奴隶享有的一个最重要的特权就是他们能够赎买自由。黑人利用很多天主教假期为自己工作，挣钱赎买自己的自由。他们偶尔组建互助社团以助于赎买自由。总之，巴西历史学家断定，巴西的奴隶制类型远没有法国、英国、北美和荷兰实施的奴隶制严酷。曼努埃尔·德·奥利韦拉·利马（Manuel de Oliveira Lima）极好地代表了这一立场。他认为巴西奴隶制中的父权制方面是因为奴隶是主人家庭的延伸，他们受到了深情的照顾和关心，这消除了在其他土地上伴随这一制度的大部分严厉和残酷。他认为，人道主义是巴西奴隶主的特征。

相反的学派，修正主义者则将重点放到别处。那些历史学家唤起人们关注仁慈的法律理论和残暴的奴隶主行为间的巨大差距。在糖料收获的季节，东北部的奴隶们每天工作 15—18 个小时，一周工作 7 天，甚至要在工作中吃饭。咖啡的收获需要同样辛苦的努力。难怪奴隶的平均寿命只有 15 岁（一些权威人士估算只有 7 岁）！残酷的刑罚构成了奴隶制历史上另一个悲惨的篇章，铁链、铁项圈、锡面罩、木足枷、笞刑和打烙印仅仅是很少一部分非常出名且被广为使用的刑罚。赫伯特·H. 史密斯，是对巴西帝国晚期的事件最有智慧的外国评论家之一，他毫不保留地诅咒了奴隶制。他声明："在里约热内卢和巴伊亚周围现在拥有整个帝国绝大多数奴隶，那里的奴隶主严酷地对待他们的仆人，简直可以说是野蛮。"他的经历使他相信："这个国家（巴西）所有应该受到诅咒的其他罪恶，加在一起，也比不上这个（奴隶制）。我几乎可以这么说，所有其他的罪恶都是因它而起，或者说因它而变得更加强大。"在他看来，奴隶制导致了奴隶主的懒惰、骄傲、淫荡和自私，此外，还从肉体和精神上削弱了非裔巴西人，使他们不能适宜文明。

反对非人待遇的奴隶起义和无处不在的逃奴堡为历史修正主义者提高了可信论据。1835 年，在巴伊亚爆发了 19 世纪重大的奴隶起义，自这个世纪始，共爆发了 9 次起义或未遂的起义。在纳戈（Nagos）奴隶很好的组织和引导下，起义者试图杀死所有白人并且解放所有奴隶。起义最终失败，但它使白人社会因恐惧而战栗，这种恐惧一直持续到奴隶制被废除。

奴隶们有时谋杀他们的监工、主人及其家人。为报复剥削他们的野蛮制度，奴隶们经常放火焚烧主人的房屋、牲口棚、货栈、糖厂、森林和甘蔗园。很多人逃避这一制度，他们逃进广阔、人口稀少的内陆。此外还有另一部分人，他们再也无法忍受奴隶制的重负，选择自杀。因此，黑人的以暴制暴达到了如此激烈的程度以至于人们开始怀疑种植园内和谐的田园传说。

巴西社会处于如此紧张的状态中，非常害怕奴隶起义和复仇。阿戈斯蒂尼亚·马克斯·佩迪冈·马列罗斯（Agostinho Marquês Perdigão Malheiros）的权威研究《巴西奴隶制》（*A Escravidão no Brasil*）于 1866 年出版，他把奴隶描述为"一个国内的敌人"和"一个公敌"，他警告说："他们是不断威胁社会的火山，是即使最小的火花也能引燃的地雷。"外国游客也能感觉到这种紧张。阿德尔伯特（Adalbert）王子在访问一个经营良好的大庄园时赞扬它是一个典范。在注意到主人和奴隶之间的友好关系后，他透露："悬挂在他（主人）卧室里的上膛猎枪和手枪表明了他并不完全信任他们（奴隶），事实上，他不止一次不得不用上膛的猎枪面对他们。"废奴运动不但没有减少反而增加了这种紧张。事实表明庄园主（*fazendeiros*）生活在恐惧中，害怕随着解放日期的临近奴隶会攻击

222

他们。1887 年 6 月，农业部长承认桑托斯的大量逃奴构成了"对公共秩序和财产即将到来的重大威胁"。他报告说，政府已经派军队到圣保罗，这不是为了再次抓捕奴隶，而是为了"维持该省的公共秩序并巩固受威胁的农业和商业利益"。第二年，在圣保罗省长的官方报告中，他恐惧地谈起越来越多的奴隶"武装"起来从他们所属的庄园逃走。这幅图景已经远不是呈现忠诚并温顺地在庄园内照料主人的奴隶了。和废奴主义者一样，修正主义者认为奴隶制至多是一种与人类理性相悖且不需要为之辩护的卑劣制度。

随着废奴主义者情绪的高涨，巴西奴隶制末日也指日可待。与此同时，反对奴隶制的经济论点和情感要求发挥了同样作用。显然，和巴西人越来越密切的是，从长远来看，使用领薪劳动力远比支付给奴隶并维持他们的不断攀升的费用合算，更不要说那些因为奴隶年幼死亡、反抗、失去劳动能力或逃跑而造成的资本损耗了。1850 年后，东北部很多种植园主发现付工资远比养奴隶省钱。二十年内，糖料种植园里的自由劳动力数量超过了奴隶数量。在一些新咖啡种植区，对奴隶有效、有组织的剥削使这一制度对一些农场主来说暂时有利可图，但是其他统计数据表明，自由劳工生产一袋咖啡的成本大约是奴隶劳工生产一袋的成本的一半。奴隶数量的减少意味着，到 1880 年绝大多数新咖啡种植园（也包括一些旧咖啡种植园）主要依靠自由、领薪劳动力。在一些情况下，现代化的种植园主引进了节省劳动力的机器。在圣保罗，主要由咖啡种植园主构成的共和党于 1887 年决心支持解放所有奴隶，其成员也同意在两年内释放他们自己的奴隶。同年，通过颇具影响力的军事俱乐部（Military Club），军队请求皇帝不要让他们去寻找逃奴，他们认为这既令人厌烦又让人丢脸。奴隶制丧失了支持的基础，很多奴隶主继续为这一制度辩解，他们这样做更多地是希望政府给予可观的赔偿金而不是为了阻挡废奴主义的潮流。

1888 年 5 月 13 日，废奴运动达到巅峰。国会在同意与会者要求的同时，通过了《黄金法》（Golden Law），解放了剩余的 75 万名奴隶。1886 年，古巴奴隶制的最后残余消失，再加上 1888 年《黄金法》的通过，奴隶制最终从西半球消失。具有讽刺意味的是，这件事最终由保守党人完成，正是由他们在 1871 年和 1885 年通过了这一立法。这部法律并没有因释放奴隶而向奴隶主赔偿的规定，尽管政府新建了一所农业银行对因解放奴隶而受影响的地主提供贷款。公主 – 摄政者伊莎贝尔，一名坚定的废奴主义者，在她父亲不在场时签署了这一法律。人们欢呼这一法律的通过，管弦乐响起，耀眼的烟花燃放，演讲在耳边回响，人们高兴地在里约热内卢的街道上又唱又跳。

当快乐的场面发生在首都和其他大城市时，绝大多数乡村地区却以鸦雀无声来迎接《黄金法》。对未来的困惑、不确定和担心困扰着那些与这一被废除的制度直接相关的人。奴隶主为他们突然的资金损失以及经济地位受到的威胁感到闷闷不乐。他们把金融冲击归咎于君主政体。假如奴隶曾期望伊莎贝尔公主尽快签署《黄金法》以把他们送往希望中的乐土，那么他们很快就醒悟了。对他们而言，生活依然艰辛，正如他们在一首民谣中悲叹道：

> 这个世界上一切都在改变，
> 只有黑人的生活依旧；
> 他工作到死于饥饿，
> 5 月 13 日法案欺骗了他！

对于所有奴隶制相关者而言，调整都是必要的。大部分人可以在几年内进行必要的转变和适应。

在废奴运动期间，若阿金·纳布科在伯南布哥提醒选民奴隶制对社会所产生的倒退影响，而且，他所说的话可以适用于整个国家：

啊！伯南布哥有伟大的过去，但是它的子孙似乎并不希望它有一个美好的未来！……

奴隶制是这样一种制度，它破坏了一切并削弱了一切力量，这是创建和发展它的目的……累西腓这座城市已经从多年冷淡麻木的沉睡中苏醒过来。在我讲话的这片土地上，这是有着众多优良传统和英雄事迹的中心，如果不是因为奴隶制，今天这里将会是一个强大而备受尊重的共和国。

纳布科高兴地宣布奴隶制的废除是巴西发展的里程碑。对他而言，1888 年预示着一个新巴西的诞生。著名的历史学家塞尔吉奥·布阿尔克·德·奥兰达（Sérgio Buarque de Holanda）赞同这一结论，并断言："1888 年是巴西人民发展中最具决定意义的一年，它把巴西历史划分为两个时代。"奴隶制的废除标志着巴西进入现代世界。奴隶制与殖民历史紧密联系在一起，这一制度和一直存在于传统农业社会的大地产、单一经营构成了三位一体。事实上，很多人相信奴隶制使古老的农业系统发挥作用，因为它贡献了最重要的要素——劳动力，正是劳动力把土地转化为财富。因此，奴隶制的反对者认为这一制度是将国家和殖民经历捆绑在一起的最大束缚，奴隶制被指责阻碍了国家发展。年轻一代指控它最可憎和不可饶恕的罪行：阻碍了现代化。在他们看来，它阻碍了农业机械化，劝阻了欧洲人不要向巴西移民，限制了经济的发展，尤其是工业化，工业化已经被视为通往未来的法宝。早在 1861 年里约热内卢的国家博览会上,就很少有工业品参展,人们认为奴隶制应对国内制造业无法繁荣这一事实负责。此外,奴隶不能赚取工资,因此他们就无法构成市场,而工业化需要有购买工业品的需求和能力的自由无产者。在一个比这更宽泛的水平上,奴隶制和现代化不仅仅不相融,226 而且事实上它们之间相互矛盾。奴隶制的废除打断了国家和过去联系的锁链并允许其迈向未来。乐观主义者预测未来将会以不断扩大的规模迅速改革和进步。废除奴隶制后的十年见证了那些令人印象深刻的巨变。巴西自身做了调整来迎接现代化和资本主义。

中间群体和军人

宣告独立的时代和解放奴隶的时代构成了巴西社会的不同时期,这也解释了 19 世纪进行中的人口趋势。1822 年,这个新国家仅有 400 万居民,其中大约有一半是非洲出生或拥有非洲血统的奴隶。当 1888 年公主伊莎贝尔签署《黄金法》时,大约有 75 万名奴隶获得自由。在当时 1400 万总人口中,他们不足二十分之一。在社会等级的另一端,大种植园主和他们的家庭成员大约有 30 万人。绝大部分人口处于两极之间。事实上,他们中的绝大多数是贫穷的农民和依附于土地的农村无产者,他们不知不觉地对维持社会现状做着贡献。还有些不善表达的社会群体耕种着小的或中等规模的土地。尽管如此,两极之间的大量人口中最重要的是城市中间群体,正如前面已经提到的,他们作为主要代理人带来了 19 世纪巴西精神的转变。其成员越来越达成一致的共识是:他们的福利需要根除目前仍遍布国家生活的很多殖民痕迹。由于与过去的农业社会没有或者仅有很少联系,那些以城市为据点的中间群体显示出对传统的不耐烦并热衷于改革。改革为他们提供了提高自身地位的最好机会。他们很快挑战了种植园主精英，因为这些人的权力影响到他们要求的改良。

尽管巴西在第二帝国时期发生了一些改变，殖民经历依然构成了 19 世纪 80 年代重要的一部分。以大地产和单一经营为主要特征的农业经济依然占据主导。农产品出口仍在刺激经济。统治阶级依然是大地主。他们赚取财富并享受着财富带来的威望和权力。他们操纵着一种世袭制度，这一制度是他们联合小生产者和种植园内的劳动力通过非正式的工业化纽带建立的。大地主控制他们的两种常用方法是债务和以劳动力或贡赋来换取使用土地的许可。地主阶级利用乡民的愚昧无知和与世隔绝增强自身的力量。乡绅中的族长通常被称为乡绅"上校"，这一头衔来源于他们或其祖先曾为国民警卫队效劳。它加强了乡绅对农村的控制。拥有经济特权和政治威望，他们也可以实施对地方的政治控制。一些人雇用小型私人"军队"实现他们的意愿，另一些人则雇用内陆的"土匪"以达到目的。与地方上、州里和国家层级的政治家及邻近的大地主的友谊或家族纽带支撑着每一个乡绅"上校"的权力结构。与部分仍在奉行新封建主义／新资本主义思想的农村相反，圣保罗和米纳斯吉拉斯的新咖啡种植园主日益代表乡村资产阶级，而乡村资产阶级比以前更加紧密地融入到美国和西欧市场。他们的观念以及农业实践变得越来越"现代"。他们支持有选择性的变革。一些人相信政治权力的地方分权能最大限度地为他们的利益服务，另一些人赞成建立一个共和国。绝大多数人把奴隶制视作时代错误，他们把这种变革看作是对他们资本主义倾向的补充。

新兴的城市中心，特别是巴西的东南部，联合有资本的咖啡种植园主，挑战着农村新资本主义和垂死的大地产阶级的权力。这两个截然不同的要素间必然的斗争奠定了未来的基调。

在 19 世纪的最后几十年内，新封建主义的农村和更为进步的城市与咖啡种植园主之间的鸿沟迅速扩大。最终，城市中间群体和进步的咖啡种植园主认识到，一直以来受尊敬的皇帝从根本上代表了根深蒂固的地主阶级，他用贵族头衔和政治权力支持他们。很多城市居民把皇帝视为种植园主要求的体现，他在巴西的社会和经济中保留了很多殖民地化的东西，从严格的法律意义上来说，他又排斥殖民地地位。简而言之，年迈的皇帝代表着过去，他不能代表新兴的中间群体和资本主义。佩德罗二世颁布的所有谕旨都表明他不愿意承认商人和工业家日益增强的重要性。例如，1875 年他没有支持有事业心的毛阿，任由其经济帝国瓦解。最重要的是，他忽视了那些不安的军官，而他们的要求和抱负通常反映了他们出身的中间群体的要求和抱负。显然，君主政体表明了它和新趋势越来越不相容。

不考虑社会上这些新要素，通过冒犯两个最忠诚的支持群体，君主政体进一步孤立了自己。皇帝的自由主义并没有使罗马天主教会里的大多数人满意。皇帝对教会的愤怒以及 1874 年两名主教的被囚禁促使教会统治集团里的一些人重新考虑他们和君主的关系。虽然教会没有收回对皇帝的忠诚，但很多领导人的确表现出对君主制命运越来越漠不关心。尽管如此，大多数教士不愿意支持共和事业，因为共和党强烈地反对教会干预政治。一份罗马天主教会官方报纸《信徒》（*O Apóstolo*）试图通过号召"重组一个忠实的共和党"来解决这一困境。这份报纸上的一份评论认为政府的特征是 229 "异教徒的君主政治"并预言一个新的共和党将会"作为一个强大的制动器约束这一政治巨怪"。一些天主教教士发现支持历史上著名的共和党是可能的。而僧侣统治集团并没有打着共和主义旗帜，那些教士仅仅是冷淡地对待帝国，并把兴趣和关心放在与行政当局新关系的规划上，而不是支持摇摇欲坠的王位。

王室——以及王室假定继承人——对废奴运动的支持和热情，加上《黄金法》没有赔偿此前释放奴隶的奴隶主，激起了旧地主阶级的仇视。特别仇视的那部分人，包括以前的糖料种植园主和咖啡种植园主，他们曾经是皇帝最狂热的支持者。在奴隶解放运动开始后，一些愤怒的种植园主加入共和党。巴西奴隶制的废除加速了君主制的衰落，正如古巴奴隶制的结束预示着西班牙在那里统治的终结。

与此同时，老皇帝的支持基础减少，人们对君主政体的心理倾向变弱。实施共和制的大陆国家环绕着巴西帝国，由于其政治制度的独特性，巴西人感觉被邻国孤立了。这一时期的潮流看起来是赞成政府推行共和制度。通常关注他们钟爱的法国的时事的知识分子饶有兴趣地看着1870年拿破仑君主政体的迅速垮台。此外很多人开始把共和政治等同于进步，相反，把君主政治等同于倒退。他们充分意识到阿根廷1862年统一后的巨大进步和美国内战结束后工业化的惊人速度。它们和巴西帝国的贫穷形成了鲜明对比，君主政治应该承担很大一部分责任。

在这漫长的过程中，越来越多的人对君主政体持冷漠甚至仇视态度，实证主义和共和主义这两个哲学流派获得了城市中间群体的支持。双方都倡导废除君主政体。那些思想的狂热拥趸经常高声畅所欲言，尽管他们并没有独自推倒君主政体的力量。他们依靠扩大在部队军官中的影响力来劝说军队推翻皇帝并建立共和国。

作为一个机构，军队在巴西显得非常陈旧。在和巴拉圭的持久战之前，军队一直发挥着无足轻重的作用，五年的战争增强了它的规模和重要性。1864年，军队中有1.7万名士兵，到1870年已经有 10 万名士兵。1870 年南美恢复和平后，军官并没有安静下来，他们把注意力集中到政治上。忠诚于佩德罗二世的军队最高统帅杜克·德·卡希亚斯（Duque de Caxias）控制着军队。1880 年他的离世使军官有了更大的自由从事政治活动。被那些穿军服的人视为"荣誉问题"的小争端破坏了政府内阁和军队的关系。在某种意义上来说，那些分歧反映了阶级矛盾。内阁代表了土地贵族以及他们的传统观点，大部分现役军官来自中间群体，他们无意中为自己或他们中的一部分人辩护。从另一种意义上讲，作为一个团结的团体，军队在很多事情上只为自身或为自身利益辩护。很多军官参军的原因在于它提供晋升机会和威望。他们在军校里接受了很好的教育。身着华丽的军服，得益于巴拉圭战争中他们或他们祖先为祖国赢取的胜利光环的恩惠，他们享受了他们的出身或背景本可能会使他们被拒之门外的社会特权。他们的军衔和制服使他们在新机会和新形势面前通常会感觉不舒服或不自在。在对自己的重要性洋洋得意的同时，军官们通常感觉到政治家——多半是帝国贵族或议员——蔑视、怠慢并尽可能地羞辱他们。他们集体的多疑症使他们 231 难以保持与文官、帝国政府之间令人满意的关系。

　　1879 年军队首次公开讨论政府政策。军官们激烈反对一条裁减部队规模的议案并毫不犹豫地表达了他们的不满。他们的活动违背了两条规章制度，一条是 1859 年发布的，另一条是 1878 年发布的，这两条规章制度禁止军官在出版物上批评长官或议论公共事业。虽然如此，军官们表达不满并没有受到责罚，而且裁军议案最终被取消。1883 年，军民冲突引起了国内的广泛关注。围绕着强制缴纳保险基金的问题，军官们再次公开讨论与公共事业和政府相关的问题。当政府正式禁止这种讨论，训斥一些高级军官并惩罚了另外一些人时，军官们联合起来保卫他们认为的自己应得的权利。那些保卫军人地位的人中，有一位是德奥多罗·达·丰塞卡（Deodoro da Fonseca）元帅，一个在同僚和民众中均德高望重的军官。1886年他再次参与一场争论——这一次是驻扎阿雷格里港的部分军官和政府之间的冲突，他支持军方观点。德奥多罗对政治家感到非常愤恨，指责他们为增加个人影响不惜损害国家利益，怠慢甚至虐待军队，尽管军队曾为国家做出了巨大牺牲。元帅谴责了国家政治上陷入的糟糕状态。在和政府间的小争执中，他直言不讳地为军方辩护，这使他成为着军礼服的英雄。

在1886年与政府发生争论后，军官们一致认为文官玷污了军人的荣誉，并决心报复这一耻辱。第二年他们建立了军事俱乐部（*Clube Militar*），它代表军人的利益并表达军人的不满。其成员立即选举德奥多罗为第一任俱乐部主席。此后，军人的政治活动以俱乐部的沙龙为中心。所有这些小事件都表明军队担心被怠慢，它决定不惜一切代价夺回曾经拥有的声望地位。

在意识到军官们间越来越多的不满后，共和党开始利用他们。他们认识到军队是成立共和国的关键。与巴西的其他群体不同，军队有组织和权力来影响变革。年轻的军官们，关注的不仅仅是荣誉问题，而且还有国家发展问题。他们聚精会神地聆听共和党和实证主义者的宣传，两者都倡导结束帝国统治。里约热内卢军校里面回荡着对共和国思想的讨论。在本雅明·康斯坦特颇受欢迎的课堂上，军校学生能听到狂热的实证主义演讲。那些年轻军官反映出他们出身的阶级和帝国政府间的距离逐渐拉大，军校学生和下级军官的支持加强了共和事业，但如果没有他们上级的合作，将会一事无成。19世纪80年代末，高级军官由支持皇帝转而投靠了共和党阵营，这是他们的必然选择，因为他们认为帝国虐待了他们。当军官和共和党人劝说军队中最有权力的德奥多罗元帅，"净化"政体的唯一方法是以强大的共和国取代垂死的帝国时，帝国的命运已被注定。德奥多罗命令整个军队向他效忠，并与他一起向帝国发起攻击。

1889 年 11 月 15 日，在德奥多罗的指挥下，军队从军营出发，包围了王宫，占领了政府大厦，压制了里约热内卢。元帅用冷漠、威严的语调告知这个惊讶的国家："人民，陆军和海军，以及居住在各省的公民同胞们的观点极为一致，刚刚宣布了帝国统治的垮台，最终它也代表政府的君主制的废除。"帝国倒台了。

国家默许了这种改变。民众似乎对这些事件非常冷漠。种植园主和僧侣统治集团中君主政治的前支持者没有任何反对之声。只有马拉尼昂省和巴伊亚省有小型的反对、抵抗和象征性示威游行。新生的共和国内非常平静。当然，事实似乎表明帝国在结构上的衰弱，在 19 世纪的倒数第二个十年它的生命力逐渐耗尽。最终，正是由于自身的虚弱而不是其他原因，帝国结束了。而军队只是提供了必要的致命一击，而且在此过程中没有遇到任何反抗。

尽管共和主义是多年来人们谈论的话题，但是国家还是没有准备好实施复杂的、各式各样的共和理论。政变之后最重要的问题是建立一个共和国还是保持无政府状态。人民焦急地询问新政权是否会维持秩序、保证国家统一并提供和它的前任曾持续了半个世纪之久的同样自由。马沙多·德·阿西斯这一时期的小说《以扫和雅各》（*Esau and Jacob*）非常好地描述了这一时期非常普遍的忧惧心情。

军队，在范围、组织和规划上是真正的国家机构——并且自封为爱国主义的保护人——迅速接管国家。皇帝退位并乘船流亡到欧洲，1891 年 12 月 5 日在巴黎的一个普通宾馆里死去。在部队全体官兵的支持下，德奥多罗继续作为国家领袖控制着政府。在政变后两个月的一次阅兵中，他接受了"陆军和海军总司令"的军衔。他自谦逊的孩童时代起就是阿拉戈斯省一名军官的儿子。他在总统府内和在兵营中一样守规矩，毫无疑问地遵守着纪律、秩序、等级制度和命令。部队的影响无处不在。丢弃了帝国时期的从属地位，军官们在新共和国内发挥着主要作用。军队规模也从 1.3 万人增加到 2 万人。在国家的 20 个州中，有 10 个由军官管理。从本质上讲，234 德奥多罗内阁由文官构成，但没人怀疑军队行使最后的决策权。军队影响力的一个奇怪方面是把准将的头衔授予内阁中所有的文职人员，绝大多数文官没有拿过步枪或进过军营。

　　贵族头衔不复存在，这些头衔的拥有者至少暂时没落了。随着大学和军校毕业生的政治和社会重要性增强，"博士"和"上校"被推崇为最有价值的称呼。共和国的第一届内阁清晰无误地表达了这一倾向。金蒂诺·博卡伊武阿，一位受人尊重的新闻记者和法学博士，担任外交部长的职位；曼努埃尔·费拉斯·德·坎波斯·萨莱斯，一位法学博士，担任司法部长；德梅特里奥·里贝罗（Demétrio Ribeiro），一位年轻的工程师，负责农业、商业和公共建设工程；阿里斯蒂德斯·达·西尔韦拉·洛博（Aristides da Silveira Lobo），一位新闻记者同时也是一位法学博士，担任内务部长；鲁伊·巴尔博扎（Ruy Barbosa）也是一位律师，担任财政部长；陆军上校本雅明·康斯坦特担任陆军部长；海军中将爱德华多·万登科尔克（Eduardo Wandenkolk）担任海军部长。各州新官员的任命也反映了这一趋势。

　　由于倡导共和国理想是所有高层官员的要求，所以在所有重要的职位上至少都能找到名义上的共和主义者。尽管如此，那些共和主义者绝对不是同一个群体。在一个极端上，一小群实证主义者赞成披着共和国外衣的"科学专政"。更大一群非教条化的共和党人赞成民主制、联邦制的共和国。不同的人构成了这一较大群体：自1870年就开始忠诚地追求自己目标的历史上著名的共和党人，热情的年轻激进分子，受本雅明·康斯坦特激励的年轻的准实证主义军官，一些出于自身原因在紧要关头选择了共和主义的高级军官。这种分歧削弱了共和主义者的力量并加强了有凝聚力的军队的支配力。

在帝国毁灭的基础上创建共和国的任务受到了挑战。但是，巴西人再次证明了他们有能力在没有大冲突的前提下进行大变革。和19世纪绝大多数西属美洲国家截然相反的是，巴西可以在没有斗争、没有流血，甚至更令人吃惊的是，在不需要监禁任何人的情况下改变政府。通过那种方式，国家巩固了传统，该传统于19世纪建立，实现了和平改变——为历史学家若泽·奥诺里奥·罗德里格斯的"调解和改革"理论提供了一个令人信服的例子。至少在表面上，妥协、调解和调停都是方法。但是在军队达成既成事实的几个月甚至几年内，必要的调整通常来之不易。契约统治关系引起了很多无法解决的问题，巴西人最终屈服于政治的不稳定，该问题在整个19世纪一直困扰着拉丁美洲其他地区。

1889年11月16日，德奥多罗按照规章成立了一个联邦制共和国。作为国家最强大、最有威望的军事人物，他不容置疑的地位增强了政权稳固性，政权很快表现出有能力维持秩序并维护统一。共和主义者迅速使他们的统治秩序化。

在获得国外承认方面，新生的共和国遇到了一些小麻烦。邻国乌拉圭和阿根廷于11月20日给予了外交承认。同一天，美国总统本杰明·哈里森（Benjamin Harrison）通知里约热内卢的美国公使保持与新政府间的关系。美国参议院内部冗长的争论使美国对巴西新政府的正式承认推迟到1890年1月29日。其间，玻利维亚、智利、巴拉圭、秘鲁和委内瑞拉均承认了巴西新政府。这一半球的其他国家也纷纷承认巴西。欧洲国家耽搁的时间比较长。1890 年 6 月 2 日，作为东半球国家，法国第一个欢迎巴西共和国加入国际社会。1891 年 5 月 4 日，英国承认了共和国。俄罗斯是最后一个承认共和国的欧洲国家，沙皇等到佩德罗二世死后才与新政府建交。在与外部世界建立友好关系之后，共和国表明了不会改变传统的巴西外交政策。

由于执政的独裁主义特征，1890 年 1 月 7 日德奥多罗颁布了政教分离的法令，这受到了教会僧侣统治集团的欢迎，这样，罗马天主教会可以寻求得到与在美国相似的自由的保证。这两个重要机构很友好地分开了，此外，双方似乎都能从中获益。

尊重法律的政府迅速开始关注制定一部宪法。1889 年 12 月 3 日，德奥多罗任命了由五位法学家组成的一个特殊委员会筹划新宪法。委员会大量援引了美国宪法，同时借用了阿根廷宪法中的有用模式。北美契约制给鲁伊·巴尔博扎部长留下了极其深刻的印象，他复审了委员会的工作并做了更广泛的修订。结果，被提议的契约制具有很强的总统制风格。修订后的宪法被提交给制宪会议，会议于 1890 年 11 月 15 日召开。政府用传统的选举机制选举产生了一个制宪会议，这个会议主要由共和主义新手构成，其中很多军官是初涉政治。外交官、政治家和时事评论家若阿金·弗朗西斯科·德·阿西斯·布拉西尔（Joaquim Francisco de Assis Brasil）失望地说："让一无所知的人关注最基本的政治问题是非常荒唐的。"会议内部真正团结的群体——也是最直言不讳的——是实证主义者，他们人数不多影响力却非常大。他们鼓励在共和主义者内部流行的联邦主义者观点。本身不是实证主义者的阿西斯·布拉西尔却在他广为传颂和备受争议的《联邦共和国》（*A República Federal*）

一书中为普及联邦思想做了很多事情，该书于 1887 年在圣保罗出版。他极具说服力的观点在那些易受影响的年轻立法者的思想中很有分量。联邦制的观念激起了很多人的遐想，他们认为高度的地方 237 自治可以结束压抑、单一的中央集权制，但当少数人回顾摄政时期灾难性的尝试时，他们不由得感到阵阵恐惧。

1891 年 2 月 24 日颁布的宪法规定政府的联邦制、共和制和总统制形式。这些是自由、民主和资本主义国家的法律基础，在实践中它们允许区域联盟，而这一联盟支持东南部有活力的从事咖啡出口的资本家。与第二帝国相比，中央政府的权力减小，尽管如此，它仍然保有很大权力，它为自己保留了丰富的财源和干预国家事务的权力。最重要的是，中央政府可以调动军队来执行它的意志。在传统拉丁美洲的政治结构中，总统不仅是首席执政官，也是所有权力的来源，统治并使政府的其他部门和等级服从他的意志——假如他想完全维持自己的权威的话。实质上，他作为统一的力量平衡和抵消了国家的离心倾向。国家立法机关由众议院和参议院组成，众议院由人民普选，任期三年，参议院经每个州推选三名代表组成，任期九年。与 1824 年宪法相反的是，新宪法剥夺了文盲的公民权。它大致模仿了美国的司法体系，20 个州由民选州长治理，立法机关有处理各州事务的广泛权力。它们可以对任何一种出口品征税——圣保罗和米纳斯吉拉斯这种富裕的州能够带来丰厚的财富收入。各州均有国民军，这增强了他们应对联邦政府的力量。

总的来说，宪法是一部撰写得很好的自由法律；不幸的是，它不是巴西式的。为了努力与过去脱离关系，临时政府主要从美国引进了一部宪法，但是它脱离了巴西这个国家的实际。过去很难被遗忘或忽视。巴西堂吉诃德式地希望它的自由、民主制度能在传统、238 父权制、世袭和农业的结构的重负下发挥作用。令很多人失望的是，在开明共和国的掩饰下，命令式、家长式统治还在继续。

叛乱的发生和它被宪法制度化的时间相隔相当短暂，仅仅是从 1889 年 11 月 15 日到 1891 年 2 月 24 日。相对于巴西历史上其他叛乱和法制化之间的混乱期：1822—1824 年、1930—1934 年和 1964—1967 年，这次是顺利的。尽管如此，这个间歇期足以建立军事独裁。

在宪法通过后，制宪会议将注意力集中到选举第一任总统和副总统上，两者的任期都是到 1894 年结束。军队要求选举德奥多罗为总统，这种压力使人们基本上没去认真考虑其他候选人。尽管如此，会议中也有大量对德奥多罗的反对声，这位陆军元帅已经证明了自己是一位无能的管理者。他对政治上的互相妥协让步不甚了解，甚至对此也没有什么兴趣，他更喜欢兵营秩序及毫不犹豫地下达命令和执行任务。在与共和党人领导和与会议的交涉中，他遇到了很多困难。会议中的一些人提名老资格的共和党人普鲁登特·若泽·德·莫赖斯－巴罗斯担任总统一职。但会议认为必须选举德奥多罗，因为军队仍然效忠于他，代表们普遍认为在这个时刻不能冒犯军队。选举比大多数人预测的还要接近：德奥多罗获得了 129 张选票，普鲁登特获得了 97 张选票。德奥多罗讨厌这种机械而毫无生气的选举，他感到更多的是责任感而不是热情。当副总统获得的选票多于他时，他的自尊心遭到了重创，弗洛里亚诺·佩肖托（Floriano Peixoto）元帅以 153 张选票被会议选为副总统。当祝贺副总统的欢呼声超过了对德奥多罗的欢呼时，会议再一次冒犯了德奥多罗。共和国的立宪政治从一开始就非常不顺。在宪法公布、选举结束后，制宪会议转而成为第一个共和国的立法机关并开始制定法律。

总统和国会很快产生了冲突。德奥多罗愤恨立法机关的一切异议，把它们视为对他个人的挑战。1891 年的事态和 1823 年的事态非常相似，此后这种相似性一直存在。由于军队的坚决支持和公众的漠不关心，1891 年 11 月 3 日，德奥多罗专横地解散了国会并宣布国家进入戒严状态。通过谴责立法机关危及共和国的安全并指出正在酝酿中的君主制阴谋的威胁，总统为自己的行为辩解。除了帕拉州的劳罗·索德雷（Lauro Sodré）外，各州州长都支持他的行动。但是，南里奥格兰德和圣保罗思想界强烈地反对独裁行动。海军官员从一开始就表现出强烈的贵族化倾向，他们缺乏对共和国的热情并挑战着总统的个人专断行动。在库斯托迪奥·若泽·德·梅洛（Custódio José de Melo）海军上将的带领下，海军威胁道，假如不重新召开国会他们将会起义。德奥多罗无法解决这种进退两难的困境：他既不想屈服也不赞成流血的杀戮。他辞职了，并抱怨国家没有感激他的努力和牺牲。老元帅带领国家从帝国走到共和国这一历程很快从公众的视线销声匿迹。他于次年 8 月去世，按照他的遗愿，并没有采用军葬，而是身着平民服装下葬。

11 月份的多重危机困扰着共和国。坚强而镇定的副总统弗洛里亚诺·佩肖托走向了政治舞台的中心并强有力地控制着一触即发的局势。他宣布国会从未被合法解散过，当时又重新恢复到 11 月 3 日前的状态。除索德雷外，新总统罢免了所有州长，因为他们曾支持德奥多罗的第二次政变。一些人对罢免的反抗促成了暴力事件的 240 发生，这又造成了社会整体的动荡不安。尽管如此，弗洛里亚诺表明他能控制局势并赢得了"铁元帅"的称号。在与各州的早期较量中，联邦政府获得了胜利。

弗洛里亚诺的对手在当时质疑他的总统权力是否符合宪法。他们指出，宪法的第 42 条要求，假如总统在四年任期中任职不足两年时离职，必须举行新选举。弗洛里亚诺反驳，在国会选举了第一任总统和副总统的情况下，该条款已经作废，选举的特殊性将这一意见从宪法条文中删除。国会赞同他的解释。

人们接受弗洛里亚诺继任总统，这标志着军人直接控制政府的继续。就另一个方面来说——在军队体现了模糊的城市中间群体的思想的程度上而言——中间群体对政府的控制在扩展。和前任一样，弗洛里亚诺出身卑微，他身边围绕着很多大学毕业生，这些人声称他们喜欢共和主义和／或实证主义。因此，共和国继续同军人和城市中间群体打成一片，比曾经的君主政治时期更紧密。

工业化的前景令新领导人着迷。他们敬畏工业化给德国、法国、英国和美国带来的巨变，并描绘出被工业化改变的巴西的宏伟蓝图。他们的实证主义思想把工业化视为解决巴西所有问题的万能药并把它视为现代资本主义的胜利。但是他们从没有明确的思想，也没有一个合理的计划实现国家工业化。他们最多只能遵循着支离破碎的政策，这预示着他们不能实现自己的目标，从长久来看，这只能抑制而不能加快工业化。中间群体雄心的一个标志就是临时政府把农业部改为工业部。作为进一步鼓励的政策，为了促进制造业，政府于 1890 年颁布了保护性关税，它把 300 种商品的关税提高到 60%，这些商品主要是与国家制造业相竞争的纺织制品和食品。另一方面，政府又降低了用于国内工业品生产的物资的关税。1896 年和 1900 年实施的关税更高。对于任何工业化而言都必要的是，1892 年在累西腓，1894 年在圣保罗和在阿雷格里港，1896 年在巴伊亚，建立了新的工学院。它们都能增加应用性技术人员的供应，增加发展工业化需要的人员。

工业化需要更多的资金投入，而奴隶制的废除似乎为之提供了便利。自《黄金法》的颁布到共和国的成立，投入到里约热内卢新成立公司的资金增加了 402000 匹托，这使人联想起废除奴隶制后曾出现的相似的投资猛增。1887—1892 年咖啡价格的翻番进一步增加了巴西的资本投资。共和国的第一任财政部长鲁伊·巴尔博扎希望通过银行自由发行纸币以及随后放松借贷来鼓励资本积累。1890 年 1 月 17 日他颁布制定的新银行法，将国家划分为三个地区，每一个地区都有一个负责发行纸币的银行。此外，他授权印刷价值 25 万美元的匡托（考虑到时间和地点，这是相当大的数目），这些不是由黄金来保证的而是由政府公债来保证的。后来，他的计划几经修改：黄金和公债随后一起保证了纸币的发行，财政分散政策抛弃了唯一的共和国银行。新货币的涌入让人在短期内出现繁荣的错觉。1888—1891 年间，流通中的货币量已经超过了 2 倍。不能兑换的纸币从 1889 年的 192000 匡托增加到 1894 年的 712000 匡托。从借贷困难到借贷容易的飞跃使经济活动变得异常狂热，投机变成常事，那种特定的投机风、造假公司和不健全的金融实践被称作 242 "疯狂的金融投机"（*Encilhamento*）。

　　令城市中间群体灰心并令种植园主气愤的是，与政府的希望相反，巴西从"疯狂的金融投机"中收益甚少，汇率暴跌，空前的通货膨胀使货币贬值。财政的不稳定逐渐破坏了国家的信心。然而，按照传统模式，政府的支出超过了收入，导致更多的货币被印发来"平衡预算"。19 世纪 90 年代严重的经济不稳定给城市地区的工薪阶级造成了痛苦的压力，由此造成了那十年的整体的动荡不安。

　　社会的动荡不安引发了 1893 年的全面暴乱，这是共和国遭遇的第一次重大挑战。混乱一度覆盖了南里奥格兰德，在这里，帝国时期担任高官并享有很高威望的政治家加斯帕尔·达·西尔韦拉·马丁斯（Gasper da Silveira Martins）领导着所谓的联邦主义者挑战儒利奥·德·卡斯蒂略斯（Júlio de Castilhos），该州的极端实证主义者领袖，以及他的追随者。联邦主义队伍内存在着一种模糊的君主制情结，该情结使他们服从令人愤恨的卡斯蒂略斯。1893

年初，两个高卓对手间的斗争开始了。弗洛里亚诺支持卡斯蒂略斯，南里奥格兰德州长。同年 9 月爆发了第二次海军起义，这次起义远比 1891 年起义严重。库斯托迪奥·德·梅洛海军上将再次进行领导。假如军队团结的传奇还依稀存在的话，军队间的宗派分裂则使团结不复存在。海军和陆军间的猜忌公开化，海军将领们要求弗洛里亚诺元帅立即辞职，因为很久以来他们一直认为，弗洛里亚诺降低了海军的重要性。伴随着元帅的辞职，他们希望能够减少陆军在共和国内行使的广泛权力。12 月份，当深受尊重而且谨慎的路易斯·费利佩·萨尔达尼亚·达·伽马（Luís Felipe Saldanha da Gama）海军上将——海军学院校长参加海军叛乱时，海军地位增强，他带来的不仅仅是他的巨大威望，还有军校学生的蓬勃朝气。

243　就这一点而言，海军的目标不再仅仅是出于嫉妒而提出，他们要求提高在政府中的发言权。很多海军军官不隐瞒他们对共和国贵族化的不屑，萨尔达尼亚·达·伽马曾向国家发表过一个秘密声明，在其中的一节中他宣称："逻辑和司法都允许我们采用武力取代巴西于 1889 年 11 月 15 日成立的政府。"他对君主政体的赞同程度代表了叛乱海军的真实的观点，这一直是长期以来历史争论的主题。海军赞同君主制并憎恶弗洛里亚诺，这使他们最终与南部西尔韦拉·马丁斯领导的联邦主义者合作。海军上将和联邦主义者的最高领袖达成了部分共识，例如，国家应该举行公民投票来决定是建立共和国还是君主国。两支叛军联合起来攻打圣卡塔琳娜，1894 年 1 月他们攻打了巴拉那州，它们打算向北长驱直入进军圣保罗，但是在巴拉那的拉帕（Lapa）的激战耽搁了过多时间。这使联邦政府有时间聚集起足够的力量击退叛军并使他们向南部撤退。

　　与此同时，瓜纳巴拉湾全副武装的船只扬言攻击毫无设防的首都，这一威胁使共和党人团结一致地支持弗洛里亚诺。对政府而言，形势非常严峻，但是总统坚忍地面对海军火力并拒绝屈服。那时，外部势力的干涉巩固了他的地位。港口里的外国军舰司令们——美国、英国、法国、意大利和葡萄牙海军的——声称基于人道主义原因，反对炮击首都。他们也声明打算保护财产，诸如自己国家的商船。他们的措施限制了叛乱舰队的行动。在华盛顿，巴西公使萨尔瓦多·德·门东萨，一位历史上充满奉献精神的、著名的共和党人，一再要求格罗弗·克利夫兰（Grover Cleveland）总统的政府协助毫无经验的友邦。作为回应，美国派遣了更多巡洋舰到里约热内卢港口。因为决心不允许反叛船只以任何方式妨碍港口的贸易，美国海军司令在叛军和首都之间驻扎舰艇，这样，如果叛军 244 向城市开火，那巴西海军发送的炮弹就必须穿过美国船只，而海军上将是不愿冒这个风险的。最终这一策略阻止了可怕的炮击，海军变得非常无助，至少感到厌烦。弗洛里亚诺政府继续从国外购买战舰，并筹划在伯南布哥建立一支忠诚的舰队。叛乱的海军官员当时已经认识到他们的无助状况，他们放弃船只并到港口的葡萄牙小战船上避难。随着 1894 年 5 月舰队起义失败，政府把全部的注意力转向了南部，在取得一连串胜利后，南部把联邦主义起义者限制到南里奥格兰德内陆地区。联邦主义者继续进行零星反抗，直到 1895 年 8 月剩下的起义参与者投降。

在起义期间，弗洛里亚诺坚定不移。他决心力挽狂澜，拯救共和国，使其免受无政府状态的威胁。共和国的早期记载一直是令人不安的：金融混乱、国会解散和总统辞职、两次海军起义以及南里奥格兰德叛乱。然而，新共和国设法战胜那些挑战，新政权证明自己有能力控制局势，弗洛里亚诺的有效领导是取得胜利的一个重要原因。

社会动荡不安的部分原因是城市中间群体丧失了权力。经济、政治权力由旧制糖巨头和咖啡种植园主向新咖啡阶级过渡时产生的权力真空使中间群体显赫一时。这一阶级很有活力，主要分布在圣保罗和米纳斯吉拉斯，城市中间群体的显赫也是由于他们与军队间的私交。但军队并不是可靠的盟友，他们很快因不和而分裂，相互

245 猜忌的争吵耗去了大量精力。即便在制宪会议上仍有部分军官投票反对德奥多罗，支持文官候选人担任总统，在两次海军起义中已经显示了两派间的不和。

作为一支政治力量，中间群体突然地、出乎意料地出现，并在1889—1894 年间和军队一起掌权，这在拉丁美洲是独一无二的，这为 20 世纪早期几十年中其他地方中间群体的掌权开了一个先例。拉丁美洲中间群体一直没有其他机会行使国家权力，直到 1903 年若泽·巴特列（José Batlle）就任乌拉圭总统一职。在 1894 年被推倒后，巴西中间群体治疗自己的政治伤口并加深对经济的抱怨。但和充满活力的咖啡利益相关者相比，他们相形见绌，他们被迫接受辅助性角色。

分裂折磨着强大的军事机构并令软弱的城市中间群体迷惑，这有利于企图控制政府的圣保罗人的事业。为了保证自己的利益，几十年来，富足的咖啡种植园主一直希望控制政权。他们中的很多人支持共和主义思想，但他们不支持新政府获取霸权，他们非常支持联邦主义，目的是使自己富裕的州摆脱国家其余地方的财政负担。共和国从一开始就令他们失望，他们指责它财政管理不善，发生诸多叛乱，社会动荡不安。

1893 年的危机为圣保罗的领导人们提供了一个索要共和国领导权的机会。能够控制他们利益的军队这时候已经严重分裂。在这一关键时刻，弗洛里亚诺需要盟友，圣保罗人是最合适不过的，因为他们拥有丰富的资金和训练有素的军队。此外，他们的战略位置

位于首都和叛乱的南部各州之间，非常重要，联邦政府要想取得胜利，必须获得他们的支持。圣保罗政治家们小心翼翼地和弗洛里亚诺协商：为了回报预先安排的总统选举，他们提供金钱、军队和忠诚。圣保罗组织良好的共和党坚信它的候选人能够在这次选举中获 246 胜。由于一度控制里约热内卢政府，圣保罗人坚信他们决定的联邦制能够符合他们的利益并保证他们的生意和贸易繁荣所要求的秩序和稳定。无论如何，在圣保罗人看来，取代了弗洛里亚诺的统治以及叛军的最终投降使巴西陷入了永无止境的政治混乱的循环中，这种混乱曾困扰很多西属美洲共和国。

　　圣保罗人试图通过支持弗洛里亚诺获得报偿。在紧张的国家危机期间，弗洛里亚诺不遗余力地阻止国家选举机构发挥作用。在圣保罗的弗朗西斯科·格利塞里奥（Francisco Glicério）的领导下，一群参议员和代表组织了联邦共和党（*Partido Republicano Federal*），这是一个松散的州共和党同盟。该政党承诺履行并保卫宪法，支持联邦主义并承担财政责任，这些目标都是圣保罗人高度期望的。1893 年 9 月政党大会一致提名圣保罗的普鲁登特·德·莫赖斯为总统，并提名巴伊亚的曼努埃尔·维托里诺·佩雷拉（Manuel Vitorino Pereira）为副总统。他们赢得了 1894 年 3 月 1 日的大选并于当年 11 月就职。

　　第一任文官出身的总统是圣保罗的首任共和党州长。他充分理解圣保罗咖啡精英的要求、利益和抱负，他给这些人以优先权。结果，新政府常常和城市中间群体的目标抵触，在弗洛里亚诺离职后中间群体的影响力迅速变弱。例如总统普鲁登特·德·莫赖斯并不鼓励工业发展。相反，为回应圣保罗对农业的专注，他主张土壤特别是圣保罗丰沃的、适合种植咖啡的红紫土（*terra roxa*），是国家财富的主要来源。支持这种观点的那些人认为工业是虚假的、不受欢迎的财富形式。这些思想不可思议地带有重农传统的味道。为了给圣保罗人开发农业资源，扩大贸易，吸引国外贷款、投资和移民247 提供有利条件，他承诺保证政治稳定、财政恢复和地方分权。因此为了引导政府政策，咖啡利益相关者承担了和他们的经济垄断相匹配的主导性政治角色，这种经济垄断持续了一代人。

在 19 世纪的最后十年，咖啡生产急剧增长，其产量从 1890—1891 年的 550 万袋增加到 1901—1902 年的 1630 万袋，每袋 60 公斤。高额的利润是其增长的主要原因，但其他几方面的原因也促进了该产业的发展。大量的良田可轻易获得；这一时期的信贷膨胀使人们很容易获取投资资金；大量移民提供了充足的劳动力。同时，农作物病害彻底摧毁了亚洲的咖啡种植园，使其咖啡产量减少。

随着经济活动在全国范围内的发展，巴西农业活动的发展吸引了更多居民进入此前未开发的农村地区。咖啡的栽培进入米纳斯吉拉斯的新地区和圣保罗西部。养牛业迅速向新地区扩展并成为马托格罗索南部的主导产业。橡胶的诱惑吸引着吃苦耐劳的冒险者进入帕拉、亚马孙、阿克里和马托格罗索北部。南部巴拉圭茶的种植增加，此外，可可产业沿巴伊亚海岸向南远至圣埃斯皮里图北部扩展。和那些经济事务同样重要的是，它们之中没有任何一个——甚至它们合起来也不能——与咖啡在国家经济中的重要性相媲美。

迅速扩张的经济疆域，对廉价劳动力的终年寻找，对资本主义更尖锐的关注，现代化的推动，加上父权制社会的衰落，引起了乡民的恐慌，他们仍然是巴西人口的主体。他们感觉这种改变违背了他们自己的利益，因此对是否接受改变，他们犹豫不决。19 世纪的最后十年，这些利益集团和新近成功的经济与政治学说之间的冲突248 在巴伊亚内陆爆发，它形成了一个重大危机。它象征性地代表了传统和进步、过去和未来之间的冲突。

乡民融入资本主义

为了发展农业、增加出口，土地所有者必须保证有定期的充足的劳动力供应，此外还要有随时可以获取的可用土地。没有任何一份文献像《暴力大地》（*The Violent Land*）那样反映出对土地的无情贪婪和对农村劳动力的剥削，它是若热·阿马多（Jorge Amado）创作的一部现实主义小说。偶尔，农民、寮屋居民和民间社会也会阻碍资本主义在农村的发展。让土地所有者更加头疼的是，一旦有机会获得土地，农民和寮屋居民便不愿意到大庄园工作。1897年卡努杜斯民间社会的摧毁意味着也象征着官方决心让乡村贫民服从资本主义发展，这也构成了巴西重要的民间史诗。

东北部摆脱了贫穷的悲惨生活之后，长久以来，这一区域融入糖料和可可出口经济中，1893—1897年，大量乡民聚集到偏僻的巴伊亚西部。人数统计差异非常大，从5000人到30000人不等，后者无疑有些言过其实，两个极端之间的平均值应该接近实际。他们在卡努杜斯创建了自己的民间社会，"新耶路撒冷"（New Jerusalem），它处于安东尼奥·孔塞列罗（Aotônio Conselheiro），也就是内安东尼奥·维森特·门德斯·马谢尔（né Antônio Vicente Mendes Marciel, 1828—1897年）的父权领导下。自1896年11月中旬到1897年10月初，那些乡民曾遭遇政府武装的四次攻击，直到第四次，一支大规模、现代化的军队才把他们镇压下去。

卡努杜斯的农村居民，作为剩余劳动力大军的一部分，可以为东北部的农场主和牧场主所自由使用，乡民不是从欧洲化的沿海城市，而是更多地从建立在共同的语言、传统、信仰和生活方式的基础上的乡村居民历史中汲取灵感。几个世纪以来，小心翼翼地融合印第安－葡萄牙－非洲文明传统和影响已成为一种共同生活方式，

249　这也是西部边境的民间文化特色。民间风俗、道德观念以及基本制度在很大程度上还未被民族国家立法机关触及。民间生活方式提供了一种温和的平等感、安全感和幸福感。卡努杜斯提供给乡民的似乎不止上述有利条件，还有他们此前被拒绝承认的尊严。到 19 世纪 90 年代，和拉丁美洲其他地方一样，巴西民间社会几乎不复存在。卡努杜斯是一个复兴的、有生命力的民间社会的范例，它是由具有民间文化特征的个人所组织的群体。

　　刚刚宣布成立共和国的新领导人们认为巴伊亚内部事件是一个威胁，是与君主主义者相联系的宗教阴谋，渴望复辟过去的帝国政治制度。从哲学意义上讲，他们是对的。乡民支持世袭的、父权制的统治原则：上帝决定领导者，正如他创造亚当。上帝任命了佩德罗二世，无人能推翻他。显然，新成立的共和国的领导人们公然反对父权制，认为它们是刚刚被推翻的君主制的基础。他们倡导政府契约学说，在帝国时期承认但并不服从政府。卡努杜斯冲突双方都有明确的思想，双方似乎没有任何回旋余地。

　　在新共和国精英们看来，卡努杜斯不是普通威胁，它有民众的支持。人民——这个词非常模糊，很容易让人联想起一群无依无靠起义的人。野蛮人在城市进步的门口前大声喧嚷。人们预测，巴西内陆目不识丁的民众会攻击沿海城市赞颂的文明。他们危害到了进步，他们挑战着共和国，他们威胁着新秩序。

　　和其他巴西人一样，安东尼奥·孔塞列罗，"顾问安东尼奥"（Anthony the Counselor），怀疑新秩序，发现"进步"并非如感觉或直觉中那般具有吸引力，而是相当可怕，因为它将负担强加在普
250　通人身上，而特权者可以以某种方式逃脱。内陆干旱地区的乡民对于共和国强加的突然（脱离宗教的）世俗化感到不安。在他们看来，不采用宗教仪式的世俗化婚礼是对他们敬畏的圣礼的亵渎。民

事登记的其他形式也引起了人们对新政府将采取何种控制形式的怀疑。一些人把政府对公民的种族鉴定视为重建奴隶制的威胁，这一制度被君主政体废除了还不足十年。安东尼奥·孔塞列罗曾大力反对奴隶制。

选举总统而不是对君主行加冕礼，这曾使很多人感到不安。在他们看来，从世袭君主到选举总统的变化构成了从世袭、父权制、凭借上帝力量任命的统治权到契约制、世俗的领导权的巨大政治剧变。皇帝是上帝任命的大族长。1889 年事件被内陆民众视为灾难、末世，它是和受认可的父权制过去的决裂，也是对上帝意志的蔑视。

共和政治体制下征收新税的棘手问题引发了安东尼奥·孔塞列罗和共和国官员的第一次冲突。共和国的法律允许市政当局增加赋税以供它们使用。1893 年，在巴伊亚的邦孔塞柳（Bom Conselho），孔塞列罗撕毁并焚烧了这些征税公告。当他对征税的声讨受到来自内陆贫民的同情时，他的语言——当然还包括他在邦孔塞柳的行动——令政府恐慌。国家官员派军队逮捕他，但他数目不断增加的追随者轻松地使士兵们仓皇逃窜。这位领导者认为到退往更远的内陆干旱地区的时候了。在卡努杜斯，他的信徒开始建立他们的"锡安"。

在安东尼奥·孔塞列罗看来，与世隔绝的卡努杜斯是一个安全的避风港，这里远离充满敌意的地主、压制性的政府官员和破坏性的"文明"，这里能使民众适应——或重新回归日常生活。很可能他们对发展中的资本主义经历的消极回应重新唤起了他们对社会的信心。他们很容易适应世俗罗马天主教，它使内陆干旱地区的生活更加结构化。他们认同经常可以见到的安东尼奥·孔塞列罗是这里的族长，他们毫不置疑地尊崇他为民众领袖。民众和族长打成一片。在这个民间社会里，土地属于公众。每个居民都有指定的工作。显然，农民生产的食物足以养活这里的人口，他们把剩余产品拿到内陆城镇上交换武器以及这个社会其他需要但又不能生产的产品。

居民很满意这样一种生活方式。毕竟，没有人被要求去那里或待在那里，待在那里的人把自己视为上帝的选民。卡努杜斯是幸运的，它发展了三年。安东尼奥·孔塞列罗的名字、声望和事业像风一样传遍东北内陆。偶尔，卡努杜斯的消息和粗鲁乡民（jagunços，指称内陆粗鲁的乡下人的词汇）的活动也传到遥远的国都里约热内卢，以及遥远的州府，巴伊亚的萨尔瓦多。当然，相对的与世隔绝保护着卡努杜斯，使安东尼奥·孔塞列罗能够自由统治并且增强粗鲁乡民的力量。

1896年，这种与世隔绝突然中断。为了修建一所教堂，安东尼奥签订了合同购买邻镇茹瓦泽罗（Joazeiro）的木材。在木材没有被运到之前，粗鲁乡民威胁着要进行司法鉴定，因为他们感觉到被骗了。在感到恐惧后，市政官员匆忙要求国家提供治安保护。作为回应，国家派遣了一支由陆军中尉率领的100名士兵组成的特遣部队向卡努杜斯进军，内陆的人攻击并打垮了特遣部队，卡努杜斯战争开始了。

由于州和联邦政府都没能理解民间社会的决心——以及，为此而产生的力量和目标，他们在荒芜的内陆干旱地区遭遇了羞辱性的失败，相对于来自沿海准备不足的士兵，那里的居民非常强大。后来，在一名陆军少校率领下的550人组成的第二支特遣部队又毅然出发了，同样遭遇了失败。而后第三支部队，鼎鼎大名的军事英雄安东尼奥·莫雷拉·塞萨尔（Antônio Moreira César）上校率领的1300人，也是同样的命运。沿海巴西人开始惊讶、恐惧和沮丧地看待乡民大败军队一事。

"粗鲁乡民的土墙特洛伊"（mud-walled Troy of the *jagunços*）
——欧克利德斯·达·库尼亚（Euclydes da Cunha）作为这场战争
的目击者在他描述卡努杜斯的书《内地的反叛》（*Os Sertões*，1902
年）中多次提到的短语，这本书后来被译成英文——轻蔑地挑战政
府。在 1897 年 4 月，第四次远征开始了，人数超过 8000 人，采用
最先进的武装，而且这一次由三位将军和军事部长亲自率领，在号
角嘹亮的吹奏声和爱国的喧闹声中向内陆进军。对卡努杜斯的血腥
包围一直持续到 10 月初，乡民并没有屈服，部队的大炮、来复枪
和刺刀夷平了这里并杀死了所有的保卫者。

在试图将卡努杜斯的毁灭合理化的长期努力中，安东尼奥·孔
塞列罗之死以及乡民和士兵的牺牲使达·库尼亚感到有必要去解决
智力冲突，即他对本土粗鲁乡民的力量和智慧的钦佩与他所主张的
巴西朝欧洲化发展之间的冲突，他决心支持后者。通过这样做，这
位深受尊重的知识分子如实地回应了他的时代中强烈的城市情结。
他污蔑安东尼奥·孔塞列罗是颠覆破坏分子、反共和国学说的传道
者、叛乱的倡导者、叛徒和君主主义者。但更可憎的是，他指责乡
民阻碍了进步并妨碍了进化，因此，他说共和国必须打败他们。带
着一名实证主义者的坚持，达·库尼亚总结道："我们生物进化需要
社会进化来保证。我们谴责文明。我们要么进步，要么毁灭。这些
都能肯定，我们的选择非常明确。"那样看来，这位作者总结了关于
19 世纪进步的社会哲学。这种进步不能容忍传统。未来没有过去的
立足之地。

军队的大炮轰开了卡努杜斯这块巴西内陆。对达·库尼亚而
言，在 19 世纪末巴西军队和城市中间阶层的心目中，军队是进步 253
的重要拥护者。大谈实证主义的军官们已经推翻了君主政体并引进

了"进步的共和政体"。从欧洲引进强大的新式大炮——以及它们
对卡努杜斯的破坏——标志着工业技术使巴西进入现代化。

在 1897 年的绝大多数时间里，沿海的精英们重塑广阔内陆的
梦想和粗鲁乡民胜利的铁的事实产生了冲突。乡民们嘲弄着国家并
逐渐耗尽了政治家和知识分子等人的耐心。这种挑战加强了精英们
的决心：共和国必须迫使内陆居民进入 20 世纪，实证主义者将 20
世纪的新巴西定义为"秩序和进步"。教育和技术将会重塑内陆的
居民和其轮廓。

为了支持工业化，根除内陆民间社会和文化的决心与 19 世纪
强大的知识分子潮流一致，这种趋势不仅在巴西，而且在整个拉
丁美洲都很流行。1845 年阿根廷的多明戈·福斯蒂诺·萨尔米恩
托（Domingo Faustino Sarmiento）在《文明与野蛮》（*Civilización
y Barbarie: Vida de Juan Facundo Quiroga*）一书中详细说明了欧
洲化城市和原始村落间的斗争，该书又被翻译为《生活在暴君时
代的阿根廷共和国：或在文明与野蛮之下》（*Life in the Argentine
Republic in the Days of the Tyrants: or Civilization and Barbarism*）。
萨尔米恩托把阿根廷城市看作欧洲文明为完成自己驯服内陆的任务
而通过的狭窄通道。萨尔米恩托强有力的论据、为拉丁美洲描绘的
欧洲化蓝图受到了来自知识分子和精英的热烈欢迎。举个例子来
说，皇帝佩德罗二世承认了萨尔米恩托的重要性。秘鲁小说家克洛
琳达·梅特·德·图尔纳（Clorinda Matto de Turner）在她的小说
《无巢之鸟》（*Aves sin Nido*，1889 年）中也表达了同样的思想。在
她看来，城市传播文明。利马有责任补偿绝大多数印第安人，而教
育则是补偿的主要方式。和萨尔米恩托、达·库尼亚以及 19 世纪
绝大多数同辈人一样，她设想的教育主要借鉴了欧洲经验。没有任
254 何一个专家建议乡民通过追索自己过去或现在的价值来寻求补偿，

他们向乡民建议欧洲化的未来。

传统巴西历史编纂学认为这一时期的主题是沿海城市文明和内陆乡村野蛮的斗争。几十年来，历史学家用恶劣的地理和"退化"的种族的措辞描述卡努杜斯的斗争。宗教狂热和盗贼横行成为对卡努杜斯发展和随后的战争的标准解释，多产、备受称赞的巴西历史学家佩德罗·卡尔蒙（Pedro Calmón）举例说明传统解释，他认为卡努杜斯战争的特征是"内陆的未开化引发的宗教冲突"。

对粗鲁乡民的决心和行动的其他解释也逐渐出现。20 世纪 50 年代末鲁伊·法孔（Rui Facó）评论说，19 世纪 90 年代卡努杜斯人口的增加和巴西东北部经济形势的恶化趋势一致。糖料出口减少，一度吸引了大量外来工人的西南部咖啡种植业经历了第一次生产过剩的震颤。种植园雇用的工人减少。食物供应不足导致价格变得昂贵。谷物价格是以前的 3 倍，豆类和大米价格也有增长。受严峻经济飓风的打击，乡民把卡努杜斯视为避难所。法孔认为卡努杜斯战争的特征是，它既是"农民起义"也是"阶级斗争"。在他看来，这是卡努杜斯人民反对地主和政府长期剥削的斗争。几乎在同一时期，内尔松·韦尔内克·索德雷（Nelson Werneck Sodré）也持同样的观点："卡努杜斯是一场农民起义，也是一场反对压迫者的阶级斗争。"这并非巧合，两位学者都是民族主义者，都是在民族主义异常火热的时期进行写作。在寻找民族主义的民众根源时，两者都用新视角考察卡努杜斯事件。大约在十年之后，拉尔夫·德拉·卡瓦（Ralph della Cava）进一步陈述了这一主题，他令人信服地将卡努杜斯与"国家教权和政权结构"联系起来，卡努杜斯成为"全国经济改革"的一部分。法孔、韦尔内克·索德雷和德拉·卡瓦揭示的广泛背景打破了卡努杜斯是孤立的宗教抗议这一论述框架，并将战争和改变巴西的戏剧性事件联系起来，特别是与人口稠 255

密的沿海对人口稀少的辽阔内陆的经济和政治渗透联系起来：这是两个巴西间的斗争。后来，沃纳斯·诺盖拉·加尔旺（Walnice Nogueira Galvão）赞扬卡努杜斯战争把"集体人口"——穷人，引入巴西的历史编纂学意识。在这种有趣的解释中，个人发挥了次要作用。有领袖魅力的安东尼奥·孔塞列罗只是催化剂，并不是起因。主要的历史力量包含并取代了个人原因，这包括政府和粗鲁乡民的相对抗、过去和未来的相对抗、进步和传统的相对抗，当然还包括文明和野蛮的相对抗。但引人注目的是，原因和结果颠倒了，历史力量推动了集体和个人，反之则不成立。罗伯特·M.莱文（Robert M. Levine）在最广阔的社会科学的框架内研究卡努杜斯："引用 E. P. 汤普森（E. P. Thompson）的表达，卡努杜斯恰恰是'社会关系在体制上的表现'。"

在劳工史领域内，卡努杜斯的经历期待着依据上述改革者建议的全面解释。玛丽亚·西尔维娅·德·卡瓦略·佛朗哥（María Sylvia de Carvalho Franco）和赫柏·玛丽亚·马托斯·德·卡斯特罗（Hebe María Mattos de Castro）提到 19 世纪内陆大片土地对沿海乡村贫民的巨大吸引力。由于对生活现状的不满，乡民逃跑以寻求更好的生活条件，自由民擅离劳动力市场使大地主惊慌失措，随着奴隶制的消灭，他们的绝望程度增加。鉴于这种绝望，马托斯·德·卡斯特罗断定，"问题出现了，但是并没有答案，甚至历史上几乎没有文学作品对此进行描述：应该用什么样的方式重新界定乡村社会控制机制，以此来维持控制乡村生产者商品经济的生机和活力"，当然，卡努杜斯战争提供了该问题的一些答案。

当 1888 年以后快速改变的、沿海的、城市化的、以出口为导向的巴西遭遇对这些改变及它们的意义与潜在影响提出质疑的人们所聚集的乡村内陆时，两个社会冲突了。卡努杜斯战争标志着进步（现代化）的加速带来了一种根本的、也许是无可避免的冲突。为了控制任何反抗的民间社会，在国家扩大其权力的过程中，它能经受"结构性的、灾难性的剧变"——借用自法国人类学家皮埃尔·克拉斯特雷斯（Pierre Clastres）在他的《反对国家的社会》（*Society against the State*）里的术语。国家对卡努杜斯的摧毁根植于它是"落后的"、"原始的"和"野蛮的"这样的基础原理之上。

巴西、拉丁美洲的知识分子和政治家广泛使用"野蛮"一词，它象征着地方的、传统的、民间的和 / 或印第安 - 伊比利亚 - 非洲文化。这种文化与人们渴望的北大西洋模式不同，令多数社会精英、中产阶级和知识分子困惑。在与以出口为导向的资本主义经济结合后，他们开始向自给经济下的乡民、"野蛮人"发起挑战，这是文化冲突的暴力的一面。

文化冲突突破界限。就这一点而论，传统主义者——还有任何质疑或关注直接进步的人——中包括了一些社会精英和知识分子。内陆一些地主同情卡努杜斯运动。千禧年运动通常会与地主和内陆首领们达成默契同盟。与其说民众攻击教权和财富分配不公，倒不如说他们攻击新资本主义增加的贪婪。就卡努杜斯来说，跨越阶级界限的联合是可能的，实际上这也存在于内陆。战争本身沿文化界线出现。

卡努杜斯的残酷战争是 19 世纪一连串的文化冲突之一。这种暴力斗争一直延续到 20 世纪的早期几十年。巴西已经结束了奴隶制，推翻了君主制，建立了共和国，把教权和政权分离开来，并预示着更大的城市化和工业化，"现代巴西"在卡努杜斯获得了胜利。这一胜利标志着内陆打开了现代化的大门，其土地和人口在事实上融入了巴西的出口经济。当上面一切发生时，民间社会逐渐消失，尽管被证明为适应力更强、也许更让人捉摸不定的民间文化仍继续存留。

就一些重要方面来说，卡努杜斯战争集合了 19 世纪巴西的历史：城市的胜利以及它们对于未来的特别观点。显然，如果巴西想"进步"，即成为社会精英选择和新兴中产阶级同意的北大西洋模式，本地风俗必须先于新文化模式消失。20 世纪也好，进步也好，新的共和制民族国家也好，国家生命力也好，都已不能容纳落后的民间社会，同时也无法容忍民间文化。

1897 年，卡努杜斯见证了过去和未来连接的重要历史时刻。它代表了两种生活方式、两种见解、两种了解国情的方法之间的诸多冲突形式中的一种。卡努杜斯民众为保留他们的生活方式而战。他们在孔塞列罗的大同理想中寻求庇护。他们以灾难性的方式来回应外来威胁。对大部分巴西人而言，卡努杜斯战争是逃避过去的巨大斗争。军队进驻内陆成为改革的代理人，并打出了资产阶级思想的旗号，新共和国正是据此建立的。

在大炮轰击下，卡努杜斯沦为一片废墟，但问题依然存在，并持续至今，无论是所有巴西人想用其他民族的事实取代这里的事实，还是他们想否定自己的经验以模仿他人。不管怎样，军队改变现实的目标已经达到。他们无情地执行他们的使命。铁路和大炮摧毁了卡努杜斯，那些毁灭它的武器也恰恰是进步和变化的工具。卡努杜斯战争既是向巴西的过去告别也是向巴西的未来致意。军队的胜利要求乡民融入资本主义经济和共和国，它标志着引人注目的十年变革的结束。

关于巴西过去的影像档案

一　殖民档案

旧城街景，巴伊亚的萨尔瓦多

圣弗朗西斯科教堂，巴伊亚的萨尔瓦多

圣弗朗西斯科教堂圣坛，巴伊亚的萨尔瓦多

欧鲁普雷图的欧维多大街，米纳斯吉拉斯

二　巴西帝国王室

皇帝佩德罗一世

执政第二个十年内的皇帝佩德罗二世

伊莎贝尔公主（1846—1921年），右侧是她的父亲佩德罗二世，左侧是她的丈夫法国贵族伊尤伯爵（Count d'Eu）。她在1871年、1876年和1888年担任摄政王。在西半球，伊莎贝尔公主是第一位担任国家元首的女性。她倡导并签署了诸多法律，其中最重要的是1888年的《黄金法》，该法结束了巴西的奴隶制

第二帝国末期的王室成员。站在中间的是大家长皇帝佩德罗二世。握住他手臂的是他的女儿伊莎贝尔公主，坐着的妇人是皇后泰雷扎·克里斯蒂娜。伊尤伯爵站在后排最左侧。四个年轻的王子是伊莎贝尔和伯爵的儿子

三 咖 啡

坎迪多·波尔蒂纳里（Cândido Portinari，1903—1962 年），父母是咖啡种植园内的意大利移民。他创作于 1935 年的作品《咖啡》（Coffee）反映了这一身世。他描绘了一群体格健壮的工人在大权独揽的种植园主或监工的指挥下收获咖啡——多数人为少数人创造财富

19世纪第三个二十五年内（1850—1875年）圣保罗内陆咖啡种植园主的住宅

所绘房间是 19 世纪末咖啡种植园主的家。屋内有藤条做的靠背座椅，家具均是用昂贵的巴西红木做成的，代表着至少四个世纪里巴西上流社会的豪奢

1962年圣保罗州咖啡种植园的全景图。中间右侧的"大房子"是种植园主一家的住宅，中间左侧的是工人的居所。咖啡晾晒场占图片底部的三分之一

排列整齐的咖啡树沿着圣保罗丘陵一直向西

男人、女人和孩子收获咖啡豆。在这幅 19 世纪末的照片中，中间后侧的
男人正将咖啡豆搬运到牛车上，以便运往晾晒场

1962 年圣保罗州的咖啡晾晒场，一名工人正不断地翻动咖啡豆
以便其在被运往市场前能完全晾干

1935 年圣保罗咖啡庄园内的工人住房样式

四 巴西人民

巴伊亚的萨尔瓦多身着节日盛装的非裔巴伊亚妇女，约 1960 年

米纳斯吉拉斯的一个农户家庭，约 1950 年

里约热内卢的中小学生正观看木偶剧，约 1950 年

中小学生，里约热内卢，1941 年

人民等待着见圣若昂－德尔雷伊的市长，米纳斯吉拉斯，1941 年

里约热内卢州的乡民，1941 年

圣保罗州的农户在观看户外表演，1941 年

五 巴西利亚

1960 年 4 月 21 日，儒塞利诺·库比契克总统参加了巴西第三个首都——巴西利亚的落成典礼。卢西奥·科斯塔设计了这座梦幻般的城市。奥斯卡·尼迈耶设计了这座城市的联邦政府建筑群，激发了巴西人和外国人的想象力

三权广场上的司法部大楼

伊塔玛拉蒂宫，外交部

国家大教堂

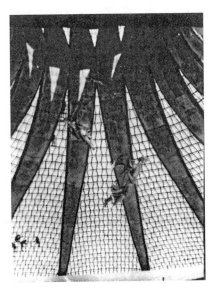

国家大教堂内悬挂的
两个天使雕刻

国会大厦

巴西利亚的商业和住宅建筑

六 20世纪的政治领袖

1934年被选为总统的热图利奥·瓦加斯（站在中间，身披绶带者）
参加就职典礼，周围是他的内阁成员

1961 年总统雅尼奥·夸德罗斯（站在中间者）的就职典礼。左侧是前任总统儒塞利诺·库比契克，右侧是七个月后登上总统大位的副总统若昂·古拉特

七 作为历史文献的绘画

若泽·费拉斯·德·小阿尔梅达（1850—1899年）把普通人及其日常生活引入
巴西绘画中。他非常乐意描绘自己最熟悉的地区，圣保罗内陆边远地区，人们
的生活方式和历史角色。他创作的《伐木工》（1879年）于1884年在巴西首次
展览时震惊了巴西艺术界和上流社会。画面的主人公是一位正在休息、半裸的
男性，为观众提供了一个全新的题材——普通人。在阿尔梅达·尤尼奥尔看来，
这名伐木工人是一位真正的英雄，他用斧子打开并征服西部地区。这名伐木工
人是非常典型的巴西人。无可辩驳，这幅油画是一种革命，它引入新题材、新
观念、新主角，是对巴西欧洲化视野的挑战，是对西部的重视。随后人们不再一味
重视沿海和欧洲。这幅油画使艺术上的民族主义获得了胜利。《伐木工》展览后，
巴西艺术不再单调乏味

莫德斯托·布罗科斯·戈麦斯（1852—1936年）1895年创作了他极具象征性的《含[*]的救赎》。这幅油画现存于里约热内卢美术博物馆，反映了当时官方的种族态度："白种血统"将漂白"黑种血统"，产生一种欧洲化的巴西人。油画中的三代人——外祖母、母亲和孩子——描绘了漂白过程。画中的父亲是一位葡萄牙移民，他满意地看着自己的白种人孩子。后边的黑人外祖母靠着棕榈树，圣经中棕榈树象征希望，她赞美地举起双手抬起眼皮，很明显她非常满意这一漂白过程

---

* 此译取自圣经典故。含为挪亚的儿子，相传为非洲人的祖先。感谢豆瓣维舟老师对此译的指正。——译者

贝尔米罗·德·阿尔梅达（Belmiro de Almeida，1858—1935 年）创作的《情侣的争吵》（*The Lovers' Quarrel*，1887 年）提供了一个引人深思的视角来观察上层阶级的两性关系。他描绘的妻子几乎跌倒在丈夫面前，而丈夫却非常生硬，他笔直地坐着，关注的是他手里的雪茄而不是妻子。这幅画中男性的优势和女性的劣势形成了鲜明对比，强化了男性的统治地位

塔尔希拉·多·阿马拉尔（Tarsila do Amaral，1890—1973 年），一名卓越的现代主义艺术运动和文化民族主义贡献者，在这幅名为《第二等级》（*2nd Class*，1931 年）的绘画中，描绘了离开东北部地区的移民，那里是巴西最贫穷的地区。移民们试图找寻一片"应允之地"和对自己的救赎。他们中的大多数在大城市终止旅程，成为圣保罗和里约热内卢这样的现象级扩张都市的一分子。他们身无长技，无法适应这些技术导向的城市，只能寄希望于他们孩子的成功。然而他们的愿望却无情地被孩子们由营养不良导致的四肢纤细、头颅肿大所奚落。这幅绘画将人类的悲惨与井然有序的普遍进步联系起来。虽然《第二等级》只是描绘了移民迁徙旅程的一景，但画家隐晦地表达了这些巴西人实际上是巴西的二等公民。阿马拉尔强烈地表现了巴西的发展状况及其未来

第六章

新巴西

经济活跃起来。对变革的谈论激发了人们的想象力。20 世纪 259
初，巴西的一位外国评论家赞美了巴西向新南美共和国转变过程
中"非凡的增长和进步"。玛丽·鲁滨逊·赖特（Marie Robinson
Wright）则评论了更多：

> 进步和进取这一根本的现代精神的发展，将巴西人置于了
> 新世界领导权的前列，在当时它主导着国家生活并影响了辽阔
> 的共和国的方方面面，表现出对新形势的逐渐觉醒并意识到巨
> 大的责任，例如有必要通过唤醒高度的民族自尊心来凸显巴西
> 的国家地位，正是这种精神缔造了新巴西。

在传统的巴西历史分期中，"新巴西"是一段漫长的政治时期。
通常所说的旧共和国开始于 1889 年 11 月 15 日君主制度的结束，
一直持续到 1930 年的叛乱将热图利奥·瓦加斯（Getúlio Vargas）
推上政坛的政变。由于 1922—1930 年是对农村寡头权力结构的公 260
开挑战，1930 年这一挑战取得了胜利，关于那八年的讨论将会被视
作对巴西史上瓦加斯长期统治讨论的一部分。关于新巴西的讨论主
要围绕 20 世纪头几十年内发生的重大事件进行，其中最重要的是
咖啡的种植、加工和出口。繁荣的咖啡工业像吸引住了赖特女士一
样吸引了绝大多数巴西人。它促进了东南部各州经济的飞速增长。

1530—1560 年它和经济模式的最终联系建立，它和经济发展的关系成为 20 世纪研究中的重要历史问题。

旧共和国的上升

巴西社会史学家吉尔贝托·弗雷雷曾一针见血地指出，"咖啡繁荣代表了从宗法经济到工业经济的过渡"。原因是多方面的，通过征募欧洲移民充当劳动力、鼓励外国投资、创建国内资本投资、推动铁路建设和港口整修、引进新技术、加快创业活动、把新增利润投入工业化、培养有活力的资产阶级、开放西部并增加那里的人口、加快融入世界资本主义经济的步伐，咖啡使巴西资本主义实现了现代化。

随着产量的增加，咖啡开始在巴西的出口贸易中处于支配地位。1901 年，咖啡约占巴西出口总额的 46%，到 1908 年约占出口总额的 53%。在 20 世纪的头十年，巴西的咖啡产量约占世界咖啡总产量的 77%（见表 6.1）。如果把咖啡的成功和一度支配巴西出口的糖料的命运相比较，咖啡似乎更为重要。1901 年，糖料出口占出口总额不足 5%，到 1912 年糖料只占巴西国际贸易的 0.007%。巨大的国内市场几乎能消费掉所有的糖料产物。同一时期内，咖啡远远超过了当时第二种最重要的出口品——橡胶。1901 年，橡胶占巴西出口总额的 28%，然而到 1912 年，虽然它依然非常重要，但出口百分比下降到 22%。这些统计数字表明了在共和国的头几十年中，咖啡在国家经济生活中占绝对优势。

和此前一样，在变幻莫测的世界市场中，巴西再次将赌注压在单一的初级产品的销售上，20 世纪的巴西依然重复着 16 世纪建立的模式。只要咖啡卖得好，国家就繁荣，但和过去一样，巴西从未

表 6.1　1901—1940 年巴西咖啡产量

	指数 1901—1905 年 = 100		巴西产量占 总产量的百分比	前五年增长占 世界消费额的 百分比
	世界	巴西		
1901—1905 年	100	100	76	17
1906—1910 年	109	113	78	14
1911—1915 年	105	103	74	6
1916—1920 年	105	99	72	−6
1921—1925 年	120	107	67	15
1926—1930 年	138	119	65	12
1931—1935 年	219	182	63	5
1936—1940 年	232	183	60	7

资料来源：Henry W. Spiegel, *The Brazilian Economy* (Philadelphia, 1949), p. 170.

采取过任何措施降低经济发展中的风险。当咖啡种植园主将咖啡销售集中到少数几个国家时，潜在的危险也在增加。美国、英国和德国购买了巴西全部咖啡产量的四分之三，这些咖啡购买者的需求稍微减少都会立刻影响咖啡价格，还会对巴西经济产生巨大影响。一些巴西人意识到了这种潜在的威胁，但对此无能为力，与之相反，种植园主继续扩张，他们曾天真地设想，他们的超级生产能够垄断并最终控制世界市场。在一定时间内，种植园主的确从咖啡种植业中获得巨额利润。

　　咖啡的影响不仅限于经济领域，而且涉及国内外政治。一度占统治地位的糖料大亨部分奠定了 19 世纪的外交基调，他们向欧洲销售糖料并视旧世界为自己的良师益友——他们从葡萄牙寻求精神鼓舞，从法国寻找文化取向，从英国那里寻求贸易和政治指导。另一方面，同橡胶和可可出口商一样，咖啡生产者发现美国是他们的最佳市场。从 1865 年开始，美国独占了巴西咖啡的最大份额；1870 年后，随着咖啡进口税的取消，美国购买了巴西销往国外的一半以上的咖啡豆。1912 年，纽约成为世界上最大的橡胶市场，那里交易的橡胶大约有 60% 来自亚马孙。同样，与其他国家相比，美国还消费了更多的巴西可可。结果是，到 1912 年，巴西出口品的 36% 销往美国，而第二大市场——英国仅购买了巴西 15% 的出口品。作为巴西出口品的最大消费者，美国的出现有助于巴西将外交轴心从欧洲转向美国。到 1905 年，华盛顿已经取代伦敦成为巴西最重要的外交据点。

咖啡在国家经济中的绝对支配地位使经济实力集中到最适合咖啡生产的地区。圣保罗、米纳斯吉拉斯和里约热内卢这些州拥有独特的红紫土——土层深而且多气孔，富含腐殖质，非常适合咖啡树的茁壮生长，适宜的温度和充足的降水同样有利于该地区咖啡树的生长。综上所述，出于地形和环境原因，咖啡生产主要集中在巴西东南部，三个咖啡生产州对巴西经济发展影响巨大。如果人们考虑263 到在地理上东南部仅仅是辽阔的巴西国境内很小的一部分时，这种影响似乎更加让人难忘。这几个州拥有巴西一半以上的人口，它们为国家贡献了一半以上的财政收入，此外还拥有国内最好的运输和通信网络。

在控制经济的三个州中，圣保罗州发挥着主导作用。在 1916 年巴西的总出口中，圣保罗占 46%，而米纳斯吉拉斯占 22%，里约热内卢占 18%。在收成最好的年份里，仅圣保罗一州的咖啡总量就能占总咖啡收成的 65%—70%，为国库上缴 30%—40% 的税收。鉴于圣保罗经济的重要性，1912 年财政部的报告中写道，在巴西的出口大州中，圣保罗稳居第一，"这是既定事实"。同年，圣保罗出口额占巴西出口总额的 50%，与之形成鲜明对比的是，此前主要产糖区伯南布哥的出口占比不足 1%。

事实上，咖啡树的绿浪向西横跨圣保罗，覆盖了整个州。乘火车向内陆旅行时，旅行者会经过成千上万排的咖啡树。19 世纪末，弗兰克·G. 卡彭特（Frank G. Carpenter）曾这样描述世界上最大的咖啡种植园——杜蒙特（Dumont）种植园，这是一片距离圣保罗300 英里的内陆：

> 庄园包括数千英亩的土地，其中有超过 13000 英亩的咖啡田和 2500 英亩的牧场。每年新植的更多树木使这里看起来像一个大花园。环这个庄园一圈有 40 英里，为方便运输咖啡，人们修建了 40 多英里的铁轨。
>
> 庄园供养着 5000 人。它包括 23 个定居点，规模最大的由70 户家庭组成。这里有为工人提供食物的大商店，还有面包店、药店、锯木厂、刨削厂，甚至还有酿酒厂。这里有清洗咖啡的大工厂，它们为咖啡的销售做准备，在记账员办公室，记账员负责计算开支，他们能告诉你每 500 万棵树能够产出多少咖啡，并且给出采摘咖啡和将咖啡运往港口的明细。
>
> 庄园内的劳动力非常有组织。每个人都有自己的工作，264在管理者的引导下，每个雇工负责一定数目的咖啡树，有时树木多达百万棵；这些树被分配给每家每户，每户家庭负责3000—4000 棵树不等，他们负责种植这些树并保持清洁。

由于国内外移民的涌入，短短三十年的时间里，这个州人口就增至原来的 3 倍有余，1890 年该州人口 1384753 人，1920 年增至 4592188 人。圣保罗州首府，亦名圣保罗，是东南部充满活力的金融和管理中心。作为圣保罗的港口，桑托斯将大量巴西咖啡用船运送至美国、英国、德国和法国市场。1900—1914 年之间，桑托斯每年运输的咖啡量几乎是此前的 2 倍，从 5742362 袋增加到

11308784 袋，每袋咖啡重 130 磅。桑托斯雄辩地证明了这么一个
事实：圣保罗收获和出口的咖啡量一直多于其他州。

东南部经济的强大使圣保罗、米纳斯吉拉斯和里约热内卢成
为旧共和国时期的咖啡三角同盟，它们掌握着国家的政治权力，其
中尤以圣保罗州权力最大。通过控制总统大选，它们开启了经济
立法和赞助的大门。在整个旧共和国时期，这些充满活力的咖啡
州成功赢得了总统竞选，由此促进了当地经济的发展。最早的三
位文官总统（他们在 1894—1906 年间进行统治）是普鲁登特·若
泽·德·莫赖斯、曼努埃尔·费拉斯·德·坎波斯·萨莱斯和
弗朗西斯科·德·保拉·罗德里格斯·阿尔维斯（Francisco de
Paula Rodrigues Alves），他们均来自圣保罗。随后的两位总统（自
1906 年到 1910 年进行统治）是阿丰索·奥古斯托·莫雷拉·佩纳
（Afonso Augusto Moreira Pena）和尼洛·佩萨尼亚（Nilo Peçanha）
分别来自米纳斯吉拉斯和里约热内卢。除了某两位例外，1930 年
之前其他总统均来自圣保罗或米纳斯吉拉斯。来自以咖啡为主导的
地区的总统能够实施有利于它们的方案。美国公使馆的第一秘书，
G. L. 罗瑞拉德（G. L. Lorillard）恰当地说明了咖啡和政治间的互
惠性：

265　　　　北部各州强烈反对咖啡种植园主控制政府，并抱怨为支持
　　　　咖啡种植园主，它们的合法利益都被牺牲了。尽管如此，领导
　　　　层坚持做任何事情都是为了让咖啡利益相关者满意。总统充分
　　　　认识到他是被种植园主选举出来的，现在他必须报答他们。

很明显，咖啡利益相关者决定着政府绝大多数政策，这令巴西其他
人不满。在评价当时形势时，罗瑞拉德写道：

无论如何，在当前存在着这样一群人，他们比领导层和国会的联合力量还要强大。人们普遍认为，此前国家特别是个人与政府的关系从未像现在这样受到咖啡种植园主的影响，此前由国会决议的事情现在也受制于上述因素。

1889 年以后，咖啡种植园主和联邦政府的联盟迅速取代了此前所有的政治协议，因此，咖啡利益相关者对政治权力的控制成为 1894—1930 年最重要的政治特征。由于圣保罗在联盟中发挥着主导作用，这段巴西史一直被描述为圣保罗人控制时期。

三州同盟中的咖啡利益相关者设法通过协议、凝聚力、政党联盟，此外还包括政治调解，通常还有秘密及公开的军队支持来管理巴西。旧共和国的独特之处就是没有形成国家政党，第二帝国的自由党和保守党解散后，没有留下任何继承人。联邦共和党最早提出建立一个以国家为基础的政党，但1894年在提名普鲁登特·德·莫赖斯为总统后，该政党由于内讧解散了。

一个重要的政治格局迅速出现，在大州的默认和支持下，由现任总统提名下届总统候选人。选定的候选人和主要州长打交道，并承诺回报他们好处。在"大州政治"体制下，州长派遣那些支持总统纲领的国会议员到里约热内卢，作为回报，总统既不干涉也不妨碍那些州的治理。从一个层面上讲，总统和州长们彼此依靠对方的友善和合作。在另一个层面上讲，州长们和乡绅"上校"之间也存在这种互惠关系，后者严格控制着前者的选举，反之，州长也尊重乡绅"上校"在地方上的权威。当然，一些乡绅"上校"反对部分州政府，但这种立场往往会削弱他们的权力和威望，所以有可能的话，他们会尽量避免这种情况。政治上，农村是旧共和国最坚定的支持者。毕竟，巴西的财富主要来自乡村，那里生活着巴西绝大多数的人口。

由于未能组织一个强大的政党，传统的共和党人放弃了短暂的政治领导权。不久，一些富有经验的帝国老政治家再度执政，例如，前总统罗德里格斯·阿尔维斯和阿丰索·佩纳（1902—1909年在任）都曾是帝国时期的参赞。

虽然人们不断为组织新国家政党做出新的努力，但结果并不尽如人意。高卓政治家若泽·戈梅斯·德·皮涅罗·马沙多（José Gomes de Pinheiro Machado）为组织政党不遗余力地奔走呼告。他于1905年组织了新联邦共和党和后来的保守共和党（*Partido Republicano Conservador*），但二者都没有成为真正的全国性政党，它们是州内有组织性的政党，和州内其他组织联系非常少。总统候选人的提名和批准仍保留在现任总统或非正式的国会领导班子手中。制度化程序的缺乏仅是这一体制的诸多缺点之一。这一制度在付诸实践时，联邦主义变成了地方分权主义，国家利益成为地方利益的牺牲品。尽管如此，从积极方面讲，该体制为总统职位提供了一个候选人并保证他当选。政治进程的连续性使巴西避免了动乱局面，而动乱是巴西众多共和国邻邦共同的政治体制特征。

当然，民众在政治进程中没有发挥任何作用，一直以来，民众利益屈从于寡头利益。就他们而言，中间群体越来越抱怨自身的政治无权，这种处境又助长了他们的政治挫折感。选举要求的性别、年龄和文化限制使少数受过教育的成年男子拥有选举权。由于总统是由少数受过教育的成年男子直接选举出来的，而经济大州往往人口最多、有完备的教育体制，所以圣保罗、米纳斯吉拉斯、里约热内卢和南里奥格兰德主宰着总统选举。1910年，超过50%的选民居住在这四个州内，这些选民投出了超过50%的选票。政府代议制自豪地宣告了1891年宪法事实上只是在有限的地理范围内代表着巴西社会上层。

通过控制政府，咖啡利益相关者力图维持国家发展需要的政治稳定，或更实际地讲，是为了东南部和利润丰厚的国际贸易。他们在一代人的时间中取得了很大的成功。1895 年普鲁登特·德·莫赖斯镇压了南部叛乱，一些偶尔爆发的地方性叛乱也迅速被镇压。在旧共和国的全盛期，巴西社会整体太平、井然有序。

显然，促进经济稳定和发展可使咖啡阶级利益最大化。"疯狂的金融投机"引发了高通货膨胀和投机活动，这令种植园主惶恐不安，他们认为有必要重建巴西的国际信用、加强国家通货并平衡预算。1898 年金融危机达到巅峰。为避免危机，当选总统坎波斯·萨莱斯拜访了欧洲的银行家和政府，与巴西的债权人达成谅解并商议 268 新的贷款。他从罗斯柴尔德财阀那里获得了 1000 万英镑的资助贷款，这挽救了普鲁登特·德·莫赖斯政府，使其免于破产。坎波斯·萨莱斯自称是通货膨胀政策不共戴天的仇人，他就职后首先决定恢复巴西财政，任命有才干的若阿金·穆尔蒂尼奥（Joaquim Murtinho）担任财政部长，为他出谋划策。穆尔蒂尼奥也认为此前十年里，巴西愚蠢地将钱浪费在不合理的工业化尝试中，他和总统都认为巴西的财富来自农业，而非工业。当总统明智地通过削减开支、取消公共工程来平衡预算时，财政部长也停止发行更多货币，增加税收，并致力于兑现纸币。为增加收入，政府于 1900 年提高了关税率（1905 年和 1908 年关税率进一步提高），此外还鼓励更多的出口。这一计划显现了政府期望的成功：流通中不可兑换的货币数量减少，汇率提高，预算开始出现盈余。政府通过偿清贷款的方式提高国际信用，这导致了国外资金的大量注入。罗德里格斯·阿尔维斯和他娴熟的财政部长继续推行前任们的政策方针。显然，金融稳定计划需要牺牲，这并不受大多数巴西人的欢迎。

在关注国际市场的同时，咖啡种植园主催促政府稳定本国货币并将汇率固定下来。总统阿丰索·佩纳在统治早期就开始关注这些问题。1906年12月，他签署了一项法令成立兑换基金委员会，兑换基金委员会主要关注外部金融交易，它接收黄金储备并反对那些其他的储备，用固定汇率自由兑换纸币。通常而言，发行的纸币总量和兑换基金委员会掌握的黄金储备相等。上述方案的最大优点是

269 固定汇率增强了巴西与世界金融中心的联系，减少了持续上升的削弱种植园主经济地位的日常开支，提高了巴西在世界市场的地位。咖啡种植园主支持兑换基金委员会，当其他商业团体看到稳定的汇率时，它们也逐渐附和于人们对它的一致好评。国家的健康金融体系继续改善，直到欧洲战争再次扰乱了巴西的汇率。

在州政府和联邦政府的鼓励下，咖啡产量继续增加。到1900年，每年有1000万袋咖啡从巴西港口运往海外消费市场。供给的增加降低了价格，但是高盈利水平仍然吸引了越来越多的投资进入咖啡种植领域，在19世纪最后十年中，圣保罗的咖啡树数目从2.2亿棵增加到5.2亿棵。到20世纪初，种植园主意识到他们面临着严重的生产过剩问题。

忧心忡忡的咖啡利益相关者把这个问题报告给政府，政府许诺帮助他们。1902年，政府禁止五年内再种植新咖啡树。尽管如此，由于此前大规模的投机性种植，咖啡产量仍然以超出世界消费量的高速度增长。到1905年，巴西库存咖啡1100万袋，随着小咖啡树的成熟，咖啡产量继续增加。1906年巴西生产了2000万袋咖啡，创下了历史最高纪录，而巴西并不是世界上唯一销售咖啡的国家。随着经济危机的逼近，咖啡联盟期望政府援助它们。

为了避免生产过剩导致的金融崩溃，政府采取措施调整咖啡生

产和销售，将严禁种植新咖啡树的禁令延长到 1912 年。通过签署
1906 年 2 月 26 日的《陶巴特协定》（Convention of Taubaté），圣
保罗、米纳斯吉拉斯和里约热内卢的州长们试图控制咖啡市场。该
协定规定了物价稳定措施，如果咖啡价格低于最低水平，州和联邦　270
政府将通过购买或储存的方式暂时取走市场上的咖啡豆，直至价格
提高。总统罗德里格斯·阿尔维斯反对这一做法，但国会赞同这一
协定并保证联邦合作。三个咖啡州通过争取联邦支持施加影响，其
他州怨声载道，但毫无用处，物价稳定措施反映了政府对咖啡种植
业的偏袒。

为保证咖啡按照正常价格销售，罗德里格斯·阿尔维斯和佩纳
做了很大努力来限制咖啡生产并从市场上扣留多余咖啡。在国外和
国内银行贷款的资助以及联邦政府的帮助下，1907 年仅圣保罗就推
迟了 800 万袋咖啡的销售。第二年，圣保罗收获的咖啡创下十年内
新低，咖啡产量最少，一方面是因为严格限制咖啡种植的政策，另
一方面是因为不利的天气条件。1908—1912 年间，咖啡产量减少，
这使政府能逐渐销售库存咖啡并清偿债务。政府和种植园主把物价
稳定措施视为成功，几经修改后，这一措施沿用到 1929 年。

向市场运输产品是咖啡种植园主和其他农业出口商面临的另一
难题。对巴西这样一个巨大的国家而言，19 世纪铺设的 9500 英里
长的铁轨简直微不足道。在意识到巴西需要更多的交通设施后，共
和党领袖加快了铁路建设。截至第一次世界大战爆发前，巴西铁路
线增至 16000 英里，毫无疑问，绝大多数铁路穿过咖啡生产州。圣
保罗、米纳斯吉拉斯和里约热内卢拥有全国一半以上的铁路线。当
然，利润最丰厚的是连接圣保罗州首府和桑托斯的铁路线。这条专
运咖啡的铁路线运输的咖啡如此之多，以至于通常它每年要为此支

付 50% 的股息。因此，铁路扩展的最初几十年内建立的这种模式还
271 在继续：铁轨把种植园和国外市场连接起来，这方便了产品出口但
同时也加深了依赖性。

州政府和联邦政府十分关注港口整修。从 19 世纪末到第一次
世界大战期间，马瑙斯、贝伦、累西腓、萨尔瓦多、维多利亚、里
约热内卢、桑托斯、巴拉那瓜、阿雷格里港等大港口和其他小港口
设施均进行了大整修。加深航道、增设新码头、增修新货栈，其目
标都是方便运输咖啡、橡胶、可可、烟草、棉花、巴拉圭茶和兽皮
等货物。

旧共和国时期，物质进步令巴西人着迷。1908 年巴西举行了港
口开放一百周年纪念活动。里约热内卢举行的壮观博览会超过了其
他庆祝活动，这令巴西人欣喜，因为他们引以为豪的展览体现了巴
西的百年巨变。

最重要的是，城市取得了发展和进步。一方面，地图上涌现出
新城镇，这一时期内成立的新自治市约 500 个。1897 年米纳斯吉拉
斯人（Mineiros）开始修建新首府贝洛奥里藏特（Belo Horizonte）。
另一方面，老城市也在焕发新生机。表 6.2 表明了大城市人口的快
速增长。圣保罗是典型例子，1895 年后该城市人口以每五年高于
25% 的比例增长。意大利、葡萄牙、西班牙、德国、英国和法国移
272 民大量涌入这座城市。工商业的发展促进了城市的繁荣，快速而持
续的施工计划改变着城市面貌。1906 年气势宏伟的市剧院开放，此
后它在州、国家文化的发展中发挥了重大作用。1895 年成立的新
工业学校、1906 年成立的音乐和戏剧学校，此外还有 1913 年成立
的医学院也为地方和国家做出了重大贡献。截至 1920 年，圣保罗
已经成为巴西最重要的工业城市，从那时起这个地位一直保持到
现在。

表 6.2　1890 年和 1920 年主要州首府的人口增长（单位：人）

州首府	1890 年	1920 年
萨尔瓦多	174412	283422
贝洛奥里藏特	—	55563
累西腓	111556	238843
尼泰罗伊（Niterói）	34269	86238
阿雷格里港	52421	179263
圣保罗	64935	579033
里约热内卢（联邦首都）	552651	1157873

　　里约热内卢也发生了剧变。在就职后不久，总统阿尔维斯就开始集中力量整治脏乱、落后的国都，发起了一个美化城市、建设一流港口、消除黄热病的计划。总统委任奥斯瓦尔多·克鲁斯（Oswaldo Cruz）医生消灭黄热病，黄热病主要存在于首都正在建设中的一些卫生状况差的低地中。1849 年末，里约热内卢首先发现黄热病，此后很多年内它成为这座城市的瘟疫并危及当地居民和外来游客的生命。幸运的是，世纪之交的科学进步最终征服了这一热带疾病。借鉴北美科学家和古巴、巴拿马医生的成功经验，克鲁斯医生雄心勃勃地实施了四点方案来消灭黄热病：灭蚊、破坏蚊虫滋生地、隔离病人并为所有居民接种疫苗。当 1903 年这项活动开始发起时，有 584 人死于黄热病，第二年死于该病者降至 53 人，1906 年无人死于此病。克鲁斯积极有效的行动使巴西首都在卫生上堪比同时代的欧洲城市。

　　与此同时，新任命的联邦区行政长官佩雷拉·帕索斯（Pereira Passos）开始着手重建里约热内卢。他在旧商业区辟出一块地建造宏大的亚文尼达中心（Avenida Central，即今天的里奥－布兰科中心），在海边布置了漂亮的滨海大道。他扩建并重新设计了公园，

建造了宏伟的新建筑，其中包括 1909 年举行落成典礼的市剧院，
273 清理了首都大部分令人不快的卫生死角。同时，由于购买并安装了现代化设备，工程师重建并增加了首都的港口设施。巴西葱郁青翠的自然环境使佩雷拉·帕索斯在里约热内卢创造了现代化奇迹，这也是巴西人和游客对这里怀有羡慕敬畏之心的原因。里约热内卢的重建肯定了城市中产阶级的上升，从更广泛意义上讲，它也肯定了新巴西的上升。整修过的城市凸显出了新兴资产阶级的形象。

　　作为共和国的知识和政治中心，里约热内卢充满了活力。古色古香的欧维多大街（Rua do Ouvidor）是知识和政治大讨论的聚集地，这里有一条横穿商业繁华区的狭窄小道。行人聚集在街道旁的建筑物中间——这些建筑物至多三层高，墙壁被粉刷成白色、粉色、蓝色、黄色和浅粉色，与人群肤色一样绚丽多彩。妇女停下来凝视着精心装饰的商店橱窗，那里展示着最新的英法舶来品；她们仍保有传统上对法国风格的偏爱，面向里约热内卢精英的两大法国商店就是最好的例子，这两个商店分别是库隆夫人商店（Madame Coulon's）和春天百货（Au Printemps）。男士们手拿报纸，缓步走向他们最喜欢的饭馆或咖啡馆，在那里他们可以喝杯咖啡并进一步深谈。无处不在的咖啡馆是城镇的重要特征。由于巴西人喜欢咖啡和聊天，人们会在咖啡馆的角落而不是在办公室里谈生意，一小杯甜浓咖啡往往促成一桩生意。一小杯现磨咖啡的价格通常是 1.5 便士。人们把火炉上咖啡壶里热气腾腾的黑咖啡直接冲到杯子里，很多顾客会加糖。巴西人有一句真理般的谚语："好咖啡应该浓如魔鬼，黑如墨，热如地狱，甜如爱。"咖啡能促进人们的交谈，正如
274 它能令饮者放松。人们通常停止热烈的讨论，和过路的相识者握手并询问他及家人的健康状况，如果是熟人，他们会热情地拥抱并真诚地问候对方。

　　诗人和政治家聚集在欧维多大街和街旁的饭店里。通过黑色的高丝帽我们可以辨认出政治家，他们每天举行招待会，体察民情，继续那些始于议院的争论。诗人聚集在圆桌旁，朗诵并解释着自己的作品，而朋友和对手或恭维或批评。他们的交谈中夹杂着法语，偶尔还有英语，这表明他们非常了解欧洲出版社的出版动向。这些严肃的声调被彩票兜售者和卖各种小商品的小贩们的叫卖声淹没了，这些叫卖声中夹杂着含糊不清的法语、英语、德语、西班牙语和意大利语，因为里约热内卢已成为外国人的聚集地，外国人也喜欢欧维多大街。

　　城市使文化生活更加丰富多彩。在讲葡萄牙语的国度里，马沙多·德·阿西斯地位显赫，他的作品《沉默先生》（1900年）被大多数评论家视为巴西最好的小说，《沉默先生》成为畅销书，每版印刷了2000—2500册并保证在第一年销售在600—800册。继马查多后的阿丰索·恩里克斯·德·利马·巴雷托（Afonso Henriques de lima Barreto）是一位富有洞察力的杰出作家，他用辛辣的散文剖析了城市和郊区民众生活的风俗习惯。

　　由于两部著名作品的问世，1902年成为文学上的里程碑。第一部作品是欧克利德斯·达·库尼亚的《内地的反叛》，前面说过，它是文学新解析学派最著名的作品之一，评论家称之为经典。

　　第二部作品《迦南》（*Canãa*）是若泽·佩雷拉·达·格拉萨·阿拉尼亚（José Pereira da Graça Aranha）创作的解析小说，它从外国移民和巴西本地人的视角来研究巴西社会。格拉萨·阿拉尼亚对他生活的社会大加批判，称困扰旧世界的弊病仍在折磨新世界的国家，他认为穆拉托人是唯一"真正的巴西人"。为增强民族主义情感，他激烈攻击了巴西人的依赖性。在书中的一节里，他用尖锐的文字讨论了这种依赖性：

"你们这些绅士大谈独立，"市议员刻薄地挖苦道，"但我并没有看到独立，巴西一直以来都是一块殖民地。我们的政权不是自由的，我们只是一块受保护领地。"

"那么，谁来保护我们？"布雷德罗德斯（Brederodes）打断了他的话，用他的矫视眼镜做着手势。

"等等，伙计，听着，告诉我：我们的财政独立在哪里？哪种现金支配着我们的生活？我们的黄金在哪里？假如我们可怜的纸币不能兑换英镑，它们又有何用？我们的公众财产在哪里？我们拥有的那少量的财产已经抵押了贷款，海关税收掌握在英国人手中。我们没有船只，也没有铁路，它们都掌握在外国人的手中。难道我们不是自由国家名义掩盖下的殖民地政权……听着，你不相信我，我更希望有能力保护我们的道德和文化遗产、我们的语言，而不是继续这种贫穷和我们现在的堕落，最好由罗斯柴尔德财阀的一个记账员管理我们的财务并由一名德国上校来整顿现状。"

知识分子清醒地认识到了一个变革中的巴西的经济、政治和社会现况。他们认识并讨论很多问题和改革，这不仅有助于巴西清醒地认识自身，同时也有助于它更好地了解国外。这样做使巴西在世纪之交民族主义泛滥，这个国家在它的新共和主义制度下第一次充满了民族自信。

外交的胜利

1895—1912 年，巴西庆祝巨大的外交胜利并将民族主义推向高潮。由于国内的繁荣与和平，几十年来，巴西第一次全面关注国际事件并集中精力构建和执行积极的外交政策。在共和政体取代君主政体后，除了与乌拉圭（1851 年）和巴拉圭（1872 年）的边界已经被划定外，巴西漫长的边境线依然悬而未决。共和国的外交部长集中全部精力解决边界问题。

首当其冲的是阿根廷和巴西争执已久的传教区（Missions territory）领土问题，外交部长金蒂诺·博卡伊武阿曾建议两国分割这片领土，但巴西国会坚决拒绝接受这个提议。两个邻邦都同意把各自的要求提交给一个仲裁者并选定美国总统格罗弗·克利夫兰担任。里约热内卢政府选择拉普拉塔历史学家，里奥－布兰科男爵（Baron of Rio-Branco）若泽·马里亚·达·席尔瓦·小帕拉尼奥斯（José Maria da Silva Paranhos Júnior）提出其案。多年的研究、第一手经验及因研究拉普拉塔问题而在巴西知识分子中享有的声望使他可以胜任这一任务。弗洛里亚诺政府把他从欧洲外交职位上召回。为准备巴西的事情，他以 18 世纪的档案、地图和巴西在这一地区的定居为论据，他对这些材料的掌握如此熟练，以至于他能够借用阿根廷的论据为巴西人争取利益。当 1895 年 2 月 6 日克利夫兰总统公布仲裁公断书时，里奥－布兰科取得了绝对性的胜利，13680 平方英里的传教区落入了巴西手中。

政府遂任命里奥－布兰科继续处理巴西和法属圭亚那间棘手的边界问题。法国一直主张其边界延伸到亚马孙河口流域的地区。两国同意把争端提交给仲裁并选择瑞士总统担任仲裁者。里奥－布兰 277科再次写了详细的论证并援引了丰富的历史和地理资料。1900 年 12 月 1 日，瑞士总统裁定了这片有争议的领土，巴西获得了大约 10.1 万平方英里土地。里奥－布兰科在北部和南部获得的巨大成功使巴西能够朝这两个方向和平扩张，同时也确定了争论四百年之久的边界。两次外交的胜利使里奥－布兰科成为民族英雄，巴西人欣喜地看到他们在国际上两次维护了国家利益，首先成功战胜了它的主要竞争对手——阿根廷，随后战胜了主要欧洲国家——法国。二十多年后，当一度辉煌的帝国外交衰落为例行公事时，里奥－布兰科又成功地把巴西利益导入国际舞台。

1902 年 12 月，里奥－布兰科从柏林辞职回到里约热内卢负责罗德里格斯·阿尔维斯总统新政府下的外交事务。作为外交部长，他决心完成担任外交官时开始的工作，即划定巴西边界。当时他面临着与玻利维亚在南美腹地阿克里领土问题上的激烈争执。通过施加压力和巧妙斡旋，里奥－布兰科和玻利维亚进行了谈判并在 1903 年签订了《彼得罗波利斯条约》(Treaty of Petropolis)，根据该条约，巴西获得了盛产橡胶的阿克里，其面积约为 7.3 万平方英里。作为交换，玻利维亚获得了通往马德拉河的一小片领土，借助它玻利维亚能够前往大西洋（还有对内河航运自由的永久保证），还获得了 1000 万美元补偿，此外，巴西承诺在马德拉河右岸修建一条绕过急流的铁路并允许玻利维亚进入马德拉下游。《彼得罗波利斯条约》规定了巴西从大西洋南部到远至秘鲁的最西部边界。

秘鲁主张其对阿克里和亚马孙河流域大片地区的所有权，它大声反对《彼得罗波利斯条约》规定的解决方案。随后里奥－布兰科集中精力解决秘鲁人的要求，事实证明，把秘鲁带到谈判桌上远比玻利维亚困难。利马坚持使用拖延战术，因为它希望时间将有利于秘鲁的提案，但是假如时间让人受益的话，那也将有利于巴西。秘鲁不断更换外交部长和对巴西的外交代表减弱了秘鲁提案的说服力，而巴西在一个部长领导下进行了长达五年的谈判，这种连续性巩固了巴西的地位。1909 年 9 月 8 日，利马同意签署一个划定边界的条约。占领地保有原则再次决定了所有权。由于巴西人居住在秘鲁所要求的广阔领域内，他们获得了大约 6.3 万平方英里的土地，巴西刚获得的阿克里被确认归巴西人所有。说西班牙语的邻邦秘鲁获得的土地不足1万平方英里。此外，里奥－布兰科还划定了972英里长的边境线，由此划定了巴西西部边界。

当与利马的拖延谈判进行中时，里奥－布兰科又开始关注其他边界问题。1904年，通过划分有争议的领土，巴西解决了巴西与英属圭亚那的边界问题。同年，巴西和厄瓜多尔（也是邻邦）签订了解决边界问题的协议。1905年巴西与委内瑞拉的条约解决了北部边界问题；1906年巴西和荷兰通过谈判达成协议，协议决定确定苏里南（Surinam）的边界；1907年哥伦比亚和巴西达成了划定边界的共识。1909年，通过与乌拉圭签订的宽松条约，里奥－布兰科划定最后边界，巴西同意了乌拉圭重划两国边界的请求，这样乌拉圭可以在雅瓜朗河（Jaguarão River）和米林潟湖（Lake Mirim）上航行。

里奥－布兰科利用十五年的时间确定了四个世纪以来巴西争论不休的边界问题。对巴西而言，最直接的影响是增加了大约34.2万平方英里领土——大小相当于一个法国。里奥－布兰科男爵实现了葡属巴西四百年来从大西洋到安第斯山脉山脚的扩张。这一边境史诗创造了世界第五大国。最重要的是，它消除了引发战争、误解和 280 争执的潜在因素。

在划定边界的同时，里奥－布兰科又开始为巴西制定20世纪的外交路线。他有能力处理令人头晕目眩的外交争议并预想外交战略的范围，他为巴西在世界舞台上谋求了一个领导角色，这样一个重要角色和19世纪的巴西仅关注总边界，尤其是拉普拉塔地区，形成了鲜明对比。

新外交政策有四个相关目标：第一，里奥－布兰科试图提高巴西的国际声望。在新世纪民族主义蓬勃发展的基础上，他旨在使巴西获得国际社会的认可和尊重。越来越多的国外港口飘扬着整修一新、扩大了的巴西海军的旗帜。随着巴西越来越频繁地参与国际会议，里约热内卢的外国外交官和巴西在国外的外交官数目增加。里约热内卢主办了第三届泛美会议和第三届拉丁美洲科学大会。在里奥－布兰科担任外交部长期间，更多杰出的外国人访问巴西，外交部长欢迎并款待了所有人。从报刊发表的言论和出版的著作可以看出，访问者对巴西的印象非常好，这一时期法国涌现出大量关于巴西的书籍。英国、德国和北美作家也参加到以文学探索巴西的活动之中。与此同时，德国和比利时的大学开始设葡萄牙语和葡萄牙裔巴西文学课程。外交官若阿金·纳布科在公民团体和美国各大学发表演讲，而历史学家曼努埃尔·德·奥利韦拉·利马在斯坦福大学、威廉斯学院和巴黎大学发表演讲。令巴西人兴奋的是，他们的国家正逐渐被国外认可。

281　　　外交部长里奥－布兰科预见，假设在拉美国家中巴西第一个接受红衣主教之职，这将会给巴西带来巨大的声望。一直到 1904 年，拉丁美洲依然没有红衣主教，如果人们意识到这里是罗马天主教的堡垒时，便会感到奇怪了。罗马有义务提拔一名拉美人担任此职。第一个接受这一荣誉的拉美国家将拥有至高无上的褒奖。里奥－布兰科要求巴西在梵蒂冈的外交官告知教皇，巴西天主教徒很乐意拥有一位红衣主教。和拉美其他国家相比，巴西和罗马一直保持着良好关系。事实上，巴西比拉美其他国家更加忠诚和敬重罗马教皇。他们还使用了面积和人口等有效论据，论证非常合理，罗马很快做出决定。1905 年 12 月 11 日的教会议会上，教皇庇护十世（Pius X）任命里约热内卢著名的大主教若阿金·阿尔科韦德·德·阿尔布开克（Joaquim Arcoverde de Albuquerque）为红衣主教。对巴西人来说，这一公告是外交上的胜利，此后的三十年中，巴西是唯一一个拥有红衣主教的拉丁美洲国家。

　　作为新政策的第二个目标，里奥－布兰科希望巴西在整体上行使对拉丁美洲，尤其是对南美地区的领导权。通过加强巴西在整个拉丁美洲的外交联系，他开始了自己的计划。当发现巴西在基多和波哥大没有外交代表后，1904 年巴西向这两个国家的首都派遣常驻公使。1906 年，巴西开始向哥斯达黎加、古巴、危地马拉、洪都拉斯、萨尔瓦多、尼加拉瓜和巴拿马委派外交代表。在拉丁美洲各国的首都中，他唯二没有委派外交代表的是太子港和圣多明哥。男爵在必要时引导着与在美国华盛顿的诸海岛共和国的外交人员间的外交关系。布宜诺斯艾利斯、圣地亚哥和利马成为拉美最重要的港口，他在这三个首都任命了最有才干的外交官和最亲近的助理。在认识到墨西哥在泛美共同体中的重要性后，1906 年他在那里设立了公使馆，从而把此前华盛顿—墨西哥城的联合外交据点分开。　282

　　里奥－布兰科和巴西领导拉丁美洲的例子非常多。但 1903 年末到 1904 年初阿根廷－巴西－智利－墨西哥的伊塔玛拉蒂（*Itamaraty*，外交部的名称）在承认巴拿马上的协调最能说明这一问题，这是外交部长引导主要拉美国家参与国际事务的能力的最好例子。1907 年，由巴西领导、在海牙召开的第二届国际和平会议是另一个有说服力的例子。当鲁伊·巴尔博扎在海牙仲裁法庭上声称参与讨论的所有国家平等时，他的言谈获得了所有拉美国家的支持。伊塔玛拉蒂同样有助于协调秘鲁和厄瓜多尔间边界问题的冲突，寻找打破僵局——即威胁智利—美国关系的奥尔索普（Alsop）要求——的方法并催促美国向巴拉圭派遣一名常驻外交代表。巴西开始把自己视为美国和拉丁美洲之间的外交桥梁。巴西人试图向拉美社会解释美国以及其行为，反过来，巴西又在美国国务院面前担任拉美调停人。巴西的领导作用没有被忽视，里约热内卢的智利公使曾给圣地亚哥写信讲道：

　　巴西相信自己，由于它广袤的国土、众多的人口、优越的地理位置和美好的未来，作为一个国家，它注定在南美行使部分霸权，正如美国现在正对整个美洲行使霸权。这获得了美国的认可，巴西政治家没有掩饰他们的想法，相反，他们在文件中进行了说明。

　　正如智利人提到的，新外交政策的巨大成功依赖于里奥－布兰科使巴西和美国紧密结盟的技巧。在任职早期，他成功地将巴西的
283　外交中心从伦敦转移到华盛顿。整个 19 世纪，英国垄断着巴西的商业和金融，英国政府成为第二帝国的楷模。相比之下，共和国的1891 年宪法把美国这位新政治导师的宪法作为楷模。此外，到那个世纪的最后几十年，北美市场成为巴西出口品最重要的购买商。里奥－布兰科清醒地认识到适当结交这个新兴世界强国将对巴西非常有利。他希望通过与美国的密切交往打破南美的势力平衡，使之偏向于巴西，提高他的国际机动性。华盛顿坐"第一把交椅"后，巴西外交部长忠告在美国的巴西外交官员保持与美国国务院间的密切联系。

　　美国非常乐意接受这个拉美最大的共和国的友谊并回报巴西。1905 年两国互派大使，华盛顿接待了第一位巴西大使——杰出而亲美的若阿金·纳布科，而里约热内卢则热烈欢迎美国向南美委派的唯一一位大使。巴西外交部长和大使赢得了美国国务卿伊莱休·鲁特（Elihu Root）和总统西奥多·罗斯福的理解和合作，他们保证北美支持里奥－布兰科的新外交政策。热情的罗斯福总统一度对巴西广袤的国土产生了兴趣，他的话曾被一位巴西官员引用："你们伟大的祖国有光辉的未来，作为政府代表，我希望有能力为它做出贡献。"1906 年，鲁特正式访问巴西，这是美国国务卿的第一次对外

访问，表明鲁特将巴西作为他拉美政策的基石。当然他在巴西受到的热烈欢迎似乎确认了将南北美洲的两大国连接起来的非正式联盟契约，这次访问也向该半球的其他国家表明了两国间的特殊关系。巴西的主要对手阿根廷注意到了这种非正式但又稳固的联盟。男爵 284 的新政策加强了巴西对国际政治的支配。

新外交政策的最后一点是，男爵重新强调泛美主义。由于独特的君权制度，巴西同它所在半球的其他国家分离了近一个世纪，1889 年巴西加入共和国互助会，同年，互助会中泛美运动开始。边界问题的和平解决不仅消除了巴西与邻国潜在的冲突根源，还使拉美国家间的友谊成为现实。不管巴西人对它们姐妹共和国的个人感情如何，所有负责任的领导人都理解它们之间友好关系的重要性。1906 年，外交部长在里约热内卢组织的第三届泛美会议获得了极大成功，这巩固了泛美运动并使其永久化。

泛美主义、与美国的亲密关系、拉丁美洲的领导权，再加上国际威望，共同构成了新外交政策的四个基点。这也表明了伊塔玛拉蒂的活力结束了此前的边界政策。巴西人欣喜地看到他们的国家致力于制定新国际政策。当他们把此前狭隘的外交视野从边界转向国际舞台时，他们第一次决定在世界舞台上占一席之地。一个恰当的例子说明了这种改变。1899 年，巴西仍在关注边界冲突，它拒绝了第一届海牙和平会议的参会邀请并声称巴西没有国家利益需要被讨论。1907 年，巴西推行扩大的新政策，巴西不仅渴望收到第二届海牙和平会议的邀请，甚至为它的首席代表——在讨论中发挥积极作用的鲁伊·巴尔博扎要求官职。

虽然两次会议仅相隔八年，但是这一段时间中里奥－布兰科领导下的巴西外交发生了彻底的改变。新的国际态度和外交政策成为 285 里奥－布兰科男爵留给巴西的遗产。在他死后的几十年里，他的外交政策成为一种传统，后继者自豪而无异议地贯彻着它们。由于里奥－布兰科结束了帝国外交并为共和国外交奠定了方向，因此，他的部长任期也是巴西外交决定性的过渡期。此外，由于刻意回避政治，里奥－布兰科提出的外交政策与党派斗争无关，他并不代表某一党派，而是反映了整个国家的要求。外交政策被视为国家统一思想和民族主义发展的外在表现。

开发亚马孙

"新巴西"的繁荣和进步甚至深入遥远的亚马孙河流域，它多次给人希望又多次令人失望。怀着对这片流域光明未来的希望，1850 年皇帝在这里设立了亚马孙省。位于内格罗河与亚马孙河交汇处几英里远的马瑙斯成为省会，当时马瑙斯只有少数土坯房。此后不久，轮船开始定期往返于"河海"之间，这极大地促进了亚马孙河流域的开放和未来的开发。1853 年，毛阿的汽船将贝伦和马瑙斯连接了起来，提供为期八天的班轮。1855 年，另一个班轮将马瑙斯和秘鲁的纳塔连接起来。在国外压力下，1867 年帝国政府不加任何限制地向国际交通运输开放了亚马孙河。此后，亚马孙主要支流也逐渐出现班轮服务：1869 年在普鲁斯河（Purús），1873 年在马代拉河（Madeira），1874 年在茹鲁阿河（Juruá）。因为村落紧靠着河岸，所以轮船网能将亚马孙的居住区很好地联结起来。从逻辑上讲，亚马孙河主宰着所有北部居民的生活。大河沿岸出产了大量需要运输的自然产品，如树胶、树根、药材、木材、兽皮和橡胶，橡胶改变着亚马孙河流域。

1840 年之前，橡胶并不为大家所看重，直到查尔斯·古德伊尔（Charles Goodyear）发现了硫化，硫化既能防止橡胶在炎热的天气里变黏，又能防止橡胶在寒冷的天气里变脆。橡胶用途非常广，可以用来生产雨衣、绝缘材料、马车和自行车，以及后来的汽车轮胎。随着橡胶实用性的增强，人们对它的需求也在不断增加。1827 年，贝伦出口橡胶 69174 磅，截至 1853 年，橡胶出口已经达 5214560 磅，一切都表明了橡胶产量的增加。亚马孙的繁荣拉开了序幕。

投机者沿着亚马孙河及其支流寻找橡胶树，他们希望找到生长这种稀有树木的大片土地。没有人考虑种植这种树木，首先因为它的生长周期长达二十年，此外，人们通常认为野生橡胶质量更好。总之，大自然可以慷慨地为人们提供一切。那些新兴工业企业家居住在贝伦或者马瑙斯，他们可以在那里指导橡胶采集并将天然橡胶出口给焦急等待的国际市场。巴西依然面临着老问题：劳动力短缺。日益减少的印第安人被迫征为橡胶采集者（seringueiros），再现了 17 和 18 世纪最坏的奴役和虐待的悲惨情景。在橡胶繁荣期，亚马孙大部分人口来自东北部，连年的干旱迫使他们来到这里，残酷的劳役偿债制将他们困在那里。但是他们——其中包括冷酷无情的印第安人剥削者，为了生存不得不大量借用朴实的印第安文明。阿尔贝托·兰热尔（Alberto Rangel）在短篇小说《好客》（"Hospitalidade"）中描述了上述两个群体的关系以及入侵者采用本地生活方式的必要性。橡胶的利润诱使很多外国人来到热带地区，但他们主要待在贝伦和马瑙斯两个城市。英国人、法国人、德国人和葡萄牙人来到巴西后指导橡胶生产，而西班牙人、意大利人、叙利亚人和黎巴嫩人移居这里后在这两个城市里从事其他经营。在整个亚马孙北部，人口从 1853 年的 25 万人增加到 1872 年的 33 万人，到 1890 年人口增至 38 万人，而 1910 年这里的人口已经接近 100 万人。尽管如此，巴西仍然缺乏橡胶采集者。

受剥削的橡胶采集者与世隔绝的艰苦生活使很多人对这一职业

望而却步。欧克利德斯·达·库尼亚在关于亚马孙的一篇犀利评论中反复强调了"男人非常孤独"。事实上，热带雨林吞噬着橡胶采集者，每个采集者被分配给一条小道，每个人需要穿过浓密的灌木丛和沼泽寻找分散的橡胶树，他面临着亚马孙所有的危险，一路上他需要处理200多棵橡胶树。一大早他沿小路前行寻找橡胶树，找到后，他划破树干提取乳白色液体并把液体收集在一个拴在树干上的杯子里，过后橡胶采集者会返回来重新收集这些液体。下一步工作是用烟熏制橡胶，为了生产出好橡胶，橡胶树上的这些液体在采集当天就必须用烟熏。棕榈树果核冒出的浓烟很快会使白色液体凝固为可以销售的黑色橡胶球。这些橡胶球遂被储存起来，而后被用船运至马瑙斯或者贝伦出口。该贸易的丰厚利润并没有落到橡胶采集者手里，幸运的话，他们每人一天能赚一美元。虽然薪水非常高，但亚马孙河流域的生活成本也很高。1910年，工人的主食，咖啡、糖、大米和豆类的价格是纽约同类产品的4倍。由于当地人不愿从事农耕，他们吃的所有食物几乎都需要进口。除了将食物运到亚马孙的运输费用，联邦政府还对包括食物在内的进口商品征收高额关税，进口食物的费用自然被转嫁到消费者身上。难怪无论橡胶采集者多么努力地劳动，他们仍然无法摆脱贫困和苦役。

多年来，不少橡胶采集者散布于亚马孙河的众多支流间并进入内陆绝大多数偏远地区。他们这样做不仅可以找到新橡胶树、增加橡胶出口，而且还使巴西的领土扩张深入到此前无人居住的南美腹地。他们的作用相当于现代"旗队"，他们在亚马孙河流域的居住使巴西占有地保有的要求生效，也为里奥-布兰科最终成功解决边界问题奠定了基础。

沿着亚马孙河的众多支流，橡胶被运到马瑙斯或者下游的贝伦。这一方面榨取了内陆财富，另一方面又加速了港口的蓬勃发展。

橡胶价格稳步增长，但并不均衡。1910 年 4 月橡胶价格创下了此后一直未能超越的顶峰，每磅 2.90 美元。但橡胶巨头们的喜悦并未持续多久，同年 5 月橡胶价格下跌，正如其不久前的上升一样。尽管这一年橡胶价格时而萎靡，这并没有阻止巴西在 1910 年创下橡胶收入纪录，这一年橡胶的平均价格是 2.01 美元，远高于 1909 年的平均价格 1.60 美元，也是 1908 年平均价格 1.18 美元的 2 倍。1910 年的丰厚利润创造了橡胶收入纪录，虽然此前的很多年中出口了很多橡胶，而后来的 1912 年更是橡胶出口的巅峰。

橡胶工业的高额收入使亚马孙和帕拉的政府经费充裕，这两个政府对橡胶工业的兴趣都表现为征税，对每公斤橡胶征收高达 20%—25% 的出口税使财库充盈，预算也有结余。1910 年亚马孙的财政收入中有 82% 来自橡胶工业，在前一年橡胶工业贡献了 79% 的州政府收入，1911 年贡献了 78%。

无论从哪方面来看，繁荣不仅局限在热带雨林里，整个巴西都从中获益。在 20 世纪头十年和前半个世纪的对外贸易中，橡胶仅次于咖啡，位列第二。从 1910 年到 1912 年，咖啡为巴西带来了 2500 万英镑收入，而橡胶带来的收入接近 2200 万英镑。从 1900 年到 1912 年，橡胶占巴西出口贸易的三分之一。在橡胶出口上征收的税足以维持北部各州的奢侈生活，同时也促进了东北部各州的繁荣，那里很多居民直接或间接地卷入了橡胶工业。反之，南部各州又能从销往北部的谷物、肉、咖啡和纺织品的贸易中获益，北部人购买的进口商品也有助于国库收入的增加，因为海关征收了很高的进口税。

随着橡胶出口从 1890 年占出口总额的 10% 增加到 1910 年占出口总额的 39%，财富的增加把马瑙斯和贝伦等沿河落后城市转变为现代化的都市。虽然位于（或像一些人认为的禁锢在）巨大而诱人的热带雨林里，20世纪头十年马瑙斯就骄傲地向人们提供了任何面积与之相似甚或比它更大的欧洲城市所拥有的所有便利设施。在1896年，马瑙斯成为巴西第一个引进电路灯的城市。完善的供水系统、高效率的垃圾收集和处理系统、电话业务、漂亮的公共建筑以及舒适的私人住宅，这一切都表明了这座城市的现代化。这座城市最引以为荣的是宏伟的亚马孙歌剧院，时至今日，它依然是最辉煌的歌剧院之一，修建这座歌剧院花费了大约200万美元，这些资金全部来自1891—1896年的橡胶收入，在当时，这是一个天文数字。同19世纪法国华而不实的样式流行前绝大多数的巴西建筑一样，歌剧院结构坚固，外表简单，内部拥有想象怪异的巴洛克风格装饰。石头是最主要的建筑材料，门廊和支柱均使用意大利大理石，圆屋顶用彩瓦装饰，精心装饰的内部闪耀着金树叶，布满红色天鹅绒。古希腊和古罗马神话人物与以印第安人和当地为主题的装饰品、绘画和雕刻令人眼花缭乱。印第安人雕像从楼梯的栏杆上探出头来，棕榈树叶交织在檐壁之上。壁画描绘的是欧洲的男神和女神在亚马孙河嬉戏玩耍，巨大的镀金镜子映出了水晶灯的壮丽。管弦乐队有60多位乐师，就当时来讲，舞台的规模蔚为壮观。冬季，上层人士聚在歌剧院观看这里的戏剧、歌剧并参加音乐盛事。

新扩建后的港口车水马龙。港口的外国旗帜，特别是英国和德国旗帜，和巴西旗帜交错在一起。1910年创下了船舶运行的纪录，此后十五年都未能与其相媲美。橡胶商刚刚结束了出口最多的十年，他们用船把345079吨天然橡胶运往国外，这要比他们此前十年销售（或者此后将要销售）的多10万吨。橡胶被运往主要国际市场，例如纽约、利物浦、勒阿弗尔、汉堡和安特卫普。

贝伦，该城市人口1875年是4万人，到1900年超过10万人，它充分见证了橡胶财富的增长。它也拥有了电、电话、市内有轨电车、舒适的私人住宅、宏伟的公共建筑，还有——正如当时北美的一位游客所言——"大量的瑕疵令我们现代改革家吃惊"。该下游城市主要由白色建筑构成，它也拥有几个不错的文化机构。1878 年向公众开放的拉巴斯大剧院，1891 年重建了几十年前建成的帕拉博物馆。河港停泊着来自各大洲的轮船，事实上，港口在全盛期是南美洲最繁忙的港口之一，港口周围弥漫着橡胶的气味，载有橡胶球的各种船只从上游来到这里。橡胶球被运到仓库，切割成小块，用箱子装好以方便运输。巨大的木仓库和生满锈迹的铁皮仓库装满了橡胶。印第安人、黑人和穆拉托人把巨大的箱子从仓库搬运到等候的轮船上。

当看到船队运走橡胶时，橡胶商流露出自信，他们的热情也影响到了北部经济。1910 年 2 月，第一届亚马孙商业、工业和农业会议在马瑙斯召开，这次会议表明："作为橡胶生产者，这个国家的优势在于一定时间内能够保证生产出高质量的产品，而且森林也有提高产量的可能性。"会上弥漫着乐观主义，而这也是巴西北部对橡胶产业的一贯态度。当然，少数实事求是且有先见之明的人预见到正在地平线上升起的乌云向亚马孙河流域投下了绝望的阴影。亚马孙省长在 1910 年的年度咨文中抱怨人们把越来越多的注意力、精力和资金投入橡胶工业中，而忽视了栗子仁、象鱼、可可、木材和瓜拉那等其他林产品。1854 年帕拉省长在一份徒劳的对早期信息回应的咨文中警告人们过分关注橡胶会造成一种潜在危险形势——对单一出口品过分依赖。但该告诫并未引起人们的关注。总之，一切都太晚了。

亚洲已经开始大量生产橡胶。1876 年，英国人亨利·亚历山大·威克姆（Henry Alexander Wickham）偷偷地把橡胶树种子从亚马孙带到了伦敦的英国皇家植物园。后来，橡胶树树苗又从那里被移植到锡兰（今斯里兰卡），那里有欧洲人精心安排的种植园。亚洲工人的成本是亚马孙工人的四分之一，在种植园内一个工人可以管理 500 棵橡胶树，而在亚马孙一个非常努力的巴西人只能在丛林中找到 200 棵橡胶树。1881 年亚洲第一棵小橡胶树开花了，最初，这些组织高效的种植园出口有限。1900 年亚洲仅出口了 4 吨橡胶，但是数字迅速增加：1905 年达到 145 吨，1910 年达到 8000 吨，到 1915 年已经达到 10.7 万吨。换句话说，亚洲种植园出产的橡胶进入世界市场后所占的百分比从 1905 年的 0.3% 增长到 1910 年的 9.0%，后来又增长到 1915 年的 67.6%。到 1922 年，亚洲种植园出产的橡胶占国际橡胶销售额的 93.1%。世界市场橡胶供应的大幅增长，加上欧洲人在亚洲拥有和管理的种植园的低开销，导致橡胶价格的下跌。结果，1910 年 5 月巴西的橡胶价格开始逐渐下降，经济大萧条笼罩着整个亚马孙河流域。

292 　　价格的下跌令橡胶巨头苦恼不已。他们很快意识到了国际市场的变化。到 1910 年底，他们仍然处于极度恐慌之中。他们痛苦地抱怨着自己的困境，悲观地预测着橡胶价格在未来几年中会更低。事实证明，他们的预测是正确的。商人不把自己的困境归咎于无计划和无效率的生产，而是寻找其他理由，他们谴责联邦政府把精力浪费在咖啡上而忽视了经济的其他部分。他们还把怒火指向世界上最大的橡胶市场——美国，他们谴责"美国投机商"导致了橡胶价格下跌。正如亚马孙银行指责美国制造商干预世界橡胶市场，其目的就是促成橡胶价格下降，这样一来，他们可以获取最大利益。这样做时，商人们往往忽视或低估了造成他们困境的最重要原因：效率，大规模的亚洲种植园已经能够生产出比亚马孙河流域更加便宜、数量更多的橡胶。事实上，亚洲橡胶已经成功打破了巴西对国际市场的长期垄断。

无论如何，他们也找出了存在的一些问题，1910 年末商人意识到橡胶繁荣期结束了，为了防止形势进一步恶化，他们急需帮助。他们回想起五年前，生产过剩和价格下跌的相似问题也曾困扰过咖啡工业，限制咖啡种植和《陶巴特协定》（还有减少作物产量的坏天气）曾导致咖啡价格的上涨。由于巴西是咖啡的主产地，所以国家行为的确可以影响国际市场。

面对亚洲的生产力，橡胶巨头拒绝承认他们丧失了对橡胶的全球垄断并呼吁缔结"亚马孙协定"，由亚马孙州和帕拉州以及联邦政府签署，给橡胶一个类似于咖啡的物价稳定措施，其目标是稳定橡胶价格。作为一项紧急措施，亚马孙州通过了一部不切实际的法　293律以干涉橡胶工业。尽管商人们仍把联邦政府视为他们解决问题的唯一可行的办法。但是里约热内卢犹豫不定。和橡胶商人不同，政治家从全球视野看橡胶工业，他们清醒地认识到他们国家的橡胶工业毫无希望的现状。1912 年，姗姗来迟的《橡胶保护法》鼓励兴建种植园、改善交通、吸引移民并缩减 50% 的出口税。但这并未奏效。物价稳定措施同样没有任何效果。为了购买待价而沽的橡胶，巴西银行几乎倒闭，但橡胶价格始终没有上涨。

橡胶的繁荣期结束了，恐慌代替了繁荣，繁荣期的疯狂活动停止了。贝伦和马瑙斯又恢复了安静，码头和仓库被废弃，银行倒闭，外国商人搬走，两个大歌剧院也被荒废。贝伦和马瑙斯取代了此前的奥林达和欧鲁普雷图，成为出口增长和依赖性的牺牲品。

橡胶工业的繁荣和崩溃遵循着染料树、糖料、黄金、钻石、烟草、棉花和可可的发展模式。这些工业发展都说明了巴西史上的一个问题：在经济周期的循环中，某一种产品决定了整体经济或绝大部分经济的状况，这主要存在于殖民时期和 19 世纪，在 20 世纪也仍然可以看到。巴西经济史是一个接一个工业的起起落落。单一产品经济模式延续了四百多年。每个周期都遗留了大量残余和影响。经济周期通常会使国家的新地区内人口增加，此外产品还会继续生产，尽管其数量减少、价格降低，但至少它提供了财富源泉。

294   橡胶同样给亚马孙河流域带来了深远的影响。人类活动唤醒了沉睡的河谷。爱冒险的橡胶采集者为了生活交叉往返于内陆，如此一来，他们扩大了巴西边境。娴熟的领航员在未知的支流和溪流上航行，从而扩大了巴西实际的国土面积。人口增加了。贝伦和马瑙斯从沿河小镇发展成为国际大都市。

回顾从1894年政府恢复文官统治到20世纪头十年，这是巴西史上硕果累累的时期。这一时期出现的几次地方性起义规模都很小而且均被迅速镇压了，它们只是以安宁和稳定为主要特征的这一时期的特例。绝大多数历史学家赞扬圣保罗人统治期内的良好秩序和物质进步。里约热内卢的墨西哥外交代表在1910年对政府的报告中对此进行了最好的归纳："富饶的巴西的发展是显而易见的。总体来说，最近几年它的进步甚至比最乐观者预想的还要大。"同墨西哥外交代表和玛丽·鲁宾逊·赖特一样，大多数评论家对经济发展带来的物质进步感到困惑不解。

旧共和国的衰落

1909年6月，通过宪法机制的正常运作，尼洛·佩萨尼亚被选举继任阿丰索·佩纳未完成的十六个月的任期。在意外地担任国家首脑一职时，他只有41岁，是第一位没有在帝国时期接受政治教育的总统。作为咖啡州里约热内卢的公民和《陶巴特协定》的签字者之一，佩萨尼亚继续实施着其前任的政策。他任职期间最重要的一项举措是制定了1910年9月的《印第安人保护法》（Indian

Protection Service），该法将内陆日益减少的印第安人融入到民族大家庭之中。事实上，佩萨尼亚掌权的时间太短以至于不能或者说不 295 足以证明他的能力。他主要负责管理临时政府。在共和国短暂的历史上，一场激烈的总统大选遮蔽了他统治期的光芒。

和前面的总统一样，阿丰索·佩纳指定精明的财政部长戴维·坎皮斯塔（David Campista）为继承人，但总统的意外死亡使财政部长失去了赢得大选的坚强后盾。由此，在这一异常的政治真空中产生了一系列的派别之争，它们竞相争夺总统职位。最初是一些年轻官员，后来是部分政治家提出由埃梅斯·达·丰塞卡（Hermes da Fonseca）元帅担任候选人。少数议员和代表组成的非正式会议正式提名他为总统。作为巴西政治的保守派代表，埃梅斯曾在佩纳内阁担任战争部长，他能获得政府的支持。但竞选并不如人所愿。

作为出生于巴西最南部的南里奥格兰德州的本地人，埃梅斯·达·丰塞卡的被提名表明了持不同政见的富裕州的野心。南里奥格兰德州的经济主要依赖养牛业、大米种植业和工业，利益驱动使它更多地关注国内贸易而非国际贸易。高卓政治家很容易与军队联合，因为全国四分之一到三分之一的军队驻守在这一战略要地，里约热内卢以外的唯一一所专业军校位于阿雷格里港，有时这里招收的学生比联邦首都的知名学院还要多。传统上，南里奥格兰德为军队提供的军官人数和它的军队不成比例。此外，实证主义的思想黏合剂把军队和国家共和党拴在一起。高卓国会代表往往会在联邦立法机关中保卫军事拨款和军事利益。基于上述原因，为取得国家领导权并挑战咖啡三角同盟的政治权力，南里奥格兰德支持提名埃 296 梅斯·达·丰塞卡元帅也就合乎逻辑了。

由于政府反对提名巴伊亚的鲁伊·巴尔博扎，而是提名一名军人作为候选人，公众集结起来进行抗议。作为一名政治家、法学家和演说家，由于1907年在海牙和平会议上发挥的作用，鲁伊在同胞中享有很高的声望，根据巴西人的说法，会议上他的博学令世界各国的外交官赞叹。作为候选人，鲁伊不知疲倦地在各州游说以获取支持。在充满激情的长篇竞选演讲中，他批评政权高度集中于少数政治派系之手，悲叹政府没有代表人民，最重要的是，他警告正在增长的军国主义的威胁。他的自由主义属于老派学说，但相对于该派的其他前辈，他的目标更明确、言辞更有说服力，他吸引了大批城市中间阶层。

在雄心勃勃的竞选中，议题过于简单化使这个巴伊亚人最终落选。鲁伊反对军国主义，尤其反对军人担任总统，他认为这场竞选是军人或文官争夺控制政府的一场闹剧。他大肆辱骂军人（旧共和国期间，军人感到政治和经济上都被忽略了，他们变得越来越难以驾驭），称他们为"祸患"。很多曾经反对埃梅斯的军事领导人被鲁伊反军人的激烈言辞惹怒，作为一种自我保护的手段，他们支持埃梅斯元帅。鲁伊离间了部队和中间阶层的关系。

这次竞选在巴西史上意义重大，这主要基于以下几个方面的原因：第一，它公开讨论了军人的角色，很多有政治意识的人坚决反对军人参与政治；第二，鲁伊的演讲体现出民主改革和净化政治团体的早期呼声。无疑，这是反对传统寡头统治巴西的堂·吉河德式的抗议。在抗议中，鲁伊试图向最广泛的潜在的选民陈述自己的观点，通过这样做，鲁伊引导了巴西历史上第一次重大的竞选活动。

另一方面，埃梅斯元帅的竞选毫无生气，但是他可以依赖站在他一边的政府、国会、南里奥格兰德和米纳斯吉拉斯。圣保罗和巴伊亚支持鲁伊。两个主要的咖啡州在那次竞选中分裂了——鲁伊的竞选伙伴是圣保罗州长阿尔布开克·林斯（Albuquerque Lins），埃梅斯的竞选伙伴是米纳斯吉拉斯州长文塞斯劳·布朗斯·佩雷拉·戈梅斯（Venceslau Brás Pereira Gomes）。这次选举于1910年3月1日举行，它激起人们的热情和兴奋，国会用了接近三个月的时间来计算选票：埃梅斯获得了233882张选票，鲁伊获得126292张选票。在巴西2200万人口中，只有不到50万人参加了选举（大约是巴西总人口的2.8%），资格被严格限制的选民生动诠释了巴西民主，相对于此前赢得大选的总统，埃梅斯元帅获得的选票非常少（64.4%）（普鲁登特·德·莫赖斯，84.3%；坎波斯·萨莱斯，90.9%；罗德里格斯·阿尔维斯，91.7%；阿丰索·佩纳，97.9%！）。

选举一位军人担任总统使巴西日益高涨的军国主义达到了巅峰。一家激进报社称德国侵犯了巴西主权，1905年末德皇（Kaiser）军舰上的士兵在圣卡塔琳娜登陆并逮捕了一名德国移民，这给巴西人留下了他们的军队无力抵挡外来威胁的印象。不久，在外交部长里奥－布兰科的鼓励下，精力充沛的儒利奥·德·诺罗尼亚（Júlio de Noronha）海军上将和埃梅斯·达·丰塞卡元帅重组了陆军和海军。军队购买的物资增加，和阿根廷一触即发的敌对形势使巴西购买了新军舰，很快，两大邻国开始致力于一场双方都难以负担的军备竞赛之中。1909年，德皇邀请埃梅斯元帅参加德军的年度演习，这标志着军国主义达到顶点。德军的效率令埃梅斯元帅着迷，他带着宏伟志向返回南美。除了这些具体原因，巴西军国主义的复兴还因为国外普遍存在的尚武精神，世界各国大肆武装自己准 298 备世界大战，巴西仅仅顺应了时代潮流。

具有讽刺意味的是，巴西军国主义的盛行引发的一个主要后果便是一连串的海事动乱，1910年末，这些动乱的严重震撼着整个国家。

当改革后的海军发动叛乱时，埃梅斯总统便无法安心待在卡特蒂宫（Palace of Catete）了。11月23日4艘军舰上的士兵驱逐了他们的长官，在这个过程中还杀害了几名军官。瓜纳巴拉湾的其他7艘军舰上的全体船员弃船逃跑。当"黑人暴徒"转向内陆时，首都焦急地等待着"巨大的白色战舰"的强大火力，叛军的船只零星地向无防御的首都开火。起义没有任何政治意义，精疲力竭、过度劳累的水手决心采取铤而走险的方式宣泄他们的怨恨，他们抱怨体罚严厉、工作时间过长、工资低和口粮差。随后的国会调查证实了过度劳动和经常鞭打的控诉。在政府同意赦免他们并承诺改善生活条件后，水手们温顺地投降并同意军官于11月25日返回甲板。政府立刻卸掉所有军舰上的军火弹药和主炮上的尾栓，这使昂贵的军舰像轮船一样没有任何危险。

然而，更大的麻烦还在后头。驻扎在距里约热内卢海湾不远的卡布拉斯岛（Isle of Cobras）的500名水兵发动起义，解除舰队武装的计划落空。12月9日晚，他们向海军兵工厂开火。这时，海外一艘军舰上的水手们发动了叛变并加入到水兵的行动中。严峻的形势需要政府在水兵屈服前使用武力并再次特赦。在镇压起义之后，政府宣告起义没有任何政治意义并拒绝给出其他任何解释。

令人不安的海军起义导致这一时期暴行肆虐，它们打破了国家的平静。联邦干预州事务的新倾向立刻遭到了反抗。来自圣保罗和米纳斯吉拉斯的总统们阻止了这些干预，因为他们知道他们出身的州更愿意坚持自己的发展方针，并认为其他州也会如此。但1909年后的情况并非如此。在皮涅罗·马沙多的带领下，联邦政府的新领导层大多来自南里奥格兰德，为了实现自己的意志，他们往往草率地干涉各州事务。伴随着南里奥格兰德人（*riograndense*）在里约热内卢占主导地位而来的是阴谋和干涉。随着州和联邦政治关系的盘根错节，北部和东北部由于密谋和反密谋而久久不能平静，甚至连南里奥格兰德和圣保罗也未能逃脱那些密谋。这些骚乱一部分归咎于里约热内卢的高压政治，另外一部分则源于地方根深蒂固的对寡头政治的怨恨，它们希望罢免少数特权者的职务。从广义上讲，这次暴动根源在于人们希望通过削弱政治父权制的势力来鼓励民主化，最终实现城市现代化。

内陆的动乱也震撼着整个国家。农村的混乱源于巴西社会整体的不公，随着通信和运输网络越来越高效地从港口深入内陆，资本主义稳步发展加剧巴西内陆的骚乱。资本主义带来了新的文化价值观，该价值观挑战着内陆的风俗习惯。卡努杜斯事件充分证明了两个截然不同的巴西间逐渐密切的联系，偶尔还爆发冲突。

乡民的绝望、对现状的抵制以及对未来美好生活的憧憬引发了19世纪的千禧年运动。根据 E. J. 霍布斯鲍姆（E. J. Hobsbawm）提出的概念体系，我们可以把千禧年主义视为一场反对社会现状并希望重构未来的民众革命。共和国时期第一场千禧年运动发生在巴伊亚内陆，安东尼奥·孔塞列罗集合了一群贫穷的追随者进入卡努杜斯的乡下居所。当血腥剧正在上演时，第二场宗教狂热示威运动又开始震撼塞阿拉。1889年卡里里（Cariri）腹地出现"神迹"，1891年再次出现类似事件，这些事件使卑微的教区牧师西塞罗·罗芒·巴蒂斯塔神父（Padre Cícero Romão Batista）成为旧共和国最重要的政治人物之一。作为一名为人类和教会努力工作、忠诚奉献的公仆，西塞罗神父成为东北部的传奇，因为他发给一名信徒的圣餐饼在她口中化成了血。入夜后，尘土飞扬的村庄茹瓦泽罗成为宗教朝圣地。教会对"神迹"投去异样的眼光，虽然政府限制了西塞罗的宗教活动，但并没有把他驱逐出内陆，农民把他视为先知。在他漫长的一生中（他死于1934年），他牢牢地控制着塞阿拉，在埃梅斯·达·丰塞卡执政期间，一些教士公然进行政治活动。他的乡民追随者一度进军福塔莱萨（Fortaleza）并推翻了州政府。

1872—1898 年间，巴西最南部的德国移民中爆发了一场救世主运动（messianic movement）。雅各比娜·毛雷尔（Jacobina Maurer）自称是耶稣基督的化身，她宣告世界末日即将来临，只有她的信徒才可以永生（该运动是 19 世纪妇女担任领导者的极少数例子之一）。后来，在巴拉那和圣卡塔琳娜争夺的内陆康特斯塔多（Contestado），一名自称若昂·马里亚（João Maria）的宗教神秘主义者煽动普通民众，在 1912—1915 年间，他以给追随者提供美好的新生活为条件凌驾于行政权威和宗教权威之上。和巴伊亚一样，那里的州民兵和警察都败给了乡村武装。联邦政府发现有必要派遣一支军队消灭他们，这一任务使用了 6000 名重装士兵。

一些小救世主运动周期性地活跃在亚马孙河流域。传教士和探险家使印第安人背弃了自己的文化，发展了一种混合宗教，该宗教部分源于罗马天主教，部分源于他们自己的祖先。印第安人求助于宗教以追求联合和希望。救世主运动谴责"白人文明"是当地苦难的根源，它们称没有白人的生活才是完美的。民众通常认为千禧年是没有白人的世界，他们一般把自己遭受剥削的苦难和白人联系在一起。各种千禧年运动表明了人们赞成的世俗精神需要，他们谴责自己生活的社会并渴望更加美好的生活。

强盗行为困扰着内陆，尤其是巴西东北部，有时州和地方官员都不能保证自己的生命或财产安全。这吸引了铤而走险者，无论是穷人还是一些落魄绅士，他们都是现存社会体制中的失败者。不管强盗行为包含或者意味了什么，作为一种均分财富或采取政治报复的方式，它也是反抗不公和伸张正义的一种手段。对于有权势有财富者而言，强盗是应受严惩的罪犯，而对于贫民大众来说，他们有时代表了正义和自由。强盗行走在 19 世纪的巴西内陆，尤其是贫穷的东北部，少数强盗甚至在那里赢得穷人的钦佩和富人的尊重（常吸纳他们加入其行列并利用他们的服务）。一些学术研究把 19 世纪末强盗行为的增长和农村宗法秩序的崩溃联系起来。巴西流行诗歌中有很多绿林好汉的传说，20 世纪初传唱的一首著名诗歌讲述了安东尼奥·西尔维诺（Antônio Silvino，1875—1944 年）的经历，为了向谋杀他的父亲而未受政府惩罚的警官复仇，他在 1896 年成为内陆干旱地区的一名土匪（*cangaceiro*）。其余的则讲述了朱苏伊诺·布里良特（Josuíno Brilhante，1844—1879 年）的冒险经历，他也是为了报复地方对家庭的不公而被迫走上了强盗之路，他抢劫富人并在穷人间分发劫掠的钱财和物品，且自诩劫掠绝不是为了自己。1878 年，这种"罗宾汉"式的对财富的劫掠和再分配受到了《交通报》（*O Cearense*）的谴责，该报愤怒地指出："那些强盗肆无忌惮地洗劫财物，似乎共产主义已经在我们中间宣告到来了。"20 世纪内陆最著名的强盗是拉姆皮奥（Lampião，即维尔戈利诺·费雷拉·达·席尔瓦［Virgolino Ferreira da Silva，1898—1938 年］），他的冒险活动在内陆持续了几十年，直到他被杀时才停止。内陆强盗的动机和行为千差万别，但至少在某种程度上他们都可以被解释为反抗社会不公，正如他们所主张的。由于他们的实力强大且经常反抗精英和官方机构，他们得到了普通大众的支持（事实上是钦佩），普通大众经常掩护他们，为了保护他们而向当局撒谎，在偏僻地区为他们带路并为他们提供食物。总之，内陆骚动在某种程度上是社会和经济制度不完善的表现，而这种不完善源于遥远的过去。

暗杀是困扰旧共和国的另一种暴行。1897 年，当总统普鲁登特·德·莫赖斯在里约热内卢军械库等待从卡努杜斯远征的部队归来时，一名年轻士兵拔出枪来企图射杀他。武器并没有发火，战争部长马沙多·比当古（Machado Bittencourt）和其他几名军官扑向这名行刺者并试图解除他的武装，但是在扭打中，刺杀者刺死了比当古并刺伤了另外两名军官。

另一次暗杀高层行动发生在1915年。当时，对高卓政治"首领"——皮涅罗·马沙多的政治仇恨达到了无以复加的程度。9月的一个下午，当这名南里奥格兰德政治家进入外侨饭店时，一个仇恨他的陌生刺客在他背后捅了刀子，这两次袭击使整个国家陷入了深深的混乱。

暗杀企图、强盗行为、复仇军队向卡努杜斯进军并进入康特斯塔多，很多州内残酷的政治斗争，再加上海军叛乱，这些暴露了研究巴西时通常被忽视的暴行。巴西历史编纂学的趋向是强调和平发展，如果与墨西哥、委内瑞拉和巴拉圭历史经验对比，巴西历史对和平的强调更加明显。当然，巴西的一些重大改革也是通过不流血的方式实现的，例如独立、废奴运动和共和国的建立。但在巴西和平发展的表面下，暴力旋涡也在涌动着。这些动荡事件提出了这样一个问题，即巴西人传统观念上更倾向于调解妥协的方式。这种倾向的确存在，甚至在巴西历史上一度占据主导，但这并不排除暴力发生的可能。早在奴隶起义和旗队给印第安人的待遇中，巴西已经存在暴力，直至今天，暴力依然存在。

无论如何，在1910—1914年总统埃梅斯·达·丰塞卡执政期间，巴西一直动荡不安，事实上他的行动导致暴力程度进一步升级。越来越多的南里奥格兰德州公民希望国家政治中心向南转移到他们州，虽然总统是南里奥格兰德州人，但他却无能为力。在他执政期间最有权势的政治人物皮涅罗·马沙多也曾经试图实现这一转变。除总统和马沙多外，公共工程副部长巴尔博扎·贡萨尔维斯（Barbosa Gonçalves）博士、内政部长里瓦达维亚·科雷亚（Rivadávia Correia）和战争部长梅纳·巴雷托（Mena Barreto）将军均来自南里奥格兰德。他们成为政府高层中一个重要的领导团体。但无论是他们个人还是团体都没有能力或实力实现这一转变，无论怎样，现在不是咖啡主宰一切的时候了。显然，现在想成功挑战米纳斯吉拉斯和圣保罗仍然为时过早。

事实证明，埃梅斯是一位粗心的国库管理员。正因为此，自由挥霍成为 19 世纪 90 年代初的主要特征，这取代了出身圣保罗的总统们执政时期实施的银根紧缩政策，最终导致巴西债台高筑。1914 年国库又开始依靠权宜之计：发行不能兑换的纸币，政府被迫再次签订向英国贷款的合同。

此前，很少有人怀疑埃梅斯·达·丰塞卡政府比他前面的政府差，缺乏能力和积极行动成为它的主要特征，巴西人对他们选择的总统越来越不满意。但埃梅斯·达·丰塞卡的统治并非一片黑暗，304 应该指出的是咖啡继续畅销，这使经济势头良好，大量移民继续来到这里，铁路线也在不断扩展，但成就仅此而已。

欧洲积聚的战云也波及了巴西，1914 年 8 月，席卷欧洲的风暴在很多方面困扰着巴西人。显然，巴西同情协约国一方，尤其是法国，它是巴西上层人士的精神导师。巴西南部，特别是南里奥格兰德和圣卡塔琳娜，有很多德国移民侨居地，不少巴西人怀疑这些新来者的忠诚。借用 1914 年 8 月 4 日埃梅斯的演说词，政府决心立刻保持"严格的中立"，而推行中立的任务落到了新当选的总统文塞斯劳·布朗斯（Venceslau Brás）的身上。

一开始，战争对巴西经济影响巨大。1914 年进口直线下降到上年的一半，由于政府财政收入的很大一部分来自进口税，国库遭受重创。出口也在下降，这对国家财政而言是一场灾难，因为国家收入主要来自出口税。为应对危机，布朗斯总统削减了联邦政府的开支。但到 1915 年，协约国巨大的需求导致出口猛增，随着销往国外产品总量的迅速增加，巴西的收益也在增长。

随着战争的继续，巴西发现自己越来越难保持中立，它对协约国的同情日趋明朗化，政府坚决抗议 1917 年 1 月 31 日德国宣布的对协约国的封锁。几个月后的 4 月 5 日，一艘德国潜艇击沉了一艘巴西货轮。这一消息令巴西人震惊，为了抗议这一暴行，并表明对协约国的同情，以及和美国立场一致（当时的美国刚刚向德国宣战），政府中断了与柏林的关系。6 月 1 日，政府采取进一步措施，宣布巴西放弃中立，允许出于自己的目的征用停泊在巴西港口的德国船只。1917 年 10 月 23 日，第四艘被鱼雷击沉的巴西船只促使政府对德宣战，巴西也是唯一对德宣战的南美国家。但巴西参战后承担的任务并不多，主要是给协约国供应物品，派部分军官到欧洲，派一支医疗队到法国，并分派一支海军代表团和英国战队共同巡逻南大西洋，巴西的海军代表团由 2 艘巡洋舰和 4 艘驱逐舰组成。

和协约国的合作提高了巴西的国际地位并增加了里奥－布兰科的声望。1918 年英国和意大利把它们在里约热内卢的公使馆升为大使馆。此外，巴西作为交战国参加了凡尔赛和平会议，以埃皮塔西奥·佩索阿（Epitácio Pessôa）为首的巴西代表团提出了两项反对德国的要求：第一，巴西要求德国赔偿巴西 1914 年储存在德国港口的咖啡，早在一战初期德国就把这些咖啡销售了。在伍德罗·威尔逊总统的支持下，巴西的要求正式得到承认。第二，巴西试图保留政府 1917 年在巴西港口扣押的 70 艘德国船只，另一方面，协约国要求根据各国的海军损失在它们中间分配这些船只，按照这一方案，巴西将失去所有船只。美国再次站在巴西一方插手此事并达成一项允许巴西人保留所有船只的协议。

在国际联盟组织的讨论中，巴西代表其他拉美国家在巴黎发言。通过缅怀第二届海牙和平会议上的鲁伊·巴尔博扎的方式，埃皮塔西奥·佩索阿宣布拉丁美洲将和委员会代表的各大洲一起追求国际联盟内的各国平等，但埃皮塔西奥待在巴黎的时间非常短暂。1918 年罗德里格斯·阿尔维斯再次被选为总统，但因为患病不能宣誓就职。1919 年 1 月 18 日他去世后，来自米纳斯吉拉斯的副总统德尔芬·莫雷拉（Delfim Moreira）成为这块土地的最高领导者。在这种情形下，按照宪法规定，应该进行新选举。那时米纳斯吉拉斯州长阿图尔·贝尔纳德斯（Artur Bernardes）和圣保罗州长华盛顿·路易斯（Washington Luís）达成了一项政治协议，即史书记载的"大州政策"。他们决定首先从小州中选举一名杰出人物来完成罗德里格斯·阿尔维斯的总统任期，此后这两大州打算轮流担任总统一职，首先由一个米纳斯吉拉斯人担任四年任期，而后是圣保罗人。虽然承认两大咖啡生产州势不可当的势力，但这项计划还是惹恼了其他州，它炫耀似的提醒其他州所处的政治劣势。1919 年，前任部长、国会议员和最高法院法官埃皮塔西奥·佩索阿被两个咖啡州的州长选为总统。

巴西为自己在国际联盟中赢得了一席之地，尽管不是执行委员会的固定成员，但从 1920 年到 1926 年巴西多次入选这一强大而有威望的团体，几名杰出的巴西外交官曾担任该委员会的主席，他们在委员会的地位使巴西人能够像在海牙和平会议里一样作为拉美国家的领导继续发挥作用。这个南美巨人坚持认为，拉丁美洲国家应该在委员会中拥有一个固定席位，当然巴西认为自己完全有资格担当此任。让里约热内卢政府越来越懊恼的是，欧洲国家并没有注意这一要求。当时，其他半球共和国把支持巴西坚持的一个拉美国家拥有固定席位的要求变为支持三个暂时的轮流席位的计划。那时，

306

在否决了德国人加入国联的要求后，巴西于1926年退出了国际联盟，其理由是不起任何作用远比发挥微不足道的作用更光荣。这一退出标志着巴西退回到半球孤立的阶段，这一孤立并不像北美联盟。此后，巴西外交集中到美洲新大陆上。

第一次世界大战期间巴西国家独立和自力更生倾向逐步增强，307 很少有人把这归因于战争本身。例如1916年1月1日公布的《巴西民法典》是多年来研究和准备的结果，它彻底根除了巴西固守的葡萄牙殖民法的很多残余。但战争也导向了一些新变化，当美国开始在整个半球施加权威时，它打破了19世纪末以来巴西对英国财政和贸易的一个世纪的依赖。

帝国覆亡后的三十年间，巴西经济变革的最大特征是工业的飞速发展，工业化的扩张和巴西出口，特别是咖啡工业的快速发展同步。

一些巨大的障碍制约着工业化：流动资本与完善的货币、信贷和银行体系的缺乏；熟练工人和技术人员的缺乏；令人满意的运输网络的缺乏；未能建立足够的关税壁垒以应对来自英国的竞争；没有能力识别并应对奴隶制的影响；社会精英根深蒂固的重商主义思想和农业部门的利己主义。这些障碍在很大程度上说明了为什么改变了英国、美国、德国和法国的漫长工业革命对巴西的影响如此小。尽管如此，工业革命一旦开展，巴西还是能够向欧洲和美国学习，从它们的经验中受益并可以免费采用它们的发明。

在某种程度上，工业化代替了购买进口货物并使经济呈现多样化，它挑战着巴西长期以来的依赖性。每家新工厂都承诺一定程度上的自立并增加国家财富，但现实中这些承诺未必都能实现，所有外国或外国资助的工厂从巴西榨取了大量财富，而这些财富远远多于它们投入的资金。只要根本的社会、经济和政治制度不改变，我们就不能指望工业化根除依赖性。更便捷、更便宜的商品生产能够满足更多人的需要，也为 20 世纪巴西人口的迅速增长铺平了道路。308
集中在少数城市中的工厂使那些城市的规模和重要性得以增加，而
且随着它们的发展，巴西的性质也在改变。因此，工厂和城市使人
们开始质疑自 16 世纪始扎根发展的巴西传统社会，直到 19 世纪后
半叶，它从未受到过任何挑战。

1908 年博览会使民族工业自豪地展览着它们自己的商品，也
使巴西有机会评估本国的工业化。据官方估计，巴西有大约 3000
个大大小小的工厂——但以小工厂为主，同英国和美国的工业化一
样，纺织工业是其最重要的工业部门。工业化开展得最好的地区是
里约热内卢（联邦区），它有 3.5 万名工人，圣保罗有 2.4 万名工人，
南里奥格兰德有 1.6 万名工人，里约热内卢（州）有 1.4 万名工人，
伯南布哥有 1.2 万名工人。这一年巴西工业正处于稳步发展阶段。
在帝国衰落和一战爆发期间，巴西建成了大约 7000 家新工厂，如
果考虑 1889 年之前巴西只有 626 家工厂，人们就会明白这是有史
以来最好的结果。

一战期间工业产量翻了一番，到 1923 年工业产量增长到此前的 3
倍。1915—1919 年间，新工业企业增至 5940 家。食品和纺织两大工
业约占总工业生产的四分之三。到 1920 年，工业生产总产值为 15306
万美元，大约是 1907 年的 5 倍。表 6.3 说明了工业化开展的状况。

表 6.3　1907—1940 年工业化的增长

年份	工厂数目（家）	资金投入（千匡托）	产品价值（千匡托）	雇员数目（人）
1907	2988	665	669	136000
1920	13336	1815	3200	276000
1940	70026	12000	25000	1412000

资料来源：U. S. Tariff Commission, *Mining and Manufacturing Industries in Brazil* (Washington, 1949), p. 13.

工业化和现代化的进程密切相关。二者都感觉自己处于传统主义和种植园的堡垒之中。从前种植园主是按照自己的意志随心所欲地管理种植园并在遥远的政府和地位低下的种植园工人之间设置令人生畏的壁垒，但是现在铁路公路网的发展使他们的权威受到挑战并结束了农民的孤立状态。铁路和公路直接通向城市和港口，那里急需大量装卸工人、服务劳工和建筑工人，这种需要使农村有抱负者有机会逃脱乡村追求更加美好的生活。接受过一些教育的第二代移民可能希望得到工业岗位。虽然选择的机会非常有限，但这本身就已经是一件奇事了。对于涌入城市的乡民而言，城市是希望的象征，虽然这一希望经常受挫、不能实现，但他们绝不放弃。

工业的发展增加了城市劳动力的规模。1907 年，工厂雇用了大约 13.6 万名工人，1920 年它们雇用了 27.6 万名工人。那些年两大主要工业工人数目的增加也反映了这种变化：纺织工业在 1907 年雇用了 5.3 万人，而到了 1920 年雇用了 10.4 万人；食品工业在 1907 年雇用了 2.9 万人，而到了 1920 年雇用了 4.1 万人，相比之下，1920 年的人口统计显示，联邦、各州和地方政府总共雇用了 14 万人。作为传统拉丁美洲大雇主的行政机关在巴西正逐步被工业超过。

随着工业的发展，工人也在为成立工会而努力。工人的工作环境极差：时间长、薪水低、机器危险、光线差、没有假期、没有安全措施——我们很难形容这种悲惨状况。妇女的工作条件比男人的更加恶劣，三名圣保罗缝纫女工呼吁她们的同事采取行动的言辞就是最好的例证：

> 姐妹们！我们有必要拒绝夜以继日的工作，因为这可耻而毫无人性。1856 年之后很多地方的男人已经实现了 8 小时工

作制，但是我们这些柔弱的女性每天还要工作 16 个小时，是强壮男子工作时间的 2 倍！姐妹们！想想你们的未来，假如你们继续软弱下去，直至被榨干最后一滴血，在你们的体力丧失后，作为母亲，你们将会忍受折磨，你们的孩子们也会体弱多病。

我们也希望有闲暇时间阅读或学习，因为我们只接受了很少的教育。假如我们继续这样愚昧无知，我们将会永远是最贪婪的刺客和小偷操纵下的肉体机器。

假如一个人早上 7 点开始工作，晚上 11 点才能回家，那么他（她）该如何读一本书？我们只剩下一天 24 个小时中的 8 小时，这些时间根本不足以让我们通过睡眠恢复体力并克服疲劳！我们没有未来，我们的眼前一片黑暗，我们出生后就被剥削并像动物一样愚昧无知地死去。

1907 年，国会通过了一部承认工商业雇工和职员团体组织的法律。尽管如此，政府和社会上层通常把工会活动视作颠覆性的，可能是因为社会主义者和无政府主义者最关注工人。事实上，在 20 世纪 20 年代之前无政府主义者控制着劳工运动。1906 年，里约热内卢召开了一次工人代表大会，代表们开始筹备成立全国总工会。两年后，巴西劳工联合会成立并在各大州设立分会，1913 年巴西劳工联合会开始发行报纸。

1907 年第一次工人大罢工震惊了整个巴西东南部。工人要求把一天的工作时间缩减为 8 小时并提高工资，资方满足了工人的大部分要求。在这场乡村工人组织性和决心的非凡展示中，很多人似乎是国外出生来巴西的移民，1913 年 4、5 月份，这群在圣保罗里贝朗普雷图（Riberão Preto）咖啡种植园内的工人为提高工资、改善

工作环境举行了罢工。报道上称有上万名工人参与其中。意味深长
311 的是联邦政府联合咖啡种植园主镇压了这次罢工。战争期间的高物
价和低工资引发了 1917 年圣保罗总罢工。它影响到整个州并使圣
保罗城连续几天处于瘫痪状态。政府曾试图使用军队镇压罢工者但
后来打消了这一念头，因为士兵们表现出对罢工者的同情。在这种
敌对的氛围中，工会缓慢而又不稳定地成长着。

　　新兴工业化的大部分资金来自发迹的进口商（他们可以调动
银行信贷）和咖啡种植园主 – 出口商（他们的盈利通过银行注入工
业化）。通过直接或间接地为工业化的发展提供资金，很多咖啡种
植园主参与了巴西工业化的过程。有鉴于此，1920 年主要的咖啡
州圣保罗成为最重要的工业区也就不足为奇了。该州似乎第一次在
精神上乐意做国家工业化的领头羊，此前这一角色是留给里约热内
卢的。

　　事实上，圣保罗拥有成功开展工业化的大多数要素。它成功吸
引了来自国外和联邦内贫穷州的劳动力移民。扩张中的咖啡种植园
提供了资金。圣保罗拥有各种原材料和巨大的水力发电潜力。它已
经建设了一个铁路网和一个良好的公路系统。此外，该州拥有出入
自由、人口密集、购买力强的市场，越来越有利的贸易平衡增强了
圣保罗的经济实力。综上所述，圣保罗的人口和财富都在增加也就
不足为奇！

　　1918 年之后令人陶醉的战时繁荣期很快结束。和直接或间接参
与战争的其他国家一样，巴西不得不重新调整为正常的国际和平经
济。随着欧洲国家恢复了平静，它们在很多原材料和农产品上对巴
西的依赖减少。巴西出口锐减，汇率降低，咖啡价格下跌。到 1920
年，贸易赤字为经济发展蒙上了一层阴影。为了巩固国家的经济支
312 柱，总统佩索阿认为有必要重建咖啡物价稳定措施。

　　显然，自 20 世纪 20 年代起，经济就陷入了不稳定，随之而来的是政治动荡不安。早在十年前就曾提过，旧共和国的弊病是政治体制不能表达社会的需要和期望。尽管有价格波动，咖啡生产仍然保持着基本上的繁荣，但这种繁荣影响到的也只是东南部有限的地理范围内的少数人，和此前相比，国家更加依赖于单一出口刺激整个经济的发展。事实证明，新政治制度和旧政治制度一样地排外，它几乎将所有巴西人排除在政权之外。与此同时，社会以空前的速度变得越来越复杂。那些没有分享或认为自己只分享了一部分政治和经济利益的人表现出焦躁不安，甚至有少数杰出的中产阶级不满地发牢骚。在动荡不安的十年中，压力将会考验旧共和国的根基牢固与否。

第七章
变革的挑战

　　20世纪渐进的变革削弱了一些腐朽的政治制度存在的基础，长期以来，这些老掉牙的制度已成为巴西的特征。在现代化进程的鼓励下，现有体制的评论家不断抨击单一经营、大地产制和已确立的农村寡头政治。1922年，年轻一代宣称他们打算在精神上和物质上发展国家。八年后热图利奥·瓦加斯夺取了政权并在随后的十五年中推行了一些持不同政见者赞同的方案。咖啡利益相关者失去了对国家的绝对控制，而城市中产阶级和无产阶级的地位得到了巩固。这时依然强大的地主阶级不得不学着妥协并与另外两个新权力阶层分享它的一些权力。瓦加斯谋取那些支持他的政府并能熟练地将他的计划和日益强大的民族主义势力联系在一起的人的支持。民族主义的浪潮、对经济发展的渴望、城市化和工业化的影响共同挑战着政治经济结构，已经确立的基本格局和制度适应了这种变革，但从长远来看，它又限制了变革的潜力和作用。

　　　　　　　　　　历史的新主题

　　19世纪末20世纪初这段时间里出现了新的历史趋势。人们的精神状态经历着变化，传统的父权制逐渐消失在成长中的城市里，城市成为孕育新思想的温床。法国影响不再是知识分子的唯一选择，知识分子开始对英语产生兴趣并越来越受到盎格鲁－撒克逊文化的支配。在损害更正统的孔德学说的前提下，赫伯特·斯宾塞提出的英国实证主义理论获得了支持者。最著名的小说家马沙多·德·阿西斯转向英国求助文学模型和灵感。巴西人不仅羡慕美国宪法——巴西人以此为蓝本起草了 1891 年的基本文件，他们还敬畏这个北方共和国工业化的高速发展并非常希望效仿这种发展。这两个半球巨人间的商业联系进一步加强，1906 年巴西开辟了一条和纽约间的直接班轮航线；1915 年，花旗银行在巴西设立了两家支行，它也是巴西第一家北美银行，同年，美国商会在里约热内卢设立了一个办事处。在第一次世界大战之前，美国在巴西的投资非常少，但此后美国投资稳步增加。出于现实原因，英语成为受教育者越来越广泛使用的语言，他们逐渐把美国视为商业和政治导师。

对美国兴趣的加强反映了人们越来越关注国际事务。顺利解决边界争端节省了巴西人的精力，他们开始关注广阔的全球范围内巴西感兴趣的国际事务。宏伟的外交政策目标旨在提高巴西的国际威望，确保巴西在南美的领导地位，吸引国际注意力，并为未来奠定国际化路线。

新姿态塑造着城市的特征，城市的规模和人口都在增长，更 315 大的城市社会有利于加快现代化步伐。聚集在城市中发声的中间群体畅所欲言，他们毫无顾忌地提出改革建议。这些不安分的群体在 1889—1894 年间品尝到了权力的甜头。这一年，代表咖啡利益的新地主阶级取代了他们，但他们仍然渴望得到权力，1922 年和此后，我们仍然能听到有关他们的消息。工业化和城市化是一些城市发展的原因，也促进了中间群体规模的扩大。新工厂为更多的工人提供了就业机会。工业化集中在东南部地区，咖啡文化也曾主导大致相同的地区。该地区是国内发展最快的地区，也是国家的经济和政治中心。

繁荣和废除奴隶制的联合吸引了更多的移民进入巴西。在19世纪的最后二十五年中，欧洲移民剧增。从1891年到1900年，平均每年有112500人移民到巴西。这一趋势继续并于一战前创下了每年平均移民数的纪录。从1911年到1913年，大约有5万名移民进入巴西境内，1820—1930年移民巴西的人口总数有所变化，但据保守估计，移民数应该在450万—500万人之间，其中约350万人留在了巴西。移民群体中最多的意大利人，占34.1%；葡萄牙人排在第二位，占30%；西班牙人排在第三位，占12.2%；德国人排在第四位，占3.5%。在巴西，移民数占总人口数的比例向来不高。1872年，巴西总人口中有3.9%是在国外出生的（移民），1900年该比例增至6.4%，1920年又降到4.8%，从那以后继续下降。尽管如此，那些移民中的大多数聚集在南部四州，他们是当地总人口中数量巨大而有影响力的一部分人。

自1820年到1930年，定居巴西的欧洲移民数量大致接近16
316 世纪早期到1850年期间移民巴西的非洲人数量。在《凯罗斯法》通过和实施之后，几乎没有非洲人到达巴西，明确反对非洲人进入巴西的意见固化了。事实上，1890年6月28日的528号法令禁止非洲人和亚洲人在没有特定的国会批准的情况下进入巴西。这种对非洲人和亚洲人的偏见继续存在，而另一方面政府则继续竭尽全力地鼓励欧洲人移民巴西。

事实上，到19世纪末，同整个拉丁美洲的知识分子一样，巴西知识分子成为从欧洲引进的华而不实的种族学说的牺牲品。19世纪生物学思想的丰富、达尔文学说的普及和拉丁美洲复杂的种族构成激起了人们对种族和种族理论的极大兴趣。人们的谈话往往围绕着优等种族和劣等种族，在很多凶事预言者看来，1898年西班牙被美国羞辱性地战败，这似乎是证明北欧人优等的最终论据。巴西的文化导师——法国用一系列重要的伪科学书籍来证明那种优等。约瑟夫·阿图尔·德·戈比诺（Joseph Arthur de Gobineau）在他的社会学论文《人种构成学》（*Essai sur I'Inegalité des races humaines*）中有力地提出这一论点。这个世纪末，拥有最多读者的是法国社会心理学家古斯塔夫·勒邦（Gustave Le Bon），他有条不紊地把全人类划分为优等种族和劣等种族，毫无疑问，欧洲人处于顶部。勒邦特别关心巴西人，他主张种族通婚产生的后代比父母中的任何一方都要低劣。另一位雅利安人拥护者，法国人类学家乔治斯·瓦谢·德·拉普热（Georges Vacher de Lapouge）1899 年出版了他的主要著作《雅利安人，上帝之子》（*L'Aryen, son rôle social*），这本书直言不讳地赞成种族在文化发展中具重要性的理论。他把巴西描述为"一个正在倒退到野蛮状态的巨大的黑人国家"。

由于在一定程度上受到法国的影响，很多巴西人把皮肤白等同于漂亮、聪明和能力。反之，他们认为肤色越黑的人拥有这些令人渴望的特征的可能性就越小。例如，1903 年出版的马诺埃尔·邦芬（Manoel Bonfim）的《社会寄生和进化：拉丁美洲》（*O Parasitismo Social e Evolução: A América Latina*）承认了拉丁美洲 317 的种族劣等性。格拉萨·阿拉尼亚的小说《迦南》提出混血人种的劣等性，他甚至指出未来巴西种族可能会是穆拉托人。自学成才的社会学家奥利韦拉·维亚纳（Oliveira Viana）在他的作品《巴西南部人口》（*Populações Meridionais do Brasil*）中接受了白人种族优越的思想。巴西人在没有重新评估他们的种族概念之前进入了 20 世纪，幸运的是他们通过重新评估纠正了大部分错误思想。

同时，奴隶贸易的结束和欧洲移民的涌入、黑人较低的平均寿命和较高的婴儿死亡率改变了巴西人的肤色，他们变得越来越白，很多人类学家提到过这个"漂白过程"。表 7.1 举例说明了这个过程，但必须牢记的是，大部分分类是由户口调查员随意完成的。根据图表中的数字，棕色人种和黑色人种合起来构成了人口的下列百分比：1872 年的 61.9%，1890 年的 56%，1940 年的 35.9%。这些数字，假如大体上准确的话，那么"漂白"理论就是可信的。莫德斯托·布罗科斯（Modesto Brocos，1852—1936 年）创作的绘画《含的救赎》（*Redemption of Ham*，1895 年，其名称就值得注意）很好地说明了该过程的奇怪概念和对它的评价。黑人外祖母满怀感激地举起双手抬起眼皮站在她漂亮的黑白混血的女儿旁边，而女儿旁边坐着的是她的白种葡萄牙裔丈夫。她的膝盖上坐着她的白人孩子。该画暗示了一家三代从黑人到白人的转变。外祖母的表情和棕榈树枝的存在代表这位老妇人承认这一救赎。在今天，这种表现可能有点过时，但在不到一个世纪之前，它代表了很多巴西人的感受。

318

当然，很难从绝对意义上说巴西众多的人口，截至 1920 年，以绝对值计算的话，巴西是世界上第九多的人口大国。地区与地区间的种族构成差异很大。在北部，印第安－葡萄牙裔人占据主导，绝大部分人口的肤色为浅棕色。由于印第安人、黑人和白人的融合，东北部出现了更大的差异，这也是西部的特征。从伯南布哥沿海岸向下到圣保罗，黑人的影响占据主导，那里有很多穆拉托人。

表 7.1　1872 年、1890 年和 1940 年巴西人口的肤色分类（单位：人）

年份	白色人种	棕色人种	黑色人种	黄色人种	总计
1872	3854000	4262000	1996000	—	10112000
1890	6302000	5934000	2098000	—	14334000
1940	26206000	8760000	6044000	243000	41253000

资料来源：*Contribuições para o Estudo da Demografia do Brasil* (Rio de Janeiro, 1961), p. 201.

南部人口中白人居多。巴伊亚是黑色人种最多的州。圣卡塔琳娜则是白色人种最多的州。

当大部分巴西人正式接受欧洲种族学说时，少数知识分子则高声反对，从一开始到后来他们都对这一学说深表怀疑。少数人甚至开始赞扬三个种族促成巴西的"文化和种族"。在19世纪的最后二十五年到20世纪20年代中，文学批评家西尔维奥·罗梅罗宣扬非洲人为巴西文化的形成做出了重大贡献。他总结道：

> 非洲种族在巴西有巨大的影响力，仅次于欧洲人的影响。非洲人深入我们最秘密的生活范围，塑造着我们的大众心理学……仅葡萄牙人既不能击退印第安人也不能耕种这片土地，因此，他们求助于强大的盟友：来自非洲的黑人。一方面，印第安人证明了他们没有生产力、喜欢逃跑、分散在内陆并死去，而非洲人敏捷、强壮并且有能力，他们大量地来到巴西。他们使建立种植园和糖厂、城镇和城市成为可能，他们深入殖民家庭的最内部。一般来说，印第安人承担不了这项任务并消失了，而作为白人盟友的黑人繁荣起来。
>
> 几乎在殖民地的每一个地方都能看到，奴隶们作为家内仆人和这些家庭密切地生活在一起。从那种密切接触中种族开始混合，穆拉托人出现了并成为两个种族的另一种纽带。黑人在田间劳作，生产出供欧洲消费的糖料、咖啡和其他以"产于殖民地"而闻名的产品。我们很容易在奴隶制、劳动力和种族通婚三个因素中看出黑人在巴西民族形成中的巨大影响。尽管奴隶制有诸多罪恶，但作为一个社会因素，它改变着我们的风俗习惯。它使我们能够耕种土地并悠闲地承受严酷的气候。作为一种经济力量，它的发展产生了大量财富，因此黑人是强健

319

的文明塑造人。种族融合改变了主人和奴隶间的关系，缓和了我们的风俗，并产生了穆拉托人——他们构成了我们人口的主体，在一定程度上，他们也是我们种族中最漂亮的部分。

在巴西的发展中，第一个认为非裔巴西人发挥了重要历史作用的是阿丰索·塞尔索（Afonso Celso），他和罗梅罗属于同时代人，该观点发表在他公开的民族主义著作《为什么我为自己的国家骄傲》（*Porque Me Ufano do Meu País*）中，该书于1901年首次出版并于其后反复再版。这本书成为绝大多数小学的必读书目。塞尔索大胆而自豪地断言："现在被大家广为接受的一个事实就是三种因素促成了巴西民族的形成，美洲印第安人、非洲黑人和葡萄牙人……其中的任何一个因素，或者它们的任意组合都拥有我们引以为豪的品质。"塞尔索在书中一章里赞扬了帕尔马里斯奴隶的英勇抵抗，作者慷慨地用形容词"勇敢"和"高尚"描述黑人保卫者。巴西人最初只是私下探究非裔巴西人的贡献巩固了他们独特的文明这一思想。被欧洲种族学说禁止后，他们逐渐开始研究黑人的贡献。他们此前的观念也在改变，他们的疑虑消失了。新民族主义倾向不再谴责巴西人是劣等种族。显然，在20世纪的巴西知识分子看来，种族学说是欧洲人企图采用阴险的精神殖民来征服他们国家的另一种尝试。

320　巴西的非洲人类学研究的先驱雷蒙多·尼纳·罗德里格斯（Raimundo Nina Rodrigues）医生，是一名出生于马拉尼昂的内科医生，在萨尔瓦多医学院接受了部分教育。他从1890年到1905年在巴伊亚工作，正是在那段时间里他进行了自己的人类学研究。为了鉴定黑人在巴西的存在并最终建立代表着他们文化的黑人种族群，他深入研究了非洲文化。通过证明强大的苏丹人群体，特别是约鲁巴人文化存在于巴伊亚，他批驳长期以来人们接受的班图人在巴西占主导的观念。他是第一个研究非裔巴西人宗教的人。自他之后出现了一批数量不多但非常重要的巴伊亚学者，他们继续研究非洲人对巴西的贡献。

曼努埃尔·克里诺（Manuel Querino，1851—1923 年）对劳工和政治事件保持着积极兴趣，但在进入新世纪之后，他又投入更多的时间和精力从事历史研究，特别是研究和著述非洲人对巴西发展的贡献。那些研究有双重目的：一方面，他想向他的黑人同胞展现他们为巴西做出的重要贡献；另一方面，他想提醒白种巴西人应该铭记他们欠非洲人和非裔巴西人的债。

随着克里诺把注意力转向历史，他希望重新权衡巴西传统上对欧洲经验的强调。此前从没有黑人给出他对巴西历史的看法。克里诺是第一个（不管是黑人还是白人）详述、分析并公平对待非洲人对巴西贡献的巴西人。他在一片漠视、偏见甚或怀有敌意的舆论气氛中提出了自己的论断。

克里诺把非裔巴西人的观点带入了巴西历史编纂学。由于生活在萨尔瓦多的马塔图格兰德（Matatú Grande）地区，密切并深入生活在黑人社区中，他非常了解非裔巴西人的习惯、抱负和挫折。谈到资料来源时，克里诺透露他的大部分资料直接来自受人尊敬的黑人长者，由于把他视为富有同情心的朋友，所以他们毫不保留地和他交谈。事实证明，除了记述非裔巴西人外，他还帮助他们辩护。他尽力让市政官员注意非裔巴西宗教信仰者遭受的迫害。警察称他们的宗教信仰为"野蛮和异教"，他们经常搜捕举行仪式的圣地，毁坏财产并伤害信教者。克里诺代表黑人利益在地方政府前的调停再一次显示了他连接不同的文化和阶级的独特成就。

当然，历史学家应该深深地感谢克里诺，他保留了大量巴伊亚艺术、艺术家和工匠的资料。如果不查阅他的著作，人们就无法研究其中任何一个主题。此外，他是社会史的最好来源，例如他的《巴伊亚艺术》(*As Artes na Bahia*)包含有大量那些被视为"平头百姓"的工人、工匠和技工的传记。这些独特的传记提供了对普通人生活的有价值的观察，而巴西的发展主要依靠他们。他的文章同样也提供了丰富的民俗、文化、宗教的信息。

当然，克里诺对巴西历史编纂的主要贡献之一在于他坚持民族史应考虑巴西的非洲背景以及黑人的存在和影响。他强调巴西是葡萄牙人、印第安人和非洲人融合的结果，但非洲的贡献一直未被承认。他在隐喻性的短文《非洲人对巴西文明的贡献》("O Colono Prêto como Fator da Civilização Brasileira"，1918 年)中试图做出公平的调整，文章充满了洞察力，很多内容被后来的学术研究采用和详述——内容如此之多以至于我们现在已经很难欣赏到克里诺的原作了，例如，后来的学者强调非洲人为巴西提供了熟练的和不熟练的劳动力。尽管如此，这篇文章提出了非裔巴西人其他的重大贡献，而历史学家们并没有对此进行过阐述，例如克里诺认为黑人在

322 保卫巴西和维护国家统一中发挥了重要作用。

当时，文学界也在重新审视非裔巴西人。19 世纪末，自然主义小说家开始关注他们。阿卢伊西奥·阿泽维多的著作《陋室》(1890 年)和阿道弗·卡米尼亚的著作《善良的黑人》(*O Bom Crioulo*，1895 年)中都详细描述了作为城市无产阶级之一员的黑人。利马·巴雷托(Lima Barreto)在他最好的几部小说中高声抗议里约热内卢对黑人的歧视，描述了它最丑陋的一面并要求公平。梅诺蒂·德尔·皮基亚(Menotti del Picchia)的长诗《尤察·穆拉托》("Juca Mulato"，1927 年)中刻画了作为穆拉托人的巴西人，这部作品也是穆拉托人第一次作为英雄出现在巴西诗歌中，该诗受到国内外评论家的广泛称赞。对种族更加开明的态度也消除了早期

约束或困惑知识分子的障碍。因此在自由之后，他们越来越以民族的种族融合而骄傲，现在他们把种族融合视为一种成就，而不是一种耻辱。

对非洲人存在的更现实的评估提高了黑人在巴西的社会地位，没有种族偏见的神话继续存在。唉！事实否认了那种大话，不管是过去还是现在，种族偏见一直存在。报纸上刊登的急聘广告只要白人。直到20世纪中期以后，外交使团和海军军官团成员依然都是纯种白人。在第二次世界大战之后，很有必要地公布了一部严惩公开歧视的法律。尽管如此，必须指出和过去与现在其他的多民族社会相比，巴西的种族关系紧张和种族偏见可能更少。在公共场合各种族自由交往以及不同种族间的通婚非常普遍。比种族更加可怕的障碍可能是阶级，阶级成员的资格取决于各种因素和它们的组合：收入、家族史和／或关系、教育、社会行为、对衣食住以及打扮的品位、人格和才干。传统上，上层社会主要是白人，下层社会主要是有色人种。可是非常重要的一点是有色人种可以并的确也构成了上层社会的一部分，尽管人数非常少，正如下层社会中也有白人。当然，也存在向上层社会流动的晋升空间，而教育则推动了这一个过程。如果肯努力，有技术和决心——还有一些运气的话，阶级的障碍就能被跨越。但坦白地讲，这条鸿沟只有少数人能够越过。

妇女开始在社会上扮演着越来越多样化的角色。事实上，下层阶级的妇女通常要做各种低等工作，她们往往与丈夫和其他家庭成员构成经济团队。但是现在我们可以在小说的背景中看到上层阶级的妇女，中间阶层的妇女努力改变禁锢她们的旧偏见。1872年一份人口普查显示的受教育比例中，有1012097名自由男子和958名奴隶男子受过教育，有550981名自由女子和445名奴隶女子受过教育。在大城市里，受教育女性的比例和男性比例接近。在第一次世界大战之前，少数妇女可以和男人一样追求家庭之外的生活。她们较低的社会地位促使弗朗西斯卡·塞尼奥里尼奥·达·莫塔·迪尼斯（Francisca Senhorinho da Motta Diniz）在 1890 年大声抗议，她概述了一个女权主义计划：

> 我们希望从旧风俗习惯中解放出来并重建风俗习惯，我们希望恢复我们丧失的权利；我们需要从来没有给予过我们的真正教育，这样我们就能教育自己的孩子；我们需要完整的指示，这样我们能够了解自己的权利并适当地应用它们；我们希望熟悉我们的家庭事务以便在需要时进行管理。总之，我们想了解我们在做什么、我们这样做的原因和理由，我们希望成为自己丈夫的伴侣，而不是他们的奴隶。我们想知道家庭之外的事情如何做，我们不想继续被蒙蔽。

妇女的工作仍然集中在相对少数的职业上面，特别是那些服务部门，包括教师、秘书和佣人。1872 年，里约热内卢的教师中有三分之一是女性，到 1900 年，该比例增长至三分之二。当时妇女仍主要集中在铁路、电报和邮递部门，大量女性进入护理业。

职业逐渐向妇女开放。1879 年的《教育改革法》（Educational Reform Law）使她们有机会到更高级的教育机构学习，几年之内一些女性被法律和医科大学录取，最早一位于 19 世纪 80 年代毕业。丽塔·洛巴塔（Rita Lobata）医生 1887 年毕业于巴伊亚医学院，是第一个在巴西接受教育而后行医的女医师。两年后，一位女律师第一次在法庭上为委托人进行辩护。到 20 世纪初，妇女已经开始组织起来（例如，妇女共和党，Feminine Republican party）表达她们的政治观点。

　　知识分子拓宽了人们的视野，把那些"社会之外"的人囊括进来。若昂·卡皮斯特拉诺·德·阿布雷乌承认了平民百姓在历史发展中的重要作用。事实上，欧克利德斯·达·库尼亚在《内地的反叛》一书中提供了那些人"制造"历史的典型例子。小说家也开始写普通人的故事，阿泽维多的《陋室》（*The Tenement*）就是一个很好的例子。当画家若泽·费拉斯·德·小阿尔梅达（José Ferraz de Almeida Júnior，1850—1899年）展示《伐木工》（"The Woodcutter"）时，他喋喋不休地要求在19世纪80年代创建艺术沙龙。他的油画以半裸的卡布克罗人（边区居民）为主角，一个现实人物懒洋洋地斜靠在浪漫的景色中，他在辛苦地清除一片森林后进行休息。并不是这个半裸的无产阶级令资产阶级震惊：他们在日常生活中见到过这种人物；在其他绘画作品中，这些人物只是背景的一部分。但他们从未见过一幅画的唯一目的就是赞美一个下层人并直接把他放在最突出的位置，强调他的肌肉和情感。阿尔梅达增加了巴西艺术的内容，平民百姓占据主导地位，"局外人"闯入了。现实令这一时期的绝大多数的观众懊恼。毕竟，这些有洞察力的知识分子仅仅为20世纪的巴西人做好了准备。

　　到20世纪早期几十年，巴西人已经越来越了解他们自身，随 325 着他们为国家的繁荣和成就感到骄傲，民族主义获得了发展，这一时期的文学史家儒利奥·巴尔布达（Júlio Barbuda）将这种爱国主义描述为"对祖国感情的综合"。民族主义不再像整个19世纪那样简单地以防御力量为特征。在20世纪，它主要以侵略手段获取对外领导角色、破坏世袭制度和殖民模式、把巴西从外国控制中解放出来并最终建立一个现代化、工业化和本土化的社会。新的积极形式的民族主义是一股强大的力量，阿丰索·塞尔索将它描述为："我们时代能量的不可估量的动力……（这个）杠杆可以撬动世界。"

它带给了巴西全新的自信，塞尔索的宣言就是例证："我们将会发展，我们将会繁荣。教育和完善将会到来。我们正处于辉煌前的黎明时刻，我们必将到达正午的辉煌和炽热……我们将会是世界上第二或者第一强国。"

从巴拉圭战争开始，军队感到它是爱国主义情感的体现，在君主政体被推翻后，这一思想进一步加强，当时军队成为最重要的国家机构。特别是陆军军官——1896 年他们大约有 3352 人——感到有义务像佩德罗二世一样英明而巧妙地行使强大的仲裁权。自 1889 年到 1894 年，军队公然地控制了政治大权。在随后的几年中，军官更加谨慎地操纵着政治权力，旧共和国政府顺从这些军人的思想和抱负。军国主义成为政治生活越来越重要的方面，在 1910 年的总统竞选中，军人在共和国内的地位成为话题的焦点。随着埃梅斯·达·丰塞卡元帅当选为总统，军国主义取得了胜利。

显然，到 1922 年巴西出现了很多新东西。城市化、工业化和现代化都是正在进行中的潮流。移民继续促成变革。民族主义和军国主义这两股力量正处于被界定的过程中，它们已经成为极大地改变巴西发展进程的强大工具。

尽管巴西很多方面都在变化，但过去并没有被消灭。它仍然为 20 世纪蒙上了一层阴影。巴西绝大部分地区依然是乡村。1920 年，雇佣男性中超过 70% 从事农业。少数产品支配依然保留着明显重商主义痕迹的经济，其中咖啡是最重要的产品。大地产和单一作物使经济充满过去的依赖模式。有特权的土地寡头继续在宪法条款的掩盖下行使权力。愚昧和家长制使民众保持中立。1920 年，年满 15 岁的人中超过 64% 是文盲。正如在 1850 年开展时一样，现代化并没有减少依赖性。具有讽刺意味的是，它加强了国外对巴西的控制。显然，对巴西而言，为了实现发展目标，还有很多需要去改变。

知识界和政治界的骚动

20 世纪 20 年代，作为构成巴西公众舆论的一支强大力量，知识分子开始反对既有秩序和惯例。和过去一样，他们毫不犹豫地引进适合他们自身和他们目标的欧洲思想。在这一传统的影响下，部分前卫的年轻知识分子引进了 20 世纪最新的艺术主题和表现方式。奥斯瓦尔多·德·安德拉德（Oswaldo de Andrade）1912 年从欧洲回到巴西，他激起了人们对未来主义的最初兴趣，未来主义是由部分意大利人在欧洲发起的，是旨在反抗现实主义的一场激进的艺术运动，它使艺术表现获得了极大自由。忽视传统和关注现在、未来的思想使巴西年轻的知识分子着迷，他们尝试采用更自由的韵文和文学体裁。与此同时，1914 年，在德国接受教育的画家阿妮塔·马尔法蒂（Anita Malfatti）返回巴西并举办了德国表现派风格的画 327展。三年后，她又把立体派介绍到巴西人中间。曾在意大利学习的雕刻家维托尔·布雷谢雷特（Vítor Brecheret）联合大胆的年轻画家展览了他富有影响力的新作品。

人们怀着复杂的感情看待巴西对欧洲文化的依赖。一方面，欧洲为艺术提供了鲜活的艺术灵感；另一方面，对欧洲过度的依赖使年轻的巴西知识分子深感不安，他们认为自己忽视了本国而去赞成外国模式和潮流，欧洲的诱惑力使他们对自己周围的事物视而不见。他们为没有注意西尔维奥·罗梅罗和若昂·卡皮斯特拉诺·德·阿布雷乌提出的不要过于偏爱欧洲价值的建议而深感内疚。强烈的民族主义情感激发了他们的责任心，这种民族主义情感主要体现在重整海陆军备、创立《印第安人保护法》、成立《巴西评论》（*Revista do Brasil*）、组织国防联盟和赞成义务兵役运动上。他们决定减少对欧洲文化的依赖并探索自己的文化。当然，从欧洲

进口的未来主义本身也提供了一条公式，它把巴西人从过去的模式
和束缚中解放出来。巴西人开始把注意力转向现在和身边的事物。
他们开始发现巴西。解释并鼓励民族文化成为他们的双重目标，为
了实现这两个目标，他们打算宣布巴西文化独立。

1922 年巴西独立百年庆典期间，他们的活动也相应地达到
了巅峰。里约热内卢让人印象深刻的百年博览会充分证明了此前
一百年中这个国家经济的发展。圣保罗的知识分子决心通过发布
文化独立的声明来展示可与经济发展相比拟的文化成熟。诗人梅诺
蒂·德尔·皮基亚把他们的目标表述为"巴西的巴西化"。"让我们
忘记雅典卫城的雕刻和哥特式教堂的塔楼，"罗纳德·德·卡瓦略
（Ronald de Carvalho）告诫，"我们是高山和森林之子。不要再去
考虑欧洲，考虑一下美洲吧！"正是在这种热情的推动下，一群圣
保罗知识分子组织了现代艺术周（1922 年 2 月 11—17 日），这期
间他们解释并阐明了他们现代主义运动的目的。

现代艺术周活动以圣保罗的市剧院为中心，当代备受尊重的作
家和巴西文学会（Brazilian Academy of Letters）成员格拉萨·阿
拉尼亚用一篇演讲宣布此次活动开始，在这篇演讲中他表明，知
识分子正在反抗巴西艺术的萧条状态。年轻一代主要通过罗纳
德·德·卡瓦略和梅诺蒂·德尔·皮基亚发表意见。在艺术周期
间，诗人通过朗诵自己的作品来阐明现代诗歌突破性的内容和形
式。奥斯瓦尔多·德·安德拉德同样地朗诵着他散文中的新片段。
年轻的埃托尔·维拉－洛博斯（Heitor Villa-Lobos）指挥着自己创
作的音乐的演奏，他的音乐多以乡村为题材并使用本地乐具。埃尔
纳尼·布拉加（Ernani Braga）写了大量其他鼓舞人心的民族主义
歌曲。早慧的吉奥马尔·诺瓦伊斯（Guiomar Novais）演奏了很多
选段，作为一名钢琴演奏家，她表现出的才干很快使她赢得了国际

声誉。通过把现代绘画和雕塑陈列在剧院门厅里，圣保罗知识分子成功地向充满好奇心——有时充满敌意——的公众介绍最新的艺术潮流以及他们对巴西周围环境的理解。圣保罗知识分子的兴奋证明了艺术的感染力，它迅速传播到其他大城市里面，在马瑙斯、福塔莱萨、贝洛奥里藏特和阿雷格里港等各个地方，诗人朗诵着诗歌，作家发表着演讲。在有奉献精神的改革者撒播知识种子的地方，新文学杂志大量涌现。

为了忠于他们宣布的目标，知识分子减少了与欧洲的联系并逐渐关注巴西的民族认同。随着民族价值观取代了外国价值观，（巴西民族）心理也发生了深刻变化。1924 年，格拉萨·阿拉尼亚在文学传统主义的大本营——巴西文学会——前的演讲对这一历史时刻做了最好的总结。在演讲中他解释，作为欧洲遗产的民族文化已经在新世界形势下发生了变化。巴西文化应该感谢欧洲，但它也是自 329身环境的产物。这种观念与整个半球表达的想法是一致的，正如拉丁美洲国家正在为争取自己的文化认同而奋斗。特别是墨西哥，由于它 1910 年深刻的内省革命，使拉美社会走上了精神和文化解放的道路。1922 年后，巴西迅速成为运动先驱。

很快，现代主义运动的结果越来越明显，但并没有像文学那样多。年轻的塞尔吉奥·布阿尔克·德·奥兰达代表其他知识分子讲话时说："巴西必须有一个民族文学。"在他看来，创建这种文学的最好方式就是尊重民族传统，从民族的原始资料中获取灵感，倾听"我们种族深处的声音"。作家肆无忌惮地攻击着他们固有的热爱欧洲的文体传统，这一传统主张抑制他们自己的创造力。形式的解放，富于新形象和乡土主义的朝气蓬勃的体裁，以及表现形式的创造性，成为新文学的特征。

随着对新风格的痴迷，人们又开始关注巴西题材。为了更好地解释巴西，知识分子详细调查了民族心理，质疑民族动机并重新审视过去。民俗研究的数量增加。20 世纪 20 年代末出现了大量这一方面的书目。作为这一领域的学术领袖，马里奥·德·安德拉德（Mário de Andrade）发起了一场积极运动来使他的同胞们熟悉自己的民间文化并研究宝贵的资料和灵感的源泉。后来他开设了民族志和民俗学课程并建立了圣保罗民俗学博物馆。毋庸置疑，民间传说进入民族文学，安德拉德于 1928 年发表的小说《马库纳伊玛》（*Macunaíma*）就是例证。作为巴西的民间英雄，马库纳伊玛一直被称为热带的皮尔·金（Peer Gynt）和保罗·班扬（Paul Bunyan）。他似乎综合了巴西人民的优秀品质和缺点。安德拉德乐
330 此不疲地使用大量地方主义和通俗措辞使他的散文充满生气和"巴西化"。

1926 年在累西腓举行的第一届巴西地方分权主义大会上，年轻的社会学家吉尔贝托·弗雷雷把对民族思想产生了巨大影响的主题引入巴西研究并使它通俗化，他发展了被忽视的马蒂乌斯和罗梅罗的思想，即认为巴西文明的独特性起源于三个种族的贡献。1933年，他的思想表现在《奴隶主和奴隶》（*Casa Grande e Senzala*）中，当时这是一部经典，后来又被翻译为英语。国内外对这本书的称赞使知识分子免受许多文化情结的影响并使非洲贡献和种族通婚的话题比以前更容易被人接受。尽管巴西国土面积巨大，但最后被认同种族通婚使它成为一个更加同源的国家。弗雷雷关于巴西创造独特文明的有说服力的讨论为研究和学习开辟了广阔的新领域。在此之前，绝大部分有关黑人的著作关注的是奴隶制，1933 年之后，这种情况发生了变化，学者们开始强调巴西形成中的非洲遗产。

1938 年，废除奴隶制五十周年庆典期间，研究非裔巴西人的新热情达到了顶峰。贝洛奥里藏特的州立历史研究所和美术协会联

合起来赞助了一个"非裔巴西人研究周",它以一个艺术展和一系列演讲为特征。马里奥·德·安德拉德为圣保罗城筹备了一个包括演讲、舞蹈和音乐的详细方案。里约热内卢用类似的方式庆祝这一活动。

文学界同样关注非洲对巴西的影响。同时,弗雷雷在准备他的社会学研究,若热·德·利马(Jorge de Lima)创作了黑人题材的诗。通过回忆早期对待印第安人的方式,他的部分作品歌颂了黑人高尚的道德。1933 年劳尔·博普(Raul Bopp)在他的短篇诗集《乌鲁昆戈》(*Urucungo*)中专门讨论了非裔巴西人题材。黑人在小说中成为主角,而不是像以前那样通常作为稀罕的人出现,他们成了受人尊重的社会成员。若泽·林斯·多·雷戈(José Lins do Rego)的《年轻人理查德》(*O Moleque Ricardo*)和若热·阿马多的《茹比亚巴》(*Jubiabá*),这两部都出版于 1935 年的作品说明了这一趋势。

20 世纪 20 年代的骚动同样激励着知识分子尝试对他们的祖国进行新的理解。20 世纪 20 年代保罗·普拉多(Paulo Prado)用笔对巴西做了最透彻的分析。1928 年出版的《巴西肖像》(*Retrato do Brasil*)一书中充满了悲观主义。他的开场白"在一个光芒四射的地方居住着一个悲伤的民族"为他的研究奠定了基调。他把巴西历史视为两种激情,即淫荡和贪婪的混乱发展。在作者看来,为了巴西的进步,有必要首先隔离并判断出巴西人性格中的弱点且纠正它们。他的悲观主义和阿丰索·塞尔索等其他作家轻松的乐观主义形成了鲜明对比。事实上,双方代表了巴西人看待他们自己国家的两个极端观点。

在文化民族主义的激情之下,强大的政治浪潮正在汹涌旋动并越来越明显。大部分知识界骚动的贡献者都深深地牵涉到 20 世

20 年代以及其后的政治中。他们的政治喜好从极右到极左，差别很大。其共同之处在于，他们对失去活力的共和政体都略表失望，期望改革政治机构并重新确立国家的发展方向。到 20 世纪 20 年代的中期，绝大多数知识分子都不再拥戴共和政体。对政府不满的增加并不是源于这十年的管理和前人管理的截然不同，而是由于社会和经济形势已经发生变化的事实，对于这一变化，政治体制并没有适时调整以适应之。这种功能障碍标志着政治调整越来越不能适应社会要求。为了唤起公众的注意力，知识分子大声疾呼用新方法解决332 旧问题的必要性。具有说服力的观点和与新闻界的密切联系使他们能够影响并表达公众舆论。

他们具有影响力的话语和巴西最重要的团体——军队共同表达了对共和国采取路线的不满。没人否认军人在共和国发挥的重大作用，但 1894 年后，除埃梅斯·达·丰塞卡政府外，军官们把政府的公开统治权留给了代表咖啡精英的文官。作为回报，政府小心翼翼地为陆军和海军提供了大量经费。因此，几十年来，共和国政府和军人统治集团间的关系往往比较和谐。在第一次世界大战后，两者间这种心照不宣的协议结束，改变始于佩索阿总统执政时期。佩索阿总统大胆地否决了增加军人薪资的议案并任命两名文官领导战争部和海军部。自共和国成立以来，军人已经习惯于担任这两个部长职务，他们立即反对这一出乎意料的任命。海军公然威胁总统，尽管并没有发挥作用。军官越来越关心他们的地位、特权和荣誉。在被冒犯和触怒后，他们退出政府。1921 年，当在欧洲度过六年的埃梅斯·达·丰塞卡元帅返回巴西后，形势变得更加复杂和危险，他有将各种军事派别团结起来的威望和领导能力。作为对他独特作用的肯定，军官们适时地选举他为里约热内卢强大的军事俱乐部的主席，这一位置使他能够向所有的军人发表讲话。他很快就做一些不祥的声明，对文官政府来说，这些声明不是什么好兆头。在对佩索阿采取的方针失望后，埃梅斯元帅评论道："政治形势变化了，但军队依旧。"通过对仲裁权（*poder moderador*）的稳定性、连续性和实施的隐晦提醒，军人警告政府并表达了他们的失望。

随着欧洲恢复了战前活力，出口、咖啡价格和汇率下降，佩索 333 阿政府也经历了麻烦，它早在 1921 年总统继任的问题上就出现了。按照圣保罗和米纳斯吉拉斯两州此前的协议，米纳斯吉拉斯的年轻州长阿图尔·达·席尔瓦·贝尔纳德斯（Artur da Silva Bernardes）被提名为下届总统。反对声从没有参加这一排他性协议的各州里面传播开来，他们越来越抱怨两个咖啡州在担任公职人员的选举中的支配地位。他们满腹怨愤地形成了自己的联盟——共和主义反抗联盟，并提名尼洛·佩萨尼亚担任总统一职。这一联盟使南里奥格兰德、里约热内卢、伯南布哥、巴伊亚与军队组成了同盟。作为一个进行中的激烈竞争，它暴露出国家分歧和矛盾的加深。

共和主义反抗联盟做了很大的努力去争取不满的军队。1921 年 10 月，里约热内卢长期反政府的日报《马尼亚邮报》（*Correio da Manhã*）发表了一封信，这封信由贝尔纳德斯手写而成，对军人进行了攻击性的评论。被这封信触怒后，绝大部分军官服从埃梅斯元帅的领导并宣誓支持尼洛·佩萨尼亚。围绕着伯南布哥州长选举的事件进一步使军队和联邦政府疏远，从此也和军人候选人疏远了。反对党谴责佩索阿总统将地方陆军联合起来任凭赞成联邦政府的州长候选人使用。当军事俱乐部主席埃梅斯·达·丰塞卡向驻守累西腓的陆军发电报，要求它反抗联邦政府的命令时，政府以签署特殊电报的罪名逮捕了埃梅斯并关闭军事俱乐部长达六个月之久。1922 年 3 月的总统选举没有改善政府和军队间的关系。贝尔纳德斯赢得了大选，获得了 56% 的选票。军队支持的候选人落选。军队和政府 334

疏远了，这在共和国历史上是第一次。

在帝国最后十年的一系列事件中，疏远主要体现在两个层面上。尽管最高级别的军官对政府不友好，但他们还是不愿意拿起武器来推翻它。因此要想让他们推翻政府，除了点燃他们的怒火之外，还应该怂恿他们的行动。他们必须被说服，军人的荣誉、特权和威望正在不可挽回地被危及并处于危急关头。下级军官们很少关注那些无价值的东西，受理想主义的影响，他们希望建立一个保证改革并使国家强大的政府，共和国表面的软弱，政治家的卑鄙和自负，围绕并盛行于政府的腐败、欺诈和无能，令他们不安。

下级军官们表现出对上司缺乏耐心。1922 年选举结束后，他们中的少数人决定结束咖啡利益相关者对政府的垄断并净化它。1922年 7 月 5 日，在准备不充分、协调不一致的情况下，驻扎在科帕卡巴纳海岸（Copacabana）的伊格雷日尼亚港（Igrejinha）的部分尉官领导发动了一场起义，军校学生参加了这场起义，但很快被镇压。在这场危机中，高级军官效忠政府并领导军队对抗科帕卡巴纳。在受到陆军和海军轰炸之前，起义军散漫地开了几枪。大部分起义者屈从于政府武力，但由 18 个人组成的堂吉诃德式的一群人来到海边继续和政府战斗，却也只是徒劳，因为政府力量很大，他们中大多数人戏剧性地把生命献给了他们也不明确的事业。

作为一个独立事件，科帕卡巴纳起义的意义和重要性似乎并不大。尽管如此，事后想想，我们很可能会把海边的英雄们和 20 世纪 20 年代正在进行中的更大的运动联系起来。作为反对垂死共和国大反抗的一部分，它非常重要。此外，它引发了一系列起义，而这些起义最终以 1930 年共和国被推翻而结束。1922 年发生的事件进一步强调了这一年是主动反对过去的开始，是一场对巴西所走路线失望和沮丧的示威运动。科帕卡巴纳起义和作为现代艺术周高潮的宣言都是新一代的通告，作为清晰明确的城市中间群体的代表的新一代人，他们反对国家古老的政治、经济和社会体制并试图将巴西推入未来。尽管目标并不明确，他们的方案坚决要求变革。他们把社会公平问题添加到政治演说中，正像共产党和罗马天主教会一样。

1922年也出现了其他有利于变革的运动。那一年，罗马天主教会对无产阶级的困境表现出新的兴趣和关注。足智多谋的塞巴斯蒂昂·莱梅（Sebastião Leme）后来被选为红衣主教，他负责监督工人圈（Workers' Circles）的创办，其主要目的是改善工人阶级现世的命运。工人圈内设有提供给工人的合作社、医院、诊所、药店和学校，其公开活动令很多社会保守人士头疼。当时，巴西天主教正在进行精神革新。

为了回应少数人彻底变革的要求，1922年巴西共产党成立。当时巴西政治的三个特色决定了该党具有以下特色：国家范围的政党、纪律严明以及坚定明确的指导思想。

在百年纪念的时候，各种抗议的形式汇聚到一起。知识分子发表独立声明；天主教会关注穷人并声明它对巴西民族的深刻印象；军人发动反对政府的武力反抗；共产党提出了彻底的变革方案。1922年之后，巴西再也不像此前那样平静了，尽管当时新生力量活动的方向和结果都并不明显。

贝尔纳德斯总统表明自己无力控制局面。他继承了人们对咖啡 336 精英统治的怨恨。财政状况"令人沮丧"：负债累累、预算赤字、出口下降以及自1894年以来的最低汇率。政治骚动同样令人气馁：联邦区和里约热内卢都处于戒严状态，在南里奥格兰德爆发了内战。此外，为了向尼洛·佩萨尼亚复仇，贝尔纳德斯促成了里约热内卢州的混乱局面，那里是他对手的政治基地，这种局面需要联邦的干预。贝尔纳德斯也没有表现出得到军队支持的急切心态。他拒绝赦免参与 1922 年密谋和起义的年轻军官，政府审理、定罪并判决了他们，这种处置仅仅增加了军人对总统的反对。贝尔纳德斯不能疏远的一群人是咖啡利益相关者。现在他面临着进退两难的困境。就个人而言，他支持正统的金融系统并怀疑物价稳定措施。但是，为了回报咖啡利益相关者的支持，他又不能忽视他们对市场上的咖啡价格不再继续下滑的保证的要求。他决定将对物价稳定措施的督导移交给圣保罗并命令巴西银行遵循总方针对待咖啡种植园主。

　　批评似瀑布般地落到总统头上，总统把自己关在卡特蒂宫里，很少公开露面，并集中精力维持公共秩序。前来为受围困的总统辩护的少数人中的一位，是雅克松·德·菲格雷多（Jackson de Figueiredo），他是一位有权威的辩论家和好战的罗马天主教信徒领袖，他在著述中攻击了民族主义的不断高涨和不安的年轻陆军军官。他创造的"命令高于法律"这个新词汇概括了他部分的政治哲学。他建议对待他所处时代的反抗者的方式就是："用棍棒打他们！"正如民族主义者中的传统看法，他坚信对巴西民族的威胁不是来自国外势力，而是来自新教、共济会和犹太教。同时，和自己时代的民族主义潮流相反的是，他是一名亲葡萄牙分子，欣赏并称赞葡萄牙人向巴西传播的价值观和制度。那些有说服力的言论并没有挽救总统的不得人心，它们至多代表了 20 年代少数知识分子的意见。

　　强烈的变革需求使年轻陆军军官于 1924 年 7 月 5 日举起了反叛的大旗，这一次是在圣保罗。叛乱者把领导权委托给退休将军伊西多罗·迪亚斯·洛佩斯（Isidoro Dias Lopes），但年轻军官提供了热情和动力。陆军中尉和地方劳工保持着有限但又重要的联系：在 1924 年前，圣保罗一直是南美洲主要的工业城市。叛乱者公然抨击贝尔纳德斯并提出改革共和国的模糊要求。忠于总统的军队从各个方向聚集到圣保罗城。在控制这座城市 22 天后，叛乱者撤离了这里并首先向西而后向南转移。与此同时，阿拉卡茹（Aracajú）、马瑙斯、贝伦还有，更大范围来说，南里奥格兰德，也爆发了短期叛乱。11月份，"圣保罗号"战舰上的全体人员在瓜纳巴拉湾叛变并驶往蒙得维的亚避难。在海军上校路易斯·卡洛斯·普雷斯特斯（Luís Carlos Prestes）的领导下，南里奥格兰德叛军向北转移并和从圣保罗撤回的伊西多罗·洛佩斯的军队联合。联合后的叛军赢得了"普雷斯特斯纵队"（Preste Column）的名称，随后开始了穿越内陆荒漠的艰苦卓绝的三年（1924—1927年）远行。他们向北进入马拉尼昂而后转向西南，最终经过长途跋涉后在玻利维亚解散。

有着"希望骑士"（Knight of Hope）绰号的普雷斯特斯在追随者和很多巴西人中有着强大的神秘吸引力，这些人仰慕他对政府勇敢而不切实际的挑战。尽管如此，他唤醒人们拿起武器反对政府的努力失败了。农民仍然处于乡绅"上校"的强大控制之下，不能加入叛军行列。乡村一直未能成为巴西变革的爆发地，普雷斯特斯纵队的结果表明了在20世纪20年代中期出现这种变革仍然为时过早。社会不满集中在城市里：纵队从未与城市反抗者联系，因此也从没有获得社会的潜在支持。 338

联邦政府蔑视叛乱的意义并尽可能地不理会社会上的不满情绪，政治调解耗费了它大部分的精力。咖啡销售从20世纪20年代早期的衰退恢复到新高。只要咖啡卖得好，政府可以选择它喜欢的任何路线，这似乎是条真理。好价钱和畅销保证了咖啡利益相关者对联邦政府的垄断。

1926年，按照两大咖啡生产州此前订立的协议，贝尔纳德斯把政府的控制权移交给圣保罗人华盛顿·路易斯·佩雷拉·德·索萨（Washington Luís Pereira de Sousa），他的候选人资格从未受到过怀疑，选举中他赢得了70万张选票中的98%。为了表示和好，新总统取消了戒严状态（上届政府管理不可分割的一部分）并恢复了新闻自由。他又开始关注咖啡种植园主最关心的两件事。第一，政府鼓励修建公路，里约热内卢连接圣保罗和彼得罗波利斯（第一步先通往贝洛奥里藏特）的两条公路工程迅速启动。第二，政府决心实施财政改革。为了实现这个确立已久的目标，政府开始平衡预算，认真整顿财政秩序。和佩纳管理下的兑换基金委员会相似，设立了稳定基金委员会发行以黄金为储备的新纸币。到贝尔纳德斯政府执政末期，政府致力于尝试新的咖啡销售方式，把管理它的权力交到各州手中。路易斯政府期间，这种尝试还在继续。圣保罗和它强大的咖啡协会（Coffee Institute）指导着咖啡销售，在必要的时候限制运输并储存咖啡豆，当市场行情好的时候再出售。协会的出色管理和最佳的国际形势带来了咖啡价格的急剧上升。

　　华盛顿·路易斯执政早期的繁荣几乎没能掩盖人们对共和国的
339　不满。显然，不满情绪自共和国早期就已存在。首先，巴西一直存在满腹怨恨的君主主义者，他们攻击着新共和国。在醒悟后的共和党宣布对新政体失望后不久，他们联合起来，"自责感"令很多人感到悲伤。共和主义者阿丰索·塞尔索于1893年成为一名君主主义者，他悲叹道："我悔恨不已地承认，我的确经常在报刊上和议会中攻击皇帝，把我们所有问题归咎为他一个人的责任……现在我公开承认我的悔恨。"一位名叫阿尔弗雷多·德·派瓦（Alfredo de Paiva）的知识分子在1891年直言不讳地问道："我们共和国的政治家在哪里？"随后几十年中这一令人困窘的问题曾多次出现。怀旧的人追想"帝国的光荣"，他们回忆起1889年之前政治家的才能、有序和自由，这和共和国的愤怒、无序和镇压形成了鲜明对比。文学界的一部分人在出版物中追忆和抱怨，进而发展为"悔恨"文学。他们的著作反映出对共和国深深的失望和不满。他们强调，共和国的实际完全不同于它建立时所依据的理论与原则。法里亚斯·布里托（Farias Brito），一位建立共和国的热情拥护者，在后来的评价中非常悲伤地反映道："我看到我梦想的所有美好事物都转变成了混乱和无序、不安和不公。"贵族评论家保罗·普拉多在《巴西肖像》一书中抨击了共和国政治体制的罪恶并建议："我们已经失败地使用了很多药物来治疗我们的疾病，它仍然需要尝试手术。"纵览咖啡政治的历史、自私自利的地方权力垄断、选举的操纵、父权制和殖民主义的继续，以及始终无能的政府，很多自由民主党人意见达成一致。共和国没能满足他们的愿望。

作为城市中间群体急躁而能言善辩的儿子们，不安的年轻军官也指责共和国的不得人心。当时，他们的不满代表了那些感觉在政治和经济上被咖啡政治边缘化的人们的思想。1922 年和 1924 年以 340 及普雷斯特斯远征期间，抗议演变成公然反叛。尽管一开始他们的目标并不明确，但年轻军官逐步开始制定目标。到 1926 年，尉官派运动（*tenente* [lieutenant] movement）已经确立了明确的宗旨，尽管如此——必须强调的是——这一宗旨并不明确。最重要的是，尉官们保持着一种神秘信仰，即军事革命将改变国家的风俗习惯并提供将国家推入现代化的动力。他们最关心的是改革，而不是民主。他们想辞退顽固的政治家并使国家实现现代化；那时，只有那时，他们才会赞成国家回归宪政。他们恰当地指出满足受教育以及其他限制的选民不足巴西成年人口的 5%。在 1894—1906 年之间，参加总统选举的选民占这一人口的平均百分比为 2.4%；在 1910—1930 年之间，这一百分比增加到 2.7%。旧共和国下的民主政治成为一场闹剧。尉官们提议组建一个将所有的巴西人团结起来的政府，从而否定正在衰弱的地方分权主义。他们的目标是成立一个强大的中央政府。由于相信改革和民主不能兼容，年轻军官们认为国家的主要作用是改变社会和经济。他们倡导的这种变革应该是自上而下的。由于表现出强烈的"社会民主"(social democratic)的意向,尉官们建议政府认同贸易联盟和合作社、最低工资、最高工时、儿童劳动法、土地改革和矿藏国有化等主张。在提及普雷斯特斯纵队时,《7月5日》(*5 de Julho*)杂志表达了年轻军人革命者的很多思想:

> 原因:财政和经济的混乱;重税;行政违法行为;缺乏公平;选举中的是非颠倒;新闻界的隶属地位;政治迫害;不尊重州的自治权;缺乏社会立法;戒严状态下的宪法改革。理想:确保政权忠于共和国宪法;在国家范围内建立免费小学教育以及专业和技术培训;保证思想自由;统一司法并使之处于最高法院的保护下;统一财政;保证市政自由;惩罚诈骗人民财产者;防止职业政治家挪用公款致富;严格解释公共资金(去处)。

显然,尉官们倡导的很多计划对城市中间群体有利。

回到1894年,社会下层的中间群体越来越抱怨大种植园主,特别是咖啡种植园主经济上和政治上对共和国实施的垄断。他们谴责政府给予种植园主的特权。20世纪20年代咖啡产量的迅速增长令他们恐慌。1927—1929年间,咖啡产量超过2100万袋,其中出口的不足1400万袋。扣掉巴西本国消费的咖啡,这仍然意味着公众——尤其是资产阶级——要承受稳定咖啡价格而储存咖啡以及维持国际市场上咖啡价格的财政负担。作为坚定的咖啡支持者,政府为实行物价稳定措施而大举外债。1926年,巴西外债达到9亿美元,每年的利息有1.75亿美元,到1930年外债已上升到11.81亿美元，每年的债务服务费高达 2 亿美元。正是在那一时期内，美国——19 世纪后半叶美国高速的工业化和一战期间强大的军事实力令很多中间群体钦佩——取代英国成为巴西最主要的外国投资者。到 1927 年，北美拥有巴西所有联邦债务的 35%。中间群体依然是所有这些事件的目击者。1910 年和 1922 年的选举提供了改变这一社会现实的可能性，但他们缺乏足够的实力抓住这个机会。此外，他们没有充分认识到 20 世纪 20 年代的各种军事起义可以为他们所用。由于表现出的软弱性，中间群体没有把他们现代化的要求和年轻军官相似的要求联合起来。

那些声称自己有民族主义倾向的人也把自己纳入对共和国不满 342 的人群中。一方面，他们对咖啡寡头政治心存怀疑，这些咖啡寡头似乎和世界市场的联系过于亲密而且其观点过于国际化。因此相应地，他们的利益和民族的利益并不一致；另一方面，民族主义者恐惧地认为猖獗的地方分权主义是 1891 年宪法所纵容的。在一些州首府，州旗在每根旗杆上飘扬，一个人想确定巴西国旗的颜色，那只是徒劳。圣保罗的国民军雇用了法国军事代表团来训练自己，使其实力和准备状态足以和联邦军队抗衡。民族主义者赞成建立一个地方分权主义和国际主义服从于国家利益和进步的政府。

有效的反抗方式几乎并不存在。本来可以作为替代力量的政党依然规模小并缺乏组织性。和帝国其他的体制截然相反的是，除 1922 年后的共产党稍有不同外，巴西不存在全国性政党。共和党在大多数主要州里仍然非常强大，高度分离的地方组织间的全国性联系仅限于共和国总统和各州州长们之间的通信、电报和电话。民族主义者曾多次试图组织政党来反映他们的意见，但组织通常规模小而且是地方性的。因此他们的消息只局限在 6 个沿海城市内。他们的纲领包括各种各样的政策，例如把巴西首都从沿海迁往内陆、贸易国有化、将利润保留在本国境内、报刊国有化、建立国家剧院、通过控制租金来限制外国控制巴西财产、设立农业信贷、促进拉美社会更加密切的联系、成立一个更加强大的联邦政府。把联邦首都迁往内陆的提议是爱国者一个古老的梦想，它象征着他们把巴西

343　"巴西化"的渴望。贸易国有化、控制租金、较小程度的报刊国有化、建立国家剧院和将利润保存在本国境内的要求在一定程度上反映出巴西人对定居巴西的葡萄牙人的长期愤恨和对从前宗主国的厌恶。

　　对大多数民众而言，精英主义的有限政治民主既不能带来社会民主，也不能推动经济发展。反抗共和国政府的领导和普通民众均来自不满社会的中间群体，他们认为停滞不前的社会体制压制并困扰着他们。乡村和城市民众听天由命地接受着他们卑贱的社会地位，而中间群体通过年轻军官、知识分子和民族主义者的强烈抗议来拒绝其卑贱的社会地位。他们追求更高的社会地位和更大的政治权力，最重要的是，他们认为他们已经看出了获得这些东西的可能性。进步和社会民主的希望赋予了很多不满者能量。

　　一个严重的政治错误和一场国际危机结束了咖啡寡头实施的权力垄断。华盛顿·路易斯犯了这个政治错误，他挑选另一名圣保罗人，年轻有为的圣保罗州长儒利奥·普雷斯特斯（Júlio Prestes）为他的继任者。面对这一奇耻大辱，老政治家愤怒不已，因为他们被忽视而提名一名年轻候选人。非咖啡州反对下任总统又将专为咖啡生产者的利益服务。所有受过教育的巴西人可能都会因门德斯·弗拉迪克（Mendes Fradique）幽默的言辞而发笑，"巴西的20个州（其实）只有两个：圣保罗和米纳斯吉拉斯"，但其他18个州的笑声非常沉闷，它们因长期以来的被忽视而苦恼不已。最重要的是两个咖啡联盟者，即米纳斯吉拉斯和圣保罗，在普雷斯特斯的继任上也出现了冲突。支持轮流执政的米纳斯吉拉斯人声称总统职位应

该由他们中的一员担任。圣保罗和米纳斯吉拉斯在总统继任上的分歧为非咖啡州提供了一个争取总统职位的千载难逢的好机会。政治上，它联合了不满的米纳斯吉拉斯和雄心勃勃的南里奥格兰德，这可能是一个强大的联盟，并且是对主宰旧共和国咖啡三角同盟的挑 344 战。然而，圣保罗是可能有足够强大的实力去贯彻自己的意志的，如果当时没有一场日益加剧的世界经济萧条破坏咖啡市场并最终削弱它的经济和心理地位的话。

　　1929 年和 1930 年的北大西洋资本主义的经济崩溃波及巴西经济。1929—1931 年间咖啡价格从每磅 22.5 美分暴跌到每磅 8 美分。1929—1932 年间，巴西对外贸易的总量下降了 37%，价值下降了 67%。到 1930 年末，大量黄金储备消失，1927—1930 年相对稳定的汇率创下新低。灾难的重负落到圣保罗身上，它的仓库里堆满了未出售的咖啡。1930 年有 2600 万袋咖啡储存在仓库里，这要比 1929 年全世界消费的咖啡多 100 万袋，也是巴西通常一年咖啡出口量的 2 倍。每次，当人们对咖啡寡头统治的上升不抱幻想时，这样一种经济倒退都会使它极易受到政治攻击。反对者就 1930 年总统继任问题对圣保罗发起攻击。

　　为反对儒利奥·普雷斯特斯的候选人资格，在反对党、城市中间群体、年轻军官、民族主义者和知识分子配合下，米纳斯吉拉斯、南里奥格兰德、帕拉伊巴形成一个联盟，名为"自由联盟"。根据南里奥格兰德和米纳斯吉拉斯的协议，联盟提名高卓人热图利奥·瓦加斯为总统，并提名帕拉伊巴的若昂·佩索阿（João Pessôa）为副总统。1929 年 7 月底宣布的纲领要求赦免 1922—1926 年所有叛乱的参与者，推行新选举法，进行社会立法，重新组织教育和司法体制，并且加快经济的发展。那些纲领似乎允许变革并加快现代化步伐。

选举期间，两名候选人按照共和国认同的习惯行动：他们都是工于心计者，善于欺骗对方和他们的联盟，也善于驳斥他们并免除

345 了很多陈词滥调。在这一过程中，瓦加斯和华盛顿·路易斯订立了一个奇特协议。瓦加斯承诺不参与除南里奥格兰德外的竞选活动并接受竞选结果，以此回报路易斯同意不支持南里奥格兰德反对自由联盟，此外路易斯许诺运用自己以及普雷斯特斯的影响力督促国会让国会代表就职，不管南里奥格兰德选举谁。随着演讲逐渐达到高潮，整个选举气氛热烈。尽管出现了一些小骚动，但 1930 年 3 月 1 日的大选总体上非常平静。普雷斯特斯取得了胜利，在投出的 190 万张选票中，他获得了 110 万张。乡村寡头们成功地集结了足够多的选票，其数量远远多于城市不满者的选票。

对选举结果失望的情绪弥漫着巴西。尽管如此，瓦加斯似乎接受了这一结果，尽管他表面上大叫这是一场骗局，但这个指责无可厚非，因为所有落选者都会这样说。5 月份，国会拒绝在选举中投反对票的米纳斯吉拉斯人和帕拉伊巴人担任代表，这导致人们怨恨政府候选人胜利的情绪高涨。政治形势紧张起来。一名刺客在累西腓的枪声引发了一场意义深远的叛乱。个人和地方性状况是若昂·佩索阿在 1930 年 7 月 25 日被暗杀的主要原因，但反对派把刺客和华盛顿·路易斯的政治团体联系起来，整个国家都认为它有政治动机。这一惨案给自由联盟和其拥护者注入了新活力，使它变得更加团结、有计划性，他们决定用暴力推翻华盛顿·路易斯政府。

在南里奥格兰德、米纳斯吉拉斯和帕拉伊巴三州的配合下，10 月 3 日起义爆发。在茹阿雷斯·塔沃拉（Juarez Távora）的领导下，帕拉伊巴的军队毫不费力地攻占了累西腓和萨尔瓦多，茹阿雷斯·塔沃拉是 20 世纪 20 年代起义中的一名尉官。在佩德罗·奥雷利奥·德·戈埃斯·蒙泰罗（Pedro Aurélio de Góes Monteiro）的

带领下，南里奥格兰德的叛军向北朝圣保罗进军。米纳斯吉拉斯叛军袭击圣埃斯皮里图州和里约热内卢州。事实证明，政府阻挡不了历史的前进。或许有人期望咖啡种植园主会出来支持圣保罗出身的总统和他选定的继任者，但大多数种植园主被大萧条困扰，加上政府不愿为限价而调动所有的资源，所以他们对里约热内卢摇摇欲坠的政府采取了中立而非敌对的态度。尽管所有的文官都支持自由联盟发动的叛乱，但如果军队不支持或者至少不默许的话，这也不可能取得成功。首先，20 世纪 20 年代诸多起义中的尉官派运动果断地联合了其他叛军。之后联合了愿意忠诚于这项事业的军队的队伍。最终高级军官做出抉择，垂死的共和国不值得他们进一步支持。10 月 24 日，他们从总统手里夺取了政权并组建了三人军政府作为过渡政府。与此同时，自由联盟的主席从阿雷格里港到里约热内卢的旅行也成为庆祝胜利的游行。和其他地方相比，圣保罗对瓦加斯的欢呼最狂热。显然，对那些称他"维瓦斯"（vivas）的人而言，他代表着希望和承诺。对大多数人而言，他代表着变革。他于 10 月 31 日到达首都，当时首都的气氛是喜庆和欢乐的。四天后，军政府授予他总统绶带。军人再一次在政治上充当了仲裁者，而旧共和国伴随着一场军事运动结束了。军事政变、政治失误和越来越严重的世界大萧条是共和国灭亡的直接诱因。从根本上来讲，工业化，城市化，民族主义的传播，以及对变革的渴望，是无能且毫无生气的旧共和国不能抗衡的。

权力模式的转变

在承认了军政府对国家的控制后，热图利奥·多尔蒂科·瓦加斯（Getúlio Dórtico Vargas）统治了近一代人的时间，首先是作为

347 临时政府主席（1930—1934 年），接着被国会根据宪法选举为总统
（1934—1937 年），然后是独裁者（1937—1945 年），最后成为人
民根据宪法选举的总统（1951—1954 年）。他在现代巴西历史上的
地位如此显赫以至于 20 世纪 60 年代的政府依然处于他遗留的强大
传统的阴影笼罩下。能够施加如此巨大影响的任何人都必定备受争
议，多年来瓦加斯激发了人们对他的赞歌和非难的诅咒。

　　瓦加斯于 1883 年出生在南里奥格兰德圣博尔雅（São Borja）
的一个富裕的牧主家庭，那里和阿根廷仅隔着乌拉圭河。在米纳斯
吉拉斯待过一段时间后，他返回南里奥格兰德，进入了设在里奥帕
尔杜（Rio Pardo）的军校，作为一名军校学生，他曾在阿雷格里
港和马托格罗索驻地服役。1907 年，他放弃了军事训练并在阿雷
格里港法学院取得学位。此后不久，他进入政界。他的政治成长期
是在南里奥格兰德任期很长的州长安东尼奥·奥古斯托·博尔热
斯·德·梅代罗斯（Antônio Augusto Borges de Medeiros）的指导
和严格纪律控制下度过的，当时的巴西处在孔德实证主义的氛围
中。他的政治崛起是非常迅速的：联邦议员（1924—1926 年）、财
政部长（1926—1928 年）、南里奥格兰德州长（1928—1930 年）
以及 1930 年担任国家元首。瓦加斯身材短小，瘦而结实，脸上常
挂着迷人的微笑，事实证明他拥有异乎常人的敏锐政治直觉。最重
要的是，他是一位现实主义者，他的政治决策通常反映出实用主
义。按照西属美洲的传统，他通常被称为考迪罗，但如果把他和他
同时代独裁者例如委内瑞拉的胡安·比森特·戈麦斯（Juan Vicente
Gómes）、危地马拉的豪尔赫·乌维科（Jorge Ubico）或多米尼加
共和国的拉斐尔·特鲁希略（Rafael Trujillo）比较的话，这种说法
似乎有些夸大其词。无论怎样，瓦加斯是在按巴西传统的惯例进行
统治，现代化和和蔼可亲使他的统治趋于缓和。缺乏盛世、恐怖和

不灵活往往是西属美洲独裁的特征。在大多数情况下，他似乎倾向于顺应时代潮流，必要时进行创新，需要时进行尝试。变革的前景并没有使他感到恐惧，而是让他更加小心谨慎地变革。

在瓦加斯统治早期，围在他的身边并呼吁改革的尉官派是叛 348 乱中的激进分子。他们希望消灭腐败并罢免那些反动保守政治家的职务，巩固中央政府，惩罚地方寡头，鼓励民族主义，推进经济和社会变革。那些年轻的理想主义者很快发现政治家和高级陆军军官的强大和保守，正是这些人阻碍了他们推行最初的变革。瓦加斯既没有联合强大的支持联盟也没有民众基础，同时也没有提出一个合理的方案。他与新形势下的现实纠缠在一起，试图找寻一个权力基础。尉官派称赞瓦加斯解散了上自国会下至市政委员会的所有立法机关，介入了各州，罢免了州长们，并且加强了中央政府。尽管如此，他在是否加快改革速度上的犹豫使尉官派焦虑不安并最后促使他们自己组织起来。

1931 年 2 月他们联合组成了"10 月 3 日俱乐部"。他们的方案倡导强力总统制；间接选举产生由来自不同行业和不同地区的国会议员组成的立法机关；由政府指导下的改革来促进民族的发展；国家鼓励并促进劳资关系的和谐；进行有差别征税的土地改革；国家鼓励农业和工业发展；广泛的社会立法，包括一部劳工法、一部社会安全法、一部公共卫生法；全民教育；以及更合理的收入分配。这个方案强调集体高于个人，联邦高于各州，民族利益高于国际利益。它设想一个独裁政府能够实施改革。对他们来说，变革比民主更有诱惑力。

1931 年，与旧共和国有联系的政治家实力激增，这使瓦加斯更坚决地求助于尉官派的支持。他们成为对彼此有用的联盟。瓦加斯需要年轻军官来增强他的实力，而年轻军官需要总统来推行他们倡导的改革。瓦加斯任命了他们中的很多人为各州调停者或顾问。
349 1931年，尉官派的影响力达到最大。但是，一年之内这种影响力开
始变弱，几年之内影响力几乎全部消失。瓦加斯屡次发现在自己微
妙的政治斡旋中，尉官派的果断令他难堪。此外，该俱乐部成员分
裂为不同的思想派别。最终，圣保罗内战使年轻军官重新回到军事
职责上并使他们远离政治。当中产阶级同情20世纪20年代的尉官
派运动时，这场运动的参与者却认为尉官派已在30年代转变到过
度激进的思想，这与始终小心谨慎的中产阶级寻求的"自由改革"
和"民主"行为大相径庭。尽管如此，中产阶级的下层在20世纪
30年代继续支持尉官派和他们的思想。

那些尉官派留下了一笔相当可观的遗产。在他们的帮助下，
1930年的地方起义转变为一场民族运动；在政治角力的艰难时期，
他们帮助瓦加斯掌握大权；他们使瓦加斯铭记改革的必要性；他们
帮助城市中产阶级和无产阶级进入国家政治生活；他们加强了国家
在经济和政治事务中的作用；他们推动了中央集权化；他们鼓励民
族主义。即使在尉官派作为一个群体不再显赫的时候，他们的目标
依然赢得了支持并在许多方面成为指引瓦加斯的路标。而作为个
人，前尉官派们在国家公共生活中发挥了重要作用。

新政权面临着严重的政治和经济挑战。随着咖啡销售下降威胁
着新政权的存亡，经济在世界性萧条的重压下挣扎着。国际咖啡市
场的不稳定再次——而且非常生动地——说明了巴西经济的反身性
（reflexive nature），和一直以来的情况一样，巴西经济状况好坏依
赖于某一种主要初级产品的出口。到1935年，巴西出口只有1929
年出口的三分之一，数字非常精确地表明了20世纪20年代的咖啡
出口和20世纪30年代的咖啡出口的不同：在股市大崩盘之前的十
年里，巴西销往国外的咖啡有8.06亿磅；而在此后的十年中，巴西

出口的咖啡只有 3.37 亿磅。1931—1937 年，咖啡的平均价格只有 350
每磅 9.8 美分，这和 1929 年的平均价格每磅 21.7 美分形成了鲜明
对比。与此同时，世界咖啡市场的竞争增强，以至于巴西的市场占
有率从 1932 年的 60% 降到 1937 年的不足 50%，这反映出其他拉
美共和国和非洲咖啡的生产逐渐增加。通过积极的促销活动，1939
年巴西的市场占有率增加到 57%，但与此同时，咖啡价格下滑到每
磅 7.5 美分。

瓦加斯政府遇到了各种形式的经济挑战。由于认识到咖啡对国
民经济的重要性，政府在困难时期并没有丢弃咖啡种植园主。全国
咖啡委员会（National Coffee Council，1933 年以后改为国家咖啡
部，National Department of Coffee）灵活地采取各种措施缓解咖啡
种植园主的困境。它命令立刻减少咖啡树的种植。咖啡树的数量从
1920 年的 17 亿棵增加到 1934 年的 30 亿棵，这一数字又慢慢缩减
到 1939 年的 25 亿棵以及 1942 年的 23 亿棵。1931 年政府推行了
一个焚烧咖啡的方案，在这个十年结束前毁掉大约 6000 万袋咖啡。
此外，国家还改变了此前的物价稳定措施并与其他咖啡生产国签订
了国际协议，但收效甚微。随着第二次世界大战的到来，巴西的咖
啡贸易才重新恢复。在此期间，通过工业化和扩大农业，政府尽一
切力量使经济发展多样化。农业部门中发展最有效的是牲畜饲养和
棉花生产。1935—1939 年，棉花占巴西出口的 18.6%，这大大超
过了 1925—1929 年的 2.1%。国内对棉花的消费需求也在增加。从
1933 年到 1939 年，圣保罗的棉花种植增加了 6 倍，而与此同时，
咖啡种植减少。工业化方案的成功将在后面论述。

1929 年后咖啡市场的危机和政府使国民经济多样化的决心使巴
西的咖啡文明落下了帷幕。为了响应 30 年代的经济挑战，巴西尝
试了各种经济措施。事实上，咖啡依然是国民经济支柱，但股市崩 351

溃后的经济多样化长期趋势减少了咖啡对经济的贡献。

伴随着经济挑战而来的是政治问题。这些问题来自旧寡头，他们被 1930 年的事件以及左翼和右翼政治极端主义者夺去了权力。圣保罗的咖啡精英特别反感作为民族主义者的尉官派倡导的目标。反过来，瓦加斯也怀疑那些最富有、最强大的州的意图，这种怀疑促使他立刻撤掉了 1930 年军政府任命的州长，一位对儒利奥·普雷斯特斯友好的将军。为了保证该州的忠诚，瓦加斯指令 1924 年叛乱的名义长官伊西多罗·迪亚斯·洛佩斯将军统率总部设在圣保罗的第二军区。他派遣来自东北部的尉官派若昂·阿尔贝托（João Alberto）为总统指定的调停者以取代选举产生的州长。由于颁布了一个提高工人 5% 的工资并给老兵分发土地的法令，军人调停者立刻受到了圣保罗机构（当权派）的仇视。圣保罗人指控他是一名共产主义者——这也许是事实——同时指责他不称职。精英们理解失去联邦政府控制权的政治和叛乱后果，但他们讨厌不允许经营自己的富裕州这一事实。如果他们必须得有一位调停者的话，他们希望是一名文官并且是一个圣保罗人。与此同时，他们鼓吹恢复宪政，最好是回到宽松的 1891 年宪法。瓦加斯既不能对他们的要求熟视无睹也不能抵挡他们的压力。为了表示和解，他提名来自圣保罗的咖啡银行家若泽·马里亚·惠特克（José Maria Whitaker）担任他的第一任财政部长。此外，他竭尽所能地解决或缓解咖啡危机。最终，他任命了人们期望中的圣保罗文官佩德罗·德·托莱多（Pedro de Toledo）为调停者，并宣布 1933 年 5 月举行选举以选出一个制宪会议。那些措施不但没有使圣保罗人安静下来，相反，在他们看来，

352 是国家政府软弱的标志。1932 年 7 月 9 日，在贝尔托尔多·克林热（Bertaldo Klinger）将军的带领下，圣保罗人发动了起义。

由于地理范围和吸引的民众有限，这次起义的意义很明显。叛

军本打算依靠米纳斯吉拉斯和南里奥格兰德的支持，但出乎意料的是，同联邦中的其他州一样，这两个州宣誓效忠于瓦加斯。圣保罗的城乡工人阶级也拒绝参与其中。最重要的是，这次叛乱似乎是圣保罗寡头最后的挣扎，他们回忆过去并要求恢复他们此前的特权和权力，政府也这样看待它。联邦军聚集在圣保罗州首府，经过三个月的围攻和断断续续的战斗，起义以失败而告终。认识到圣保罗的繁荣和幸福对巴西的安宁和进步的必要性后，瓦加斯明智地拒绝了惩罚和羞辱失败者。他继续进行使政府宪政化的计划。

1932 年 2 月 14 日，瓦加斯颁布了《选举法》(Electoral Code)，该法规定有选举权的年龄从 21 岁降至 18 岁，保证无记名投票并把选举权扩大到职业妇女（早在 1926 年，北里奥格兰德州政府已经授予妇女选举权）。尽管在许多方面，这是一部自由法，它仍否认文盲拥有选举权，这与半球其他共和国的实践形成鲜明对比。根据该法的规定，制宪会议的代表由选举产生，1933 年 11 月他们召开了议事会。1934 年年中颁布的宪法展示了他们的劳动成果。新文件保留了联邦制，但又把广泛的权力委托给行政部门。劳动、家庭和文化的部分扩大了政府的社会意识，同时也表明了对国家经济发展的新关注。为了减少富裕州（特别是圣保罗）的权力和影响力，众议院除包括 250 名更传统的地区和人口代表外，还有 50 名社团代表（劳工、工业、行业和政府服务方面的代表）。总统任期四年，不能连任。制宪会议直接选举瓦加斯担任总统一职。

随着新宪法机制开始运行，瓦加斯承受的压力与日俱增。1935年，各州选举偏向于支持同旧共和国有联系的寡头和政治家，这加剧了那些主张州权者和那些赞成中央集权者之间的斗争。与此同时，那些拥护极端政治学说者积极地鼓动民众。由于巴西易受国外政治学说的渗透，所以它没能逃避 20 世纪 30 年代共产主义和法西斯主义学说的诱惑。1922 年，巴西共产党成立，它的发展一直很缓慢，直到 20 世纪 30 年代初期的经济危机加速了它的活动并增加了它的吸引力。该党的一个派别组织了人民阵线来与法西斯主义斗争，1934 年民族解放联盟成立，但直到 1935 年 3 月它才为人所知。民族解放联盟打出"面包、土地和自由"的口号，他们要求取消外国债务、外国企业国有化、实现充分的个人自由、成立人民政府并在农村无产者中分配大地产。在很大程度上，这还是一场城市运动，它吸收的成员主要来自中产阶级中下层而不是工人阶级。民族解放联盟表达了民族主义情绪并且第一个公开挑战现存的政治制度。民族解放联盟多数的支持者并不认为自己是共产主义者，他们只是强烈要求现代化和发展，他们认为外国的剥削阻碍了他们要求的现代化和发展。

作为一名传奇的革命者，路易斯·卡洛斯·普雷斯特斯曾领导远征军穿越内陆，随后他成为巴西共产党领袖并担任民族解放联盟的名誉主席。1935 年 7 月初，他发表了一些煽动性的言论，号召战胜瓦加斯政府并成立一个人民革命政府。很快，瓦加斯以违反《国家安全法》为由宣告民族解放联盟为非法。从 11 月 23 日到 26 日，共产党人在纳塔尔（Natal）、累西腓和里约热内卢煽动的三次独立而血腥的军事暴动使自己威信扫地，并且触怒了公众。国会立刻以投票的方式决定国家进入戒严状态。联邦官员逮捕并监禁了共产党人和左翼领导人。此外，还专门成立国家安全法庭审理这些参与阴谋的人。从那时起，整个 1937 年，政府发动了一场蓬蓬勃勃的反共产主义运动。被瓦加斯勒令解散后，共产党停止活动达十年之久。这些阴谋为政府提供了充足的机会来攻击对它的批判。由于布置了广泛的社会安全网，1936 年警察以不明确的参加共产主义活动的罪名逮捕了著名的小说家格拉西亚诺·拉莫斯

（Graciliano Ramos），他的多卷本自传集《狱中的回忆》（*Memórias do Cárcere*），记录了 1936 年和 1937 年政治监禁的潦倒和屈辱（该书 1953 年在里约热内卢出版，并无英译本）。通过大胆地利用这次叛乱为自己带来的有利条件，瓦加斯大大加强了自己的权力，增加了联邦权力，并平息了人们对他的批评。军队的影响力也大大提高。

到 20 世纪 30 年代中期，来自极右的威胁也涌现了。1932 年，在圣保罗革命爆发后不久，巴西整合运动党（Integralist party）在保守分子的支持并直接模仿同时代欧洲法西斯党的基础上形成了。同欧洲的整体主义者一样，巴西的整体主义者有自己的标志（西格玛，the sigma，希腊语的第 18 个字母 "∑"）、旗帜和衬衫颜色（绿色）。他们按照传统法西斯敬礼姿势举起右臂，并高呼 "*ananê*" 一词。尽管这个印第安词的意思非常模糊，它的使用表明了印第安人作为一个民族主义的象征依然存在。尽管整合运动党要求民族主义而且有些神秘，但该党强调秩序、等级制度和服从。"天主，国家，家庭" 是它的口号。它倡导政府专制领袖下的 "整合" 国家（"integral" state），并把民主党人、共产党人、共济会成员和犹太人视为 "国家的敌人"。

年轻的圣保罗人普利尼奥·萨尔加多（Plínio Salgado），一位于 1926 年以其创作的文学畅销书《外国人》（*O Estrangeiro*）而令巴西人赞叹不已的知识分子，成为这场整合运动的领袖，他的演讲、评论和书都回响着民族主义的措辞。1937 年出版的《我们的巴西》（*Nosso Brasil*）一书，盲目赞美了巴西。尽管有一些身居高位的官员和陆军军官是整体主义者，但提出民族主义学说的整合运动党和提出民族主义计划的政府之间并不存在官方联系。尽管天主教僧侣统治集团中的很多人为该党提供了支持和威望，但它和罗马天主教会之间也不存在官方联系。

最初的共产党人和后来的整合运动党人对瓦加斯构成了威胁。两者都是有组织、有纪律并且思想坚定的全国性政党，此前巴西从未有过这种政党。同旧共和国时期的政党一样，20世纪30年代的其他政党软弱而且属于地区性的。当它们对瓦加斯进行小而有效的挑战时，它们事实上妨碍了瓦加斯为实现国家团结而进行的努力。瓦加斯坚信政党浪费了国家精力，随着总统竞选活动的开展，1937年政治拉拢活动的加剧更进一步证实了他的想法。过去政治的回声回荡着。有政治远见的评论家预言，和旧共和国联系最密切的政治家将操纵圣保罗州长竞选总统。

瓦加斯轻蔑地评论这次竞选活动，随后他决心终止这场竞选并自己解决总统继任问题。他这样做的直接原因在于这时恰好出现的"科恩计划"——一个伪造的文件，上面详细说明了一个庞大的恐怖主义的共产主义计划。竞选活动引发的公众的兴奋、那个杜撰的威胁和瓦加斯对权力的渴望引发了1937年11月10日的巴西政变。瓦加斯通过广播向国家解释了这次政变：

356

> 在危机时期，正像我们现在正在经历的，政党民主没有在人们生活和发展必要的框架范围内提供一个发展和进步的特定机会，而是颠覆等级政治，威胁祖国并通过渲染竞选和煽动国内纷争的战火使国家的存在岌岌可危。有必要提出的是，专业鼓动家的要求令民众惊慌失措并面临着政治斗争的复杂性，那些离这场斗争不远但宁愿靠劳动维持生计的人把政党丢弃给那些以此为生的政客，而且他们放弃参与公众生活，而他们原本可以从中获益。因此，广泛的参政权成为精明政客的工具，这张假面具勉强地掩饰了某些个人的野心和贪婪。

就在那一天，他取消了总统选举，解散了国会，并掌握了所有的政治大权。他颁布了由政治哲学家弗朗西斯科·坎波斯（Francisco Campos）临时起草的一部新宪法。从瓦加斯早期担任教育部长一直到20世纪60年代军政府早期，弗朗西斯科·坎波斯的影响力一直存在，事实上，1964年4月他制定了《第一制度法》（First Institutional Act），巴西人评论说它是一个令人吃惊的宪法骗局。

对瓦加斯而言，这场政变代表的不仅是眼前的政治胜利。一方面，它象征了瓦加斯对巴西长期政治操纵的胜利，同时也是自1930年到1937年的巅峰；另一方面，这意味着出现——或者至少是表现出——瓦加斯解决旧问题的新方法。显然，在解决地方州权和中央集权对立这个棘手问题时，总统支持后者，并使新的城市因素融入他的政治机构中，使之公式化，最后形成他的思想信念。在证明了自己是巴西社会越来越复杂的力量的高明操纵者后，他维护了国家统一，打击了他的敌人，正视并部分解决了经济混乱的大问题，并利用不断增强的民族主义力量。在这个过程中，他不断完善自己"平民主义者"的形象来取悦民众。按照父权制的传统，民众把他视为"穷人之父"。

在政变之后，瓦加斯开始按规章进行统治。他实施新闻审查制 357度并创建了一支特别警察部队镇压针对他的政权的任何反抗，在必要的时候，警察会审讯、拷问并监禁对方。当时，大概有100名政治犯曾被监禁在费尔南多－迪诺罗尼亚岛（Fernão de Noronha），监禁时间通常是几个月。很多人发现，接受被流放到国外居住的选择非常明智。1937年12月，新独裁者解散了所有政党，他从未做出任何努力组织一个可供政府依靠的政党。他称新政府为"新国家"（Estado Novo）并承诺新政府将实现"巴西人民对政治与社会和平的合法愿望"。这样的浮夸之词贯穿在整个巴西政治史中。

人们对这次意外政变的反应大不相同。自由主义者、民主主义者、旧精英和一些政治家表示反对。政变使那些自由选举和公民自由的真正信徒——民主主义者义愤填膺。当整合运动党人知道他们也被排斥在"新国家"之外时，1938年5月10日到11日夜晚，他们公然袭击总统官邸瓜纳巴拉宫。瓦加斯和家人及身边的工作人员击退了进攻，支持总统的军队姗姗来迟地抵达现场来完成他们的任务。整合运动党人的袭击是唯一针对新独裁政府的武装反抗，萨尔加多的动机几乎不能称为民主的。民众接受了"新国家"，他们依然消极地面对巴西所有的政治事件。军队、民族主义者和大量中间群体对"新国家"表示欢迎。他们相信独裁意味着权力通过施加有利的变革使国家受益。尽管尉官派运动已经结束，"新国家"代表了那些尉官派追求了十五年的严密的、民族主义的革新，它的成功实现了尉官派追求的大部分目标。

总之，瓦加斯和军队组成了谨慎而有效的联盟。军官们获得了丰厚的薪水和大量的晋升机会，还有大量的军队经费。军队规模翻了一番，从1927年的3.8万人增加到1937年的7.5万人。作为这358 次政变的结果之一，地区军队司令部吞并了各州的国民军，这是对地方分权主义的致命一击。最重要的是，"新国家"的建立实现了军人创建一个民族主义氛围浓厚、军队支持、中央集权的政府的目标。这次政变加剧了瓦加斯对军队的依赖。

最初，1937年政变似乎推动着巴西进一步向欧洲极权主义国家靠拢。演讲中回荡着大量当时在意大利、西班牙和葡萄牙非常流行的措辞。对组合国家（corporative state）结构的迷恋又很快加深了这种相似性。一些思想动机不谋而合。当然，政变结束后的几年内，瓦加斯一直声明支持组合国家结构。他宣布了20世纪民主的结束："自由和个人民主的堕落表明了一个毋庸置疑的事实。"他宣布了国家高于个人："'新国家'不承认个人反对集体的权利。个人没有权利；只有义务。权利属于集体！"

与此同时，贸易使巴西和德国间的关系比以前更加密切。1928年后的十年中，美国和英国均减少了对巴西出口品的购买，而德国则增加了购买。1933—1938 年德国对巴西的进口是此前的 2 倍，成为巴西最大的棉消费国以及第二大的咖啡和可可消费国。1938 年巴西用船运送了 34% 的出口品到达美国，19% 运到了德国，9% 运到了英国；它的进口商品 25% 购自德国，24% 购自美国，10% 购自英国。德国在巴西对外贸易中的新重要性对于解释巴西对这个好战的欧洲国家的友好倾向大有帮助。无论如何，只要美国对欧洲冲突保持官方的中立态度，巴西领导人认为自己就没必要表明态度，尤其是在这样一种立场会导致已经不稳定的贸易出现倒退的情况下。

一旦美国参与第二次世界大战，巴西和大多数拉美国家也会参 359 战。1942 年 1 月 28 日，巴西断绝了与轴心国的外交和贸易关系。此后的几个月中，德国潜艇屡次击沉巴西船只，这一活动在 1942 年 8 月中旬的某三天中达到高潮，当时有 5 艘巴西船沉没，很多人丧生。里约热内卢很快做出反应。1942 年 8 月 22 日，巴西对德国和意大利宣战。和其他拉美政府类似的宣言相反的是，这不仅仅是一张有名无实的声明。巴西寻求在自己的范围之内作为一个负责任的盟友做出自己的贡献。巴西政府授权美国在巴西北部和东北部建立空、海军基地，这对大西洋的防御极具战略意义并对入侵非洲和在那一地区后来的战役至关重要。巴西海军在南大西洋巡航。一支小空军分遣队参加了意大利上空的战争。此外，一支大约由 2.5 万人组成的远征部队于 1944 年末抵达意大利并参加了那里的激烈战斗。在这个半岛的战役中，451名巴西士兵献出了自己的生命，另外还有2000人受伤。他们为战胜欧洲法西斯而做出的贡献增强了民族自豪感，巩固了巴西作为拉美社会领导者的地位，并保证巴西在联合国有威望的地位。战争经历给那些参战军官留下了特别深刻的印象，影响了他们的态度——例如，对美国和对科技的钦佩——使他们团结为一个对巴西影响巨大的兄弟会。就国内而言，战争是发展农业生产和制造业的强大动力。

在瓦加斯执政期间，工业化的加速导致了城市的发展，而城市的发展改变了很多国家风俗。为了城市里的公寓，父权家庭放弃了他们在农村或城市边缘的家，大家族变成了一夫一妻的婚姻家庭（marital groupings）。多层公寓大楼开始出现，很多具有令人耳目一新的独特风格的建筑物是一群刚涌现出的有才能的巴西建筑师设计的，奥斯卡·尼迈耶（Oscar Niemeyer）是其中一位杰出的代表。他们改变着从阿雷格里港到马瑙斯这些大城市（建筑物）的空中轮廓线。大批穷人怀着美好愿景迁移到城市并居在肮脏的贫民窟（favelas）里。由于靠近豪华公寓，这些贫民窟是巴西社会两极对比的生动写照。虽然城市贫民的状况很差，但他们可能比农村贫民拥有更好的食物、健康和教育。城市的人情味缺乏使精英和民众之间的家长式关系遭到破坏，尽管它并没有完全消失。当然，城市中没有和乡绅"上校"相对应的人，乡绅"上校"严格控制着成百甚至上千农民。和农民相比，城市为工人提供了更广泛的选择，这种独立性是农民从未感觉到的。最重要的是，城市当然为工人提供了未来的希望，这是乡村工人从未梦想过的。因此，城市吸引了越来越多的移民，也就不足为奇了。另一方面，很多无依无靠的人游荡在城市里面只不过是因为他们在乡下也无立足之地。被从土地上赶走后，同城市没有做好准备接纳他们一样，他们也没有做好融入城市生活的准备。

城市生活更加随意，传统和习惯，这些来自乡村生活的宗教仪式不再禁锢人们的生活。城市居民有更大的独立性和更多的机会提升自己并改善生活水平。商人鼓励着人们对进步的要求，他们引进了分期付款购买商品的方式，这使人们能够支付得起主打中间群体的一些产品，甚至包括以前不敢想的奢侈品。城市妇女比农村妇女享有更多自由。1932 年劳动妇女被授予选举权，这宣告她们获得了政治解放。中产阶级的女儿出现在大学里，这种趋势越来越明显，并且很多人担任律师、法官、教授和医生。自传体小说《三个玛丽亚》（*As Tres Marias*，1939 年）由拉谢尔·德·凯罗斯（Rachel de Queiroz，1910—1978 年）创作，她是第一位入选巴西文学会的女作家，她的这部作品反映了这一时期城市中产阶级女性越来越高的期望值和挫折感。当时，工业化和城市化的互补过程导致的变化在那时似乎威胁到了寡头政治和精英政治，而二者是帝国和旧共和国时期的特征。

显然，和以前相比，城市给瓦加斯提供了更多不同的新权力来源。此后，"中间群体"这个词很少被使用。到 20 世纪 30 年代和此后，社会变得非常复杂，这为使用更加精确的"中产阶级"和"无产阶级"两个词语提供了根据。中产阶级包括那些中等财富和收入的经济独立者，还有在商业、工业、贸易、官僚机构和专业领域主要靠自己的智力领取薪水的人。中产阶级的队伍不断扩大，工厂经理、工头、技术人员、代理人、推销员、拥有大量新技术的办公室职员、银行经理、检票员、会计、大学教授和各种商人联合了这一阶层的传统人员：医生、律师、工程师、军官和文职人员。在 20 世纪 40 年代对一个人口大约为 2.5 万人的内陆城市伊戴帕尔（Itaipava）引人入胜的社会学研究中，埃米利奥·威廉斯（Emílio

Willems)将"中产阶级"定义为"那些在经济上有些偿付能力、在与地方当局的关系中保持相对自由或批评的态度、出售有相对高社会尊严的服务和产品的所有居民,由于受过教育,他们能够参与那些需要熟悉某种城市社会礼仪规则的娱乐活动,他们的经济-职业地位代表了被政党高度赞赏的'政治潜力'"。他发现城市居民中有29%属于中产阶级,其中包括商人、农民、公职人员、技工和一些高收入的职员。

362　　城市无产阶级包括所有低经济地位者,他们的收入主要来自体力劳动。伴随着对更多装卸工人、工厂工人和建筑工人的需要的增加,无产阶级的人数也在迅速增加。与中产阶级一样,无产阶级的发展不仅在沿海大城市中,而且还有在内陆城市。虽然集中在敏感而喧闹的城市中,无产阶级和中产阶级行使的权力和施加的影响与他们的规模并不成比例。他们从未成为社会的大多数,除少数有权力的农村寡头外,绝大多数巴西人仍然继续生活在农村,他们在政治上没有发言权。

　　从统治的第一天开始,瓦加斯就领会并认识到城市中产阶级和无产阶级的支持对巩固他的权力非常重要。他打算利用他们来抑制传统寡头,反过来,他们承认瓦加斯的权力是为巩固自己在城市的地位。在控制政府之后不久,瓦加斯开始削弱乡绅"上校"的权力,这些人是旧共和国权力结构依靠的基石之一。很多乡村族长在1930年10月错误地支持了总统路易斯。瓦加斯解除了这些人及其追随者的武装——或者他在尽可能的范围内去做了——最终剥夺了他们大部分的物质力量(physical power)。此外,通过颁布以后联邦政府将会直接指挥所有地方警察部队、任命所有市长并监督所有市政预算的命令,他削弱了乡绅"上校"对内陆市政当局的控制。东北部的历史学家伊里内乌·皮涅伊罗(Irineu Pinheiro)总结道:

"1930 年后，商人和农民取代了国民警卫队的上校，他们开始控制塞阿拉的各个市政府。与律师和医生一样，他们是所谓的自由阶级成员。"乡绅"上校"通常与那些新权力执掌者结盟，但 1930 年后，与过去相反的是，他们往往是这种联盟的普通成员。

　　正如他扩大并加强城市支持基础的早期迹象所表明的，1930 年瓦加斯设立了两个内阁职位：劳工部长和教育部长。此前的政府要么忽略劳工要么迫害他们，他们通常把工会视作社会不安和政治动乱的根源。警察通常干涉工会活动，1927 年的一部法律允许行政当局解散那些棘手、令人不快的工会。旧共和国衰落时大约有 25 万名有组织的工人。在仇视罢工和示威运动的同时，瓦加斯，用一种纯粹的家长式——还有一些人说是蛊惑人心的方式——给予了工人很多好处，这些好处是他们通过自己的组织无法获取的。新劳工部成为政府和工人交涉的工具。1931 年 3 月的一部法令允许劳工部在严格的政府监督下组织新工会。截至 1944 年，巴西有大约有 800 个工会，会员超过 50 万人。政府禁止罢工但又设立了一套严密的法庭和法规体系保护工人并为他们的申述提供赔偿。在政府的帮助下，工会可以而且确实可以与管理部门讨价还价。瓦加斯颁布并经劳工部长执行了各种对工人有利的社会立法，包括退休养老计划、最低工资、每周工作时间不超过 48 小时、年假、产妇福利和儿童关怀、教育设施、培训计划和扫盲运动、工作的健康和安全标准，以及职业保障。总之，在不到十年的时间里，瓦加斯给工人带来的进步和福利是工业国家的无产阶级在上一个世纪一直激烈争论的。在拉丁美洲，只有智利、墨西哥和乌拉圭的工人曾夸耀过相似的收益和特权。为了回报这些广泛进展，巴西工人忠诚地、热心地支持着瓦加斯。尽管如此，必须强调的一点是，那些好处仅仅是赋予了主要城市的大工业有特权的工人。大多数工人并没有从中受益，尽管他们也认同那些演讲并怀有那些希望。

364 严密的劳工法庭、福利津贴和对工会的严格控制表明了家长制曾在巴西史上非常流行。劳工和政府相互影响、支持和依靠。怀着对组合国家的愿望，政府利用劳工，将资本和国家联合起来共同促进工业化。从理论上讲，这种控制避免了阶级冲突或者使阶级冲突最小化，它证明了瓦加斯作为"平民主义者"领导的技巧。1930年之后，劳工的政治作用扩大，但政府的控制力也在增强。

瓦加斯通过教育部接触到了中产阶级，因为学校中的大多数孩子是他们的。显然，教育在发展中的社会，尤其在这样一个人口越来越多、越来越年轻化的社会里发挥了关键作用。1930年后移民锐减但人口仍在继续增长，每年的人口出生率超过3%。在1930年瓦加斯上台时，巴西鼓吹有3300万居民；1945年当他下台时，巴西人口已超过4600万人。秉承"教育是生死攸关的大事"，瓦加斯命令将更多的注意力集中在学校上面，而这最终将塑造巴西社会的未来。事实上，如果巴西人想参与到需要更多的技巧和技能的现代社会的话，教育是他们必经的入口。1931年，为了实现更加现代化和高效率的教育目的，第一任教育部长弗朗西斯科·坎波斯改革了教育体制，再次重申了教师培训和教室建设。位于里约热内卢的第一所大学于1920年建立，它把几所分散的学校——法律、医学、工程联合起来并处于集中管理之下。1934年圣保罗大学以类似的联合方式出现，四年后，位于里约热内卢的巴西大学成为第三所大学。

瓦加斯也打算使用集中式新学制作为激励民族情感发展的一种手段。他命令教学中全部使用葡萄牙语，这样要求的目的在于加速
365 欧洲移民和他们的后代的巴西化，特别是集中了大量德国人、波兰人和意大利人的南部地区。学校特别强调巴西史的教学；新建立的大学首次设立了巴西史讲座。总之，1930年后的教育重视增强民族

意识，因此培育了赞成民族主义的思想状态。

技术进步方便了瓦加斯加强国家统一和个人控制的努力。技术进步允许他接触所有的巴西居民，甚至在最偏远的内陆地区的，其速度和彻底性是他任何一位前任不曾有过的。开创于 20 世纪 20 年代的无线电广播迅速发展，在 20 世纪 30 年代结束之前，无线电通信网已发展到整个国家。政府控制着广播并广泛地利用它宣传官方观点，瓦加斯自己经常发表"炉边谈话"（fireside chats）。电影工业兴起后吸引着大批巴西人涌向越来越多的电影院。通过新闻片和纪录片，银幕成为传达官方消息的一个重要媒介。在一个受教育人口不足四分之一的社会里，广播和电影是必不可少的宣传工具。作为专门机构，新闻和宣传部负责宣传官方观点并审查那些令人不快或者放肆的言论，但该部门也不是总能巧妙地行使这一职责。政府对新闻界最成功的控制之一在于它能够给予、扣留或撤销进口新闻纸的免税证，而所有的新闻纸都需要进口。享有声望的《圣保罗州报》（*O Estado de São Paulo*）是一份特别具有反抗性的日报，它有时拒绝采用政府路线。政治警察在报社大楼里"发现"了一个武器秘藏处，这给瓦加斯提供了寻找很久的借口，他迅速关闭并接管了这份报纸。结果是一个阿谀奉承的新闻媒体允许瓦加斯把他的信息及时有效地传达到全国各地。

巴西的航空时代已经开始了。早在巴西宣布独立之前，两名巴西人——巴尔托洛梅乌·德·古斯芒（Bartolomeu de Gusmão）在他的试验中，阿泽雷多·科蒂尼奥主教在他的著作中——已经预料到人类必将征服蓝天。1901 年，另一名巴西人阿尔贝托·桑托斯·杜蒙特（Alberto Santos Dumont）密谋征服蓝天——放飞了一个可操控的气球环绕埃菲尔铁塔飞行，在 1906 年他重现了比莱特兄弟更加预示性的壮举，他驾驶的飞机比莱特兄弟的还要重。在巴西这样一个面积如此辽阔、公路网和铁路网却都如此有限的国度里，航空旅行的优势显而易见。随着 1927 年阿雷格里港第一家航空运输公司的成立，商业航空开始了。到 1939 年，9 家商业公司共计有运营飞机 81 架，运营航线超过 4.3 万英里。在认识到飞机对国家统一及提高他对国家的掌控力的重要性后，1941 年瓦加斯创建了航空部。巴西迅速控制了南美四分之三的空中商业交通。

当然，地面运输网络也在继续扩展，但并没有像空中交通网那样引人注目。到 1939 年，巴西铁路线只有 21241 英里长，其中 65% 分布在圣保罗、米纳斯吉拉斯、里约热内卢和南里奥格兰德四州。联邦或州政府控制着超过三分之二的铁路线。到 20 世纪 30 年代末，铁路每年运输 1.95 亿名旅客、400 万只动物和 3500 万吨货物。瓦加斯推动了公路建设，1939 年他高兴地开通了里约热内卢和巴伊亚的萨尔瓦多间至关重要的公路。到该年末，巴西的公路已长达 258390 英里，其中 96% 是泥土路，大部分未修缮，大约超过 25 万辆机动车通过，三分之一是卡车。

持续扩大的运输和通信网络使巴西融合成为一个比以前更紧密的统一体，它们推动瓦加斯实施的强大中央集权制。正如摄政时期地方分权的尝试被第二帝国谴责和颠覆一样，旧共和国自由放任的联邦主义也被 1930 年发动叛乱并赞成建立"新国家"的人们攻击。由于否决此前的联邦主义，瓦加斯在里约热内卢推行政府至上。他成为巴西有史以来最强大的执政者。与任何一位前任相比，他行使的权力都更多、更有效而且覆盖地域更广阔，连皇帝也不例外。从那时起，"新国家"权力的高度集中成为巴西的特征。

综合以上因素，瓦加斯似乎具有无限的威力，尽管一群冷酷无情的批评家把该政权视为最声名狼藉的独裁和最粗鲁的警察国家政权。但一般来说，瓦加斯似乎已经认真聆听了不同的意见，他牢牢地把握民意，因此，他的施政方案获得了广泛的支持。当然，他了解改革的要求和必要性以及应该进行和接受何种程度的改革。同过去一样，改革自上而下地在全国开展。它们不是民意鼎沸、斗争和威胁的结果。

为推行变革并保持地位，瓦加斯利用了新的权力工具。他意识到了中产阶级和无产阶级的潜力并利用两者。反过来，中产阶级和无产阶级也发现瓦加斯是它们获取权力的大门。1930 年后，它们的影响力迅速增长。大萧条的影响、旧共和国的瓦解、工业化和城市化的连续打击使乡村寡头丧失了以前的政治权势。瓦加斯鼓励并引导着权力模式的转变。在他的保护之下，包括平民和军队、官僚、技术人员、专家和企业家、资产阶级和无产阶级在内的很多团体把巴西从咖啡利益相关者的绝对控制中解放出来。

在改革和政权变化的平衡中，瓦加斯避免极端。他知道如何在遵循巴西公认传统的前提下折中，他的政府获得了平民主义者坚定的拥护，同时在某些甚至是狂热的情况下获得商业界和工业界主要成员的支持和合作。他尽力避免与农村寡头为敌，例如，土地改革既非他的政府的兴趣也不是他的目标。他设法同时给社会精英和民众一些东西。总之，他把自己的长期执政归功于获得商业、劳工、368 军人、众多地主和民族主义者支持的能力。那些貌似不同的社会成员联合为一个支持基础，这表明巴西政治变得越来越复杂。工业化和民族主义这两股力量进一步加剧了这种复杂性。

民族主义和工业化

和拉丁美洲绝大部分地区一样，20 世纪巴西的工业化和民族主义相伴进行。很多巴西人认为工业化是未来的关键，它可以打开发展的大门并最终实现国家的强大，难怪民族主义者提倡工业化。他们19世纪的最初努力一直是谴责那些居住在巴西的外国商人并要求制定保护本地工业的法律。现代经济民族主义最早的倡导者是阿尔贝托·托雷斯（Alberto Tôrres），在1909—1915年间出版的丛书中，他集合了发展和民族主义的概念并指出民族主义此后应走的路线。在他看来，任何国家，为了实施"真正的主权"或表明"真正的民族主义"，必须控制自己的财富来源、工业和商业。他1914年出版的《巴西国家问题》(*O Problema Nacional Brasileiro*)中详细讨论了这一思想：

> 最重要的是，民族独立建立在经济和金融的基础上……为了保持国家独立，必须保留关键的国家部门：财富的主要来源，初级产品工业，经济流通部门和代理商，交通业，以及国内贸易。必须确保没有垄断和特权……如果一个民族不能拥有自己的财富来源，不能生产自己的食物并管理自己的工业和商业，它是不可能自由的。

369　托雷斯认为，政府已把巴西经济命运交给了外国人，为了获取以巴西民族为代价的巨额利润，外国人毫无限制地投入了大笔资本。他强烈要求政府重新考虑并采用一个民族主义的经济方案。他的思想吸引了大批尉官派，而且适合瓦加斯的计划。正如民族主义者轰轰烈烈地开展的经济发展运动，1933年《巴西国家问题》的再版绝非偶然的巧合。

在那场运动中，民族主义者强调只有通过高度重视发展工业化的集约型经济，巴西才能实现真正的独立。他们指出1929年国际市场的崩溃就是巴西经济脆弱性的确凿证据，传统上，巴西经济一直依赖某一种主要出口品并受制于国外市场的反复无常。他们悲叹巴西仍然无法把握自己的经济命运。在他们看来，巴西仍是残留着过去的体制和模式的经济殖民地，明显带有 1530—1560 年的主要经济特征。最令人恼怒的是，与外国资本主义结盟的乡村寡头一直保持着重商主义体系的残余。根深蒂固的经济连续性使这种依赖性永久存在。

民族主义者大声要求经济多样化，他们认为这是实现经济独立，从而促成更大的政治独立的重要一步。按照经济民族主义者罗伯托·西蒙森（Roberto Simonsen）的有说服力的观点，即工业化应该使经济多样化，防止宝贵的外汇花费在本来可以在国内生产的进口品上，提高国家的自给能力，他们强烈要求政府进一步鼓励制造业。

那些民族主义者的经济争论很快得到了答复。以欧热尼奥·古丁（Eugênio Gudin）为首的知识分子支持农业政权的继续。他们认为巴西缺乏工业化的资源和能力并谴责道，这种工业通常依赖政府的保护，而且生产成本过高。他们建议继续对外销售农产品——和前一个世纪的本土主义者一样，他们因巴西的肥沃土壤而欣喜不已——并从最便宜的卖方手里购买巴西需要的所有工业品。这种越来越国际化的思维方式将使巴西经济和欧洲与北美经济融为一体。 370

瓦加斯同意经济民族主义者的观点并表明他实施经济民族主义者计划的意向，但他仍鼓励关键的经济部门——农业。为了指导经济并鼓励工业化和发展，瓦加斯扩大了政府规划和参与。通过那种方式，政府成为民族主义运动最重要的领导。知识分子第一次失去了对长期垄断的民族主义学说的控制，与此同时，民族主义政策的支持基础也在扩大，包括大量军人、企业家、政治家和中产阶级。城市无产阶级开始参与到民族主义计划中。和大多数拉美国家蓬勃发展的民族主义一样，1930年后对外国资本和外籍人员的怨恨、对私人企业的猜疑、不断增长的对国有制的认同、对工业化的强调、对国内生产的鼓励以及对创建某些关键工业（例如石油、钢铁、电力和交通）或者使其国有化的要求，这些逐渐成为巴西民族主义的主要特征。

1930年后工业化的蓬勃发展不仅仅是因为政府仁政的鼓励和热心的倡导。那里早已存在一个稳固的工业基础以供更长远的工业化进行建设；国际经济危机也鞭策了工业化发展。1929年市场崩溃之后，巴西进口大幅度减少。在1929—1932年间，巴西进口从41660万美元降到10810万美元，减少了大约75%。与此同时，出口也在下降，但下降幅度并没有出口那么大：从44590万美元到18060万美元。结果，20世纪30年代初期，巴西（经济）出现了
371 贸易平衡。此外，政府的物价稳定措施维护了大部分的咖啡生产，保证了工人工资、种植园主利润。因此，国内对商品的需求保持正常，但由于政府严格地削减对外国商品的购买，人们很难从国外购买生活消费品。当时，国内资本，其中包括大部分咖啡工业资金被投资于新工业，此前这些新工业产品主要依赖进口，这加速了人们讨论已久的进口替代的经济趋势。此外，由于国内市场价格下降的幅度不像国际市场的那么大，生产国内消费品的利润远远高于生产出口品的利润，这是国内投资一个更有说服力的诱惑。政府的各种政策，例如禁止种植更多的咖啡树，也引导着此前投入农业的资金转入工业。工业发展更深层的原因在于更加有效密集地使用已有的有效生产力。例如20世纪30年代早期，纺织工业在没有增加设备的情况下大幅度地提高了产量。与包括美国在内的其他国家的经历不同的是，巴西工业从1933年的萧条中恢复过来并在此后进入了一个快速扩张阶段。1934年，工业生产指数超过了萧条前的最高

值。在这个过程中，瓦加斯颁布了大量立法、法令和政策来加速工业化过程。进口管制和货币贬值使人们不太愿意购买外国商品。进口税的提高保护了新工业。1933 年对进口商品征收的平均关税为39%。然而，新工业进口的主要机械和原材料都是免税的。除了给新工业提供慷慨的免税外，政府还通过低利率的长期贷款给新工业直接的财政资助。必要时，政府监督、经营或拥有某些工业。

地方自然资源有利于工业化的发展。幸运的是，巴西拥有丰富的自然资源：石英晶体、工业钻石、铬、铁，以及锰矿，铜、铅、锌，以及宝石，虽然储量还没有被探明，更不用说开发了。为了保护国家自然资源并防止被外国人开发利用，20 世纪 20 年代民族主义者发动了一场轰轰烈烈的运动。珀西瓦尔·法夸尔（Percival Farquhar），一位爱冒险的北美投资者，在巴西铁路和矿井的投资引发了这一运动。20 世纪 20 年代初，当他从政府那里获得了伊塔比腊（Itabira）铁矿的特许权后，民族主义者愤怒了。他们反对转让国家财富。由于贝尔纳德斯总统关注此事，政府最终取消了这一特许权，这是民族主义者的重大胜利。随着对宪法的重大修改，他们巩固了胜利："矿井和矿山安全是国家安全的一部分，其所在地不能转让给外国人。"（第 72 条）1934 年宪法进一步约束了外国对自然资源的开发："法律将对矿山、矿床、瀑布和其他形式的能源，还有对国家经济和军事防御基础和必要的工业逐步实现国有化。"（第 119 条）1937 年宪法包括同样的规定。因此，瓦加斯限制外国公司，阻止或控制它们对国家自然资源的开发。瓦加斯政府及时将注意力转向令人垂涎的伊塔比腊铁矿石矿床。1942 年政府建立了淡水河谷公司来开发矿藏资源。1939—1951 年间，巴西铁矿石产量增长了5 倍，大部分增长发生在 1942 年之后。

在宣布"新国家"成立后，经济民族主义进一步加强。1940

年1月五年计划的宣布标志着政府开始完全参与并指导经济，它促进了铁路网、国家轮船运输、基础工业和水力发电业的发展。1940年，巴西电力主要由外国公司提供，这大大打击了巴西人的民族自豪感。军队和民族主义者认为这种外国所有权威胁到了国家安全，他们猛烈抨击外国资本家的垄断。

373

瓦加斯已经开始发动寻找另一种能源：石油。和大多数拉丁美洲人一样，巴西人把石油视为经济民族主义的一个主要标志。在民族主义者心中，发现和开采石油不仅是经济的需要，而且也预示着国家有一个更加光明的未来，事实上它也标志着国家已步入世界大国行列。1938年，为加紧寻找石油，瓦加斯成立了国家石油委员会。最早对石油的发现发生在第二年1月，在巴伊亚的萨尔瓦多的郊外。巴西土地上涌出了石油，这使巴西举国振奋。虽然储量仅属中等，但每个人都把这视为更大发现的开始。在呼吁建立民族石油工业以保护这种珍贵的新能源的同时，民族主义者反对任何外国插手对石油的寻找和开采。不久，石油在民族主义者的思想中占据了主导地位，成为他们的主要议题。而瓦加斯也充分意识到对石油的感情的重要性，他也开始把它作为一种标志并向它表示敬意。"无论是谁，只要把石油交给外国人，他就威胁到我们的独立"，他这样的陈述取悦了全国人民尤其是民族主义者。

直到瓦加斯第二届任期（1951—1954年），石油问题仍没有解决，当时瓦加斯甚至在他的民族主义中直言不讳地提出决心通过直接呼吁民族情感获得更广泛的支持。为了表示对民族主义者主张的石油重要性的敬意，他采用了建立民族石油工业的构想。1951年，他提议创建巴西石油公司，由国家垄断与石油资源开发相关的所有活动。在一场咄咄逼人的民族主义运动中，"石油是我们的！"的呼声响彻巴西大地。作为回应，1953年巴西石油公司成立，这是民族主义者对那些要求允许外国石油公司更加经济有效地钻井并对抽出的任何事物支付许可使用费的人们的一个重大胜利。然而，对于这个问题，不是任何一个经济因素，而是感情因素占据主导。对民 374 族主义者以及他们唤起的民众而言，国家主权一直濒临险境并最终取得了胜利。巴西石油公司的创立促进了巴西的经济独立。在他们的运动中，民族主义者成功地使民众相信：一个国家的石油工业代表着主权、独立、国力和安宁。他们第一次成功地唤起民众对民族主义事业的支持。巴西石油公司成为民族主义者唯一主要的永久成就。这种热情的支持使人回想起 1937 年在玻利维亚和 1938 年在墨西哥的激动人心的石油工业国有化。

怀着同样的热情，民族主义者倡导建立民族钢铁工业。与石油问题一样，在这一问题上，军人也参与其中。军官认识到并宣扬巴西只有拥有自己的基础工业之后，它才具备军事重要性，而石油和钢铁是最重要的基础工业。早在 1931 年，瓦加斯就宣布："一个人或许会说我们经济的根本问题中，最大的问题，就是钢铁。对巴西而言，钢铁时代意味着我们的经济富裕时期。"最终，1940 年，政府在遵循经济规划方案，并表明在私人资本家犹豫不决之时，其将发挥积极作用的意愿的基础上，制订了兴建钢铁厂的计划。第二年国家钢铁公司成立并迅速在里约热内卢和圣保罗之间的沃尔塔雷东达（Volta Redonda）兴建了一座钢铁厂。1946 年该厂投入生产。到 1955 年，沃尔塔雷东达年产钢铁 64.6 万吨，到 1963 年年产量翻了一番。

钢铁和石油是瓦加斯执政时期巴西工业化的展示品。从更广泛的范围上讲，它们反映了工业化在整体上的惊人发展速度。1924—1939 年，工业产出以每年平均大约 6% 的累计率增长。很多经济学家将 1933 年视为工业化节奏加速的一年。在随后的五年里，工

375 业产量增加了约40%，如果考虑货币贬值的话，工业产值增加了44%，这标志着工业产值比畜牧业和农业的产值之和还要多大约60%。20世纪30年代，投入生产的新设备大约是此前十年间的3倍多。到1940年，投入工厂的资本投资超过7亿美元，对拉丁美洲来说这是一个天文数字，但若与主要工业国家的投资相比，这几乎微不足道。例如，美国1860年的人口只有巴西1940年人口的四分之三，但制造业投资高达10亿美元。第二次世界大战初期，美国的工业产值大约是巴西工业产值的50倍。

20世纪30年代，巴西工业逐渐实现多样化。虽然长期以来作为主要产业的纺织业依然重要，但它在工业总产值中所占的比例明显下降，而到1940年其他产业，例如印刷和出版、化工和医药产品、金属和机械已经发展为一个略显平衡的工业格局。1941年，有44100家工厂或企业，雇用94.4万名工人（这一数字和1920年的数字形成了鲜明对比，当时有13336家工厂和30多万名工人）。绝大多数制造业生产是在小车间内并且主要依靠手工劳动完成的。工厂主要生产消费品，它们提供的大量物美价廉产品使外来进口品没有了市场。民族产业逐渐购买更多的当地原料并在当地市场上销售它们的工业品。几乎所有的国内工业品都进入当地市场，工业部门的出口非常少。虽然五分之四的工业原料都是由国内提供的，工厂仍然依赖国外资源，尤其是它们需要的机械、重型设备和燃料。不过，到20世纪40年代初，巴西又掀起了发展重工业的热潮。

第二次世界大战刺激了经济增长。巴西获得了高额利润，通过把它的所有产品出口给那些急于购买任何产品的交战国，工业品
376 第一次成为引人注目的出口项目。纺织品的出口迅速增长，以至于当时的巴西成为世界主要的纺织品出口国之一。已完成工业化的国家，其经济为战争做准备，它们只有很少或几乎没有产品返销给巴

西。结果，巴西建立了相当大的外汇储备，从战争爆发前的7100万美元增加到1945年的7.08亿美元，进一步扩大了工业格局并使其经营呈现多样化。尽管在获取主要设备上存在困难，经济还是出现了增长，几乎所有的主要设备都来自西欧和美国。随着第二个五年计划的公布，计划经济的概念逐渐确定下来。（人们会质疑计划能否成功，甚至质疑计划的执行能否成功，但却接受了计划这一思想。）

巴西工业化遇到了一些可怕的障碍。显然，到1940年，不是4000万人口中的所有人都参与了这个市场，大批人口生活在国家经济之外。瓦加斯保证城市工人的最低工资有助于扩大市场，发展中的工业雇用了更多的工人，反过来，这些人又成为（市场）消费者。开明的企业家认识到，瓦加斯的劳工政策可以从长远上扩大国内市场的规模。更多人关注为国内市场生产而不是关注出口原材料或进口工业品，他们有充分的理由赞扬瓦加斯社会立法的好处。上述有利条件共同的影响使市场稳步增长，但却从未包括全部人口。不发达的运输网络进一步阻碍了工业化进程，有时候，很难把原料送达需要的企业，有时候，很难将工业品运送到全国各地。交通运输的不完善加大了某些相互依赖的自然资源因地理分隔而造成的困难。此外，巴西缺乏充足的燃料、水力、资本、技术人员和熟练工人，但可以想象，时间和智慧将会克服这些障碍。

绝不是整个巴西都进入了工业时代。南部和中东部各州垄断着制造业，约占工业制品总产值的六分之五。圣保罗无疑成为工业巨头。虽然人口仅占巴西的15%，但1938年它生产的工业制品占国家的43%（到1943年，该数字增加到54%）。另一些工业领袖包括：联邦区，这个地区生产了14%的工业制品；米纳斯吉拉斯和南里奥格兰德两州，各生产了11%的工业制品；里约热内卢州，生产了5%的工业制品。1940年，上述五个州雇用的工人占全国工人总数的四分之三，仅圣保罗一州就占了全国工人总数的 41%。很明显，在最容易受到工业化引起的经济转型影响的那些州里，社会结构发生了最大的变化。

重要的是，工业化只影响到巴西部分地区。其他地区仍沉睡在过去。先前的经济和社会模式依然占据主导。瓦加斯政府做了很多努力来唤醒国家的其他地区，但收效甚微。瓦加斯采纳了 20 世纪20 年代受民族主义者欢迎的一个主题，他指出西部是实现国家潜能的关键。他经常提及他发展内陆的计划，他的"向西部进军"。发展那片充满希望的土地才是"真正意义上的巴西主义"。瓦加斯是第一位访问内陆的国家首脑，通过向移居者分配 50 英亩土地，他同意了开发戈亚斯的计划。他计划开发的区域也包括东北部的内陆干旱地区和被人遗忘的亚马孙河流域。并非所有的计划都被实施了，但它们的颁布恰恰表明了瓦加斯是一名对整个巴西感兴趣的决策者，他从整个国家而不是部分地区进行考虑，这与他的共和主义者前任们形成了鲜明对比。这些计划的颁布意味着重新强调民族融合。

巴西仍然是一个农业国家。虽然土地对经济非常重要，但是可耕地非常有限，1945 年可用土地约占全国土地的 4%。相反，美国的可耕地面积是巴西的 10 倍多。土地利用率和生产率最高的地区集中在工业州：圣保罗、米纳斯吉拉斯和南里奥格兰德，它们占整个巴西农业用地的八分之五。作为主要的出口品，咖啡仍然是最重要的单一作物，圣保罗收获的咖啡依然占全国总产量的三分之二。其他重要的农作物包括可可、烟草、棉花、大米、糖料、水果、小麦、玉米、大麦、黑麦、木薯、马铃薯、山药和豆类，它们中的绝大部分是巴西人的口粮，但其中的可可、烟草和棉花也在出口贸易中发挥了重要作用。饲养牲畜极大地促进了农村经济的发展，巴西中部有最大的牛群，占国家总养牛数的五分之二。南部是第二大重要畜牧地区，那里分布着约占全国四分之一的牧群。养羊业集中在南里奥格兰德。

巴西农村保留了很多过去的东西。传统的清理土壤、刀耕火种的方式依然盛行。农民几乎不用肥料或者使用很少的肥料。上述两种方式导致地力很快耗竭并且土地被严重侵蚀。此外，农民还坚守着其他古老的农业生产习惯。他们的主要工具是几个世纪未曾改变的锄头，耕犁很少，拖拉机更加罕见。1940 年，巴西只有四分之一的农场拥有耕犁，而有耕犁的农场一半分布在南里奥格兰德，该州受到外来移民的深深影响。大约每 500 个农场中只有一个农场拥有一台拖拉机。尽管占有大片土地的现象数量减少，但是大地产制依然盛行。农场从 1920 年的 64.8 万个增加到 1940 年的 189.6 万个，增加了 3 倍。制糖和咖啡工业的困境、欧洲移民的影响以及通过继承的再分配是一些大地产崩溃和农场数量增加的主要原因。表 7.2 说明了 1940 年的土地所有权结构。显然，当时依然存在着对土地的集中控制。85.7% 的农场主在面积不超过 100 公顷（大约 250 英亩）的土地上劳作。他们耕种的土地只有可耕地总面积的 18.2%。在天平的另一端，0.3% 的农场主占有 24.5% 的土地。整个巴西的佃户大约耕种五分之一的耕地，一般认为他们支付了相当高的地租。

一般来说，农村工人的生活条件更加恶劣。他们工资微薄，而且通常欠雇主债务。他们的住房简陋，食物匮乏，健康和卫生状况极其恶劣，通常未受过教育，即使受过也不合乎标准。很少有社会流动，政府给城市无产阶级的很多福利并没有扩及农村。美好生活的传说也只飘荡在巴西部分农村。经常会有一些大胆的人离开炼狱般的农村奔向美丽的天堂——城市。20 世纪 30 年代，内陆移民

379

表 7.2　1940 年的土地所有权

以公顷计的农场面积（1 公顷 =2.47 英亩）	农场主数占全国的百分比	农场或庄园面积占全国的百分比
低于 1	2.1	低于 0.1
1—4.9	19.7	0.6
5—9.9	12.6	0.9
10—19.9	16.6	2.3
20—49.9	23.9	7.2
50—99.9	10.8	7.2
100—199.9	6.5	8.8
200—499.9	4.7	13.9
500—999.9	1.6	10.9
1000—2499.9	1.0	14.4
2500—4999.9	0.3	9.3
5000—9999.9	0.1	7.6
10000—99999.9	0.1	13.3
100000 以上	低于 0.1	3.6

资料来源："Sinopse de Censo Agrícola, Dados Gerais," *Recenseamento Geral do Brasil*, 1940 (Rio de Janeiro, 1948). Reprinted in T. Lynn Smith, *Brasil, People and Institutions* (Baton Rouge, Louisiana, 1954), p. 419.

迅速增加，此后一直保持飞快的速度。最晚到 1945 年，仍有接近 75% 的巴西人——绝大多数是附庸、文盲、被剥夺公民权的人和未被同化者——生活在城市之外。巴西高速发展的工业化、城市化和现代化与他们失之交臂。

第八章

改革、激进化和倒退

1945 年瓦加斯的倒台开始了巴西的一段民主实验时期。令人印象深刻的经济增长正是被兴盛的民族主义及这些实验所催动的。工业化和城市化的进程加快了。在一段时间内，民主化、民族主义、工业化和城市化这个强大的组合成为巴西政治和经济发展的动力。一切正在迅速地发生变化，过去习惯于从大地产制、精英教育、社会分层、限制选举权等体系中获得权力和威望的人希望能够延缓这个进程。习以为常的政治对话已经终结了，这种对立反而增强了激进派的决心。保守派和改革派之间过去曾有过多次对话，但保守派和激进派之间却并无沟通。一时间，似乎是激进派取得了胜利，但是在巴西，保守派势力展现了反弹和权力。1964 年 3 月 31 日，他们重申自己的权威并将激进派赶出权力中心，使巴西又返回到过去的政治模式。一些人认为 1945—1964 年的民主实验是政治逐渐成 熟后自然而然的结果，还有一些人则把它当作一个反常现象，两个专制政府之间意想不到的一度中断。

民主化

1944 年，协约国军队毫无悬念的胜利，也表明了民主战胜了专制。拉丁美洲国家也深受影响。在西语共和国内，一个个考迪罗接连倒台。巴西比其他的拉丁美洲邻国在欧洲的战场上做出了更多的贡献，民众质问为什么他们为促进欧洲的民主做出了贡献，而在国内却不得不忍受独裁统治的制约。这种矛盾使民众大为恼火，知识分子和反对派政治家也深感苦恼。就像1943年10月90名杰出的米纳斯吉拉斯人发表的宣言所称："如果我们支持联合国，坚持和法西斯主义斗争到底，那么自由和民主会降临到我们每一个人头上，毫无疑问，我们的要求并不过分，这是属于我们自己的权利和保障。"学生也纷纷响应。军方也陷入自己职责的矛盾之中，他们对瓦加斯施加压力，促其让国家重新返回到民主统治上来。瓦加斯的长期支持者欧里科·杜特拉（Eurico Dutra）和戈埃斯·蒙泰罗将军是军方务实主义态度的代表，他们认为"新国家"让位于民主制是时代发展的必然。外界压力不断地加大，到1944年末，瓦加斯逐渐把注意力转移到了制定选举条款和对民主的重新建立上来。政府放松了审查制度，允许政治活动。1945年2月，管理选民登记，总统、州长、国家和州议会议员选举的法律被颁布。瓦加斯宣布1945年12月2日为选举总统和国会议员的日期。这是自1934年以来的第一次选举，选民数量是上次的5倍有余。妇女也赢得了选举权。

383　　许多人怀疑瓦加斯恢复民主意图的诚意。他们怀疑其在享受了十五年独裁统治后，不会真正地轻易交出手中的权柄。1937年瓦加斯的闪电政变在人们的记忆中尚未消退。1945年7月，狡诈的高卓人那热烈的追随者表露出了他们的政治欲望，对瓦加斯的怀疑持续上升。国家首脑对此保持模棱两可的沉默。他的对手则详细审查了他一举一动背后所掩藏阴谋来证实人们的怀疑。10月10日，瓦加斯突然把州和地方选举的日期提前到12月2日，与选举总统和国会议员的日期重合。这意味着现在保有公职和将要参加竞选的人必须在选举前三十天内辞职，给瓦加斯任命他的朋友们担任这些职务提供便利。紧接着，10 月 25 日，总统变本加厉地任命他臭名昭著的弟弟本雅明（Benjamin）为里约热内卢的警察局长，使猜测进一步加剧。这些行动表面上都显示出瓦加斯正在酝酿一场阴谋，不仅仅是为了选举。为了阻止政变的再一次发生，也为了安抚民众的骚动情绪，军方发动了一场政变，在 10 月 29 日控制了政府。在 1930 年为瓦加斯政权的建立以及在其执政的十五年间一直提供保障的军方，1945 年为了确保民主的进程，对瓦加斯政权进行了干预。中产阶级确信并赞同民主制能够满足他们的利益。瓦加斯被流放到了他在南里奥格兰德州的牧场。政府移交给最高法院的首席大法官暂管国家事务，这种状态一直持续到选举结束后。

　　民主化进程的努力结束了瓦加斯政府在巴西十五年的统治。但是瓦加斯把他的下台归因于受到外国的影响，尤其是受到外国商界的影响。1946 年末在阿雷格里港的一次演讲中，瓦加斯强调："我是国际商业代理商的受害者之一，他们打算继续维持我们国家只是一个原材料出口殖民地和工业产品购买者的地位。"他的经济民族主义政策，以及"信托和垄断"都背弃了他。经济民族主义很容易激起民众的爱国主义情感，这是一种很具有迷惑性的不错的思想，经济民族主义在他执政后期成为流行语。在过去几年里，他对老牌的自由资本主义民主持蔑视的态度，转而推出自己的"为工人服务的社会主义民主"的政策作为王牌。显然，瓦加斯与他的全盛期相比变化不大，但有一次他违背了大多数巴西人的民主愿望。进一步说，巴西发生了巨大的变化：20 世纪 40 年代中期工业化和城市化的巴西与 20 世纪 20 年代末期咖啡主导和面向农村的巴西形成鲜明的对比。

　　巴西的变化至少一部分应该归功于瓦加斯的领导。瓦加斯恢复了国家的统一并且制定了国家发展的目标。他降低和分散了咖啡利

384

益相关者的影响力，鼓励工业化，这反过来促进了城市化。中产阶级和无产阶级赢得了政治权利。在世界政治极端主义时期，他领导巴西在共产主义和整体主义间前进。这些成就付出的代价也是昂贵的，政治自由和言论自由是这些代价的一部分。对在过去的共和国巴西比现在徒具形式的民主时代享有更多权利的争辩是徒劳的。事实上，瓦加斯从精英角色沦为凡人，在这个进程中，他作为一个有抱负的平民主义者领袖，扩大了政府所依赖的基础，有效地赢得了城市中产阶级和无产阶级的支持和参与。瓦加斯为将来巴西民主的发展留下了一笔宝贵的遗产。他削弱了乡绅"上校"们的权力，1932 年的《选举法》把选民的年龄限制降到了 18 岁，赋予职业妇女选举权，保证无记名投票和创建选举法庭系统。他引进了行政机关考绩制，并且 1937 年后，大多数联邦任命必须以竞争性的考试为基准。虽然录用体制的运作并不像设想的那样完美，但确立了一个先例。他的劳工立法改进了人数日益增多的城市工人的生活条件，让人印象深刻。由于政治的迫切需要，在任总统的最后一年里他允许建立政治党派，甚至自己着手帮助创立了两个政党。

三个重要的全国性政党形成于 1945 年，影响了一代人的政治生命。它们对国家民主的发展具有同等的意义。三者中最大的党派（并且为瓦加斯所创立）社会民主党（*Partido Social Democrático*，PSD）的大部分力量来自农村。这些国家政治机器一度团结起来支持瓦加斯。米纳斯吉拉斯是社会民主党的活动中心，但它也得到了里约热内卢州、伯南布哥、马拉尼昂、巴伊亚、塞阿拉和戈亚斯的大力支持。瓦加斯还主持创建了三个党派中实力最弱的巴西工党（*Partido Trabalhista Brasileiro*，PTB），作为他自己个人的政治机器。他至迟从 1943 年就开始考虑要建立这样一个政党。这个党派积极坦率地呼吁城市工人的加入，它的大部分领导和有生力量来自

表 8.1　1945—1962 年间三个重要党派在众议院的议员代表力量对比（百分比）

政党	1945 年	1950 年	1954 年	1960 年	1962 年
社会民主党	40.9	32.3	31.1	34.6	30.0
全国民主联盟	25.4	23.9	20.7	21.4	23.0
巴西工党	9.7	17.5	19.8	20.5	26.6

城市。南里奥格兰德和里约热内卢的联邦区是支持这个政党的两股最强的力量。全国民主联盟（*União Democrática Nacional*，UDN）联合了反对瓦加斯和他的政治后继者的那些人。全国民主联盟排斥瓦加斯所有的拥护者，似乎留恋旧共和国，吸纳了像阿图尔·贝尔纳德斯这样的老政客。它有保守倾向，其中心的力量也同样在米纳斯吉拉斯，巴伊亚、里约热内卢的联邦区、圣卡塔琳娜、塞阿拉和伯南布哥则是其强有力的支持者。这三个政党主导了政治舞台，只有从中选出的候选人才有可能就任总统。三个政党习惯性地共保有75% 的众议院席位。表 8.1 显示出它们在众议院的力量对比。

　　一些自发的小党派也出现了。民众代表党（*Partido de Representação Popular*，PRP），以极右的立场，继续保持整体主义传统。流亡葡萄牙的普利尼奥·萨尔加多于 1945 年返回巴西，创建了这一政党。他宣称虽然支持创建组合国家，但他不是一个极权主义者。在二战末被瓦加斯从监狱里释放出来的路易斯·卡洛斯·普雷斯特斯，在极左的立场上，重新组建了巴西共产党（*Partido Comunista Brasileiro*，PCB），这个党派合法存在了两年。1945 年，共产党领袖普雷斯特斯当选为参议员，14 名党员被选举为众议员，1947 年则有 18 名。至 20 世纪 60 年代早期为止，大概还有 9 个其他地方性小党派。

　　总体来说，这些政党在宣言、纲领和政策倾向上并没有明显的区别。在巴西，曾经的个人独裁统治是一个无可辩驳的事实。政党成员尚缺乏坚定的忠诚意识，选民和政治家们同样不停地改变所拥护的政党。政党之间经常结成联盟，并没有什么尴尬和不协调。

虽然它们挑选和产生候选人的体系并不完美。即使它们没有给全体选民提供一个清晰的可供选择的争论点，也提供了个人的人格魅力的选择。如果没有它们的参与，民主选举不可能进行。至少三大党派在范围上是全国性的。在一定程度上它们反映和表达了民众的观点。政党表明了以互相忍让的方式尊重不同政见的意愿。不同政党，即使它们并不总是处于执政地位，也都彬彬有礼地接受了选举结果。它们向保有民主政府理想并为之奋斗的人表达了崇高敬意。考虑到巴西缺乏大众性和全国性政党的经验，1945 年政党的建387 立和发展，常常处于相当大的压力之下，之后的那些年取得的民主成果是令人满意的。简而言之，1945 年后，至少从表面上看，三大政党促进了巴西的民主进程的发展。

1945 年 12 月 2 日的第一次选举如期举行，并没有发生预期的政变，全国民主联盟委派陆军少将爱德华多·戈梅斯（Eduardo Gomes），一名前尉官派，为候选人，社会民主党则指定曾在"新国家"时代担任战争部长的欧里科·杜特拉将军为候选人。瓦加斯指令巴西工党后来转而支持杜特拉。瓦加斯对他这位前部长的日渐冷漠源于其愤恨于他与曾反对瓦加斯统治的政治家和军官仍维持着联系。杜特拉以 55% 的选票获胜，社会民主党也在众议院和参议院获得过半的席位。瓦加斯在这次选举中也同样赢得了胜利：他被两个州选为参议员，被六个州和联邦区选为国会议员。

新成立的国会同时还成立了制宪会议。1946 年 9 月 18 日新宪法颁布，瓦加斯时代制定的劳工立法也被写入其中。该宪法从多方面尝试阻止与瓦加斯政府相类似的考迪罗独裁统治的再次出现。总统依然是最重要的权力部门，同时宪法保留了一些重要的禁止将来

的掌权者滥用权力的限制性条例。新宪法把政府分成三个分支，确
保国会独立，不受总统制约地选举议员，构建独立司法体制，使其
拥有足够的权力以监督其他分支的行为。新宪法还恢复了副总统的
职位。对于军事力量，新宪法确定了其保卫国家，保障宪法、法律
和命令的职责。新宪法规定实行中央政府占主导地位的联邦结构，
为了防止中央政府随意介入各州内部事务还对其权力做出了一些限
制。除了即将服军役的人、尚未委任的官员、文盲（最主要的异议
在于巴西文盲占人口总数的比例将近 60%）之外，所有年满 18 岁
的人都享有选举权。1946 年的宪法是共和国的第四部宪法，显示出
巴西人民为调节应对契约统治的挑战做出了进一步的努力。它暂时 388
解决了谁来执政和怎样执政的基本问题。

　　曾经支持构建"新国家"的沉默寡言的将军在 1946 年 1 月 31
日就任总统。后来他进一步推动了国内民主潮流，消除了瓦加斯当
政留下的阴影。杜特拉取缔本土共产党人的活动，解释说是出于作
为总统鼓励民主进步的责任。他判断巴西共产党对国家尚未成熟
的民主构成了威胁。使他大为恼火的是，巴西共产党的领导者路易
斯·卡洛斯·普雷斯特斯公开宣称，倘若在苏联和巴西之间发生战
争，巴西共产党将会支持苏联。1935 年共产党的暴动给杜特拉留下
了深刻的记忆创伤，以至于他不能容忍路易斯·卡洛斯·普雷斯特
斯这样的言论。1947 年 1 月的国家选举表明支持巴西共产党的选民
有所增长，这更加刺激了杜特拉。政府宣布巴西共产党为非法政党
的根据是它在客观上与国家建立民主社会的目标背道而驰，同 1946
年的宪法渐行渐远。巴西政府同莫斯科断交，国会驱逐了巴西共产
党选举出的议员。1947 年后，巴西共产党一直处于非法的地位，这
并不意味着它处于不活跃的状态。即使如此，杜特拉宣称新民主对
其容忍是有限度的。

杜特拉主持的政府在本质上是一个保守型政府。行政部门对任何经济、社会、政治改革都持怀疑性态度，当然，并不是把它们都完全贴上共产主义的标签。同时在美国和世界的其他地方，反共产主义成为一种约定俗成的教条，很少当权的人能够在这几年超越反共产主义浪潮。他们无端地控告那些持有不同政见的人为共产党，尤其是随意地给劳工、学生、知识分子冠上共产主义者的帽子。

389　　杜特拉选择忽视民族主义，他对它保持怀疑态度，可能还把它和它的目标看作共产主义计划的一部分。虽然规避了其前任曾完美实践过的民族主义主张，他还是施行了几项令民族主义者赞赏的工程：建设炼油厂、油船队、港口设备，重建里约－圣保罗高速公路，还开始修建为迅速发展的工业化提供所需能量的保罗·阿丰索水力发电工程。

从表面上看，这时的经济是健康发展的。咖啡价格提高，咖啡豆出口量又创新高。然而，巴西的状况远远差过它表现出的。当杜特拉初任总统时，巴西的黄金和外汇储备保持近8亿美元的高纪录。它们全部都用来购买进口商品，其中许多是战争年代用不着的奢侈品。挥霍的态度普遍流行，储备被耗尽的速度超过任何人的想象，众所周知的部分原因是巴西为通货膨胀的进口项目支付了过高的费用。

在1950年的总统选举中，巴西工党和社会民主党支持瓦加斯。在军方不持反对态度的情况下，瓦加斯取得了候选人资格，以加速工业化和扩大社会立法为纲领开展了轰轰烈烈的竞选活动。瓦加斯获得了各阶层的广泛支持，实业家、商人、民族主义者和工人阶级投给了他49%的选票，同其他毫无生趣的候选人相比他赢得了绝对的胜利。因此，1951年1月31日，在他漫长的政治生涯中，公众选举第一次为他打开总统府的大门。

在一部瓦加斯既没有参与过起草也没有通过混乱的政治党派对之施加过影响且其中有很多条款对他持有敌意的宪法的监督下来执政，对于他这样一位以前的独裁统治者而言是一个挑战。68 岁再次担任总统时，瓦加斯看起来好像有点生硬、笨拙，他的私人秘书通过观察认为他的长官显示出"耗尽的迹象"。挑战绝不因此而减少。预算赤字、生活成本上升和普遍的通货膨胀给财政蒙上了阴影。物价水平从 1945 年到 1950 年以平均每年 6% 的速度攀升，当跳跃到 390 11% 时，在 1951 年数值又重回 6%，在 1952 年则增长到 12%。政府为了平衡预算而无限制地印刷新纸币。在瓦加斯任期内纸币流通量从 310 亿克鲁塞罗（cruzeiros）上升到 500 亿克鲁塞罗。瓦加斯在制定劳工政策方面遭遇到了来自军方的阻力。1951 年他提高了最低工资的标准，这是自 1943 年以来的第一次提高工资。1954 年他的政治门徒——劳工部长若昂·古拉特（João Goulart）尝试着将最低工资提升一倍。军官们控告古拉特非法运用他职务上的权力和财政来提高自己的政治地位。一份愤怒的"上校宣言"要求免除他的职务。谨慎的瓦加斯撤除了他年轻的门徒的公职，但瓦加斯后来通过了工资增长法案并对古拉特的做法表示赞赏。

瓦加斯面临着一些对他来说非常难以处理的抉择（正如对他的继任者一样）。然而以增长作为冲力是相对容易承受的——简单的数字增长——促进发展是一个真正的挑战——使巴西最多的公民获取潜在的最大限度的利益。基本上可以说，政府面临着一系列的选择，主要围绕改革由来已久的工业结构，反对额外投资，包括其中一部分来自国外的投资。恢复总统对后者的选择权，使投资更多地促进经济增长而不是培育已取得的发展。经济增长有利于特权阶层而损害了绝大多数穷人的利益，政府长期的经济政策加剧了社会不公。经济增长还可以掩盖不平等，伪装成充满希望，或至少在一段时间内创造一个幸福和进步的幻象。总统用烟雾和镜子扮演一个有才艺的魔术师，变出经济奇迹的镜像。事实上只对发展采取了很少的努力，那些更能促进发展的内容，例如，建立水力发电厂，拓宽公路网，通常被认为是经济增长的主要表现。公平地说，在瓦加斯的治下，政府对首先建立一座巨型的钢铁生产复合体其后建立一家石油垄断企业的承诺进一步扩大了政府的角色。政府积极而紧密地参与到诸如计划、工业化、现代化和发展等内容的至关重要的经济问题中。

对总统瓦加斯的诽谤无处不在，尤其是在全国民主联盟内。这些攻击以《箴言论坛》（*Tribuna da Imprensa*）的记者，刻薄的卡洛斯·拉瑟达（Carlos Lacerda）为首，他以他道德败坏的笔为武器对瓦加斯表达出毫不宽恕的敌意。在"新国家"时代，瓦加斯可以通过审查制度施加影响让他马上闭嘴，但在新民主下让他停下来似乎是不可能。瓦加斯在执政后期，实际上也是他个人的最后日子里，做了一次鲁莽的尝试。

1954 年 8 月 5 日凌晨，拉瑟达在志愿军保镖之一，空军少校鲁本斯·弗洛伦蒂诺·瓦斯（Rubens Florentino Vaz）的陪同下返回科帕卡巴纳的住所。他们的车在公寓楼前减速停下时，遭到了枪击，拉瑟达受了轻伤，少校被打死。警察局和空军都参与了对谋杀者的调查。线索指向了总统府。不久后的调查证实了总统的私人警卫同时也是他的密友策划了这场谋杀。政治反弹是可怕的。首先是空军，紧接着是海军，最后是陆军，都要求瓦加斯辞职。支配他们行动的不是宪法令条而是难以理解且又普遍存在的军人的荣誉。24日早晨，军方再次罢免瓦加斯的总统职位。收到这一消息后，瓦加斯退回卧室，一声枪响打破了卡特蒂宫令人压抑的安静。人们冲进他的房间时发现他已经死了，一颗子弹射入了心脏。这令人震惊的消息使国家停顿了。国家充满困惑地阅读瓦加斯神秘且富于情绪化的绝命书：

> 军方和反人民利益的势力以新的方式联合起来再次反对 392
> 我……我接受强加于我的命运。国际经济和金融集团在掌控和
> 抢劫我们多年后，我领头发动了一场不可避免的革命。我开始
> 从事人民的解放事业，并且创建了社会自由政体。我不得不辞
> 职。在人民的支持下我再次执政。国际组织联合国内群体隐秘
> 的运动反对工人保障政体……我月复一月，日复一日，一刻不
> 停地反抗持续不断的侵略，无声地承担了一切，忽略了一切，
> 我放弃向抛弃我的民众为自己辩解的权利。除了我的血之外我
> 给不了你们什么了……在大屠杀中，我奉献了我的生命，我选
> 择了这种方式和你们永远在一起。当别人羞辱你们时，你们将
> 会发觉到我的灵魂和你们一起承受痛苦。当饥饿来敲你们的门
> 时，你们将会感觉到你们的胸腔里充满为你们自己和孩子们奋
> 斗的力量。当别人羞辱你们时，你们将会对军方给我造成的不
> 幸感同身受。我的牺牲将维持你们的团结，我的名字将是你们
> 战斗的旗帜……我一直以来在向掠夺巴西者宣战，与抢劫人民
> 者作战，我赤裸着胸膛作战。仇恨、声名狼藉、诽谤打不倒我
> 的精神。我把我的生命给了你们。现在我要奉献我的死亡了。
> 没有任何留恋的东西。我安详地迈向不朽的第一步，我将会被
> 载入史册。

绝命书凸显了总统作为平民主义和民族主义领袖的领袖角色。他的个性是多面的，而且他以为工人争取权利的提倡者和巴西石油公司的创立者的姿态与大家诀别。

　　瓦加斯的自杀引发了一场意想不到的危机，使巴西的民主实验面临着严峻的考验。罢免瓦加斯的极端军方以保证立宪进程为由站到了政治前台。副总统若昂·小卡费（João Café Filho）和瓦加斯形成明显的对比，他遵行旧有的、传统的经济见解，并且缺乏民族主义目标，他的就职宣言就声称是为了完成瓦加斯五年任期的最后十七个月的委任。宣称是"新国家"的敌人的人第一次获得了权力。小卡费自己曾因猛烈攻击"新国家"的成立而被放逐。在他的

393 新政府内，他将内阁最重要的财政部长、司法部长和外交部长职位全部委任给全国民主联盟的拥护者。他的执政充分证明他只是一个临时的代总统，在 1955 年的总统换选时马上就下了台。

　　瓦加斯成立的社会民主党和巴西工党联合提名在米纳斯吉拉斯任州长取得极大成功的儒塞利诺·库比契克（Juscelino Kubitschek）为总统候选人，继承瓦加斯衣钵的若昂·古拉特为副总统候选人。他们提出了一份促进经济发展的富有诱惑力的竞选宣言。全国民主联盟则支持茹阿雷斯·塔沃拉将军，一名符合它的标准的前尉官派。军方领导者担忧在严重政治和社会危机中会出现的暴力竞选活动的危险，这看起来是对他们的威胁。他们对库比契克担任总统是否合适心存怀疑，并且毫不隐藏对古拉特的讨厌，古拉特曾在作为瓦加斯的劳工部长的短暂任期内引发军人的敌视。到处散布着要发生军事政变的谣言。在 1955 年 10 月上旬，库比契克和古拉特赢得了选举。古拉特比总统职位的获胜者收到了更多的选票。一个月后，总统小卡费因轻度的心脏病住进了医院，1955 年 11 月 8 日，他把政府职责移交给了合法的继任者，众议院议长卡洛斯·卢斯（Carlos Luz），一名库比契克和古拉特的公然反对者。大多数观察员认为他将会阻止他的两个被选举出来的政敌就职。奥迪利奥·德尼斯（Odílio Denys）元帅和战争部长恩里克·特谢

拉·洛特（Henrique Teixeira Lott）联合其他曾发动军人制宪运动的军官发动了 11 月 11 日的政变，罢免代总统卢斯以保障库比契克和古拉特的就职。国会给予配合并让参议院的副议长内雷乌·拉莫斯（Nereu Ramos）宣誓代任临时总统。一切恢复了正当的进程，没有再进一步遭遇阻碍，民主选举出来的库比契克和古拉特在规定的 1956 年 1 月 31 日就职。尽管经历了苦难和压力，民主进程幸存下来了，在这种特殊的情况下，军方看起来似乎促成了这次成功。然而，从长远发展来看，越来越频繁的军事干预对民主而言意味着麻烦。他们暴露了契约统治的脆弱性，也暗示了把大多数地位低下的公民团结进为满足精英和特权中产阶级利益而构造的传统社会里的困难度。 394

　　对成功民主化的衡量是 1945 年的选举，随后制定的 1946 年的宪法大体上也是公平的。这与旧共和国时期以欺骗性为特征的选举形成鲜明的对比。详备的选举法庭系统取代了特权阶层对选举的控制，保障选民在投票点完全自由地填写精确的决定票表格。这些专门的法庭监督党派、候选人和选民的注册；它们也对投票过程的监督、选票的计数、选举中欺诈行为的调查和起诉负有责任。1955 年的选举改革终结了每个党派印刷和分发自己选票的惯例。取而代之的是由最高选举法庭制定的可行的官方选票。地区选举的审理委员会在每个投票点委派三名投票观察员，每个党派委任一个。选举是保密进行的：选民在密封的小房子里在选票上私下写明要选举的官员，然后在现场出席的投票观察员面前把它投进一个小箱子里，观察员们随同选票箱到地区选举委员会，在这儿将会清点选票数。存在欺诈的可能性极小。

　　大多数关于欺诈的控告来自偏僻的乡村地区，在这些地区检查制度一般来说缺乏严密性或者说在有些情况下甚至是不存在的。在乡村地区，乡绅"上校"仍然是不可动摇的，他们能控制当地的选票投给他们偏爱的候选人。这样选举出来的候选人将不能代表选民，而是对乡绅"上校"们负有义务，当然为了他们的利益也不可能把选举权交给选民。幸运的是，为了巴西未来的民主，这种情况在减少。

395 　　一个削弱乡绅"上校"和传统家族统治权力的有效途径是建立新的自治团体，特别是建立新的自治市，它们的创建往往是一个特殊地区的商业和工业发展的结果。乡绅"上校"和传统家族常常继续控制旧的自治市，但另一方面，出现了更多的新的进步势力，例如中产阶级，受过教育的工人阶级，还有支持改革和现代化的普遍氛围，这些都是新建自治市的主导力量。它们的数量在急速增加。米纳斯吉拉斯的自治市数量的增多是说明这种力量成长的一个极好的例子。在殖民时期，这个富有的总督辖区被分为 16 个自治市。在帝国时期，米纳斯吉拉斯自夸有 95 个自治市（*municípios*）。1948 年有 316 个，1953 年有 388 个，1958 年有 405 个，1963 年有 722 个。在同样这些年里，1946 年宪法普及后，全巴西自治市的数量增加了一倍。许多地方政府以腐败、裙带关系和贫困为特征，但是另一方面也可以找到有效的、草根民主的好政府。

　　在 1946 年的宪法下司法体系不断演进，为民主提供了另一个支柱。这份文件的详尽条款为法庭的独立性提供了保护，独立性的程度在拉丁美洲是独一无二的。由总统指定、参议院批准同意的 11 名法官组成的联邦最高法院（只有在法院自身的要求下，法官的数量才可以增加），拥有裁定联邦、州和地方所有立法合宪性的管辖权。法官们勇敢地运用了他们的司法审查权。虽然法院还尚未达到北美法庭的权力和地位的高度，它也会拘束、检查，有时甚至推翻执行机关和立法机关的专断行为。

选民数量的稳定增长再次证明了巴西民主的发展。尽管很大一部分人口被宪法限制在选举权之外，随着人口的增长和文盲的减少，选民的数量还是在稳定攀升。注册的有选举权的人口所占的百分比由 1945 年的 16% 上升到 1962 年的 25%。这期间，选民数量 396 以每四年大约 20% 的速度稳定增长。城市无产阶级和工业中产阶级作为新出现的两个群体在政治范围内发挥了重要的作用。城市选民的增长削弱了旧共和国时期形成的乡绅"上校"们的权力和影响力。热图利奥·瓦加斯和其他人的履历充分表明了政治家可能通过广大民众而不是精英的支持获得成功。瓦加斯直接公开向工人呼吁，告诉他们本有的力量并且对怎样使用他们的力量提出建议。当新出现的群体意识到并且使用他们的力量的时候，城市精英和乡绅"上校"们的控制则相应地下降。

巴西大众民主的主要障碍之一是缺乏教育。教育制度的缺陷同样使现代化发展迟缓。好学校对巴西人接受并且参与技术进步是必要的，对鼓励学生们树立较高的目标并且有能力实现这些目标也是必要的。不幸的是，大约有一半的成人人口甚至不知道怎样书写自己的名字。因此他们被排除在政治和现代化进程之外。虽然比起以前现在有更多的学生在学校注册，但统计数据仍然是暗淡的。1940 年，有 325 万名学生完成了从小学到大学的学业，1965 年总数达到了 1125 万人。与此同时，当然，总人口数从 4100 万人上升到 7200 万人。悲哀的是，虽然文盲所占比例下降了，但文盲的数量却增多了。1965 年，在小学毕业的 1000 名学生中，只有 13 名进入中学，只有 4 名能完成更高程度的教育。举例来说，在小学四年里辍学率异常高，甚至比利比里亚和菲律宾还要高。从理论上说，初级教育是免费的和强制性的，但在事实上，贫穷的父母发现送孩子上学造成了经济困难。他们需要孩子们对贫乏的家庭收入做出贡献，或者 397

当父母都外出工作的时候，由他们照顾更小的妹妹和弟弟们。政府没有提供足够的学校或者采用强制性入学的措施。出于这些原因一些达到受教育年龄的孩子根本谈不上入学或者辍学。

就像每一样事物都有不同的面，在不同地区里教育形势也有很大的差别。富裕的圣保罗州的教育经费预算是其他州的总和；圣保罗市的教育经费预算超过其他地方政府的总和。1965 年圣保罗受过教育的成年人口几乎占 80%。在经济萧条的东北部地区，达到小学学龄的孩子只有 33% 入学，他们中只有 6% 的学生升入中学。仅仅30% 的成年人是有文化的。

教育制度过时了。古典课程使精英的孩子进一步接受大学教育，现代化教育的愿望未能实现。国家工业的迅速发展要求有各行业的技术人才，然而大多数人因为缺乏培训而被排除出为国家技术发展做贡献的行列。现代教育家意识到了在教育体制结构改革方面的必要性。结果，20 世纪 60 年代早期教育改革强调轰轰烈烈的扫盲运动是为大众提供技术和职业培训。接受职业培训的注册人数出现了一个显著的上升：1954 年有 124000 名职业培训学生，在 1962年上升到 275000 名，但遗憾的是需求的数量下降了。

大学数量也适度增长。到 20 世纪 60 年代中期，至少有 30 所大学。但人口超过了 7000 万，仅有 155000 名学生被大学录取。这些大学生在各个方面被认为是"精英"这个词的替代，其中仅有5% 来自无产阶级家庭。一直以来法学教育更偏爱有特权的学生。1962 年登记在册的学生总量达到 110093 名，学习法律的有 25856名，几乎占了全部学生的四分之一。工程学专业的有 13325 名，社会科学专业的有 13160 名，医学专业的有 10919 名，教育学专业的有 5548 名，艺术专业的有 4274 名，自然科学专业的有 3388 名，农学专业的有 2447 名，人文学科专业的有 1048 名。不同地区的大学教育在数量和质量上存在极大的悬殊。圣保罗、瓜纳巴拉、南里奥格兰德、米纳斯吉拉斯和巴拉那五个州的在册学生和聘用教授数量各占总数的四分之三。圣保罗和瓜纳巴拉的大学是国内最好的。

　　所有的巴西人都在说着教育对巴西未来价值的恭维话。马里奥·平托·塞尔瓦（Mário Pinto Serva）在他的著作《巴西奥秘》（*O Enigma Brasileiro*）中充满希望地写道："在二十年后，巴西将是一个自由的国度，并且将会取得第二或者第三的世界强国地位。"（乐观主义是巴西人长久的特征。）然而，透过惨淡的数据仍然可以看到，令人放心的统计数据是受教育者的比例确实在持续缓慢地上升，由此增加了选民数量和扩大了民主基础。

发展民族主义

　　民族主义伴随着民主实验的推进得到强化。它显示出四个主要的特征。首先，它逐渐左倾，整合运动党做了最后一次大规模的试图操控民族主义者情感的努力。其在 1937 年遭到镇压后，左派思潮在民族主义中占主导地位。对马克思理论的依赖使它常常遭到批判，批评它处于共产党的引导和控制下。这种指责不仅仅是错误的，而且使复杂的巴西民族主义简单化，遮蔽了理解民族主义的努力。

　　其次，民族主义领导者进一步大胆地批评外国经济占主导的经济状况。他们责备过分依赖外国垄断而使经济变得死气沉沉。他们反对外国所有权的运动找到了自己的现代根源，像阿尔贝托·托雷斯的作品和帕西瓦尔·法夸尔的反对中所述的。民族主义者把外国所有权称为"经济殖民主义"，认为这将会使不发达国家变得更加贫穷、衰弱，进一步养肥工业化国家。尽管民族主义是雄辩的和富有煽动性的，20 世纪 50 年代的十年间外国资本继续以快速的节奏流入。到 1960 年，外国人拥有 69% 的汽车业，62% 的制药业，57% 的汽车配件工业，38% 的化学工业，28% 的塑料制造业，22% 的纤维素业，17% 的钢铁制造业，15% 的造纸业。他们继续携带丰厚的、远远超过投资的利润回国。

再次，自从美国成为巴西独一无二的最大的投资国后，民族主义者把美国作为明显的目标集中火力加以攻击。美国投资额一路攀升，从 1914 年的 2800 万美元至 1950 年的 5.77 亿美元，到 1960 年已经达到 15 亿美元，大约占巴西外国投资总额的一半。从逻辑上说，他们从事的反对外国投资者的运动都呈现出反美色彩。进一步说，民族主义者认为他们的政治寡头，以及美国政府和美国投资者都是受益者，巴西将会沦为附属国。这三者支持巴西安于现状，反对变革。综上所述，民族主义者把美国描述为影响巨大、无处不在的敌人，如果民族主义要获得胜利，就必须向它挑战并且打败它。他们提倡的反美主义是引发民族情感既便利又有效的手段。

最后，民族主义者更加关注经济发展。民族主义被定义为"发展的政治知觉"，提倡他们是有能力实现国家现代化的唯一力量。发展民族主义（developmental nationalism）源于尉官派运动的纲领和"新国家"的政策，在 1951 年当瓦加斯重新执政时，再次被提出，一直持续到 1964 年的军事政变。它教条化地号召政府要掌控自然资源，限制外国资产，加速工业化，扩大和所有国家的商业贸易。它认为这是摆脱过去、解放巴西进入未来的唯一方式。这样的观念吸引了很多并不是全力支持民族主义全部核心内容的民众。

在近十年（1955—1964 年）的时间里，发展民族主义运动的焦点在于巴西研究高级学院，是联邦政府创建、教育部负责的自治机构。它提供巴西经济发展问题的方向和实施方式的研究。它也承担阐述发展民族主义的意识形态学说的工作。它的成员赞成制订一个国家经济发展计划是必要的；他们进一步赞成国家必须监督和指导计划的执行和发展。但是他们在社会主义经济和资本主义经济哪一个更适合巴西的利益这个根本问题上没有达成一致意见。这个分歧最终导致了巴西研究高级学院的分裂，正像他们看待民族主义运动本身一样。温和的民族主义者对外国更具有忍耐性，对政府所有权或控制权更少热情。激进的民族主义者极力主张最主要的工业应该归国家所有，应该控制外国投资。激进民族主义者在1959年赢得了对巴西研究高级学院的控制权，他们的思想付诸实施。与此同时，高级军事学院的军官们对巴西研究高级学院思想的传播感到烦躁，他们认为这些思想体系在方向上对美国饱含敌意而对马克思主义则过多地接受。

二战后工业化加强，规划中的非常时刻和权宜之计的方面被逐渐剔除。巴西的领导者们采取了更好的计划执行他们的决议。他们打算通过减少国家对出口的习惯性依赖来改变巴西的基本经济结构，鼓励进口替代业，创建重工业为优先产业，公司尽可能生产受高关税保护的进口项目，这项政策非常有效地鼓励了消费品的生产。迟至1950年，这些商品仍占进口商品的9.7%，到1961年下降到1.5%。消费工业主要集中在必需品的生产上：食物、饮料、衣物和纺织品。工厂都是小型的，平均每家工厂雇用16名工人。基础工业成为政府新的关注点，对有潜力的企业家，通过一些合理的条款提供可用的贷款以帮助他们创建重工业。20世纪40年代的沃尔塔雷东达和20世纪50年代的巴西石油公司是政府努力的优秀范例，与此相伴的是政府在电力资源发展方面活动的增长。

二战后巴西的外汇储备迅速耗尽，这对工业扩张是一个意想不到的刺激。在非常时期，政府被迫实施进口管制政策。这一方面阻碍了消费品的进口，另一方面有利于生产资料和原材料的购买。管制政策取得了效用，生产资料和原材料的价格几乎保持不变。同时，国内被消费品制造商操控的价格稳定上升。良好的商业意识促进了资本机械设备的购买力，以至于更多的商品能在国内被制造出来。在这个模式的作用下，许多新型产业出现了。它们往往变成彼此的消费者，这表明了工业化自我推进的本性被开启了。到瓦加斯第二次掌控经济时，推进工业化的措施的特征是：鼓励生产资料的进口，阻碍能在国内制造的商品的进口，对外汇的高补贴和通货膨胀。1954 年的工业产值是 1945 年的 2 倍。大步跨越式的工业化正在产生，尽管仍存在巨大的缺陷：落后的交通运输网络、技术性岗位上未经培训的未受教育人口、土地的低效率使用、发展不充分的国有经济一体化。

402　　库比契克总统寻求发展，预想通过增加水力发电量、扩大公路修筑量、兴建铁路、鼓励基础工业、增长钢铁产量和炼油产量、创建汽车工业、提高农业生产来促进一次增长。在参加总统竞选时，他向国人做出一个承诺，"在五年内实现五十年的进步"，在很大程度上，他履行了这个诺言。就职典礼后，他建立国家发展委员会来监督他经济发展的规划。他为国有和私人企业制订了规划目标。他在演讲中曾多次申明经济发展是国家独立的关键。1956—1961 年在他引人注目的领导下，巴西经济得到空前的发展。工业生产增长了 80%；钢铁生产增长了 100%；机械化工业增长了 125%；电力和通信业增长了 380%；交通运输设备制造业增长了 600%。到 1960 年，工业占国民生产总值的 20% 有余。这时，巴西已能生产足足半数的国内重工业生产所需物资，如：机床、发动机、变压器、采矿和交通设备、涡轮机和发电机，等等。虽然 1947—1961 年这一时期的增长率就像表 8.2 中显示的那样令人印象深刻，但库

表 8.2　1947—1961 年的经济年均增长率（百分比）

时期	农业生产	工业生产	国民生产总值
1947—1961 年	4.6	9.6	6.1
1957—1961 年	4.8	12.7	7.0

比契克执政时期的增长率更让人惊叹。

　　20 世纪 50 年代这十年中，农业产值增长了 52%，工业产值增长了 140%，反映了给予工业化的优先权。20 世纪 50 年代巴西经济增长率是其他拉丁美洲国家的 3 倍。实际上，巴西经济增长纪录在西方世界也是最令人印象深刻的。经济增长率远远领先于年均 3.2% 的人口增长率，而这一人口增长率在世界上人口稠密的国家中是最高的。到 1960 年，巴西有 7100 万居民，比十年前增长了 403 1900 万人。

　　巴西在没有外国施舍的情况下创造了经济奇迹。它从进出口银行艰难地申请和收到了贷款。尽管民族主义者以言辞极力阻挠，但受巴西政治稳定、潜力巨大、缺少限制条件的吸引，1955 年后，外国资本的流入还是快速增长。库比契克坦率地鼓励外国投资。银行以贷款获取利息，外国资本也在获取利润。同时，国内投资也达到新高。

　　20 世纪 50 年代的十年里，工厂数量增加了 33%，劳动力数量增加了 40%，以至于在 1960 年有 110339 家工厂雇用了 1796857 名工人。圣保罗和瓜纳巴拉两州拥有大多数工厂。到 1960 年，仅圣保罗就自夸拥有全国工厂数量的三分之一、全国工人和产量的一半。

　　为了满足工业化对能源旺盛的需求力，总统督促开发国家的水力发电潜能，该潜能经评估位列世界第六。他授权在圣弗朗西斯科河上修建巨大的富尔纳斯水力发电工程和令人印象深刻的特雷斯玛丽亚斯大坝。在库比契克执政的年份里，水力发电量从 300 万千瓦增加到 500 万千瓦。尽管巴西在电能生产上同美国和加拿大比起来还相当落后，但它把阿根廷和墨西哥这两个邻近的拉丁美洲工业对手远远抛在后面。

库比契克将可能因他大胆的冒险计划而被永远铭记，他让民族古老的梦想成真：把首都从沿海迁移到内陆。巴西利亚位于戈亚斯州，成了开启广袤内陆现代化的大门和统一巴西各地区的标志。库比契克曾经认为它是"将会使整个国家都统一起来的首都"。1956年，得到对此深表怀疑的国会的批准，他建立了新首都城市化公司主管新城市的兴建。卢西奥·科斯塔（Lúcio Costa）为新首都大胆地构思了一个"飞机型设计"方案。奥斯卡·尼迈耶则设计了一个与首都造型相匹配的联邦政府建筑群：十一座政府各部办公大楼、三权广场与参议院和众议院会议厅建筑复合体、行政大楼、最高法院、总统府、伊塔玛拉蒂（外交部）。他还设计了另外一座里程碑式建筑——大教堂。这壮丽的、富有匠心的建筑群使他获得了20 世纪最富梦想的建筑师的称号。他的中心主题和设计模式被世界上其他艺术家纷纷效仿，一时之间变成了随处可见的建筑样式。的确，当奥斯卡·尼迈耶的国际同行在 1988 年授予他人人艳羡的普利茨克建筑奖时，说明世界认可他的成就和影响。

1957 年巴西利亚开始动工，并且一周 7 天、一天 24 小时都在以疯狂的速度修建。1960 年 4 月 21 日，库比契克兴高采烈地为新首都举行了落成仪式，这是巴西第三座首都，距海岸有 600 英里。以前的巴西联邦区决定变成联邦最小的州，瓜纳巴拉。用高昂的代价建造壮观的巴西利亚的这一姿态表明了巴西发展未开发的内陆地区的决心，使之不再是一片"应许之地"。1960 年新首都的人口有

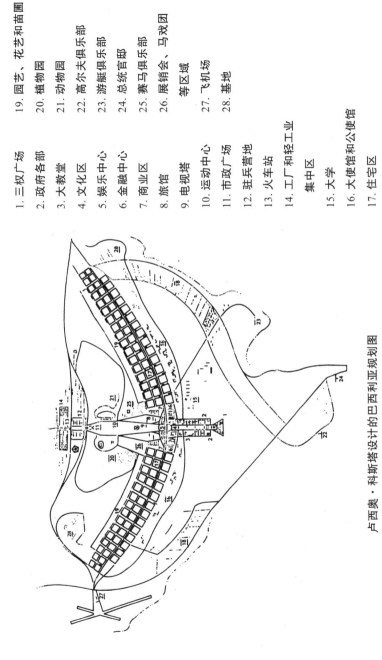

卢西奥·科斯塔设计的巴西利亚规划图

1. 三权广场
2. 政府各部
3. 大教堂
4. 文化区
5. 娱乐中心
6. 金融中心
7. 商业区
8. 旅馆
9. 电视塔
10. 运动中心
11. 市政广场
12. 驻兵营地
13. 火车站
14. 工厂和轻工业
　　集中区
15. 大学
16. 大使馆和公使馆
17. 住宅区
18. 独户公寓

19. 园艺、花艺和苗圃
20. 植物园
21. 动物园
22. 高尔夫俱乐部
23. 游艇俱乐部
24. 总统官邸
25. 赛马俱乐部
26. 展销会、马戏团
　　等区域
27. 飞机场
28. 基地

14万人，在那以后的年份，人口奇迹般地增加。这个无畏的新兴城市意外地用它的建筑风格赢得了全世界的赞赏。

为了把巴西利亚和其他城市连接起来，政府开始着手雄心勃勃的计划建造"联邦高速公路"。新公路以巴西利亚为中心向四周辐射，向北1400英里到达贝伦，向东北1060英里到达福塔莱萨，向东南400英里到达贝洛奥里藏特，还有通向里约热内卢、圣保罗和南部地区的其他公路。库比契克执政期间总计修建了11000英里新公路和高速公路，这比过去铺设的三分之一还多。

交通运输工具也成比例增长。在20世纪50年代的十年中，卡406 车和汽车的数量增长了2倍，公共汽车的数量增长了3倍。库比契克授权并且鼓励创建国家的汽车工业，这是他执政时期主要的政绩之一。在五年时间里，也就是到1962年，这个新产业每年制造出20万辆汽车，使巴西成为世界第七大汽车生产国。到1967年5月，10家汽车制造商用流水线联合组装出共计150万辆轿车。卡车、公共汽车和拖拉机也开始生产。巴西不仅生产出了足够多的、满足本国市场的交通工具，而且还开始将它们出口到邻国。

库比契克的规划是有标价的。因其宏伟，故代价高昂。为了满足部分费用，政府简单地转向印制纸币并使之流入市场。1955年，有600亿克鲁塞罗流通；在1961年，大约有2000亿。通货膨胀自从二战后期以来就使国家陷入灾祸之中，尽管1957年危机稍缓，给人带来了希望，但又由于工资增长，高比例投资，地方、州和联邦的预算赤字等多方面使之继续攀升。在五年内生活费用上升到原来的3倍。国际货币基金组织对这种形势感到深深的失望，并以拒绝贷款相威胁，希望巴西政府能够采取正规的财政方法。民族主义者认为通货膨胀是工业化的催化剂；他们对国外的干预深表愤怒，无论它们有多么好的意图。总统也意识到了由国际货币基金组织力劝的稳定性政策会阻碍他的发展计划。令民族主义者高兴的是，总统公开指责国际货币基金组织试图推迟巴西的工业化，1959 年 6 月，他中断了和该国际组织的协商。通货膨胀螺旋式上升。

　　二战后巴西的发展不只是偏重物质化。民族自豪感、民族精神、民族文化的发展也是惊人的。世界在很长时间后最后终于意识到了巴西的成功，这种认可增强了民众的民族自豪感。在 1958 年、1962 年、1970 年巴西足球队都赢得了世界杯的桂冠；这些胜利被当作国家的节日来庆贺。巴西人在街上兴高采烈地跳舞以示庆祝。令人崇拜的足球高手贝利（Pelé）变成了国家的英雄，在国际上也享有美誉和认可。巴西对其他运动的胜利的表现也是兴奋的，像对在 1960 年获得温布尔登网球女子单打冠军的网球明星玛丽亚·布埃诺（Maria Bueno）即是如此。巴西美人也在国外引领风尚，几乎没有一个世界小姐或环球小姐比赛的决赛选手中不含巴西人的。新闻媒介给了这些壮观场面周密的报道，巴西小姐在 1963 年的环球小姐比赛中获胜，1968 年又再次夺得冠军，全国都沸腾了。

　　巴西的音乐、艺术和文学也迈出其国境。作曲家埃托尔·维拉－洛博斯的音乐作品在全世界的音乐厅中受到了欢迎，作曲家自己一直担任欧洲和美国各大交响乐团的指挥，直到 1959 年逝世。评论家给予他的作品一大堆荣誉，尤其是那首让人萦怀于心的《巴西的巴赫》（"Bachianas Brasileiras"），令人愉快地将巴赫和巴西民族乐相融合。他创作了超过 1400 首作品。波萨诺伐舞曲（bossa nova）侵入了流行音乐领域。音乐家像若昂·吉尔贝托（João Gilberto）、安东尼奥·卡洛斯·若比（Antônio Carlos Jobim）、塞尔吉奥·门德斯（Sérgio Mendes）和埃杜·洛博（Edú Lobo）都曾在国际听众面前演奏。《伊帕内女孩》（"The Girl from Ipanema"）在美国成为流行一时的歌曲。稍后，由年轻的奇科·布

407

阿尔克·德·奥兰达（Chico Buarque de Holanda）作曲的《乐队》（"The Band"）攀升到世界流行音乐排行榜榜首。

巴西的电影工业令人鼓舞的叫作"新电影"（Cinema Nôvo）的运动，开始于20世纪50年代末期，主要关注国家主题和问题。"新电影"尖锐地反映了巨大的贫穷和不公：城市贫民窟和贫瘠的内陆地区。卡洛斯·迭戈斯（Carlos Diegues）在他的电影《大城市》（*Grande Cidade*，1966年）里研究了城市的贫穷现象，强调了对乡下移民的残酷性，他们满怀希望地来到城市，没想到竟会陷入比逃离家乡以前更糟的境地。毫无疑问，纳尔逊·佩雷拉·多斯·桑托斯（Nelson Pereira dos Santos）导演的《贫瘠的生命》（*Vidas Sêcas*，1963年）也仍是"新电影"的杰作。他才华横溢地把格拉西亚诺·拉莫斯有着巨大影响力的同名小说改编后搬上了银幕。在那份关于一个赤贫的家庭如何在内陆地区幸存下来的作品里，农村的贫穷、依赖性、落后被毫不畏惧地进行精确描述。20世纪60年代许多年轻的导演都从事"新电影"的工作，其中格劳伯·罗恰（Glauber Rocha）以最高产和最富想象力而引人注目。在他的电影里，他利用厚重的象征手法同巴西的现实联系起来。《黑心的上帝，纯洁的魔鬼》（*Deus e o Diablo na Terra do Sol*，1963年）也许仍是罗恰最好的电影，它向观众展现了在内陆干旱地区发现的几种主要人类类型以及造成那个地区贫困特征的一些持续的原因。生机勃勃的巴西电影工业在20世纪60年代早期收获颇丰，安塞姆·杜阿尔特（Anselmo Duarte）的电影《诺言》（*Pagador de Promessas*，1962年）获得了戛纳和洛杉矶电影节的最佳影片奖。1968年，纽约现代艺术博物馆赞助举办了一个"新电影"作品回顾展。

当格拉西亚诺·拉莫斯、若泽·林斯·多·雷戈、埃里克·韦里西莫（Érico Veríssimo）、若昂·吉马良斯·罗莎（João Guimarães

Rosa)、拉谢尔·德·凯罗斯和若热·阿马多的作品被翻译成多种语言后，巴西文学也获得了更大的国际认可。阿马多的小说《加布里埃拉、康乃馨和桂皮》(*Gabriela, Clove, and Cinnamon*)于20世纪60年代中期在美国成为最畅销的书。马沙多·德·阿西斯的主要小说持续地被翻译成外文并在国外赢得喝彩。他的作品的英文版在20世纪50年代和60年代出版发行，几本批评性研究同时问世。

巴西的学者享受到了不断增长的国际荣誉的赞许。作为一个群体，他们比他们的前辈或者其他拉丁美洲共和国的同代人得到了更多的认可。社会学家吉尔贝托·弗雷雷、经济学家塞尔索·富尔塔多(Celso Furtado)、历史学家若泽·奥诺里奥·罗德里格斯和文学批评家阿弗拉尼奥·科蒂尼奥(Afrânio Coutinho)在美国和欧洲的许多大学演讲，并且能看到他们各种外文翻译版本的著作。在美国、日本和许多欧洲国家都建有巴西研究协会，在这些国家的主要大学里，巴西的历史和文学都占有一席之地。对巴西所取得的成 409 就的国际认可也激发了巴西人的民族自豪感。这种朦胧的自豪感对巴西民族主义的发展具有抽象的促进意义。

发展初期的困难

现代化对城市起着巨大的作用，扮演了使城市扩张和变得多样化的角色。这些城市主要有行政的、管理的、商业的和工业的功能。它们是交通运输的枢纽，甚至是复合的交通运输网的中心。城市还提供许多服务，像娱乐、文化和教育等。到20世纪中期，巴西的城市具备了多种功能，工业化在相当程度上刺激了城市的发展。工作直接或者间接地和工厂有关，这带来了社会的流动性的提高。至少在大型工厂，薪水是相当高的，工人们享有瓦加斯颁布的劳动立法中的利益。很少有从乡下来的未经培训的人和/或文盲来竞争这些工作。但建筑工业需要雇用技巧性不高但必须身强力壮者，这就为从农村来的移民者改进社会经济地位提供了希望。这些移民也做些低技巧的服务型工作。相比之下，城市对农村居民具有一种吸引力，乡村折磨人的贫穷迫使许多绝望的农民涌进城市地区。从内陆干旱地区到城市的路很便利。内陆移民的涌入导致城市人口增长了大约60%。

1940年后，城市增长率突涨。在巴西此后数十年的发展中，城市化变成了一个显著的特征。在特定时期，一些大城市人口年均增长率达10%。1920年，城市人口大约占总人口的25%；到1940年，410 所占比例达到31%。从那时起，1950年迅速攀升到36%；1960年为45%；1970年为50%，或者说有几乎近5000万城市人口。在1950—1960年的十年里，拥有10万—20万人口的城市从9个增长到19个，而拥有2万—10万人口的城市从90个增长到142个。表8.3显示了巴西一些主要城市在20世纪的人口增长。

在天平的另一端，在20世纪中期，2763个城市中有超过2000个城市的人口少于5000人。这些城市的人口一共占据了总城市人口的四分之一。圣保罗和里约热内卢是巴西的两个大都市巨头。然而，与其壮观的人口增长相比，它们的人口合起来仅占全国人口的10%。巴西相比较其他拉丁美洲共和国而言没有中心城市。例如：蒙得维的亚拥有乌拉圭50%的人口，布宜诺斯艾利斯拥有阿根廷30%的人口，圣地亚哥拥有智利25%的人口。在四个主要的拉丁美洲国家中，巴西是迄今为止城市化程度最低的国家。

城市的发展也表明了中产阶级和无产阶级的壮大。的确，巴西大多数中产阶级居住在城市里。20世纪60年代他们在全国人口中

表 8.3　1900—1960 年城市人口增长（单位：千人）

城市	1900 年	1920 年	1940 年	1960 年
圣保罗	299	579	1308	3825
里约热内卢	800	1157	1781	3372
累西腓	113	238	348	707
贝洛奥里藏特	13	55	211	693
萨尔瓦多	205	283	291	655
阿雷格里港	73	179	275	641
福塔莱萨	48	78	174	514
库里蒂巴	49	78	142	361
尼泰罗伊	53	86	143	245
马瑙斯	50	75	107	175

资料来源：Delgado de Carvalho, *Oranização Social e Política Brasileira, 2nd ed.* (Rio de Janeiro, 1967), p. 51. 摘自 1965 年的 *Anuário Estatístico do Brasil*。

所占的比例，保守估计占 15%，放宽条件则可达到 40%。中产阶级凭借其人数众多左右公众舆论。这一群体最能明显地意识到传统 411 的寡头政治的限制，最可能表达他们的不赞同和愤怒。城市的劳动力也以快速的节奏增长。工厂工人的数量在 20 世纪 40 年代增长了 51%，在 50 年代增长了 28%。瓦加斯和他的信徒古拉特已经意识到了这群人的政治潜力，并且尝试着使他们觉醒。城市有文化人口的比例远高于农村。由于选举权必须具备有文化的必要条件，这使城市人口拥有选举权的比例增加。那么选举更偏向于城市居民，政治权力更偏向于城市，是一点也不让人感到意外的。

城市的居民倾向于成为积极分子，或者说至少比处于同等地位的农村居民对此事更积极。看报纸、看电影、看电视、听广播使他们意识到了变革和机遇，他们愿意为他们的权利而奋斗。他们热切地忙于为将来制订计划且实施这些计划。他们寻求掌握自己生命的进程而不是依赖于命运。同农村居民相比，他们对传统价值观已经很少听从，而是以家庭为单位紧密地结合起来。他们寻求现代社会给予效率、主动性和责任感的回报。广泛地形成不同阶层的城市社会模糊了阶级之间的区别，促进了社会流动性。对常规和传统的厌倦更增长了他们的利己主义。城市居民可以居住在任何地方：大都市里约热内卢和圣保罗；较小的首府城市马瑙斯、戈亚尼亚（Goiânia）或者弗洛里亚诺波利斯；内陆城市隆德里纳（Londrina）、科伦巴（Corumbá）或者克拉图（Crato）。所有城市的居民都知道世界其他地区发生了什么。他们在何时何地都关心并且参与其中，即使这种参与或是可替代的。

城市鼓励的现代化给一部分居民带来了利益。在 1930—1960 年间，人口大约增加了 2 倍左右，然而，同时卖出的鞋的数量每年增加了 4 倍，卖出的收音机的数量增加了 12 倍，卖出的软管牙膏的数量增加了 6 倍。城市居民比处于同等地位的农村居民享受了更好的教育、更多的健康和更长的生命。漂亮的公寓建筑、昂贵的专卖店、时髦的社会俱乐部、新式的电影院、井井有条的公园、轰鸣的汽车，这一切构成了具有诱惑力的城市生活的表面。当然，在这些金光闪闪的后面往往掩藏着痛苦和堕落，就像在利马、加尔各答、纽约和那不勒斯发生过的那样。

对于文盲、没有经验者和没有经过技术培训者而言，很难找到工作；那些足够幸运的人只赚到了最低的薪水。这些只赚到最低薪水的人只能艰难维持家庭的住和吃。那些赚得比最低薪水还少的是社会的拾荒者。在较大的城市里，这些边缘人居住在一晚仅供一张床的廉价小旅馆，或者全家人全部挤在一个卧室的寄宿公寓，或者充满着拥挤的、仅拥有一两间房的单薄简陋木屋的贫民窟。这些建筑在 19 世纪末开始出现在里约热内卢的山坡上，并在 1930 年后迅速蔓延开来。到 1957 年，足有四分之一的首都居民住在贫民窟里。一名曾经的圣保罗贫民窟居住者，卡罗琳娜·玛丽亚·德·热苏斯（Carolina Maria de Jesus），在她偶然出版的日记中描述了自己的辛酸生活。日记的葡萄牙语标题是 *Quarto de Despejo*，1962 年被翻译成英文，标题是 *Child of the Dark*（《黑暗的孩子》）。日记的开头就充满了绝望的基调：

> 1955 年 7 月 15 日。今天是我女儿维拉·尤妮斯（Vera Eunice）的生日。我想为她买一双鞋，但食物的价格让我们意识到了我们的奢望。实际上，我们都是生活成本的奴隶。我在垃圾里发现了一双鞋，洗干净并且补好了它们，为我的女儿穿上。我没有一分钱来买面包。

痛苦不止一次地出现在她不完整的日记中。一度，厌恶于教会宣讲的顺从时，她写道：

> 我想：如果路易斯（Luiz）修士结了婚，有了孩子，并且赚取了最低工资，我想看他是否也会如此卑微。他说上帝只保佑那些忍受顺从的人。如果修士看到他的孩子吃已为秃鹫和老鼠侵害的腐烂的食物，他将会停止谈论顺从并反抗，因为反抗来源于苦难。

其他城市也有与那些贫民窟处于同等境遇的地方。在萨尔瓦多，它们是令人痛苦的、拥挤的、不适合居住的单间棚舍。巴西用虚空的胃、发育不良的身体、痢疾、发烧和许多说不出的疾病浪费了它最宝贵的人民资源。若热·阿马多的小说《汗水》（*Suor*）描述了在萨尔瓦多的棚户区居民屈辱的生存方式。他们与贫穷紧紧地联系在一起，过着无名的生活，尽最大的努力使生活丰富多姿。虽然没有人把他们当作英雄来描写，但阿马多提醒他的读者，这些人是"无产阶级人性的完美象征"。

马瑙斯的衰败是因为它是古怪的"漂浮城市"，它由2100座小棚屋风景如画地建在浮筏地基上，在内格罗河的支流上拥挤地汇合在一起。住户大都是文盲、愚昧者和病号。木薯饭和鱼是他们的日常食物，他们很少有足够数量的食物而使他们能够在水湾里不挨饿。有时候有8名或10名成员的家庭居住在棚屋里，大家困难地两两挤在一起睡觉。另外，野兽和鸟禽们也共享这住所。混乱是他们生活的全部。没有任何的卫生设施。汛期，河水是干净的，其他时候河水则是疾病的滋生之所。

尽管城市有如此凄惨的居住条件，也没能阻止从乡下到拥挤的城市的移民潮。他们依旧怀揣希望，看得长远，华而不实的闪烁遮住了旁观者的视线。毕竟乡村并不是农民生活的乐土。1962年，一个由各大政党成员代表组成的专门委员会向众议院提交了一份坦率的报告，主要评论乡村绝望的贫穷和需要改革。下文是委员会敲响警钟的概括性选录：

414

这是显而易见的真理：巴西农村的饥饿问题已经使人丧失了尊严，骚乱将一触即发。事实胜于雄辩。1960年最后一次人口普查显示我国的农村人口将近4000万人。这庞大的人群的生活标准是什么呢？不幸的是，它是世界贫穷国家最低水平，长期的饥饿、社会的损耗、慢性的疾病、文盲……在东北部，平均寿命仅有27岁。在巴西，每隔42秒就有一名孩子死亡，每小时有85名，每天有2040名。4000万农村居民像被遗弃的贱民一样自生自灭着。仅有 4% 的人拥有自己的土地。

农村的组织制度对变革的对抗超过任何势力。它们僵硬地拒绝适应 20 世纪的发展。

　　农村的工人没有工会、社会立法、劳工法庭的保护和援助，不可能同城市的工人处于同等的地位。无论是佃农还是农场的雇农，生活在这儿的大多数工人任由大地产者摆布。大地产者占支配地位。大约 1.6% 的农场拥有超过 50% 的耕地。大地产者垄断了最肥沃的土地，形成尖锐对比的是拥有巴掌大几乎不具有农业价值的土地的小地产者，辛苦地使维持生存的庄稼成熟后立马自己消费或者送到本地的市场上。大约有 22% 的农场占了仅仅 0.5% 的土地。

　　在过去，大庄园一直是巴西农村的特征。大庄园的生活仍然围绕着"大房子"而展开，就这样持续了几个世纪。在这种社会结构废除后，乡下工人向"庇护者"寻求保护、安全和指引，并且发誓用劳动和忠诚作为回报。许多大庄园实际上实行封闭经济，以出售单一经济作物，通常是咖啡、可可、糖料、棉花或烟草，来与外部世界联系。无知使农民苦不堪言，他们仅仅维持生计，劳役偿债制往往限制他们的行动。只要农民仍欠着他们雇主的钱，他们就不能离开庄园去应聘其他工作。而那些债务很容易就会欠下，却几乎不可能彻底清还。世袭债役是普遍存在的。人类学家克劳德·列维 - 斯特劳斯（Claude Levi-Strauss）对巴西国内遗留的这种劳役偿债制做了一个公正的描述： 415

　　　　实际上，庄园方圆六七十英里内只有一家商店。雇员——工人或者雇农——过来购买他们所从中赚取收入的东西；赊账足以使他们由债主变成债务人，实际上现金交易是很少见的。

大多数东西以实际进货价格的两三倍卖给他们——这是公认的做法——价格和商店在整个投机中是否占据了一个有利的位置有关。看他们星期六的工作是令人心碎的。他们把收获甚微的甘蔗送来，马上用农场主的机器压榨……在加热的铁锅里蒸发汁液，然后装进模具里定型，在那里它将会转变成黄褐色的黏稠的颗粒状块状物。它们被称为是"苏克雷糖"（*rapadure*）；它们被上交给毗邻的商店。当夜幕降临的时候，他们自己作为顾客走进商店付高价为孩子们购买他们自己生产的产品，到那时产品已经被装扮成内陆干旱地区唯一的糖果了。

批评家经常习惯性地把土地结构激愤地形容为"封建的"，是和社会旧习相伴随的。他们憎恶地主的权力，认为地主介入了政府和农村民众之间。他们对现代化城市和传统农村的差异表示愤慨。他们警告，如果一个封闭的社会毫无渐进式变革的希望，那么革命迟早会发生。塞阿拉是恶劣农村的不平等和无效率的典型代表。1960 年，塞阿拉大约有 66% 的人居住在乡村，一小部分人占有绝大多数土地。相对于 816720 名劳动力来说，仅有 316 辆拖拉机和 1305 架犁。除水果外的食物产量不能满足居民的需求，日常需要的粮食不得不从外部进口。该地区完全有能力生产出过剩的粮食。不能这样做的主要原因是简单的：拥有土地的小部分人为了投资需要使土地处于休耕状态，或者不能使土地有效地发挥作用。

批评家的建议是必要的，农村经济和社会结构改革刻不容缓。1963 年农业部长奥斯瓦尔多·小利马（Oswaldo Lima Filho）在讲话中说道："耕地改革刻不容缓，它将会给人民带来繁荣和幸福，结束把人圈禁在乡村的封建制结构里的现实。"罗马天主教会主教在同一年发表了题为《和平与世和巴西现状》（*Pacem in Terris and* the Brazilian Reality）的声明，号召大家关注农村人口的困境并且提倡土地结构改革：

> 大多数人被剥夺了在教皇通谕《世界和平》中提及的基本的和天赋的权利的行使：生存及享有安定无虞生活水平的权利、保持人类自由和尊严权、享有参与文化事务权，即作为一个人在社会生存的权利……没有人能忽视我们数百万的、生活在农村的兄弟姐妹的生存状况，他们不能共享我们国家的发展，他们生活在侮辱人尊严的、艰苦的生活条件中……在这种情况下，没收土地绝对是不违反教义的。

巴西的罗马天主教会用社会和经济公平发出号召反映了社会意识的进步。开明的城市中产阶级支持重新分配土地的农村改革。一方面，他们意识到低效的庄园使食物价格高昂；另一方面，他们希望进一步削弱乡绅"上校"和乡村贵族的权力，因为总体来说，他们阻碍现代化和反对城市各阶层的利益。再者，城市居民寄希望的经济发展如果没有农村改革以及随之而来的农业上的改进作为支持是不可能实现的。排除农村人口是不可能期望获得真正的经济发展的。

提高了效率从而提高了生产力是小部分农场的特征，尤其是在南部和东南部。在 20 世纪 50 年代，使用中的拖拉机的数量增加了 8 倍，从 8000 台增加到 63000 台，给人留下深刻印象。圣保罗州和南里奥格兰德州拥有大约 70% 的拖拉机。在南里奥格兰德一台拖拉机耕种 4 英亩稻田需要耗费 13 小时 25 分钟；而在相同的工作量下，一个劳动熟手需要消耗 54 天完成。农民，特别是在南部和东南部的农民，使用化肥的量也在增加。1958 年他们使用了 42000 吨氮肥，而在二十年以前他们仅使用了 2000 吨。平均每英亩土地使用的化肥量超过一磅，大约是世界平均水平的三分之一。虽然 20 世纪 50 年代的农业增长比例远远低于工业增长，但 52% 的农业增长超过了 36% 的人口增长。但是，农业的增长更反映在出口作物上——依然是经济充满活力的部分——而不是维持营养不良的人口的自给口粮上。农业产量的增长主要是由于土地使用量的增加，从 1948 年的 4000 万英亩土地增加到 1960 年的 6500 万英亩土地，而不是单纯地在产出上的增长。幸运的是，巴西幅员辽阔，有许多尚未开发的土地。迟至 1961 年，仅有稍微超过 2% 的土地被耕种，其中仅仅一半用来生产粮食。因为土地的占有和使用制度、低技术水平和低受教育水平、资金的缺乏、运输设施的贫乏、市场体制的令人不满、自然科学研究的有限、技术支持的缺乏等农业上的不足，粮食产量一直偏低。最重要的是——这一点怎么强调都不为过——这一问题取决于土地结构：他们从那些在一定程度上有用和有效的小土地生产者手中剥夺土地。

1960 年，巴西成为世界上最重要的可可、糖料和棉花的生产国，也是最大的家畜养殖基地。咖啡仍然是主导作物，占据了耕地的 17%，农场收入的 15%，出口的 50%。巴西仍是世界主要的咖啡 418 生产国和出口国。但是咖啡不再是具有绝对主导地位的作物。在这个世纪的下半叶，当出口逐渐多样化时，咖啡所占的比例在下降。

乡村出现了充满希望的变革的标志，即乡村的中产阶级虽然缓慢但稳定地增长。他们似乎避免了大地产者和小地产者的许多弱点和不利因素。1960 年，有 1494548 名拥有 25—250 英亩不等的土地所有者，相对于 1920 年 157954 名的人数增加了。这四十年来更令人印象深刻的是这些土地所有者拥有的农业区域总面积占有率从 8.9% 增长到 17%。并不是所有中等面积的农场都位于南部和东南部。许多这类农场也出现在更受传统限制的地区。米纳斯吉拉斯有

199405 个，圣保罗有 139620 个，巴伊亚有 161673 个，伯南布哥有 50850 个。在 20 世纪农业有了明显的进步，但是相对工业的大幅度的发展，农业前进的步伐是缓慢的。

不同地理区域进一步反映了那些塑造巴西历史特征的差异。开篇第一章已经划分了这样五个区域：北部地区、东北部地区、中西部地区、东部地区、南部地区。北部地区是迄今为止面积最大的区域，却拥有最少的人口、选民和收入。与此相反的是，南部地区是面积最小的区域，却拥有最多的人口、选民和收入。北部地区主要为乡村，仅有两个一般面积的城市，贝伦和马瑙斯。南部地区城市人口占 51%，有像圣保罗、阿雷格里港、库里蒂巴、桑托斯、圣安德烈（Santo André）和坎皮纳斯（Campinas）这样的现代大都市。南部地区也是五个区域中工业化程度最高的。圣保罗州生产了 70 万千瓦电力。东北部的伯南布哥仅能产出 5 万千瓦。另外，不仅工业纪录引人注目，南部地区的农业产量也是全国最高的。

比较各州的财政预算也许是我们观察各地区悬殊的另一可行途径。（这些为 1967 年制定的财政预算是以旧的克鲁塞罗给出的，汇率是 2200 克鲁塞罗兑换 1 美元。）圣保罗州的财政预算是 32500 亿克鲁塞罗，与平常一样处于各州的领先地位，与之对比的是处于最末端的阿克里州，财政预算只有 200 亿克鲁塞罗。仅有五个州的财政预算超过了 5000 亿克鲁塞罗：其中三个是南部地区的圣保罗州、巴拉那州和南里奥格兰德州，另外两个是东部地区的米纳斯吉拉斯和瓜纳巴拉州。面积巨大的亚马孙州和帕拉州的财政预算分别少于 1000 亿和 500 亿克鲁塞罗。

所有的数字都明白无误地显示出南部地区和东部地区是巴西占优势的地区。它们拥有良好的居住条件和发达的交通运输网，城市化、工业化、现代化的程度远超出巴西其余地区。营养充足和受教育程度高的巴西人的数目在这两个地区是最大的。

东北部地区作为这个半球上主要不发达地区之一，是不够幸运的。它拥有巴西 11% 的领土和 21% 的人口，却贡献了不足 10% 的国民生产总值。这一贡献只相当于上一代人的三分之一。失业和就业不足折磨着成年男性。农民们居住在简陋的泥坯小屋里，地板肮脏，没有照明和卫生设施。他们没有自己的土地，因为大部分地产集中在少数人手里的土地模式占据主导地位。他们的饮食主要是木薯粉和黑豆，偶尔会有牛肉干。饥饿对他们来说是家常便饭。生命的期望值少于 30 岁一点都不让人惊讶。关于桑那达马塔（Zona da Mata），伯南布哥内陆地区最压抑的区域之一，伯南布哥联邦大学营养协会的负责人纳尔逊·查维斯（Nelson Chaves）经过对里贝朗（Riberão）镇一年的研究认为：“一名工作的男子一天至少吸收 2600 卡路里的热量。我们对里贝朗镇 100 名工人的饮食调查显示，他们日均吸收 1323 卡路里的热量，只有最低值的一半。他们不能工作。他们长期处于饥饿状态，这是世界上最严重的事情之一。”1969 年 6 月 7 日，在累西腓《商业新闻报》（*Jornal do Commércio*）上发表的一篇文章报道了萨尔加多糖厂的工人和他们的家庭成员长期处于饥饿状态，而糖厂的所有者用解雇的方式处理牢骚满腹者。在里贝朗，婴儿的死亡率高于丹麦 25 倍。在桑那达马塔，40% 的儿童还没有到学龄就已经死亡。超过 95% 的人口忍受着肠血吸虫病的痛苦。患肺结核比例高于其他较发达地区 10 倍。工人和他们家庭成员的生活可能比一个世纪以前生活在这一地区的奴隶们还要糟糕。

在这些落后地区无知是全体人民的特征。在东北部地区文盲比例猛增至 70%，高于令人抑郁的 50% 的国家平均比例。例如塔因贝里（Taimberé）糖厂的定居点，大约有 80% 的居民是文盲；仅有 1% 受过初级教育。1968 年，居住在这里的 600 个家庭中，只有一个家庭让孩子们入学。在伯南布哥其他内陆地区的数据并不是更好。离累西腓仅 20 英里的蓬泰托斯卡瓦柳斯（Ponte dos Carvalhos）是破败不堪的，它拥有 11000 名居民，其中一半是未满 16 岁的儿童。仅有 600 名入学，超过 500 名以卖淫谋生。肠血吸虫病折磨着这里 99% 的人口。1967 年，340 名去世者中有 226 名是不到 1 岁的婴儿（占 67%）。城镇发展是因为它的工业、医疗设施、电视等纷纷吸引农民涌入。换句话说，无论它有多少缺点，人们都认为糖厂里面和附近更适合生存。在东北部地区的悲惨境遇中，极端的贫富差距越来越明显。

几十年以来，对东北部地区境遇的一般解释是内陆干旱地区定期受诅咒的干旱。最合适的解决方法是水利上修筑大坝和灌溉工程。但是多种水利工程并没有缓解这个问题。无论如何，当降雨充足时，贫穷和落后在东北部地区依旧持续，这证明了比干旱更严重的某些原因促使了问题的产生。在 20 世纪 50 年代，经济学家认为低资本投资导致了这个地区的多数贫穷。联邦政府对这个意见做出了响应，鼓励投资和工业化。库比契克总统关注这个地区的诸多困难，在 1959 年创设了东北部地区发展监督局。在塞尔索·富尔塔多的指导下，监督局提出了一个综合性的发展计划，鼓励工业化，整顿和加强农业发展，安置过剩人口。

中西部地区由包含新联邦区的戈亚斯州和巴西发展最快的马托格罗索州组成。它在农业、畜牧业、矿业和林业等方面提供了丰富的机会。这个地区的收入猛增。在 20 世纪 50 年代的十年中，农村人口是过去的 2 倍，城市人口则达到 3 倍。巴西利亚和戈亚尼亚作为两个新兴的重要都市，发展的纪录令人印象深刻。在 1933 年创建以取代戈亚斯州的旧首府戈亚斯韦利亚（Goiás Velha）时，戈亚尼亚并未经过官方批准，直至 1942 年才获得通过。这是一座具有

422

非常好的规划的城市，有着宽阔的林荫道，除宽敞的住宅区外，被清晰地划分为三个区：行政区、商业区、工业区。到1960年，戈亚尼亚的人口数量超过了132000人。

西部吸引了巴西各地的居民和外国的移民。在经过对内陆地区传统的长期建造后，它成了一个真正的熔炉。瓦加斯促进了普及西部是实现国家潜力的关键的民众意识。在许多场合，他多次宣布向内陆渗透的"向西部进军"的决定性计划。巴西利亚的建造更是超过一切地把所有的目光都集中到西部。以新首都为中心辐射开来的公路使巴西利亚成为紧密地连接国内其他城市的先驱。西部显示出保持在五个区域中增长最快的地位的迹象。广袤的内陆地区大多数未经勘探、开发，这被告知给那些对未来必然进步拥有信念和持有乐观态度的人。

通信和运输在过去的一个世纪里取得了巨大的进步，促进了巴西的统一，打破了区域之间的障碍。在统一的内部一直存在着——并且至今存在——地域间巨大的多样性的例证。巴西历史的主题是统一性和多样性、中央集权主义和地方分权主义两股力量之间的矛盾。两方一时这边占优势，一时另一边又占了上风。从长远来看，两股力量在一定程度上是保持平衡的。一个基本事实是，尽管有压力和威胁，巴西这一统一体完整地保持着。巴西人有理由为国家的统一和同质的成功而自豪。然而，只要地域间发展处于不同水平，这一统一体就仍然有大量的多样化和相当大的压力存在。

一场政治突发事件

1960年末和1961年一年的政治压力紧紧抓牢了巴西。在1960年的巴西大选中，全国民主联盟的候选人雅尼奥·达·席尔瓦·夸德罗斯（Jânio da Silva Quadros）成为总统。他的竞选运动以一把扫帚作为象征，承诺要将腐败和低效扫除出政府，他获得了48%的选票。他主要的竞争对手恩里克·特谢拉·洛特元帅，库比契克执政时期的战争部长，是社会民主党和巴西工党的联合候选人，只获得了28%的选票。夸德罗斯的成功有很多意义。保守的、反瓦加斯的全国民主联盟第一次获得了总统竞选的胜利，虽然把夸德罗斯和该党派联系得太近并不是很正确。他是一个不合常规的人，竞选运动是他本人的舞台。全国民主联盟为了胜利饥不择食，承认了这个胜利者并且支持他。夸德罗斯和瓦加斯及瓦加斯的合伙人没有任何联系，也没有和全国民主联盟的领导人特别亲近。他的选举是瓦加斯遗产的一个突破。最终，在旧共和国倒塌后，圣保罗人第一次入主总统府。若昂·古拉特利用巴西工党的票以36%的选票再次当选为副总统。 424

　　总的来看，新总统似乎考虑国内事务时相当遵循传统惯例，虽然他也相信限制外国资本的作用。在国外事务上，他展示了他的天资，证明了他在增强巴西外交关系中的独立性上的努力。从里奥－布兰科时代开始，巴西就一直实行亲近、支持美国的外交政策和行为。不断增强的工业化使国家能够直面外国投资在巴西扮演的角色问题。民族主义者争论说，从长远来看，这些投资对巴西是有害的，他们对渗透进自然资源和主要工业的外国投资深感愤怒。他们指责外国投资者为帝国主义，自从北美人成为国内的主要投资者后，美国对其被以帝国主义为矛头所受的攻击深感烦恼。民族主义者努力使他们的国家挣脱美帝国主义的怀抱。他们认为一个可行的方法是破坏巴西和华盛顿之间亲密的外交联盟的关系。这样做可以进一步争取更大的贸易自由。民族主义者看到了东方集团的社会主义国家这片未开发的市场正等待着巴西的产品。

公众舆论都希望巴西在世界事务上扮演更重要的角色。毕竟巴西曾加入协约国远征意大利的军队，曾派员随联合国部队进驻中东和刚果。通过像曼努埃尔·梅拉·德·瓦斯康塞洛斯（Manuel Meira de Vasconcelos）的《巴西，军事强国》（*Brasil, Potência Militar*）和皮门特尔·戈梅斯（Pimentel Gomes）的《巴西，世纪末崛起的五大强国之一》（*O Brasil entre as Cinco Maiores Potências ao Fim deste Século*）这样的书名，巴西人表明了希望在国际事务上扮演更重要的角色。大众媒体常预言巴西的世界地位上升，这样的野心激励了鲁伊·巴尔博扎在海牙的行动，同样也激励了巴西在国际联盟和联合国中的行为。巴西重新估计了自己的国家利益和实力，更明确地意识到了自己的地缘政治位置的巨大优势。作为南美洲的巨头，巴西占有这个大陆一半的陆地面积和人口，除了两个国家以外，和这片大陆的所有国家相交界。它拥有广泛的海岸线，占据了南大西洋的主导位置，战略位置上同非洲遥遥相对。种族多样化使它在世界上拥有独一无二的地位。

夸德罗斯的外交政策是在他能干的外交部长阿丰索·阿里诺斯·梅洛·佛朗哥（Afonso Arinos Melo Franco）的帮助下构想出来的，它贯彻了鼓励经济发展和争取更大外交独立性的基本目标。为了新外交政策的实施，夸德罗斯认为有必要尽可能远离冷战战场。死板地依附于西方集团和从属于美国领导，至少在夸德罗斯和支持他的外交政策的民族主义者看来，似乎是抑制了巴西的活动范围。夸德罗斯断言，不管是西方还是东方，一切服从国家的最大利益。巴西想要发展；而发展的一个途径是贸易；而贸易是没有意识形态的。他想维持传统市场，但也希望能开拓新市场。夸德罗斯派遣了一个贸易代表团到中国，并且开始着手恢复和莫斯科以及其他东欧国家的外交关系。显而易见的，贸易的唯一条件是彼此间的相互承认。独立实施外交行为也是一个迫切性动机。提高在国际和国内的威望也是派遣外交代表团的一个不可忽视的动机。

从冷战中解脱出来不仅使巴西和东方国家走近了，而且也使巴西和非洲、亚洲的中立国家有了亲密的接触。这些第三世界国家有着共同的观点，即发展优于结盟，结盟使世界分化为两个军事阵营。巴西和这些不发达国家有许多共同点。在对发展的共同愿望中，它们团结起来，就可以要求——正如它们理性地推测——进口它们原材料的工业国给出一个合理的价格。团结起来，它们也可以调控外国资本投资以更有利于本国利益。同时，巴西也预想这是一个领导这些不发达的第三世界国家的极好机会。

尤其是夸德罗斯看到了这是一个以新的方式自然而然地领导新涌现的非洲国家的机会。地理和历史都为这一希望提供了具有说服力和合情合理的依据。巴西次大陆伸进南大西洋，提供了一个西半球和非洲接触的最好的位置。再者，在三个世纪里两个地区之间繁荣的奴隶贸易中，非洲为巴西提供了大量的人口。结果是大多数巴西人血管里都流有非洲人的血。从各种意义上讲，非洲的存在都是现代巴西非常重要的一部分。任何读过吉尔贝托·弗雷雷的研究《奴隶主和奴隶》的人都会充分理解非洲对这个新兴热带文明的贡献。基于这些考虑，夸德罗斯在非洲为巴西的外交政策发现了一个新维度。他想让巴西成为新独立的非洲和世界其他地区相联系的纽带。据此，他承认了那些新国家，和它们互派大使，派遣贸易代表团，为非洲学生提供奖学金，建立非亚研究所，公开谴责葡萄牙在非洲的殖民政策。

巴西让西半球感觉到了其在处理古巴政策上表现出来的独立性。当美国对拉丁美洲的各国政府施加压力，让它们与菲德尔·卡斯特罗（Fidel Castro）政府断交时，夸德罗斯以总统候选人的身份

426

对这个岛屿进行了悠闲的访问。其后，作为总统，他欢迎其授予过国家最高荣誉"南十字勋章"的埃内斯托·"切"·格瓦拉（Ernesto "Che" Guevara）前来巴西利亚。看起来夸德罗斯在华盛顿和哈瓦那之间灵活地扮演了一个调停者的角色。

新外交政策毫无异议地被接受。许多人问巴西最大的利益是否是与南斯拉夫、埃及和印度结交。批评者争论说，巴西需要巨额的投资资金，而从东方国家或中立国家获取这种现成的投资无疑是不可能的。他们同意新市场的建立是急需的，但同时统计资料不可辩驳地指出，南半球大多数国家出口相同或相似的原材料产品。事实是，在20世纪中期，不发达国家更是巴西的竞争对手而不是潜在的主顾。这个政策激进的批评者之一，卡洛斯·拉瑟达，曾经是一个激进的编辑，现在是爱发牢骚的瓜纳巴拉州长。1961年4月16日，总统和州长之间的关系第一次破裂，主要围绕美国支持的对古巴的入侵遭致失败的猪湾事件这个话题。夸德罗斯公开谴责这一事件，而拉瑟达则为之辩护。两个人的关系此后进一步恶化。

新总统也经历了其他的一些困难。他停止通货膨胀的努力被认为是不得人心的，夸德罗斯开始怀疑他的措施是否明智，是否具有可行性。他的反腐运动遭到了由社会民主党和巴西工党占绝大多数席位的国会的大声抗议。国会指控总统和他的全国民主联盟的支持者是在寻求对那些曾经拥有权力的人的政治复仇。不久后夸德罗斯认为国会是他改革的最主要的障碍。实际上，新总统认为正是国家的政治结构阻止了好的、有效的政府的产生。

1946年的宪法似乎制度化了一个对有效政府不利的本质冲突。一方面，总统由民众选举产生。大多数受过教育的公民居住在城市里，这些城市又主要集中在工业发达的东部和南部地区，这两大地区主导了总统选举。事实上，第二次世界大战后的四次总统选举

中，1945 年、1950 年、1955 年、1960 年，南里奥格兰德州、圣保 428
罗州、米纳斯吉拉斯州和瓜纳巴拉州拥有 50%—60% 的选票。因此
这四个州的选票对选举总统具有决定性作用。另一方面，国会通过
限制性选举而产生，其中农村的权力占决定性地位。每个州平均有
三个参议院议员名额，工业化和城市化程度高、人口密集的四个州
所占名额相对多一点，但相比较于 18 个很不发达的乡村州仍然处
于劣势。在多数情况下，乡绅"上校"们和土地贵族仍会施加影响
力。因此传统的乡村寡头政治主导了参议院。众议院在某种程度上
是相似的，按照每个州人口所占比例选出代表。但是，仅受过教育
的人有选举权。很容易看到文盲占更高比例的州，以塞尔希培州为
例，在有文化的选民的数量上远远超出文盲占较低比例的州，以瓜
纳巴拉州为例。传统的乡村寡头政治可以因高文盲率而在州里实施
更多的控制，这意味着他们在众议院里的人数所占比例能使他们运
用更多的权力。文盲和对选民有文化的要求显而易见地支持了传统
的乡村寡头政治并使其影响力和权力更持久。城市的选民可以选举
总统，农村的利益群体可以控制国会。这创造了两个天生互相敌对
的权力中心。1950 年后就出现了这种情况。两个政府分权机构的分
歧日趋明显，常常导致政府陷入停顿状态。在这种情况下，民众选
举出来的总统若呼吁大部分人进行改革，乡村寡头政治的代表就会
拖延或者拒绝提案。这种状况带来了巨大的挫折感。

　　夸德罗斯面对的是一个更加敌对的国会。就职仪式几个月后，
他遭到了来自国会的更多的对抗和敌意。总统被证明是一个没有耐
心的人，他以任圣保罗州长期间控制和主导州立法机关的经历作为 429
借鉴，期望他的联邦政府经历将一如从前；但随而代之的是他遭
遇了拖延和挫折。认识到宪法中的立法机关和行政机关的本质冲
突后，为了改正这种状况，他提及了根本性的宪法改革。这时候，

1961 年 8 月 19 日，因为授予切·格瓦拉"南十字勋章"的荣誉，他遭遇到了拉瑟达的批评。卡斯特罗的狂热的敌人拉瑟达，大声吼叫着抗议。8 月 23 日，他出现在圣保罗的电视上，公开指控一场政变，宣称夸德罗斯计划解散国会，颁布根本性的改革法令。第二天，州长又出现在里约热内卢的电视上重申了他的指控。1961 年 8 月 25 日下午，总统夸德罗斯突然辞职并离开巴西利亚。

夸德罗斯总统在执政少于七个月情况下的突然辞职，在民众中引起了不信任和震惊。他的隐秘的辞职信是对瓦加斯引起恐惧的绝命书的随声附和，提及反对和阻碍他的"势力"——"外国"和"恐怖"。他写道，"我想让巴西是巴西人的"，可能证明了他向民族主义皈依的使命完结。

夸德罗斯突然辞职的原因仍然是不清晰的，有各种各样的解释并且相互矛盾。下面的解释依据的是夸德罗斯自己的阐述。他在自愿流亡的路上，在圣保罗做了短暂的停留，夸德罗斯反思了巴西的现状，总结出巴西需要三样东西：权威、努力工作、勇敢而快速的决定。依据他的观点，国家的政治结构并不切实可行。国会和总统之间缺乏合作，阻碍了进步。夸德罗斯有目的地辞职，制造了危机。他相信国家将不会接受副总统古拉特为总统。他确信军方将不允许这种事发生。他充满希望地期盼高级军官阻止古拉特，因为他们怀疑古拉特是蛊惑人心者、平民主义者、危险分子，并且在过去一直对军官们持反对的立场。他含糊地预想军方将构建一个极权体制，他将返回并重新出任拥有更大权力的总统；或者，如果他不能出任总统，他希望将会有另一位总统接受这种权力且有能力有效地执政。夸德罗斯的预想只有一点变成了现实：他的辞职使国家陷入了危机之中。但解决危机的方法并不是他所设想的那样。

对总统的辞职，民众主要的反应是气馁。对他滥用所拥有的授权感到失望，大多数公民抛弃了夸德罗斯。在辞职危机期间，公众都提倡用宪法来解决：提升副总统古拉特为总统。这表达了公众对法律的尊敬，也反映了在以前十五年中民主化进程的成功。

那时古拉特正率领贸易代表团远在中国。他缺席期间，依据法律形式任命众议院议长为临时总统，帕斯库亚尔·拉涅里·马济利（Pascoal Ranieri Mazzilli）因此就职。同时，由战争部长奥迪利奥·德尼斯领导的军方内阁官员对古拉特表示反对，表明他们拒绝古拉特通过宪法晋升获得荣耀。以德尼斯为代表的高级军官，回顾了 1945 年以来的关于共产主义和民主间的巨大的斗争。引用德尼斯在宪法危机里的话："形势迫使我们在民主和共产主义之间做出抉择，军方已经做出了决定：他们誓死保卫民主传统。"军方官员对"民主"的定义并不是很清晰。或许对"我们的民主传统"的隐晦提及可以用来解释军方拥有的帝王般超越宪法干涉政治的仲裁权。军方频繁干预政治次数的增加暗示了易碎的 20 世纪政治契约协议。当然这也预示了军方的不耐烦和暗含的对文官政治家的轻蔑。

显而易见，德尼斯和那些有类似观点的人，判断古拉特有某种模糊的共产主义威胁要改变巴西并确定地威胁到他们标榜的民主。军方讨厌古拉特要回溯到瓦加斯第二次执政时期，当时古拉特作为劳工部长，支持码头工人的海上罢工，鼓励有激进倾向的工会，并且提议把最低工资增长一倍。他作为劳工部长和巴西工党主席的所有活动都暗示了他从他的导师瓦加斯及阿根廷总统胡安·D.贝隆（Juan D. Perón，1946—1955 年在任）那里学到了善于利用劳工作为支持他的政治基础。军方统治集团，也是保守政治联盟的一分子，认为像古拉特这样的政治操作纯粹就是蛊惑人心，应该尽可能地避免。

民众马上做出了反应，反对军方干预民主进程。人民并没有为古拉特做辩护，而是仓促地保卫宪法。新闻媒体和许多国会议员也是民主进程的有力支持者，他们更确切地代表了民意。意想不到的危机分裂了军方。已退休的洛特支持古拉特的晋升并呼吁他的老战友们遵守宪法规定的关于继任者的条文。内战的威胁一度存在。幸运的是，所有人的头脑都冷静了下来。历史悠久的巴西传统使双方相互妥协。军方同意对古拉特的任命；国会同意修改宪法，将总统制改为议会制，从而剥夺了新总统的某些权力。在新政府里，被总统召集的部长会议的成员将从立法机关中产生并直接对立法机关负责。这一会议将与总统分享行政权。妥协的结果是，1961年9月2日经国会认可，前一天由阿雷格里港进入巴西的古拉特，在此后的第七天宣誓就职。他继任总统的唯一方式就是默许这个妥协，但权力的削弱令他深感失望。从这时开始，新总统下决心尽可能快地结束新的议会制政体。同样，也并不是所有的公众都认可这种修改。巴西社会主义党和全国学生联盟，这两个团体迅速地公开指责这种做法是违反宪法规定的。这个危机引起了对古拉特的真实的同情，认为他应摆脱被军方滥用的民主，全权处理所有事务。

改革的承诺或威胁

军方激起的危机提高了若昂·古拉特个人及其作为总统的地位。他开始执政时收到了比他曾经预想的更广泛的支持。在接下来的几个月里，他谦逊地办公，小心翼翼地行事，新总统获胜了，至少是暂时获胜了，温和派甚至一些保守派都接受了他。但在一段时间的伪饰后，他开始用他激进的民族主义计划疏离许多支持者，这些计划在巴西政治经验中被认为是传统的和保守的。

在外交事务上，古拉特遵行被他的前任切断的路线。他的学问高深的外交部长桑·蒂亚戈·丹塔斯（San Tiago Dantas）经常提及"独立的外交政策"是和"我们国家永久的利益与抱负一致的"。古拉特政府诠释说，这些利益和抱负将会促使巴西摆脱政治－军事集团。新政府对古巴采取迎合的态度。古拉特欢迎中国贸易代表团到里约热内卢访问，并且和大多数东欧国家重建了外交关系。外交使团也被派遣到像阿尔及利亚和斯里兰卡这种多元文化的国家。如果说里奥－布兰科曾经削弱巴西和欧洲的关系，支持和美国建立亲密的外交关系，那么在 20 世纪中期的民族主义者则准备不再强调这些关系，转而支持与拉丁美洲、非洲和亚洲的不发达国家结成联盟。

古拉特在国内事务上并不像在外交政策上那样有明显的特征，他缺乏坚定的清晰的信念。看上去主导他的常常是机会主义而不是信念。他完美的民族主义雄辩言辞使他更倚重于民族主义者的支持。20 世纪 60 年代，他们的规划被认为具有比以前更激进的特性，433 古拉特成为他们影响深远的变革的驱动者。反过来，民族主义者认为他是不可靠的——他们质问他的承诺——但仍然是有用的盟友。毕竟，他说的是正确的：他谴责外国的经济帝国主义，鼓励经济发展，承诺实行根本性的改革。事实是他支持和实施了民族主义者长久以来提倡的两个措施。

几年沮丧的努力后，在 1961 年最终创建了新的国家机构，巴西电力公司，用来协调国家的和私人的发电厂的系统。它在客观上从事发电厂的修建与管理、运输线和电力分配的设计与研究。政府开始承揽新的巨大的水力发电工程，以尝试满足饥渴的电力需求，这是未来工业化的重点。巴西电力公司使政府享有对国家将来发展必不可少的能源上的权威，民族主义者不情愿看到资源掌握在外国人手上。

实施的第二个措施是民族主义者极力主张的限制外国公司在

巴西获取利润。在 20 世纪 50 年代，生机勃勃的外国投资以高比例增长。民族主义者指控外国投资者在巴西的投资比起在美国和欧洲的相似投资会获得更多的利润。统计数据是不太清楚的，但这种指控大概是正当的。北美的经济学家埃里克·巴卡兰奥夫（Eric Baklanoff）断定：在 1947—1953 年期间，当有利润汇寄的法律时，投机资金的流入量一年仅 1500 万美元，而利润汇寄额平均每年为 4700 万美元。在 1954—1961 年期间，没有限制时，投机资金流入量一年达到 9100 万美元，然而利润汇寄额是 3300 万美元——急剧下降但仍有积极的回升。部分原因是，官方数据显示 1947—1960 年期间有资金流出恐慌。这期间新的投资和贷款的资金流入量总计 18.14 亿美元；同时，流出量有利润 24.59 亿美元和偿付服务利息 10.22 亿美元，总计 34.81 亿美元。这样的数据令巴西人激动、懊恼，认为他们扮演了如同他们曾经作为喂肥葡萄牙的"大牛"同样的角色。民族主义者对外国利润的反对广受欢迎。它为低工资、高价格、贫穷提供了一个简单易懂的解释，可以非常便利地指责外国投资。古拉特倚重通过解决外国利润的问题来获得普遍的支持。

1962 年 9 月 3 日，总统签署了限制利润汇寄的法律。法律条文规定，所有的外国资本必须到巴西政府处登记，事实上，超过 10% 利润汇寄的投资将不被允许。带来的最立竿见影的效果是外国投资急剧下降，从 1961 年的 9100 万美元下降到 1962 年仅 1800 万美元。法律颁布后，民族主义者非常高兴，认为主要是他们促使了胜利。在他们看来，民族主义在巴西有明显的上升。当一个又一个的总统相继实施民族主义者规划的政策的时候，不断地用民族主义腔调演讲的时候，还有可能是别的吗？所以这些总统运用他们的权力和声望促进民族主义运动，在一些更为重要的关键问题上，甚至为成分复杂的，包括知识分子、政治家、学生、城市无产阶级和中产阶级等占了很大部分的，也包括某些军方和实业家成分在内的民族主义团体提供备受欢迎的领导。

一直到 20 世纪 60 年代早期为止，巴西自夸在工业上取得了非凡的成就。一个令人印象深刻的世界级的工业园制造了巴西所有的消费品和 87% 的生产资料。可惜的是，阳光明媚的经济却迅即被大雷雨云所遮蔽。工业增长率下降，在 1962 年末降到 0。一个陈旧的难题又摆在了政府面前：是接受外国投资还是改革经济结构。民族主义者令人头脑发昏的雄辩言辞并不能长久地掩饰这种困顿。局面需要决断和行动。

关于发展经济的承诺，古拉特总统仰慕库比契克执政期间良好的经济势头，尽管在 20 世纪 50 年代后期通货膨胀急剧增长。古拉特不得不面对一个让人沮丧的现实：克鲁塞罗的购买力骤然下跌。越来越多的巴西人发现他们经济拮据。生活成本的上升快过最低工资的提升，两者令人惊奇地有规律地螺旋式上升。财政预算赤字已经成了家常便饭。为了满足开支需要，政府印制了堆积如山的克鲁塞罗。克鲁塞罗的国际价值不是升高，而是下跌。经济学家使总统相信通货膨胀是经济发展的表现。他们的政策说服了许多巴西人从银行里取出他们贬值的克鲁塞罗并用于消费或投资。不动产和工业投资是最受欢迎的，但也是在美国和瑞士的银行账户上投资。物价快过工资的迅速增长诱惑希望能够获得丰厚利润的投资者进行生产。经济学家进一步使总统相信，商品的匮乏是造成通货膨胀的主要原因。根据他们的理论，只要有足够的工厂满足商品的需求或者有足够的房屋和公寓满足增长人口的需求，那么物价将会降下来，通货膨胀将会逐渐减少。古拉特接受了他们的意见，最终放弃了任何控制目前形势的严肃努力。因此他忽视了通货膨胀的飞速增长，更关心巨大的人口数量。他的失败惹恼了温和派并使后者日益疏远他，温和派在 1961 年支持他，而到 1963 年转而反对他。

4 36　虽然仍有相当的权力能够施行，但总统抗议议会制极力贬低了他的政府掌控巴西问题的能力。为了遏制令保守派和温和派感到恐惧的通货膨胀，以及为了推行工人阶级渴望的根本性改革，古拉特坚持要求把全部的总统权归还给他。自信于越来越多的民众希望结束政府毫无生气的状态——且毋说是彻底的混乱状态——古拉特激动地要求全体选民在总统制和议会制政府之间做出一个选择。支持他的是工会，强有力的全国劳工委员会（*Comando Geral do Trabalho*，CGT，创建于 1962 年，后因指挥总罢工而为众所周知）起了很好的协调作用。这个处于中心的劳工组织没有合法的地位，但支持并赞同古拉特。许多批评家指控这个组织由共产主义者运行或者至少受控于他们。古拉特和劳工之间的良好关系由来已久，当总统后更是受到了劳工强烈的一贯支持。城市的工人很容易就组织了起来（一部分是由于过去的努力），且声势浩大，是拥有选举权的有文化的选民。对任何政治家来说，如果正确地进行运用，劳工都是一股有巨大威力的力量，古拉特毫不犹豫地利用了这点。有高昂的政治兴趣并且支持古拉特的全国劳工委员会号召通过罢工来推进总统制政府的恢复。劳工的骚乱使扰乱国家的动荡加剧，并且强化了需要一个强有力的政府的争论。民众支持古拉特，要求通过公民投票解决这个问题。甚至全国民主联盟的成员读到了书写在墙上的口号时，也支持授予这个令他们憎恶的巴西工党党员全部的总统权。1963 年 1 月 6 日，超过 1200 万名选民参加投票表达他们的观点。以 5:1 的比例，大多数人都认为应该遵循 1946 年宪法授予古拉特全部的总统权。1963 年 1 月 23 日，巴西政府恢复了总统制。完全可以理解人民期盼一个有效的政府能够终止国家长达一年半的危机的折磨。

　　古拉特仍然不得不面对反对他的不合作的国会，并不比他的前任情况好多少。立法机关断然地拒绝支持总统提议的改革。古拉特 437 所大声疾呼支持的土地改革是没收大庄园，以公债的形式付款给以前的所有权人，并重新分配土地。这样的改革必须在很大程度上重新调整陈旧的乡村结构，进行变革，如果有效的话，再进行革命性的比例大变革。1963 年 3 月，他向国会提交了土地改革方案。这需要修正宪法才能通过，而修改宪法需要得到国会三分之二以上的议席的支持。立法机关在 10 月初使提议的改革败北。总统在税收方面的改革也做了努力，但遭到不能承受这样比例的税收负担的中产阶级和精英分子的诅咒而失败。支持改革者和希望维持现状者的对话停止了。古拉特一方面看到支持他的温和派烟消云散，另一方面也目击了他的对手正在寻求劳工的支持。他那能言善辩的内弟，南里奥格兰德州长莱昂内尔·布里佐拉（Leonel Brizola），作为他的一个主要政治对手出现。布里佐拉在 1962 年 1 月征用了国际电话电报公司的一个地方分支机构，这成为一件民族主义者和工人阶级公开的乐事。古拉特为了保持对劳工的领导而变得更加激进。保守派和温和派有预感地观察到了政府将进一步左倾。过去曾经将民族主义放在口头的中产阶级则深感忧虑地观察到古拉特唤醒城市大众的举措。他承诺的根本性变革，利用了他们的潜在的民族情感。在 20 世纪 40 年代末期，出现了一个日益明显的趋势：劳工、社会主义者和改革者得到了力量，而保守派和温和派变得更加让人困惑。进一步说，激进派在经济最发达的州和最大的城市中力量最强大。民众革命的幽灵第一次让中产阶级深感恐惧。

　　1964 年 2 月，古拉特提出他的"一揽子计划"，这是他的国会政府所要求的一系列根本性改革方案。该计划提出了有利于低收入阶级的基本的经济和政治变革的要求。精英阶层和中产阶级意识到

了该计划会使他们的特权地位受到潜在和实际的限制。那计划寻求
为文盲谋取选举权，为士兵和应征入伍的人谋求参与政治的资格，
438　为共产党谋求合法的地位，税制改革，定期调整工资，国家垄断对
咖啡和矿石的出口，修订所有矿藏的特许权，以及，作为发动土地
改革的手段，尽快没收除了一些毗邻高速公路、铁路、水利工程的
小地产以外的所有地产。这种没收看起来像是开展一场急迫的土地
改革古怪的方式，但也是最简单的，政府对公共交通运输毗邻的土
地具有所有权。

　　温和派和保守派关注激进主义在乡村证明自己的行动，那里
是精英主义者的特权堡垒。农村土地和劳动力结构让任何有意义的
变革偏离方向并把城市化、工业化和现代化的影响降到最低。习惯
于城市的骚乱，无论多么轻微的农民不安行为都会使农村的政治寡
头也会使城市的精英和中产阶级陷入恐慌。在条件恶劣的东北部地
区，弗朗西斯科·茹利昂（Francisco Julião）律师自 1955 年起就
把农民组织起来成立了农民联盟。农民们从一开始提出的为其成员
们举办体面的葬礼的要求，转向提出为重建农村经济体制进行土地
改革的要求。这些联盟在土地租赁法庭上代表农民的利益。此举使
农民参与政治，使他们意识到了减轻痛苦的可能性。但是农民联盟
只在有限的地方运作，大部分农民权利依然被剥夺的地区还没有普
遍推广。同时，还有一些提倡农村改革的其他的组织。一些罗马天
主教会的圣职人员勇敢地呼吁农村改革和适度宗教信仰自由的时代
的到来。但农民联盟还是引起了国内和国际的注意力，部分原因是
否认穷困的东北部地区存在的不公平现象是困难的，更主要是由于
联盟本身含有的政治潜能。对于这个半球的精英来说，茹利昂反对
菲德尔·卡斯特罗领导的古巴革命的劝告唤醒了真正的恐惧。1960
年 10 月，茹利昂鉴别出了农民的敌人，建议将革命作为改变体制

的一种手段："你们残忍的敌人，大庄园，将会终结，就像它早已在
中国和古巴终结了的那样……在古巴，伟大的菲德尔·卡斯特罗交
给每个农民一支步枪，并说：'民主就是武装人民的政府。'"在其
他场合，茹利昂大胆地号召罢工。

　　古拉特借用茹利昂的支持要求通过农村改革。总统和茹利昂都
出席了 1961 年 11 月贝洛奥里藏特的农民大会，会议的口号是"我
们想要土地，要么通过法律，要么通过暴力"。古拉特在大会上号
召进行广泛的土地改革。1963 年 3 月，总统颁布《农村工作者法
规》(Statute of the Rural Worker)，目标是为农村劳动力提供瓦加
斯已经为城市劳动力所争取到的东西。改革带来的威胁及其花言巧
语使恐惧日益增加的农村的政治寡头逐渐与之疏离。他们明确宣称
他们特别讨厌茹利昂，茹利昂在农民和地主眼中都标志着普遍变革
的可能性。土地所有者用共产主义的标签诽谤联盟。即使这样，他
们的战略还是老套的：用标签来迷惑公众好过承认变革的正当合理
的需要。

　　虽然困扰于事件的发生，却既没有中产阶级，也没有精英，更
没有二者的联合，去有力地减缓激进的势头。令人沮丧的是，古拉
特的文官政治对手转而向军方寻求援助，说服军方像过去历史上出
现的情况一样使用军事武力。在巴西历史上，军方在政治精英合作
低潮时不止一次地卷入政治。和过去一样，精英和中产阶级为军方
的干预提供"合法性"。新闻界日渐形成一个将军方卷入政治的运
动，为了实现它的"温和的权力"，提醒军方它的"职责"。

　　古拉特日益疏远军官阶级，这个群体如果不是说对这位巴西工
党主席完全敌对，那也是一直持怀疑态度的，这促成了军方领导层
和他的文官对手结盟。最高法院对军士不能在立法机关享有议席的
裁决点燃了 1963 年 9 月 12 日由 600 名士兵在巴西利亚自发发起的

440 叛乱。虽然高级军官迅速镇压了这场叛乱，但他们仅仅是在这些士兵使政府陷入瘫痪并把国会和几名高级行政人员投入监狱之后才采取行动的。这个事件显示了两个意义重大的事实：第一，士兵和激进的左派势力结盟。包括全国劳工委员会和全国学生联盟的群体为他们的行为辩护。第二，古拉特拒绝做出表态，既不谴责也不赦免这次叛乱，对大多数军官来说这是一个不好的信号。这似乎标志着总统转向了对激进的左派势力的同情。军官们等待着这种猜疑的确凿证据的出现。

在 1964 年 3 月 13 日里约热内卢的一场由全国劳工委员会直接领导以争取"根本性改革"的群情激愤的政治集会上，古拉特使该证据得到了确证。大约有 15 万人，他们中的大多数都来自工人阶级，聚集在一起在决定命运的那个星期五为总统喝彩。期盼和兴奋之情越来越高。莱昂内尔·布里佐拉，这位富有感召力的演说家、来自瓜纳巴拉州的极度受大众欢迎的联邦代表首先发表演说。他提醒他的听众，总统代表人民，而总统所实施的改革被代表寡头政治的反动国会所阻碍。"国会给不了人民任何东西因为它不代表人民的期盼"，他喊道。他提议反对敌对国会的方式就是把事务直接交给人民以便他们可以行动。他要求总统建立一个严格地由平民主义者和民族主义者组成的政府。随着群众的情绪达到顶点，古拉特走到麦克风前也发表了演说，进一步申明他的政府是人民的政府。他现场当众签署了两条法令，使气氛达到了高潮，一是着手适度的土地改革，征用联邦高速公路、铁路和水利工程周边 10 公里内的用地，另一个是全部炼油厂国有化。两天后，总统在写给国会的信息上，再次向国会发起挑战："我选择向特权发起挑战，并且实施根本性改革。"他有两件念念不忘的需要改革的事：重新分配土地和使文盲与士兵获得选民资格，这两个改革都给寡头政治有力的一击。显

而易见，他不再打算向温和派和保守派妥协。调解似乎解决不了问 441
题。古拉特在他唯一的政治基础，左派的支持和激情中，推动国家
走向激进。

古拉特的对手也做出了回应。1964 年 3 月 19 日，他们组织集
会，并且在圣保罗发动起无可超越的有巨大声势的"上帝的儿女向
自由进军"。在很大程度上该游行是由在罗马天主教会以及保守派
和温和派的支持下的中上层阶级妇女组织的，几十万人的游行表明
了某些社会团体阻碍改革潮流的巨大的决心。正如当天的报纸社论
所说的，这些游行者能够进一步使军官下定采取政治行动的决心，
尤其是当他们目睹了不服从的士兵日渐增多的状况。

许多士兵在政治上更倾向于支持总统的改革。水手和水兵协会
决定召开一个专门会议宣誓支持古拉特，这是被海军部长明确禁止
的行动。海军上将西尔维奥·莫塔（Sílvio Mota）把这个协会归入
"危险分子"之列。虽然如此，在 3 月 25 日的集会上仍有超过 2000
名水手和水兵参加。为了获得更多的年轻人的支持，协会主席否认
了试图违反命令的指控，并且进一步说："在这个国家有这样一群
人，他们图谋颠覆秩序，这些人和黑暗势力狼狈为奸，正是这些人
导致了一位总统自杀、一位总统辞职，企图阻止古拉特就职，现在
又试图阻挠根本性改革。"海军部长派遣军队逮捕了那些参加集会
的人。为此古拉特进行干涉，要求赦免这些水兵和水手。士兵弹冠
相庆。紧接着，古拉特通过调查一些参与兵变的海军将领的行为表
明了他的意图。军官们不高兴地认为总统的这种行为是对不服从行
为的鼓励。在他们看来，军队纪律被破坏了。军官士气萎靡不振。
他们的荣誉也被玷污了。

而军官们等来的是一个粗暴的拒绝。在 3 月 30 日里约热内卢
的军队军佐协会的集会上，总统发表演说，并且通过电视传达给全 442

国民众。他充满感情地呼吁军士们的支持，并且指控军官们——在1961年企图阻止他合法就任总统——缺乏纪律。

显而易见的是，3月末加剧的危机最基本的紧张状态还是由经济发展导致的，甚至经济根本处于停顿状态。无论是夸德罗斯还是古拉特都没有提出像库比契克执政期间那种富有活力的积极向上的经济形势的政策。经济增长大幅度下跌，这种经济状况引起危机，迫使政府做出艰难的决定。通常状况下，政府选择进一步鼓励外国投资来刺激经济。但是这次古拉特通过限制利润汇寄的法律把资本家吓出了国门。他只剩下了实施一些根本性改革这一个选择，这一决定引起了虽然人数很少但却有巨大权势的特权阶级的愤怒。动荡的政府财政、极度的通货膨胀和拖欠的国际债务等进一步加剧了中上层阶级的恐惧。可预见的是，普通民众对生活成本呈螺旋式增长的抱怨也猛增。政治上的不稳定导致劳工频繁地罢工和发表声明，谣传可能发动一场针对总统的政变，煽动性的呼吁和威胁进一步使国家变得动荡不安。

军方热心地关注派别之争，直到3月30日的晚上，仍然对是否跨上政治舞台犹豫不决。古拉特那晚在电视演讲上的攻击立马激起了军官们的一致回应。他们让步于军队中的"强硬路线"（linha dura）团体的劝告，去干预和控制政治进程。军方指控总统和他的政府是共产主义，做出行动以推翻古拉特的执政。对这次政变的辩护，茹拉希·马加良斯（Juracy Magalhães）解释说："巴西的革命证明了人民不允许共产主义或者腐败来破坏我们国家的生命的不屈意志。"3月31日米纳斯吉拉斯的军队进军里约热内卢。命令去镇压叛乱的里约热内卢的军队反而加入了反叛的队伍。在圣保罗的至为重要的第二军于4月1日也加入了叛军的行列。

震惊于叛乱的迅捷和程度，古拉特从里约热内卢飞往巴西利亚，又到阿雷格里港寻求支持。几乎没有人站出来保护总统。只有一小部分劳工领导、政治家和知识分子号召人民突破障碍。但响应的人寥寥无几。没有预期的支持，4 月 4 日，古拉特悄悄地离开巴西，流亡到蒙得维的亚。作为一名总统，古拉特有着许多严重的缺点，但在他的政治生涯中积极地支持改革，在他的执政期间丝毫没有阻碍民主的进程。

巴西军方在他们政变的计划过程和执行过程中受到了美国政府和美国驻巴西的庞大军方代表团的支持。华盛顿立场如此坚定，以至于在 3 月末向巴西派遣军舰，以备不时之需。一支由一艘航空母舰、一艘直升机母舰、六艘驱逐舰和数艘油轮组成的美国海军部队被派遣停泊在桑托斯附近的巴西海岸上。对海军指挥官最高的秘密指令是："特遣队的目的是确保接到指示时美国在这个地区的存在，以及准备执行随时被指派的任务……"

华盛顿方面认为古拉特太激进了，对外国商业和投资极其不友好，也使这个半球的安全存在着潜在的隐患。古巴的革命对华盛顿来说已经具有足够的挑战性。对南美洲巨人突然遭遇相似的事件的恐惧使美国官方陷入巨大的惶恐之中，它再一次对含有共产主义的变革的需求、渴望和动力产生了困惑。美国停止了对巴西的大部分援助并且从源头上切断对巴西的贷款，这样的努力是为了让古拉特政府在经济困窘中陷得更深。美国中央情报局在 1962 年选举中秘密地为否定古拉特控制国会的政治运动提供资金。在 1964 年 3 月中旬，美国负责美洲事务的助理国务卿托马斯·曼（Thomas Mann）发表声明：美国政府将不会反对在拉丁美洲建立军政府，这对巴西军方领导来说是一个清晰的信号，如果他们推翻古拉特政府，将有可能立即得到华盛顿方面的支持。支持的速度甚至使巴西的将军们惊奇。在刚掌权的 4 个小时内，在他们尚未组织成一个政府之前，在若昂·古拉特总统仍在巴西之时，发动政变的军官们就收到了林登·B.约翰逊（Lyndon B. Johnson）总统为他们的谋略而感到欣慰的贺电。美国驻巴西大使林肯·戈登（Lincoln Gordon）则断定军方取得了"20世纪中期为自由而战的具有决定性的最重要的胜利"。如果需要得到来自美国进一步的支持，那么形式上将会是慷慨的援助和贷款，它们会向刚成立的军政府涌来。显而易见，美国卷入了军方推翻宪政和民主的巴西政府的行动，紧接着马上和随后建立的军事独裁政府建立了联系。

第九章

与过去一样的现在

1964 年契约统治瓦解。民主实验让位于军事独裁。在技术官僚 顾问的帮助下，一大批将军不惜以工人工资、高速工业化和无条件服从作为代价，命令增加投资并进行资本积累。他们乞求外贷，增加了对出口的依赖性，听从国际货币基金组织的指令。为达成他们的目的，政府会毫不犹豫地诉诸暴力。自 1969 年到 1974 年，这个阶段经济的飞速增长给人深刻印象，一时的陶醉感掩盖了现实的残酷，但是到 20 世纪 70 年代中叶，越来越明显的是军政府不但没有解决巴西的任何旧问题，而且制造出了一些新问题。

1985 年，巴西又再次回归到有形式而无内容、有华丽辞藻而无实际意义的民主假面舞会状态。民主政府不能解决重大的经济、社会和政治问题。对亚马孙地区灾难性的开发以及儿童与青年骇人听闻的堕落揭示了文官政府和它们的军事前辈们一样道德沦丧。

军事独裁

野蛮的军事独裁的黑夜降临了。古拉特被从总统宝座上拉下来后，军人掌握了政治大权。为了合乎宪法礼仪，众议院议长拉涅里·马济利再次担任代总统，这是他在自己的职业生涯中第六次担任该职位，不过事实证明该职位毫无实权，纯粹是荣誉性的。这次由以阿图尔·达·科斯塔－席尔瓦（Artur da Costa e Silva）

元帅为首的三位军事部长组成的"最高革命指挥部"（Supreme Revolutionary Command）行使权力。这一委员会反映了许多军官对巴西过去二十年里实施的民主路线的不满。对那些军官来讲，民主政府似乎允许甚至鼓励腐败、颠覆、混乱和煽动。他们两次把瓦加斯赶出总统府，结果却看到选民们又把他或者他的继承人送回来。这样的选民，厌恶军事统治，但他们不可能了解自己的最大利益，当然更不能了解国家的最大利益。

令将军和元帅们忐忑不安的"尉官派"的呼声再次响彻全国。当茹阿雷斯·塔沃拉代表军方表示不愿意将政府交给文官的时候，他似乎响应了同时代其他军人的观点。文官们并不可靠，过去他们曾背叛过军方。塔沃拉坚称："1930 年我们通过不直接掌管政府的方式进行控制，我们计划任命文官管理政府并影响他们。这是个错觉，他们很快把我们推到了一边，而且他们也不能够去完成我们计划的任何事情。"其他官员也有相同的抱怨，一切都表明军方将不会容忍政治家再次背叛。

在 20 世纪中，在 1964 年以前，1930 年、1945 年、1954 年、1955 年和 1961 年，军官们用频繁更换国家元首的方式干涉政治，在军人看来，他们发挥的作用不亚于强大的仲裁者。他们更换总统 447 就像第二帝国时期皇帝任意更换自由党和保守党执政一样地频繁。促进或协调军事政变的军中关键人物是总参谋长。这个官员很可能比战争部长更加熟悉并代表着军官阶级的情感和意见。战争部长是因其忠诚而被总统任命的官员。参与策划的军官，绝大多数是来自传统的经济、政治权力三角区之外的地区，也就是圣保罗、米纳斯吉拉斯、里约热内卢之外的地区。他们常常来自南里奥格兰德或者东北部地区。在这个方面，他们代表了一种对巴西政治权力狭窄根基的广泛挫败感。

　　军方的密谋也起源于其他的一些挫折。军官们在当时的巴西总统选举中显著地失败了。1945 年在三个主要党派的支持下，两名军方候选人竞选总统，当然有一名获胜，杜特拉将军胜出。然而在1950 年，瓦加斯在投票中打败了爱德华多·戈梅斯将军；在 1955年库比契克战胜了茹阿雷斯·塔沃拉将军；在 1960 年，夸德罗斯战胜了恩里克·洛特元帅。显然，军官对选民而言没有吸引力。因此，投票箱不可能成为这些穿饰有缓带的服装的将军进入政治权力的入口。

　　给军方干涉的行为确定一个模式是困难的。有时他们赞成民主的发展；1955 年就是一个很好的例子。然而其他的时候，他们又威胁宪政的发展；1961 年代表了这种干涉的面貌。一种反复无常的情感主义促进了这些干涉。在帝国的最后十年出现的吓人的"军人荣誉"的概念持续地影响着军官们的决策；他们对这个概念的热爱不能说是一种推翻民主的力量。在 1954 年推翻了瓦加斯就说明了他们在行动上的情感主义，实际上是控制上的情感主义。军方既没有考虑宪法，也没有考虑公共福利。当然，保护和鼓励民主也不在军官的脑子里。假如军方展示了政治上的成熟和在立宪进程中的信心的话，他们本可以等着总统选举，不过几个月的时间，以及可以通过那些选举以民主的方式带来的变革。但是想证明那个虚幻的荣誉的冲动，就像在其他情况下一样，在 1954 年占据了上风。

　　军方很少独自行动。一个可以追溯到 1889 年的模式显示，武装力量是被文官集团，通常是跟军官阶级关系紧密的中产阶级，召集行动的。事实上军方有时候是受挫的中产阶级感到无助或者在政治进程中受到威胁时的代理人。这就形成了一个依赖武装力量作为政治问题的短期解决方案的习惯。这些解决方案主要是预先阻止任何重要的社会、经济或者政治的改革。中产阶级似乎诉诸旧的模式

448

让军方推翻古拉特，但是这次军方把以前的剧本扔在了一边。

在1964年，军方彻底地改变了它的行为模式。政变之后士兵们没有退回他们的军营。最高军事指挥部（Supreme Military Command）这次决定不立即把政府归还到文官手中。受高级军事学院教学的影响，负责指挥的军官们拥护一个共同的意识形态。他们相信军队能促进国家的统一，能确保国家安全的最好的办法是通过稳定的政府鼓励经济增长。他们在1964年决定军队将更加密切地参与到国民生活中。这个指挥部指出了新政府所要走的方向。在1964年4月9日，它颁布了由这个"新国家"的智力导师、1937年宪法的作者弗朗西斯科·坎波斯一个人制定的《第一制度法》。这部法令最引人注目的是修改了1946年宪法。这部法令在根本上以损害司法和立法为代价，增大了总统的权力。它号召立即选出一位能提出宪法修正案的总统，限国会在三十天之内审核这个修正案，并且只需多数票即可以通过这个修正案。总统也可以提出国会不能增加的账单，宣布国家戒严，以及剥夺公民的权利达十年。

449 控制政府的军官们挑选了温贝托·德·阿伦卡尔·卡斯特洛·布兰科（Humberto de Alencar Castelo Branco）将军作为总统候选人，谄媚的国会投票接受了他。他是东北部地区一个军人家庭的儿子，1918年就开始服役，亲眼见证了第二次世界大战时期巴西远征军在意大利的行动。像他同时代的军官们一样，他在高级军事学院接受了先进的军事教育。军官们相信卡斯特洛·布兰科会坚定地对付巴西的共产主义分子，军官们把国家的混乱、腐败和颠覆活动归咎于这些共产主义分子。国会议员把这位简约的将军看作是一名有教养的军官、一名民主进程的拥护者。那么在4月11日的总统选举中，将他选为总统就没有任何困难了。

卡斯特洛·布兰科以及他的军事继任者们增强了政权的中央集

权化。他们限制或者取消了政治自由。直到 1980 年左右，他们使国家非政治化，镇压任何的反抗行为。这些政策与之前的民主实验的政治公开政策形成了鲜明的对比。

然而，20 世纪巴西史上的这两个阶段在经济上有着引人注目的相似点。两个阶段的领导层都没有改变经济的根本结构基础。两个阶段更加强调发展工业化，而不是农业，没有改变包括土地所有权和劳动力补充方式在内的农村模式。两个阶段都强调进口替代政策，鼓励制造品出口。两个阶段的政府政策都更喜欢经济增长而不是经济发展，他们相信传播论，认为两个都要的话会导致经济利益的滴入式效应。尽管在修辞上有所不同，两个阶段的政府都赞同资本主义，并且，事实上都加强了国家的资本主义。两个阶段的政府都与通货膨胀做斗争，都没有成功，同时却增强了政府的经济实力。在这两个连续的阶段，训练有素的技术人员和被高度重视的经济学家制定并实行了经济政策。很多在 1964 年之前拥有具影响力 450 职位的人在古拉特下台之后，仍然保留着原来的职位或者拥有着相似的地位。

卡斯特洛·布兰科的政府，主要由军官和技术官僚组成，主要追求两个目标：把国家的经济有秩序地恢复到原位和与共产主义的传播做斗争，无论是在国内还是在国外。把改革同共产主义联系起来是对政变负有责任的这些人的思想特征，事实上这是巴西的精英分子很易于想到的联系。很快，新总统代表着"强硬路线"的一翼证实了这一点，他们主要关心的问题是根除在任何地方能找到的共产主义。另一翼虽然与共产主义同样是势不两立的，但是他们强调一种更基础的民族主义，与其说让人回想起在 1951 年到 1964 年 4 月处于支配地位的民族主义，不如说更让人回想起整体主义的变体。卡斯特洛·布兰科对共产主义的定义很宽泛，倾向于包含处于他的立场之左的任何运动、政党、理念和个人。他表示了对曾经统治以前政府的民族主义者的深深怀疑。在他的思想里，如果他们不等同于共产主义者的话，至少也跟他们有联系。他害怕他们的经济政策抑制了个人的主动性，从而打开了社会主义的大门，进而再打开共产主义的大门。民族主义者强调第三世界和与东方集团建立友好关系的外交政策尤其令他恼火。他把国际形势看作是东方和西方的斗争，没有中立的位置。他认为美国是"自由世界"无可非议的领导，并宣誓跟随华盛顿的国际领导。巴西马上与古巴断绝了外交关系并开始投票反对中华人民共和国在联合国拥有合法席位。政府表达了在美国干涉越南一事上跟美国一致的立场。巴西军队参加了1965年干涉多米尼加共和国的行动，一名军官用这样的话为这个决定辩护："我军出色地阻止了共产主义接管巴西。另一个杰出的例子是他们参与了在多米尼加共和国由美国海军发起的行动，在那里他们同样阻止了共产主义接管那个国家。"军政府积极地支持备受争议的美洲和平部队，这是华盛顿设计的、用来掩盖美国干涉西半球国家的遮羞布，美国外交部长甚至拜访了大部分的南美洲国家首都来催促它们支持这支部队，这个使命被证明是一个显著的错误。

在国内，政府的手重重地落在了左翼分子和民族主义者身上，尽管怪异和反复无常经常被用来评述这两股暧昧的势力。55名国会议员被从议会中赶出来并被剥夺了政治权利，这增加了国会中保守派所占的比例。卡斯特洛·布兰科罢免了亚马孙、帕拉、伯南布哥、塞尔希培、阿克里、里约热内卢和戈亚斯这些州民主选举产生的州长。他剥夺前总统库比契克、夸德罗斯和古拉特的政治权利达十年之久。他开除了大约4500名联邦雇员。军衔被清除，好几百名军官要么退休，要么被开除。仓促组建的军事调查法庭传唤了9000多人来答复关于腐败和颠覆的指控。巴西研究高级学院被关闭了，全国学生联盟被解散了，工会也被整肃了，农民联盟被禁止了。一个"焚书"的思想状态占据主导——不仅是象征意义上的而且是字面上的。在南里奥格兰德，第三军团的指挥官茹斯蒂诺·阿尔维斯·巴斯托斯（Justino Alves Bastos）将军命令烧毁被他谴责为具有颠覆性的全部书籍。在被他反复无常地认定为危险的文学作品名单中包括司汤达的《红与黑》。

与此同时，卡斯特洛·布兰科努力地消灭政府内普遍存在的腐败和遏制通货膨胀。后一项任务被证明既困难又不受人们欢迎。政变之后通货膨胀并没有减轻。1964 年的生活成本指数持续增加，猛升了 86.6%，打破了纪录，比前一年上升了 6%。工资增长跟不上物价上涨的步伐。在 1965 年，以工资为生者失去了 14% 的购买力；在 1966 年，这个数字变成了 22%。从政变到 1964 年 12 月 31 日，政府发行了前所未有的货币数量。克鲁塞罗的国际价值下降到一个更低的水平。如果工商业盼望可以从军事政变看到一个迅速发生的奇迹的话，那么现实令他们失望了。出口和生产都下降了。商业界抱怨说政府对经济的管理太严并指责行政部门对外国资本的偏爱。确实，自从古拉特下台之后，外国资本和外国人对巴西企业的控制都增加了。到 1968 年外国投资的数额达到 35 亿美元，大约占巴西股本总额的 8%。美国在巴西的投资有 12.2 亿美元，仍然是最大的投资国，接着是法国、英国、瑞士和德国。更进一步反映了跟民族主义者间距离拉大的是，政府把巴西国家汽车公司，巴西唯一的车辆制造公司，卖给了意大利的阿尔法－罗密欧公司，并把国家的沿海海运公司——莱德船运公司卖给了外国人；解除了以前对外国人开采铁矿石的禁令。

政变之后的最初两年里，经济停滞不前，政府把注意力从鼓励增长转移到稳定经济和控制通货膨胀上。在任期内卡斯特洛·布兰科保持一种严格的财政政策。从 1965 年开始，他限制了银行纸币的发行。他使生活成本的增长慢了下来。到他执政的末期，他的财政政策使经济出现了从毫无生气中恢复过来的迹象，但是也绝不是像 20 世纪 50 年代和 60 年代初期那样有那么高的增长率。到 1967年结束的时候，巴西获得了 2 亿美元的贸易平衡。咖啡延续了它的习惯性首要地位，仍然占出口的 44%。值得注意的是，从船舶到电视机等所有制造业产品，是第二重要的出口物品。

政府的货币政策不受大部分人的欢迎也不能让大部分人获利，453 这让人想起了过去的令人印象深刻的发展计划和之前的工资增长纪录。人们抱怨官方的紧缩政策，抱怨政府做出的很多令人质疑的侧重政策，包括外国人优先于巴西人、商人优先于工人、国际货币基金组织的经济日程优先于巴西的发展。在他们的思想中，政府的财政预算不是为了国家快速发展的需要而制定的。然而，分配却揭示了至少一种新的优先权。在最后一届文官政府的财政预算中，也就是 1963 年的，大约有 7% 给了军队，19% 被留给了教育。在卡斯特洛·布兰科政府制定的第一个年度财政预算中，也就是 1965 年的，军队得到了 11%，而分配给教育的被削减到 9%。军事编制很小，8000 万的人口中只有 25 万人在军队里，但是为了维持这样的组织的成本却很高。这项成本增长的速度惊人。以 1967 年作为不变价，花费在军队上的金额从 1962 年的 3.86 亿美元，到 1967 年的 7.56 亿美元，再到 1971 年的 11.02 亿美元，此时巴西花的军费是六个拉丁美洲国家最高军事预算总额的 50%。与此同时，巴西被美国授予了半球中最好的军事援助国的称号，这是宗主国给予它的军事附庸国的奖赏。沉默寡言的卡斯特洛·布兰科实行了平衡的财政预算并使通货膨胀很好地被控制住。然而，很多失业者、文盲、饥饿的和生病的巴西人，甚至被剥夺了用改革的言辞而不是实际的改革进行自我安慰的权利，他们发现在严厉的军事纪律管制下，没有什么值得庆祝。政府标榜自己是"革命性的"，但是却没有实行任何能给大多数人带来好处的根本性结构性改革。虽然无所不能的政府本可以一夜之间宣布一场土地改革，如果它想的话，但是它根本没有这样的考虑。是工业化，而不是农业，吸引了军方。

对军事政权的不满情绪很快地出现了并迅速高涨。工人们抱怨物价上涨而工资依旧。1968 年末，据劳工部长雅尔巴斯·帕萨里尼奥（Jarbas Passarinho）的保守估计，在过去的四年中，工人的实际工资下降了 15%—30%。知识分子哀悼他们的自由的丧失。当政府变得更加专制时，民主派人士绝望了。巴西的年轻人开始通过音乐来表达他们的不满。他们抛弃了波萨诺沃舞，用基于民族音乐和民间音乐的反抗音乐代替。这些歌的歌词呼吁回归自由，描绘了国家存在的饥饿、迷茫和社会不公。其中最流行的一个主题是揭示东北部的困境。1965 年的一首热门歌曲《卡卡拉》（"Carcará"）哀歌了东北部贫穷、饥饿的人们，那里的穷人被迫离开他们的家园。为了只有立足之地的听众，圣保罗天主教大学的学生表演了音乐剧《塞韦里诺的生与死》（*Vida e Morte de Severino*），是由若昂·卡布拉尔·德·梅洛·内托（João Cabral de Melo Neto）的诗被奇科·布阿尔克·德·奥兰达改成的音乐。这部音乐剧讲述了农民塞韦里诺，一名典型的乡村贫民，徘徊在东北内陆贫瘠的土地上，目睹了不幸、悲惨和死亡的场景。某个时刻，在一个农民被埋葬的场景中，人们这样齐声唱道："你躺的这块土地大小正好——既不会太长也不会太宽。这就是大庄园分给你的土地。"刺耳的声音从到处都有的晶体管收音机中发出，抗议的音乐为半数人口都是文盲的这片土地提供了一个最有效的沟通方式。

不满也存在于军队内部，在政治方向上，它不是绝对团结的。

454

在一个层面上，高级军官执掌政权分化了军人，很多军人并不赞成"强硬路线"的极端思想。遵循着部队里的古老习惯，很多军官认为军人应该扮演一个顶多是受限制的角色，一个不包括直接管理国家的角色。他们提倡把军队恢复到它的传统的和历史的角色上来，作为仲裁者。在另一个层面上，民族主义的问题也使军人分化开来。有温和派或者自由派倾向的民族主义军官赞成由国家直接指导经济的发展，赞成根本性结构性改革、独立的外交政策、对包括资本在内的外国在巴西的影响的限制。"强硬路线"的右翼民族主义者采取了一种沙文主义姿态。然而卡斯特洛·布兰科和环绕在他身边的军官们仍保持着对民族主义的怀疑态度。相对于经济发展，他们更喜欢财政稳定，为了跟美国更紧密地结盟，他们放弃了独立的外交政策，避开了根本性改革，并欢迎外国在巴西的投资和影响力。

455

定于 1965 年的选举给了巴西人表达对军事统治的反应的机会。在 3 月的圣保罗市长选举中，令军政府明显懊恼的是，由雅尼奥·夸德罗斯认可的候选人获得了胜利。然而对信心的关键考验是在 10 月举行的 11 州州长选举。在这些州中有 9 个州由政府支持的候选人失败了，包括关键的米纳斯吉拉斯州和瓜纳巴拉州。

政府被这个称之为忘恩负义的选举弄得很失望，迅速做出了反应。在 1965 年 10 月 27 日，卡斯特洛·布兰科颁布了《第二制度法》（Second Institutional Act），它进一步地加强了总统在立法、州戒严和对州的干预问题上的权力；解散了所有政党；制定了总统和副总统的非直接选举产生方式；授予政府取消那些被认为是国家安全威胁分子的政治权利的权力；把最高法院的法官数由 11 位增加到 16 位；豁免政府的某些行为受司法审查；授予军事法庭审理那些被指控颠覆国家的个人的权力。在 1966 年 2 月 5 日颁布的《第三制度法》（Third Institutional Act）废除了由公众选举州长和选举州首府市长。自那以后，由州立法机关选举州的最高领导人，由州长任命州首府市长。这两个制度法给巴西的民主实验以致命的一击。

政府用两个官方党替代了那些政治党派：国家革新联盟（Aliança Renovadora Nacional，ARENA），一个官方执政党；以及 456 巴西民主运动党（Movimento Democrático Brasileiro，MDB），一个官方反对党。一个爱开玩笑的人注意到了这两个党的区别是第一个党用"是的，先生！"来回答政府，而第二个党仅仅回答"是的"。在 1972 年，巴西民主运动党的领袖奥斯卡·佩德罗索·奥尔塔（Oscar Pedroso Horta）把这两个官方发起的政党称为闹剧，因为它们是人为制造的，被严格控制的，同时没有"丝毫讨论的可能性"。

对国会的净化与官方党的建立同步进行，通过遣散异议者使立法机关成了不假思索即批准的橡皮图章。对最高法院的打包也使得司法部门受到了同样的待遇。政府使用审查制度，并且用取消政治权利的威胁来减少批评和反对。1967 年的宪法将国家的权力集中在总统手中，赞美独裁主义。

在 1967 年 3 月卡斯特洛·布兰科元帅确认了他要退位的想法，就像他所许诺的那样。他三年的执政成果与之前巴西的发展形成了鲜明的对比。工业化的速度减慢了，民主的实验停止了，军事统治代替了文官统治。通货膨胀被抑制的同时，经济发展也被抑制了；政治上向左的靠拢停止的同时，对根本性改革的推进也停止了。少数的共产主义分子和同情他们的人被剥夺了手中的权力，同时很多有能力的民主主义者和民族主义者也遭到了同样的命运。原来积极的发展政策主导着政府会议，现在主导的是反共产主义的消极和无效的政策。

卡斯特洛·布兰科的军政府为继任的将军总统们制定了可效仿的政治和经济行为模式。这些政府把所有的权力高度集中于最高领导人手里。州政府和地方政府，还有联邦立法机关和司法部门见证了它们的职权和权威被稳步地腐蚀。目的就是使国家非政治化，为了实现这个目的的，一切形式的自由都被镇压，有时候甚至是残忍地镇压。大量的史料细节证明，在1964—1979年间，多于283个形式的酷刑，在242个秘密的刑讯中心，被444个拷打者施加于"持不同政见者"身上。受害者们仍然没有被统计和确认，但是很多能从那些军事恐怖中活过来的人从那以后就公开地描述他们所受到的所有折磨。

在经济上，这些政府集中精力去降低和控制通货膨胀，但是它们的努力远达不到成功。军政府继续实行任何能保证经济增长的政策，而不关心这些政策是否可能意味着忽视了农业，以及工业的非国有化。面对旧的困境，这些军政府选择了向外国投资打开大门作为鼓励增长的"安全的"方法而不是去进行根本性改革，这些根本性改革可能不但能刺激增长而且能促进发展。改革和发展意味着变革，被军人和他们的支持者们消极地判定为像共产主义一样的前景。

卡斯特洛·布兰科挑选了他的继任者阿图尔·达·科斯塔－席尔瓦元帅并安排国会选举他为总统。这位新的元首在1967年3月15日上任，任期为四年，开始在巴西第六部宪法下领导国家。他给人以比他的前任更加和蔼可亲的印象和更加有人情味的形象，与卡斯特洛·布兰科的冷淡作风形成了鲜明对比，这给了人们缓解国家紧张气氛的希望。他确实展示了对民意的关注，这是他的前任从来都没有的。他很少关注平衡的财政预算、合理的金融实践以及国民的"净化"等问题。他似乎更倾向于支持工业化、经济增长和独立的外交政策。民族主义者，在暂时被三月政变所压制和打击士气之后，又一次积蓄了力量来鼓励发展民族主义。他们批评政府的保守经济政策，特别是偏向于对外国资本家有利的态度，例如对利润汇寄的法律的废除、对外国人新的采矿特权的让步以及对国际货币基 458 金组织的权威意见的顺从。

　　在军方总统的领导下，顺从是巴西对外依赖性的主要标志。为了吸引外国投资，特别是大部分贷款，巴西需要来自由北大西洋主要工业国牢牢控制的强大国际资本家组织的财政支持，其中美国在此组织中又占据着主导地位。国际货币基金组织例行公事地要求政府同意一个标准的经济方案以获得它的认可和支持：（1）减少对贸易、金融、公共事业的控制；（2）限制开销，尤其是公共部门的花费（例如，教育、卫生保健、住房和与福利相关的计划）；（3）稳定工资——不再时常地冻结工资；（4）注重出口来赚取必要的硬通货去偿还债务。巴西的民族主义者争论说，国际货币基金组织的条款大部分把重担压到穷人身上、阻碍改变、使改革偏离方向、过度强调出口并且强加给巴西一个依赖者的地位。确实，对出口无所不在的关注加强了由葡萄牙在 1530—1560 年这个关键时期强加给巴西的旧模式。民族主义者们哀叹在 20 世纪后半叶对出口导向和对外依赖性的加强。国际货币基金组织的权威意见加上逐步加深的债务危机使得古老现实的现代重现更加显著：外部势力严重影响着巴西。

　　科斯塔－席尔瓦认真地听取着国内商界的请求，商界妒忌外国人在卡斯特洛·布兰科执政时期获得的特权，他们现在已经诉诸一些传统的民族主义的争论以反对外国资本。他及时地宣称他的政府正在"重新研究"由卡斯特洛·布兰科和美国政府签订的用以确保美国在巴西的投资的协议。他的政府颁布了一些禁止外国资本家在新兴石油化工工业投资的条例。他和他的外交部长谈到了巴西只跟自己结盟的对外政策。他推翻了他的前任对于美洲和平部队的姿态。一方面，他宣称巴西明确地抛弃当半球警察部队的想法；另一方面，他重申了巴西一贯的对于不干涉他国内政的基本原则的尊重。不知道是出于政治信念还是简单地因为他天性更随和，科斯塔－席尔瓦允许在政治生活中有更广泛的行动自由。"强硬路线"中痴迷于反共产主义的一翼的影响和势力似乎减弱了。在 1967 年 7 月，卡斯特洛·布兰科在一次空难中去世，无疑给了科斯塔－席尔瓦更多的自由和机动性，如果没有此事故情况就有所不同了。

左翼和右翼都向科斯塔－席尔瓦政府施压，都采取了恐怖主义的策略。极右派提议实行公开的专制。极左派要求社会革命。在两个极端之间，人们对于回到一个文官化的、民主化的政府的真诚希望在增加。当这些希望没有实现时，挫折感就增加了。反对政府的学生暴动在全国爆发。这些年轻的示威者要求一系列的根本性改革，同时要求恢复失去的自由。一位巴西利亚大学学生联合会的干部这么说："政府必须废除旧的制度。我们需要改革。我们需要马上改革。光说是没有用的。我们需要的是行动。"以巴西母亲联盟的名义，里约热内卢和圣保罗的主妇们联合起来，反对政府严厉地对待学生，赞扬集会权利和言论自由。很多主要的知识分子也响应了这些不满的呼声，抗议无论在何时何地都存在的审查制度。教会的一些领导也发表了同样的观点。在奥林达和累西腓的大主教埃尔德·卡马拉（Helder Câmara）的非官方领导下，神职人员谴责了军政府，提倡了一个大范围的社会、经济、政治改革。这样日益增长的批评和动荡即使是经济形势在改善的情况下也存在着。通货膨胀得到控制，物价保持相对稳定，生产在增加。

科斯塔－席尔瓦政府是无能的、优柔寡断的，它失去了所有方

面的支持。"强硬路线"中反共产主义的一翼认为政府的仁慈鼓舞 460
了左翼势力。然而，另一方面，学生、知识分子、工人阶级、民族
主义者对根本性改革的请求是徒劳的。新闻界在审查允许的范围内
对政府进行抨击。最后，政府的其他两个分支，虽然在政府的严格
控制之下，且这两个分支的成员都是由行政部门精选出来的，突然
地展示了令人吃惊的独立性。最高法院向三名在牢狱中煎熬了两个
多月的学生领袖发放了人身保护令。国会也效仿了同样的独立性。
在 1968 年 12 月 12 日，国会以 216 票对 141 票的比例驳回了政
府关于取消众议员马尔西奥·莫雷拉·阿尔维斯（Márcio Moreira
Alves）的豁免权的请求，政府本想借此机会以滥用职权的军事指
控审判他。阿尔维斯一直是一个激烈抨击军方的批评家。一年前他
出版了一本揭露军方对政治犯使用暴力的书。为了抗议几个月前发
生在巴西利亚大学校园的动荡，他曾在众议院发言力劝国人联合抵
制独立日阅兵式，以表明对侵袭校园的不满。高级军官们抱怨说这
个坦率直言的代表玷污了军队的尊严，他们想惩罚他。一向顺从
的国会，拒绝把阿尔维斯交给愤怒的军方，展示了不同寻常的独
立性。

　　日益加剧的动荡，首先以最高法院其后以国会对军方的蔑视而
告终，这使很多的军官联合在了"强硬路线"反共产主义的一翼之
下。极右派的军官控制了局面并且要求科斯塔－席尔瓦马上进行镇
压。最终在 1968 年 12 月 13 日发生了革命政变，科斯塔－席尔瓦
颁布了《第五制度法》（Fifth Institutional Act）。此法赋予总统在
"为了保卫国家权益"的名义下的独裁权力。这部法令解散了国会，
关闭了国家立法机关，中止了宪法，强制执行审查制度，取消了很
多人的政治权利，中止了人身保护令。在一波逮捕的风潮中，军警
逮捕并羁押了儒塞利诺·库比契克、卡洛斯·拉瑟达、很多记者以 461

及其他方面的人。军方一只残暴的手已经伸出来要熄灭巴西最后微弱的、忽明忽暗的自由之火。独裁加剧下的黑夜更黑了。华盛顿没有抗议民主被破坏。恰恰相反,美国慷慨地给军方以帮助和训练。

由于严格的审查制度,没有一家新闻媒体可以报道 12 月发生的事件。在政变之后,报纸上发表了一类奇怪的信息,极其聪颖地反映了不折不挠的巴西式幽默。沉静的《马尼亚邮报》标有这样耀眼的大字标题:"芝加哥肥猫死于心脏病。"《巴西杂志》(*Journal do Brasil*) 的显著版面上有歪曲的天气预报:"天气黑。气温令人窒息。空气不适宜人吸入。国家正被一场暴风席卷。"审查延伸到国际新闻媒体。国外报道者在发出他们的电报之前,必须交给政府以征得政府的同意。

政府解释这场政变是因为颠覆分子们正准备颠覆这个政权,这是一个经常使用甚至说已经被滥用的理性化解释,大家早已见怪不怪了。科斯塔-席尔瓦看起来几乎是尴尬地、道歉般地向国人讲话:

> 经过了 24 小时激烈的讨论和沉思,《第五制度法》的颁布对共和国的总统而言不是最好的解决问题的方法,却是唯一的方法。这场闹剧已经到了很高的层次而有了羞辱、小视、挑衅三军的可能性。这场规模无关紧要的危机正向一个不幸的结果发展。这个结果使得国家元首必须马上行动来拯救这个国家于同族相残的痛苦斗争之中。

他告知他的听众这个政变把他们从腐败和颠覆之中拯救出来。很显然,他仅仅是"强硬路线"反共产主义一翼的一名忠实代言人。"强硬路线"之胜利的另一个证据就是 1969 年 1 月内政部长阿丰索·奥古斯托·德·阿尔布开克·利马(Afonso Augusto de

Albuquerque Lima）的辞职，他以支持土地改革和社会福利立法闻 462
名。军国主义的、反共产主义的"强硬路线"不会对这些目标有同
情心的。

很显然，被政府当作颠覆活动的行为是全民各个阶级都有
的一种对民主复归的真正渴望的表现。在那时，一首由年轻的作
曲家热拉尔多·旺德雷（Geraldo Vandré）写的，叫作《漫步》
（"Walking"）的歌曲在国内前所未有地流行。歌词内容不但抗议不
受欢迎的军政府而且还挑战它：

> 有些士兵，他们全副武装，却不被爱戴，
> 他们手里拿着武器却很迷茫。
> 在军营里他们学到了早有的教训，
> 为国家而死，活着时却一无所有。
>
> 在这广袤的耕地上存在着饥饿，
> 绝望充满着所有的街道。
> 但是，人们仍然把花朵当成他们最强有力的武器，
> 他们有花朵能战胜加农炮的信念。

路易斯·德·弗兰萨·奥利韦拉（Luís de França Oliveira）将军在
里约热内卢负责公共安全工作，把这首歌的歌词定性为"具有颠覆
性"，并且提醒说这首歌是"一种毛泽东式音乐调子，很容易被当
成对学生上街示威的赞美诗"。然而，这首歌，就像此前的反抗行
动和示威一样，仅仅又一次表明了政府跟人民的疏远。

当大部分的巴西人对政府采取了被动抵制的态度的时候，一小
群城市游击队加强了他们反对军事政权的活动。他们抢劫银行为他

们的抗议运动提供资金支持，他们攻击警察和军械库以得到武器。在 1969 年 9 月 4 日，他们通过绑架美国派驻巴西的大使而上了国际新闻的头条。他们以大使性命要挟，向政府提出了两个要求，政府很快答应了。第一个要求是，广播和电视台必须宣读、报纸必须刊登一份由城市游击队写成的反政府宣言。第二个是，政府必须释放 15 名政治犯并用飞机将他们运送到墨西哥的避难所。当这两个要求得到了满足，绑架者们释放了大使。

463　　与此同时，一个意外事件又一次动摇了这个国家的政治平衡。在 1969 年 8 月 30 日，科斯塔－席尔瓦总统由于脑出血而身体右半部分偏瘫，也不能说话。三名军事部长夺取了政权。几乎同时，他们就遇上了美国大使被绑架的危机，发现自己被有想象力的游击队戏弄了。这个军事小组就用恢复死刑作为回应以对付暴力和颠覆行为。死刑在巴西已经被废除了四分之三个世纪之久了。

　　当科斯塔－席尔瓦不能从中风中恢复过来，军事小组就商议为巴西挑选一位新的总统。三军之内展开了保守派和改革派之间的辩论。保守派关心继续搜捕颠覆分子和共产党人，而改革派则表示对经济和社会的改革有更大的兴趣。10 月 7 日，军事小组提名了埃米利奥·加拉斯塔苏·梅迪西（Emílio Garrastazú Médici）将军为总统候选人。暂时恢复过来的官方党国家革新联盟支持这个选择。军事小组就让已经净化过的国会于 10 月 22 日重新复会以尽职地赞成通过军方已经做好的事情。1969 年 10 月 30 日，就职典礼在国会参与的情况下举行，梅迪西将任满整个总统任期，这是"强硬路线"的又一次胜利，他们想让这个新的总统任满整整一个任期而不仅仅是继续科斯塔－席尔瓦没有结束的任期。10 月 30 日也见证了新宪法的颁布。

　　梅迪西总统执政了拥有非凡经济增长的几年，年平均增长率在

10% 左右。在很多观察家看来，这迅猛的繁荣看起来是宣告巴西最终实现了"经济腾飞"。许多第三世界国家把巴西当成经济模范。不过与此同时，政府众所周知的对政治犯的拷打和虐待的记录引起了国际上越来越多的注意和谴责。压迫性国家机器降低了经济陶醉感。政府憎恨任何的批评。举例来说，1972 年初集会示威中被捕的 ⁴⁶⁴ 学生被迅速地、例行公事地定性为颠覆分子。然而，那些学生的行为大多仅限于请求建立更多的学校，以及指出政府在军事硬件上投入的钱经常比用于国家教育的钱多。

经过与军方领导层的商议，梅迪西选择了另一名将军埃内斯托·盖泽尔（Ernesto Geisel）为他的继任者，顺从的国会也同意了。盖泽尔于 1974 年 3 月 15 日就任总统，他许诺对国家进行"减压"（*distensão*），即逐渐放宽独裁统治、恢复文官立宪政府。实施"减压"政策后一个合乎情理的结果便是人们对"减压"的质疑，甚至是对行政的专制主义进行挑战。虽然有段时间更大的自由被容忍了，但是当行政的命令受到挑战，盖泽尔有时会镇压他们。在 1977 年的 4 月里，他把国会关闭了两个星期，声称是由于巴西民主运动党的代表团拒绝通过一项政府倡议的司法改革议案；而实际上那只是政府用法令进行统治的一个借口。接着，盖泽尔颁布了他的"四月包裹"（April Package），一系列措施进一步削弱国会的权力，同时确保政府通过国家革新联盟控制以后的任何选举。在他的任期内，盖泽尔确实放松了审查制度，约束了压迫性国家机器，包括对酷刑的使用。政府面临着日益加重的经济问题：增长率变小，通货膨胀率增大，进口石油成本高昂，国债已达到 400 亿美元并且还在快速增长。当快速增长的阶段慢了下来，考验着这个国家的经济问题在国人心里形成了一个更大的阴影。一个蹒跚前进的经济引起了政治上的反应。

在盖泽尔执政期间，人们对军政府的反对日益增加。有些反对来自意想不到的阶层。在像修士埃尔德·卡马拉和红衣主教同时也是圣保罗的大主教埃内斯特·阿恩斯（Ernest Arns）的领导下，罗465马天主教会也表达了反对社会不公，要求给群众经济权、给所有人自由的意见。工人们显示了更新的独立性。在 1978 年的 5 月，圣保罗爆发了大罢工，一度有 5 万名工人参加，这是十年内的第一次。这些工人要求涨工资，政府答应做出调整。学生们也开始活跃起来。在 1977 年，他们组织了好几次重要的示威。更令人吃惊的是，商业界也表示了批评。在 1977 年的 11 月，2000 名商人聚集在里约热内卢要求民主自由，在第二年的 7 月，一份由 8 名富有的工业家联合签名的文件提倡建立一个更公平的社会－经济体系。文件声明只有完全的民主才是实现经济发展的唯一途径。商人们，尤其是中层的资本家，从 1964 年开始就饱受与强大的跨国公司竞争之苦，他们指责政府不该让这些庞大的公司在本国占主导地位。最后，在军队内部，想改革的情绪有所抬头，对统治的将军们来说，想展示团结的形象而去伪饰表面的裂痕越来越困难了。

不像他的军人前任，盖泽尔并没有去咨询他的同僚以挑选一个多数人同意的总统候选人。他武断地选择了若昂·巴普蒂斯塔·菲格雷多（João Baptista Figueiredo）将军，一位相对不为人所知的人物，以前负责国家情报局。政治镇压的减少允许温和的反对派，国家重回民主阵线（National Front for Redemocratization，FNR）提名一名总统候选人，尤勒·本特斯·蒙泰罗（Euler Bentes Monteiro）将军。国家重回民主阵线谴责对人权和公民权的侵犯，反对政府的经济政策，支持学生和工人的罢工游行运动，谴责总统的专制权力。他们获得了社会的广泛支持。他们的成功揭示了这样一个政治危机：资产阶级和军方以前有的共识出现了裂痕。军事独裁无法解决任何根本性问题的事实在他们的支持者眼里也越来越明显。政府需要大量的力量来赢得选举，即使它掌管着选举系统。选举团给了菲格雷多 335 票，266 票投给了本特斯·蒙泰罗。 466

总统的任期为六年，在 1979 年 3 月 15 日，总统菲格雷多表达了要主持国家从独裁到民主的过渡的希望。他宣布："我想把这个国家变成一个民主国家……我伸出我的双手来抚慰。"确实如他所说，这位总统拉开了通往民主的"序幕"（*abertura*）。他提议给 1961 年以来被指控犯有政治罪、政治权利被剥夺以及由于各种专断的制度法令而被惩罚的人以特赦。国会很快赞成通过了这一重要的公正举措，既是为了减轻人们过去的政治痛苦，又是为了促进向军队承诺的自由（虽然是有约束的）和民主的转变。他批准成立新的政党，这也是拉开"序幕"所需的适当手段。

国家革新联盟很快变成了民主社会党（Democratic Social Party，PDS），而巴西民主运动党还是巴西民主运动党（Brazilian Democratic Movement Party，PMDB）。一个小的劳工党（Partido dos Trabalhadores，PT）也出现了。它慢慢发展壮大，在十年内发展成了一股主要的政治力量。其他的一些党派也出现了，但是没有全国性基础的支持。由于审查制度终止了，言论自由也日趋成熟。这个"序幕"使大部分巴西人高兴。坚持"强硬路线"的军官很苦恼。这些变化使他们身心俱疲，需要菲格雷多总统通过试验自己所有的权力来控制他们。民族情绪得以调和；它成功了。

1982 年的州长选举和国会选举标志了"序幕"的成功，确实这是不可逆转的。这样的选举是 1965 年以来的第一次。跟以前的形势互补的是，相对更加保守的民主社会党在农村获得了胜利，而更自由的巴西民主运动党赢得了城市。巴西民主运动党赢得了 22 场州长竞选中的 10 场，他们在其中最重要的三个州庆祝他们的胜利：

圣保罗、米纳斯吉拉斯以及里约热内卢。他们的反对党则赢得了在
467 参议院和众议院的重要胜利，但是民主社会党在立法机关的这两个
议院中都占有了多数的席位。

若对军事独裁的政治表现进行评价的话，只能给出一个很低的
分数。但是，通过"序幕"的实施，军方在菲格雷多执政的六年里
指明了一条精明的政治路线，不然会是令人沮丧的表现。对军事独
裁期间的经济表现的评价则存在更大的争议。

在军事独裁的头几年，政府集中精力致力于发展稳定的经济，
经济的发展非常缓慢。从1967年末到1974年末，国内和出口生产
剧增，常常每年都超过10%。出口翻了两番。制造业产品取代咖啡
成为主要的出口品。令人振奋的经济表现增强了巴西人的信心，也
赢得了很多人对这个由将军和他们的技术官僚带来的"经济奇迹"
的信奉。然而，在20世纪70年代中叶，巴西经历了国际石油危机，
紧接着进口物资价格上涨而巴西原材料价格下降，全球利息率螺旋
增长。恶化的贸易平衡困扰着巴西。在1971—1983年间，巴西在
进口上的花费比出口所挣的钱多了200亿美元。增长变慢下来，经
济出现了腐败变质的样子。政府试图通过努力地增加国外贷款来应
对经济问题。外债增加了：从1970年的55亿美元，到1975年的
222亿美元，再到1980年的608亿美元，再到1985年的958亿美
元。单单贷款的那些比例就消耗了大量向国外出口挣的钱，从1974
年的33%，上升到1982年的80%，接着下降到1986年的40%。
军政府从前任政府继承下来的通货膨胀从1964年的90%暂时性
地下降了，只不过有时又会像不死的凤凰一样，从灰烬中活过来，
1975年之后，开始上升，到1984年上升到了230%。这个阶段，
政府计划也成功地实现并指导了经济，甚至是占有了经济的很大一
部分。举例来说，巴西十大工厂中属于政府的就有9家。

　　军政府相信逐渐增长的经济会将利益分散开。只要经济持续增 468
长，很多人的脑子里就有这样的愿望：不管怎么样，不管用什么方
法，他们也要分得经济增长的好处。经济增长在南部地区和东南部
地区仍然大部分是可看见的。外部的需求使经济的增长提升了一个
很高比例，已经到了一个非常危险的程度。因此，对传统的模式而
言，出口仍然是经济最为动荡的一部分，外国投资和贷款进一步左
右着经济增长的情况。

　　像那么多的拉丁美洲国家一样，巴西的将军和他们的文官技
术官僚相信工业化是可靠的万能药，他们相信工业化是解决国家
大部分问题的办法，即使策划者对归于工业化的"带有魔力的解
决方案"变得越来越怀疑。工业飞速增长的同时，巴西也成为世界
上十大工业化国家之一。生产的增长令人印象深刻。1967—1980
年间，钢铁生产从不到400万吨增长到1500万吨；发电量从不到
1000万千瓦增长到1.35亿千瓦；汽车生产从20万辆增长到超过
100万辆。很多的工业增长集中在为满足中上层阶级要求的消费工
业上。还有很多的工业增长对应于对出口产品的偏好。在1968年，
工业产品占了巴西出口的20%；在1980年，它们达到了56.5%；
在1985年，是65%。一般而言，工业更多地是遵循它们专有的短
期的利益来发展，而不是按照一个清楚的理论或者一个国家发展计
划来进行。他们选择鼓励外国投资而不是坚持进行改革和变革，而
这是有意义的经济发展所需要的。跨国公司以令人担忧的速度进
入了这个国家的市场。到1971年跨国公司占有了五个重要经济部
门净利润总额的70%：橡胶业、汽车制造业、机械制造业、家电
制造业和采矿业。汇寄外国的利润额超过了投资额。在巴西的10
家最大的外国公司在1965—1975年间投资了9880万美元却汇走
了77450万美元。那十年间的一个具体的例子是：安德森·克莱

顿（Anderson Clayton）是一家庞大的农业跨国企业，向巴西投资了160万美元，却拿走了1680万美元的利润和股息。《商业周刊》（*Business Week*）忠告读者，南美的巨人提供了世界上最大规模的利润。事实上，巴西是为资本主义世界提供资金，而非将这些资金吸收用于发展。

随着工业变得更资本密集化，它们会雇用相对更少的工人。每年进入劳动力市场的工人数目远远超过被日益壮大却是资本密集化的制造业企业新雇用的工人的数目。这一过程增加了失业人数，保守估计到20世纪70年代中期失业率达20%。这也加速了倒退的收入分配。大部分情况下，本地工业家的利益跟那些实力强大的跨国投资人以及企业相同。它们为了当前的经济增长使发展偏离了方向。

虽然现代化正喧嚣地进行着，农业部门却延续了传统的模式。一个强调出口的农业部门集中了劳动力、技术、资金和土地用于种植和生产适用于外国市场的产品而不是为巴西人种植粮食。巴西农业见证了大豆生产和销售的热潮，却以牺牲巴西人基本口粮的生产为代价。大豆的产量从20世纪60年代中期的每年35万吨剧增到1977年的1220万吨。在1988年，大豆占了出口的近20%，给巴西挣了35亿美元。政府鼓励大豆的生产，因为此项出口正好能够拉动出口从而使出口增加。

当到1978年巴西成功地成为世界上第五大农业产品出口国时，巴西国内为大部分的巴西人民生产的食物却变得匮乏。每年的农业增长率往往低于人口增长率。主食像大米、黑豆、木薯、土豆的人均产量从1977年到1984年下降了13%，与此形成鲜明对比的是出口食品像大豆、橘子、花生的人均产量却上升了15%。根据资本主义的供求规律，餐桌上主食的价格无情地攀升。令普通巴西人的经济状况更复杂的是，他们的购买力直线下降。

土地的集中程度加剧了。到 20 世纪 80 年代，不到 2% 的土地所有者占有了全国 50% 的土地。那时巴西有 126 个巨大的种植庄园，每个都超过 24 万英亩，这 126 个巨大庄园累计起来超过了相当于 100 万个小农场主经营的农场的面积的总和。巴西拥有了世界上最高的土地集中程度，但这没有促进巴西的发展，反而阻碍了巴西的发展。

在农场规模和国内消费食品生产的对比上，能得到一个必然的结果。一般规模的农场不到 250 英亩的面积，仅占国家 20% 的耕地，它们生产了大部分巴西人消费的食物。这些农场，可以毫不为过地说，具有相对更高的生产力。这些统计数字有力地说明了土地改革的必要性，但是没有用。

政府努力对土地进行划分和重新分配以进行土地所有制结构的改革，到了 20 世纪 70 年代停止了。实际上，那个时期政府认为大的庄园应该代替小的农场，因为相信农场大效率高的原理，但是这是个没有事实根据的结论。一位农业部长得出这样的结论："在工业上采取的解决方法也对农业有好处。"这样的观点预示着工人阶级日子不会好过。一个大体上低效、高度以出口为导向的农业体系预示着食品价格会很高，这迫使巴西人不得不把收入的很大一部分用在食物上。他们只余下很少的收入用于购买由更高效的工业部门生产的消费产品。巴西的形势为把工业化强加于一个过时的农业结构之上而出现的问题提供了一个显著例子。对农业出口部分的强调、跨国公司参与乡村开发活动的逐渐增加以及对农村贫民的更深的边缘化促使另一位农业部长路易斯·F. 西尔内·利马（Luís F. Cirne Lima）在 1973 年为了抗议这些趋势而辞职。他抱怨说，出口商们"可能是外国的"，这个国家的繁荣"越来越不像是巴西的"。

表 9.1　巴西的收入分配情况

	1960 年	1970 年	1980 年	1990 年
国家最富的 10% 的人口所占全国总收入的百分比	39.6	46.7	50.9	53.2
国家最穷的 50% 的人口所占全国总收入的百分比	17.4	14.9	12.6	11

（这些数据的出处有很多，且没有达成共识。因此此处所列数据仅为估值。然而，所有数据来源都赞成提高最富有的 10% 人口所占全国总收入的比例并相应地降低最穷的 50% 的人口所占全国总收入的比例。）

471　　军方对国家的绝对控制允许技术官僚在提高国家经济增长的时候不必考虑社会和政治的代价。因此，工资被冷酷无情地压榨使劳动者痛苦不堪。工资的增长很少能跟得上物价的上涨速度。在1960—1978 年间，包括发生"经济奇迹"的年代，整整 80% 的人口遭遇工资下降。劳动者为很多的经济增长吃尽了苦头，却没有得到利益。表 9.1 给出的数据表明了日益加剧的收入集中的情况。到了 20 世纪 70 年代中期，在巴西家庭中最富有的 20% 的人口的收入平均来说是最贫穷的 20% 的人口的收入的 33 倍（作为对比，在美国这个差别是 12:1）。因为政府牢牢地控制着工会，也没有一个政党去保护工人的合法权益，所以他们缺少抗议他们逐渐下降的生活质量的手段。不久以后，中产阶级也发现这个"奇迹"同样把他们边缘化了。

　　做出决定的过程中，强调增长，使欠债数目更多，又要集中资源用于出口，这个过程进一步使古老的依赖性模式更突出了。在1974 年 6 月 21 日，英国期刊《拉丁美洲》（*Latin America*）得出这样的结论："一个关于巴西经济管理的事实，无论是欣赏者还是批评者都不会提出质疑，那就是这个国家已经成为世界贸易团体中不可或缺的一部分，比 1964 年以前更具依赖性或者相互依赖性。"

1975 年之后越来越低迷的经济增长率表明政府真正的困难来了。经济增长算作是军事独裁统治的思想基础。因此，经济增长上的危机实际上就是政治合理性的危机。只要大部分的巴西人能够从经济增长中获利或者觉得他们能够获利，他们就会忍受这个独裁统 472治。当经济增长前途模糊的时候，他们的忍耐力也变得很微弱了。

到 20 世纪 70 年代中期，军政府中比较敏感的官员尝试恰当地对问题进行评估，这些问题因这样的事实变得更加明显：军方和技术官僚没有为成功的发展设计经济公式。在日益严重的危机中，军方还是决定借贷更多的款项以应对失败的挑战并避免任何的结构性改革。这个决定推迟了灾难的来临同时又加重了灾难。最后，他们意识到他们没有做好准备迎接经济的挑战或者说根本就无法去应战，他们意识到从公开的政治控制中撤退出来的时间到了。由于经济形势恶化，对政治的"减压"开始了。菲格雷多主持了国家返回民主的过程，不过同时也见证了经济的衰退。就像经济的繁荣加固了军事独裁统治一样，经济的失败促使了它的灭亡。

由于 20 世纪 80 年代初期经济磕磕绊绊并下降，大部分巴西人的生活质量也随之下降了。《美洲时代》（ *The Time of the Americas* ）在 1983 年 10 月 26 日报道说："三分之二的人口每天消耗不到 2480 卡路里的热量，这是联合国粮食及农业组织所认为的维持正常生活的最低需求量。在巴西的东北部只有两成的人可以说是吃饱了……每年申请参军的人中有 45% 的人因为体检不合格而被拒绝。"同样在那一年，在巴西最富的圣保罗州爆发了食物暴动，在里约热内卢和萨尔瓦多也爆发了同样的暴动。在 1985 年 3 月 16 日的《洛杉矶时报》（ *Los Angeles Times* ）头版有这样一个大字标题："巴西的穷人没有受滴入式效应的影响。"下面是这篇文章的部分内容节选：

在过去的二十年中，巴西的军事政权和它的技术官僚在商品生产和服务上投资了数十亿美元，这使得商品生产和服务是原来的 3 倍。但是，这些让全国总生产提高的壮举并没有为巴西最穷的人们带来收入的再分配以及利益。这个结果是与原来的设想完全相反的……虽然农作物的耕种面积提高了 50%，但是从医学的标准上看，没有吃饱的巴西人的数目无论是在城市还是在农村都增加了。用于出口的食品，像大豆、橘子汁，取得了引人注目的增长。由于甘蔗中能提取乙醇以取代汽油作为汽车燃料，所以种植甘蔗可以得到大量的补贴。但是基本口粮的生产，比如豆类、大米和木薯根的人均产量都下降了。

对军政府统治时期的经济的评价就如同埃米利奥·梅迪西总统在 1972 年被问及怎么评价国家的经济时回答的那样，他说："经济发展得很好；人民不怎么好。"

一个历史的争论是：从 20 世纪 30 年代中期到 60 年代中期，有些为经济发展所做的努力是微弱的，是无效的。不管成就有多少，都被二十年的军事统治给倒退回来了。军方作为精英、中产阶级和外国利益的代理对巴西加深过去的模式负有责任。军方欣赏一个令人兴奋的词，"革命"，并将之用于评价他们在 1964 年的政变，但是这个评价并不符实。这次政变更像是对过去的重申，对给少数的、受到惊吓的上层阶级和焦虑不安的中产阶级授以权力的过去模式的加强，这个模式阻碍了大众获取权力和实施改革。把对过去模式的加强叫作"革命"要么是冷嘲热讽要么是无知。即使是军政府自吹得那么厉害的经济增长也是暂时的、模糊的，只是给有特权的少数人带来了利益；至于他们鼓吹的经济发展只有很少很少。

很多人都认为，军政府统治下的巴西是发展的模范，或者可以被当成"经济奇迹"的受惠者，这揭示了另一些语意上的混淆。在几年内，巴西的经济有着惊人的增长速度，但那只是量上的增长，没有发掘出这个国家巨大的潜力去改善大部分居民的生活质量。对更高的国民生产总值增长的追求从来都不是对社会目标的探索，而是盲目地追求总值那个数字，要知道那个数字可以无穷大，但是社 474 会丝毫没有改变。20 世纪的巴西就是一个很好的例子来证明国民生产总值上升了但是没有带来社会的发展或者利益。巴西的国民生产总值用令人沮丧的程度反映了少数人越来越富，对奢侈品消费的过度保护，建立在牺牲赖以活命的基础农业上的出口农业的增长，以及以特许权使用费、专利费、利息、利润等形式付给外国投资者和信贷商的可观费用。将军们和他们的辩护者们热情地赞颂着一个"经济奇迹"，这个评价几乎都是针对 1969—1974 年的高速增长说的。更清醒的人士会问："若这是个奇迹，又怎么解释富人更加富裕呢？"传播论者在传统的以依赖性为导向的结构框架内处理经济的方式使大部分的巴西人陷入经济灾难之中。

　　不管物质增长的纪录是什么——大部分人同意那是个令人印象深刻的增长速度——这个"奇迹"留给国人的是无法抵御的后遗症。主要表现在以下方面：增加的垄断趋势，非国有化的经济，日益增长的外债，对外国投资和贷款、国际货币基金组织、国外市场的扩大以及出口增长的更深的依赖性。从长远的眼光看，在 1964—1985 年之间的军政府使这个国家对根本性体制结构进行改革的尝试失败了，瓦加斯政府和古拉特政府——以及一定程度上库比契克政府——有过这样的尝试，但都失败了。通过这样做，军方加强了那些扎根于过去殖民时期的极不公正的制度。从历史的连续性来看，1964—1985 年的时间段和在这段历史中强调的此前两个时期是有联系的：1530—1560 年和 1888—1897 年。这三个阶段，虽然在很多方面是不同的，彼此间的时间间隔也很大，却有很多相同的、基本的和意义重大的特点。它们重点加强或重新进一步加强：（1）对出口的依赖；（2）逐渐加深的经济依赖性；（3）土地所有权的集中化；（4）财富的集中化；（5）有利于与大地主相辅相成的农村制度475 但对劳动力缺乏共情的政府结构。这个连续性促使巴西诗人罗马诺·德·圣安娜（Romano de Sant'Anna）在 1980 年写下了《这是个什么样的国家？》（"What Kind of Country Is This?"）的诗。这首诗被军方审查员禁止发表。在这首诗里他观察到：

> 我生活在 20 世纪。
> 我正要迎来 21 世纪，
> 我仍然是 19 世纪的一个囚犯。

他展示了在历史问题上的谦逊。他也许可以恰当地写："我仍然是 16 世纪的一个囚犯。"

民主的假面

新共和国生来贫血，靠把它的 20 世纪期间的政治前辈迅速判以死刑而获得的饮食来活。在 1985 年极其重要的文官总统选举使政治行为的旧模式更加突出。在 1982 年一个由 686 名选举成员、国会代表、州议会代表组成的选举团投票选出一位能够领导巴西回到文官统治的国家元首。社会民主党提名了很有能力的或是说无特色的技术官僚保罗·萨利姆·马鲁夫（Paulo Salim Maluf），他是圣保罗州长。巴西民主运动党推举米纳斯吉拉斯州长坦克雷多·内维斯（Tancredo Neves），他的根深深地扎在过去的政治上。他曾经在热图利奥·瓦加斯执政时期担任司法部长，在若昂·古拉特执政时期担任总理，在一个也许国家需要革新的时期，他可以使国家制度更具有连续性。由这两个重要的东南部州控制新共和国的初次登台，很容易令人将它和旧共和国混淆。党纲空空如也。巴西民主运动党用温和的态度安抚军方而社会民主党期望在不抛弃军事计划的基础上远离将军们。这两个党展示了更多的相似性而非相异性。一方面政治契约、让步、妥协、结盟和简单的旧式密室交易连接着这些精英党派，并且展现出对急躁的时代的适应，另一方面它们建议哪一方也不要说出困扰经济、阻碍政治稳定的真正问题。简而言之，这辆政治拖车沿着一条熟悉的路颠簸而行。 476

坦克雷多·内维斯具有跟将军们以及军事独裁联系较少的优势。另外，经济困难的时代也令马鲁夫获胜的机会变小。社会民主党的政治家们跑到政治对手的阵营里挥动着内维斯的旗子。作为一个机敏的妥协者，内维斯挑选了曾经是军事独裁统治的政治支持者的若泽·萨尔内（José Sarney）作为自己的竞选伙伴。1985年1月他在选举团中取得了压倒性的胜利。接着悲剧发生了。

在他的就职典礼的前天夜里，内维斯做了一个急性肠道综合征的手术。他死了。这个意想不到的形势变化让巴西人非常震惊，给这个国家的民主进程的重生蒙上了黑色的阴影。副总统萨内尔，社会民主党的前任主席，在1985年3月21日宣誓就职。他自由地任命了社会民主党的成员为国家高级要员，这包括在他的24人内阁中的6名现役军官。

萨内尔面临着三重危机。他必须领导人民继续重新民主化的进程。债务、通货膨胀、经济衰退、失业和饥饿考验着任何经济计划者。在1982—1987年间国内消费下降了25%。根据政府自己的标准，全国有60%的人口被划为"极其贫穷"和营养不良的一类。贫

穷、不幸和不公等社会危机嘲弄着这个国家。萨尔内回想起内维斯
突然的、意想不到的死亡让自己当上总统时的想法：

> 巴西人口中比较穷的一半人在 1960 年的时候总体收入占
> 全国人口总收入的 15%，到现在这个收入比例是不到 13%。最
> 富的 10% 的人口的总收入在那时占全国财富的 39%，现在占
> 到 51%。在农村地区，1% 的土地所有者占有 45% 的土地。当
> 我上任的时候，最低工资是每个月 25 美元。1300 万人民失业。
> 我从哪里开始啊？

477 没有人怀疑摆在他面前的是非常艰巨的任务。

这些问题看起来更让人沮丧是因为巴西有着巨大的潜力。1985
年巴西的人口在全球排名第六。它的人口是墨西哥、阿根廷、智
利、委内瑞拉人口的总和。除去中国的话，它的经济规模在第三世
界是最大的。在农产品出口上，它的出口量是除去美国外的世界第
一。它出口的工业品量除去韩国外比任何发展中国家都要多。它的
钢铁生产量比英国还要多。

民主的程序发挥了作用，甚至可以说很成功。同时，在 20 世
纪 80 年代巴西人珍爱着并运用着交还给他们的自由。政府赋予文
盲们选举权——他们占有成年人口的 40%——因此令人印象深刻
地扩大了能够参与民主进程的各个阶级的数量。在 1985 年举行了
州首府市长的现场选举，在 1986 年举行了州长和国会议员的现场
选举。在 1985 年，发生了一起令人吃惊的政治回归事件，那就是
圣保罗市的选民投票选举出雅尼奥·夸德罗斯作为他们的市长。如
果老的政客重新回来，那么也会出现一些新的面孔。妇女获得了更
高的竞选职位，尤其是作为一些重要城市的市长的职位，还有就是

第一位非裔巴西女性，贝内迪塔·达·席尔瓦（Benedita da Silva）在众议院取得了一个席位。她来自里约热内卢的贫民窟，她不仅成为第一位非裔巴西人国会议员，而且她是国家最耀眼的黑人女性政治领袖。

萨尔内总统坚持了军事独裁后半个统治时期的独立外交政策。由于需要石油和市场，巴西增强了与伊拉克、伊朗、利比亚以及安哥拉的联系，虽然华盛顿不同意。在 1986 年 6 月，萨尔内重新建立了二十二年前为那些将军所破裂的与古巴的外交关系。他决定保护新兴的国家工业，例如计算机工业。这个决定引起了美国政府的不满。美国本想让他们的公民更加广泛地进入巴西这个潜在的可以获利的市场。

由于总统和竞选失败的政党联系在一起，同时他与日益受到人们质疑的过去的军政府的联系也连累着他，他面临着严峻的政治逆境和逐渐恶化的经济情况。债务、通货膨胀、失业已经失控。到 1988 年，外债已超过 1150 亿美元，每年需要支付 100 亿—110 亿美元的利息。从 1971 年开始，巴西为了偿还利息就已经向国外支付了 1230 亿美元，比较具有讽刺意味的是，这个数字超过了贷款总额。这些利息偿付削弱了经济——同时主要的本金部分还是没有还。社会动荡引起了暴力。在 1987 年的 5 月和 6 月，因为食品价格上涨和公共汽车费用提高而爆发的暴动震撼着圣保罗和里约热内卢。在 1980—1990 年的十年间，里约热内卢和圣保罗的街头暴力事件数目呈上升趋势，实际上是在所有的城市里都有这样的趋势。经济灾难和政治无能侵蚀着公众的信心。国家没能满足大部分人的需求。

萨尔内知道要开始满足那些要求就需要进行土地改革。巴西占有世界上 26% 的耕地，并且让巴西可以引以为荣的是本国有 56%

的土地可以耕种，一个相当高的数字。然而，虽然有如此巨大的潜力，更基本、更考验人的现实仍然停留在一个令人嘲讽的逻辑上：巴西不能自己养活自己！饥饿和营养不良的统计数字在上涨。在20世纪最后十年开始的时候，据联合国粮食及农业组织估计，足足有52%的巴西人每天摄入的热量是不足的。

要么是因为巴西人没有去耕种本可以耕种的土地，要么是因为农业的低效，要么是因为他们太重视出口农业而没有生产供本国人吃的食物。此外，传统的不平等的土地所有制仍然存在着。像以前一样，少数拥有巨大面积的土地特权阶级常常把他们没在用的和正在用的土地作为一种投资和控制劳动力供应的手段。一个数额巨大的无地农村人口需要耕地来养活，大约在1000万—1200万人口之间波动，他们有做零工的，有土地承租客，有定居者。那些相对人数较少的大土地所有者却阻止他们接近耕地。巴西的土地所有权的集中性在全球首屈一指，国内的土地集中在很小一部分的人手里。1988年的统计数字表明不到5%的土地所有者拥有超过66%的耕地。其中大约1%的人占有了上述50%的土地，而略多于50%的土地所有者只拥有上述2.4%的土地。巴西很多的贫困状况是由于这种土地所有权的高度集中化。

土地，巴西最宝贵的资源之一，并没有为国家的发展竭尽全力做出贡献。甚至有些人声称土地的不合理利用极大地阻碍了国家的发展。在1988年，农业专家若泽·埃利·达·维加（José Eli da Veiga）说："土地作为一种资源，它不是一种消费品；它是一种生产性物资；社会应该从产量、增加就业、税收和节省自然资源方面以最具生产性的方式去使用它。"

萨尔内迫切需要能够为更多的农村居民提供土地、使更多的土地投入生产的改革。热烈的讨论在媒体和国会中激烈地进行着。一个联合了大土地所有者的、较为保守的社会组织，农村民主联盟，对任何人所提出的关于土地改革的建议，包括一些最无关痛痒的提议，都以"共产主义"的罪名进行指控。任何要改变土地所有制结构的提议都深含着高度情绪化的指控和反指控，而这又引起了农村暴力，大胆的无地者强行冲入那些空旷的土地中，接着又被土地所有者的私人军队赶出来。农村民主联盟胜了。1988年的宪法限制了土地改革的可能性，比军事独裁期间将军们的规定还要严格很多。它严正申明禁止征收"生产性的"土地，这有效地改变了进行任何有意义的变革的想法。宪法对"生产性的"的定义很模糊，但是这个棘手的条款被解释成只要有几头牛在广阔的土地上行走就可以证明其是具有"生产性的"。总之，试图改变最古老且最低效的制度，即控制土地的所有权和使用权的制度的运动失败了。它们仍然没有改变。21世纪就要来临的时候，16世纪的制度仍然主导着国家经 480
济。由于没能实现对农村进行改革的诺言，软弱无力的总统变得更加软弱无力。政治进程为了给1990年的大选集中力量，而于1988年末以前将总统边缘化。

罗马天主教会，至少是其中的很大一部分，不断地表达他们对明显的经济和社会不平等的关注。有些牧师用解放神学的语言很有说服力地表达了对世俗社会公平的宗教关注。他们相信圣经为信徒们提供了一种实现世间变革的方法去获得更大的社会和经济公平。巴西解放神学的主要神学家之一，方济各会的神父莱昂纳多·博夫（Leonardo Boff）坚称："目前的社会结构不会令上帝满意，因为大多数人被排除在外；穷人只有很少的参与，对他们更多的是压迫。"巴西的保罗·埃瓦里斯托·阿恩斯（Paulo Evaristo Arns）红衣主教在他写的《给社会政策的建议》（*Suggestions for a Social Policy*）中为教会对20世纪80年代的社会的关注定下了基调。他谴责了被工业增长增大的社会不平等，抨击了"减少的自主性和对工业化世界经济日益增长的依赖性"。他利用圣保罗大主教的有利地位指出，帮助改变社会是教会的一项义务。他宣称："当今巴西教会的最重要的挑战是建立一个公平的社会。"梵蒂冈支持大主教对社会公平的呼吁。教皇约翰·保罗二世（John Paul II）在1980年拜访了巴西这个世界上最大的罗马天主教国家。他谴责教会任何参与政治的行为，肯定教会必须利用自己的声音"召唤良知，守护人民和他们的自由，并要求必要的改进措施"以"为公平事业服务"。教皇警告：

> 持续的社会不公从社会内部威胁着社会的存在。当商品仅仅是靠增长和更大利润这一经济规律来分配的时候，当进步的结果仅仅是表面上惠及极高层次的人口的时候，当极少数的一方富人和生活在匮乏与悲惨中的另一方大众之间持续存在着巨大差别的时候，这个从社会内部出现的威胁确实存在着。

481　　当教皇约翰·保罗二世在1991年末重返巴西的时候，他哀叹巴西缺少往更大的社会公平方面的进步。在那个场合，他大声地说出支持土地改革，他说："巴西的高程度的土地所有制需要一个公平的土地改革。"但是他的声援来得太迟了。出于各种各样的动机和目的，1988年的宪法已经让对土地改革的讨论安静下来，至少当时是这样的。

　　不平等尤其是农村的不平等加重了巴西城市人民的负担。没受过教育的、没准备的、营养不良的农村人口持续地涌入城市中。城市并没有必要的基础设施去接纳他们。在1977—1987年间大约有1500万农村居民蹒跚地走进城市。导致他们迁徙的原因还是那些。没有土地可以耕种，没有希望，他们或者是被赶出来，或者是被拉到发展总是很快的城市。到 20 世纪 90 年代初，超过 75% 的人口是城市居民。其中有整整 57% 的人口居住在拥有 10 万或者更多人口的城市中，在巴西有 20 个城市的居民人口数在 100 万以上。

在所有城市中各个方面都最卓越的是圣保罗。巴西人把更大都市化的圣保罗评为世界上最大的城市，它的城市人口在 2000 万人左右，这个荣衔受到墨西哥城、东京的竞争，偶尔也受纽约、布宜诺斯艾利斯的挑战。这个非凡的城市占有足足 32% 的巴西工业、45% 的国家劳动力，生产出国家 50% 的产品。它为现代化而繁忙。它反映了巴西的一个现实，那就是巴西的人口很年轻。整整 50% 的居民年龄不到 21 岁。然而作为世界主要大城市之一，它却遭受着最高的婴儿死亡率：每 1000 名新生婴儿中有 56.1 名死亡。《世界城市排名书》(*Book of World City Rankings*) 把圣保罗描述成"世界上受工业化污染最严重的城市之一"。

外国移民在这个快速成长的大都市中扮演了重要的角色。每一片大陆都有人前来。在圣保罗的意大利人比在威尼斯的都要多；黎巴嫩人的数量比在贝鲁特的还要多；日本社区是日本之外最大的。 482

在来到巴西的最新移民中，日本人最初是在 1908 年到来并在咖啡种植园工作的。到 20 世纪 90 年代，大约有 100 万巴西人是日本人的后裔。日裔巴西人的地位已经从一开始低微的农场工人上升成为智力突出、富有、拥有经济和政治权力的一类人。比如植木茂彬 (Shigeaki Ueiki) 担任矿业和能源部长，后来成为巴西石油公司的总裁。

从一个很不相同的层次上，日本与巴西的经济关系从 20 世纪 60 年代开始扩大开来。1970 年日本在巴西的直接投资额是 1.4 亿美元，然而到 1987 年超过了 26 亿美元，这也使得日本成为第三大投资国，仅次于美国和德国。日本的银行持有巴西外债中的 120 亿美元。巴西对日本保持了一个很高的贸易顺差，日本急迫地从巴西购买铁矿石、大豆、棉花、咖啡、钢铁和少量的飞机。日本对很多巴西人来讲也是他们经济发展的楷模。他们佩服日本的经济发展并对它到 20 世纪末快速上升成为世界经济大国的地位而感到惊奇不已。

　　巴西的政治局势出于一系列的原因依然动荡：选民冷漠，泄气，玩世不恭；旧政权时的精英和军队的影响力越来越小；政党的软弱，仍然依靠个人的个性而非政纲。1985 年大选的两个最重要的党，社会民主党和巴西民主运动党，在 1989 年 12 月的总统选举中甚至没有进入最后一轮。最后两个竞争者中，其中一位是费尔南多·科洛尔·德·梅洛（Fernando Collor de Mello），他的政党国家重建党（National Reconstruction party）更多地是使他成为候选人的"私家车"；另外一位竞争者是路易斯·伊纳西奥·达·席尔瓦（Luiz Inácio da Silva），又普遍地被叫作卢拉（Lula），是巴西劳工党的候选人。卢拉是一名拥有很强个性的候选人，而巴西劳工党本身是巴西政治中的一个异类政党，它展示了表达清楚的政纲和意识形态，同时在党内所有成员之间执行着不平常的政治纪律。

　　卢拉是一名汽车工人，是这个半球上极其罕见的无产阶级出身的总统候选人。他生于伯南布哥，4 岁的时候随父母来到了圣保罗。他完成了六年的小学教育，少年时就出来找工作。不久他在冶金行业工会中崛起，领导了 1979 年和 1980 年的罢工，并因此而被政府逮捕入狱。1989 年巴西劳工党的政纲号召停止偿还所有债务，进行土地改革，提高工资，冻结物价，以及重组一个由文官领导的国防部。这些要求触及了一些非常敏感的事务并且对巴西最古老的制度构成了威胁。相比而言，40 岁的科洛尔英俊、温文尔雅、自信，但没有一个被人们认明的政纲。他言不由衷地说些支持经济增长和现代化、反对政府腐败和无能之类的老套话，就在总统选举中获胜了。他获得了 43% 的投票，是自 1960 年以来获得的最多的公众票数；卢拉得到了 38% 的票数。整整有 19% 的弃权票或者无效票。科洛尔的获胜部分是由于他的含糊以及他身上散发出的一种受人欢迎的吸引力，不过主要原因是卢拉吓到了精英分子和中产阶级。他们知道卢拉有一套计划；他们不相信改革。

科洛尔总统在 1990 年 3 月 15 日宣誓就职。他重申了为促进稳定的经济增长和遏制通货膨胀而做出巨大而又迅速的经济变革的庄严誓言。他在国会中没有政治追随者，并且在任何别的地方也没有。灾祸接着发生了。不到一年的时间里最低工资的购买力已经降到了有记录以来的最低水平。失业人口规模达到了一个极高的水平。经济收缩了 4 个百分点。通货膨胀以每个月 16% 的速度飞驰，到 1992 年的时候达到了 25%。公共教育和健康系统瓦解。在 1991 年 9 月 8 日，《洛杉矶时报》这样描述在科洛尔执政十五个月之后巴西的情况："巴西由于遭受史上最坏的经济不景气的打击而变得更加虚弱和士气低沉，它正遭受着整个地区最高的通货膨胀，极其需要稳定、领导和对未来的希望。"后来，还是在那一年，巴西经济学家保罗·拉贝洛·德·卡斯特罗（Paulo Rabello de Castro）说："科洛尔失败了，因为他对经济问题的诊断和处理都完全无效。国家正在偏航。"同时，外债超过了 1200 亿美元。在 1991 年，经济增长了 1.2%；农业生产增长了 2%；工业生产仍然不景气，在 1990 年收缩了 8 个百分点。

在 1992 年的年中，一场灾难性的政治风暴给了政府一个惨重的打击。巴西人缓缓前行，揭露着最高级别的腐败，到达了总统府。科洛尔总统个人从他的朋友也是前竞选管理人保罗·塞萨尔·法里亚斯（Paulo César Farias）手里收受了很多的钱。好几千万美元流入总统的秘密账户里。巴西人民失望和厌恶至极地发现了这样一个史无前例的丑闻。国会议员贝内迪塔·达·席尔瓦总结了民意,她说:"费尔南多·科洛尔是巴西权力的剖面:一个受过教育的、有特权的白人。他被证明是巴西史上最大的强盗。"在主要城市的街道上能听到民众愤怒的谴责声。上百万的人游行要求罢免科洛尔。在1992年9月29日,众议院以441票对29票决定勒令总统停职并开始对他进行弹劾的法律程序。按照宪法的要求,副总统伊塔马尔·佛朗哥(Itamar Franco)成了代总统。他是一位很久以前就以高尚德行闻名的年长的政治家,同时他被认为比较熟悉巴西社会的需求。当1992年12月29日参议院开始对总统的弹劾审判时,科洛尔辞职了,把佛朗哥推上了总统宝座。巴西赢得了一个不光彩的荣誉,那就是西半球第一个弹劾总统的国家。

从积极的方面看,这个国家培养的宪法和民主似乎发挥了作用:民意获得了胜利;国会罢免了一位总统;总统和平下台;副总统登上了总统的位子。然而,没有人否认这些成就是对新共和国征收的高昂的"通行费"。在很多行政案例中这是第二次由副总统接替总统的位子。两次中的取代者都是人们知之甚少的,都是代表了一个不同于原总统所在政党的政党,都展现了很有限的执政使命。

485　　一场政治马戏表演使正困扰着巴西的迫切需要解决的基本问题处于边缘化。同时,这些问题进一步恶化。在20世纪90年代中期,经济增长、工业生产以及绝大多数巴西人的收入都持续下降。通货膨胀无情地上升。杰出的巴西政治科学家埃里奥·雅格里贝(Hélio Jaguaribe)警告:"社会问题已经接近于无法处理。"政治混乱和经济灾难的海上风暴把没有舵的巴西大船推到了21世纪。这也说明了大部分巴西人有着惊人的忍耐力,因为有这么多过去的经济、政治和社会的不公在20世纪的末期横行。"民主"仍然是一个乏味的字谜,一个残酷的假面。

挑战的边缘

在 21 世纪来临之际，巴西的发展——如果真正要发生的话——部分地依靠两个意义重大但远远未被充分利用，甚至被乱用的资源：亚马孙河和年轻人。第一个资源构成了一条具有挑战性的地理边界，仅仅被部分开发，很少被了解，笼罩在希望和潜能的神秘气氛中，受到了贪婪的威胁。第二个，可能既是巴西最大的挑战也是最大的资源，它允诺了很多：美丽、精力、智力、眼界，还有最重要的，希望。两个资源中的任何一个的大小都会让你惊叹不已。亚马孙地区有 130 万平方英里的面积；巴西 1.55 亿居民中有整整50% 不到 21 岁。

浩瀚的亚马孙河在向巴西人和相像的外国人招手。三个团体以不同的方式回应了这片充满诱惑力的"黄金国"（El Dorado）——世界上最大的热带雨林。

第一，军队担心这片地区因人口稀少、开发较少而产生"国家安全"问题。一方面，他们担心低密度人口和潜在财富的结合可能引来外国人，这样会给标记含糊、大体上无防备的国家边境带来很大的威胁。另一方面，他们想象整个国家可能会通过对印第安国家的承认而"巴尔干化"，因为那些印第安国家的领土要求可能会削弱国家主权，最终导致国家边远内陆地区未来分裂成众多小型的民族国家。军方在他们的独裁统治期间，积极地主张修建从边远内陆地区到沿海的公路，使两者连成一整体，并开发亚马孙的资源使巴西富裕。在 20 世纪 90 年代一条让人印象深刻的现代化高速公路系统深入到亚马孙河流域；它将人送到这个地区，把财宝运出来。

第二，国内和国外的资本家把注意力集中在亚马孙地区含量巨大且种类丰富的矿产储备上：黄金、钻石、锡、铁矾土、铜、铁

486

矿石和锰。他们还为养牛和采伐树木提供资金支持，并且都数额巨大。建立在原材料出口之上的经济繁荣把他们的资金吸引到原始的雨林。

第三，那些没有土地和无依无靠的农民想在亚马孙建立他们的农场或者找到其他的谋生方式，这是他们通往更好未来的入口。希望和贪婪在同样的程度上把人们推向了内陆。

象征性地，1960年巴西利亚的落成仪式打开了西部和亚马孙地区。在此之后，在军方和资本家的推动下，道路开始逐步往西部蔓延，紧接着就是移民。20世纪后半叶出现了缓慢但是令人印象深刻的人口迁移。在20世纪中叶，5200万人口中大约有90%生活在一个沿着大西洋海岸伸展的、不足100英里宽的狭长地带。到1992年，1.55亿人口中大约有80%生活在这宽至从前2倍的狭长地带。举例来说，朗多尼亚（Rondonia）州和马托格罗索州的西部地区在1975—1985年间经历了空前的人口大爆炸：150万多人来到这里认领和清理了上百万英亩的原始森林。到20世纪90年代，生活在巴西西部和亚马孙地区的人口总数超过了巴西任何一个说西班牙语的邻国的人口总数。

487　　　大砍刀、斧头、火和推土机使森林倾倒了。到1992年大约有16万平方英里的雨林消失了，这个面积相当于巴拉圭的国土面积或者是中美洲五个国家的总面积。在1988年，一个灾难性的年份，声称对亚马孙雨林的毁坏达600万英亩。接着，毁坏的速度慢了下来，至少是暂时慢了下来。在1991年，这个数字降到了350万英亩。毁坏速度的减慢原因很多，包括政府有了更多的关注和更多的控制、牲畜养殖补贴的取消、亚马孙地区的人们对保护这片森林有了很好的认识以及严重的经济危机。

人类对雨林的入侵和破坏威胁到了它的微妙的生态。对土地的清理使表层土壤受到了极大破坏，75%的土地因为太贫瘠而不适合传统的农业。热带雨水把土里的养分冲走的同时腐蚀着土地。太阳的照射使裸露的土地更加结实。在短短的几年之内，被清理的地区既不能用于农业也不能用于牧业。

对森林的暴行招致了其他形式的破坏。就像生态学家苏珊娜·赫克特（Susanna Hecht）指出的："在亚马孙地区，当树倒下的时候，人也死了。"印第安人反对牧场主、伐木工和矿工。这些贫穷的移民与大土地所有者发生了冲突。由于免受惩罚，军方和资本家为他们的目标强加了一条血腥的"命令"。20世纪80年代的十年里，土地冲突据说造成了超过1000名农村工人的丧生，这个统计数字还不包括被杀死的印第安人的数目。只有很少的贫困的移民在亚马孙地区找到了他们"应许之地"。一条令人警醒的迁移环描述了这些贫民的情况，他们从原本贫穷的农村到城市的贫民窟，再从贫民窟出发来到亚马孙地区寻找工作、生计和最低质量标准的生活。在每一个阶段，迎接他们的都是更进一步的苦难和失望。

往西部的扩张杀害了很多印第安人。在20世纪的最后十年他们尚有180个部落，有20万—22.5万人口。这些数字每个月都在减少。这扩大的边界也把印第安人归并到遭受这悲惨的边缘化生存方式的一类人中，是不可以避免的"进步"的受害者。政府让其他的一些印第安人聚集到专门的居留地，频繁地重新安置他们并缩减他们的规模。马诺埃尔·戈梅斯·达·席尔瓦（Manoel Gomes da Silva），一名卡西纳乌阿（Caxinaua）印第安人，在1991年对到访马托格罗索的教皇约翰·保罗二世这么解释土著的困境： 488

> 以现代性、科学技术和进步的名义他们罪恶地侵袭了我们的领土，杀害了我们的首领，往我们的河水里下毒，破坏我们

的环境，把我们当成各种次等种族，在我们的国土内把我们变
成外国人……如果他们消灭了印第安国家，那么他们正消灭着
森林和环境——地球上的生命也变得无法持续。

直到今天，往西部去的移民潮还没有到达顶峰，这么大的移民潮有
把土著淹没的危险。

在西部和亚马孙地区发生的事情遵循着历史上那种根深蒂固的
经济盛衰模式，这已经到了让人失望的程度。这么广阔的内陆仍然
受困于剥削式的出口经济。它使旧的阶级模式和经济不公的现象长
期存在下去。多劳却少利。出口无论怎样推动暂时性的经济增长，
都远未能促进发展。

然而有一个能够解决由热带雨林地区人类增长带来的复杂问
题的方法，虽然是一个比较难的方法。它需要新的居民跟他们所居
住的环境协调起来。为了努力达到这个目的，来自韦柳港（Pôrto
Velho）朗多尼亚大学的生态学家和农学家们建议农民不要种植传
统的巴西农作物，如玉米、豆和大米，而是转为种植与西部和亚马
孙地区当地环境相适应的植物和树木。他们强烈要求种植桃花心木
以及其他硬木材，种植香蕉、巴西莓和桃掌果，种植咖啡树和豆荚
类树木，这些不仅能提供食物的丰收，同时还能保护脆弱的土壤并
使它变得肥沃起来。想象和意愿要求打破传统的进口模式以适应新
的现实，这样不仅可以挽救大面积的亚马孙热带雨林，而且可以保
证有产生利润的产品。从贪婪到理性的开发这艰难的一步是巴西用
489 经济发展代替由纯粹注重经济增长的盛衰周期带来的破坏的唯一的
途径。

这些发展的取得要求更好地对待巴西的青年，他们的数量大约
是 7500 万。最近的分析认为，他们是国家最主要的资源。如何对

待他们决定着未来。不可忽视的结论是巴西并未重视它的青年所以也限制了自身的未来。在 21 世纪巴西面临的所有的挑战中，教育、健康，以及儿童和青年的幸福是最使人气馁的。

若热·阿马多的小说《沙滩地区的长官们》(*Captains of the Sands*) 在 1937 年呼吁巴西人注意"靠偷窃生存的被遗弃的孩子"。小说以阿马多的故乡巴伊亚的萨尔瓦多为背景，对正在形成并不断扩大的城市问题采用了早期敏感的、有争议的虚构处理方式，把无家可归的儿童视为社会和经济制度的受害者。通过描写所遭受的疾病、饥饿和死亡的追赶，小说有力地刻画了几个成功却与陷害他们的社会融为一体的角色。值得注意的是，他们中的两个人向那个社会提出了挑战，一个是工人领袖，一个是强盗。通过佩德罗·巴拉 (Pedro Bala) 和德雷·古赫 (Dry Gulch) 这两个角色，阿马多使贫困和叛乱的联系传奇化："沙滩地区的长官们的拳头举起来了。"

16 岁的穆拉托人德雷·古赫决定回到他的老家，东北部的干旱内陆："内陆在召唤他，强盗的战斗在召唤他。"他成为拉姆皮奥下属中的一员，拉姆皮奥是一名具有神秘色彩的"绿林好汉"。

> 拉姆皮奥解放了丛林地，把富人们赶出了丛林地，把丛林地变成了反抗庄园主的强盗们的家园。拉姆皮奥，英雄，五个州中所有内陆的英雄。他们说他是个罪犯，一个冷血的强盗、杀手、强奸犯、小偷。不过在德雷·古赫的眼中，对内陆的男人、女人还有孩子来说，他是解放者，是新军的长官。

因此，阿马多把拉姆皮奥与反抗等同起来，把内陆中的强盗与为获 490 得自由而起的斗争等同起来——对被剥夺的一种有效回应。

佩德罗·巴拉的反应却与此不同。他发现了自己与城市工人有一个共同的事业:"他们是举起他们的胳膊、大声呼喊的一类人,就像沙滩地区的长官们做的一样。"他听到了革命的呼喊声在向他示意:"那个声音在叫他。一个令他高兴、令他心跳加速的声音。一个可以帮助所有的穷人改变命运的声音。"这斗争改变了这位青年的命运。

阿马多批评社会对青年的虐待,他认为有两种方法可以改变这个状况:一个就是在社会范围内的活动,成为工人罢工领袖;另一个就是通过反对社会的暴力,成为强盗。在《沙滩地区的长官们》中,两种情况下,都是由青年提供领导和武力。因此,阿马多把青年描写成受害者和复仇者。

若热·阿马多在 20 世纪 30 年代中期描述的大部分巴西青年面对的状况,到那个世纪末改变了:变得更糟了。那本社会现实主义小说出版六十年之后,所有的统计数字所描绘的都是一幅对巴西青年来说更加残酷的社会图景。

巴西的婴儿死亡率徘徊在 8.5‰。在南美洲只有玻利维亚和秘鲁才遭受着更高的死亡率。不到 15% 的孩子完成了小学教育。不到 8% 的人上了中学。大约 2.5% 的人进入了大学或者更高等的教育机构。饥饿折磨着青年。每天大约有 1000 名孩子死于与饥饿相关的原因。十分之一的孩子有残疾,比如失明、失聪或者智力障碍,这些都是由儿童早期的营养不良造成的。据巴西全国主教会议估计,有 3600 万名孩子,大约是全国人口的四分之一,营养不良、衣衫褴褛、居无定所、不能上学,作为劳动力中最易受伤害的成员而被剥削。在某些地方有 700 万—800 万名孩子露宿街头,成为犯罪、滥交以及经常性的暴力致死的受害者。在 1991 年 1—5 月期间,441 名孩子在巴西城市的街头被杀,这其中很大一部分是被针对青年的行刑队杀死的。埃克托·巴本科(Héctor Babenco)有影响力的电影《街童》(*Pixote*, 1980 年)反映了这个暴力的现实。显然，贫困和危险笼罩着巴西的孩子。这些孩子是巴西的未来；放弃他们就是放弃发展。不仅如此，电影还记录了一个在任何社会都会受到谴责的道德决定。

在对待自己广袤的地理，特别是对待亚马孙地区，以及对待众多孩子的方式中，巴西形塑着自己的未来。潜能产生诱惑；现实令人惊恐。1990 年一名总统候选人，路易斯·伊纳西奥·达·席尔瓦清醒地观察到：

> 第三次世界大战已经打响了。这是一场安静的战争，但一点不比原来的凶险少。这场战争正冲击着巴西，冲击着拉丁美洲，实际上是冲击着整个第三世界。不是士兵死了，而是孩子们死了；不是上百万人受伤了，而是上百万人失业了；不是大桥被破坏了，而是工厂、学校、医院和整个经济被毁灭了。

像广大和形式多样的第三世界中的其他国家一样，巴西面临着经济和社会发展中的各种挑战。与那些国家不一样的是，巴西有着发展的潜力。把潜力变成现实需要对 1530—1560 年间建立、1888—1897 年间和 1964—1985 年间加强了的制度进行真诚评价。就巴西历史而言，它不但阐明了过去；它还包含着对未来的建议。

附录一

巴西历任国家元首

姓　名	执政开始时间	执政终结时间
第一帝国		
佩德罗一世，巴西皇帝	1822 年 9 月 7 日	1831 年 4 月 7 日
第二帝国		
若泽·若阿金·卡内罗·德·坎波斯，卡拉韦拉斯侯爵 尼古劳·佩雷拉·德·坎波斯·韦尔盖罗 弗朗西斯科·利马－席尔瓦将军	1831 年 4 月 7 日	1831 年 6 月 17 日
若泽·达·科斯塔·卡瓦略，阿雷格里港侯爵 若昂·布劳利奥·穆尼斯 弗朗西斯科·利马－席尔瓦	1831 年 6 月 17 日	1835 年 10 月 12 日

帕德雷·迪奥戈·安东尼奥·费若	1835 年 10 月 12 日	1837 年 9 月 19 日
佩德罗·德·阿劳若·利马，奥林达侯爵	1837 年 9 月 19 日	1840 年 7 月 23 日
佩德罗二世，巴西皇帝	1840 年 7 月 23 日	1889 年 11 月 15 日

巴西共和国

德奥多罗·达·丰塞卡元帅	1889 年 11 月 15 日	1891 年 11 月 23 日
弗洛里亚诺·佩肖托元帅	1891 年 11 月 23 日	1894 年 11 月 15 日
普鲁登特·若泽·莫赖斯	1894 年 11 月 15 日	1898 年 11 月 15 日
曼努埃尔·费拉斯·坎波斯·萨莱斯	1898 年 11 月 15 日	1902 年 11 月 15 日
弗朗西斯科·德·保拉·罗德里格斯·阿尔维斯	1902 年 11 月 15 日	1906 年 11 月 15 日
阿丰索·奥古斯托·莫雷拉·佩纳	1906 年 11 月 15 日	1909 年 6 月 14 日
尼洛·佩萨尼亚	1909 年 6 月 14 日	1910 年 11 月 15 日
埃梅斯·达·丰塞卡元帅	1910 年 11 月 15 日	1914 年 11 月 15 日
文塞斯劳·布朗斯·佩雷拉·戈梅斯	1914 年 11 月 15 日	1918 年 11 月 15 日
德尔芬·莫雷拉	1918 年 11 月 15 日	1919 年 6 月 ? 日
埃皮塔西奥·佩索阿	1919 年 6 月 ? 日	1922 年 11 月 15 日

494

姓名	起始	结束
阿图尔·达·席尔瓦·贝尔纳德斯	1922 年 11 月 15 日	1926 年 11 月 15 日
华盛顿·路易斯·佩雷拉·德·索萨	1926 年 11 月 15 日	1930 年 10 月 24 日
热图利奥·瓦加斯	1930 年 11 月 3 日	1945 年 1 月 29 日
若泽·利尼亚雷斯	1945 年 10 月 29 日	1946 年 1 月 31 日
欧里科·加斯帕尔·杜特拉元帅	1946 年 1 月 31 日	1951 年 1 月 31 日
热图利奥·瓦加斯	1951 年 1 月 31 日	1954 年 8 月 24 日
若昂·小卡费	1954 年 8 月 24 日	1955 年 11 月 8 日
卡洛斯·卢斯	1955 年 11 月 8 日	1955 年 11 月 11 日
内雷乌·拉莫斯	1955 年 11 月 11 日	1956 年 1 月 31 日
儒塞利诺·库比契克	1956 年 1 月 31 日	1961 年 1 月 31 日
雅尼奥·达·席尔瓦·夸德罗斯	1961 年 1 月 31 日	1961 年 8 月 25 日
若昂·古拉特	1961 年 9 月 7 日	1964 年 3 月 31 日
拉涅里·马济利	1964 年 4 月 2 日	1964 年 4 月 15 日
温贝托·卡斯特洛·布兰科	1964 年 4 月 15 日	1967 年 3 月 15 日
阿图尔·达·科斯塔－席尔瓦	1967 年 3 月 15 日	1969 年 8 月 30 日
奥雷里奥·德·索萨·塔瓦罗斯	1969 年 8 月 30 日	1969 年 10 月 7 日
玛格·德·索萨·梅洛		

姓名		
奥古斯托·拉德马克		
埃米利奥·加拉斯塔苏·梅迪西	1969 年 10 月 7 日	1974 年 3 月 15 日
埃内斯托·盖泽尔	1974 年 3 月 15 日	1979 年 3 月 15 日
若昂·巴普蒂斯塔·德·奥利维拉·菲格雷多	1979 年 3 月 15 日	1985 年 3 月 21 日
若泽·萨尔内	1985 年 3 月 21 日	1990 年 3 月 15 日
费尔南多·科洛尔·德·梅洛	1990 年 3 月 15 日	1992 年 9 月 29 日
伊塔马尔·佛朗哥	1992 年 9 月 29 日	——

附录二
巴西史大事年表

殖民地时期

1494 年	西班牙和葡萄牙通过《托德西利亚斯条约》瓜分了欧洲以外的世界。
1500 年	佩德罗·阿尔瓦雷斯·卡布拉尔发现巴西。
1502 年	曼努埃尔国王特许里斯本商人从新世界出口巴西红木。
1530 年	马蒂姆·阿丰索·德·索萨的探险队到巴西开拓殖民地。
1532 年	圣维森特和皮拉蒂宁加殖民地建立。
	第一座糖厂建成。
1534—1536 年	国王将巴西授给了 12 位受赠者。
1538 年	已知的第一艘来自非洲的运奴船到达巴西。
1540—1542 年	弗朗西斯科·德·奥雷利亚纳探索亚马孙河。
1549 年	托梅·德·索萨在巴伊亚成立了中央集权政府。第一批耶稣会士到达巴西。
1551 年	巴西主教辖区创立。
1555 年	法国人在瓜纳巴拉湾建立了一块殖民地。
1565 年	里约热内卢建立。
1567 年	梅姆·德·萨驱逐法国人并占领了瓜纳巴拉湾。
1580 年	伊比利亚王国统一。
1604 年	监督葡萄牙帝国行政管理的印度委员会成立。（1642 年，该机构改名为海外事务咨议会。）
1616 年	贝伦建立。
1621 年	马拉尼昂州创建。
1624—1625 年	荷兰人占领了巴伊亚的萨尔瓦多。
1630 年	荷兰人占领了累西腓并开始征服巴西东北部。

1637—1639 年	佩德罗·特谢拉在亚马孙探险并建立了塔巴廷加（Tabatinga）。
1640 年	葡萄牙宣布脱离西班牙独立。
1654 年	《塔博尔达条约》签订；荷兰人撤出巴西。
1680 年	萨克拉门托殖民地建立，保证了葡萄牙人通往拉普拉塔河的通道。
1695 年	在米纳斯吉拉斯发现了黄金。
1697 年	葡裔巴西人破坏了最大的逃奴堡之一——帕尔马里斯。
1709 年	圣保罗和米纳斯欧鲁（Minas de Ouro）总督辖区建立。
1710—1711 年	"商贩之战"，是奥林达的种植园主阶级与累西腓的商人阶层间的冲突，后者获得胜利。
1720 年	巴西的各领地主要领导人（governors-general）改称总督（viceroys）。 米纳斯吉拉斯爆发了短暂的反对地方长官的起义。
1724 年	巴西忘却学会成立，是巴西第一个欧式风格的启蒙运动学会。
1727 年	咖啡传入巴西。
1750 年	《马德里条约》的签订标志着《托德西利亚斯条约》作废，巴西开始采用占领地保有原则解决边界争端。 彭巴尔开始了在葡萄牙的统治。
1759 年	彭巴尔把耶稣会士驱逐出帝国。
1761 年	《帕尔多条约》宣告《马德里条约》作废。
1763 年	首府从巴伊亚的萨尔瓦多迁往里约热内卢。
1772 年	马拉尼昂州不复存在。
1777 年	《圣伊尔德丰索条约》（Treaty of San Ildefonso）重新划定了葡萄牙和西班牙在南美洲的边界，并确认西班牙拥有（拉普拉塔河）东岸地区，葡萄牙拥有亚马孙河流域。 彭巴尔离职。
1789 年	米纳斯密谋，一个建立共和国的密谋，暴露。
1792 年	蒂拉登特斯，密谋的领导者，被处决。
1798 年	巴伊亚密谋——"裁缝起义"爆发。
1808 年	布拉干萨王室抵达里约热内卢。 若昂六世向世界贸易开放港口并取消了对制造业的限制。 巴西第一台印刷机组装完成。

497

| 1810 年 | 与英国签订条约，规定英国在巴西贸易中占据主导。 |

王国时期

1815 年	巴西地位提升为王国。
1816 年	葡裔巴西人的部队占领了乌拉圭。
	法国艺术使团抵达里约热内卢。
1817 年	伯南布哥的共和革命失败。
	奥地利的莱奥波尔迪娜（Leopoldina）公主——未来的巴西皇后，抵达里约热内卢。
1818 年	国家把土地授予瑞士和德国移民。
1819 年	巴西第一艘轮船在巴伊亚投入运营。
1820 年	第一批非葡萄牙移民 1819 年到达巴西后，在新弗里堡建立殖民地。
1821 年	乌拉圭兼并了内普拉丁省。
	若昂六世回到里斯本。

帝国时期

1822 年	佩德罗王子宣布巴西独立并接受了皇帝的称号。
1824 年	佩德罗颁布了第一部宪法。
	美国承认巴西。
1825 年	英国和葡萄牙承认巴西。
	阿根廷和巴西围绕乌拉圭问题爆发了战争。
1827 年	英国通过条约巩固了其在巴西的商业优势。
	奥林达和圣保罗设立了法学院。
1828 年	阿根廷和巴西同意乌拉圭成为独立国家，结束了两个普拉丁竞争者之间的战争。
1831 年	佩德罗一世退位。三人摄政委员会接管巴西并进行统治。
1834 年	对 1824 年（实为 1834 年，原文误）宪法的《补充文件》规定了联邦制和一人摄政统治。
1835 年	南里奥格兰德爆发法罗皮利亚起义。
1840 年	《诠释法》结束了联邦政治实验。《成年宣言》结束了摄政统治。佩德罗二世即位。

498

1843 年	轮船第一次在亚马孙河上航行。
1844 年	《1827 年英国－巴西条约》（Anglo-Brazilian Treaty of 1827）期满，没有续订。《阿尔韦斯·布兰科关税》提高关税。
1845 年	卡西亚斯镇压了法罗皮利亚起义。
1850 年	《凯罗斯法案》废除了奴隶贸易。
1851 年	巴西开辟了第一条通往欧洲的轮船航线。
1852 年	毛阿创办了亚马孙轮船航运公司。
	巴西介入阿根廷事务，助其推翻罗萨斯。
1854 年	巴西开始进入铁路时代。
1857 年	若泽·德·阿伦卡尔的小说《瓜拉尼》出版。
1865 年	阿根廷、巴西和乌拉圭联合起来对抗巴拉圭。
1867 年	巴西向国际交通运输开放了亚马孙河。
1870 年	三国同盟打败巴拉圭。
	共和党发布宣言党纲。
1871 年	《自由法》规定所有母亲为奴隶的儿童均是自由民。
1873 年	抵达巴西的意大利移民数开始超过葡萄牙移民数。
1874 年	横越大西洋的电缆交付使用。
1873—1875 年	教会和国家就"王权至上论"发生冲突。
1885 年	《萨赖瓦－科特日皮法》宣告所有年届 60 岁的奴隶获得自由。
1888 年	《黄金法》废除了奴隶制。
1889 年	皇帝佩德罗二世被军队废黜，共和国建立。

共和国时期

1890 年	政教分离。
1891 年	新宪法颁布。
1893 年	海军起义威胁到了共和国。
1894 年	第一位文官总统就职。
1895 年	传教区被授予在巴西的居民，这有利于解决和阿根廷的边界争端。
1897 年	卡努杜斯被破坏，宗教神秘主义者——安东尼奥·孔塞 499

列罗去世。

1900 年　　　　　阿马帕和法属圭亚那的边界纷争以有利于巴西的方式得到解决。

1902 年　　　　　《内地的反叛》和《迦南》出版。

1903 年　　　　　《彼得罗波利斯条约》把阿克里让给巴西。

1906 年　　　　　《陶巴特协定》开始稳定咖啡价格。

第三届泛美会议在里约热内卢召开。

1907 年　　　　　第二届海牙和平会议召开，巴西第一次参加世界性会议。

1910 年　　　　　《印第安人保护法》颁布。

1917 年　　　　　巴西对德国宣战并加入协约国。

1920 年　　　　　巴西第一所大学成立，取代了分散的学院。

1922 年　　　　　现代艺术周给民族文化带来了反思。

科帕卡巴纳起义——尉官派运动开始。

1924—1927 年　　普雷斯特斯纵队穿越内陆。

1930 年　　　　　起义使热利奥·瓦加斯掌权。

1932 年　　　　　圣保罗起义引发内战。

1937 年　　　　　"新国家"体制建立。

1942 年　　　　　巴西对轴心国宣战。

1944 年　　　　　一支远征军被派往欧洲。

1945 年　　　　　军方废黜了瓦加斯。

1946 年　　　　　新宪法颁布。

1950 年　　　　　瓦加斯再次当选为总统。

1954 年　　　　　瓦加斯自杀。

1960 年　　　　　首都迁往内陆的巴西利亚。

1961 年　　　　　雅尼奥·夸德罗斯当选总统，随后辞职。

议会制度建立。

1963 年　　　　　议会制度被国家公民投票否决。

1964 年　　　　　军方废黜了若昂·古拉特，被清肃的国会选举温贝托·卡斯特洛·布兰科为总统。《第一制度法》通过。

1965 年　　　　　《第二制度法》强加给巴西各政党一些法律准则。

500 1967 年　　　　新宪法颁布。阿图尔·达·科斯塔－席尔瓦将军举行总统就职典礼。

1968 年　　　　　军事政变使科斯塔－席尔瓦获得独裁大权。《第五制度法》通过。

1968 年	新宪法颁布。
1974 年	巴西经济增长步履蹒跚并开始衰退；外债猛增。
1978 年	人们为回归文官政府和民主政治的骚动日增。
1979 年	政治特赦令颁布。
1985 年	军人走下政治舞台，将政府重新交给人民。巴西恢复民主政治。
1988 年	新宪法颁布。
1992 年	总统费尔南多·科洛尔·德·梅洛被弹劾。

葡萄牙语词汇表

501 *Aldeia*：教会村庄。一种村落。多用于指称殖民时期由宗教教团进行管理的印第安人定居点。

Bandeira：旗队。殖民时期的一种武装探险队，他们为了抓捕印第安奴隶或寻找黄金而深入内陆探险。

Branco：布兰科。一位白人，高加索人种。

Bolas：套牛绳。一种由粘连在皮带或者绳索尾端的石球组成的飞弹武器，高卓人用于投掷并套牢猎物。

Caatinga：卡汀珈。在巴西东北部干旱地带发现的未充分开发的、空置的森林。

Caboclo：卡布克罗人。或指一种欧洲化的印第安人，或指一种父母各为白人和印第安人的巴西人。

Candomblé：康德布雷。一种深受非洲影响的巴西民间宗教。

Cangaceiro：土匪。干旱内陆的一种强盗或不法分子。

Capitão-mor（复数，*capitães-mor*）：加必丹末。正式授予地方军队指挥官的一种军衔。

Carioca：里约热内卢城的本地人或与之相关的人。

Casa grande：种植园内的大房子，乡村贵族的住宅。

Caudilho：考迪罗。一种强有力的领导者，通常指一个党派或者一届政府内对其下属拥有绝对权威的首脑。

Colégio：三年制中学预科；七年制高中教育的第二阶段。

Conto：匡托。与1000克鲁塞罗等值的货币单位，写作 *Cr*\$100000。1942年以前，等值于1000密尔雷斯（*milreis*，巴西在1942年以前的一种货币单位）。

502 *Coronel*（复数，*coroneis*）：乡绅“上校”。自治市的平民政治领袖。建基于这种政治领袖的政治控制体系被称为 *coronelismo*。

Correição：矫正。一种对公职人员行为的官方调查方式。

Côrtes：葡萄牙国会。

Crioulo：克里奥尔人。出生于巴西的黑人。

Cruzeiro：克鲁塞罗。1942年11月1日起替代密尔雷斯的一种巴西货币单位。

Degredados：流放犯。多用于指称16世纪被送往巴西作为他们刑罚的少数葡萄牙罪犯。

Devassa：不道德行为调查。对政府官员行为的一种检查或问询。

Distensão：减压。一个在1974年以后使用的词汇，指称威权统治的逐渐放松和文官立宪政府的恢复。

Emboada：外来人。某一地区当地人对外来者的贬称。在18世纪的米纳斯吉拉斯，当地居民用此词汇来形容来自葡萄牙或者沿海地区、为寻求黄金和钻石而到来的冒险者。

Encilhamento：源自词语"套马鞍"，该词用于指称19世纪90年代初疯狂的金融投机时期。

Entrada：来自沿海的探险队对内陆腹地的深入。文中又指进口税、关税。

Favelas：城市贫民窟，大多数情况下在提及里约热内卢时使用。

Fazenda：庄园。种植园、牧场或农场。

Fazendeiro：庄园主。*fazenda*的所有者；规模很大的种植园主、农场主或者牧场主。

Gaúcho：高卓人。指南里奥格兰德的本地人，但字面意义上指称南部平原的牛仔。

Homens bons：有产阶级。字面意义上是"好人"（家长、户主）的意思，指称那些巴西殖民社会中属于上层阶级的人。他们的特权、权力和地位使他们有权投票选举市议员。

Inconfidência：寻求独立的巴西人之间的一种密谋。通常用于指称1789年在米纳斯吉拉斯发生的、巴西宣告从葡萄牙独立出来的那场被称作 *Inconfidência Mineira* 的密谋。

Irmandades：世俗修会。一种世俗宗教教团或兄弟会。

Lavrador：小土地所有者。

Linha dura：意为"强硬路线"，指称认定必须由军队进行统治以"净化" 503 国家的一个右翼军官小团体。

Macumba：马库姆巴。一种深受非洲影响的巴西民间宗教。

Mameluco：马穆鲁克人。白人和印第安人的混血后代。

Maranhense：马拉尼昂居民。

Mascate：商贩。字面意义为"小商小贩"；18世纪中被用于指称早期商人阶层，有时是贬义的。

Massapê：巴西东北部发现的一种肥沃的、非常适宜种植甘蔗的黏土。

Mazombo：马松博人。出生于新大陆、父母为欧洲高加索人种的巴西人。

Mineiro：米纳斯吉拉斯州的居民。

Município：自治市。以一个市镇及其周边为界的行政区划。大致相当于一个县。

Ouvidor-mor：审判长。巴西殖民政府中的大法官职位。

Pardo：一种棕色人种，一个对有色人种的通称。

Paulista：圣保罗人。圣保罗州的居民或与之相关的人。

Poder moderador：仲裁权。1824年宪法规定的政府第四分支。它使皇帝有权监督传统的三大分支并使之平衡。君主制衰落后，军队自行承担起超出法律权限之外的责任来实施该权力。

Prêto：具备非洲人生理特征的黑人。

Procuradores dos mestros：殖民时期巴西以一些市议会为基础的商人代表。

Provedor-mor：殖民时期巴西政府财务主管职位。

Quilombo：逃奴堡。逃跑的奴隶们建立的殖民地；这些殖民地存在于巴西内陆，直到1888年奴隶制被废除。

Rancho：木棚。牧人或旅行者用于休憩或避难的简陋小屋。

Reinol（复数，*reinóis*）：殖民时期暂时或永久居住于巴西的、旧大陆出生的葡萄牙人。相反的词汇为*mazombo*（马松博人）。

Relação：葡萄牙或殖民时期巴西的高等法院。

Residência：司法调查。在政府官员任期结束前对其行为进行的一种正式调查。

Riograndense：南里奥格兰德州的居民或与之相关的人。

504 *Senado da Câmara*：市政府，特别是市议会。

Senhor de engenho：糖厂主，通常引申为种植园主。

Senhor de terras：大土地所有者。

Senzala：种植园中的奴隶宿舍。

Seringueiro：橡胶采集者。

Sertanejo：居住在内陆干旱地区的人，边远地区居民，拓荒者。

Sertanista：印第安专家。非常了解内陆干旱地区的人。通常指称北部地区

受雇的、为贸易和商业出谋划策的人。

Sertão：内陆干旱地区。指巴西内陆、偏僻地区或腹地。该词汇特别指称巴西东北部腹地。

Sesmaria：赠地。由葡萄牙和殖民时期的巴西授予的土地。

Tenente：尉官派。陆军中尉。

Tenentismo：下级军官中的一场始于20世纪20年代初的改革运动，对瓦加斯的上台发挥了至关重要的作用。

Tropas de resgate：猎奴队。在内陆搜捕印第安人以用作奴隶或将之作为奴隶出售的人。

Tropeiro：商旅马队。畜群役者。通常是带着货物往返穿越巴西的行商。

Vaqueiro：牛仔。大多数情况下该词汇用在对东北部的描述中。

Visitação：探视。对公职人员行为的一种官方调查。

Xango：尚高。一种深受非洲影响的巴西民间宗教。

作为历史的小说：一篇书目述评

　　自 19 世纪中叶至今，巴西小说家用笔记录并探究他们的社会。他们的作品提供了一笔丰富遗产，记录了巴西的社会环境以及巴西人民对这种环境的顺从或反抗。在描述和分析的同时，他们的小说也表明了他们的情感和态度。这些对现实的反映极具史学价值，它们用独特的视角去洞察过去，对理解巴西经验非常必要。这篇文章主要关注被翻译成英文的小说，推荐了 24 部有这种视角和洞察力的作品。遴选的这些文章并不具有广泛的代表性。对那些有能力阅读葡萄牙文的人来说，一个更加丰富的小说宝库等待着被发现和开发。

　　这篇文章关注在特定的时间里记录社会和周围环境的小说家们。和历史学家不同，他们中的绝大部分人不是试图重现过去；相反，他们更关注同时代的东西。当然，他们的作品后来又成为过去的证据。为了探究社会表层下的事实，他们举例说明个人的生活模式与人们相互之间以及与他们的社会制度之间的关系。通常个人描述的是更大社会力量的象征，而且这种象征构建开始了那些多样化的、有益的，有时具有煽动阐释性的小说。小说通常被证明仅仅是人们的日常生活、交际和情感的同时代记录——这些记录往往细节丰富、意味深长。当然这里讨论的小说提供了特定的个人经历下对地方背景的详情描述，还增加了本书刻意强调的巴西制度史受人欢迎的部分内容。

这篇文章也推荐了少数这样的小说，它们是为了透视具有重大 506
社会和政治意义的问题而重现过去的小说流派代表。那些小说家无
限制地援引过去作为他们当前的例证。

巴西小说家们看起来通常能够理解他们社会观察力的重要性。
事实上，他们曾花费相当多的时间和精力来讨论他们在记录、调
查甚至塑造的巴西（社会）现实时的作用。在令民众愉悦的同时，
他们感觉自身有着更大的使命：进行指引。没有一位小说家比若
泽·德·阿伦卡尔（José de Alencar，1829—1877 年）追求的目标
更高。他至少在三篇文章中概括了作为一名作家的社会目标。作为
一名多产的作家，他自觉地开始通过小说去定义民族历史、民族意
识和民族主义。困扰于巴西人"外国风俗习惯"价值观的危险，他
试图通过创作一种"在灵感和形式上巴西人固有的"文学来引起人
们对"真正的民族口味"的注意并加强。他传达的民族文学起源于
巴西的独特美、与众不同的生活方式以及传统美德。他通过四个系
列的小说对印第安的过去、乡村生活、城市生活以及伟大的历史时
刻进行了详细描述。那些小说把从南部到东北部的范围作为故事背
景，并且跨越了巴西从殖民时期到 19 世纪中期的历史。阿伦卡尔
15 部小说的丰富遗产使关于民族自我认知和认同的话题探讨变得富
有生气。

不幸的是，阿伦卡尔只有一部小说《伊拉塞玛》（*Iracema*）被
翻译成英文。这本书于 1865 年问世，英文翻译版本注明的日期是
1886 年（London: Bichers & Son），1978 年再版。作者在这部简
短、看起来过于简单化的小说里聚焦于他判断为在巴西民族形成过
程中至关重要的各种不同的主题：通过种族通婚建立的一个"新种
族"；欧洲的文化优势以及欧洲人意识形态的胜利；印第安人的角
色地位；由原始状态到民族国家的转变；以及在新的、男性占据主

导的社会中女性的边缘化。很明显，民族、民族国家和民族主义的先验主题使多产的阿伦卡尔着迷。任何想要读这部推荐的小说的人都最好先查阅里亚·勒迈尔（Ria Lemaire）的一篇具有洞察力的文章《再读〈伊拉塞玛〉：巴西国家统一性建构中妇女表现出的问题》（"Re-Reading *Iracema*: The Problem of the Representation of Women in the Construction of a National Brazilian Identity," in *Luso-Brazilian Review*, 26, no. 2 [Winter 1989], 59–73）。

在若热·阿马多（Jorge Amado，1912—2001年）于20世纪大部分时间里发表的小说中，他对历史和历史方法论的关注与阿伦卡尔差不多。他自觉地记录了"我们州（巴伊亚）的生活、风俗、语言"。为了"把巴伊亚的生活、风景如画的特征、奇怪的人性写到自己的小说中"，和蔼可亲的阿马多和他巴伊亚同胞中的各个阶级的人密切交往。例如，为了写反映廉价公寓生活的《汗水》（*Suor*，1934年），他曾居住在巴伊亚的萨尔瓦多的旧城部分的一家廉价公寓中。事实上，阿马多曾夸耀他为"收集材料"所做的贡献，这些现实的材料中浸透着他想象的细节。他一度指出："为了把我的那些小说（其中可能有不足之处，但是它们都有一个共同的特征：作者绝对诚实）结合成为一个整体，我尽力寻找那些人，和他们生活在一起，我从童年开始就居住在可可种植园内，我的青少年时期在州首府的咖啡馆里度过，我在整个州内旅行，通过所有的交通工具穿越巴伊亚，听到并见过巴伊亚人中间最漂亮的人以及最奇怪的人。"阿马多将现实和想象密切结合在一起的做法与负责任的历史学家必须运用想象从"事实"中提取出最大意义的方法论并不冲突。阿马多的小说储存了一笔社会细节的财富，这很难，如果不是说不可能的话，在其他著作中找到。

阿马多笔下涌现出多部小说，其中很多被译作英文，翻译得极具魅力。作为拥有最多非裔巴西人口的城市——这座城市因此也充满了非洲影响——的居民，他详细描写了非裔巴西人，特别是穆拉托人以及他们在巴西社会的地位。《茹比亚巴》（*Jubiabá*，1935 年；英译本，New York: Avon, 1984）叙述的是一个名叫安东尼奥·巴尔杜伊诺（Antônio Balduíno）的街头男孩的生活，他后来成为一名马戏团拳击手、民谣歌手、劳动者和工会积极分子。作为一名穆拉托人，他成为绝大多数巴西人的象征：穷困、未受过良好的教育但是能够理解自己的兴趣和力量。在他们的背后是生产的重担，他们为巴西提供了劳动力。巴尔杜伊诺推论："一旦黑人罢工，一切都停止了，起重机停转，路面电车停运，光明在哪里？……黑人就是光明，他们是路面电车。黑人和贫穷的白人，他们都是奴隶，但是他们手中掌握一切。伙计们，我们罢工吧！因为罢工就像项链。假如我们联合起来，它将非常漂亮。"三分之一个世纪过后，阿马多创作了他关于种族关系的最好的小说：《奇迹的帐篷》（*A Tenda dos Milagres*，1969 年；英译本，New York: Knopf, 1978），这样一部力作零散而又明白无误地以第一位非裔巴西历史学家、著名的曼努埃尔·R. 克里诺（Manuel R. Querino）的生活为依据。种族关系、城市贫困和劳工联合主义构成了《沙滩地区的长官们》（*Capitães* 508 *da Areia*，1937 年；英译本，New York: Avon, 1988）写作的一部分背景。主题关注的是无家可归的儿童，它是既难以为父母提供足够数量的职业又难以为年轻人提供社会公益服务的城市化的巴西的结果。这一问题在 20 世纪的第二个二十五年使阿马多感到惊慌，而在这一世纪的最后二十五年中遍布城市社会。

《暴力大地》（*Terras do Sem Fim*，1942 年；英译本，New York: Knopf, 1945，多次再版）位列阿马多最重要的小说。它讨论了基本制度：包括了土地的所有权和使用，以及劳动法规。情节关注的是奥拉西奥·西尔韦拉（Horácio Silveira）和茹卡（Juca）、西奥·巴达罗（Sinho Badaro）在谁的沃土上能够种植可可树的争论，可可是巧克力的一种原材料，也是出口财富的一个来源。这部小说详细叙述了土地的所有权是如何获得、扩大、维持、开发和丧失的，并且记述了所有这些过程里涉及的政治、社会和经济制度。它全神贯注于可可土地，但是也同样精确地描绘了糖料种植园、养牛场或者咖啡庄园。主题包括大自然的伟大、两性关系、父权制度、劳动制度（特别是劳役偿债制）、文化冲突和边界扩张等贯穿全书。

阿马多对民间文化的专注极大地适应了巴西小说家描写普通人的明确传统——这是他们对使我们更好地理解过去的主要贡献之一。他们关心的事和历史学家对精英们的专注形成了鲜明对比。两部早期的小说开启了这种模式。在《一个民兵军官的回忆录》（*Memória de um Sargento de Milícias*，1852—1853 年；英译本，Washington, D.C.: Pan American Union, 1959）中，曼努埃尔·安东尼奥·德·阿尔梅达（Manuel Antônio de Almeida，1831—1861 年）集中研究大约在 1820 年发生的里约热内卢的流浪汉英雄莱昂纳多（Leonardo）的冒险行动。通过对当地习俗的详细描绘和用令人着迷的都市视野来审视巴西独立前夕繁荣的帝国首都的生活，他使自己创作的作品充满了活力。阿尔弗雷多·德埃斯克拉格诺莱·陶奈（Alfredo d'Escragnolle Taunay，1843—1899 年）在他的《因诺森西亚》（*Inocência*，1872 年；英译本，New York: Macmillan, 1945）中提供了相似的视野来观察乡村民间习俗。通过描述马托格罗索偏远内陆的日常生活，这部小说阐明了父权制度的普遍性——书中强调了"荣誉"、传统，以及妇女的次要、附属地位。作者同样介绍了变革的挑战，极少有成功的迹象。因诺森西亚用自己死亡的下场反抗着传统。过去依然继续着。

马里奥·瓦加斯·劳洛萨（Mario Vargas Llosa，1936 年—　　）并不是巴西人。但是他的史诗体小说《世界末日之战》（*La Guerra del Fin del Mundo*，1981 年；英译本，New York: Avon, 1985）被认为是关于 1896—1897 年卡努杜斯冲突最具有洞察力的记录。具有洞察力的作者证明了自己对于民间社会和它的重要性非同寻常的理解力。根据发生在"新耶路撒冷"内部和其外部：在里约热内卢，在萨尔瓦多的巴伊亚，以及在进攻的军队内部的事件，作者将小说划分成了各部分。伴随着深切的关注和敏锐的观察，瓦加斯·劳洛萨提出了卡努杜斯为什么会存在，它对于它的乡间居民以及巴西的政治与经济精英们而言意味着什么，以及为什么政府决心铲除它这些历史问题。几乎没有人可以如此流畅而又知识渊博地讲述这一引人入胜的史诗——和悲剧！

若泽·林斯·多·雷戈（José Lins do Rego，1901—1957 年）的《恩热纽侍从》（*Menino do Engenho*，1932 年）、《杜奥迪尼奥》（*Doidinho*，1933 年）和《班吉》（*Bangüe*，1934 年）这三部小说被翻译为英文并且合并为一册，取名为《种植园男孩》（*Plantation Boy*, New York: Knopf, 1966）。通过一个男孩成长为年轻小伙的经历，林斯·多·雷戈向读者介绍了在一个糖料种植园和在州首府城市的生活方式，正像现代化在 20 世纪初挑战着乡村和城市的传统并获得了胜利。

咖啡推动了现代化的胜利。塞西利奥·J. 卡尼罗（Cecílio J. Carneiro）在他的小说《篝火》（*A Fogueira*，1941 年；英译本，New York: Farrar & Rinehart, 1944）中讨论了诸如咖啡种植园里的生活和移民等这样重要的主题。在小说中，埃利亚斯·拉布（Elias Arbe），一位叙利亚人，在 20 世纪初移民巴西。他在咖啡上发了财后来又因此而破产。事实上，作者的父母就是从叙利亚移民而来的，虽然他出生在米纳斯吉拉斯的内陆。也正如其他的小说一样，这个故事的情节也融入了作者的自传元素。

描绘巴西内陆的经典小说依然是由若昂·吉马良斯·罗莎（João Guimarães Rosa，1908—1967 年）创作的《魔鬼在内陆》（*Grande Sertão: Veredas*，1956 年；英译本，New York: Knopf, 1963）。小说对内陆的创新研究，在一个崇高的层面上，是从哲学的角度思考人类的命运、勇气和相互关系；在另一个，也是更加世俗的层面上，它描绘了米纳斯吉拉斯内陆的植物群、动物群，以及强盗的日常生活。

对乡村民众生活更加熟练的审视来自格拉西亚诺·拉莫斯（Graciliano Ramos，1892—1953 年）之手。表面上，他的小说《艰辛岁月》（*Vidas Secas*，1938 年；英译本，Austin: University of Texas Press, 1969）是多余的。法比亚诺（Fabiano），他的妻子，维多利亚（Victoria），他们的两个儿子，以及他们的狗，巴莱亚（Baleia），苦于巴西东北部干旱内陆的旱灾，在一间废弃的小屋内避难并被一场大雨拯救。后来，另一场旱灾和严苛的条件使他们走上另一段旅途。除此之外，它敏锐地观察贫穷的农村民众的生活、日常事务和信仰。两个主题占据主导：民众和土地的关系，普通人作为他或她既不能创建又不能影响并且显然不能改变的制度的牺牲品。这些特征部分是由于他们的环境而形成的，部分是由于压在他们头上的制度而形成的。宿命主义，传统的关键部分，渗透了他们的脑海。法比亚诺曾经有三次反抗压迫他的那些制度的机会。一次是他和他的老板——地主的对抗；另一次是他在灌木丛中遇到了曾经在镇上折磨他的警察；第三次是一些强盗邀请他加入到他们的行列之中。他放弃了每一次机会。拉莫斯描绘了一个令人难忘的农民形象。

　　城市的发展也吸引了小说家们的注意。五年之内先后出现的两部非常重要的小说对在 20 世纪内将会重新塑造巴西的一种趋势做出评论。第一部是阿卢伊西奥·阿泽维多（Aluísio Azevedo，1857—1913 年）的《陋室》（*O Cortiço*，1890 年；英译本，New York: Robert M. McBride, 1926）反映了在一个焦虑不安的变革时代里的里约热内卢城。这部小说引起人们的注意部分是由于作者对社会问题的关注，但主要是由于它提供了观察普通人日常生活事务的视野。作者用这部小说让读者注意变革中的城市环境及其复杂性。城市的一个方面就是它普遍的贫穷；另一方面是它允许的社会流动。这部小说以很大的篇幅讨论了这两个主题。但是，更加仔细地阅读这小说会发现关于其他主题的更多信息和洞察力：例如生活方式、民族主义、社会冲突、妇女的地位、贫穷的非人性方面、种族关系。小说中的一些人物扮演着象征性的角色。例如，里塔·巴亚纳（Rita Bahiana）体现了"巴西性格"。非裔巴西人贝托莱萨（Bertoleza）代表着巴西的过去，而白人若昂·罗芒（João Romão）代表着未来。葡萄牙移民热罗尼莫（Jeronymo）的巴西化过程为丰富这部小说提供了另一种人物象征。阿泽维多为观察 19 世纪末这座主要的巴西城市提供了一个有益的视角，指出了城市化快速发展带来的问题和压力。

　　几乎在同一时间，里约热内卢无产阶级的生活也被作为主题反映在阿道弗·卡米尼亚（Adolfo Caminha，1867—1897 年）的《善良的黑人》（*Bom Crioulo*，1895 年；英译本 *The Black Man and the Cabin Boy*，《善良的黑人和男侍童》，San Francisco: Gay Sunshine Press, 1982）里。作为一名开拓者，卡米尼亚引进了两个独特的主题：第一，非裔巴西人作为主角；第二，公开的同性恋。黑人水手和白人侍童间的关系部分发生在一艘海军舰艇上，因此提供了一个描绘海军生活的独特视野（卡米尼亚曾在海军服役），还有一部分发生在里约热内卢港口，这代表了更多普通人的生活方式。

若阿金·马里亚·马沙多·德·阿西斯（Joaquim Maria Machado de Assis，1839—1908 年）仍然享有巴西最伟大的小说家的盛誉。他所谓的三部小小说（minor novels）和五部大小说（major novels）都有英译本并且备受好评。他的每一部小说都提供了对 19 世纪里约热内卢上层阶级——以及那些渴望走向上层的人的有益的洞察。《一个小赢家的墓志铭》（*Memórias Póstumas de Brás Cubas*，1880 年；英译本，New York: Noonday Press, 1956）描述的是 19 世纪上半叶里约热内卢资产阶级社会；而《参赞艾尔斯回忆录》（*Memorial de Aires*，1908 年；英译本，Berkeley and Los Angeles: University of California Press, 1972）谴责了在这一世纪后半叶精英的不负责任。它构成了一场过渡礼来告别过去。最以历史为导向的大小说是《以扫和雅各》（*Esaú e Jacó*，1904 年；英译本，Berkeley and Los Angeles: University of California Press, 1965），它以 1869—1894 年的首都为背景，因此涵盖了奴隶解放以及从帝国到共和国的转变这段时间。在这个政治寓言中，同卵双胞胎，佩德罗（Pedro），一名君主主义者，和巴勃罗（Pablo），一名共和主义者，为了争夺同一个女子——象征巴西的弗洛拉（Flora）的爱情而斗争。在《三个悲哀的种族：巴西文学中的种族认同和民族意识》（*Three Sad Races: Racial Identity and National Consciousness in Brazilian Literature*, Cambridge: Cambridge University Press, 1983）一书的 70—98 页中，戴维·T. 哈伯利（David T. Haberly）用他经过缜密思考的阐释性论文——《安全舱口内的旅行：若阿金·马里亚·马沙多·德·阿西斯》（"A Journey through the Escape Hatch: Joaquim Maria Machado de Assis"）巧妙地探究了马沙多·德·阿西斯所看到的他周围的复杂世界。

　　何为 19 世纪末 20 世纪初出现的"新巴西"？有什么东西是别 512 具意义完全"新式"的吗？巴西文学界并不赞同这种观点。他们在 20 世纪初痛定思痛的讨论拉开了内向的帘幕让人得以窥探知识分子苦恼的心灵。若泽·佩雷拉·达·格拉萨·阿拉尼亚（José Pereira da Graça Aranha，1868—1931 年）的《迦南》（Canaã，1902 年；英译本，Boston: Four Seas, 1920）揭露了思想和矛盾的骚动。小说的意义主要依靠读者对三个主要角色的见解：米莱科（Milkau）、朗茨（Lentz）、玛丽（Mary）。前两者非常容易理解：他们是对立面。米莱科可以被视作代表着发展、进步、同情、理解以及和谐；朗茨代表着传统。米莱科代表着未来并使未来理想化；朗茨使人回望过去。米莱科体现了新世界；朗茨体现了旧世界。移民的后代玛丽似乎象征着巴西——贫穷、无依无靠甚至迷茫。罗马天主教的象征主义在这种背景下非常盛行。玛丽和迦南这两个名字都引自圣经。更加微妙的是，赎罪的观念在这部小说中发挥了非常重要的作用，其中最明确的是救赎巴西民众的观念。

　　作为一名知识分子和民族主义者，格拉萨·阿拉尼亚保持着对意识形态的浓厚兴趣。一个关注的事物就在于定义巴西文明。他把巴西的过去理解为一部"在主人和奴隶形式之下的征服者与战败者"之间的斗争史，也就是"被统治者反抗统治者"的阶级之间的斗争史。在跨越时间的种族交融中，他在这部小说中察觉到斗争的缓和以及民族的创立："必要的是，在我们互相冲突的种族中，应该出现一种半种姓类型，它使自身适应于周遭环境，并拥有其他种族的一般特质，它应该战胜并全部消灭它们……那些试图更易于被接受地统治我们，并比其他任何类型都取得更大成功的人，属于同一种穆拉托类型。事实上，巴西属于他们。"在敏锐地意识到困扰欧洲的问题的基础上，格拉萨·阿拉尼亚从内部而不是向欧洲寻找解决巴西问题的方案。

在《迦南》出版二十年后，格拉萨·阿拉尼亚参与了现代艺术周。在那个场合，他声明：

> 这里的文明起源于一个熔炉。这种融合产生了这样一种"文明"：它并不专属于欧洲人，它是由我们的自然环境和居住在此的混合种族创造的。这种文明还仅仅只有一个大致轮廓，没有特定特征，但对于创立一个真正的民族来说，这是一个起点。欧洲文化不应该用来施加欧洲人的统治，也不能作为一个模仿的模式，而应该作为一个工具来建立这片土地、这里的人民以及依然存在的原始野性的元素之外的新东西。我们对文化解放的渴望是这种新文明已经出现在我们中间的标志。

513

这一声明概括了出现在《迦南》中的观念。这种连续性强调了在整个 20 世纪期间知识分子越来越关注的民族认同和民族观念问题。它构成了民族活力和生命力的核心。马歇尔·C. 埃金（Marshall C. Eakin）在他有益的《格拉萨·阿拉尼亚〈迦南〉中的种族和意识形态》（"Race and Ideology in Garça Aranha's *Canaã*," *Ideologies & Literature*, 3:14 [September–November, 1980], 3–15）中建议进一步分析格拉萨·阿拉尼亚和他的小说。

影响深远的现代艺术周创造了探寻民族性格的小说中最具挑战性和最独特的其中一部：《马库纳伊玛》（*Macunaíma*，1928 年；英译本，New York: Random House, 1984），由马里奥·德·安德拉德（Mário de Andrade，1893—1945 年）创作。民间传说混合着寓言，这部经典"小说"——安德拉德称它为一部狂想曲——寻找巴西人生活的根和结构。一个"没有性格的英雄"，马库纳伊玛，融合了所有种族，所有民族特性以及巴西历史的所有阶段。在完美地概括了现代艺术周的目标的基础上，安德拉德追求文化独创性并谴责文化依赖性。大多数读者都需要智力路线图来走完阅读这部简短而又复杂的小说的全程。戴维·T.哈伯利在他的《三个悲哀的种族》第 135—160 页中提供了极好的一份：《丑角：马里奥·德·安德拉德》（"The Harlequin: Mário de Andrade"）。

与历史学家不同的是，小说家们的作品中通常包含妇女。女性出现在小说的书页中，与之相对，她们被拒绝进入历史文本。通过查阅小说，我们可以大量地了解女性在整个巴西历史上所发挥的作用。颇具魅力的《海伦娜·莫利日记》（*Minha Vida de Menina*，1942 年；英译本，New York: Ecco Press, 1977）是 1893—1895 年间米纳斯吉拉斯的迪亚曼蒂纳小镇上的一个年轻女孩所写的详细日记。对这份文件的分类提出了一些问题。毕竟，这是一位年轻女士所保留的日记的原始文献。虽然如此，行动和谈话沿用了一种令人回想起自传体小说的风格。《海伦娜·莫利日记》包含了从女性的视角观察乡下日常生活的丰富细节。

拉谢尔·德·凯罗斯（Rachel de Queiroz，1910—1978 年）的《三个玛丽亚》（*As Tres Marias*，1939 年；英译本，Austin: University of Texes Press, 1963）讲述了 20 世纪 20—30 年代三个年轻玛丽亚在塞阿拉的省会福塔莱萨长大成人的故事。三个人感受到了妇女面临不平等、教育和职业限制以及对她们自身性感受的定义时的挫折。透过凯罗斯的眼睛，读者可以看到某一个特定时段的巴西，正如书中那些女性所看到的。近四十年后，她发表了《多拉，多拉丽娜》（*Dora, Doralina*，1975 年；英译本，New York: Avon, 1984），其中的女英雄流露出成就感和满足感，这与早期自传体小说中的多愁善感形成了鲜明对比。这种变化无疑是对其间几十年中妇女地位变化的一种赞颂。

在《星光时刻》（*A Hora da Estrela*，1977年；英译本，New York: Carcanet, 1986）中，克莱瑞思·黎思贝克特（Clarice Lispector，1925—1977 年）极其敏感地记录了从东北部移民到圣保罗城的年轻的马卡贝（Macabéa）的故事。她对自己遇到的现代性没有任何准备，这种经历使她进一步边缘化。在一个重要的层面上，马卡贝代表了一个在现代社会被孤立的女性；在另一个层面上，她又是巴西自身的历史隐喻。

最后，在政治小说领域，莱多·伊沃（Lêdo Ivo, 1924年—　）在他的《蛇窝或一个糟糕的故事》（*Ninho de Cobras*，1973 年；英译本，New York: New Directions, 1981）中提供了一个对当代极权政府的研究。小说透过阿拉戈斯州首府马塞约（Maceió）的视角观察热图利奥·瓦加斯政府，书中描述的诡计仅仅是为了规避审查员。这部小说是真正的基于 1964 年建立的军事独裁背景的讽喻。

这些巴西小说家了解他们的民族以及它的过去；他们感同身受于同胞们的情感和抱负、失望和胜利；他们充满才智和极强的洞察力；他们的文笔很好。他们对人们更好地理解巴西做出了重要贡献。在引导读者穿越巴西过去的"奇妙旅程"的同时，他们的小说充实并实际上丰富了历史研究。

索　引

（索引条目后数字为原书页码，即本书边码）

A

Aberdeen Bill 《阿伯丁议案》 145

Abertura 序幕 466, 467

Abolicionismo, O (Abolitionism) (Nabuco) 《废奴主义》（纳布科） 218

Abolition of slavery 奴隶制的废除 177, 181, 197, 203, 210-226, 241, 302-303, 315; and fall of monarchy 与君主制的衰落 229; golden anniversary of 五十周年庆典 330

Abreu, Antônio Paulino Limpo de 安东尼奥·保利诺·林波·德·阿布雷乌 175

Abreu, João Capistrano de 若昂·卡皮斯特拉诺·德·阿布雷乌 4-5, 24, 93, 158, 202, 203, 211, 324, 327

Absolutism 专制主义 69, 82, 89, 209, 464

Academia Brasílica dos Esquecidos 巴西忘却学会 101

Academia Brasílica dos Renascidos 巴西复兴学会 101

Academia dos Felizes 幸福学会 101

Academia dos Selectos 选举学会 101

Academia Scientífica 科学学会 101

Academies 学会 100, 101

Academy of Fine Arts 美术学院 114-115, 146

Ação Integralista Brasileira (Integralist party) 整合运动党；见 Integralist party, Inteigralists

Acre 阿克里 55, 247, 277, 278, 451

Adalbert, Prince 阿德尔伯特王子 222

Additional Act of 1834 1834年《补充文件》 135, 138

Afonso Henriques, king of Portugal 葡萄牙国王阿丰索·恩里克斯 19-20

Africa 非洲 210, 213-214; Brazil's relations with 和巴西的关系 425-426, 432; cultures of 文化 320; influence on Brazil 对巴西的影响 330-331; origins of slaves from 奴隶来源 43-44; Portugal and 葡萄牙与 20, 21, 23, 27; trade with 与非洲间的贸易 71, 75

African languages 非洲语言 32

Africans in Brazil 在巴西的非洲人 2, 3, 5, 48, 315–316; contribution to Brazilian civilization 对巴西文明的贡献 44–45, 318–319; imported for labor 输入的劳动力 41, 42–45（参见 Slaves, slavery）; prejudice against 对～的偏见 316; 参见 Afro-Brazilians

Afro-Brazilian religion (*Candomblé; Xangó; Macumba*) 非裔巴西人宗教（康德布雷；尚高；马库姆巴）44

Afro-Brazilians 非裔巴西人 45, 56, 97; in abolitionist movement 在废奴主义运动中 218–219; contribution of 贡献 319–323; in literature 在文学中 507, 511; in rebellion against Dutch 参加反荷兰的起义 52, 53; study of 研究 330

Afro-Indo-Iberian traditions 非洲－印第安－伊比利亚传统 125

Agrarian economy/nation 农业经济／国家 170, 178, 225, 227, 377–379

Agrarian reform 土地改革 203, 437, 438–439, 478–480, 481

Agrarian sector 农业部门 307; traditional patterns in 传统模式 469–470

Agricultural exports 农产品出口 227

Agricultural output 农业产值 402–403

Agricultural regime 农业政权：proponents of continuation of 支持继续 369–370; slavery and 奴隶制与 225

Agricultural settlements 农业殖民地 48–49

Agricultural societies 农业社会 165

Agriculture 农业 34, 97, 144, 180–181, 247, 326, 350, 370; Brazilian/Portuguese relations in 巴西人／葡萄牙人与～的关系 70; changes in 农业变化 417–418; coastal areas 沿海地区 69; in development of Brazil 对巴西的发展 68; for export subservience 为出口服务 35; farming methods 耕作方法 378–379, 417; labor supply 劳动力供应 248; Pernambuco 伯南布哥 28–29; as source of Brazil's wealth 作为巴西的财富来源 62, 105, 246, 268; structure of 农业结构 63–64

Aguirre, Atanasio 阿塔纳西奥·阿吉雷 189–190

Air transport 航空运输 365–366

Alagoas 阿拉戈斯 46, 136

Alberto, João 若昂·阿尔贝托 351

Albuquerque, Joaquim Arcoverde de 若阿金·阿尔科韦德·德·阿尔布开克 281

Albuquerque, Visconde de 阿尔布开克子爵 177

Aldeias (villages) 教会村庄 33–

34, 91

Alencar, José de 若泽・德・阿伦卡尔 203-204, 506

Algarve 阿尔加维 20

Aliança Nacional Libertadora (ANL) (National Liberation Alliance) 民族解放联盟 353-354

Aliança Renovadora Nacional (National Renovating Alliance, ARENA) 国家革新联盟 455-456, 463, 464, 466

Allies (World War I) 协约国（第一次世界大战） 304, 305

Almeida, Cipriano José Barata de 西普里亚诺・若泽・巴拉塔・德・阿尔梅达 106

Almeida, Manuel Antônio de 曼努埃尔・安东尼奥・德・阿尔梅达 147, 508

Almeida Júnior, José Ferraz de 若泽・费拉斯・德・小阿尔梅达 324

Alves, Castro 卡斯特罗・阿尔维斯 219

Alves, Francisco de Paula Rodrigues 弗朗西斯科・德・保拉・罗德里格斯・阿尔维斯 264, 266, 268, 270, 272, 277, 297, 305; successor to 继任者 306

Alves, Márcio Moreira 马尔西奥・莫雷拉・阿尔维斯 460

Alves Branco Tariff 《阿尔韦斯・布兰科关税》 142, 157

Amado, Jorge 若热・阿马多 248, 331, 408, 413, 489-490, 506-508

Amapá 阿马帕 50

Amazon Basin 亚马孙河流域 15; messianic movements in 救世主运动 300-301

Amazonas (province) 亚马孙（省、州） 49, 88, 90, 247, 285, 291, 292, 451; budget 财政预算 419; income from rubber 橡胶收益 288; intervention in rubber industry 卷入橡胶工业 293; slaves freed in 解放奴隶 219

Amazonas Theater 亚马孙歌剧院 289-290

Amazonian Bank 亚马孙银行 292

Amazon region 亚马孙地区 88; coffee industry in 咖啡工业 152; development of 发展 485-488, 491; exploiting 开发 285-294, 445

Amazon River 亚马孙河 10, 12-15, 49, 50; opening to international trade 开放国际贸易 59, 181, 185, 285

Amazon Steam Navigation Company 亚马孙汽轮航运公司 159-160

Amazon Valley 亚马孙河流域 97, 285, 377

American Chamber of Commerce 美国商会 314

American Revolution 美国革命 80, 110

Américo, Pedro 佩德罗・阿梅里科

194

Amerindians 印第安人；见 Indians

Anchieta, José de 若泽·德·安谢塔 33

Anderson Clayton (co.) 安德森·克莱顿（公司） 469

Andrade, Mário de 马里奥·德·安德拉德 329-330, 513

Andrade, Oswaldo de 奥斯瓦尔多·德·安德拉德 326, 328

Andreoni, João Antônio (nom de plume André João Antonil) 若昂·安东尼奥·安德烈奥尼（笔名安德烈·若昂·安东尼尔） 100

Anglo-Saxon culture 盎格鲁－撒克逊文化 314

Angola 安哥拉 32, 43, 52, 53; Brazil's relations with 巴西与～的关系 81, 130; slaves from 奴隶来源 43, 44; trade with Brazil 与巴西的贸易 42-43

Anti-Americanism 反美主义 399, 424

Anti-Communism 反共产主义 381, 456, 459, 460, 461-462

Anti-Portuguese sentiment 反葡萄牙情绪 131-132, 136, 343

Antonil, André João 安德烈·若昂·安东尼尔；见 Andreoni, João Antonio (nom de plume André João Antonil)

Apóstolo, O (newspaper) 《信徒》（报纸） 228-229

"April Package" "四月包裹" 464

Aranha, José Pereira da Graça 若泽·佩雷拉·达·格拉萨·阿拉尼亚 274-275, 317, 328-329, 512-513

Aranha, Manuel Guedes 曼努埃尔·格德斯·阿拉尼亚 45

Architecture 建筑 360; Brasília 巴西利亚 404; Rio de Janeiro 里约热内卢 87, 146, 164; Salvador 萨尔瓦多 86; in urban centers 在城市中心 68

Argentina 阿根廷 3, 12, 169, 217, 235, 282, 283-284, 403, 431; and control of Plata network 与控制拉普拉塔河网 185-186, 189, 190-191, 192-193; Europeanization 欧洲化 253; and Missions territory 传教区 276, 277; rivalry with 敌对 297; unification of 统一 229; war with 战争 131

Argentine Confederation 阿根廷联邦 186, 187

Army 陆军／军队 327, 332; in overthrow of republic 在推翻共和国的过程中 346; rebellion by officers of 军官起义 337-338; reorganization of 重组 297; 参见 Military

Arns, Ernest 埃内斯特·阿恩斯 464

Arns, Paulo Evaristo 保罗·埃瓦里斯托·阿恩斯 480

As Artes na Bahia (Querino) 《巴伊

亚艺术》（克里诺）　321

Arts　艺术　194, 328, 407; European influence on　欧洲的影响　326-327

Aryen, L', son role social (Lapouge) 《雅利安人，上帝之子》（拉普热）316

Asia, Asians　亚洲　22, 23, 27, 62, 425-426, 432, 482; rubber production　橡胶生产　291, 292; prejudice against　对（亚洲人）的偏见　316

Assassination(s)　暗杀　302, 345

Assembly (legislature)　制宪会议（立法机关）126-128, 236; control of　对制宪会议的控制 179-180; Pedro II and　佩德罗二世与　175-176; in republic　共和国时期　238-239

Assis, Joaquim Maria Machado de　若阿金·马里亚·马沙多·德·阿西斯　206, 233, 274, 314, 408, 511

Assunção, A (Carlos)　《亚松森》（卡洛斯）2, 103

Asunción　亚松森　191, 192, 196

Ateneu, O (The Athenaeum) (Pompéia) 《雅典娜神庙》（庞培娅）205

Atlantic Ocean　大西洋　10, 57

Automotive industry　汽车工业　406

Aves sin Nido (English title: *Birds without a Nest*) (Turner)　《无巢之鸟》（图尔纳）253

Avila, Diaz d'　迪亚斯达维拉　74

Aviz, house of　阿维什王室　35, 83

Azevedo, Aluísio　阿卢伊西奥·阿泽维多　205, 322, 324, 510-511

B

Babenco, Héctor　埃克托·巴本科 490

"Bachianas Brasileiras"　《巴西的巴赫》407

Backlands　内陆　299, 302; 参见 Sertão

Bahia　巴伊亚　30, 57, 70, 90, 146, 152, 174; Africans in　非洲人　43, 44; archbishop of　大主教　32; captaincy 总督辖区　88; cattle industry in　养牛业　71, 72; conflict in　冲突 247-248, 249; diamonds discovered in 发现钻石　67; engineering school in　工学院　241; and fall of monarchy 君主制衰落　233; High Court (Relação) in　高等法院　87; *inconfidência* of　密谋　104, 111; and independence　与独立　121; political parties　政党　177; population 人口　96; as port of trade　作为贸易港口　75; prime ministers from 来自~的首相　176; racial composition of　种族构成　318; revolts in　起义　136; slave revolt in　奴隶起义 221-222; social protest in　社会抗议　137; sugar mills　糖厂　34; tobacco production in　烟草生产

71

Bahian Conspiracy 巴伊亚密谋 106,
109-110

Baklanoff, Eric 埃里克·巴卡兰奥
夫 433

Balaiada Rebellion 巴拉亚达起义
136, 137, 139

Balzac, Honoré de 奥诺雷·德·巴
尔扎克 201

Banco da República 共和国银行 241

Banda Oriental del Uruguay 乌拉
圭东岸地区 131

Bandeirantes 旗队 4, 47, 55-57, 58-
61, 90, 97, 99, 288; and cattle industry
与养牛业 72; discovery of gold
发现黄金 66, 67; and national
unity 与民族统一 60; treatment
of Indians 给印第安人的待遇
303

Bandeirante tracks 旗队的路线 161

Bandit hero 绿林好汉 301, 489

Banditry 强盗行为 301-302

Bangüe (Rego) 《班吉》(雷戈) 509

Bank notes 银行纸币: issues of
的发行 158, 452

Bank of Brazil 巴西银行 113,
118, 132, 293, 336; second 第二
家 157, 158

Banks, banking 银行, 银行业 158,
161, 162, 241, 307; foreign 外国
158

Bantu 班图人 44, 320

Barbarism 野蛮 255, 256, 316

Barbosa, Ruy 鲁伊·巴尔博扎
234, 236, 241, 282, 284, 305, 425;
campaign for presidency 竞选总
统活动 296-297

Barbuda, Júlio 儒利奥·巴尔布达
325

Barcelos (town) 巴塞卢斯 (城镇)
88

Barren Lives (Ramos) 《艰辛岁月》
(拉莫斯) 510

Barreto, Afonso Henriques de Lima 阿
丰索·恩里克斯·德·利马·巴雷
托 274, 322

Barreto, Luís Pereira 路易斯·佩
雷拉·巴雷托 208

Barreto, Mena 梅纳·巴雷托 303

Barreto, Tobias 托比亚斯·巴雷托
199

Barros, Prudente José de Morais e
普鲁登特·若泽·德·莫赖斯-
巴罗斯 182, 238, 246-247, 264,
265, 267, 268, 297, 302

Bastos, Aureliano Cândido Tavares
奥雷利亚诺·坎迪多·塔瓦雷
斯·巴斯托斯 180-181

Bastos, Justino Alves 茹斯蒂诺·阿
尔维斯·巴斯托斯 451

Batista, Cícero Romão 西塞罗·罗
芒·巴蒂斯塔 300

Batlle, José 若泽·巴特列 245

Belém 贝伦 33, 57, 59, 159, 271,
288, 418; became modern city 转
变为现代化的都市 289, 290, 294;

founding of 建立 49; government of Maranhão transferred to 马拉尼昂政府迁至 88; rubber exports 橡胶出口 286, 293; seat of government in 政府所在地 50; *senado* of 市议会 93; as port of trade 作为贸易港口 75

Belo Horizonte 贝洛奥里藏特 271, 330

Benavides, Salvador Correia de Sá e 萨尔瓦多·科雷亚·德·萨－贝纳维德斯 53

Benci, Jorge 若热·本奇 46

Benedictines 本笃会 32

Bering Strait 白令海峡 16

Bernardes, Artur 阿图尔·贝尔纳德斯 306, 385; presidency 总统任期 333-334, 336-337, 338, 372

Bishoprics 主教辖区 31, 50; African 非洲 32

Bittencourt, Machado 马沙多·比当古 302

Bixorda, Jorge Lopes 若热·洛佩斯·比克索拉达 42

Blacks 黑人 47, 317, 318; and/on Brazilian history 与/于巴西历史 320-321; manumitted 解放的 81, 108; in novels 在小说中 331; social position of 社会地位 322-323; 参见 Afro-Brazilians; Slaves; slave labor

"Bleaching" theory "漂白"理论 317-318

Board of Conscience and Religious Orders (*Mesa da consciência e Ordens*) 道德和宗教秩序委员会 85

Board of Revenue (*Junta da Fazenda*) 税务署 88

Bocaiúva, Quintino 金蒂诺·博卡伊武阿 182, 234, 276

Boff, Leonardo 莱奥纳多·博夫 480

Bolivia, Bolivians 玻利维亚, 玻利维亚人 3, 186, 235, 277, 374

Bom Crioulo (The Good Blackman) (Caminha) 《善良的黑人》(卡米尼亚) 205, 322, 511

Bonfim, Manoel 马诺埃尔·邦芬 316-317

Bonfire, The (Carneiro) 《篝火》(卡尼罗) 509

Bonifácio, José 若泽·博尼法西奥; 见 Silva, José Bonifácio de Andrada e

Bopp, Raul 劳尔·博普 331

Boundaries 边界 61, 91, 186; delineation of 划定 194, 276-280

Bourbon, Tereza Cristina Maria de 泰雷扎·克里斯蒂娜·玛丽亚·德·波旁 171

Bourgeoisie 资产阶级 70, 150, 341

Braga, Ernani 埃尔纳尼·布拉加 328

Braganza (royal house) 布拉干萨 (王室) 3, 52, 82, 83, 126; in

Brazil 在巴西的 111-116, 125

Branco, Humberto de Alencar Castelo 温贝托·德·阿伦卡尔·卡斯特洛·布兰科 449-453, 455-457, 458; death of 去世 459

Brandão, Ambrósio Fernandes 安布罗西奥·费尔南德斯·布兰当 99-100

Brandão Júnior, Francisco 弗朗西斯科·小布兰当 208

Bras, Venceslau 文塞斯劳·布朗斯; 见 Gomes, Venceslau Brás Pereira

Brasil, Joaquim Francisco de Assis 若阿金·弗朗西斯科·德·阿西斯·布拉西尔 236

Brasil, Potência Militar (Brazil, A Military Power) (Vasconcelos) 《巴西, 军事强国》(瓦斯康塞洛斯) 424

Brasil entre as Cinco Maiores Potências... (Brazil among the Five Major Powers...) (Gomes) 《巴西, 世纪末崛起的五大强国之一》(戈梅斯) 424

Brasília 巴西利亚 403-404, 422, 486

Brasília University 巴西利亚大学 460

Brazil Company 巴西公司 53

Brazilian Academy of Letters 巴西文学会 328-329, 361

Brazilian and Portuguese Bank 巴西和葡萄牙银行 158

Brazilian Anti-Slavery Society 巴西反奴隶制协会 218

Brazilian Bishops National Conference 巴西全国主教会议 490

Brazilian Civil Code 《巴西民法典》83, 307

Brazilian Democratic Movement Party (PMDB) 巴西民主运动党 466, 475-476, 482

Brazilian Highland 巴西高原 10, 15

Brazilian Historical and Geographical Institute 巴西历史和地理学会 138, 194, 211

"Brazilianization" 巴西化: of Brazil 巴西的 327, 342-343; of government 政府的 139; of immigrants 移民的 364-365

Brazilian Mothers' Union 巴西母亲联盟 459

Brazilian people 巴西民族 99; characteristics of 特征 6

Brazilian Socialist party 巴西社会主义党 431-432

Brazilian Tenement, A (Azevedo) 《陋室》(阿泽维多) 510-511

Braziliense, Américo 阿梅里科·布拉西里恩塞 182

Brazilwood 巴西红木 24, 28, 29, 34, 49, 62, 63

Brazilwood monopoly 巴西红木的垄断 25, 76-77, 111

Brecheret, Vítor 维托尔·布雷谢雷特 327

Breves, Joaquim José de Sousa　若阿金·若泽·德·索萨·布雷维斯　155

Brilhante, Josuíno　朱苏伊诺·布里良特　301

British Guiana　英属圭亚那　278

Brito, Farias　法里亚斯·布里托　339

Brizola, Leonel　莱昂内尔·布里佐拉　437, 440

Brotherhood of the Santíssimo Sacramento　萨克拉门托神圣兄弟会　184

Budget deficits　预算赤字　336, 435; military dictatorship　军事独裁　453

Bueno, Maria　玛丽亚·布埃诺　407

Buenos Aires　布宜诺斯艾利斯　159, 169, 186, 410

Bureaucracy　官僚机构: colonial period　殖民时期的　87–89, 96; in period of nation building　国家建立时期的　116

Burgundy, house of　勃艮第王朝　83

Business and industrial community　商业界和工业界　367–368, 458, 465

Business growth　商业发展　162, 163

C

Cabanagem Rebellion　卡巴纳仁起义　136, 137

Cabinets　内阁　141, 234, 362–363, 393, 476

Cabral, Pedro Alvares　佩德罗·阿尔瓦雷斯·卡布拉尔　23–24

Café Filho, João　若昂·小卡费, 392–393

Caixa de Conversão (Conversion Office)　兑换基金委员会　268–269, 338

Calmón, Pedro　佩德罗·卡尔蒙　254

Câmara, Helder　埃尔德·卡马拉　459, 464

Camarão, Felipe　费利佩·卡马朗　52

Caminha, Adolfo　阿道弗·卡米尼亚　205, 322, 511

Caminha, Pero Vaz de　佩罗·巴斯·德·卡米尼亚　18, 24

Caminhos Antigos e o Povoamento do Brasil, Os (Old Roads and the Peopling of Brazil) (Abreu)　《巴西的老路和民众》（阿布雷乌）　203

Campinas　坎皮纳斯　418

Campista, David　戴维·坎皮斯塔　295

Campos, Francisco　弗朗西斯科·坎波斯　356, 364, 448

Canaã (English title: *Canaan*) (Aranha)　《迦南》（阿拉尼亚）　274–275, 317, 512, 513

Cannibalism　食人行为: Indians　印第安人的　17–18

Canning, Sir Stratford　斯特拉特福德阁下罐头制造业　124

Canudos folk community　卡努杜

斯民间社会 197, 248-257, 299, 302, 509

Cape of São Roque 圣罗克海角 49

Cape Verde 佛得角 43

Cape Verde Islands 佛得角群岛 22, 30

Capital 资本 157, 158, 161, 162, 170, 241, 307; in industrialization 工业化 311, 371

Capital investment 资本投资 241-242, 260, 375, 422

Capitalism 资本主义 167, 173, 198, 226, 227, 240, 247; coffee and 咖啡与 260; and cultural values clash 与文化价值观的冲突 299; Europe 欧洲的 29; greed in 贪婪 256; incorporating rural folk into 乡民融入 248-257; transition to 转变 150

Capítulos de História Colonial (Abreu) 《殖民历史篇章》（阿布雷乌） 4-5, 211

Captaincies 总督辖区 27-30, 34, 66, 67, 68, 88-89, 119; government in 政府 82; hereditary 世袭 50, 88, 90; population 人口 96; royal 皇家 88, 90; in South 南部的 55

Captains of the Sands (Amado) 《沙滩地区的长官们》（阿马多） 489-490, 508

Capuchins 托钵僧 32

Caramurú (adventurer) 卡拉穆鲁

（冒险家） 30, 38

Cardinalate 红衣主教 281

Cardoso, Antônio Dias 安东尼奥·迪亚斯·卡多佐 52

Caribbean 加勒比海地区 65-66, 152-153, 213

Carlos, Francisco de São 弗朗西斯科·德·圣卡洛斯 103

Carmelites 加尔默罗会修士 32

Carne, A (The Flesh) (Ribeiro) 《肉欲》（里贝罗） 205

Carneiro, Cecílio J. 塞西利奥·J. 卡尼罗 509

Carpenter, Frank G. 弗兰克·G. 卡彭特 263-264

Carvalho, Francisco Coelho de 弗朗西斯科·科埃略·德·卡瓦略 49-50

Carvalho, José da Costa 若泽·达·科斯塔·卡瓦略 174-175

Carvalho, Ronald de 罗纳德·德·卡瓦略 327-328

Casa da Suplicação (Lisbon) 申诉委员会（里斯本） 85, 87

Casa Grande e Senzala (English title: *The Masters and the Slaves*) (Freyre) 《奴隶主和奴隶》（弗雷雷） 330, 426

Castile 卡斯蒂利亚 20

Casilhos, Júlio de 儒利奥·德·卡斯蒂略斯 242

Castlereagh, Viscount 卡斯尔雷子爵 123-124

Castro, Domitila de 多米蒂拉·德·卡斯特罗 117

Castro, Fidel 菲德尔·卡斯特罗 426, 438, 439

Castro, Hebe María Mattos de 赫柏·玛丽亚·马托斯·德·卡斯特罗 255

Castro, Paulo Rabello de 保罗·拉贝洛·德·卡斯特罗 484-485

Cattle 牛 5, 59, 73

Cattle drives 驱赶牛群 73-74, 75

Cattle raising 养牛业 71-75, 203, 247

Cattle ranches 养牛场 26, 74-75, 97

Caudilhos 考迪罗 95, 137, 347, 382

Cava, Ralph della 拉尔夫·德·拉·卡瓦 254-255

Caxias, Duque de 杜克·德·卡希亚斯；见 Silva, Luís Alves de Lima e

Ceará 塞阿拉 49, 90, 415-416; *aldeias in* 教会村庄 91; and independence 与独立 121; millenarianism 千禧年主义 299-300; slaves freed in 解放奴隶 219

Cearense, O (newspaper) 《交通报》 301

Celso, Afonso 阿丰索·塞尔索 319, 325, 331, 339

Censorship 审查制度 357, 365, 391, 456, 459, 460, 464, 475; relaxation of 放松 382, 466

Center West (region) 中西部（地区） 15, 418, 422

Central government 中央政府 82, 340, 358; in constitution of 1891 1891年宪法 237; limits on power of 权力的限制 387; in Salvador da Bahia 巴伊亚的萨尔瓦多 86; 参见 Government

Central Intelligence Agency 中央情报局 443

Centralism 中央集权主义: and regionalism 和地方分权主义 423; of Vargas 瓦加斯的 366-367

Centralization 中央集权 90, 125, 349, 353, 449; with court in Brazil 与巴西王室 115; issue in political parties 与政党问题 177; in military dictatorship 与军事独裁 456-457; under Pedro I 佩德罗一世时期的 128-129, 134; in period of nation building 国家建立时期的 139, 140; states' rights vs. 地方州权和～间的对抗 356; under Vargas 瓦加斯时期的 367

Central School 中央学校 164

César, Antônio Moreira 安东尼奥·莫雷拉·塞萨尔 252

Chamber of Deputies 众议院 129, 132, 237, 428, 430, 467; and abolition of slavery 与废除奴隶制 212; corporative representatives to 席位代表 353; strength of principal parties in 主要党派力量 385

Change(s) 变化/变革转变 3-4, 6, 259, 381; challenge of 的挑战 313-379; and continuity 和连续性 6, 197-257; in countryside 农村的 414-418; Vargas and 瓦加斯与 384-385

Charles X, king of France 法国国王查理十世 133

Chaves, Nelson 纳尔逊·查维斯 419-421

Chiefs of state 政府长官 85-86

Children 儿童: degradation of 的堕落 445; in literature 在文学中 508; well-being of 的福利 489-491

Chile 智利 160, 169, 235, 282, 363

Christie, William D. 威廉姆·D. 克里斯蒂 195

Christie question 克里斯蒂问题 195

Church-state relations 教会和政府/国家的关系 82, 83, 92, 198, 228-229; in Second Empire 第二帝国时期的 183-185; separation of 政教分离 197, 236

Cinema Nôvo 新电影 407-408

5 de Julho (magazine) 《7月5日》（杂志） 340-341

Cisplatine Province (Banda Oriental del Uruguay) 内普拉丁省（乌拉圭河东岸） 121, 131, 133, 186

Cities 城市 6, 70, 97, 169, 199-201, 257; as bellwether of change 成为变革的领头羊 218; cultural life in 文化生活 274; factories in 工厂 308; growth of 的增多 123; material progress in 物质进步 271-273; migration to 向～移民 309, 360, 481; modernization and 现代化与 315, 409-414; new ideas in 新思想 314; in/and politics 参与政治 197; regional differences 地域差异 418; representatives at court in Lisbon 在里斯本法庭的游说议员代表 93; sources of political power 作为权力来源 361-363; street violence in 街头暴力 478, 490; 参见 Urbanization

Civilian government 文官政府 294, 296, 459; restoration of 恢复 464

Civlización y Barbarie (English title: Life in the Argentine Republic...) (Sarmiento) 《文明与野蛮》（萨尔米恩托） 253

Civilization (Brazil) 文明（巴西） 4, 5, 165, 512-513; African contribution to 非洲人的贡献 44-45; Afro-Brazilians in 非裔巴西人 319-320; basis of, in African slave labor 基于非洲奴隶的劳动 210-211; blending of races/cultures in 种族/文化融合 96;

Church and 教会与 31; hybrid 混合 48; Indians and 印第安人与 17; uniqueness of 独特性 330

Civil service 行政机关 309, 384

Civil War (U. S.) 美国内战 156, 196, 212

Class 阶级 80-81, 254, 322-323

Clastres, Pierre 皮埃尔·克拉斯特雷斯 256

Clerc, Jean-François du 让-弗朗苏瓦·德·克莱克 50

Cleveland, Grover 格罗弗·克利夫兰 243, 276

Clube Militar 军事俱乐部 231-232, 332, 333

Clube 3 de Outubro 10月3日俱乐部 348-349

Coastal belt 沿海地带 10-12; settlement of 殖民地 48, 50

Coastal trade 沿海贸易 75-76, 159

Coches, Des (Montaigne) 《论车马》（蒙田） 19

Cochrane, Lord, Earl of Dundonald 科克伦领主敦唐纳德伯爵 124

Código, Filipino《腓力法典》 83

Coelho, Duarte 杜阿尔特·科埃略 28, 29, 96

Coffee 咖啡 303, 304, 326; dominance of 主导地位 63, 141, 260-265, 312, 378, 417-418, 452; as motor of change 作为变革原动力 149-157

Coffee civilization 咖啡文明：end of 的终结 350-351

Coffee class/elite/oligarchy 咖啡阶级／精英／寡头 155, 173, 178, 267-268, 311, 315, 332, 336, 351; power of 权力 244, 313, 334, 342, 343-344, 367, 384

Coffee exports 咖啡出口 118, 149-150, 154-155, 168, 169, 260-261, 307, 349

Coffee industry 咖啡工业 149, 260, 292, 379; transportation needs 运输需要 160-161

Coffee Institute 咖啡协会 338

Coffee marketing 咖啡销售方式 350; government in 政府 338

Coffee plantations 咖啡种植园：labor on 的劳动力 211, 215-217, 223; in literature 在文学中 509

Coffee planters 咖啡种植园主 228-229; and fall of republic 与共和国的衰落 346; and federal government 与联邦政府 265-266, 267-270; and industrialization 与工业 311; power of 的权力 245-247, 341

Coffee politics 咖啡政治 339, 340

Coffee prices 咖啡价格 162, 241, 311, 341, 344, 389

Coffee production 咖啡生产 247, 260, 261*t*, 312, 350, 371; government regulation of 政府的

管理 269-270

Coffee sales 咖啡销售 161, 338, 349-350

Coffee states 咖啡州: in election of presidents 总统大选中的 297, 333, 338, 343-344; political power of 的政治大权 306

Coffee triangle 咖啡三角同盟 296, 344

"Cohen Plan" "科恩计划" 355

Coimbra 科英布拉 102

Cold War 冷战 425

Colombia 哥伦比亚 153, 278

Colônia do Sacramento 萨克拉门托殖民地 54-55, 60, 86, 87

Colonial past 殖民经历/过去 227, 228, 307; slavery and 奴隶制与 225

Colonial period 殖民时期 5, 35, 37-97, 99; continuity of military dictatorship with 军事独裁与～的连续性 474-475; Salvador religious capital of Brazil in 萨尔瓦多作为巴西的宗教中心 31-32

Colonies 殖民地 3, 29

Colonization of Brazil 巴西的殖民地化 25-26; defensive 防御性 49; patterns in 模式 27-35; of the South 南部的 54-55

"Colono Prêto como Fator da Civilização Brasileira, O" (English title: The African Contribution to Brazilian Civlization) (Querino) 《非洲人对巴西文明的贡献》（克里诺） 321-322

Color, significance of 肤色的意义 316-317; 参见 Racial amalgamation

Color classification 肤色分类 317-318

Columbus, Christopher 克里斯托弗·哥伦布 22

Comando Geral do Trabalho (General Labor Command, CGT) 全国劳工委员会 436, 440

Commerce 贸易 3, 5, 25, 77; 参见 Trade

"Commercial balance" "贸易平衡" 76

Commercial Bank of Bahia 巴伊亚商业银行 158

Commercial Bank of Rio de Janeiro 里约热内卢商业银行 158

Commercial class 商人阶层 103

Commercial Code 《商业法令》 157

Commercial preference 贸易优惠协议 195

Commercial treaties 贸易协定 142

Common person 平民: in history of ideas 思想史上的 110

Communication(s) 通信 59, 90, 423; revolution in 革命 158-159

Communications networks 通信网络 263, 299, 366; local 地方 57-58

Communism 共产主义 353, 384,

430, 443; fight against 反对 450-451 (参见 Anti-Communism)

Communist party 共 产 党 335, 342, 353-354, 355, 398, 449; 参见 Partido Communista Brasiliero

Como Se Fazia Um Diputado (How a Deputy Was Created) (França Junior)《一个代表是如何产生的》(小弗兰萨) 177

Companhia Urbanizadora de Nova Capital (Urbanization Company of the New Capital) 新首都城市化公司 403-404

Companhia Vale do Rio Doce (Doce River Valley Company) 淡水河谷公司 372

Company of Jesus 耶稣会: expelled from Brazil 被驱逐出巴西 90-91; 参见 Jesuits

Comte, Auguste 奥古斯特·孔德 166, 182, 207, 208, 314

"Conciliation and reform" theory "调解和改革"理论 235

Confederação Operária Brasileira (Brazilian Labor Confederation) 巴西劳工联合会 310

Confederation of the Equator 赤道联邦 132

Congo 刚果 43, 44

Congress 国会 240, 387, 431; dissolved 解散 239; Goulart and 古拉特与 436-437, 440; and military dictatorship 与军事独裁 448-449, 456, 460, 463, 464, 466; Quadros and 夸德罗斯与 427, 428-429

Congress of Vienna 维也纳会议 116

Conselheiro, Antônio (né Antônio Vicente Mendes Marciel) 安东尼奥·孔塞列罗(内安东尼奥·维森特·门德斯·马谢尔) 248, 249-251, 252, 255, 299-300

Conselho geral (general council) 总理事会 94

Conservative party 保守党 175-176, 265

Conservatives 保守党(人)/保守主义者/保守派 135, 139, 140, 141, 157, 174, 179, 381-382, 447, 463; and abolition 与废奴 213, 218, 219, 224; clientele 候选人 176-178; in Congress 国会 451; and Goulart administration 与古拉特执政 435-436, 437, 438, 440, 441; and protectionist tariff 与保护性关税 162-163; and reforms 与改革 182

"Conspiracy of the Tailors" "裁缝起义" 109

Constant, Benjamin 本雅明·康斯坦特;见 Magalhães, Benjamin Constant de

Constituent Assembly 制宪会议 244-245, 352

Constitution(s) 宪法 108, 126, 128-129, 132, 134-135, 171, 305, 356, 372,

387, 389, 457; of 1824 1824 年宪法 134, 183; of 1891 1891年宪法 236-238, 239, 240, 267, 283, 314, 342, 351; of 1934 1934 年宪法 352; of 1937 1937年宪法 448; of 1946 1946 年宪法 387-388, 394, 395, 427-428, 436, 448; of 1967 1967年宪法 456; of 1988 1988年宪法 479, 481

Contestado 康特斯塔多 300, 302

Continuity 连续性: change and 变革和 6, 197-257; of military dictatorship with colonial period 殖民时期和军事独裁的 474-475; modernization and 现代化和 149-196

Convention of Taubaté 《陶巴特协定》 269-270, 292, 294

"Convention of the Amazon" (proposed) "亚马孙协定"（提议） 292-293

Convoy system 护航系统 76

Copacabana 科帕卡巴纳: revolt at 起义 334-335

Coroneis 乡绅"上校"（乡绅政治领袖） 95, 227, 266, 337, 394, 428; reduction in authority of 权力削弱 362, 384, 394-395, 396, 416

Corporative state 组合国家 358, 364, 386

Correia, Rivadávia 里瓦达维亚·科雷亚 303

Correio Braziliense (newspaper)

《巴西邮报》 104

Correio da Manhã (newspaper) 《马尼亚邮报》 333, 461

Correio Mercantil (newspaper) 《商业邮报》 147

Corruption 腐败 427, 451; Collor administration 科洛尔执政 484-485

Cortés, Hernando 埃尔南多·科尔特斯 10

Cortesão, Jaime 雅伊梅·科尔特桑 42

Côrtes (Portuguese parliament) 国会（葡萄牙国会） 69, 103, 116-117, 118-119, 121, 122, 124, 137; deputies representing Brazil in 巴西代表在 106, 212

Corumbá 科伦巴 411

Costa, Antônio de Macedo 安东尼奥·德·马塞多·科斯塔 185

Costa, Hipólito da 伊波利托·达·科斯塔 104

Costa, Lúcio 卢西奥·科斯塔 404

Costa Rica 哥斯达黎加 153, 281

Cost of living 生活成本 389-390, 435, 442; 参见 Inflation

Cost-of-living index 生活成本指数 451

Cotton 棉花 28, 62, 63, 70-71, 161, 162, 293, 417

Cotton exports 棉花出口 75, 80, 110

Cotton production 棉花生产 71,

156, 350

Council for India and Overseas Conquests (*Conselho da india e Conquistas Ultra-marinas*) 印度与海外征服会 84

Council of Ministers 部长会议 140, 175, 176, 431

Council of State 国务会议 135, 140, 174, 175, 179, 181

Counselor Ayres' Memoirs (Assis) 《参赞艾尔斯的回忆录》(阿西斯) 511

Countryside 农村 266, 470; change in 变革 414-418

Coup(s) d'état 政变 460-462; by military 军事 442-444, 473; of Vargas 瓦加斯 355-357

Court system 司法体系 87, 387; 参见 Judiciary, Judicial system

Coutinho, Afrânio 阿弗拉尼奥·科蒂尼奥 408

Coutinho, José Joaquim da Cunha de Azeredo 若泽·若阿金·达·库尼亚·德·阿泽雷多·科蒂尼奥 105-106, 110, 366

Coutinho, José Lino 若泽·利诺·科蒂尼奥 220

Crato 克拉图 411

Criticism 评论: by intellectuals 知识分子的 104-106, 107

Cruz, Oswaldo 奥斯瓦尔多·克鲁斯 272

"Cry of Ipiranga" "伊皮兰加呼声"

122, 144

Cuba 古巴 152-153, 210, 213, 224, 229, 272; Bay of Pigs invasion 入侵猪湾 427; Brazil's relations with 巴西同～的关系 281, 426-427, 432, 450, 477

Cuban Revolution 古巴革命 438, 439, 443

Cubism 立体派 327

Cuiabá 库亚巴 67

Cultura e Opulência do Brasil (Culture and Opulence of Brazil) (Andreoni) 《巴西的文化和财富》(安德烈奥尼) 100

Cultural change 文化变革 113-115

Cultural conflict 文化冲突 256-258, 299

Cultural dependence/independence 文化依赖/独立 327-330, 513

Cultural nationalism 文化民族主义 202-206, 331

Culture (Brazil) 文化(巴西) 138, 203, 327, 328-329; African contribution to 非洲人的贡献 318-319; in cities 城市 274

Culture (s) 文化: African 非洲 320; European 欧洲 327; marginal 边缘 16

Cunha, Euclydes da 欧克利德斯·达·库尼亚 252-253, 274, 287, 324

Curitiba 库里蒂巴 58, 418

Currency depreciation 货币贬值 371,

435

Currency emissions 货币发行 452; 参见 Paper money

D

Dance 舞蹈 204

Dantas, San Tiago 桑·蒂亚戈·丹塔斯 432

Darwin, Charles 查尔斯·达尔文 165-166

Darwinism 达尔文学说 316

Debret, Jean Baptiste 让·巴普蒂斯特·德布雷 115

Debt peonage 劳役偿债制 286, 414-415

Decentralization 地方分权 135, 179, 227, 366

Degredados 流放犯 24

Democracy 民主 358, 388; masquerade of 的假面 475-485; military and 军队与 446, 447; return to 回归 462, 465, 466-467, 472

Democratic experiments 民主实验 381-382, 392-393, 449; end of 结束 445, 455, 456

Democratic process 民主进程 393-394, 443, 449; military intervention in 军方干预 431-432

Democratic Social Party (PDS) 民主社会党 466-467

Democratization 民主化 5, 299, 381, 382-398; success of 成功 430

Demographic trends 人口趋势 226-227

Denis, king of Portugal 葡萄牙国王迪尼什一世 20

Denys, Odílio 奥迪利奥·德尼斯 393, 430

Department of Press and Propaganda 新闻和宣传部 365

Dependency 依赖性 37, 61-97, 161, 326; coffee industry and 咖啡工业和 150, 151; colonial economy and 殖民地经济和 80-82; criticisms of 批判 275; foreign economic domination and 对外经济占主导和 398-399; IMF and 国际货币基金组织和 458; industrialization and 工业化和 307-308; liberalism and 自由主义和 127; of Maranhão 马拉尼昂的 88; military dictatorship and 军事独裁和 471; progress and 进步和 165-171; shifted from Portugal to England 从对葡萄牙转移到对英国 331; single-export 单一出口 261, 312, 349; transportation networks and 运输网络和 271; 参见 Economic dependency; Political dependency

Depression (world) 经济萧条（世界） 344, 349

Deus e o Diablo na Terra do Sol

(*Black God, White Devil*) (film) 《黑心的上帝，纯洁的魔鬼》（电影） 408

Development 发展 485-491; distinct from growth 有别于增长 169, 170-171, 390-391; export economy and 出口经济与 488; hindered by slavery 奴隶制的阻碍 225; under Pedro I 佩德罗一世统治下的 134; 参见 Economic development

Developmental nationalism 发展民族主义 398-409, 457-458

Devil to Pay in the Backlands, The (Rosa) 《魔鬼在内陆》（罗莎） 509

Diálogos das Grandezas do Brasil (Dialogues of the Greatness of Brazil) (Brandão) 《伟大的巴西对话录》（布兰当） 100

Diamonds 钻石 59, 62, 67, 68, 77, 293

Diário de Pernambuco 《伯南布哥日报》 144

Diary of "Helena Morey," The 《海伦娜·莫利日记》 6, 513

Dias, Bartolomeu 巴尔托洛梅乌·迪亚斯 22

Dias, Henrique 恩里克·迪亚斯 45, 52

Dictatorship 独裁 382; of Vargas 瓦加斯的 357-358, 367; 参见 Military dictatorship

Diegues, Carlos 卡洛斯·迭戈斯 407

Diniz, Francisca Senhorinha da Motta 弗朗西斯卡·塞尼奥里尼奥·达·莫塔·迪尼斯 323

Diplomacy 外交: of Pedro I 佩德罗一世的 134; Plata basin in 在拉普拉塔河流域 186, 188-189; triumph of 的胜利 276-285

Diplomatic recognition 外交承认 129-130, 235-236

Diplomatic relations 外交关系 190; with Britain 与英国的 195; with South America 与南美 281-282; with U. S. 与美国的 195-196, 262

Diplomats 外交官 171-196

Discovery of Brazil 巴西的发现 23-27

Discrimination, racial 种族偏见 322-323

Distensão 减压 464, 472

Dízimo (title) 什一税 77

Doidinho (Rego) 《杜奥迪尼奥》（雷戈） 509

Dom Casmurro (Assis) 《沉默先生》（阿西斯） 206, 274

Domestic affairs 国内事务: in Goulart administration 古拉特执政时期的 432-433

Domestic investment 国内投资 260, 371, 403

Dominican Republic 多米尼加共和国 450-451

Dom Pedro II College 佩德罗二世

阁下中等学校 206

Dom Pedro II railroad 佩德罗二世阁下铁路 160

Donatory system 受赠人制度 27–30, 82, 85, 88

Dora, Doralina (Queiroz) 《多拉，多拉丽娜》(凯罗斯) 514

Droughts 干旱 421–422

Duarte, Anselmo 安塞姆·杜阿尔特 408

Duguay-Trouin 迪盖–特鲁安 50

Dumont, Alberto Santos 阿尔贝托·桑托斯·杜蒙特 366

Dumont plantation 杜蒙特种植园 263–264

Dutch in Brazil 巴西的荷兰人 2, 50–54

Dutch in Caribbean 加勒比海地区的荷兰人 65

Dutch West India Company 荷兰西印度公司 51, 53

Dutra, Eurico 欧里科·杜特拉 382, 388–389, 447

E

East (region) 东部（地区） 15, 418, 419

Eastern block 东方集团 424, 450

Eckhout, Albert 阿尔贝特·埃库特 51

Economic change 经济变革 307–312; in period of nation building 国家建立时期的 141–142

Economic criticism 经济批判: by intellectuals 知识分子的 104–105

Economic cycles 经济周期 63, 81, 293, 488; export dependency in 对出口的依赖 80

Economic dependency 经济依赖性 37, 61–97, 113, 369, 474

Economic development 经济发展 4, 294, 313, 381, 399–400, 491; vs. economic growth 有别于经济增长 390–391, 449, 485; foreign policy and 外交政策与 425–426; in Goulart administration 古拉特执政 435; and independence 与独立 369–370; rural reforms and 农村改革与 416; slavery hindrance to 奴隶制的阻碍 225; tensions caused by lack of 经济停顿导致的紧张状态 442

Economic growth 经济增长 149, 161–162, 260, 381; annual rates of 年经济增长率 402–403; colonial period 殖民时期 75–76; vs. development 有别于发展 390–391, 449, 485; under military dictatorship 军事独裁时期的 445, 456, 457, 463–464, 471–475; World War II and 第二次世界大战与 375–376

Economic independence 经济独立 112, 142, 369–370, 374

Economic institutions 经济制度 197

Economic justice 经济公平 416

"Economic miracle" "经济奇迹" 467, 471, 473-474

Economic mobility 经济流动性 75

Economic nationalism 经济民族主义 368-369, 370, 372-373, 383-384

Economic policy 经济政策 450; in military dictatorship 军事独裁时期的 457-458

Economic power 经济权力 197; shift of, to coffee class 咖啡阶层~的提升 274

Economic reforms 经济改革 106; proposed by intellectuals 知识分子倡导的 108; and idealism 和理想主义 108-109

Economy 经济 5, 99, 148, 259, 312, 326; under Collor 科洛尔执政时期的 483-484; colonial period 殖民时期的 70-82; control of, by Portugal 葡萄牙控制的 77-78; critique of imperial 帝国时期的批判 105-106; dependence on single product 依赖单一产品的 261, 312, 349-350 (参见 Monoculture); diversification of 多样化 7, 62, 77-78, 350-351, 369; in Dutra presidency 杜特拉总统任期内的 389; effect of world depression on 世界萧条的影响 344; effect of World War I on 第一次世界大战对经济的影响 304; government control of 政府的控制 76-77 (参见 Government role in economy); under military dictatorship 军事独裁下的 452, 464, 467-475; in period of nation building 国家建立时期的 118, 136; under the republic 共和国时期的 242; under Sarney 萨尔内时期的 478; size of 规模 477; structure of 结构 449-450; vulnerability of 脆弱性 80, 81, 369; weakness in 弱点 161-162

Ecuador 厄瓜多尔 3, 278, 282

Education 教育 115, 127, 168, 181, 206-207, 253, 490; elitist 精英 381; Jesuits and 耶稣会士与 90-91; lack of 缺乏 396-398; and upward mobility 与向上层社会流动 199, 323; Vargas and 瓦加斯与 364-365; of women 妇女的 324; 参见 Schools and schooling

Educational reform 教育改革 101, 108, 397-398

Educational Reform Law of 1879 1879年《教育改革法》 324

Eisenberg, Peter L. 皮特·L.艾森伯格 170

Elections 选举 245-246, 250, 267, 305-306, 340, 389, 423, 448, 482-

483; honesty in 诚信 394; military candidates in 军方候选人 447; military dictatorship and 军事独裁与 455, 465–466; political parties in 政党 386, 387–388, 389, 393; political structure and 政治结构与 427–428; in republic 共和国的 238–239; return to civilian rule 恢复文官统治 475; Vargas and 瓦加斯与 383

Electoral Code 《选举法》 352–353, 384

Electoral courts 选举法庭 394

Electorate 选民 181–182, 267, 297, 340, 387, 427–428, 446; growth in size of 数量增长 395–396

Electric power 电力 372–373, 401, 433; 参见 Hydroelectric power

Electrobraś 巴西电力公司 433

Elite(s) 精英: control of government 控制政府 149; and European ideas 与欧洲思想 165, 166–167, 201; and folk cultures 与民间文化 256; and independence 与独立 122, 125–126; liberalism of 自由主义 127; mercantilist mentality of 重商主义思想 307; and modernization 与现代化 165; and progress 与进步 168, 169, 170–171; and radicalism 与激进主义 439; and rebellion 与起义 138; and reform 与改革 203

El Salvador 萨尔瓦多 153, 281

Emperor 皇帝: power of 的权力 128–129

Empire 帝国 5, 361

Encilhamento 疯狂的金融投机 242, 267–268

Engenho Velho 恩热纽维利霍港 146

Engineering schools 工学院 241

English in Brazil 英国人在巴西 2; 参见 Great Britain

English in North America 英国人在北美 3

Enigma Brasileiro, O (The Brazilian Enigma) (Serva) 《巴西奥秘》（塞尔瓦） 398

Enlightenment thought 启蒙思想／启蒙运动 102; influence in Brazil 对巴西的影响 110, 120, 122, 127, 165–166, 182; penetration of, into thinking of the masses 渗透进民众思想 109–110

Entradas (duties) 由沿海深入内陆的探险／进口税（关税） 49, 77, 113, 289

Epitaph of a Small Winner (Assis) 《一个小赢家的墓志铭》（阿西斯） 511

Esaú e Jacó (English title: Esau and Jacob) (Assis) 《以扫和雅各》（阿西斯） 206, 233, 511

Escada (city) 埃斯卡达（城市） 199

Escola Superior de Guerra (Superior

War College)　高级军事学院　400, 448, 449

Escravatura no Brasil, A (Slavery in Brazil) (Brandão Júnior)　《巴西奴隶制》（小布兰当）　208

Escravidão no Brasil, A (Slavery in Brazil) (Malheiros)　《巴西奴隶制》（马列罗斯）　222

Espírito Santo　圣埃斯皮里图　34, 90

Essai sur l'Inegalité des races humaines (Gobineau)　《人种构成学》（戈比诺）　316

Estado de São Paulo, O (newspaper)　《圣保罗州报》　365

Estado Novo (New State)　新国家　357, 358, 366–367, 372–373, 382, 387, 388, 391, 392, 399, 448

Estates, large　大地产　26–27, 35, 63–64; entailing of　限定继承　135; 参见 *Latifundia*

Estigarribia, Commander　埃斯蒂加里维亚司令官　191

Estrangeiro, O (Salgado)　《外国人》（萨尔加多）　355

Europe　欧洲: adoption of capitalism　采用资本主义　29; and slave trade　与奴隶贸易　43

European ideas　欧洲思想: influence of, in Brazil　对巴西的影响　2, 165–168, 169, 198, 199, 201, 205, 207, 327–329, 506; and nationhood　与民族地位　101, 102, 103, 110, 120, 127; racial　种族方面　202, 316–318; 参见 Enlightenment thought

European institutions　欧洲制度　2, 3

Europeanization　欧洲化　253–254

Europeans in Brazil　巴西的欧洲人　2, 5, 6, 10–12, 49, 50–54; relations with Indians　与印第安人的关系　19–23; 参见 Immigrants

Europeans in the Americas　欧洲人在美洲　3

Evolution　进化　165–166

Ewbank, Thomas　托马斯·尤班克　148

Exchange rate　汇率　132, 242, 268, 311, 336; fixed　固定　268–269

Expansion　扩张　3, 21; 参见 Territorial expansion

Exploration　探险　3; Portugal　葡萄牙的　21–23, 25

Export agriculture　出口农业　469–470

Export crops　出口作物　64, 417

Export dependency　对出口的依赖　80, 81, 400

Export economy　出口经济　256–257; in interior　内陆的　488

Export-Import Bank　进出口银行　403

Export orientation　出口导向　62, 64, 150, 458

Exports　出口　141, 160, 170, 263, 271, 349, 375–376, 452, 468, 472; in Brazil's economy　巴西经济

81; colonial period 殖民时期 75; declining 下降 80, 311, 370; to Great Britain 向英国 157; growth in 增长 112–113, 307; markets for 市场 358; in World War I 第一次世界大战期间的 304; 参见特定作物项下，如 Coffee exports

Export tax 出口税 237

Exposition of 1908 1908年博览会 308

F

Fábrica Nacional de Motores 巴西国家汽车公司 452

Facó, Rui 鲁伊·法孔 254

Factories 工厂 162, 308, 309, 315; foreign-owned 外资 307

Farias, Paulo César 保罗·塞萨尔·法里亚斯 484

Farming 耕种: Indians 印第安人 18; 参见 Agriculture

Farquhar, Percival 珀西瓦尔·法夸尔 372, 399

Farroupilha Rebellion 法罗皮利亚起义 136, 139

Fascism 法西斯主义 353, 354, 359, 382

Favelas (slums) 贫民窟 360, 407, 412–413

Fazenda (s) 庄园 63–64, 151, 200, 414, 415; coffee 咖啡 152, 155–

156; description of 描述 142–144

Federal District 联邦区 272, 336; manufacturing in 制造业 377, 404

Federalism 联邦主义 134, 135, 182, 236–237, 245, 246, 366–367; became regionalism 变成了地方分权主义 266

Federalists 联邦主义者 242, 243, 244

Federalization 联邦化 179

Federal republic 联邦共和国 234, 235; establishment of 建立 197

Federal Republican party 联邦共和党 246

Feijó, Diogo Antônio 迪奥戈·安东尼奥·费若 137, 183

Feminine Republican party 妇女共和党 324

Fernando VII, king of Spain 西班牙国王费迪南七世 116–117

Fernão de Noronha (island) 费尔南多－迪诺罗尼亚岛 357

Feudalism 封建主义 27–28; 参见 Neo-feudalism

Fifth Institutional Act 《第五制度法》460–461

Figueiredo, Antônio Pedro de 安东尼奥·佩德罗·德·菲格雷多 141

Figueiredo, Jackson de 雅克松·德·菲格雷多 336–337

Figueiredo, João Baptista 若昂·巴

普蒂斯塔·菲格雷多 465-466,
472

Filho do Pescador, O (The Fisherman's
Son) (Sousa) 《渔夫之子》（索
萨） 147

Film industry 电影工业 365, 407-
408

Financial crises 金融危机 158,
162, 163, 267-268

Financial reform 财政改革 338

Financial situation 财政状况 336;
Old Republic 旧共和国 268;
under Pedro I 佩德罗一世时期
的 132; under republic 共和国
时期的 242, 244

First Brazilian Congress of Regionalism
第一届巴西地方分权主义大会
330

First Commercial, Industrial, and
Agricultural Congress of the Amazon
第一届亚马孙商业、工业和农业
会议 290-291

First Empire 第一帝国 133-134,
174, 211

First Hague Peace Conference 第一
届海牙和平会议 284

First Institutional Act 《第一制度
法》 356, 448-449

Fiscal instability 财政的不稳定: in
the republic 共和国时期的 242

Fiscal policy 财政政策: of Branco
布兰科的 452

Five Year Plan 五年计划 372-

373; second 第二个 376

Flaubert, Gustave 古斯塔夫·福楼
拜 201

Fletcher, J. C. J. C. 弗莱彻 220

Flores, Venancio 韦南西奥·弗洛
勒斯 189-190

Florianopolis 弗洛里亚诺波利斯
58, 411

Folk culture 民间文化 178, 248-
249, 256, 257, 329-330; in literature
在文学中 508; threats to 对~的
威胁 137

Folklore 民间传说 17, 329-330

Folkloric studies 民俗研究 329-
330

Folk music 民间音乐 454

Folk societies 民间社会 198, 248,
249

Folk society 民间社会: disappearance
of 的消失 257

Fonseca, Deodoro da 德奥多罗·达·丰
塞卡 231, 232, 233-234, 235-236,
238, 239, 245

Fonseca, Hermes da 埃梅斯·达·丰
塞卡 295-296, 297, 298-299, 300,
303-304, 325, 332, 333

Food and Agricultural Organization
粮食及农业组织 478

Food industries 食品工业 162,
308, 309

Food production 粮食生产 71,
470, 473, 478

Food riots 食物暴动 472

Foreign capital 外国资本 150, 163, 452; resentment of 对～的怨恨 370

Foreign companies 外国公司 286-287, 372-373; control of Brazilian business 对巴西企业的控制 452

Foreign debt 外债 132, 341, 467, 478, 482, 484

Foreign economic domination 外国对经济的垄断 398-399, 452

Foreign exchange reserves 外汇储备 376, 389, 401; 参见 Exchange rate

Foreign investment 外国投资 118, 268, 341, 399, 400, 403, 424, 426, 442, 452, 457, 458, 468; British 英国的 157; coffee and 咖啡与 260; by Japan 日本的 482; limits on profits from 限制获取利润 433-434; U. S. 美国 2, 314, 341, 452, 458

Foreign policy 外交政策 236, 276, 314; Castelo Branco 卡斯特洛·布兰科 458-459; Quadros 夸德罗斯 425-427; Rio-Branco 里奥-布兰科 280-285; Sarney 萨尔内 477

Foreign relations 外交关系 7; in Goulart presidency 在古拉特总统任期内的 432; under Pedro I 佩德罗一世时期的 131-132; under Pedro II 佩德罗二世时期的 185-193; in Quadros presidency 在夸德罗斯总统任期

内的 424-427

Foreign trade 对外贸易; 见 Free trade; Trade

Fort São José de Rio Negro 内格罗河畔圣若泽要塞 59

Fradique, Mendes 门德斯·弗拉迪克 343

França Junior, Joaquim José de 若阿金·若泽·德·小弗兰萨 177

France 法国 50, 65, 130, 264, 276-277; books about Brazil published in 出版关于巴西的书籍 280; investment in Brazil 在巴西的投资 452; mentor to Brazil 巴西的导师 201, 229, 273, 304, 314, 316; recognition of federal republic 承认联邦共和国 235

France Antartique 南极法兰西 34

Francia, José Gaspar Rodríguez de 何塞·加斯帕尔·罗德里格斯·德·弗朗西亚 188

Franciscans 方济会修士 30-31, 32

Franco, Afonso Arinos de Melo 阿丰索·阿里诺斯·德·梅洛·佛朗哥 425

Franco, Itamar 伊塔马尔·佛朗哥 484

Franco, María Sylvia de Carvalho 玛丽亚·西尔维娅·德·卡瓦略·佛朗哥 255

Freedom of expression 言论自由 176, 384

Freedom of the press 新闻自由

338; 参见 Censorship

Freemasonry 共济会 184-185

Free speech 言论自由 466

Free trade 自由贸易 108, 112, 127

French culture 法国文化 114-115

French Guiana 法属圭亚那 276-277

French in Brazil 法国人在巴西 2, 25, 26, 27, 28, 29, 34-35

Freyre, Gilberto 吉尔贝托·弗雷雷 149, 260, 330, 408, 426

Frontiers 边界 / 边境 61, 72, 97, 188-189, 194; demarcation of 划定 185, 276-280, 284

Furnas Hydroelectric Project 富尔纳斯水力发电工程 403

Furtado, Celso 塞尔索·富尔塔多 408, 422

Futurism 未来主义 326, 327

G

Gabriela, Clove, and Cinnamon (Amado) 《加布里埃拉、康乃馨和桂皮》(阿马多) 408

Galvão, Walnice Nogueira 沃纳斯·诺盖拉·加尔旺 255

Gama, Luís Felipe Saldanha da 路易斯·费利佩·萨尔达尼亚·达·伽马 242-243

Gama, Luís Gonzaga de Pinto 路易斯·贡萨加·德·平托·伽马 218-219

Gama, Silva 席尔瓦·伽马 76

Gama, Vasco da 瓦斯科·达·伽马 22, 23

Gaucho 高卓人 72-73, 99

Gaúcho politicians 高卓政治家 295

Gazeta do Rio de Janeiro《里约热内卢报》 115

Geisel, Ernesto 埃内斯托·盖泽尔 464-465

General Assembly 全体代表会议 128, 129, 135, 138-139

Geography, knowledge of 地理知识 20, 21

Geography of Brazil 巴西地理 10-15, 37, 62

Geopolitical position 地缘政治位置 425, 426

German Expressionist style 德国表现派风格 327

German immigrants 德国移民 214, 217, 304, 315, 365; messianic movement among 救世主运动 300

Germany 德国 261, 264, 306, 452; relations with Brazil 与巴西的关系 297, 304-305, 359

Gilberto, João 若昂·吉尔贝托 407

Gilicério, Francisco 弗朗西斯科·格利塞里奥 246

Globo, O (newspaper)《环球》(报纸) 211

Gobineau, Joseph Arthur de 约瑟夫·阿图尔·德·戈比诺 316

Godparent relationship (*compadrio*) 教父（母）关系 96

Goiânia 戈亚尼亚 411, 422

Goiás 戈亚斯 58, 60, 67, 90, 377, 422, 451; settlement of 对～的殖民 97

Gold 黄金 49, 58, 59, 62, 105, 293; consequences of discovery of 发现的后果 68-70; discovery of 的发现 5, 48, 66-69, 82, 87, 97; *quinto* (fifth) on 对～征收的五一税 77

Golden Law 《黄金法》223-224, 226, 229, 241

Gold exports 黄金出口 70, 75

Gold mining industry 采金业 5, 73-74, 80, 136, 203

Gold reserves 黄金储备 344, 389

Gomes Carlos 卡洛斯·戈梅斯 204-205

Gomes, Eduardo 爱德华多·戈梅斯 387, 447

Gómes, Juan Vicente 胡安·比森特·戈麦斯 347

Gomes, Pimentel 皮门特尔·戈梅斯 424

Gomes, Venceslau Brás Pereira 文塞斯劳·布朗斯·佩雷拉·戈梅斯 297, 304

Gonçalves, Barbosa 巴尔博扎·贡萨尔维斯 303

Gonzaga, Francisca H. "Chiquinha" 弗朗西斯卡·H."希基尼亚"·贡萨加 204-205

Goodyear, Charles 查尔斯·古德伊尔 286

Goulart, João 若昂·古拉特 390, 393, 411, 448, 451, 474; in exile 在流亡期间 443, 446; presidency of 总统任期内 431-438, 439-444, 475; vice-presidency of 副总统任期内 425, 429-431

Government 政府／统治 29-30, 108, 134; coffee planters and 咖啡种植园主与 265-266, 267-270; colonial period 殖民时期 82-95; concept of 总纲领 82-83; contractual 契约 235, 249, 250, 388, 394, 430, 445; Europeanized 欧洲化 178; genetic 世袭的 120, 135, 138, 171, 179, 209, 250; intervention in states' affairs 干预州事务 298-299; and labor 与劳工 310-311; military and 军队和 240, 332, 333-334, 335, 336, 346 (参见 Military dictatorship); paternalistic 家长式 238; patriarchal 父权制 249, 250; peaceful transitions 和平改变 235; in period of nation building 在国家建立时期 118-121, 125, 128-129, 136, 140-141, 148; return to civilian rule 恢复文官统治 293; and rubber industry 与橡胶工业 293; 参见 Central government

Government institutions 政府机构 83–85; local 地方 92–95; in period of nation building 在国家建立时期 115–116

Government role in economy 政府在经济中的角色 370, 372–375, 400, 467–468

Governors-general 总督 85, 87, 88–89

Grande Cidade (*The Big City*) (film) 《大城市》（电影） 407

Grão Pará Maranhão 克劳帕拉－马拉尼昂 90

Great Britain 大不列颠／英国 50; and Brazilian independence 与巴西独立 123–124; Brazil's dependence on 巴西的依赖 194–195, 201, 283, 307, 314; in Caribbean 加勒比海地区 65; commercial treaties with Brazil 与巴西的贸易协定 142; dipomatic relations with Brazil 与巴西的外交关系 129–130, 235, 305; industrialization 工业化 68; investment in Brazil 在巴西的投资 452; as market 作为市场 261, 262, 264; Portugal's relations with 与葡萄牙的关系 11–13; and slave trade 与奴隶贸易 144–145; trade with Brazil 与巴西的贸易 112–113, 130, 156–157; trade relations with Portugal 与葡萄牙的贸易关系 68–69

Great Depression 大萧条 346

Gross National Product (GNP) 国民生产总值 473–474

Growth 增长 7; development distinct from 有别于发展 169, 170–171; 参见 Economic growth

Guanabara Bay 瓜纳巴拉湾 10, 34, 243, 298

Guanabara Palace 瓜纳巴拉宫 357

Guanabara (state) 瓜纳巴拉（州） 404, 419, 455

Guaraní, O (Alencar) 《瓜拉尼》（阿伦卡尔） 204

Guararapes 瓜拉拉皮斯 53

Guatemala 危地马拉 153, 281

Gubernatorial elections 州长选举 455, 466

Gudin, Eugênio 欧热尼奥·古丁 369

Guevara, Ernesto "Che" 埃内斯托·"切"·格瓦拉 426, 429

Guiana Highland 圭亚那高原 10, 15

Gusmão, Alexandre de 亚历山大·德·古斯芒 61

Gusmão, Bartolomeu de 巴尔托洛梅乌·德·古斯芒 365–366

H

Hague Peace Conferences 海牙和平会议 284, 296, 305

Haiti 海地 66, 80, 152–153

Hapsburgs 哈布斯堡 83

Harrison, Benjamin 本杰明·哈里

森 235

Hausa 豪萨人 43

Hecht, Susanna 苏珊娜·赫克特 487

Henry, prince of Portugal ("the Navigator") 葡萄牙王子亨利（"航海家"）21, 22

Hermes da Fonseca 埃梅斯·达·丰塞卡；见 Fonseca, Hermes da

Herndon, William Lewis 威廉·刘易斯·赫恩登 12–15

High Court (Relação) 高等法院 87–88

História da Literatura Brasileira (Romero) 《巴西文学史》（罗梅罗）202

Historiography 历史编纂学 254, 302; African-Brazilian perspective on 非裔巴西人的观点 320–322

History 历史：novel as 作为~的小说 505–514

History(ies) of Brazil 巴西史 1, 4–5, 9, 100, 203, 211; teaching, in schools 学校教学 365; themes in 主题 5–6, 314–326

Hobsbawm, E. J. E. J. 霍布斯鲍姆 299

Holanda, Chico Buarque de 奇科·布阿尔克·德·奥兰达 407, 454

Holanda, Sérgio Buarque de 塞尔吉奥·布阿尔克·德·奥兰达 225, 329

Holy Alliance 神圣同盟 129

Homem, Sales Tôrres 萨莱斯·托雷斯·奥梅姆 166–167, 179

Homens bons 有产阶级 92, 94

Horta, Oscar Pedroso 奥斯卡·佩德罗索·奥尔塔 456

"Hospitalidade" (Rangel) 《好客》（兰热尔）286

Hour of the Star, The (Queiroz) 《星光时刻》（凯罗斯）514

Humaitá (fortress) 乌迈塔（要塞）191, 192, 196

Hydroelectric power 水力发电 311, 390, 401, 403, 433

Hydrographic projects 水利工程 421–422

I

Idade d'Ouro do Brasil (newspaper) 《巴西镀金岁月》（报纸）106, 107, 115

Idealism 理想主义：economics and 经济和 108–109

Ideas 思想：and modernization 和现代化 149; in/and nationalhood of Brazil 在/与巴西的国家独立 100, 101–102, 103, 105, 107, 108–109; new 新~ 198–210; 参见 European ideas

Illiteracy 文盲 6, 454

Illiteracy rate 文盲率 7, 206, 326, 387, 396; in Northeast 东北部的 421

Illiterates　文盲: in cities　城市的 412; disenfranchised　剥夺权利 237, 352; and elections　与选举 428; extension of vote to　投票的范围扩大 440, 477

Immigrants　移民 6, 47-48, 150, 169, 181, 271, 304, 317, 365, 379; Brazilianization of　巴西化 364-365; number of ～数 315; in Rio de Janeiro　里约热内卢的 114; in São Paulo　圣保罗的 481-482; in South　南部的 97; in West　西部的 422

Immigration　移民 50, 107, 210-226, 264, 325; and abolition　与废奴 214-217, 225; coffee industry and　咖啡工业与 152; decline in　减少 364; and labor supply　与劳动力供给 211, 260

Imperial College of Pedro II　佩德罗二世帝国学院 138

Import controls　进口管制 371, 401

Imports　进口 141, 157, 304, 370

Import substitution　进口替代 371, 400, 449

Income distribution　收入分配 170, 469

Inconfidência Mineira　米纳斯密谋 108-109, 127

Inconfidências　密谋 79, 104, 111, 182

Independence　独立 2, 7, 99, 109, 111, 302; centennial celebration of 百年庆典 327-328; change in Brazilian-Portuguese relations and 巴西-葡萄牙关系的变化与 70; cultural　文化 327-330; early moves toward　早期行动 79, 80, 103; economic development and 经济发展与 369-370; in foreign policy　外交政策 432; in foreign relations　外交关系 424, 426-427; intellectuals and　知识分子与 100; preparation for　做准备 116; roots of　根源 122-124; 参见 Economic independence; Political independence

India　印度 22

India Board (*Casa da India*)　印度事务委员会 84

Indian languages　印第安语 39

Indian Protection Service　《印第安人保护法》 294, 327

Indians　印第安人 2, 3, 5, 9, 15-19, 27, 28, 45, 48, 57, 137, 194, 211; in Amazon　在亚马孙 485-486; assimilation of　同化 41-42, 108; *bandeirantes'* treatment of　旗队给的待遇 303; and cattle industry 与养牛业 72; Christianization of　基督教化 30-31, 33-34, 59; concerns of intellectuals for　知识分子的关怀 107; culture of　文化 38-39; decline in number of 人数的减少 47; defeat of　被打败 49; effect of westward expansion on 往西部的扩张的影响 487-488; enslavement 奴役 33, 34, 39-41, 49, 58, 59, 78, 93; French trade with 法国人与~进行交易 50; as labor 作为劳动力 30, 34, 39-42; land clearing 清理土地 153; in literature 在文学中 204; political struggle over 政治斗争 93; Portuguese and 葡萄牙人与 24, 25, 30, 38-42, 60; in rebellion against Dutch 在反荷兰的起义中 52, 53; in rubber industry 橡胶工业 286; syncretic religion of 混合宗教 300-301; villages of Jesuits 耶稣会村庄 90-91

Indo-Afro-Iberian culture 印第安－非洲－伊比利亚文化 198, 256

Industrialization 工业化 108, 142, 162-163, 166, 168, 181, 197, 313, 315, 325-326, 381, 391, 403, 449; capital for 资金 311; cities and 城市与 6; coffee industry and 咖啡工业与 150, 260; and developmental nationalism 与发展民族主义 400-401; and economic diversification 与经济多样化 350; and fall of republic 与共和国的衰落 346; government and 政府与 370-371; growth of 增长 307-309, 434-435; heavy industry 重工业 375, 400; imposed on antiquated agrarian structures 强加于过时的农业结构之上 470; labor and 劳工与 364; under military dictatorship 军事独裁下的 453, 456, 468-469; and nationalism 与民族主义 368-379; natural resources and 自然资源与 371-372; in Northeast 东北部的 422; obstacles to 障碍 376; in republic 共和国时期 240-242; slavery hindrance to 奴隶制阻碍 225-226; and social change 与社会变化 361; under Vargas 瓦加斯执政期间 359, 384

Industrial production 工业生产 308, 371, 402

Industrial Revolution 工业革命 307

Industry(ies) 工业 246; diversification of 多样化 375; nationalization of key 国有化的关键 370; and urban growth 与城市发展 409

Infant mortality rate 婴儿死亡率 421, 490

Inflation 通货膨胀 69, 242, 267-268, 389, 406, 449, 451-452, 467, 483; brought under control 控制 427, 453, 456, 457; in Goulart administration 古拉特执政时期 435-436

Inocência (Taunay) 《因诺森西亚》（陶奈） 508

Inquisition 宗教裁判所 33

Institutional Act(s): first 《第一制

度法》 356, 448-449; fifth 《第五制度法》 460-461; second 《第二制度法》 455; third 《第三制度法》 455

Institutio Superior de Estudos Brasileiros (Superior Institute of Brazilian Studies, ISEB) 巴西研究高级学院 400, 451

Integralism 整体主义 384

Integralist party, Integralists (Acão Integralista Brasileira) 整合运动党，整体主义者 357, 385, 398

Intellectual factors, in nationhood 文化因素，在国家独立过程中 99-111

Intellectual ferment (1920s) 知识界的骚动（20世纪20年代） 326-346

Intellectual institutions 知识结构 100-102

Intellectuals 知识分子 198, 210-211, 314, 512; and democratization 与民主化 5, 382; and folk culture 与民间文化 256; influenced by European thought 欧洲思想对～的影响 201, 202; involvement in politics 卷入政治 331-332; and military dictatorship 与军事独裁 454; minority opinion among 少数人意见 337; and national identity 与民族认同 513; and nationhood 与国家独立 100-101, 102-110; and nationalism 与民族主义 370; and

people "outside of society" 与"社会之外"的人 324; in period of Old Republic 旧共和国时期 275; and Positivism 与实证主义 207; proclamation of independence 发表独立声明 335; protest by 抗议 459; and racial doctrines 与种族学说 316-319

Inter-American Peace Force 美洲和平部队 451, 459

Interior (the) 内陆 48, 49, 54, 126, 423; banditry in 强盗 301-302; cattle industry in 养牛业 72, 73; eradication of cultures of 根除～文化 253-257; expansion into 向～扩张 55-57; exploitative export economy in 受困于剥削式的出口经济 488; historical studies of 对～的历史研究 203; in literature 在文学中 509; migration to 向～移民 96-97; and modernization 与现代化 403; opened by *bandeirantes* 旗队打开了～大门 59

International affairs 国际事务 276-285, 314; 参见 Foreign relations

International Monetary Fund (IMF) 国际货币基金组织 406, 445, 453, 458, 474

International position of Brazil 巴西的国际地位 2, 10, 129-130, 280-285, 305; 参见 Foreign relations

Interpretive Law 《诠释法》 138

Iracema (Alencar) 《伊拉塞玛》

（阿伦卡尔） 204, 506

Irmandades (voluntary associations) 世俗修会（志愿者协会） 32

Iron and steel industry 钢铁工业 113

Iron-ore deposits 铁矿石储量 372, 452

Isabel, Princess-Regent 公主－摄政者伊莎贝尔 173, 224, 226

Isle of Cobras 科布拉斯岛 298

Itaipava 伊戴帕尔 361

Italian immigrants 意大利移民 216–217, 315, 365, 481–482

Italy 意大利 305, 358, 359

Itamaraty 伊塔玛拉蒂 282, 284

Itanhaém 伊塔尼亚恩 90

Ivo, Lêdo 莱多·伊沃 514

J

Jaguarão River 雅瓜朗河 278

Jagunços 粗鲁乡民 251, 252, 253, 254, 255

Jamaica 牙买加 152–153

Japan 日本: economic relations with Brazil 与巴西的经济关系 482

Japanese-Brazilians 日裔巴西人 482

Jaraguá 雅拉瓜 142–144

Jardim, Antônio da Silva 安东尼奥·达·席尔瓦·雅尔丁 182

Jesuits 耶稣会士 30–31, 32, 33, 39–40, 45, 90–91, 93; expelled from Brazil 被驱逐出巴西 41

Jesus, Caroline Maria de 卡罗琳娜·玛丽亚·德·热苏斯 412–413

João, Prince-Regent 摄政王若昂 82, 107, 111

João II, king of Portugal 葡萄牙国王若昂二世 22

João III, king of Portugal 葡萄牙王若昂三世 25, 26, 27, 29–30, 40, 85

João IV, king of Portugal 葡萄牙国王若昂四世 84, 94, 214

João V, king of Portugal 葡萄牙国王若昂五世 89, 94

João VI, king of Portugal 葡萄牙国王若昂六世 130; in Brazil 在巴西 116, 117, 122; death of 去世 131

Jobim, Antônio Carlos 安东尼奥·卡洛斯·若比 407

John Paul II, Pope 教皇约翰·保罗二世 480–481, 487

Johnson, Lyndon B. 林登·B. 约翰逊 444

Jornal do Brasil 《巴西杂志》 461

José I, king of Portugal 葡萄牙王若泽一世 41, 89

Jouigners Loide 莱德船运公司 452

Journal do Commércio 《商报》 147

Jubiabá (Amado) 《茹比亚巴》（阿马多） 331, 507

"Juca Mulato" (Picchia) 《尤察·穆拉托》（皮基亚） 322

Judiciary, judicial system　司法，司法体系　128, 237, 395, 456; reforms in 改革　181

Julião, Francisco　弗朗西斯科·茹利昂　438-439

Junot, Andoche　安多什·朱诺　111-112

Justice, administration of　主持司法　85, 87, 92

K

Kennedy, John F.　约翰·F.肯尼迪　2

Kidder, Daniel F.　丹尼尔·F.基德尔　142-144, 220

Kingdom status (Brazil)　王国地位（巴西）　5, 82, 116

Klinger, Bertaldo　贝尔托尔多·克林热　352

Koster, Henry　亨利·科斯特　91

Kubitschek, Juscelino　儒塞利诺·库比契克　393, 403, 447, 451, 460-461, 474; presidency　总统任期　401-402, 403-404, 406, 422, 423, 435, 442

L

Labor　劳动力/劳工　35, 210-226, 247-255, 436, 437, 475; agricultural　农业　248; and "economic miracle"　与"经济奇迹"　471; government and　政府与　363-364; independence of 独立　465; organized　有组织的　309-311; salaried　领薪　199, 216, 223; transition from slave to salaried　从奴隶到领薪～的转变　150; 参见 Slaves; Unions

Labor force　劳动力　30; Africans in 非洲人　44-45; Indians in　印第安人　39-42; urban　城市　411

Labor legislation　劳工立法　384

Labor shortage　劳动力短缺　3, 34, 210, 211-212, 309; abolition and 废奴与　212; and African slaves 与非洲奴隶　47; discovery of gold and　发现黄金与　69; and rubber industry　与橡胶工业　286-287; slave trade and　奴隶贸易与　42-45; and sugar industry 与制糖工业　64

Lacerda, Carlos　卡洛斯·拉瑟达　391, 427, 429, 461

Lampião (Virgolino Ferreira da Silva) 拉姆皮奥（维尔戈利诺·费雷拉·达·席尔瓦）　302

Land　土地: greed for　对～的贪婪　248; misuse of　不合理利用　479; structures　结构　168

Land clearing　清理土地　18, 153, 378

Land distribution　土地分配　26-27, 215

Landed aristocracy/class　土地贵族/地主阶级　96, 158, 230; and abolition

与废奴 229; and millenarian movements 与千禧年运动 256; new 新的 315; and political parties 与政党 178; power of 权力 227, 313; and urbanization 与城市化 146

Land grants 赠予土地; 见 *Sesmarias* (land grants)

Landholdings 土地所有（权） 144, 379, 418; concentration of 集中 470, 474, 478-479

Land ownership 土地所有权 379, 449

Land reform 土地改革 141, 178, 203, 367, 438-439, 440, 453, 470, 479-480, 481; proposed 提议 416, 437

Land utilization 土地利用 417

Language(s) 语言: African 非洲语言 32; Indian 印第安语 16, 39; Portuguese 葡萄牙语 37, 41

Lapouge, Georges Vacher de 乔治斯·瓦谢·德·拉普热 316

Latifundia (large estates) 大地产 26-27, 64, 105, 150, 225, 227, 326, 379, 381, 414, 418; abuses of 滥用 141; attacks on 抨击 313

Latin America 拉丁美洲/拉美 169, 245, 253, 359, 382; Brazil's leadership role in 巴西的领导者地位 281-283, 284, 306, 359; Brazil's relations with 巴西和～的关系 432; Europeanization of 欧洲化

253-254; racial inferiority of 种族劣等性 317

Lavradio, Marqúes de 拉夫拉迪奥侯爵 26-27, 77-78, 85

Law codes 法典: Portuguese 葡萄牙 83

Law of the Free Womb 《自由法》 177, 184, 213-214, 217

Law schools 法学院 115, 146

League of National Defense 国防联盟 327

League of Nations 国际联盟 305, 306, 425

Leão, Honório Hermeto Carneiro 奥诺里奥·埃尔梅托·卡内罗·莱昂 174-175, 176

Le Bon, Gustave 古斯塔夫·勒邦 316

Left 左翼/左倾 351, 437; and nationalism 与民族主义 398; parties of 政党 386; terrorism 恐怖主义 459

Legitimacy 合法性 126; power of 权力 89

Leme, Sebastião 塞巴斯蒂昂·莱梅 335

Leopoldina, Princess 王妃莱奥波尔迪娜 121-122

Levine, Robert M. 罗伯特·M.莱文 255

Levi-Strauss, Claude 克劳德·列维-斯特劳斯 415

"Liberal Alliance" "自由联盟"

344-345, 346

Liberalism　自由主义：of elite　精英　127

Liberal Manifesto　自由宣言　181

Liberal party　自由党　265; alternated with Conservative party　与保守党轮流掌权　175-176, 447

Liberals　自由主义者 / 自由党（人）13, 140, 174; and abolition　与废奴　213, 218, 219; clientele　追随者　176-178; Portuguese　葡萄牙　116-117; rebellion by　起义　139, 141; reform manifesto　改革宣言　179-180; reforms of　改革　182

Libraries　图书馆　100, 101, 114

Lima, Afonso Augusto de Albuquerque　阿丰索·奥古斯托·德·阿尔布开克·利马　461-462

Lima, Jorge de　若热·德·利马　330-331

Lima, Luís F. Cirne　路易斯·F. 西尔内·利马　470

Lima, Manuel de Oliveira　曼努埃尔·德·奥利韦拉·利马　221, 280

Lima, Pedro de Araújo　佩德罗·德·阿劳若·利马　137-138, 174-175

Lima Filho, Oswaldo　奥斯瓦尔多·小利马　416

"Língua geral"　"杰拉尔混合语"　16

Linha dura　强硬路线　442, 450,

454-455, 459, 460, 461-462, 463

Lins, Albuquerque　阿尔布开克·林斯　297

Lisbon　里斯本　21, 23, 49

Literacy　受教育　365, 395, 397

Literacy rates　受教育比例　323, 398, 411

Literacy requirement (voting)　对受教育程度的要求（选举）340, 427, 428

Literati　文学界　512; view of African-Brazilians　对非裔巴西人的看法　322

Literature　文学　198, 207, 407, 408; flowering of　繁荣　100, 146-147, 328; Modernist movement and　现代主义运动与　329-330; nationalism in　～中的民族主义　202; new trends in　～中的新趋势　205-206; period of Old Republic　旧共和国时期的　274-275

Literature of "remorse"　"悔恨"文学　339

Llosa, Mario Vargas　马里奥·瓦加斯·劳洛萨　509

Loans　贷款　157, 164, 268, 270, 303, 403, 444, 468

Lobata, Rita　丽塔·洛巴塔　324

Lobo, Aristides da Silveira　阿里斯蒂德斯·达·西尔韦拉·洛博　182, 234

Lobo, Edú　埃杜·洛博　407

Lobo, Eulalia M. L.　欧拉利亚·M.

L. 洛博 170

London and Brazil Bank 伦敦和巴西银行 158

Londrina 隆德里纳 411

Lopes, Isidoro Dias 伊西多罗·迪亚斯·洛佩斯 337, 351

López, Carlos Antonio 卡洛斯·安东尼奥·洛佩斯 188

López, Francisco Solano 弗朗西斯科·索拉诺·洛佩斯 189-190, 191, 192

Lorillard, G. L. G. L. 罗瑞拉德 264-265

Lott, Henrique Teixeira 恩里克·特谢拉·洛特 393, 423, 431, 447

Luccock, John 约翰·勒科克 114

Lucerno, Vasco 瓦斯科·卢塞纳 28

Luís, Washington 华盛顿·路易斯; 见 Sousa, Washington Luís Pereira de

Lusitania 卢西塔尼亚; 见 Portugal

Lusitanian culture 卢西塔尼亚（葡萄牙）文化 38-39

Luso-Brazilians 葡裔巴西人 5, 47; Indians and 印第安人与 38, 39, 91; religion of 的宗教 31

Luz, Carlos 卡洛斯·卢斯 393

M

Macedo, Ignácio José de 伊格纳西奥·若泽·德·马塞多 115-116

Macedo, Joaquim Manuel de 若阿金·曼努埃尔·德·马塞多 147

Machado, José Gomes de Pinheiro 若泽·戈梅斯·德·皮涅罗·马沙多 266, 299, 302, 303

Macunaíma (Andrade) 《马库纳伊玛》（安德拉德） 329, 513

Magalhães, Benjamin Constant de 本雅明·康斯坦特·德·马加良斯 208, 232, 234

Magalhães, Juracy 茹拉希·马加良斯 442

Malé blacks 马累黑人 43

Malfatti, Anita 阿妮塔·马尔法蒂 326-327

Malheiros, Agostinho Marquês Perdigão 阿戈斯蒂尼亚·马克斯·佩迪冈·马列罗斯 222

Maluf, Paulo Salim 保罗·萨利姆·马鲁夫 475, 476

Mamelucos 马穆鲁克人 56

Manaus 马瑙斯 271, 285, 286, 288, 411, 418; Cidade Flutuante (Floating City) 漂浮城市 413; became modern city 转变为现代化的都市 289-290; and rubber bust 与橡胶产业的崩溃 293

"Manifestation to Friendly Governments and Nations" "对那些友好的政府和国家发表声明" 129

"Manifesto of the Colonels" "上校宣言" 390

Mann, Thomas 托马斯·曼 443-

444

Manuel I, King of Portugal　葡萄牙国王曼努埃尔一世　23, 40

Manufacturing　制造业　77, 105, 113, 241, 375, 376-377

Maranhão (state)　马拉尼昂（州）49-50, 70, 80, 154-155; blacks in 在～的黑人 43, 44; bishopric 主教辖区 31, 50; cattle industry in 养牛业 72, 73; and fall of monarchy 与君主制的衰落 233; government of 政府 88; incorporated into Brazil 并入了巴西 90; and independence 与独立 121, 124; rebellion in 起义 136, 139

Marcgraf, Georg　乔治·马克格拉夫　51

"March of the Family with God for Liberty"　"上帝的儿女向自由进军"　441

Maria I, Queen　女王玛丽亚一世　83, 111, 116

Maria II, Queen　女王玛丽亚二世　131, 133

Mariana　马里亚纳　31, 68

Martins, Gaspar da Silveira　加斯帕尔·达·西尔韦拉·马丁斯　242

Martius, Karl Friedrich Philipp von　卡尔·弗里德里希·菲利普·冯·马蒂乌斯　211, 330

Marxism　马克思主义　400

Masonic Order　共济会　184-185

Masses (the)　民众　5, 6; Enlightenment ideas and 启蒙思想与 109-110; in/and literature 在 / 与文学（中）202, 203; not helped by economic growth 经济发展没有惠及民众 474-475, 478; passivity of 消极 343, 357; political role of 政治作用 122, 137, 267

Material progress　物质进步　157-165, 167, 294, 474; Old Republic 旧共和国 271-273

Mato Grosso　马托格罗索　58, 90, 186, 190, 422, 486; cattle raising in 养牛业 247; discovery of gold in 发现黄金 67; mines in 矿山 60; revolts in 起义 136; schools in 学校 206-207; settlement of 殖民 97

Mauá, Visconde de　毛阿子爵；见 Sousa, Irineu Evangelista de (Visconde de Mauá)

Maurer, Jacobina　雅各比娜·毛雷尔　300

Maurits, Johan　约翰·莫瑞斯　45, 51-52

Maxixe　玛克西塞舞　204

Mazombos　马松博人　53, 55, 70, 78, 121; conflict with *renóis* 与葡萄牙出生白人的斗争 93, 122; and independence 与独立 123

Mazzilli, Pascoal Ranieri　帕斯库亚尔·拉涅里·马济利　430, 446

Medeiros, Antônio Augusto Borges de　安东尼奥·奥古斯托·博尔

热斯·德·梅代罗斯 347

Médici, Emilio Garrastazú 埃米利奥·加拉斯塔苏·梅迪西 463-464, 473

Meirelles, Vítor 维托尔·梅雷莱斯 194

Mello, Fernando Collor de 费尔南多·科洛尔·德·梅洛 482-484

Melo, Custódio José de 库斯托迪奥·若泽·德·梅洛 239, 242

Melo Neto, João Cabral de 若昂·卡布拉尔·德·梅洛·内托 454

Memorial de Aires (English title: The Memorial of Ayres) (Assis) 《纪念艾利斯》(阿西斯) 206

Memórias de un Sargento de Milicias (Memories of a Militia Sergeant) (Almeida) 《一个民兵军官的回忆录》(阿尔梅达) 147, 508

Memórias do Cárcere (Ramos) 《狱中的回忆》(拉莫斯) 354

Memórias Postumas de Bras Cubas (English title: Epitaph of a Small Winner) (Assis) 《一个小赢家的墓志铭》(阿西斯) 206

Mendes, Sérgio 塞尔吉奥·门德斯 407

Mendonça, Salvador de 萨尔瓦多·德·门东萨 182, 243

Meneses, Diogo de 迪奥戈·德·梅内塞斯 64-65

Menino do Engenho (Rego) 《恩热纽侍从》(雷戈) 509

Mercantilism 重商主义 3, 69, 76-78, 79, 112, 113, 326; Brazilian protests against 巴西人反抗 78; of elite 精英的 307; residues of 残余 369; slavery in 奴隶制 46

Merchant class (mascates) 商人阶层 79-80

Merchants 商人 311, 362

Mesa da Consciência e Ordens (Board of Conscience and Orders) 良知和秩序委员会 40

Messianic movements 救世主运动 300-301; 见 Millenarian movements

Mestizos 梅斯蒂索人/混血儿 24, 55, 96, 97, 137

Mexico 墨西哥 3, 169, 281-282, 302, 363, 374, 403; Revolution of 1910 1910年革命 329

Middle class 中产阶级 6, 312, 367; and democratization 与民主化 383; and education 与教育 364; and folk culture 与民间文化 256; industrial 工业 396; and military intervention in politics 与军队干预政治 448, 473; and nationalism 与民族主义 370, 437; in politics 参与政治 197; and radicalism 与激进主义 438, 439, 442; and reform 与改革 315, 483; rural 乡村 418; support for tenentes 支持尉

官派　349; urban　城市　361-362; urban growth and　城市的发展与　410-411

Middle groups/sectors　中间群体/阶层　198-199, 201, 207, 226-248; and abolition　与废奴　218; lack of political power in　政治无权　267; and Positivism　与实证主义　208-210, 229-230; protest against republic　对抗共和国　343; transition to middle class　向中产阶级过渡　361; and Vargas dictatorship　与瓦加斯独裁　357; women of　妇女　323

Migration　移民: to Amazon　向亚马孙　486; to cities　向城市　379, 409, 413-414, 481; to interior　向内陆　96-97

Militarism　军国主义　296, 297-298, 325-326

Military (the)　军队/军方　3, 226-248, 453; conflict within　内部的争斗　242-243, 245; and constitutional process　与立宪进程　392-394; and democratization　与民主化　382; and economic nationalism　与经济民族主义　374; emergence of, as institution　作为一个机构出现　193-194, 230; and government　与政府　5, 240, 296, 297, 332, 333-334, 335, 336, 346, 429-432; intervention in politics　干预政治　439, 441-442, 446-448; and nationalism　与民族主义　370; and overthrow of republic　与共和国的推翻　346; position of　地位　325; and progress　与进步　253; reforms proposed by　推动改革　340-341; and Republican party　与共和党　295; role of　角色　296; and urban middle groups　与城市中间群体　244-245; and Vargas　与瓦加斯　357-358, 368, 390, 391; 参见 Army; Navy

Military Club　军事俱乐部　223

Military coup(s)　军事政变　393, 399, 442-444, 447

Military Courts of Inquiry　军事调查法庭　451

Military dictatorship　军事独裁　238, 444, 445, 446-475; assessment of　评价　467-468; and development of Amazon　与亚马孙的发展　485-486; dissatisfaction with　不满　453-455; opposition to　反对　459-460, 462-465

"Military honor" (concept)　"军人荣誉"　447-448

Military Police Sergeants Association　军队军佐协会　441-442

Military revolts　军事叛乱　341, 439-440

Military schools　军事学校　114, 207-208

Militias　国民军　94-95, 237

Millenarian movements 千禧年运动, 256, 299–301; 见 Messianic movements

Minas Gerais 米纳斯吉拉斯 90, 161, 174, 455; agriculture in 农业 378; bandeirantes in 旗队 58; blacks in 黑人 44; budget 财政预算 419; coffee industry in 咖啡工业 152, 247; coffee production in 咖啡生产 262–265, 269–270; and control of presidency 与控制总统选举 306, 343–344; discovery of gold in 发现黄金 66–67; disturbances in 动乱 78–79; entradas 进口税 77; inconfidência of 密谋 104, 111; manufacturing in 制造业 377; mines in 矿山 60, 86; municipalities in 自治市 395; and Paulista revolt 与圣保罗人叛乱 352; political parties 政党 176, 177; political power of 政治权力 119, 121, 136, 267, 303; population growth 人口增长 96; revolt in 叛乱 139, 140; and revolt overthrowing republic 与推翻了共和国的叛乱 345–346; rural capitalist class 乡村资产阶级 227; settlement 殖民 97; urban society in 城市社会 68

Mineral deposits 矿产储备: in Amazon 亚马孙 486

Mineral production 矿石产量 67–68

Minerva Brasiliense (magazine) 《巴西人的智慧》（杂志） 166

Minifundia 小庄园/小地产 414, 418

Mining 采矿业 62, 66–68, 105; and urbanization 与城市化 70

Miscegenation 种族通婚 4, 38, 41, 43, 47, 316, 330, 506

Misionário, O (The Missionary) (Sousa) 《传教士》（索萨） 205

Missionaries 传教士 5, 39–40, 59

Missions territory 传教区 276

Mitre, Bartolomé 巴托罗梅·米特雷 190

Moderates 温和派 436, 437, 438, 440, 441

Moderating power 仲裁权 128; call for abolition of 要求废止 179; of Pedro II 佩德罗二世 140, 174, 175–176; wielded by military 军方控制的 325, 332, 430, 446, 454

Modern Art Week 现代艺术周 328, 335, 512–513

Modernist movement 现代主义运动 328, 329

Modernization 现代化 4, 6, 108, 165, 169, 197–198, 226, 247, 256, 313, 325–326, 391; in agriculture 农业 469; and continuity 和连续性 149–196; education and 教育与 396, 397; elites and 精英与 315, 409–414; hindered by

slavery　被奴隶制阻碍　225-226;
industrialization and　工业化和
308-309; in political platforms　政
坛的　344; in sugar industry　制
糖工业的　169-170; and violence
与暴力　299

Moleque Ricardo, O (The Young
Man Richard) (Rego)　《年轻人理
查德》(雷戈)　331

Monarch, power of　君主权力　82-83

Monarchy　君主制/君主政体/君
主政治　7, 126, 135, 138, 139,
228-229; abolition in fall of　衰
落时的废奴　229; constitutional
立宪　120; and economic growth
与经济增长　164; fall of　衰
落　197, 229-230, 232-233, 249,
253, 259, 325

Monetary policy　货币政策: of military
dictatorship　军事独裁时期的
452-253

Money　货币: issuance of　发行
158; 参见 Paper money

Monoculture　单一作物/经营
150, 151, 168, 225, 227, 326;
attacks on　抨击　313

Monoexportation　单一出口　168,
169, 291, 369

Monopolies　垄断　76-77

Monroe, James　詹姆斯·门罗　129

Montaigne, Michel　米歇尔·蒙田
19

Monte Caseros, battle of　蒙特卡塞

罗斯战役　188

Monteiro, Euler Bentes　尤勒·本
特斯·蒙泰罗　465-466

Monteiro, Pedro Aurélio de Góes
佩德罗·奥雷利奥·德·戈埃
斯·蒙泰罗　345, 382

Montevideo　蒙得维的亚　124,
159, 187, 410

Montpellier (university)　蒙彼利埃
(大学)　102

Morias, José Gonçalves de　若泽·贡
萨尔维斯·德·莫赖斯　155

Morais, Prudente de　普鲁登特·德·莫
赖斯; 见 Barros, Prudente José de
Morais e

Moreira, Delfim　德尔芬·莫雷拉
305

Moreninha, A (The Little Brunette)
(Macedo)　《深褐色头发的小女
孩》(马塞多)　147

Moret Law　《莫雷特法》　213

Moslems　穆斯林　19, 20

Mota, Sílvio　西尔维奥·莫塔　441

Moura, Antônio Maria de　安东尼
奥·马里亚·德·莫拉　183

Movimento Democrático Brasileiro
(Brazilian Democratic Movement,
MDB)　巴西民主运动党　456,
464, 466

Movimento Militar Constitucionalista
(Constitutionalist Military Movement)
军人制宪运动　393

Mulato, O (The Mulatto) (Azevedo)

《穆拉托人》(阿泽维多) 205

Mulattoes 穆拉托人 47, 55, 56, 96, 137, 317, 318, 319, 322; in literature 在文学中 507

Mule raising 养骡业 73—74, 97

Mule trains 骡队 57—58

Multinational corporations 跨国公司 465, 468—469, 470

Municipal councils 市议会 123, 128, 148

Municipal governments 市政府 91—92; federal control over 联邦控制 362; institutions of 机构 92—93

Municipalities 自治市: control of 对~的控制 395

Murtinho, Joaquim 若阿金·穆尔蒂尼奥 268

Music 音乐 204—205, 328, 407; social themes in 社会主题 454

Mythology 神话: Tupí Indians 图皮印第安人 17

N

Nabuco, Joaquim 若阿金·纳布科 218, 224—225, 280, 283

Napoleon 拿破仑 111, 229

National Archives 国家档案馆 138

National City Bank of New York 花旗银行 314

National Coffee Council 全国咖啡委员会 350

National consciousness 民族意识 122; education and 教育与 365; in literature 在文学中 506

National Council of Statistics of the Brazilian Institute of Geography and Statistics 巴西地理和统计研究所国家统计委员会 15

National debt 国债 303; 参见 Foreign debt

National Development Council 国家发展委员会 402

National Exposition (1861) 国家博览会(1861年) 225

National Front for Redemocratization (FNR) 国家重回民主阵线 465

National Guard 国民警卫队 179, 227, 362

National identity 民族认同: intellectuals and 知识分子与 328—329, 513

Nationalism 民族主义 6, 79, 148, 280, 325—326, 365, 381, 450; of ANL 民族解放联盟的 353; in the arts 在艺术中 194, 328; cultural 文化 202—206, 331; developmental 发展 398—409, 457—458; diplomatic triumphs and 外交的胜利与 276; in fall of republic 共和国衰落时期的 342, 346; and foreign investment 与外资 433, 434, 435; and foreign policy 与外交政策 285; foreign threats and 外部威胁与 126; of Goulart 古拉特的 432—433; ignored by Dutra 杜特拉忽视的 388—389; and industrialization 和工业化 368–379; of Integralists 整体主义者的 354–355; intellectuals and 知识分子与 327; in literature 在文学中 203–204, 275, 506; military divided over 军人分化 454–455, 457–458; new form of 新形式 325; opposition to 反对 336–337; popular roots for 民众根源 254; Vargas and 瓦加斯与 313, 356

Nationalists 民族主义者 368, 370, 434; military dictatorship and 军事独裁与 451; resentment of foreign capitalists 愤恨外国资本家 458

Nationalization 国有化 342–343; of key industries 关键工业 370

National Library 国家图书馆 146, 206

National opinion 全国人民的意见 173, 175, 212; 参见 Public opinion

National Petroleum Council 国家石油委员会 373

National pride 民族自豪感 103–104, 122, 406–407; and nationalism 与民族主义 409

National Reconstruction party 国家重建党 482

National Security Laws 《国家安全法》 353–354

National Security Tribunal 国家安全法庭 354

National sentiment 民族情感 54

National states 民族国家 3, 257; emergence of 出现 20

National Steel Company 国家钢铁公司 374

National Student Union 全国学生联盟 431–432, 440, 451

Nation building 国家的建立 99–148; chaos into order 从混乱到有序 134–148

Nationhood 国家独立: psychological and intellectual formation of 心理和文化的形成 99–111

Nativism 本土主义 79, 100, 103–104, 116, 122; intellectuals and 知识分子与 101, 103, 105

Naturalism 自然主义 205, 322

Natural products 自然产品 62–63

Natural resources 自然资源 376; government control of 政府掌控 399; and industrialization 与工业化 371–372

"Navio Negreiro" (The Slave Ship) (Alves) 《运奴船》（阿尔维斯） 219

Navy 海军 124, 239, 280, 327, 332; reorganization of 重组 297; revolt by 海军叛乱 242–243, 245, 298, 302

Negreiros, André Vidal de 安德烈·维达尔·德·内格雷罗斯 42, 52

Neocapitalism 新资本主义 150, 163, 173, 197, 198, 227

Neo-feudalism 新封建主义 74,

173, 197, 227, 228

Netherlands 荷兰 52, 53, 278; slave trade 奴隶贸易 43

New Brazil 新巴西 259-312; prosperity and progress of 繁荣和进步 285

New Christians 新基督徒 33

"New Jerusalem" "新耶路撒冷"; 见 Canudos folk community

"New race" (*mameluco, caboclo*) 新种族（马穆鲁克人，卡布克罗人）38, 48, 506

New Republic 新共和国 339, 475-485

New Spain 新西班牙 88, 89, 125

Newspapers 报纸 115, 147, 461

Neves, Tancredo 坦克雷多·内维斯 475, 476

Niemeyer, Oscar 奥斯卡·尼迈耶 360, 404

Nóbrega, Manual da 曼努埃尔·达·诺布雷加 12, 30, 33

Noronha, Fernão de 费尔南·德·诺罗尼亚 25

Noronha, Júlio de 儒利奥·德·诺罗尼亚 297

North (region) 北部（地区）15, 41, 49, 418; exploration of 探险 59; French in 法国人 50; plots in 密谋 299; racial composition of 种族构成 318; settlement of 殖民地 97

Northeast (region) 东北部（地区）15, 53, 70, 110, 174, 178, 418; banditry in 强盗行为 301; conflict between rural aristocracy and merchant class in 乡村贵族和商人阶层间的冲突 79-80; economic importance of 经济上的重要性 86-87; economy of 经济 73, 254; plots in 密谋 299; poverty in 贫穷 248, 454; racial composition of 种族构成 318; underdevelopment in 不发达 419-422

Northern Europeans 北欧人 316

Nosso Brasil (Our Brazil) (Salgado) 《我们的巴西》（萨尔加多）355

Nova Friburgo 新弗里堡 214, 219

Novais, Guiomar 吉奥马尔·诺瓦伊斯 328

Novel (the) 小说 147, 203-204; blacks in 中的黑人 331; as history 作为历史 505-514; naturalist 自然主义 205

Nuns 修女 32

O

"Ô Abre Alas" (Hey, Make Way) (song) 《嗨，前进》（歌曲）204-205

Old Republic 旧共和国 150, 259-260, 312, 325, 344, 355, 361, 384, 385; ascending 上升 260-275; authority structure in 权力结构 362; decline of 的衰落

294-312; democracy under 下的民主 340; fall of 衰落 346, 363, 367; federalism of 联邦主义 366

Oligarchy 寡头政治 6, 326, 352, 353, 361; attacks on 抨击 296, 299, 313; loss of power 失去权力 351; Vargas and 瓦加斯与 362

Olinda 奥林达 33, 48, 57, 79, 110, 115, 146, 293

Oliveira, Luís de Franca 路易斯·德·弗兰萨·奥利韦拉 462

Oliveria, Vital Maria Gonçalves de 维塔尔·马里亚·贡萨尔维斯·德·奥利韦拉 184-185

Ordenações Afonsinas 《阿丰索法典》 83

Ordenações Manuelinas 《曼努埃尔法典》 83

Orellana, Francisco de 弗朗西斯科·德·奥雷利亚纳 12

Oribe, Manuel 曼努埃尔·奥里韦 187

Ouro Prêto 欧鲁普雷图 68, 123

Overseas Council (*Conselho Ultramarino*) 海外事务咨议会 84

P

Pacem in Terris and the Brazilian Reality 《和平与世和巴西现状》 · 416

Pagador de Promessas (*The Given Word*) (film) 《诺言》（电影） 408

Paiva, Alfredo de 阿尔弗雷多·德·派瓦 339

Palmares 帕尔马里斯 46-47

Panama 巴拿马 272, 281, 282

Pan-Americanism 泛美主义 284

Paper money 纸币: backed by gold 以黄金为储备的 338; issuance of 发行 132, 141, 241, 242, 303, 390; redemption of 兑现 268

Pará 帕拉 49, 88, 247, 292, 419, 451; bishopric 主教辖区 31; coffee industry 咖啡工业 152, 154-155; income from rubber 橡胶收入 288; and independence 与独立 121, 124; rebellion in 起义 136

Paradise 天堂: Brazil as 将巴西比作 1-2, 12, 103

Paraguay 巴拉圭 12, 186, 187, 193, 194, 198, 235, 282, 302; boundary demarcation with 划定边界 276

Paraguayan war 巴拉圭战争 159, 161-162, 175, 213, 230

Paraguay River 巴拉圭河 12, 190-191

Paraíba 帕拉伊巴 90, 345-346

Paraíba River 帕拉伊巴河 152

Paraíba Valley 帕拉伊巴河谷 153, 154, 212

Paraná 巴拉那 72, 161, 214, 243,

419

Paranaguá 巴拉那瓜 58, 271

Paranhos, José Maria da Silva (Visconde do Rio-Branco) 若泽·马里亚·达·席尔瓦·帕拉尼奥斯（里奥－布兰科子爵） 176, 217, 218

Paranhos, Junior, José Maria da Silva 若泽·马里亚·达·席尔瓦·小帕拉尼奥斯；见 Rio-Branco, Baron of

Parasitismo Social e Evolução, O (Social Parasitism and Evolution) (Bonfim) 《社会寄生和进化：拉丁美洲》（邦芬） 316–317

Paris, France 法国巴黎 167, 169, 201

Parliamentary system 议会制 140, 148, 431–432, 435–436; weakness of 弱点 178–179

Partido Comunista Brasileiro (Brazilian Communist Party, PCB) 巴西共产党 386; outlawed 取缔 388

Partido de Representação Popular (Popular Representation Party, PRP) 民众代表党 385–386

Partido dos Trabalhadores (Party of the Workers, PT) 劳工党 466, 482–483

Partido Republicano Conservador (Conservative Republican party) 保守共和党 266

Partido Republicano Federal (Federal Republican party) 联邦共和党 246, 265, 266

Partido Social Democrático (Social Democratic Party, PSD) 社会民主党 385, 387, 389, 393, 423, 427, 475–476, 482

Partido Trabalhista Brasileiro (Brazilian Labor Party, PTB) 巴西工党 385, 387, 389, 393, 423, 427, 431, 436

Passarinho, Jarbas 雅尔巴斯·帕萨里尼奥 453–454

Passos, Pereira 佩雷拉·帕索斯 272–273

Past (the) 过去 6, 326, 381, 514; and future 与未来 252, 255, 257; as present 与过去一样的现在 445–491; reaffirmation of, in military dictatorship 在军事独裁中重申 473, 474–475; 参见 Colonial past

Paternalism 家长式/制 6, 326, 360; toward labor 对劳工的 363, 364

Patriarchal order, patriarchy 父权制/宗法秩序/族长 63, 96, 126, 135, 178, 227, 314, 339; banditry in breakdown of 崩溃时的强盗行为 301; coffee industry and 咖啡工业与 151; in literature 在文学中 508–509; political 政治的 299; in slavery 奴隶制 221

Patriarchal principle (state) 父权制原则（国家） 139

Patriarchate 父权制社会：decline of 的衰落 247

Patriotism 爱国主义 194, 233

Patrocínio, José Carlos do 若泽·卡洛斯·多·帕特罗西尼奥 218

Paula, Vicente Ferreira da 维森特·费雷拉·达·保拉 137

Paulistas 圣保罗人 56, 57, 78, 245-247; control of government 控制政府 265, 294; interventors 调停者 351-352; revolt by 叛乱 352

PCB 巴西共产党；见 *Partido Comunista Brasileiro* (Brazilian Communist Party, PCB)

Peaceful evolution 和平发展 302-303

Peasant Congress 农民大会 439

Peasant Leagues 农民联盟 438-439, 451

Peasants 农民 81, 226, 248, 337; in Amazon 亚马孙 486; Indians as indigenous 印第安人作为本地～ 34

Peçanha, Nilo 尼洛·佩萨尼亚 264, 294-295, 333, 336

Pedro, Prince 王子佩德罗 117-118, 119-120, 121-122; 参见 Pedro I

Pedro I 佩德罗一世 124, 126, 129, 130-131, 193, 215; abdication 退位 133-134, 139; and Assembly 与制宪会议 127-128; crowned

"Constitutional Emperor and Perpetual Defender of Brazil" 加冕为"巴西的宪政皇帝和终身守护者" 122; evaluation of rule of 评价统治 133-134

Pedro II 佩德罗二世 133, 134-135, 140-141, 146, 159, 171-175, 177, 178-179, 249, 253, 325; abdication 退位 233; and abolition 与废奴 212, 213, 214; and church-state relations 与教会和国家的关系 183-185; coronation 加冕 138-139, 149; military and 军队与 230; symbol of the past 代表着过去 228; visit to U. S. 访问美国 157, 196

Peixoto, Floriano 弗洛里亚诺·佩肖托 238-240, 242, 243, 244; government of 政府 276; and Paulistas 与圣保罗人 245-246

Pelé (soccer ace) 贝利（足球运动员） 407

Pena, Afonso Augusto Moreira 阿丰索·奥古斯托·莫雷拉·佩纳 264, 266; currency stabilization 稳定货币 268-269; presidency 总统任期 270, 294, 295, 297, 338

Pena, Luís Carlos Martins 路易斯·卡洛斯·马丁斯·佩纳 147

Pereira, Lafayette Rodrigues 拉斐特·罗德里格斯·佩雷拉 182

Pereira, Manuel Vitorino 曼努埃尔·维托里诺·佩雷拉 246

Period of Conciliation 调解期 175, 176

Pernambuco 伯南布哥 28-29, 51, 52, 90, 111, 451; bishopric 主教辖区 31; blacks in 黑人 44; cattle industry in 养牛业 71, 72; exports 出口 70, 263; inconfidência of 密谋 104; and independence 与独立 121; industrialization 工业化 308; political parties 政党 177; population growth 人口增长 96; poverty, illiteracy 穷困、文盲 419-421; prime ministers from 首相来自 176; proprietor of 领主 96; railroad in 铁路 160; revolts in 起义/叛乱 132, 133, 136, 141; sugar mills in 糖厂 34

Perón, Juan D. 胡安·D.贝隆 431

Peru 秘鲁 3, 60, 235, 282; boundary demarcation with 划定边界 277-278

Pessôa, Epitácio 埃皮塔西奥·佩索阿 305, 306, 311, 332, 333

Pessôa, João 若昂·佩索阿 344-345

Pestana, Rangel 兰热尔·佩斯塔纳 182

Petrobrás 巴西石油公司 373-374, 392, 401, 482

Petroleum industry 石油工业: national 民族 373-374

Petropolis 彼得罗波利斯 158-159

Philip of Spain 西班牙的腓力 51

Philip II, King of Portugal 葡萄牙国王腓力二世 40, 51

Philip III, King of Portugal 葡萄牙国王腓力三世 40-41

Physiocrat doctrine 重农主义学说 101, 105, 120, 246

Piauí 皮奥伊 49, 90

Picchia, Menotti del 梅诺蒂·德尔·皮基亚 322, 327, 328

Pinheiro, Irineu 伊里内乌·皮涅伊罗 362

Pinto, Antônio Clemente 安东尼奥·克莱门特·平托 155

Pinto, Caetano 卡埃塔诺·平托 110-111

Pinto, Silva 席尔瓦·平托 155-156

Píratininga (settlement) 皮拉蒂宁加（殖民地） 26

Piso, Willem 威廉姆·皮索 51

Pita, Sebastião da Rocha 塞巴斯蒂昂·达·罗沙·皮塔 1

Pius IX, Pope 教皇庇护九世 184

Pius X, Pope 教皇庇护十世 281

Pixote (film) 《街童》（电影） 490

Planned economy 计划经济 376, 467

Planatation Boy (Rego) 《种植园男孩》（雷戈） 509

Plantation economy 种植园经济 80-81

Plantations 种植园 63, 142-144, 151, 227; effect of industrialization and modernization on 工业化和现代化的影响 308-309

Planter class/aristocracy 种植园主阶级 / 贵族 199, 226; and abolition 与废奴 212; power of 权力 211

Plata region 拉普拉塔地区 61, 87, 131, 133, 280; struggle for control of 为控制而斗争 131, 133

Plata River 拉普拉塔河 10, 188

Plata River network 拉普拉塔河网 12, 54-55; struggle for control of 为控制而斗争 131, 133, 185-193

Poder moderador 仲裁者；见 Moderating power

Poetry, poets 诗，诗人 147, 219, 274, 328

"Policy of large states" "大州政策" 306

Political dependency 政治依赖性 37, 61-97

Political evolution 政治演变 3-4, 5, 7, 82

Political ferment (1920s) 政治界的骚动（20世纪20年代）326-346

Political independence 政治独立 116-134

Political institutions 政治体制 81-82, 197, 312

Political novel 政治小说 514

Political parties 政党 135, 140, 265, 266-267, 343-344, 355, 385-387, 466-467, 471; alternating power 轮流掌权

175-176, 178-179; disbanded 解散 357; in elections 选举 386, 387-388, 389, 393; under military dictatorship 军事独裁下的 455-456; similarities/differences 相似性 / 相异性 176-178; weakness of 弱点 482; 参见各党派条目

Political power 政治权力 197; balance of 平衡 367-368; base of 根基 447; center of 中心 119, 121, 136; centralization of 中央集权化 449; in cities 城市 361-363, 411; of coffee planters 咖啡种植园主的 244, 245-247; of coffee states 咖啡州 306; of coffee triangle 咖啡三角同盟 264-266; concentration of 集中 296; instruments of 工具 367-368; of large landowners 大地主 227; of president 总统的 237; shifting patterns of 模式的转变 174, 346-368; transfer of, from Portuguese to Brazilians 由葡萄牙人向巴西人转移 148

Political prisoners 政治犯 357, 460, 462-463

Political reforms 政治改革 108

Political repression 政治镇压：under military dictatorship 军事独裁下的 457, 460-461, 463-464, 465, 466

Political situation 政治局势 235; in return of democracy 民主回归后

482-483; in Vargas government 瓦加斯政府 351-352

Political structure/system 政治结构/体制 135-136, 266-267, 427-429, 431-432; imperial 帝国的 178-179

Politicians 政治家 266, 348, 370; new 新 180-181

Politics 政治: coffee and 咖啡与 262; complexity of 复杂性 368; intellectuals in 中的知识分子 104, 331-332; military intervention in 军方的干预 230-332, 439, 441-442, 446-448; slavery question in 奴隶制问题 219

"Politics of the states" system "大州政治"体制 266

Polytechnical Institute 工艺学院 164

Pombal, Marquês de (Sebastião José de Carvalho e Melo) 彭巴尔侯爵（塞巴斯蒂昂·若泽·德·卡瓦略-梅洛） 41, 46, 67, 78, 89-92, 94, 125

Pompéia, Raul de Avila 劳尔·德·阿维拉·庞培娅 205

Ponte dos Carvalhos 蓬泰托斯卡瓦柳斯 421

Populações Meridionais do Brasil (Southern Populations of Brazil) (Viana) 《巴西南部人口》（维亚纳） 317

Popular discontent 民众的不满 136-137

Population 人口 107, 226, 477; Amazonian North 亚马孙北部 287; Minas Gerais 米纳斯吉拉斯 66; races in 种族 47; Rio de Janeiro 里约热内卢 114, 163; São Paulo 圣保罗 264; shift to interior 向内陆转移 69-70, 486; in Southeast 在东南部 263

Population growth 人口增长 96, 113, 308, 364, 402-403; in Center West 在中西部 422

Populism 平民主义: of Vargas 瓦加斯的 356, 364, 367, 384, 392

Porque Me Ufano do Meu Pais (Why I Am Proud of My Country) (Celso) 《为什么我为自己的国家骄傲》（塞尔索） 319

Pôrto Alegre 阿雷格里港 241, 271, 295, 366, 418

Pôrto Alegre, Visconde do 阿雷格里港子爵 4

Ports 港口 124, 168; renovation of 修复 260, 271, 273

Portugal 葡萄牙 19-23, 26, 27, 35, 42; absolutism in 专制主义 69; and Brazil's independence 与巴西独立 129; defense of Brazil 防御巴西 48, 49; dependency on Brazil 依赖巴西 61-62; independence from Spain 摆脱西班牙获得独立 52-53; mercantilist policy 重商主义政

策　76; political turmoil in　政治混乱　116-118, 131-132; sea power　海上力量　20, 21-22, 53-54; slave trade　奴隶贸易　42, 43; wealth to, from Brazil　来自巴西的财富　68-69

Portuguese empire　葡萄牙帝国: Brazil's status in　巴西在其中的地位　81-82, 83-84, 93, 107-108, 118-119; effect of structure and dynamics of, on Brazil　结构和实力对巴西的影响·81; rule of　统治　82-85

Portuguese in Brazil　葡萄牙人在巴西　9, 10, 315; colonial period　殖民时期　37-97

Portuguese language　葡萄牙语　37, 41, 125, 364-365

Portuguese merchants　葡萄牙商人: resentment against　对～的憎恨　136, 141

Positivism　实证主义　165, 166, 182, 198, 201, 207-210, 295, 347; English theories of　英国理论　314; middle groups and　中间群体与　229-230; military and　军队与　232, 253

Positivist Association of Brazil　巴西实证主义协会　208

Positivists　实证主义者　218, 234, 236, 240

Poverty　贫穷/贫困　81, 105, 475; and children　与孩子　490;

concentration of land ownership and　土地所有权的集中与　479; rural　农村　413-414, 419-422

Prado, Caio　卡约·普拉多　82

Prado, Paulo　保罗·普拉多　331, 339

Praieira Revolt　海滨党叛乱　141, 157

Presidency　总统任期、职位　294-295, 387; control of, by coffee triangle　咖啡三角同盟控制　264-266, 343-344; dilution of power of　权力削弱　431-432, 435-436; power of　权利　237, 455, 456

Presidential campaigns　总统竞选活动　295-297, 333-334, 344-345, 355-356

Presidential succession　总统继任　265-266, 333-334, 344-345; Vargas' coup　瓦加斯政变　355-357

Presidential system　总统制　436

Press　新闻界/媒体/报刊　121, 425, 439; censorship　审查　461; criticism of government　批评政府　133, 460; government control over　政府控制　365

Prestes, Júlio　儒利奥·普雷斯特斯　343, 344-345, 351

Prestes, Luís Carlos　路易斯·卡洛斯·普雷斯特斯　337, 353-354, 386, 388

"Prestes Column" "普雷斯特斯纵队" 337–338, 340

Printing press 印刷机 101, 115

Problema Nacional Brasileiro, O (The National Brazilian Problem) (Tôrres) 《巴西国家问题》（托雷斯） 368–369

Proclamation of the Majority 《成年宣言》 139

Profit remittance law 利润汇寄的法律 433–434, 442, 458, 468–469

Progress 进步 6, 249–250, 257, 259, 294; and dependency 和依赖性 165–171; Indians as victims of 印第安人作为受害者 487; the military and 军队与 253; new politicians and 新政治家与 180–181; Positivism and 实证主义与 207, 208, 209, 218; republicanism equated with 把共和政治等同于 229; social philosophy of 社会哲学 252; tradition vs. 和传统的对抗冲突 248, 255, 256

Proletariat 无产阶级 6, 313, 335, 361–362, 367, 370; urban growth and 城市的发展与 410–411

PRP 民众代表党；见 Partido de Representação Popular (Popular Representation Party, PRP)

PSD 社会民主党；见 Partido Social Democrático (Social Democratic Party, PSD)

Provinces 省: autonomy of 自治权 138–139; and fall of monarchy 与君主制的衰落 233; juntas 军人集团 119; legislative assemblies 与立法会议 135, 140; monarch's control over 君主控制 177; presidents of 省长 136; schools in 学校 206–207

Provincial revolts 省起义 136–137, 138

Psychology, Brazilian 巴西人的心理 99, 328–329; and nationhood 与国家独立 99–111, 117

PTB 巴西工党；见 Partido Trabalhista Brasileiro (Brazilian Labor Party, PTB)

Public opinion 公众舆论／民意 138, 140, 173, 431, 484; about abolition 关于废奴 213; impact of middle class on 中产阶级的影响 410–411; intellectuals and 知识分子与 326, 332; and international affairs 与国际事务 424–425

Q

Quadros, Jânio da Silva 雅尼奥·达·席尔瓦·夸德罗斯 423–424, 425–430, 442, 447, 451, 455; elected mayor of São Paulo 当选圣保罗市长 477; resignation 辞职 429–430

Quarto de Despejo (Child of the

Dark) (Jesus) 《黑暗的孩子》（热苏斯）412-413

Queroz, Rachel de　拉谢尔·德·凯罗斯　361, 408, 513-514

Queiróz Law　《凯罗斯法案》145, 316

Querino, Manuel R.　曼努埃尔·R. 克里诺　320-321, 507-508

Quilombos　逃奴堡　46-47, 221

Quincas Borba (English title: *Philosopher or Dog*) (Assis)　《金卡斯·博尔巴》（阿西斯）206

R

Racial amalgamation　种族融合　4, 5, 319, 322-323, 425; and uniqueness of Brazilian civilization　与巴西文明的独特性　330; regional variations in　区域差异　318

Racial doctrine　种族学说　45, 316-318, 319-320

Racial relations　种族关系　4, 205, 322-323; in literature　在文学中507-508

Radicalism　激进主义　381-444, 437-438; in countryside　在乡村438-439; Goulart and　古拉特与440-441, 443

Radio broadcasting　广播　365

Railroad construction　铁路建设150, 160-161, 162, 260, 270-271

Railroad networks, railroads　铁路网，铁路线　166, 168, 304, 308-309, 311, 366

Rain forest　雨林　287, 289, 485; destruction of　的毁坏486-487; protection of　的保护488

Ramos, Gracilliano　格拉西亚诺·拉莫斯　354, 407, 408, 509-510

Ramos, Nereu　内雷乌·拉莫斯　393

Rangel, Alberto　阿尔贝托·兰热尔286

Realism　现实主义　198, 205, 206

Rebellion(s)　叛乱　259; Enlightenment ideas promoting　启蒙思想促成108-109; and legitimization　与合法化238; local　地方性　267; by military军队　337-338; in period of nation building　国家建立时期的　136-137, 138; Pernambuco　伯南布哥104; as political weapon　作为政治武器　141; provincial　省　135; in Recife　在累西腓　110-111; against republic　反共和国　340; 参见 Revolts

Rebelo, José Silvestre　若泽·西尔韦斯特雷·雷贝洛　129

Reboucas, André　安德烈·雷博萨斯　218

Recife　累西腓　51, 52, 57, 79, 123, 132, 146, 271; conspiracy in　密谋110-111; Dutch in　荷兰人在　53, 54; engineering school in　工学院241; industry in　工业　162; as port of trade　作为贸易港口　75

Redemption of Ham (artwork) 《含的救赎》（艺术作品） 317–318

"Re-Europeanization of Brazil" "巴西的再欧洲化" 149

Reform(s) 改革 381–444, 485; blocking 阻力 448; and communism 与共产主义 450; conservative 保守者 209; of Goulart 古拉特的 433, 434, 436–438, 440–441, 442; intellectuals' calls for 知识分子呼吁 104–106, 107–108; lack of 缺少 453; of Liberal Manifesto 自由宣言 179, 181; promise or threat 承诺或威胁 432–444; proposed by *tenente* movement 尉官派运动发起 340–341; rural economic and social structure 农村经济和社会结构 416–417; thwarted by military dictatorship 军事独裁阻碍 456, 457, 474; under Vargas 瓦加斯时期 367

Regency, regents 摄政统治，摄政者 135, 137–138, 139, 174–175, 180, 182, 211, 237; decentralization during 地方分权 366

Regionalism 地方分权主义 126, 132, 266, 342, 358; centralism and 中央集权主义与 423

Regions (Brazil) 区域（巴西） 15; disparities among 区域差别 418–423

Rego, José Lins do 若泽·林斯·多·雷戈 331, 408, 509

Religion(s) 宗教 32, 37; Afro-Brazilian 非裔巴西人 44, 320, 321; Indian 印第安人 17, 300–301; 参见 Roman Catholic church

Religious liberty 宗教信仰自由 183

Renóis 葡萄牙出生的白人 100; conflict with *mazombos* 与马松博人的冲突 93, 122

Repartição Geral das Terras Públicas (General Bureau of Public Lands) 公用地总务委员会 215

República Federal, A (Brasil) 《联邦共和国》（布拉西尔） 236

Republican Club 共和俱乐部 182

Republicanism 共和主义 104, 110, 111, 182, 198, 208, 227, 275; church and 教会与 229; of coffee planters 咖啡种植园主 245; and establishment of republic 与创建共和国 234; middle groups and 中间群体与 229–230

Republican party 共和党 228–229, 342; in federal republic 联邦制共和国 234, 235; military and 军队与 232; and republic 与共和国 238; Rio Grande do Sul 南里奥格兰德 295; São Paulo 圣保罗 223, 246

Republican Reaction 共和主义反抗联盟 333

Republicans 共和主义者: in Assembly 制宪会议中的 236; in government 在政府中 240

Republica Oriental del Uruguay 乌拉圭东岸共和国 131

Republic (the) 共和国 5, 7, 134, 257; and backlanders 与内陆居民 253-257; constitution for 宪法 236-239; discontent with 不满 339-340; fall of 衰落 335, 345-346; and industrialization 与工业化 240-342; military and 军队与 232-235, 238-240, 332; protest against 反对 334-335; recognition of 承认 235-236; revolt against 起义反对 242-244; taxes in 赋税 250; 参见 New Republic; Old Republic

Retrato do Brasil (Portrait of Brazil) (Prado) 《巴西肖像》（普拉多） 331, 339

Reverbero Constitucional Fluminense 《弗卢米嫩塞宪政反映报》 121

Revista do Brasil 《巴西评论》 327

Revolt of 1817 1817年起义 127

Revolts 起义 182, 293; by military 军队发动 334-335; in overthrow of republic 推翻共和国 335, 345-346; Paulistas 圣保罗人 352; in period of nation building 国家建立时期的 132-133; against the republic 反对共和国 242-244; 参见 Rebellion(s)

Ribeiro, Demétrio 德梅特里奥·里贝罗 234

Ribeiro, Júlio César 儒利奥·塞萨尔·里贝罗 205

Right (the) 右翼 351, 354-355; parties of 政党 385-386; terrorism 恐怖主义 459

Rio-Branco, Baron of (José Maria da Silva Paranhos, Junior) 里奥-布兰科男爵（若泽·马里亚·达席尔瓦·小帕拉尼奥斯） 276-277, 278-280, 282-285, 288, 297, 305, 432

Rio-Branco, Visconde do 里奥-布兰科子爵；见 Paranhos, José Maria da Silva

Rio de Janeiro (city) 里约热内卢（城市） 15, 35, 45, 57, 90, 94, 123, 336, 411; academies in 学会 101; Africans in 非洲人在 44; bishopric 主教辖区 31; centennial exposition in 百年博览会 327; central government moved to 中央政府迁往 70, 86-87, 125; discrimination against blacks in 对黑人的歧视 322; effect of urbanization on 城市化的影响 146; *favelas* 贫民窟 412; founding of 的建立 48; French expelled from 法国人被驱逐出 50; growth and development of 增长和发展 163-164; High Court (Relação) 高等法院 87; *inconfidência* of 密谋 104; material progress 物质进步 272-274; political power of 政治权力 119, 121, 136; population growth 人口增长 96,

410; as port of trade 作为贸易港口 75; port renovation 港口整修 271; prime ministers from 首相来自 176; quality of life of workers in 工人生活质量 170; revolts in 起义 132; riots in 暴动 478; royal court moved to 宫廷迁往 82, 108, 112–116, 117; schools in 学校 206; *senado* of 市议会 93; and slave trade 与奴隶贸易 42–43; suburbs 郊区 146; sugar mills 糖厂 34; threatened naval bombardment of 恫吓性的海军炮击 243–244; university 大学 364

Rio de Janeiro (Federal District) 里约热内卢（联邦区） 404; industrialization 工业化 308

Rio de Janeiro (province) 里约热内卢（省） 174; coffee industry 咖啡工业 152, 154, 155; cotton exports 棉花出口 70; slaves freed in 奴隶释放 219

Rio de Janeiro (state) 里约热内卢（州） 336, 451; coffee production in 咖啡生产 262–265; industrialization 工业化 308; manufacturing 制造业/工业 377; political power of 政权 267

Rio de la Plata network 拉普拉塔水系；见 Plata River network

Rio Grande do Norte 北里奥格兰德 90

Rio Grande do São Pedro 圣佩德罗里奥格兰德；见 Rio Grande do Sul

Rio Grande do Sul 南里奥格兰德 55, 61, 72, 90, 239, 304, 352; agriculture in 农业 378, 379; budget 财政预算 419; civil war in 内战 336; and control of presidency 与控制总统选举 343–344; industrialization 工业化 308; manufacturing 制造业 377; and conflict over Plata network 对拉普拉塔河网的控制 186, 187, 189; political ambitions of 政治野心 295–297, 299, 303; political parties 政党 176, 177; political power of 政治权力 267; revolt in 起义 136, 139, 242, 244; and revolt overthrowing republic 与推翻共和国的起义 345–346

Rivera, Fructuoso 弗鲁克托索·里韦拉 187

Rivers 河流 12–15; routes into *sertão* 进入内陆干旱地区的路线 56, 58

Road construction 公路建设 161, 338, 366, 404–406; in Amazon 在亚马孙 486

Roads, road networks 公路，公路网 64, 107, 108, 161, 308–309, 311, 391

Rocha, Glauber 格劳伯·罗恰 408

Rococo art 洛可可艺术 68

Rodrigues, José Honório 若泽·奥诺里奥·罗德里格斯 6, 235, 408

Rodrigues, Raimundo Nina 雷蒙多·尼纳·罗德里格斯 320

Roman Catholic church 罗马天主教会 20, 21, 30–33, 37, 44, 63, 355, 441; and African slavery 与非洲奴隶制 45; Christianization of Indians 印第安人的基督教化 30–31, 34, 39–40, 107; monarchy and 君主政治与 228–229; opposition to military dictatorship 反对军事独裁 459, 464–465; and rural reform 与农村改革 438; separated from state 政教分离 236; and social justice issues 与社会公平问题 335, 416, 480–481

Roman Catholicism 罗马天主教 125, 281; folk 民众 251; as state religion 作为国教 183–185, 214

Romanticism 浪漫主义 203–204, 205

Romero, Sílvio 西尔维奥·罗梅罗 201–203, 211, 318–319, 327, 330

Rondônia 朗多尼亚 486

Roosevelt, Theodore 西奥多·罗斯福 283

Root, Elihu 伊莱休·鲁特 283

Rosa, João Guimarães 若昂·吉马良斯·罗莎 408, 509

Rosas, Juan Manuel de 胡安·曼努埃尔·德·罗萨斯 186, 187–188

Rousseau, Jean-Jacques 让-雅克·卢梭 120

Royal Committee of Commerce, Agriculture, Factories, and Navigation 分管贸易、农业、工厂和航海的王室委员会 113

Royal English Mail Line 英国皇家邮政航线 160

Rubber 橡胶 63, 247; in transformation of Amazon 在改变亚马孙的过程中 286–290

Rubber Defense Law of 1912 1912年《橡胶保护法》 293

Rubber exports 橡胶出口 156, 261, 262, 287, 288, 290; taxes on 征税 288–289

Rubber industry 橡胶工业 290–294

Rubber prices 橡胶价格 288, 292–293

Rural aristocracy/elite 乡村贵族/精英 54, 178, 207, 369; and abolition 与废奴 219–220; challenge to power structure of 挑战结构 260; decline in influence of 影响力下降 200; and political parties 与政党 176–177; power of 权力 367, 428

Rural Democratic Union 农村民主联盟 479

Rural economy 农村经济 64

Rural folk 乡民 247; incorporating

into capitalism 融入资本主义 248-257; in literature 在文学中 509-510

Rural institutions 农村制度 474-475, 479-480; resistance to change 对变革的对抗 414-418

Rural masses 农村群众: and bandits 与强盗 301; and millenarian movements 与千禧年运动 299-301

Rural oligarchy 农村寡头 369; and reform 与改革 438-439

Rural population, landless 无地农村人口 478-479

Rural-urban clashes 城乡冲突 79

Rural workers 农村工人 379, 414-415

Russia 俄罗斯 235-236

S

Sá, Mem de 梅姆·德·萨 34-35, 84

Sá, Salvador de 萨尔瓦多·德·萨 94

Sabará 萨巴拉 68

Sabinada Rebellion 巴伊亚自治运动 136

Sabugosa, Conde de 萨布戈萨伯爵 85

Sailors and Marines Association 水手和水兵协会 441

Sales, Manuel Ferraz de Campos 曼努埃尔·费拉斯·德·坎波斯·萨莱斯 182, 234, 264, 267-268, 297

Salgado, Plínio 普利尼奥·萨尔加多 354-355, 357, 385-386

Salvador 萨尔瓦多 15, 31, 33, 48, 57, 112, 123, 413, 489-490; academies in 学会 101; capital moved to 首府迁往 70; central government in 中央政府 86; conspiracy in 密谋 109; and independence 与独立 124; Inquisition in 宗教裁判所 33; as metropolitan 作为大都会, 见 31-32; miscegenation 种族通婚 47; newspapers in 报纸 115; port renovation 港口整修 271; as port of trade 作为贸易港口 75-76; *senado* of 市议会 94

Salvador, Vicente do 维森特·多·萨尔瓦多 1, 61-62, 100

Santa Catarina 圣卡塔琳娜 55, 90, 161, 243, 304; racial composition 种族构成 318

Sant'Anna, Romano de 罗马诺·德·圣安娜 475

Santo André 圣安德烈 418

Santos, Felipe dos 费利佩·多斯·桑托斯 78

Santos, Nelson Pereira dos 纳尔逊·佩雷拉·多斯·桑托斯 407-408

Santos (port of São Paulo) 桑托斯（圣保罗港口）264, 271, 418

São Bento das Lages 圣本托达斯拉热斯 164-165

São Carlos, Francisco de 弗朗西斯科·德·圣卡洛斯 2

São Cristóvão de Rio Sergipe 塞尔希培圣克里斯托旺 48-49

São Francisco do Sul 南圣弗朗西斯科 58

São Francisco River 圣弗朗西斯科河 73, 74

São João del-Rei 圣若昂-德尔雷伊 68

São José do Rio Negro 内格罗河畔圣若泽 88, 90

São Leopoldo 圣莱奥波尔多 214

São Luís 圣路易斯 49, 57, 75, 88; *senado* of 市议会 93

São Paulo 圣保罗 26, 66, 90, 146, 174, 239, 311, 411, 418; arts in 艺术 327-328; bishopric 主教辖区 31; civil war in 内战 349; coffee industry in 咖啡工业 152, 247; coffee production in 咖啡生产 262-265, 269-270; and control of presidency 与控制总统选举 343-344; engineering school in 工学院 241; *favelas* in 贫民窟 412; foremost industrial region 最重要的工业区 272, 311, 337, 377; industrialization 工业化 308; law school 法学院 115; material progress 物质进步 271-272; plan to alternate presidency with Minas Gerais 计划同米纳斯吉拉斯轮流担任总统 306; political intrigue in 政治阴谋 299; political parties 政党 176, 177; political power of 政治权力 119, 121, 136, 197, 267, 303; population growth 人口增长 96, 410, 481-482; Republican party in 共和党 182, 246; revolt in 起义 139, 140; riots in 暴动 478; *senado* of 市议会 93; strike in 罢工 310

São Paulo (state) 圣保罗（州）378; budget 财政预算 419; diamonds discovered in 发现钻石 67; industry in 工业 418; prime ministers from 首相来自 176; rural capitalist class in 乡村资产阶级 227; Sorocaba (fair) 索罗卡巴（集市）74

São Tomé 圣多美 32, 43

São Vicente 圣维森特 26, 28, 29, 34, 48, 57; cattle industry in 养牛业 71, 72; sugar mills in 糖厂 34

Saraiva, José Antônio 若泽·安东尼奥·萨赖瓦 189

Saraiva-Cotegipe Law of 1881 1881年《萨赖瓦-科特日皮法》181, 219

Sarmiento, Domingo Faustino 多明戈·福斯蒂诺·萨尔米恩托 253

Sarney, José 若泽·萨尔内 476–480

Schiavo, Lo (The Slave) (opera) 《奴隶》(歌剧) 204

Scholarship 学者 408–409

School of Mines 矿业学校 164

Schools and schooling 学校和教育 100, 206–207, 396–397, 490; centralized 集中 364–365; Positivism in 实证主义 207–208; run by Jesuits 耶稣会士管理 90–91; secondary 中学 138, 206, 207, 490; 参见 Education

Science, faith in 对科学的信仰 165, 166

Sebastião, King of Portugal 葡萄牙国王塞巴斯蒂昂 40

Second Empire 第二帝国 147, 150, 175–176, 177, 210, 366, 447; changes during 改变 227; church-state relations in 政教关系 183–185; Great Britain model for 楷模英国 283; locus of political power in 政治权力的核心 211; political complexity in 政治复杂性 178; political history of 政治史 179; political parties in 政党 265; school attendance in 学校入学 207

Second Hague Peace Conference 第二届海牙和平会议 284, 305

Second Institutional act 《第二制度法》455

Second International Peace Conference (The Hague) 第二届国际和平会议(海牙) 282

Senado da câmara (municipal council) 市议会 92–94, 96, 123

Senate 参议院 129, 132, 237, 466–467

Senhor do engenho 糖厂主 99

Sergipe 塞尔希培 451

Seringueiros (rubber gatherers) 橡胶采集者 286, 287, 294

Sertanistas 印第安专家 59

Sertão 内陆干旱地区 15, 56, 58, 60, 126, 251, 377; cattle industry in 养牛业 72, 73, 74; in films 在电影中 407–408; people of 人民 250; settlement of 殖民地 97; 参见 Interior

Sertões, Os (English title: *Rebellion in the Backlands*) (Cunha) 《内地的反叛》(库尼亚) 252, 274, 324

Serva, Mário Pinto 马里奥·平托·塞尔瓦 398

Sesmarias (land grants) 赠地 26, 27–28, 30, 50, 144, 215; abolished 废除 141

Sete Povos das Missões 七传教区 60–61

Settlement(s) 殖民地 3, 48–49, 55; in interior 内陆 59

Shamans 巫师 17

Silva, Antônio Telles da 安东尼

奥·特莱斯·达·席尔瓦 52

Silva, Artur da Costa e 阿图尔·达·科斯塔－席尔瓦 446, 457-461, 463

Silva, Benedita da 贝内迪塔·达·席尔瓦 477, 484

Silva, José Bonifácio de Andrada e 若泽·博尼法西奥·德·安德拉达－席尔瓦 107, 119-121, 122, 124, 126, 129, 212

Silva, Luís Alves de Lima e 路易斯·阿尔维斯·德·利马－席尔瓦 139, 230

Silva, Luiz Inácio da (called Lula) 路易斯·伊纳西奥·达·席尔瓦（卢拉） 482-483, 491

Silva, Manoel Gomes da 马诺埃尔·戈梅斯·达·席尔瓦 487-488

Silvino, Antônio 安东尼奥·西尔维诺 301

Simonsen, Roberto 罗伯托·西蒙森 369

Single product economy 单一产品经济 62, 63, 64, 261, 312, 349; pattern of 模式 293; 参见 Monoculture

Slave rebellions 奴隶起义 46-47, 221-222, 303

Slavery 奴隶制 45-46, 64, 75, 109, 152, 182, 191, 210, 220-223, 224-225, 227, 250, 255, 319; decline of 衰落 150; effects of 影响 307; intellectuals and 知识分子与 106; legislation regarding 有关立法 214; movement for abolition of 废奴运动 179, 198 (参见 Abolition of slavery)

Slaves, slave labor 奴隶，奴隶劳动力 4, 43-47, 49, 56, 58, 59, 63, 105, 108, 123, 137, 144, 181, 319; catechizing 传授教义 32; characteristics of black 黑奴的特征 43-44; in coffee industry 在咖啡工业中 151; contribution to Brazilian civilization 对巴西文明的贡献 210-211; on cotton plantations 在棉花种植园 71; emancipation of 解放 7, 145, 212-214; Indians as 印第安人作为 34, 39-41, 78, 93; in military 在军队中 213; in mining 在采矿中 66, 69, 78; mutual aid societies 互助社团 220; in plantation economy 在种植园经济中 80, 81; in sugar industry 在制糖工业中 64, 65; transition to freedmen 转变为自由人 220-221, 224

Slave trade 奴隶贸易 42-44, 52, 108, 426; end of 终止 106, 130, 157, 162, 177, 210, 212, 317; restrictions on 限制 144-146, 148

Small farmers 小农 71, 81, 97

Smith, Adam 亚当·斯密 180

Smith, Herbert H. 赫伯特·H.史密斯 7, 221

Snakes' Nest (Ivo) 《蛇窝》(伊沃) 514

Social amalgamation 社会融合 37-48

Social change 社会变化 94, 217, 312, 331-332, 377, 491

Social democracy 社会民主 340, 343

Social groups, new 新社会群体 198-210

Social inequalities 社会不平等 89-91, 170-171

Social institutions 社会制度 197

Social issues 社会问题: in films 电影中的 407-408; in music 音乐中的 454

Social justice/injustice 社会公平/不公 299, 335, 390, 416; Roman Catholic church and 罗马天主教与 465, 480-481

Social legislation 社会立法 363, 376

Social mobility 社会流动 75, 94, 379, 409, 411

Social problems 社会问题: intellectuals and 知识分子和 106-107, 108

Social structures 社会结构 99, 381; rural 农村 414, 416

Social unrest 社会动荡 137, 478

Sociedade Literária 社会文学学会 101

Society Against the State (Clastres) 《反对国家的社会》(克拉斯特雷斯) 256

Society 社会: vision of, in novels 小说视角中的 505-506, 507

Sodré, Lauro 劳罗·索德雷 239

Sodré, Nelson Werneck 内尔松·韦尔内克·索德雷 254

Sorocaba (fair) 索罗卡巴(集市) 74

Sousa, Antônio Gonçalves Teixeira e 安东尼奥·贡萨尔维斯·特谢拉-索萨 147

Sousa, Herculano Inglês de 埃尔库拉诺·英格莱斯·德·索萨 205

Sousa, Irineu Evangelista de (Visconde de Mauá) 伊里内乌·埃万热利斯塔·德·索萨(毛阿子爵) 158, 159-160, 163

Sousa, Luís de Vasconcelos e 路易斯·德·瓦斯康塞洛斯-索萨 85

Sousa, Martim Afonso de 马蒂姆·阿丰索·德·索萨 25-26, 29, 71

Sousa, Tomé de 托梅·德·索萨 30, 71

Sousa, Washington Luís Pereira de 华盛顿·路易斯·佩雷拉·德·索萨 306, 338-339, 343, 345, 362

South America 南美: Brazil's leadership role in 巴西的领导权 281-283

Southeast (region) 东南部(地区) 70, 73, 178; coffee production in 咖啡生产 262-265; economic importance of 经济的重要性

86; industrialization in 工业化 315; political power of 政治权力 174; wealth in 财富 169

South (region) 南部（地区） 15, 48, 49, 54, 76, 418, 419; cattle/mule raising in 养牛／骡业 72–74; colonization of 殖民化 54–55; racial composition 种族构成 318; settlement of 殖民地 97

Souza, Paulino José Soares de 保利诺·若泽·苏亚雷斯·德·索萨 194

Spain 西班牙 22, 35, 49, 60, 87, 316; and Brazil 与巴西 54–55; Portugal's independence of 葡萄牙独立 52, 53; revolt in 起义 116–117

Spanish America 西属美洲 2–3, 29, 120, 125, 134, 183, 235, 246; boundary questions with 边界问题 91; independence movements in 独立运动 123; revolutions in 革命 110; slavery in 奴隶制 210

Spanish immigrants 西班牙移民 217, 315

Spanish in New World 新世界的西班牙人 3, 60–61

Spanish monarchs 西班牙君主: joint rule of Spain and Portugal 对西班牙和葡萄牙的联合统治 35, 60

Spencer, Herbert 赫伯特·斯宾塞

165, 166, 314

Stabilization Office 稳定基金委员会 338

State 国家: power of 的权力 256; role of 的作用 209, 340, 349; 参见 Government

State ownership 国有制 370

States (Brazil) 州（巴西） budgets 财政预算 419; coffee-producing 咖啡生产 262–265; elections 选举 353; federal interventions in 联邦干预 298–299; governors 州长 239, 266; militias 国民军 358; powers of 权力 237

States' rights 州权 353, 356

"Statute of the Rural Worker" 《农村工作者法规》 439

Steam engine 蒸汽机 113

Steamship 汽船 159–160, 162, 285

Steel industry 钢铁工业 374, 391

Strangford, Lord 斯特兰福德勋爵 111, 113

Strikes 罢工 216, 310–311, 363, 436, 442, 465

Stuart, Sir Charles 查尔斯·斯图尔特爵士 130

Student demonstrations/riots 学生示威／暴动 459, 464, 465

Student Federation of the University of Brasília 巴西利亚大学学生联合会 459

Subsistence farming 自给农业 81, 417

Suffrage 选举权 92, 106, 129, 352, 381

Sugar 糖料 62, 63, 293, 417; tithe on 什一税 77

Sugar barons 糖料大亨 173, 262; conflict with merchant class 与商人阶层的矛盾 79–80

Sugarcane 甘蔗 28–29, 97

Sugar economy 糖料经济 70

Sugar exporters 糖料出口商 118

Sugar exports 糖料出口 64–66, 75, 80, 151, 254, 260–261

Sugar industry 制糖工业 29, 68, 150–151, 152, 379; cattle industry linking with gold mining 养牛业将～和采金联系起来 73–74; characteristics of 特征 64; under the Dutch 荷兰统治时期 52; and labor shortage 与劳动力短缺 42; modernization 现代化 169–170; profits 利润 82; Rio de Janeiro region 里约热内卢地区 35; and rise of cattle industry 与养牛业的兴起 72; steam power in 蒸汽动力 162

Sugar Industry in Pernambuco, The (Eisenberg) 《伯南布哥的制糖工业》(艾森伯格) 170

Sugar mills 糖厂 26, 29, 30, 150–151; number of 数量 34, 65; steam-driven 蒸汽动力 113

Sugar plantation 糖料种植园 26, 34, 64, 151–152; free labor on 自由劳动力 223

Sugar prices 糖价 136, 151

Suggestions for a Social Policy (Arns) 《给社会政策的建议》(阿恩斯) 480

Suor (Sweat) (Amado) 《汗水》(阿马多) 413, 507

Superintendência do Desenvolvimento do Nordeste (Superintendency of the Development of the Northeast) (Sudene) 东北部地区发展监督局 422

Supreme Court 最高法院 395, 439, 456, 460

Supreme Electoral Tribunal 最高选举法庭 394

Supreme Revolutionary/Military Command 最高革命/军事指挥部 446, 448

Surinam 苏里南 278

T

Talleyrand-Périgord, Charles Maurice de 夏尔·莫里斯·德·塔列朗-佩里戈尔 116

Tapuya Indians 塔普亚印第安人 16

Tariffs 关税 130, 132, 136, 142, 241, 268, 307; protectionist 保护性 162–163, 400–401

Tavares, Dias 迪亚斯·塔瓦雷斯 110

Távora, Juarez do Nascimento

Fernandes 茹阿雷斯·多·纳西门托·费尔南德斯·塔沃拉 345, 393, 446, 447

Tax collection 征税 85, 108; rebellions over 导致的叛乱 78–79

Taxes 税 136, 164, 371; colonial period 殖民时期 77; by Portugal, on gold 葡萄牙对黄金征收 66–67; in republic 共和国时期 250; on rubber exports 对橡胶出口征收 288–289

Tax-farming 包税制 77

Tax reform 税制改革 437

Technical schools 技术学校 207–208

Technology 技术 168, 253, 365–367

Telegraph 电报 158–159, 162, 168

Tenente (lieutenant) movement 尉官运动 340–341, 346, 348–349, 351, 357, 369, 399, 446

Tent of Miracles, The (Amado) 《奇迹的帐篷》(阿马多) 507–508

Territorial expansion 领土扩张 5, 37; colonial period 殖民时期 48–61

Terrorism 恐怖主义 459, 462–463

Textiles exports 纺织品出口 375–376

Textiles industry 纺织工业 113, 162, 308, 309, 371, 375; Europe 欧洲 25

Theater 戏剧 147

Third Institutional Act 《第三制度法》 455

Third Latin American Scientific Congress 第三届拉丁美洲科学大会 280

Third Pan-American Conference 第三届泛美会议 280, 284

Third World 第三世界 425–426, 450, 463

Three Marias, The (As Tres Marias) (Queiroz) 《三个玛丽亚》(凯罗斯) 360–361, 513–514

Tijuco (Diamantina) 蒂茹库(迪亚曼蒂纳) 67, 68

Tiradentes 蒂拉登特斯 4–5, 203

Tobacco 烟草 28, 62, 63, 71, 293; government monopoly on 政府垄断 77

Tobacco exports 烟草出口 75, 156

Toledo, Pedro de 佩德罗·德·托莱多 351

Tordesillas line 托德西利亚斯线 22, 27, 60

Tôrres, Alberto 阿尔贝托·托雷斯 368–369, 399

Tôrres, Joaquim José Rodrigues 若阿金·若泽·罗德里格斯·托雷斯 174–175

Tôrres, Lucas Dantas do Amorim 卢卡斯·丹塔斯·多·阿莫里姆·托雷斯 109

Trade 贸易 25, 76, 86, 112, 344; colonial period 殖民时期 75–

76, 80; Great Britain in 英国 156–157; internal 国内 77, 90; Portugal 葡萄牙 22–23

Trade balance 贸易平衡 155, 161, 311, 370, 452, 467

Trade doctrine 贸易学说 151, 152

Tradition 传统 226, 256, 308; vs. progress 和进步的对抗冲突 248, 255

Traditional values 传统价值观 411

Transportation 运输 59, 423; of coffee 咖啡 270–271; communications networks 交通通信网络 57–58; revolution in 革命 159–162

Transportation networks 运输网络 161, 263, 299, 307, 376; and centralization 与中央集权 366

Treasury Council (*Conselho da Fazenda*) 财政委员会 85

Treasury Supervisors (*Vedores da Fazenda*) 财政主管 85

Treaties 条约 190–191; with Argentina 与阿根廷的 188; bondary settlements 领土解决方案 277, 278; with Paraguay 和巴拉圭的 193

Treaty of 1810 1810年条约 113, 130

Treaty of El Pardo 《帕尔多条约》 91

Treaty of Madrid 《马德里条约》 60–61, 91, 194

Treaty of Methuen 《梅休因条约》 68

Treaty of 1909 1909年条约 278

Treaty of Petropolis 《彼得罗波利斯条约》 277

Treaty of Taborda 《塔博尔达条约》 86

Treaty of Tordesillas 《托德西利亚斯条约》 60

Três Filosofias, As (The Three Philosophies) (Barreto) 《三个哲理》（巴雷托） 208

Trê Marias Dam 特雷斯玛丽亚斯大坝 403

Tribuna da Imprensa 《箴言论坛》 391

Trickle-down theory 滴入式效应 449, 472–473

Tripartite alliance 三方（国/州）同盟: control of government by 控制政府 191, 193, 265–270

Tropeiros 商旅马队 57–58, 64, 99

Tropical Forest cultures 热带森林文化 16

Trujillo, Rafael 拉斐尔·特鲁希略 347

Tupí-Guaraní Indians 图皮－瓜拉尼印第安人 16–19

Turner, Clorinda Matto de 克洛琳达·梅特·德·图尔纳 253

Turner, Thomas 托马斯·图尔纳 39

U

Ubico, Jorge 豪尔赫·乌维科 347

Ubirajara (Alencar)《乌比拉加拉》
（阿伦卡尔）204

UDN 全国民主联盟；见 União
Democrática Nacional (National
Democratic Union, UDN)

Ueiki, Shigeaki 植木茂彬 482

Ultramontanism 教皇绝对权力
183–184

União Democrática Nacional (National
Democratic Union, UDN) 全国
民主联盟 385, 387, 391, 393,
423–424, 427, 436

Unification of Brazil 巴西的统一
73, 90, 91, 115, 403, 423; 参见
Untiy (Brazil)

Union and Industry Highway 联盟
和产业公路 161

Unionization, unions 工会／劳工
组织 309–311, 363, 364, 436,
471; purged 被整肃 451; 参见
Strikes

United Nations 联合国 359, 424,
425, 450

United States 美国 123, 282, 307, 451;
ambassador to Brazil kidnapped
派驻巴西的大使被绑架 462–463;
attacks on 攻击 292, 399; constitution
宪法 236, 237, 314; and Cuba 与古
巴 426–427; influence on Brazil 对
巴西的影响 424, 425, 450; investment
in Brazil 在巴西的投资 2, 314,
341, 452, 458; as market 作 为 市
场 261, 262, 264; military assistance to
Brazil 对巴西的军事援助 453; and
military coup 与军事政变 443–
444, 461; as model 作 为 模 范
167, 168, 229; political mentor to
Brazil 巴西的政治导师 283,
314; recognition of Brazil 承 认
巴 西 129, 235; relations with
Brazil 与巴西的关系 2, 150,
157, 180, 195–196, 282–283,
284, 314, 424, 477; and revolt in
Brazil 与巴西的起义 243–244;
World War I 第一次世界大战
304, 305; World War II 第 二 次
世界大战 358–359

U. S. State Department 美国国务院
282, 283

Unity (Brazil) 统 一（巴 西）42,
54, 58, 138, 139; *bandeirante*
activity in 旗队的活动 59–60;
and diversity 和多样性 423;
preserved by Vargas 瓦加斯维护
356, 365, 366–367, 384; problem
of maintaining 维持问题 124–
126, 134

Universities 大学 364, 365, 397–
398

University graduates 大 学 毕 业
生 102–103, 146, 200, 218; in
government 政府里面的 234,
240

University of Brazil 巴西大学 364

University of São Paulo 圣保罗大
学 364

Unrest 动荡不安: in republic 共和国时期 240, 242-244

Upper class 上层阶级: color composition of 肤色构成 322-323; in novels 在小说中 511; 参见 Elite(s)

Uprisings 暴动: by Communists 共产党人领导的 354; 参见 Rebellion(s); Revolts

Upward mobility 向上层社会流动 80-81, 323; education and 教育与 199

Urban centers 城市中心 68, 227-228

Urban growth 城市发展 384, 409-414; in novels 在小说中 510-511; during Vargas years 瓦加斯统治时期 359-363

Urban interests 城市利益阶层 54, 176, 178

Urbanization 城市化 5-6, 100, 146-147, 168, 313, 315, 325-326, 381, 409-410; coffee industry and 咖啡工业与 150; in fall of republic 共和国衰落时期的 346; in literature 在文学中 205; mining and 矿业与 70; and social change 与社会变化 361; 参见 Cities

Urban middle class 城市中产阶级 273, 313; 参见 Middle class

Urban middle groups 城市中间群体 335; military officers from 军官来源于 193; political power of 政治权力 244-245, 246, 341; and republic 与共和国 240, 242; 参见 Middle groups

Urban middle sectors 城市中间阶层 252-253; 参见 Middle sectors

Urban proletariat 城市无产阶级 396

Urban-rural antagonism 城乡冲突 5-6

Urban working force 城市劳动力 309

Urquiza, Justo José de 胡斯托·何塞·德·乌尔基斯 188

Urucungo (Bopp) 《乌鲁昆戈》(博普) 330-331

Uruguay 乌拉圭 12, 55, 186, 187-189, 190-191, 192-193, 194, 235, 245, 363; boundary demarcations with 划定边界 276, 278

U. S. S. R. 苏联 388

Uti possidetis principle 占领地保有原则 60-61, 91, 194, 278, 288

V

Valorization scheme 物价稳定措施 270; coffee 咖啡 312, 336, 341, 346, 350, 370-371; rubber 橡胶 292-293

Vandré, Geraldo 热拉尔多·旺德雷 462

Vaqueiro (cowboy) 牛仔 72, 75, 99

Vargas, Benjamin 本雅敏·瓦加斯

383

Vargas, Getúlio　热图利奥·瓦加斯 259, 313, 344-369, 393, 396, 422, 439, 446, 447, 474, 475, 514; break with legacy of　遗产的突破 424; dictatorship　独裁 382-385, 386; and elections　与选举 387-388; fall of　倒台 381, 383-384, 388; rule of　统治 370, 371, 373, 376, 377, 389-392, 399, 401, 409, 411, 431; suicide　自杀 391-392, 429

Vasconcelos, Bernardo Pereira de　贝尔纳多·佩雷拉·德·瓦斯康塞洛斯 210

Vasconcelos, Manuel Meira de　曼努埃尔·梅拉·德·瓦斯康塞洛斯 424

Vasconcelos, Zacarias de Goes e　扎卡里亚斯·德·戈埃斯－瓦斯康塞洛斯 176, 179, 212

Vasconcelos Tariff of 1828　1828年《瓦斯康塞洛斯关税》 132

Vaz, Rubens Florentino　鲁本斯·弗洛伦蒂诺·瓦斯 391

Veiga, Evarista da　埃瓦里斯托·达·维加 123

Veiga, José Eli da　若泽·埃利·达·维加 479

Venezuela　委内瑞拉 3, 152-153, 235, 278, 302

Vergueiro, Nicolau de Pereira de Campos　尼古劳·德·佩雷拉·德·坎波斯·韦尔盖罗 215-216

Veríssimo, Erico　埃里克·韦里西莫 408

Versailles peace conference　凡尔赛和平会议 305

Viana, Oliveira　奥利韦拉·维亚纳 317

Viceroy(s)　总督 85-86, 87, 88-89

Vida e Morte de Severino (Life and Death of Severino) (drama)　《塞韦里诺的生与死》（戏剧） 454

Vidas Sécas (*Barren Lives*) (film)　《贫瘠的生命》（电影） 407-408

Vieira, Antônio　安东尼奥·维埃拉 45-46, 53

Vieira, João Fernandes　若昂·费尔南德斯·维埃拉 42, 52

Vilhena, Luís dos Santos　路易斯·多斯·桑托斯·维列纳 105

Villa-Lobos, Heitor　埃托尔·维拉－洛博斯 328, 407

Villegaignon, Durand de　迪朗·德·维尔盖尼翁 18-19, 34

Violence　暴力: in cities　城市 478, 490; in military dictatorship　军事独裁时期 445, 457; outbreaks of　爆发 298-303; rural　农村 479

Violent Land, The (Amado)　《暴力大地》（阿马多） 248, 508

Vitória　维多利亚 10, 271

Volta Redonda　沃尔塔雷东达 374, 401

Voting　选举 482; qualifications for

资 格 181, 267, 340, 411, 427, 428; 参见 Electorate; suffrage

W

Wagley, Charles 查尔斯·韦格利 17

"Walking" (song) 《漫步》(歌曲) 462

Wandenkolk, Eduardo 爱德华多·万登科尔克 234

War of Canudos 卡努杜斯战争 251−253, 254, 255, 256−257

War of 1812 1812年英美战争 110

War of the Cabanos 卡巴诺斯战争 136, 137

War of the End of the World, The (Llosa) 《世界末日之战》(劳洛萨) 509

War of the Mascates 商贩之战 79, 110, 141

War of the Triple Alliance 三国同盟战争 196

War(s) 战争: blacks in 中的黑人 45; against Dutch in Brazil 反荷兰人在巴西的 52−54; Indians 印第安人 18

Washburn, Elihu 伊莱休·沃什伯恩 196

Webb, James Watson 詹姆斯·沃森·韦伯 196

West Indies 西印度群岛 86−87, 151

West (region) 西部(地区) 377, 422−423; opening of 开放 486, 487−488

Westward expansion 西进扩张 55−57; 参见 Territorial expansion

"What Kind of Country Is This?" (Sant'Anna) 《这是个什么样的国家？》(圣安娜) 475

Whitaker, José Maria 若泽·马里亚·惠特克 351

White population 白人人口 47, 50, 318, 323

Wickham, Henry Alexander 亨利·亚历山大·威克姆 291

Willems, Emílio 埃米利奥·威廉斯 361

Wilson, Woodrow 伍德罗·威尔逊 305

Women 妇女 4, 147; black 黑人 47; in colonial period 殖民时期 32, 38; in elective office 竞选职位 477; employment of 就业 323−324; leadership by 担任领导者 300; in literature 在文学中 513−514; in professions 职业 324; role in society 社会角色 323−324; suffrage 选举权 352, 382; urban 城市 360−361

"Woodcutter, The" (artwork) 《伐木工》(艺术作品) 324

Workers' Circles 工人圈 335

World War I 第一次世界大战 304−305, 306−307, 311

World War II 第二次世界大战 359, 382; and economic growth 与经济增长 375–376

Wright, Marie Robinson 玛丽·鲁宾逊·赖特 259, 260, 294

X

Xavier, Joaquim José da Silva ("Tiradentes," the "Toothpuller") 若阿金·若泽·达·席尔瓦·沙维尔（蒂拉登特斯，拔牙者） 79

Y

Yellow fever 黄热病 272
Yoruba 约鲁巴人 43, 320

Z

Zola, Emile 埃米尔·左拉 201
Zona da Mata 桑那达马塔 419–421

区域国别史丛书

第一辑

中亚史（全六卷）　　　　　　　　　　　　　　　　　蓝琪 主编

印度洋史　　　　　　　　　　　　　〔澳〕肯尼斯·麦克弗森 著

越南通史　　　　　　　　　　　　　　　〔越〕陈仲金 著

日本史　　　　　　　　　　　　〔美〕约翰·惠特尼·霍尔 著

丹麦史　　　　　　　　　〔丹〕克努特·J. V. 耶斯佩森 著

法国史（全三卷）　　　　　　　　　　〔法〕乔治·杜比 主编

俄国史（全五卷）　　　　　　〔俄〕瓦·奥·克柳切夫斯基 著

巴西史　　　　　　　　　〔美〕E. 布拉德福德·伯恩斯 著

加拿大史　　　　　　　　〔加〕查尔斯·G. D. 罗伯茨 著

美国史（全两册）　　　　　　　　　〔美〕埃里克·方纳 著

图书在版编目(CIP)数据

巴西史/(美)E. 布拉德福德·伯恩斯著;王龙晓
译.—北京:商务印书馆,2024
(区域国别史丛书)
ISBN 978 - 7 - 100 - 22929 - 6

Ⅰ.①巴… Ⅱ.①E…②王… Ⅲ.①巴西—历
史 Ⅳ.①K777

中国国家版本馆 CIP 数据核字(2023)第 249743 号

区域国别史丛书
巴西史
〔美〕E. 布拉德福德·伯恩斯 著
王龙晓 译

商 务 印 书 馆 出 版
(北京王府井大街36号 邮政编码100710)
商 务 印 书 馆 发 行
山东韵杰文化科技有限公司印刷
ISBN 978 - 7 - 100 - 22929 - 6

2024 年 2 月第 1 版 开本 880×1240 1/32
2024 年 2 月第 1 次印刷 印张 18⅞ 插页 2
定价:98.00 元